国家级实验教学示范中心教材

基础化学实验

（第二版）

邱晓航　李一峻　韩　杰　尚贞锋　编

科学出版社

北京

内 容 简 介

本书为大学基础化学实验课适用教材。全书包括大学化学实验的基础知识、基本技术，以及与大学化学四大基础课对应的无机化学实验、定量分析实验、有机化学实验和物理化学实验的基本内容，共 162 个实验。实验类型包括基本操作训练、综合性合成表征、物理化学常数测定及开放性设计实验等。另外，附录部分收录了多个实验常用数据表。

本书可作为理科类或综合性大学化学、材料化学、应用化学及生物、医学等相关专业的基础化学实验教材，也可供师范及工科院校有关专业化学实验课选用及化学实验人员参考使用。

图书在版编目（CIP）数据

基础化学实验/邱晓航等编. —2 版. —北京：科学出版社，2017
国家级实验教学示范中心教材
ISBN 978-7-03-053845-1

Ⅰ. ①基… Ⅱ. ①邱… Ⅲ. ①化学实验–高等学校–教材 Ⅳ. ①O6-3

中国版本图书馆 CIP 数据核字（2017）第 139703 号

责任编辑：丁 里 周岳峰 / 责任校对：王晓茜 贾娜娜
责任印制：张 倩 / 封面设计：迷底书装

科学出版社出版
北京东黄城根北街 16 号
邮政编码：100717
http://www.sciencep.com
天津市新科印刷有限公司印刷
科学出版社发行 各地新华书店经销
*
2003 年 3 月第 一 版 开本：787×1092 1/16
2017 年 8 月第 二 版 印张：25 3/4
2024 年 7 月第十八次印刷 字数：662 000

定价：69.00 元

（如有印装质量问题，我社负责调换）

第二版前言

党的二十大报告指出："教育、科技、人才是全面建设社会主义现代化国家的基础性、战略性支撑"，"教育是国之大计、党之大计"，"培养造就大批德才兼备的高素质人才，是国家和民族长远发展大计"。基础化学实验是化学及相关专业的必修课，是培养学生动手能力、科研素养、创新和可持续发展能力的重要途径。本书第一版已使用了十几年，期间我国高等学校深入开展了教学改革，提出了新的教育理念和教学模式。同时，化学学科在基础研究和实验技术领域均取得了大量的创新成果。此外，基础化学实验条件也得到很大改善，引入了大量先进实验仪器。因此，编者在原有基础上，将化学学科取得的一些新成果、新技术设计为新的实验内容，引入课程体系，并结合现代仪器发展对基本操作和基本技术进行了梳理。同时，将培养学生严谨求实的科学态度以及化学国家级实验教学示范中心（南开大学）的教学理念"强化基础、注重综合、突出创新、培养能力、提高素质"贯穿于课程体系，将课程思政元素融入教学内容。本次修改内容主要体现在以下几个方面：

（1）基础知识和基本技术部分提炼了化学实验操作中常用的内容，增加了误差与数据处理，可作为化学实验的指导书和参考手册。按照教学顺序把实验内容进行重新整理，按无机化学实验、定量分析实验、有机化学实验和物理化学实验划分章节。

（2）随着实验条件的不断改善，实验室配置了微波化学反应仪、旋转蒸发仪、数字显微熔点仪、热台偏光显微镜等现代仪器。将新仪器、新方法引入实验教学中，对原有实验内容进行完善，同时利用新仪器开设了一些新的实验项目。

（3）将一些最新研究成果引入实验教学内容，设计开发了2, 3-二甲基喹喔啉-6-羧酸的合成、微波辐射合成苯甲酸乙酯，以及纳米材料的合成等新实验，有助于学生了解学科发展前沿、拓宽知识面及提高科研创新意识。

（4）强化绿色化学教学理念，培养学生的综合实验素质。将绿色合成方法引入教学内容，设计开发了固态研磨法合成2-(3, 4-二甲氧基苯亚甲基)-2, 3-二氢-1-茚酮的新实验；设计了四个半微量实验，即*N*-[(*E*)-亚苯甲基]苯胺的制备、D-葡萄糖脎的制备、D-甘露糖与丙酮反应及 L-半胱氨酸与丙酮反应；改进了原实验内容，如苯甲酸乙酯的制备实验，将反应溶剂苯改为环己烷，降低了反应毒性，缩短了反应时间，提高了产率。

（5）SciFinder Academic 已成为查找文献资料的强大工具，在化学实验文献资料部分介绍了 SciFinder Academic，并举例说明了使用方法。

再版工作由南开大学化学学院邱晓航、李一峻、韩杰、尚贞锋完成。由于年龄或工作变动等原因，第一版编者王秋长、张守民、赵鸿喜不再参加再版编写工作，在此对他们为本书做出的贡献表示衷心感谢。

编　者

2023 年 7 月于天津

第一版前言

当代科学技术的发展日新月异，交叉学科、新学科不断涌现，加强基础、拓宽专业知识口径、更新教学内容势在必行。随着实验教学改革的不断深入，化学实验已经不再是化学教学中的附属课，而是一门化学教学中不可缺少的涵盖理论知识、操作技能、实验能力的独立课程。化学实验课旨在通过化学实验培养学生独立解决化学中实际问题的能力，增强学生的创新意识和探索精神。本书试图据此为目的对基础化学实验教材改革做一尝试。

本书包括基本操作实验、化合物制备、基本物理量及有关参数测定实验等内容共计132个。为了提高学生的科研和创新能力，其中还选编了9个英文文献实验。在实验的设计中引进了先进技术、新反应、新理念，如酶催化反应、相转移催化反应、光化合成、微波合成、超声合成、配合物制备和电化学反应等。本书在化学实验基础知识一章中加强了环境友好意识，选编了产物和溶剂的回收、三废处理措施及安全卫生等内容。考虑到实验教学改革的多样化和不同读者的适应性，本书对化合物的合成和化学基本物理量及有关参数的测定两大部分中的无机化合物合成、有机化合物合成、化学分析实验和物理化学实验做了分章节编写的处理。书后部附有多个实验常用数据表及有关内容。部分常用仪器与设备的使用融贯在实验中，书中不再做说明书式的介绍。

本书还引入计算机多媒体技术进行辅助教学。作者精心挑选了12个典型的化学实验，以网络版形式制成光盘，采用视频、音频及Flash动画技术图文并茂地向读者展示化学实验的基本要领与技巧。这也是对化学实验教学的一种新尝试。

本书由南开大学化学学院王秋长、赵鸿喜、张守民、李一峻担任主要编写工作。参加编写的人员还有：黄唯平、杨秀檩、王贵昌、孙波、郑文君、马玉新、孙雁。翟玉平、张艳玲、张宝珍、姚金喜、武丽艳、刘松岩等也参与了部分工作。本书的配套光盘由王秋长编写，王京制作。

本书由南开大学王积涛教授担任主审，并对本书内容的修改、补充、完善提供了宝贵的建议。参加审阅的还有南开大学化学学院徐善生教授、尹丽华教授、杨万龙副教授。南开大学化学实验教学中心吴世华教授对本书的编写工作提出了建设性的意见。本书部分参考了本校和兄弟学校已出版的教材和有关著作的相关内容，在此谨表谢意。

本书是作者对基础化学实验教材改革的初步尝试，在书的章节编排和内容上难免存在不妥之处，恳请有关专家、同行和读者给予指正。

编　者

2002年6月于天津

目　录

第 1 章　化学实验的基础知识

1.1　实验室规则

进入化学实验室必须遵守下列规则，以保证实验课的顺利进行，养成良好的学习习惯，提高实验科学综合素养。

（1）学生应按教学计划和课程安排进入实验室做实验。课外到实验室做实验须经实验室主任同意。晚间和节假日必须到实验室做实验时，至少有两人以上同时工作。

（2）实验前应做好准备，必须熟悉实验内容，明确实验目的、要求、方法及有关注意事项。不做预习和无故迟到者不得进入实验室做实验。

（3）进入实验室应服从教师指导，在指定位置做实验，不得在室内喧哗、打闹、吸烟、饮食、随地吐痰、乱扔纸屑和其他杂物。不得将与实验无关的物品带入实验室，不得将实验室物品带出实验室。

（4）学生应在教师指导下进行实验。按照实验要求做好准备，对所使用的仪器必须进行认真检查，经指导教师检查许可后，方可接通电源、气源，启动设备。要精心使用仪器设备，严格遵守操作规程，因违反操作规程而损坏仪器设备时要赔偿。

（5）实验过程中若仪器设备发生故障或损坏，首先要切断电源、气源，并立即报告指导教师进行处理。

（6）所有实验数据都要如实记录在专用实验记录纸或记录本上，不得随意杜撰和拼凑数据。要认真保存记录，不得随意乱丢。

（7）实验结束后，将仪器设备、用具归放原处。废液、废渣不得倒入水池内，必须倒在指定的废液缸中，用过的溶剂和产品必须回收。经教师检查合格后，方可离开实验室。

1.2　实验室安全

实验室安全是进行实验课学习的基本保障，进入实验室的每一个人都要充分重视实验室安全工作，提高安全意识。进入实验室之前，实验人员必须经由安全培训掌握一些相关的基本常识。培训合格后，取得进入实验室的资格，方可进行实验。为保障人身和国家财产的安全，请认真阅读以下各节内容。

1.2.1　危险化学品安全

危险化学品是指具有毒害、腐蚀、爆炸、燃烧、助燃等性质，对人体、设施、环境具有危害的剧毒化学品和其他化学品。危险化学品品种依据化学品分类和标签国家标准，以物理危险、健康危害和环境危害特性分类，具体危险化学品的品种参见《危险化学品目录》（2015 版），本书就进入实验室的人员必须掌握的基本常识进行介绍。

1. 闪燃、闪燃点和爆炸极限

在一定温度下，易燃或可燃液体（包括能蒸发蒸气的少量固体，如石蜡、樟脑、萘等）蒸气与空气混合后达到一定的浓度时，遇火源发生一闪即灭的火苗或火光，这种现象称为闪燃。在规定的条件下，能发生闪燃的最低温度称为闪燃点。常用的有机溶剂和一些试剂一般具有低沸点、易挥发的特性，当它们在空气中的含量达到一定浓度范围时，遇到明火即可发生爆炸。表 1-1 列出了一些有机化学实验中常用溶剂和试剂蒸气的闪燃点和爆炸极限。

表 1-1 常用溶剂和试剂蒸气的闪燃点和爆炸极限

名称	沸点/℃	闪燃点/℃	爆炸极限/%（体积分数）
甲醇	64.96	11	6.72～36.50
乙醇	78.50	12	3.28～18.95
正丁烷	68.90	21.7	1.20～7.00
乙醚	34.51	−4.5	1.85～36.50
丙酮	56.20	−17.5	2.55～12.80
苯	80.10	−11	1.40～7.10

同样，空气中的易燃气体达到一定的含量，遇到明火也会立即发生爆炸。表 1-2 列出了一些常见易燃气体的爆炸极限。

表 1-2 一些常见易燃气体的爆炸极限

名称	爆炸极限/%（体积分数）	名称	爆炸极限/%（体积分数）
氢气	4～74	甲烷	4.5～13.1
一氧化碳	12.5～74.2	乙烷	2.5～80
氨气	15～27	环氧乙烷	3～100

2. 易燃、易爆化合物

在化学实验中经常使用一些易燃、易爆的化合物，应该详细了解这些化合物的反应特性，做到安全使用。表 1-3 列出了化学实验中常用的一些易燃、易爆化合物及其反应特性。

表 1-3 常用易燃、易爆化合物及其反应特性

名称	反应特性
过氧化氢	强氧化剂，与还原物质反应剧烈，易燃，易爆
过氧化苯甲酰	强氧化剂，与衣服、纸张、木材接触易燃
氯酸钾	强氧化剂，与还原物质反应剧烈，易燃，易爆
浓硝酸	强氧化剂，与还原物质反应剧烈，易燃，易爆
氢化铝锂	强还原剂，遇水发生猛烈燃烧、爆炸

续表

名称	反应特性
金属钠（钾）	强还原剂，暴露在空气中、遇水发生猛烈燃烧、爆炸
重氮盐	可爆炸物，暴露在空气中发生爆炸、燃烧
乙炔铜（银）	可爆炸物，暴露在空气中发生爆炸、燃烧
叠氮化合物	可爆炸物，过热、撞击、强压发生爆炸
硝酸酯	可爆炸物，过热、撞击、强压发生爆炸
多硝基化合物	可爆炸物，过热、撞击、强压发生爆炸
乙醚	易产生过氧化物
共轭多烯	易产生过氧化物

实验中使用易燃、易爆化合物时，实验室应该具有良好、高效的通风设备，保持室内空气流通。燃气管道、阀门应该经常检查，用肥皂水检漏，及时维修。电器开关、马达、照明灯等应防止火花，安装防护罩。根据化合物的特性分类保管，经常检查，有效隔离，实验操作应在通风橱内。

实验装置中各结合部位应严密，勿使化学品泄漏。反应装置体系切勿完全封闭，应留有保持常压的通气口，正确连接尾气吸收装置。操作中避免反应物局部过热、液体暴沸、物料冲出。蒸馏时不要蒸干，减压或加压操作前要检查仪器、设备是否符合耐压规定，有无破损。反应中稳定压力、有效降温、严格遵守操作规程。实验室内禁止穿露钉鞋，禁止敲击金属、砖、石等，防止产生火星。

3. 剧毒化学品的定义和判定界限

实验中有时需要使用的化合物或气体具有毒性或腐蚀性，长期或大量接触会导致急性或慢性中毒。因此，事先了解实验中使用的化学物品的毒性十分必要。

根据急性毒性、急性中毒发病状况、慢性中毒发病状况、慢性中毒后果、致癌性和最高容许浓度六项指标，化学品的毒害等级分为剧毒、高毒、中毒和低毒。剧毒化学品指的是具有剧烈急性毒性危害的化学品，包括人工合成的化学品及其混合物和天然毒素，还包括具有急性毒性、易造成公共安全危害的化学品。剧烈急性毒性判定界限如下：急性毒性类别 1，即满足下列条件之一：大鼠实验，经口 LD_{50}（50%死亡率的剂量）$\leqslant$5mg/kg，经皮 $LD_{50}\leqslant$50mg/kg，吸入（4h）LC_{50}（半数致死浓度）$\leqslant$100mL/m^3（气体）、0.5mg/L（蒸气）或 0.05mg/L（尘、雾）。经皮 LD_{50} 的实验数据也可使用兔实验数据。表 1-4 列出了化学实验常见有毒化学物质。

表 1-4　化学实验常见有毒化学物质

致癌物质	剧毒试剂	有毒溶剂	腐蚀性化合物	毒性气体
对甲苯磺酸甲酯	硫酸二甲酯	苯	有机强酸	氟
亚硝基二甲胺	氰化钾	甲苯	有机强碱	氯
偶氮乙烷	氰化钠	乙醚	硫酸	二氧化硫

续表

致癌物质	剧毒试剂	有毒溶剂	腐蚀性化合物	毒性气体
二甲胺偶氮苯	氢氰酸	氯仿	盐酸	一氧化碳
(*α*)*β*-萘胺	氯化汞	苯胺	硝酸	光气
2-乙酰氨联苯	砷化物		氢氧化钠	汞蒸气
2-乙酰氨苯酚	氟化氢		氢氧化钾	溴蒸气
2-乙酰氨芴	溴化氢		生物碱	
3, 4-苯并蒽	氯化氢		苯酚	
1, 2, 4, 5-二苯并蒽	硫化氢		硝基苯	
9, 10-二甲基-1, 2-苯并蒽			黄磷	
N-亚硝基化合物				
石棉粉尘				

涉及有毒物质的实验应在通风橱内操作；产生有毒蒸气和气体的实验需防止泄漏并安装吸收装置，做好个人安全防护；穿戴好工作服、橡胶手套、防护眼镜、面罩、口罩等，严禁吸入身体内部和接触皮肤；实验室保持良好的通风；严格执行有关保管、领用制度。

4. *危险化学品的存放*

危险化学品的存放必须严格遵守下列原则：

（1）危险化学品应根据其特性分类保存，不允许露天存放，不得在高温、潮湿、漏雨的环境下存放。

（2）化学性质或防护、灭火方法相互抵触的危险化学品不得在同一处存放。

（3）易燃、易爆危险化学品要严格按类别存放保管，并设置明显标志，严禁在实验室内超量储存。

（4）实验人员要定期对实验室存放的危险化学品进行检查和清理，防止因变质、泄漏或被盗而引发安全事故。

（5）移动危险化学品一定要将包装瓶放置在完好可靠的容器内搬运，防止因脱落、碰撞而引发事故。

（6）严禁在存放危险化学品的实验室动火。需动火作业的，应报保卫处审批。动火作业前应进行风险分析，制订监控措施，设置监护人员。

（7）实验室使用的高压气瓶要直立放置并用固定链固定稳妥。要远离热源，避免暴晒和强烈震动。一般情况下，实验室内存放的气瓶数量不得超过两瓶。

（8）存放高压气瓶时要分类保管，合理放置，易燃气体和助燃气体钢瓶必须分开放置。

（9）在搬动高压气瓶时，应装上防震垫圈，旋紧安全帽，以保护开关阀，防止其意外转动，并减少碰撞。在搬运充装有气体的高压气瓶时，可用特制的小推车或用手平抬及垂直转动。严禁用手执着开关阀移动气瓶。

1.2.2　实验室救护

作为化学工作者应具备实验意外伤害紧急救护常识。紧急情况下可先做针对性处理，并及时送往附近医院，最好是职业病医院。

针对性紧急处理如下：

（1）当腐蚀性毒物进入口中时，若是强酸且已经吞下，应大量饮水后服用氢氧化铝软膏和鸡蛋蛋白；若是强碱，也应大量饮水后服用醋或酸果汁、鸡蛋蛋白。无论酸、碱损害皆可灌注牛奶。吸入毒气者，先要到室外通风处呼吸新鲜空气。

（2）当眼睛受到伤害时，切勿用手搓揉，无论酸、碱首先都要用大量水冲洗。若是酸，用 1%碳酸氢钠溶液洗；若是碱，用 1%硼酸溶液洗；若是溴，用 1%碳酸氢钠溶液洗；若是玻璃等硬物进入眼睛，先用镊子小心取出或用水冲出，再用水冲洗。

（3）当皮肤被化学品灼伤时，先用吸水纸或脱脂棉吸干，再用大量水冲洗。若是酸，用 1%碳酸氢钠溶液洗；若是碱，用 1%硼酸溶液洗；若是溴，用 1%碳酸氢钠溶液洗。

（4）当皮肤被烧伤、烫伤时用烫伤油膏敷涂。

（5）当被玻璃割伤、扎伤时，首先取出碎玻璃，再用蒸馏水冲洗，洗后敷上创可贴或用绷带包扎。大伤口先按紧大血管防止大量出血。

1.2.3　火灾抢救

实验室一旦发生火情，切勿慌乱，要冷静及时地采取措施。首先切断火源，关闭燃气，拉下电闸，移去附近的易燃物，同时根据着火的具体情形采取合适的处理方法。

加热实验过程中小范围起火时，应立即用湿石棉布或湿抹布扑灭明火，有机溶剂或油类物质着火时切不可用水浇，否则火势将蔓延开来。

实验室人员衣服着火时，立即用毯子之类的物品蒙盖在着火者身上灭火，切不宜慌张跑动，避免气流流向燃烧的衣服，再使火焰增大。

范围较大的火情应立即用灭火器扑灭。灭火器可选用二氧化碳或泡沫灭火器，不宜使用四氯化碳灭火器，因为四氯化碳在高温时会生成剧毒的光气，遇金属钠发生爆炸。二氧化碳灭火器打开开关即可喷出二氧化碳雾状气体。泡沫灭火器倒置即喷出泡沫，灭火时应该从火的四周向中心扑灭。表 1-5 为各种灭火器的适用范围。

表 1-5　各种灭火器的适用范围

名称	适用范围
泡沫灭火器	用于一般失火及油类着火。此种灭火器是由 $Al_2(SO_4)_3$ 和 $NaHCO_3$ 溶液作用产生大量的 $Al(OH)_3$ 及二氧化碳泡沫，泡沫把燃烧物质覆盖，与空气隔绝而灭火。因为泡沫能导电，所以不能用于扑灭电器设备着火
四氯化碳灭火器	用于电器设备及汽油、丙酮等着火。此种灭火器内装液态四氯化碳。四氯化碳沸点低，相对密度大，不会被引燃，所以把四氯化碳喷射到燃烧物的表面，四氯化碳液体迅速气化，覆盖在燃烧物上而灭火
1211 灭火器	用于油类、有机溶剂、精密仪器、高压电器设备着火。此种灭火器内装 CF_2ClBr 液化气，灭火效果好
二氧化碳灭火器	用于电器设备失火及忌水的物质着火，内装液态二氧化碳
干粉灭火器	用于油类、电器设备、可燃气体及遇水燃烧等物质的着火。内装 $NaHCO_3$ 等物质和适量的润滑剂、防潮剂。此种灭火器喷出的粉末能覆盖在燃烧物上，组成阻止燃烧的隔离层，同时受热分解出二氧化碳，能起到中断燃烧的作用，因此灭火速度快

一旦火灾蔓延，马上撤离，及时拨打“119”，并及时报告。

1.2.4 实验室急救箱

实验室应备有急救箱，箱内放置医用酒精、烫伤软膏、1%碳酸氢钠溶液、1%硼酸溶液，还应有创可贴、绷带、脱脂棉、棉签、橡皮膏和医用镊子、剪刀。

实验室还应安装洗眼器和紧急喷淋器。当药品溅入眼中或溅洒在身体上时，打开水龙头用大量水冲洗，伤情严重者及时送往医院。

1.2.5 “三废”、有机溶剂、产物的处理

1. 废气

根据废气的特性，使用气体吸收装置和相应的吸收液或吸附材料来吸收、处理。例如，卤化氢、二氧化硫等酸性气体，可用碳酸钠、氢氧化钠等碱性水溶液吸收。一些有毒气体可用活性炭、分子筛、硅藻土等吸收塔吸收。气体吸收装置如图 1-1 所示。

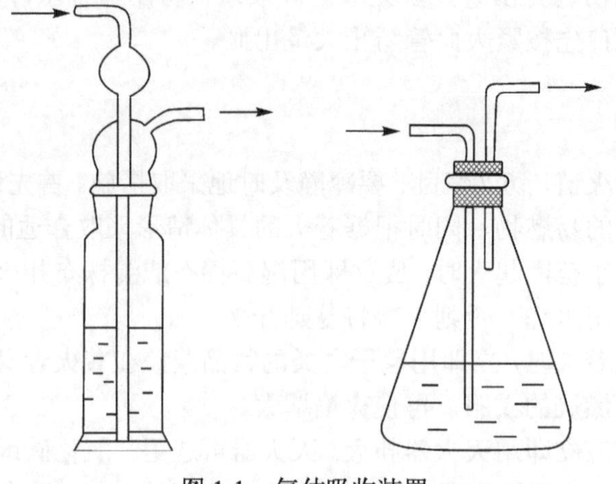

图 1-1 气体吸收装置

2. 废液

将酸性和碱性废液中和为中性后再处理。含有汞、铅、镉、砷、氰化物等有毒物质的溶液，根据其化合物性质，采用化学反应使其转化为固体、沉淀或无毒化合物，送交专业人员和部门处理。含有机化合物的废液，须经萃取后处理。

3. 废渣

无毒废渣可在指定地点深埋，有毒废渣必须交有关专业部门处理。

4. 有机溶剂

有机溶剂要分类回收，经蒸馏、分馏后循环使用。

5. 产物

实验所得产物和副产物要回收，提倡前一个实验的产物作为后面实验的反应物，合理利用产物。

1.3 误差与数据处理

1.3.1 误差的基本概念

1. 误差

误差分为绝对误差和相对误差。

绝对误差为测定值 x 与真值 μ_0 之差，用 E 表示：

$$E = x - \mu_0 \tag{1-1}$$

相对误差为绝对误差在真值中所占的百分数：

$$\mathrm{RE} = \frac{x - \mu_0}{\mu_0} \times 100\% \tag{1-2}$$

真值为某一物理量本身具有的客观存在的真实数值。由于真值不可能准确得到，因此经常把一些值当作真值，如纯物质中各元素或组分按照化学式计算所得到的理论含量，由国际计量大会确定的元素的相对原子质量、物理化学常数或标准样品的标准值等。

误差按其性质可以分为三类：系统误差、随机误差和过失误差。

系统误差又称为可测误差，包括方法误差、仪器误差、试剂误差和操作误差。它是由测定过程中某些确定的因素造成的，对测定结果的影响比较恒定。

随机误差也称偶然误差或不可测误差，是由一些难以控制的、无法避免的随机因素（或称偶然因素）造成的，不能通过校正的方法予以减小或消除，但可以通过增加平行测定次数减少随机误差对结果的影响。

过失误差是由操作者主观上责任心不强、粗心大意或者违反操作规程等造成的。

2. 准确度和精密度

准确度表示测定值与真值相符合的程度，用误差的大小衡量，误差越小，准确度越高。准确度与系统误差和随机误差均有关，表示测定结果的正确性。

精密度表示在相同条件下一组平行测定值之间相互接近的程度，用相对平均偏差或相对标准偏差的大小衡量，数值越小，精密度越高。精密度仅与随机误差有关，而与系统误差无关，表示测定结果的重复性和再现性。

测定结果的质量应从精密度和准确度两个方面进行评价。精密度好，不一定准确度高。精密度差，所得结果不可靠，就失去了衡量准确度的前提。因此，精密度是保证准确度的必要条件。

在相同条件下用同一方法对某样品重复测定 n 次，得一组测量值 $x_1, x_2, \cdots, x_n$。这些测量值的算术平均值 $\bar{x}$ 称为样本的平均值。

$$\bar{x}=\frac{1}{n}\sum_{i=1}^{n}x_i=\frac{x_1+x_2+\cdots+x_n}{n} \quad (1\text{-}3)$$

其相对平均偏差为

$$\mathrm{RAD}=\frac{\frac{1}{n}\sum_{i=1}^{n}\left|x_i-\bar{x}\right|}{\bar{x}}\times 100\% \quad (1\text{-}4)$$

其相对标准偏差为

$$\mathrm{RSD}=\frac{\sqrt{\frac{\sum(x_i-\bar{x})^2}{n-1}}}{\bar{x}}\times 100\% \quad (1\text{-}5)$$

1.3.2　有效数字及运算规则

1. 有效数字

有效数字是在测量中实际能够测到的数字。在有效数字中，只有最后一位数字是估计值，其余数字都是确定的。有效数字保留的位数应当根据分析方法和仪器的精度确定。

2. 有效数字的计位规则

（1）非“0”数字都计位，如 21.25 计为 4 位，1.2 计为 2 位。

（2）数字“0”可以是有效数字，也可以不是有效数字。“0”在非“0”数字之间时要计位，如 1.006 计为 4 位。“0”在所有非“0”数字之前时不计位，如 0.0051 计为 2 位。“0”在所有非“0”数字之后时计位，如 1.00 计为 3 位。

（3）pH、pK 等值的有效数字位数仅取决于数值的小数部分的位数，因为整数部分只表示 10 的方次。例如，pH=10.00 计 2 位有效数字，相当于$[H^+]=1.0\times10^{-10}$mol/L。

（4）有效数字的位数与小数点的位置无关，保留几位有效数字与保留小数点后几位是完全不同的两个概念，不可混淆。

3. 有效数字的修约规则

有效数字的修约按“四舍六入五成双”原则进行。具体方法如下：尾数（测量值中被修约的数）小于 5 时，舍去；大于 5 时，进位；恰好等于 5 时，若 5 前面的数字为偶数（包括 0）则舍去，是奇数则进位。

4. 有效数字的运算规则

加减法运算时，计算结果的绝对误差与各运算数据中绝对误差最大的数据（小数点后位数最少的）相一致（尾数取齐）。

乘除法运算时，计算结果的相对误差与各运算数据中相对误差最大的数据（有效数字位数最少的）相一致（位数取齐）。

5. 正确记录测量数据和计算结果

记录测量数据时只保留一位估计数字。例如，用万分之一分析天平称量某物质的质量时应准确至 0.0001g，用托盘天平称量时应准确至 0.1g。使用滴定管、容量瓶等测体积时应记到小数点后第二位，如 24.30mL、25.00mL。

有关化学平衡的计算一般保留 2 位或 3 位有效数字。各种误差的计算，要求保留 1 位或 2 位有效数字。标准溶液浓度则要求保留 4 位有效数字。

对分析结果来说，有效数字位数的一般规定是：高含量组分（≥10%）保留 4 位有效数字，中含量组分（1%～10%）保留 3 位有效数字，微量组分（＜1%）保留 2 位有效数字。

1.3.3　可疑值的取舍

一组平行数据总有一定的波动性，这是由随机误差引起的正常现象。但有时在一组数据中会发现一个比其他测量值明显偏大或偏小的值，这样的测量值称为可疑值。如果可疑值没有超出随机误差允许的范围，仍属正常值，应予保留；如果超出了随机误差的限度就属异常值，应该舍弃。由于可疑值的取舍对数据的处理结果影响较大，因此在数据处理之前正确地判断可疑值是否属于异常值是十分重要的。数据处理之前先仔细回忆和检查在产生该可疑值的实验过程中是否有可觉察到的技术上的异常原因，如有则应舍弃。如果回忆不出原因（或无很大把握），应进行可疑值检验以决定取舍。$4\bar{d}$ 法由于使用简便，经常用于可疑值的检验。其使用方法如下：去掉可疑值后，计算平均值 $\bar{x}$ 和平均偏差 $\bar{d}$；若|可疑值 $-\bar{x}$|≥$4\bar{d}$，则可疑值为异常值，应舍弃；否则保留。

1.3.4　合理设计实验方案

1. 选择合适的仪器或方法

不同的实验项目经常会有不同的结果要求。在设计实验方案时首先要考虑结果的要求是否能得到满足，其次还要考虑到仪器的使用成本和实验的时间成本。例如，有机合成实验中需加入 25mL 试剂，用普通的量筒即可。若用 25mL 移液管，对实验结果几乎无任何影响，但仪器成本和时间成本提高，得不偿失。若需移取 25mL 样品溶液用于分析测定时，则必须使用 25mL 移液管，如用量筒移取则会带来很大的误差。

在样品测定时，针对不同含量的样品也会选择不同的分析方法。例如，常量分析一般应选质量法和滴定法；而微量组分或痕量组分的测定应选仪器分析方法。在同一类分析方法中，对某些样品来说，采用不同的测定方法所得结果的准确度也可能不尽相同。例如，矿石中常量铁的测定选用配位滴定法就不如氧化还原滴定法好。所以要根据样品的具体情况、对准确度的要求以及客观实际条件综合考虑，选择合适的分析方法。

2. 减小测量的相对误差

物理量的测定都有一定的误差，在消除系统误差的前提下，每一种仪器都有一个最大的不准确范围。例如，50mL 滴定管每次读数的最大不确定值为±0.01mL，万分之一分析天平每次称量的最大不确定值为±0.1mg。对于一种仪器来说，尽管“最大不确定值”是固定的，但可以通过改变被测物的总量来控制所引起的相对误差。例如，滴定管两次读数的最大可能误差为±0.02mL，当液体的体积分别为 10mL、20mL 时，相对误差分别为

$$\text{相对误差(10mL)}=\frac{\text{绝对误差}}{\text{体积}}=\frac{\pm 0.02}{10}=\pm 0.2\%$$

$$\text{相对误差(20mL)}=\frac{\text{绝对误差}}{\text{体积}}=\frac{\pm 0.02}{20}=\pm 0.1\%$$

一般滴定分析时读数的相对误差要求≤0.1%，此时液体的体积应≥20mL，若再考虑滴定时液体往下流动的不均匀性，一般要求液体的体积为 20～30mL。又如，进行滴定分析和质量分析时一般要求称量的相对误差≤0.1%，因此所需样品的最少量为

$$m_{\text{样}}=\frac{\text{绝对误差}}{\text{相对误差}}=\frac{0.0001\times 2}{0.1\%}=0.2(\text{g})$$

3. 减小随机误差

随机误差虽然不可避免，但增加平行测定次数，以平均值报告结果可以减小随机误差的影响。

4. 检查和消除系统误差

系统误差是造成平均值偏离真值的主要原因，因此检查并消除系统误差是提高结果准确度的重要措施。检查系统误差的方法有标准样品对照、标准方法对照和加入回收法。消除系统误差的常用方法有校正仪器、改进分析方法、做空白试验。

1.4 实验预习、原始记录和报告

1.4.1 实验预习

实验课前应做好预习，写出实验预习卡片，主要内容有实验目的、原理、反应式、所用仪器、药品性能、操作步骤、注意事项、实验进度、时间的充分利用、安全事项、问题等。写成卡片，一目了然，作为实验的直接指导，可做到心中有数。

1.4.2 实验原始记录

实验原始记录是实验的原始材料，必须及时记录，不得涂改。实验结束后，原始记录须经指导教师签字。具体记录的内容是：①使用的仪器品种、大小及仪器装置，所有测试仪器的名称、规格与型号；②药品试剂的规格（包括纯化方法）和用量；③反应的操作步骤及现象；④产品的分离提纯方法；⑤产品的产量、产率、测定的物理常数数据及光谱分析谱图；⑥实验中的异常现象及处理手段。

实验原始记录是书写实验报告的依据。做原始记录时要遵循八字原则——“及时、真

实、详细、规范”。“及时”是指实验时要边做边记，不要在实验结束后补做“回忆录”。回忆容易造成漏记、误记，影响实验结果的准确性和可靠程度。“真实”是指记录应该反映实验中的真实情况，不可照抄书本，也不可抄袭他人的数据或内容，更不能伪造实验数据。原始记录必须是根据自己的实验事实如实、科学地记录。“详细”是要求对实验中的任何数据、现象以及上述各项内容做详细记录，甚至包括自己认为无用的内容都要不厌其烦地记录下来。有些数据、内容，宁可在整理总结实验报告时舍去，也不要因为缺少数据而浪费大量时间重新实验。“规范”是指做记录时，条理清晰，标注准确，符号含义明确。这样使用所记录内容时，能够一目了然。避免使用一些晦涩的符号和过于简略的语言，否则一段时间后也许记录者本人也不知所云。

实验记录无统一格式要求，但一般需要做到：①记录本要编写页码；②要记录实验名称和日期；③若有实验谱图也要注意编写号码；④实验记录本最好能将实验项目编成目录。

1.4.3　实验报告

实验操作完毕后，必须根据自己的实验记录进行总结归纳，分析讨论，整理成文。实验报告的书写在文字和格式方面都有较严格的要求。应该做到：叙述简明扼要，文字通顺，条理清楚，字迹工整，图表清晰。另外，必须强调的是：在根据实验记录整理成文之后，还要认真写出“实验讨论”，应该对实验原理、操作方法、反应现象给予解释说明，对操作中的经验教训和实验中存在的问题提出改进性建议以及回答思考题等。通过讨论，可达到从感性认识上升到理性认识的目的。只有完成了实验报告的整理，才能算真正完成了一个实验的全过程。

实验报告格式大体包括 7 项内容：①实验目的；②原理；③试剂规格与用量；④仪器装置图；⑤操作步骤；⑥数据处理；⑦结果讨论。

1.5　化学试剂的一般知识

1.5.1　化学试剂规格

做实验时，应正确选用所需纯度的试剂。化学试剂根据其纯净程度划分为 4 个等级，其规格和适用范围见表 1-6。

表 1-6　化学试剂等级对照表

规格等级	名称	符号	标签颜色	适用范围
一级品	优级纯 保证试剂	G.R.	绿色	适用于精密的分析工作和科学研究
二级品	分析纯 分析试剂	A.R.	红色	适用于一般的分析和科学研究
三级品	化学纯	C.P.	蓝色	适用于一般化学实验
四级品	实验试剂 医用	L.R.	棕色或其他颜色	纯度较低，适合作实验辅助剂
	生物试剂	B.R.或 C.R.	黄色或其他颜色	

此外，还有特殊规格试剂，如：

光谱纯试剂　符号 S.P.，光谱法测不出杂质含量，主要用作光谱分析中的基准物质。

基准试剂　纯度相当于或高于保证试剂，可作基准物和直接配制标准溶液。

色谱纯试剂　在最高灵敏度下，以 10^{-10}g 试剂无色谱杂质峰为标准。

本书各部分实验中使用的试剂，除特殊说明外皆为分析纯试剂。

1.5.2　取用试剂的注意事项

（1）取用试剂时应注意保持试剂清洁，因此要做到：①打开瓶塞后，瓶塞不许任意放置，防止沾污，取完试剂后立即盖好；②取用固体试剂时应用洁净干燥的药匙，用后药匙应洗（或擦）净；③原装液体试剂取用时，应采用“倒出”的方法，尽量不用吸管直接吸取，若有特殊需要，吸管或移液管应洁净，防止带入污物或水（影响溶液的浓度）；④试剂自瓶中倒出后若用不完，不得再倒回原瓶，因此实验时要按需取用，以免造成浪费。

（2）盛有试剂的瓶上都应有明显的标签，写明试剂的名称、浓度、规格及配制时间等。

（3）用完公用试剂后应立即放回原处，以免影响他人使用。

1.6　化学实验文献资料

学会查阅和使用有关工具书、化学文摘、期刊等文献资料是化学实验课程的基本要求之一。表 1-7 简单介绍了化学实验中常用的文献资料。

表 1-7　化学实验中常用的文献资料

书名	简介
《英汉化学化工词汇》	科学出版社，5 版.（2016），收录专业词汇 17.5 万条
《化工辞典》	化学工业出版社，5 版.（2014），收录专业名词 9500 条和摘要
《化学化工药学大辞典》	黄天守，大学图书公司（1982），收录化合物万余种和摘要
The Merck Index	M. O'Neil，14th ed.（2006），化学药物的百科全书
Dictionary of Organic Compounds	I. Heilbron，6th ed.（1996），收录化合物 28000 个和摘要
Handbook of Chemistry and Physics	W. M. Haynes. 97th ed.（2016～2017），最常用的化合物和元素的物理及化学手册
Beilsteins Handbuch der Organischen Chemie	内容全面，有化合物来源、制备、性质、生理作用、分析方法、用途和原始文献的出处
Chemical Abstracts	美国《化学文摘》，内容有文摘号、题目、作者、所属实验室、制备、文摘出处、专利号等，并有关键词、作者、主题、分子式、专利号索引

随着互联网技术的普及，用电子数据库查阅文献已经成为大学本科生的必备技能。SciFinder Academic 是由美国化学会（American Chemical Society）1998 年编辑出版的化学文摘网络版。它整合了《化学文摘》、美国国立医学图书馆生物医学数据库等欧洲

和美国 50 多家专利机构的全文专利资料。SciFinder Academic 是科学发现的工具，它几乎涉及了化学和生物学学者感兴趣的所有领域，不仅包括无机化学、有机化学、分析化学、物理化学、高分子化学等化学二级学科，还包括冶金学、材料学、地球化学、药物学、毒物学、环境化学、生物学、生物医学及物理学等学科领域，收集了 1907 年以来的数据。

使用 SciFinder Academic，需要首先注册用户名并设置密码。网络版注册地址为 https: //scifinder.cas.org/registration/index.html?corpKey=D41EB7DA-86F3-5055-4C54-92A5 A1195A66，网络版登录地址为 https：//orgin-scifinder.cas.org。

关于 SciFinder Academic 的使用方法，已有一些相关的培训课件。例如，南开大学图书馆开发了分别针对化学学院及生命科学学院的使用指南，并提供了结构画图的说明。本书将针对化学专业的学生，简要介绍 SciFinder Academic 的使用方法。

通过用户名和密码登录到 SciFinder Academic 网页后，可见图 1-2 所示页面。SciFinder Academic 可通过“References，Substances，Reactions”查找文献、化合物及反应。其中每种类型又包括多个不同栏目。例如，“References”包括“Research Topic，Author Name，Company Name，Document Identifier，Journal，Patent，Tags”等方面。下面分别以“Research Topic”，“Author Name”及“Chemical Structure”的使用为例进行说明。

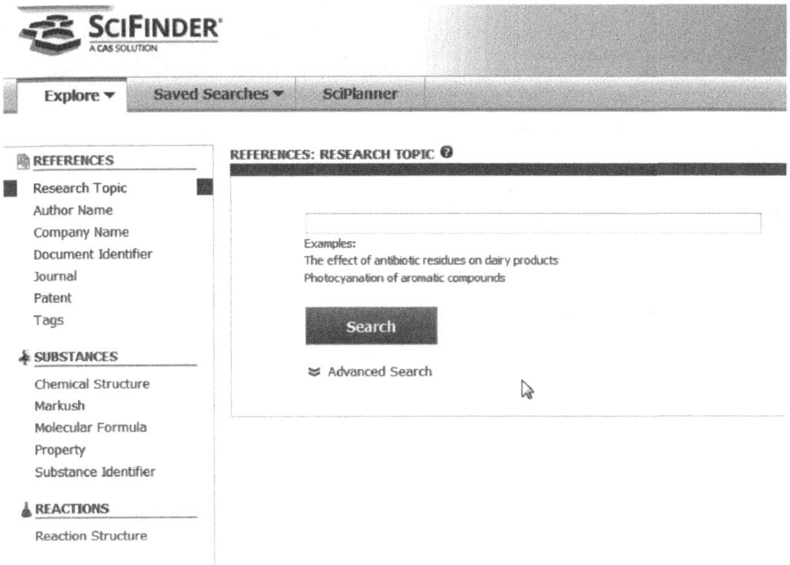

图 1-2 SciFinder Academic 界面

使用“Research Topic”相当于通过主题索引查找文献，“Research Topic”可以是一个短语，也可以是几个关键词，通过增加关键词个数可以调节文献查找范围。设置的关键词越少，符合要求的文献越多。以“1, 3, 4-oxadiazole liquid crystals”为例说明通过“Research Topic”查找文献的方法。在图 1-2 所示空格处输入“1, 3, 4-oxadiazole liquid crystals”，点击“Search”，可看到图 1-3 所示界面，符合“1, 3, 4-oxadiazole liquid crystals”要求的有 1 条目录，点击该条目录，可得到 128 篇文献。

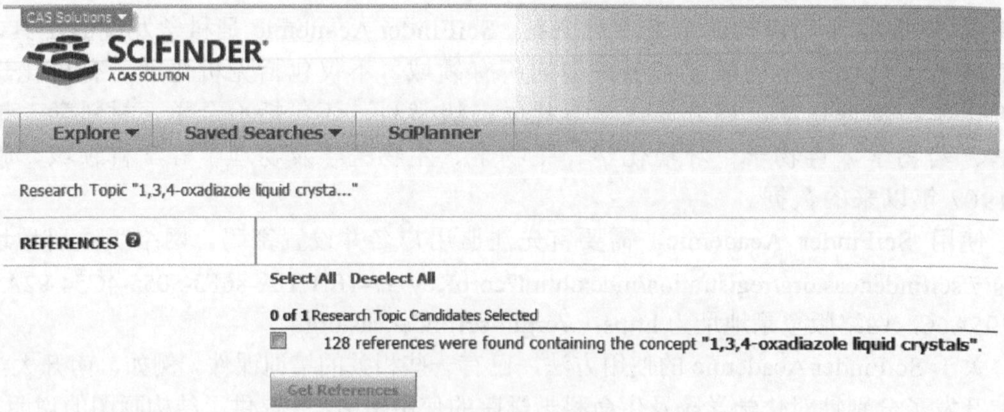

图 1-3　查找文献结果界面

可以通过图 1-4 页面左栏的“Analyze，Refine，Categorize”对以上 128 篇文献进行分析，如通过作者名字可对文献分类，由图可知，在“1, 3, 4-oxadiazole liquid crystals”研究领域内，发表论文数量由多到少的人依次为“Han Jie，Samulski Edward T，Li Min，Gallardo Hugo”等，点击作者名“Han Jie”，可检索到“Han Jie”在该领域发表的 11 篇文献，从中可以迅速找到感兴趣的文献。

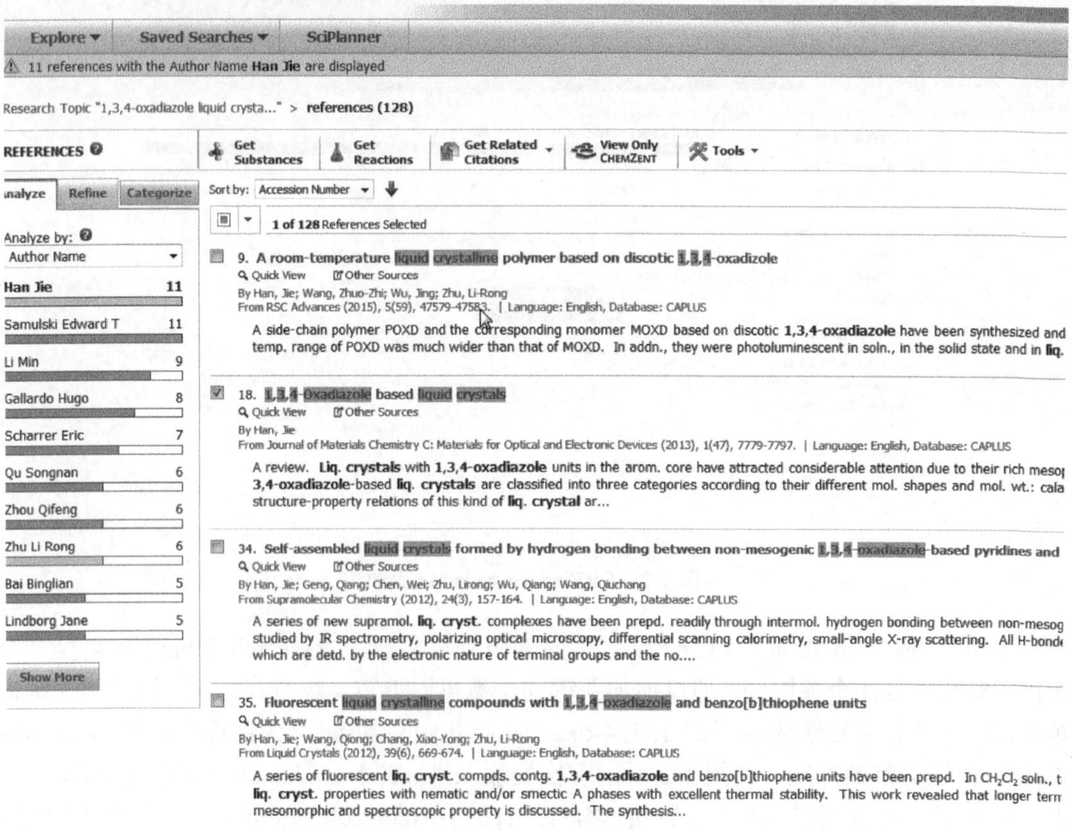

图 1-4　基于“1, 3, 4-oxadiazole liquid crystals”文献的作者分析界面

在文献查阅中，如果需要了解某一课题组的研究工作，可通过作者索引进行查阅。以作者“Che Chi-Ming”为例进行说明，点击图 1-5 左侧的“Author Name”，在右侧“Last Name”下面的空格中输入“Che”，“First”下面空格中输入“Chi-Ming”，点击“Search”，搜索结果中包括“Che Chi-Ming”及相近缩写的作者，尤其中国作者的名字可能会有较多的缩写相近者。从中选择最符合要求的作者，点击可得到该课题组发表的全部文献。

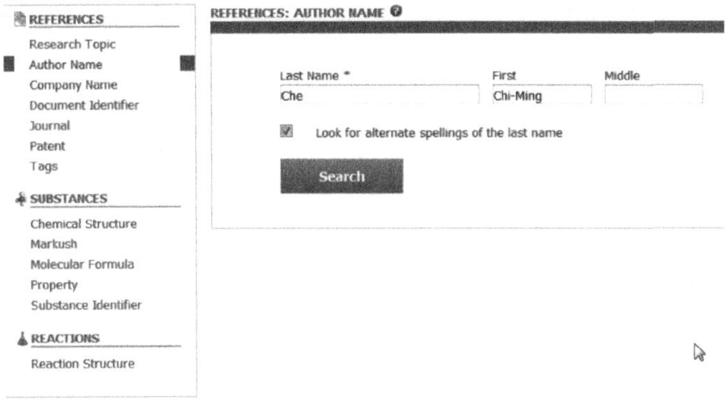

图 1-5　作者索引文献界面

“Chemical Structure”即分子结构索引，通过该索引可快速查阅某一特定结构化合物是否是文献报道的化合物或新化合物，如果是文献已报道的化合物，可得到与该化合物的物理性质、化学性质、合成方法及用途等相关的文献。查找某一化合物时，首先点击图 1-5 中“SUBSTANCES”中的“Chemical Structure”，出现“Structure Editor”界面，然后画出化合物的结构，具体画法与常用的 ChemDraw 软件相似。以有机实验中“7, 7-二氯二环[4.1.0]庚烷”为例，查找其制备方法。在“Structure Editor”界面画出 7, 7-二氯二环[4.1.0]庚烷的结构（图 1-6）。

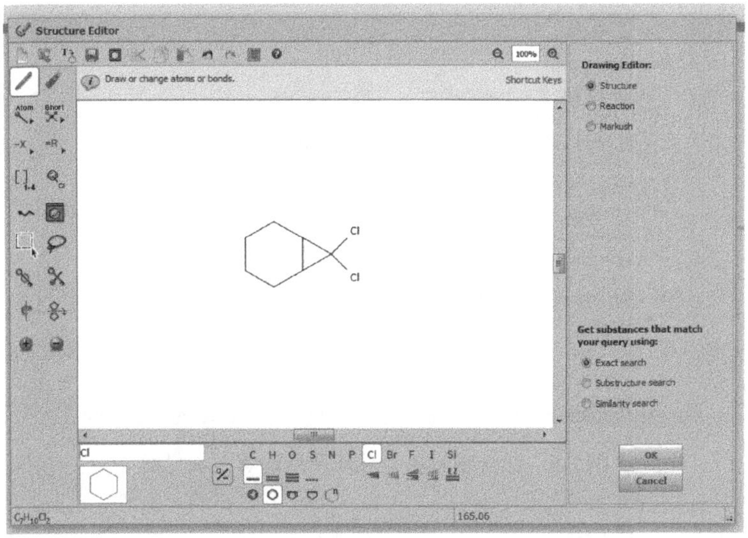

图 1-6　分子结构索引文献界面

在图 1-6 右侧“Drawing Editor”中选择“Structure”，在“Get substances that match your query using”中选择“Exact search”，如果需要查找类似结构的化合物，尤其是所查找的化合物为新化合物时，可以选“Similarity search”。点击“OK”，可搜索到符合要求的 4 种化合物，如图 1-7 所示。

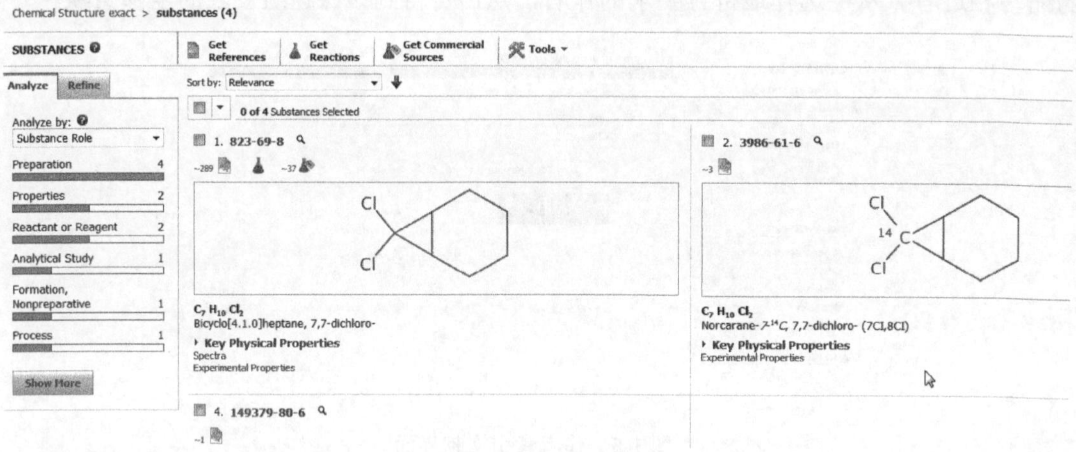

图 1-7 化合物结构文献界面

选择图 1-7 中结构 1，点击“Get References”，进入图 1-8 所示界面。选择“Preparation”，点击“Get”，得到关于 7, 7-二氯二环[4.1.0]庚烷制备的文献，可根据需要查找具体的文献。

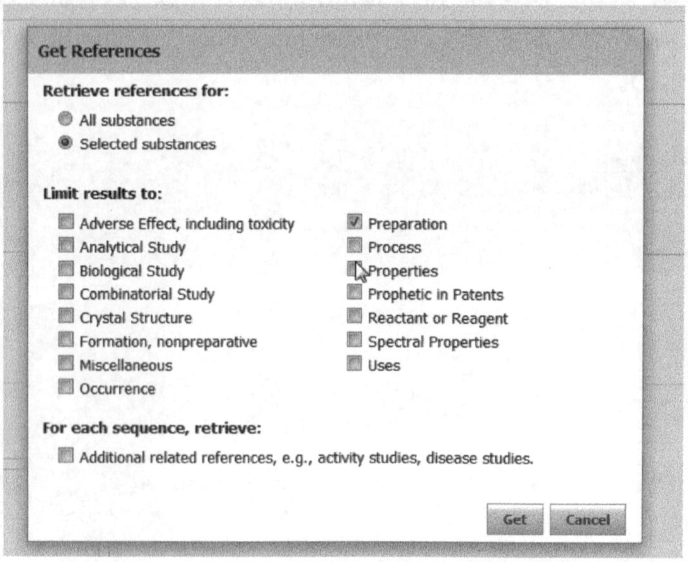

图 1-8 化合物制备、性质及用途等文献界面

第 2 章　化学实验的基本技术

2.1　玻璃仪器的使用

2.1.1　常用玻璃仪器

1. 常用玻璃仪器的名称及主要用途

1）常用玻璃仪器的名称

常用的玻璃仪器及名称如图 2-1 所示。

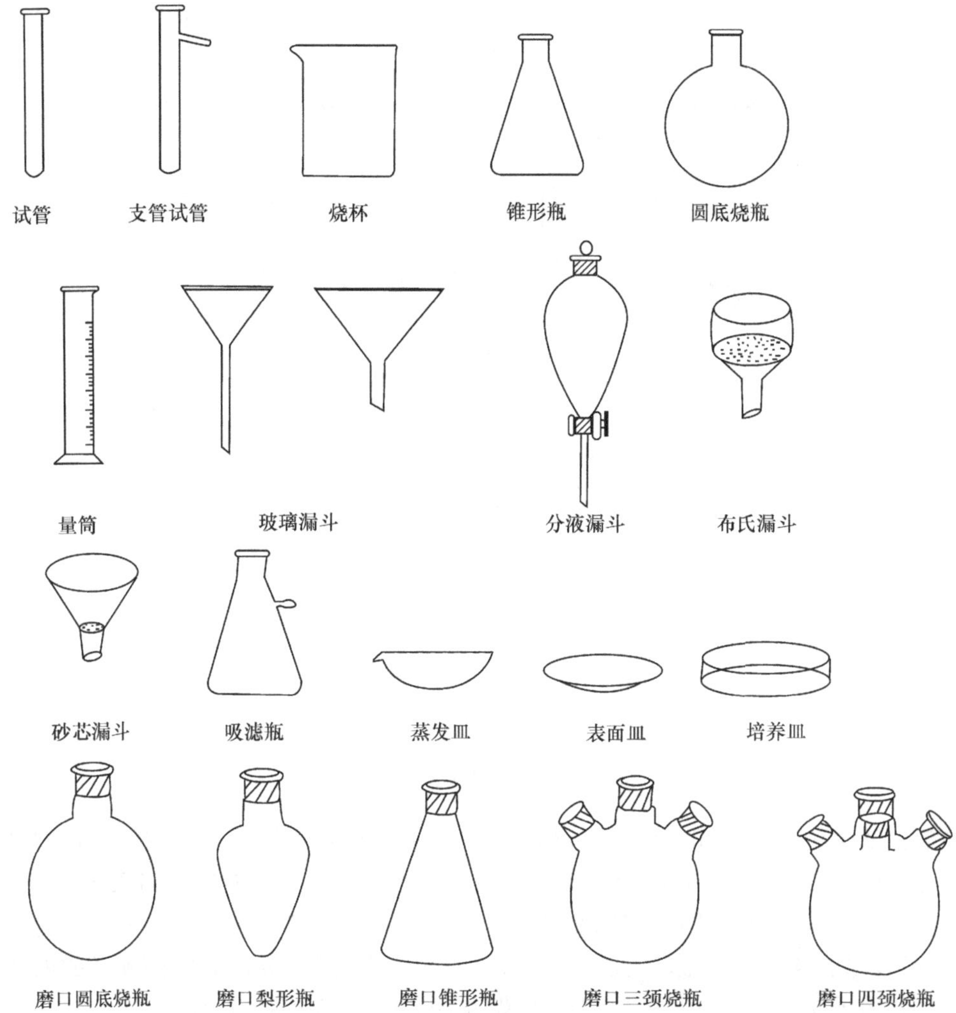

图 2-1　常用玻璃仪器

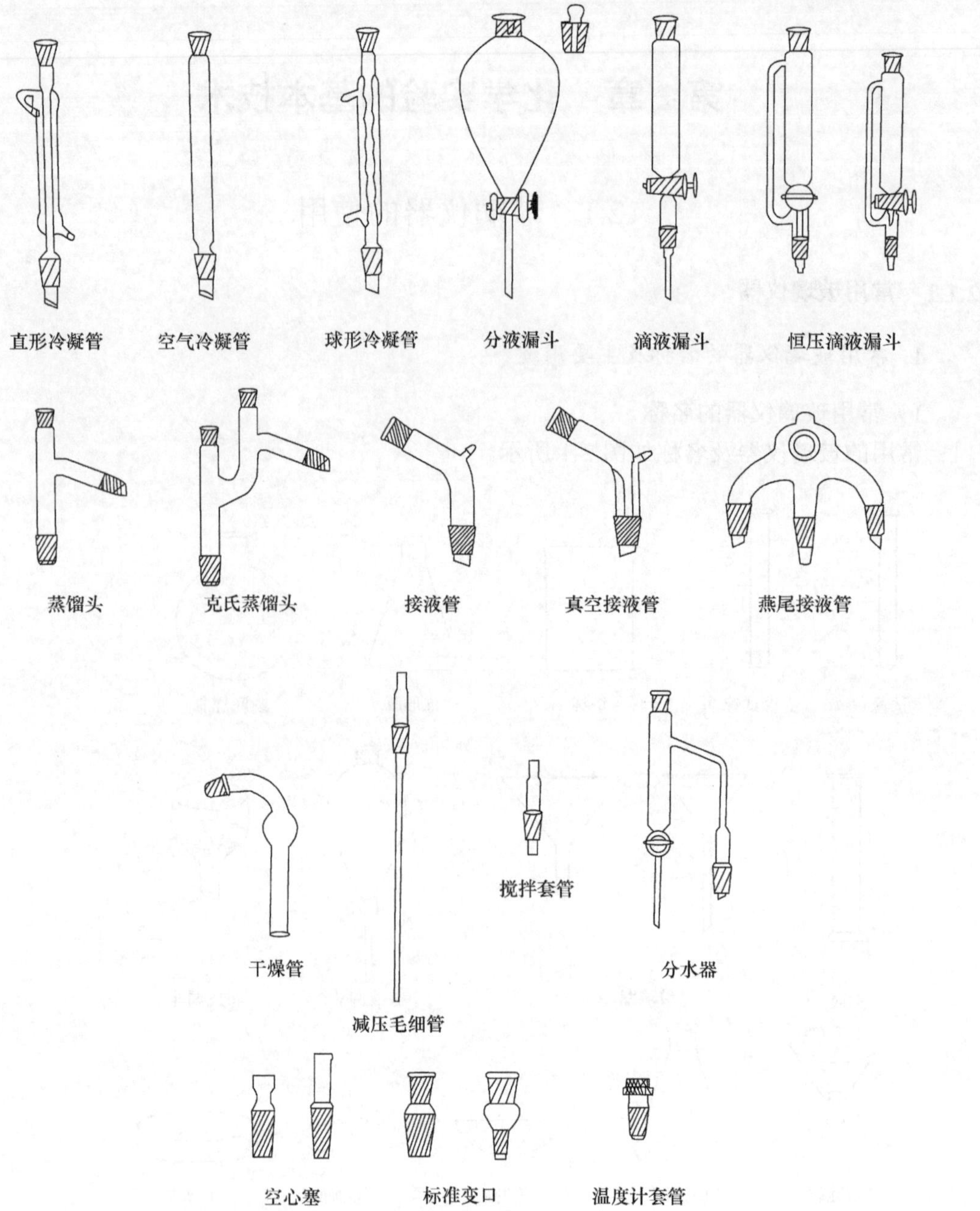

图 2-1（续）

玻璃仪器主要有磨口和普通两类。标准磨口玻璃仪器具有装配容易、拆卸方便等优点，目前已在实验室广泛使用。标准磨口玻璃仪器口径的大小通常用数字编号表示，这些数字编号是指磨口最大端直径的毫米整数，常用的有 10、14、19、24、29 号等。有时也用两个数字表示，如 14/30 表示磨口直径为 14mm，磨口长度为 30mm。相同编号的内外磨口可以直接紧密连接，不同编号的磨口则需借助不同编号的标准变口连接。

相对于磨口玻璃仪器，普通玻璃仪器价格便宜。一般来说，大部分普通玻璃仪器均可用磨口玻璃仪器取代，但也有一些玻璃仪器没有必要用磨口，如量筒、烧杯、表面皿、吸滤瓶等。

2）常用玻璃仪器的主要用途

烧杯用于加热、浓缩溶液、混合溶液、配制溶液、转移溶液等，不能用于储存有机溶剂。

锥形瓶用于储存溶液、混合溶液、重结晶操作及加热反应等，不能用作减压蒸馏接收瓶。

量筒用于量取液体，不可用火直接加热，不可用于配制混合溶液。

圆底烧瓶、茄形瓶和梨形瓶主要用于回流反应及蒸馏，梨形瓶主要用于半微量实验。两颈烧瓶、三颈烧瓶和四颈烧瓶主要用于反应，中间口可安装电动搅拌器、冷凝管及蒸馏头等，侧口可安装回流冷凝管、滴液漏斗及温度计等。冷凝管用于回流或蒸馏物的冷凝。

蒸馏头主要用于常压蒸馏，克氏蒸馏头用于减压蒸馏和容易产生泡沫和暴沸的蒸馏。

接液管有单尾、双尾和多尾等类型。单尾接液管一般用于常压蒸馏，多尾接液管用于减压蒸馏，可接收多种组分。

干燥管用于处理无水溶剂或用于无水反应装置，以避免潮气进入溶剂或反应体系。使用时首先在干燥管中放入适量脱脂棉，然后放入无水氯化钙等颗粒状干燥剂，再放入一些脱脂棉，稍压实，以防干燥剂撒落。

滴液漏斗用于滴加液体，反应体系内有压力产生时需用恒压滴液漏斗。

分液漏斗有球形和梨形等类型，一般用于液体的萃取、洗涤和分离。

吸滤瓶与布氏漏斗、霍氏漏斗等组合用于减压吸滤。

2. 玻璃仪器清洗

玻璃仪器应保持清洁和干燥，处于备用状态。每次实验后要及时清洗并倒置控干，尽量避免到用时才洗，耽误做实验的时间。

清洗玻璃仪器的方法通常是先用自来水冲洗，再用毛刷蘸上清洗剂，湿润后刷洗，最后用自来水漂洗。

若用常用方法洗不干净，可视污物性质，采用适当方法清洗。例如，黏附的固体残留物可用不锈钢勺刮掉；酸性残留物可用 5%～10%碳酸钠溶液中和洗涤；碱性残留物可用 5%～10%盐酸溶液中和洗涤；氧化性残留物可用还原性溶液洗涤；二氧化锰褐色斑迹用 5%～10%草酸溶液洗涤；有机残留物可根据“相似相溶”规律选择适当有机溶剂溶解后清洗，或用 5%氢氧化钠-乙醇溶液浸泡后用自来水冲洗。

仪器磨口部分有残留物，会造成连接不紧密而导致漏气。当磨口因污物粘住时，可用小木块轻敲，或用电吹风加热或水煮，然后小心轻敲打开。洗涤磨口玻璃仪器时应避免使用去污粉，否则会使磨口连接不紧密。长时间放置时，磨口之间应夹一小纸条避免粘连。

3. 玻璃仪器的干燥

将玻璃仪器洗干净、倒置控水后可根据实验要求进行干燥。一般将洗净的仪器倒置于仪器架上，待其自然风干即可。若洗涤后需要立即使用仪器，可在仪器中放入少量易挥发的有机溶剂（如无水乙醇或丙酮），润洗器壁后将溶剂倒回回收瓶，仪器内溶剂很快挥发掉，仪器即可使用。在进行严格的无水实验时，需将仪器放入烘箱或用电吹风吹干，然后置于干燥环境中降温后方可使用。

需要注意的是，玻璃磨砂旋塞应取下干燥，防止旋塞粘连；经有机溶剂洗涤的仪器，不能放入烘箱中干燥。

4. 使用玻璃仪器的注意事项

一般情况下，磨口处无需涂真空脂等润滑剂，以免污染反应物或产物。在强碱、无水无氧或减压蒸馏情况下需在磨口处涂抹少量润滑剂。沿外磨口涂抹薄薄的一层润滑剂，旋转至均匀透明即可。对于活塞的涂抹，则应将润滑剂涂抹在外磨口直径大的一端和内磨口直径小的一端，避免润滑剂堵塞活塞和污染样品。

除烧杯、烧瓶及试管外，其他玻璃仪器都不能直接用火加热，加热时应垫石棉网；不能直接用火对准磨口加热，否则磨口会变形。

使用温度计时，应注意温度计的测温范围不能超过其刻度，不能将温度计当搅拌棒使用。温度计使用后应慢慢冷却，不能立即用冷水冲洗以防炸裂。打碎水银温度计时，要及时报告教师，妥善处理。

2.1.2 容量玻璃仪器

滴定分析中常用容量瓶、移液管和滴定管等容量玻璃仪器准确测量溶液的体积。在使用和校准容量玻璃仪器时，要注意区分“容纳”和“放出”溶液体积这两个不同的概念。

1. 滴定管

滴定管的刻度是按“放出”溶液体积标示的，它用于准确测量滴定时放出的溶液体积。常量分析用的滴定管容量为25mL或50mL，最小刻度为0.1mL，可以估计读出0.01mL。微量或半微量滴定管的容量为1mL、2mL、5mL和10mL。

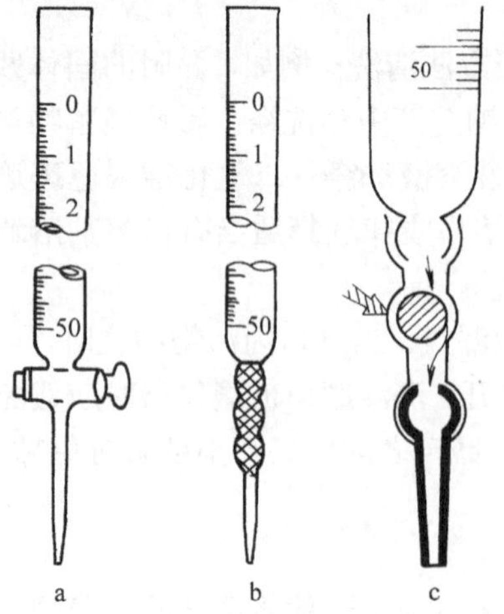

图 2-2　酸式（a）和碱式（b，c）滴定管

滴定管分为酸式和碱式两种（图 2-2）。酸式滴定管用玻璃活塞控制液滴流出，用于盛放酸性溶液和氧化性溶液，但不能盛放碱性溶液，因为磨口玻璃活塞会被碱腐蚀而粘连。碱式滴定管是用带玻璃珠的橡皮管控制液滴，用于盛放碱性溶液，不能盛放能够侵蚀橡皮管的酸、I_2、$KMnO_4$及$AgNO_3$等溶液。

2. 容量瓶

容量瓶的刻度是按“容纳”溶液体积标示的，它是带有磨口玻璃塞的细颈梨形平底瓶。颈上有标线，表示在所示温度下（一般为 20℃），当溶液充满到弯月面与标线相切时，瓶内容纳溶液的体积恰好与瓶上所标示的体积相等。若将溶液充满到标线后，再从瓶中倒出溶液，由于瓶内壁残留一层液体，倒出液体的体积会小于瓶上标示的体积。

容量瓶用于配制标准溶液或稀释溶液。通常有 25mL、50mL、100mL、250mL、500mL 和 1000mL 等规格。

3. 移液管和吸量管

移液管和吸量管的刻度是按“放出”溶液体积标示的（图 2-3）。将液体的弯月面准确调节至与标线相切，按规定方法放出液体的体积恰好与标示的容积相等。它们都是准确移取一定体积溶液的量器。

移液管是一根细长的而中间有一膨大部分（称为球部）的玻璃管。在管的上端有一环形标线，环部标有它的容积和标定时的温度（图 2-3a）。

当溶液从移液管自由流出时，因毛细管作用，最后终有少量溶液留在管口。不要将这部分溶液吹出，因为移液管所指示的容积是根据自然流出的溶液体积来确定的，残留在管口的溶液体积未计在内（注意：有些移液管在管端标有一个“吹”字，此时残留在管口的溶液必须吹出）。常用的移液管有 5mL、10mL、20mL、25mL、50mL、100mL 等规格。

吸量管具有较多的分刻度（图 2-3b，c，d），用它可准确量取刻度范围内任何体积的溶液。一般情况下，吸量管是为了量取小体积或非整数体积的溶液用的，如量取 0.1mL、0.2mL、2.5mL 等溶液。使用吸量管时，使液面从某一刻度（通常为最高刻度）降落到另一刻度，两刻度间的体积等于所需的体积。常用的吸量管有 1mL、2mL、5mL 和 10mL 等规格。量取整数体积如 5mL、10mL、25mL 的溶液时，应用相应大小的移液管。

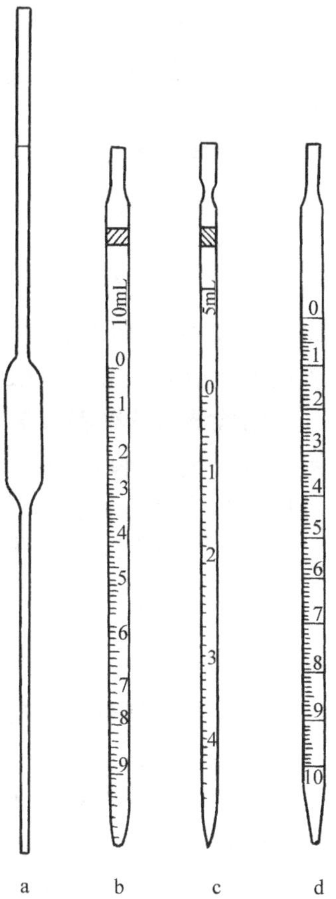

图 2-3　移液管和吸量管

a. 移液管；b, c, d. 吸量管

溶液体积的测量误差是滴定分析中误差的主要来源。为使分析结果符合所要求的准确度，必须准确地量取溶液。要准确地量取溶液，一方面取决于所用的容量器皿的容积是否准确，另一方面取决于能否正确准备和使用这些器皿。

4. 容量玻璃仪器的洗涤

定量分析所用玻璃仪器必须洁净。洁净的玻璃仪器中的水被放出后，内壁应形成一层均匀的水膜而不挂水珠。

分析实验中常用的洗涤剂有洗洁精、去污粉、洗液等。

烧杯、锥形瓶、表面皿及量筒等一般玻璃仪器的洗涤 可用刷子蘸洗洁精直接洗刷其内外表面，然后再用自来水冲洗干净，最后用蒸馏水清洗三次方可使用。

滴定管的洗涤 无明显油污的滴定管可直接用滴定管刷刷洗。若油污较多，可用洗液洗涤：洗涤酸式滴定管时，先关闭活塞，然后倒入10～15mL铬酸洗液，两手平端滴定管（上口向上倾斜）转动滴定管使洗液布满全管，转动数圈后打开活塞使洗液流出（放洗液于原瓶中，可供多次使用），依次用自来水、蒸馏水（三次）清洗干净，如果滴定管污染严重，可用热洗液（40～50℃）清洗或在洗液中浸泡数小时；洗涤碱式滴定管时，为了避免洗液腐蚀橡皮管，应先将橡皮管取下，套上一个旧橡胶头堵住管口，然后用与酸式滴定管同样的方法洗涤。

容量瓶的洗涤 可倒入洗液摇动或浸泡片刻后再依次用自来水、蒸馏水（三次）洗净。

移液管的洗涤 可吸取铬酸洗液进行洗涤。若污染严重，可放在高型玻璃筒内用洗液浸泡一段时间，然后依次用自来水、蒸馏水（三次）洗净。

在某些特殊情况下，需要根据玻璃仪器被沾污的情况，选择适当的洗涤剂进行清洗。例如，被金属氧化物（如Fe_2O_3）或碳酸盐沾污的玻璃仪器，可用热的粗盐酸作洗涤剂；储存过$KMnO_4$溶液的玻璃仪器常沾有MnO_2，可用粗H_2SO_4和$H_2C_2O_4$混合溶液洗涤；存放过银盐溶液，可用$Na_2S_2O_3$溶液清洗，等等。

铬酸洗液的配制方法 称取10g工业用$K_2Cr_2O_7$置于400mL烧杯中，加少量水加热溶解后，冷却，慢慢加入200mL浓H_2SO_4（注意：一定要慢加，避免过热导致溶液喷溅），边加边搅拌，待冷却后，转入玻璃瓶中保存。使用铬酸洗液时应小心，如果不慎溅到衣服上或手上，应立即用大量清水冲洗。

5. 容量玻璃仪器的使用

1）滴定管

酸式滴定管要求活塞转动灵活，碱式滴定管要求橡皮管内的玻璃珠大小合适，能灵活控制液滴。在滴定管使用前应先检查是否漏水。

酸式滴定管检漏的办法是将活塞关闭，用水流充满至刻度“0”线以上，直立约2min，观察滴定管下端管口及活塞两端是否有水渗出，将活塞转动180°，再直立2min，看是否有水渗出，若前后两次均无水渗出，活塞转动也灵活，即可使用。

如果发现漏水，或活塞转动不灵活，则将活塞取出，把滴定管平放在桌上，用干净的滤纸擦干活塞及塞套，用手指蘸少量凡士林，在活塞两头沿圆周各涂一薄层（图2-4），不要涂得过多，以免凡士林堵住活塞上的小孔及滴定管的出口。将涂好凡士林的活塞插入

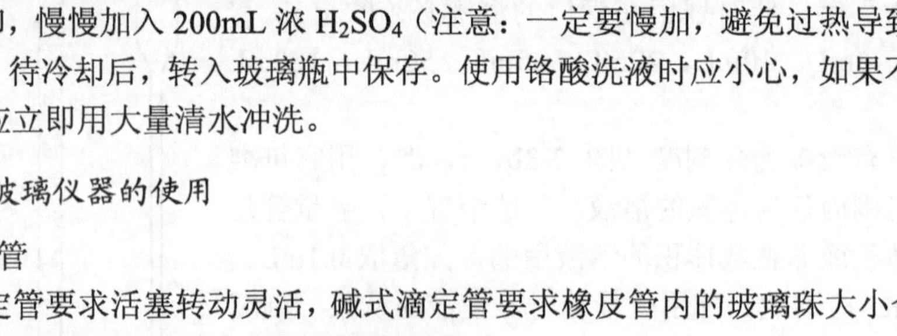

图2-4 酸式滴定管涂油操作

塞套中，按紧后，向一个方向转动至涂层透明，使活塞内的凡士林均匀布满空隙。将活塞固定好以防掉出打碎，然后检查以下几点：①活塞孔、塞套孔和出口管孔是否被凡士林堵住；②凡士林涂得是否均匀，活塞转动是否灵活；③是否漏水。如果凡士林堵塞小孔，可用细铜丝轻轻将其捅出。如果还不能除尽，则用热洗液浸泡一定时间后再清洗。

碱式滴定管检漏时，只需装水直立 2min，再检查玻璃珠控制液滴是否灵活。不符合要求时，可更换橡皮管或玻璃珠。

在样品溶液装入滴定管之前，应将样品溶液瓶中样品溶液摇匀。样品溶液应由试剂瓶直接倒入滴定管（不需经过其他器皿，如漏斗、小烧杯等）。在装入样品溶液之前，先要用待装样品溶液将滴定管内壁洗涤三次（每次倒入 5～10mL）。洗涤时，双手横持滴定管并缓慢转动，使样品溶液洗遍全管内壁，然后直立滴定管，转动活塞，放净残留液后即可倒入样品溶液，直到充满至“0”刻度以上为止。

装好样品溶液后，滴定管在使用前必须检查有无气泡，如有气泡，应将其排出。酸式滴定管可用右手拿住滴定管，使滴定管出口倾斜约 30°，左手迅速打开活塞，使溶液冲出，赶出气泡。碱式滴定管的橡皮管内及出口处如有气泡，可把橡皮管向上弯曲，再用左手挤玻璃珠上方的橡皮管，使气泡排出（图 2-5）。

使用酸式滴定管时，左手拇指、食指和中指转动活塞（图 2-6a），转动时手指轻轻用力把活塞向里扣住，以防把活塞顶出。为了滴定时能控制溶液放出的量，必须熟练掌握转动活塞的方法，可按下列要求反复练习：①使液滴逐渐滴下；②只滴下一滴溶液，立即关闭活塞；③使半滴液滴悬在出口管端而不落下。

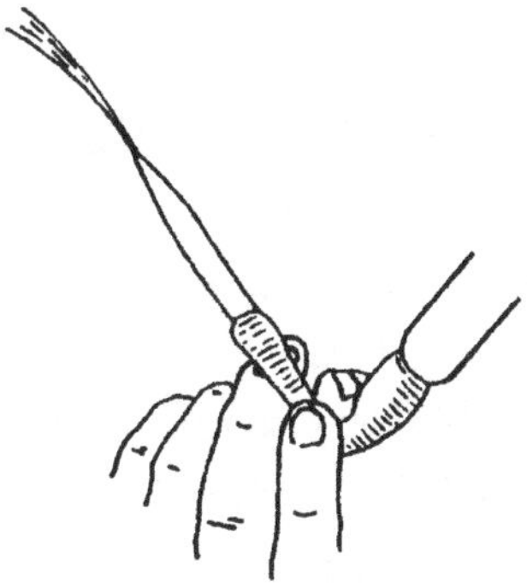

图 2-5　碱式滴定管排气泡

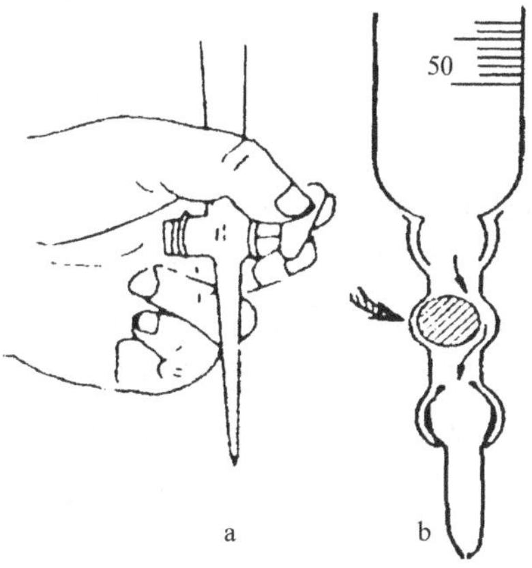

图 2-6　滴定管的使用

a. 酸式滴定管；b. 碱式滴定管

使用碱式滴定管时，用左手拇指和食指挤压玻璃珠稍上方的橡皮管，无名指和中指夹住出口玻璃管，使出口管垂直而不摆动。拇指和食指向外挤压橡皮管，形成玻璃珠旁边的空隙，使溶液从空隙中流出（图 2-6b）。注意，不要挤压玻璃珠下方的橡皮管，否则松开手时会有空气进入玻璃管而形成气泡。按酸式滴定管的操作要求反复练习，并注意掌握如何避免空气泡进入玻璃管的技巧。

滴定管读数不准确是滴定分析误差的主要来源之一。读数时需注意以下几点：

（1）注入溶液或放出溶液后，必须等 1～2min，待附着在滴定管内壁上的溶液流下后再读数。

（2）将滴定管从滴定管架上取下，用右手的拇指和食指捏住滴定管上部无刻度处，在滴定管保持自然垂直状态下读数。

（3）无色或浅色溶液读数时，应读取与弯月面相切的刻度。读数时，视线必须与弧形液面处于同一水平面上，否则会引起读数误差（图 2-7）。对于有色溶液，如 $KMnO_4$ 溶液，应读取液面的最上缘（视线位置应调至与液面最高点处同一水平）。

溶液在滴定管内形成的弯月面，由于光的漫反射常有模糊的虚影，且随光照条件的变化虚影发生变化，所以开始读数与最终读数应处在同一光照条件下。为了便于读数可在滴定管后衬一“读数卡”，读数卡可用一白色卡片，此时可清晰地看到弯月面的最低点。也可在白卡的中间涂一黑色长方形（图 2-8），调黑色部分上沿至弯月面下约 1mm 时，即可看到清晰的弯月面黑色反射层，读取黑色弯月面的最低点。

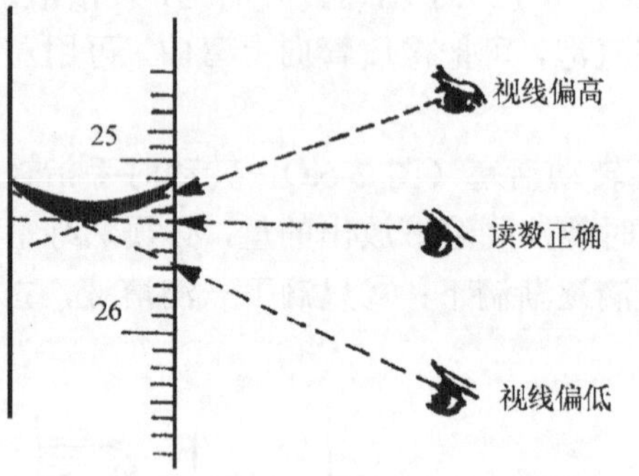

图 2-7　滴定管的正确读数

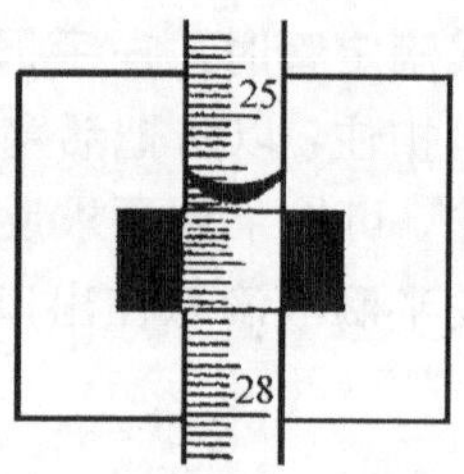

图 2-8　读数卡的使用

每次滴定最好从 0.00mL 刻度开始。滴定时，所消耗溶液的体积可由最终读数直接得出。操作熟练后，滴定可以不从零刻度开始，但每次仍需在 0.00mL 附近或同一刻度开始。即在重复测定时，应使用同一段滴定管，这样可以使几次重复测定的结果更为一致。在滴定管调零时不允许用滴管滴加溶液来调节液面，以免改变溶液的浓度。

读数要求读到小数点后第二位，即估计到 0.01mL。数据应立刻记在记录本上。

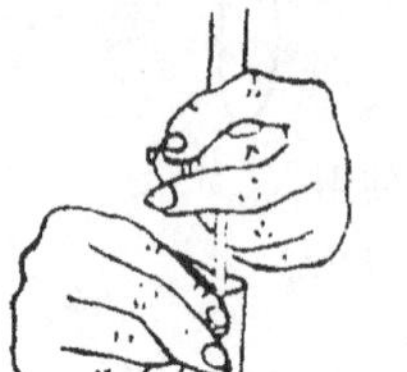

图 2-9　滴定操作

滴定时，被滴样品溶液一般置于锥形瓶中。操作时，用右手的拇指、食指和中指捏住锥形瓶颈，瓶底离桌面 2～3cm（可用一白瓷板作底衬），滴定管下端伸入瓶口约 1cm，用左手控制滴定管活塞滴加液体（图 2-9），一边滴定一边摇动锥形瓶。摇动时应微动腕关节，作圆周摇动，使溶液朝一个方向旋转。在滴定过程中，左手不可离开活塞，任溶液自流。

开始滴定时，滴定速度可以略快些，但绝不能使溶液流成“水线”，而要一滴一滴地加入。离终点较近时（滴落点周围出现暂时性的明显的颜色变化），要减慢滴定速度。接近终点时（颜色变化可能扩散到全部溶液，但再摇动仍会消失），应加一滴，摇几下，终点颜色消失后再加一滴，并以蒸馏水淋洗锥形瓶内壁。然后再加半滴（用洗瓶将悬挂在出口端上的半滴溶液冲入锥形瓶），摇匀溶液。重复滴加直至出现稳定的明显颜色变化为止，2min 后读数并记录在报告本上。

被滴样品溶液也可置于烧杯中，滴定时，置烧杯于滴定管口的下方，左手滴加溶液，右手持玻璃棒搅拌，搅拌应作圆周搅动，不要触碰烧杯内壁和底部。当接近终点时，可用玻璃棒下端承接悬挂的半滴溶液置于烧杯中。

滴定结束后，倒出管内剩余溶液，用自来水冲洗干净，并用蒸馏水清洗三次，留待下次使用。

2）容量瓶

容量瓶的瓶口是非标准磨口，不同容量瓶的瓶塞不能交换使用，所以容量瓶的瓶塞应用绳系在瓶颈上。使用前应检查是否漏水，可在瓶中放入自来水至标线，塞好瓶塞，左手按住塞子，右手指尖握住瓶底边缘（图 2-10a），倒立 2min，观察瓶塞周围是否有水渗出。把瓶直立，转动瓶塞约 180°，再倒过来试一次。如果瓶塞漏水，该容量瓶不能使用。若不漏水，将容量瓶洗净并用蒸馏水洗涤三次后即可使用。

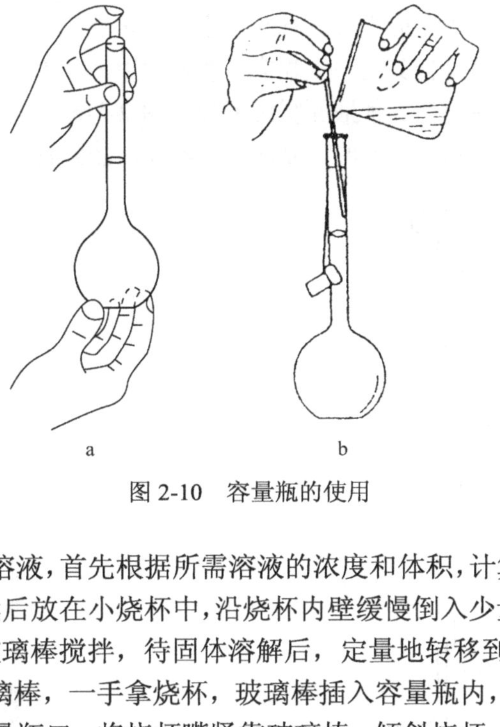

图 2-10　容量瓶的使用

用容量瓶配制标准溶液，首先根据所需溶液的浓度和体积，计算所需基准试剂的质量，用分析天平准确称取，然后放在小烧杯中，沿烧杯内壁缓慢倒入少量蒸馏水或所需溶剂（注意防止溶液溅出），用玻璃棒搅拌，待固体溶解后，定量地转移到容量瓶中。

转移时，一手拿玻璃棒，一手拿烧杯，玻璃棒插入容量瓶内，与容量瓶内壁接触，注意不要使玻璃棒接触容量瓶口。将烧杯嘴紧靠玻璃棒，倾斜烧杯，使溶液沿玻璃棒缓慢流下（图 2-10b）。待溶液流完后，保持玻璃棒垂直且与烧杯嘴贴紧，慢慢将烧杯直立，然后沿水平方向使烧杯嘴与玻璃棒分开，使最后一滴溶液顺着玻璃棒流下，不致沿着烧杯嘴流到烧杯外。第一次转移后，用洗瓶吹出少量蒸馏水，自上而下冲洗烧杯内壁，再转移到容量瓶中，重复洗涤五六次。用蒸馏水冲洗容量瓶刻度以上的瓶壁，然后用蒸馏水稀释到容积的 2/3 处，摇动容量瓶，使溶液混合均匀。继续加水稀释到刻度线下 1～2cm 处，等

1～2min，待沾在瓶颈内壁的溶液流下后，用洗瓶准确地加水至刻度线（弯月面最低处与标线恰好相切）。盖好瓶塞，拿住容量瓶，将容量瓶上下倒转摇动数次，使溶液混合均匀。最后根据基准试剂的称取量及容量瓶的容积，计算所配标准溶液的浓度。

容量瓶也可以用于稀释溶液。用移液管移取一定量准确浓度的溶液至容量瓶中，加水稀释至刻度线，摇匀，可得准确浓度的稀释溶液。

热溶液必须冷却至室温后，才能稀释至刻度线，否则会引入体积误差。

不要用容量瓶长期存放溶液，溶液配好后如果需要长期存放，应转移到磨口试剂瓶中保存。试剂瓶应预先烘干，或用配好的溶液充分洗涤三次。

容量瓶不能用任何方法加热。

3）移液管和吸量管

在用洗净的移液管或吸量管取溶液前，为避免移液管尖端上残留的水滴进入所要移取的溶液，使溶液的浓度改变，应先用吸水纸将尖端内外的水吸干，然后再用少量要移取的溶液润洗三次。

移取溶液时，右手拇指及中指捏住管颈标线以上的地方，使管的尖端插入液面至少 1～2cm 深。左手拿洗耳球，先捏瘪洗耳球排出球中空气，然后将球口对准移液管上口，按紧勿使接口处漏气。松开左手，当液面上升到标线以上时，迅速用右手食指按紧管口，将移液管提离液面。垂直地拿着移液管使其出口尖端靠着容器内壁，用右手的拇指和中指微微转动移液管，同时食指仍轻轻按住管口，使液面缓缓下降（图 2-11a）。待管中溶液的弯月面与标线相切（视线应与标线在同一水平上）时，立即停止转动，按紧食指，使液体不再流出。

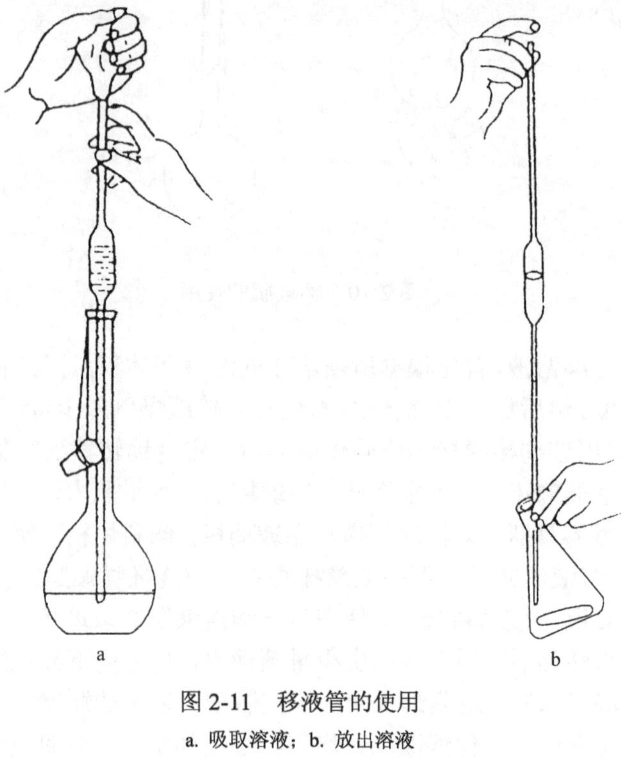

图 2-11　移液管的使用

a. 吸取溶液；b. 放出溶液

将移液管放入准备接收溶液的容器中，使出口尖端接触容器内壁，容器稍倾斜，而移液管保持垂直。松开食指，让溶液自然地流出（图 2-11b），待全部溶液流尽后，再等 15s 后取出移液管，不要吹出残留液滴（除非移液管标有“吹”字）。

吸量管调节液面的方法与移液管相同。若用吸量管放出管内一定体积的溶液，当管中液面与所需的第二次读数的刻度相切时，应立即停止转动吸量管并用力按住管口，勿使液面落到标线以下。

移液管和吸量管用后应立即放在移液管架上，实验完毕后依次用自来水、蒸馏水洗净。移液管和吸量管都不能在烘箱中烘干。

2.2　加 热 技 术

化学实验中经常要对反应体系加热，以提高反应速率，在提纯、分离化合物及测定一些物理常数时，也常常需要加热。

实验室常用的热源有煤气灯、酒精灯、电炉、电热套等，除少数情况外，一般玻璃仪器不能用火直接加热，否则会损坏仪器，同时局部过热也可能造成化合物分解。

2.2.1　酒精灯

在没有煤气的实验室中，常使用酒精灯或酒精喷灯进行加热。酒精灯是用酒精作燃料的加热器，它由灯罩、灯芯和灯壶三部分组成，如图 2-12 所示。其火焰温度为 400～500℃，用于温度不需太高的实验。

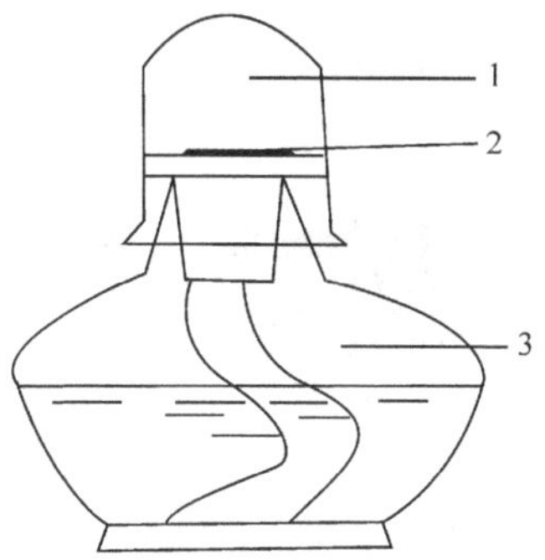

图 2-12　酒精灯

1. 灯罩；2. 灯芯；3. 灯壶

使用酒精灯时应注意下列几点：

（1）酒精灯内需添加酒精时，应把火焰熄灭后，用漏斗把酒精加入灯内。灯内酒精不可装得太满，一般不应超过酒精灯容积的 2/3，以免移动时倾洒出，或点燃时受热膨胀而溢出。

（2）点燃酒精灯时要用火柴引燃，切不能用另一个燃着的酒精灯引燃，否则灯内酒精会洒出，引起燃烧而发生火灾。熄灭酒精灯时要用灯罩盖灭，切不能用嘴吹灭。

（3）酒精灯连续使用的时间不能过长，避免火焰使酒精灯本身灼热后，灯内酒精大量气化形成爆炸混合物。

2.2.2　酒精喷灯

酒精喷灯也是用酒精作燃料的加热器，但酒精喷灯是先将酒精气化并与空气混合后才燃烧的。酒精喷灯的火焰温度高，约 900℃，用于要求温度较高的实验。常用的挂式酒精喷灯由金属制成，其构造如图 2-13 所示。

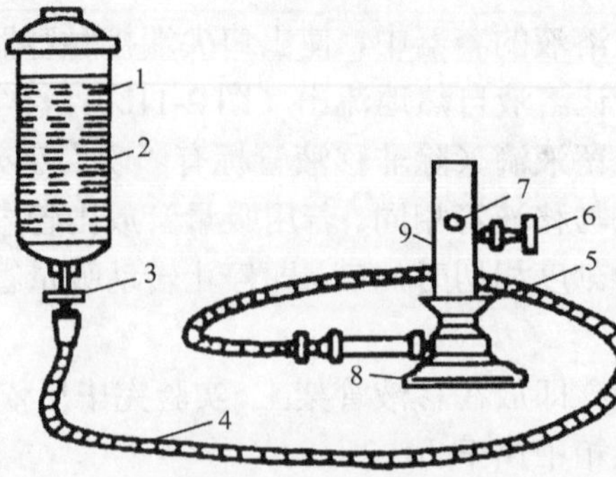

图 2-13　酒精喷灯

1. 酒精；2. 酒精储罐；3. 活塞；4. 橡皮管；5. 预热盆；6. 开关；7. 气孔；8. 灯座；9. 灯管

必须注意：在点燃酒精喷灯前灯管必须充分预热，一定要使喷出的酒精全部气化，不能让酒精呈液态喷出，否则燃烧的酒精由管口喷出，形成“火雨”，四处散落，易酿成事故。不用时，应关闭储罐下的活塞开关，以免酒精漏失，造成后患。

2.2.3　煤气灯

实验室中如果备有煤气，在加热操作中常用煤气灯。煤气由导管输送到实验台上，用橡皮管将煤气出气嘴和煤气灯相连。煤气中含有毒的物质（但是它的燃烧产物却是无害的），绝不可使煤气泄漏到室内。不用时，一定要注意把煤气管道阀门关紧。

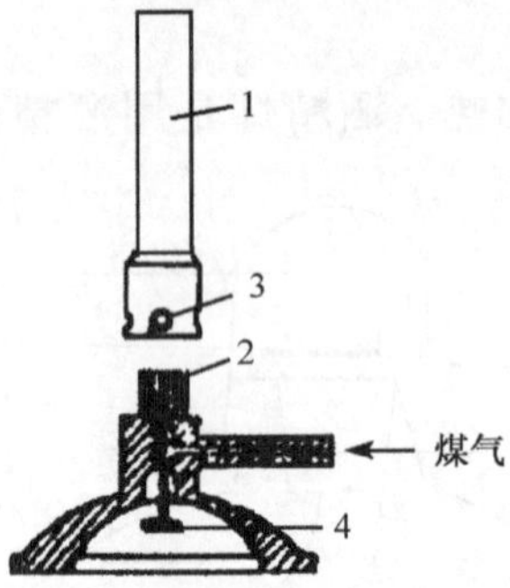

图 2-14　煤气灯构造

1. 灯管；2. 煤气出口；3. 空气入口；4. 螺丝

煤气灯的构造如图 2-14 所示。旋转灯管，可以看到灯座的煤气出口和空气入口。旋转灯管能够不同程度地开放空气入口，以调节空气的输入量。灯座下有螺丝，可控制煤气的输入量。

点燃煤气时要先顺时针旋紧灯管以关闭空气入口，再划着火柴，然后打开煤气开关，将火柴从下斜方向移近灯口将灯点燃。此时空气不足，煤气燃烧不完全，火焰呈黄色。逆时针旋转灯管，逐渐加大空气进入量，使煤气燃烧逐渐完全，至火焰分成三层，此时为正常火焰（图 2-15a）。内层，在这里空气和煤气进行混合，并未燃烧；中层，在这里煤气不完全燃烧，煤气分解为含碳的产物，这部分的火焰具有还原性，称为“还原焰”；外层，在这里煤气完全燃烧，由于含有过量的空气，这部分火焰具有氧化性，称为“氧化焰”。实验时，一般都用氧化焰来加热。图 2-15a 还标明了煤气火焰各部分温度高低。

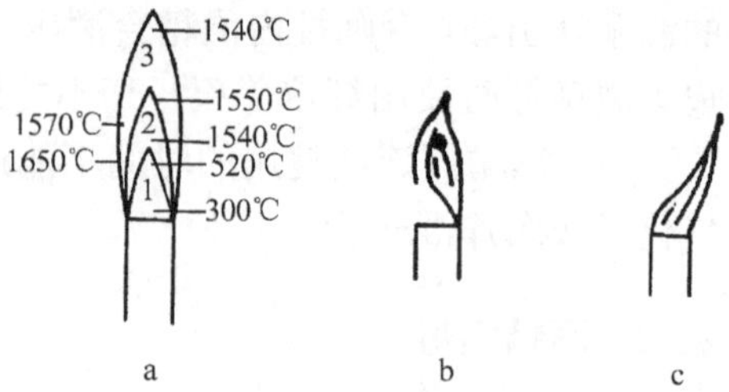

图 2-15　煤气灯火焰

1. 内层；2. 中层；3. 外层

a. 正常火焰；b. 临空火焰；c. 侵入火焰

若空气和煤气比例不适当，会出现异常火焰。当煤气和空气量都很大时，火焰高高跃起在灯管之上，称为临空火焰（图 2-15b）；当煤气量小时，火焰侵入灯管，称为侵入火焰（图 2-15c），灯管会被灼烧而发烫，应及时调大煤气量。

2.2.4　电加热

很多学校实验室采用电加热装置为反应加热，常见的电加热装置有电热套、电热板、电磁搅拌加热仪等。电热套一般用无碱玻璃纤维作绝缘材料，将电热丝装于其中，通电加热。它的优点是升温快、温度高、操作简便，常用于有机化学实验加热。无机化学实验中通常使用水浴加热，若不小心有水溅入，会造成短路。电热板是将电热丝封包于密封的金属板下，这样就保证溶液溅洒时也不会造成电路短路。电热板的缺点是散热快，且本身温度较高，使用中要注意防止烫伤。电磁搅拌加热仪是集成了加热和电磁搅拌双功能的装置，一般有两个旋钮，分别控制加热温度和搅拌速度。这些产品型号很多，使用前应阅读产品说明书。

2.2.5　加热方式的选择

为了使反应完全、顺利地进行，可根据反应物的性质和反应要求，选用以下几种不同的加热方式。

1. 直接加热

当不要求加热温度非常精确时，直接把仪器放在热源上加热。如果用煤气灯作热源，需把石棉网放在三脚架或铁环上，反应容器与石棉网之间应留有空隙，以避免由于局部过热引起化合物分解。加热低沸点化合物或减压蒸馏时不能用这种加热方式。

2. 水浴

当所加热的化合物沸点在 80℃以下时，可选用水浴加热。可使用水浴锅或大烧杯盛放加热用水，将反应容器浸入其中（勿使容器底部与水浴锅底接触），控制水浴温度。对于乙醚（沸点 34.5℃）等低沸点易燃溶剂，不能用明火加热，应用预先加热好的水浴加热，有条件的使用电热恒温水浴更为方便。

3. 油浴

在 100～250℃加热可选用油浴，油浴传热均匀。在油浴中放入一支温度计，控制火的大小可控制油浴温度。如果用明火加热油浴应当十分谨慎，避免发生油浴燃烧事故。为了更安全、方便，可在油浴中放入电热丝。电热丝可穿入弯制好的特制玻璃管中，或缠在弯好的玻璃棒上，并与调压变压器连接，通过调节电压控制油浴温度。加热油浴时，应避免溅入水。

油浴能达到的最高温度与所用油的种类有关。植物油长期加热易分解，若在其中加入1%的对苯二酚，可增加它们受热时的稳定性。

甘油和邻苯二甲酸二丁酯适用于加热到 140～150℃，温度过高则容易分解。

液体石蜡可加热到 220℃，温度过高虽不易分解但容易燃烧。固体石蜡也可以加热到

220℃，由于它在室温时是固体，便于保存。但使用完毕，应先取出浸在油浴中的容器。

硅油和真空泵油在 250℃以上仍较稳定，但价格较高，若条件允许，它们是理想的浴油。

4. 砂浴

加热温度在几百摄氏度以上使用砂浴，在铁盘中放入清洁干燥的细砂，把盛有反应物的容器放入砂中，热源放在铁盘下。由于砂子对热的传导能力较差，散热慢，所以容器底部的砂层要薄一些，容器周围的砂层要厚一些。砂浴的温度不易控制，所以使用较少。

5. 空气浴

一般沸点在 80℃以上的化合物都可以采用空气浴加热，即用热源加热局部空气，通过空气将热能传导给反应容器。常使用电热套作热源。电热套是由玻璃纤维包裹金属电热丝编织成的帽状加热仪器，其加热温度可通过电压旋钮调节，最高可加热到 400℃。电热套是有机化学实验室中常用的加热器，可根据反应容器体积大小，选择 50mL、100mL、250mL、500mL 等不同规格的电热套。安装电热套时，要使反应瓶外壁与电热套内壁保持 1～2cm 的距离，便于利用空气传热和防止局部过热。使用电热套加热时，要避免水、化学试剂溅入或遗漏到电热套中，从而引起电热丝短路、烧坏或着火，并造成实验室断电，影响实验正常进行。电热套主要用于回流加热，若用于蒸馏或减压蒸馏，随着蒸馏瓶内的液体减少，会使瓶壁过热，造成蒸馏物炭化变黑。

此外，还可以采用其他加热方式，如红外灯、微波反应器、电磁搅拌加热仪等。将物质高温加热时，也可以使用熔融的盐，如将等质量的硝酸钠和硝酸钾混合物加热，其在 218℃熔化，在 700℃以下均是稳定的。

2.3　结 晶 技 术

2.3.1　蒸发和浓缩

当溶液很稀而所制备的无机化合物的溶解度又较大时，为了能从中析出该物质的晶体，必须通过加热，使水分不断蒸发、溶液不断浓缩，待蒸发到一定程度时冷却，就可析出晶体。当物质的溶解度较大时，必须蒸发到溶液表面出现晶膜为止。当物质的溶解度较小或高温时溶解度较大而室温时溶解度较小时，则不必蒸发到液面出现晶膜就可冷却。蒸发是在蒸发皿（图 2-16）中进行的。蒸发皿的面积较大，有利于快速蒸发。蒸发皿中液体的量不要超过其容量的 2/3，可以随水分的蒸发而逐渐添加。若无机化合物对热是稳定的，则可以把蒸发皿放在石棉网上用煤气灯直接加热，否则应用水浴间接加热。

图 2-16　蒸发皿

2.3.2　结晶

当溶液蒸发到一定浓度后冷却，就从中析出溶质的晶体。析出晶体的颗粒大小与外界条件有关。假如溶液的浓度高，溶质的溶解度小，冷却得快，那么析出的晶体就细小。否则，就得到较大颗粒的结晶。搅拌溶液、摩擦器壁有利于生成细小的晶体，静置溶液有利于大晶体的生成，特别是加入一小粒晶种时更是这样。从纯度来说，细小的晶体的快速生成有利于制备物纯度的提高，因为它不易裹入母液或其他杂质；而大晶体的慢速生成，则不利于纯度的提高。因此，无机制备中常要求制得的晶体不要粗大。

当第一次结晶所得物质的纯度不符合要求时，可以重新加尽可能少的蒸馏水溶解，然后再蒸发和结晶。第二次结晶一般就能达到要求，当然在产量和产率上必然会降低一些。

2.4　固液分离技术

2.4.1　倾析法

当溶液中结晶的颗粒较大或沉淀的相对密度较大，静置后能沉降至容器的底部时，可用倾析法分离出晶体并洗涤。倾析的操作与转移溶液的操作类同。洗涤时，可往盛结晶（沉淀）的容器内加入少量洗涤剂（常用的有蒸馏水、乙醇等），充分搅拌后静置、沉降，再倾析出洗涤液。如此重复操作两三遍，即可洗净结晶（沉淀），如图 2-17 所示。

图 2-17　倾析法分离和洗涤

2.4.2　过滤法

过滤法是最常用的分离方法之一。当溶液和结晶（沉淀）的混合物通过过滤器（如滤纸）时，结晶（沉淀）就留在过滤器上，溶液则通过过滤器而滤入容器中，过滤所得的溶液称为滤液。

溶液的温度、黏度、过滤时的压力、过滤器的孔隙大小和沉淀物的状态都会影响过滤的速度。热的溶液比冷的溶液容易过滤。滤液的黏度越小，过滤越快。减压过滤比常压过滤快。过滤器的孔隙要选用合适的，太大时沉淀会透过，太小时则易被沉淀堵塞，使过滤难以进行。沉淀若呈现胶状，必须用加热的办法破坏它，否则它会透过滤纸。总之，要考虑各方面的因素来选用不同的过滤方法。

常用的过滤方法有常压过滤、减压过滤和热过滤。

1. 常压过滤

此法最为简便。先把四方滤纸或圆形滤纸折叠成四层并剪成扇形（圆形滤纸不必再剪）。如果漏斗的规格不标准（非 60°角），滤纸和漏斗将不密合，这时需重新折叠滤纸，不对半折而是折成一个适当的角度，展开后可成大于 60°角的锥形，也可成小于 60°角的锥形，根据漏斗的角度来选用，使滤纸与漏斗密合。然后撕去一小角，用食指把滤纸按在漏斗内壁上，用水湿润滤纸，并使它紧贴在壁上。赶去纸和壁之间的气泡，这样过滤时，漏斗颈内可充满滤液。滤液以本身的质量拖引漏斗内液体下漏，过滤大为加速，否则，气泡的存在将阻缓液体在漏斗颈内流动而减慢过滤速度。漏斗中滤纸的边缘应略低于漏斗的边缘（图 2-18）。

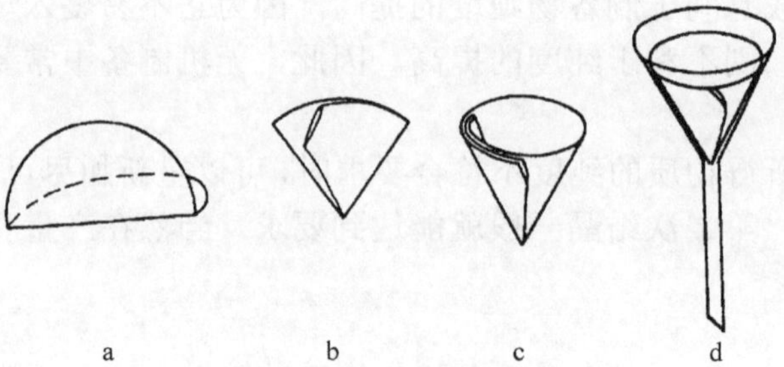

图 2-18　滤纸的折叠和安放

过滤时要将漏斗放在漏斗架上，漏斗颈靠在接收容器的内壁。转移溶液时，应把它滴在三层滤纸处。可以将沉淀和溶液的混合液搅拌，一同转移到漏斗中（图 2-19a）。但为加快过滤速度，一般采用先转移溶液，后转移沉淀（图 2-19b）。每次转移量不能超过滤纸容量的 2/3，以免溢过滤纸而透下。转移完毕后，用少量的蒸馏水洗涤烧杯和玻璃棒，洗涤液移入漏斗中，最后用少量蒸馏水冲洗滤纸和沉淀。

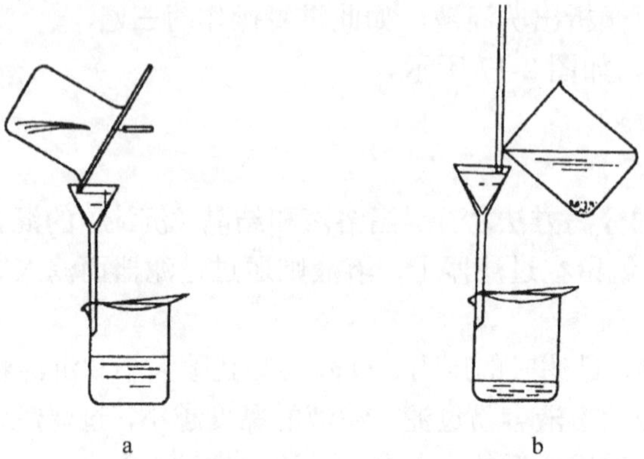

图 2-19　常压过滤中沉淀的转移

如果需要洗涤沉淀，则等溶液转移完毕后，在盛着沉淀的容器中加入少量溶剂，充分搅拌并放置，待沉淀下沉后，把洗涤液转移至漏斗中，如此重复操作两三遍，再把沉淀转移到滤纸上。洗涤时要贯彻少量多次的原则，这样洗涤的效率才高。检查滤液中的杂质，可以判断沉淀是否已经洗净。

2. 减压过滤

减压过滤也称抽吸过滤，简称抽滤或吸滤。装置如图 2-20 所示，利用水泵或机械泵抽吸，在吸滤瓶内形成负压，在布氏漏斗的液面上与瓶内形成一个压力差，从而大大提高了过滤速度。此法过滤速度快，还可以把沉淀抽得比较干燥。但当溶液酸碱性特别强时，不宜使用这种方法，因为溶液的酸碱性容易使滤纸穿滤。此外，颗粒细小的沉淀和胶体沉淀也不宜使用减压过滤，因胶体沉淀易穿透滤纸，而颗粒细小的沉淀易堵塞滤纸孔，使吸滤速度减慢。

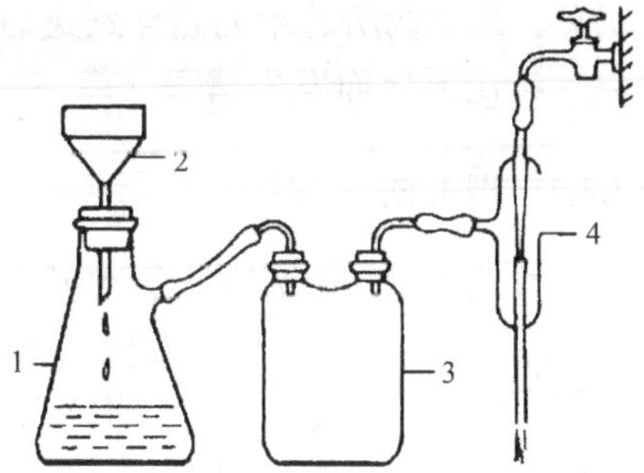

图 2-20　减压过滤装置

1. 吸滤瓶；2. 布氏漏斗；3. 安全瓶；4. 水泵

减压过滤操作按以下步骤进行：

（1）做好吸滤前的准备工作，检查装置：安全瓶的长管接水泵，短管接吸滤瓶；布氏漏斗的颈口斜面应与吸滤瓶的支管相对，便于吸滤。

（2）滤纸应比布氏漏斗的内径略小，但又必须把瓷孔全部盖没。先用少量蒸馏水润湿滤纸，再微微开启阀门，使滤纸紧贴在漏斗的瓷板上，然后才能进行过滤。

（3）过滤时，吸滤瓶内的滤液面不能达到支管的水平位置，否则滤液将被水泵抽出。因此，当滤液快上升至吸滤瓶的支管处时，应拔去吸滤瓶上的橡皮管，取下漏斗，从吸滤瓶的上口倒出滤液后，再继续吸滤。但需注意，从吸滤瓶的上口倒出滤液时，吸滤瓶的支管必须向上。

（4）在吸滤过程中，不得突然关闭水泵，如欲停止吸滤，应先将吸滤瓶支管上的橡皮管拆下，再关上水泵，否则水将倒灌入安全瓶。

（5）在布氏漏斗内洗涤沉淀时，应停止吸滤，让少量洗涤剂缓慢通过沉淀，然后进行吸滤。

（6）为了尽量抽干漏斗上的沉淀，最后可用一个平顶的试剂瓶塞挤压沉淀。过滤完后，应先将吸滤瓶支管的橡皮管拆下，关闭水泵，再取下漏斗，将漏斗的颈口朝上，轻轻敲打漏斗边缘，使滤饼脱离漏斗，倾入事先准备好的滤纸上或容器中。

对特殊性质的溶液与固体的分离，需用特殊的方法。可用其他滤器（如玻璃砂芯漏斗、玻璃砂芯坩埚）或材料（如石棉纤维）代替滤纸。

有些强酸性、强碱性或强氧化性的溶液过滤时不能用滤纸，因为溶液会和滤纸作用而破坏滤纸。上述情况可以用石棉纤维来代替滤纸，此法适用于滤液有用而沉淀被废弃的情况。如果过滤后沉淀有用，则可使用玻璃熔砂漏斗，过滤是通过熔接在漏斗中部的具有微孔的烧结玻璃片进行的。根据烧结玻璃片孔隙的大小，常把这种漏斗分为四种规格，即 1 号、2 号、3 号和 4 号，1 号的孔径最大，可以根据沉淀颗粒的大小选用。但玻璃熔砂漏斗不适用于强碱性溶液的过滤，因为强碱会腐蚀玻璃而使烧结玻璃片的微孔堵塞。

图 2-21　热过滤

3. 热过滤

当需除去热浓溶液中的不溶性杂质，而又不能让溶质析出时，一般采用热过滤。过滤前把布氏漏斗在水浴中预热，使热溶液在趁热过滤时，不至于因冷却而在漏斗中析出溶质。也可把玻璃漏斗放在铜质热漏斗内，后者装有热水以维持溶液温度，如图 2-21 所示。

另外，热过滤所选用的漏斗颈越短越好，以免过滤时溶液在漏斗颈内停留过久，因散热降温，析出晶体而发生堵塞。

2.4.3　离心法

少量溶液和沉淀的分离常用离心法。该法操作简单而迅速，使用的离心机一般为电动离心机（图 2-22）。

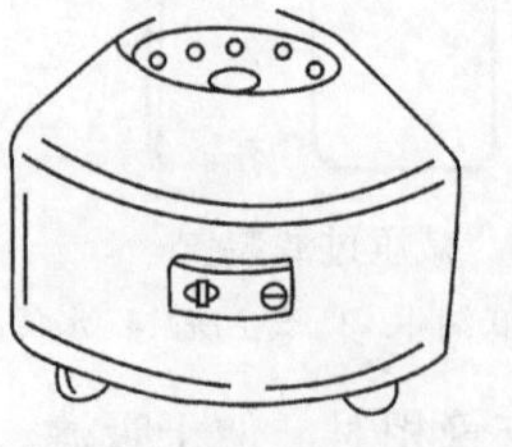

图 2-22　离心机

将盛有沉淀的离心试管放入离心机的试管套内，在与之相对称的另一试管套内也要装入一支质量相当的试管，以使离心机的两臂平衡，否则易损坏离心机的轴。使离心机逐渐加速，旋转一段时间后，让其自然减速至停止旋转。在任何情况下，都不能突然加速离心机，或在未停止旋转前用手按住离心机的轴，强制其停下来，否则离心机很容易损坏，而且容易发生危险。

离心时间和转速由沉淀的性质决定。结晶形的紧密沉淀，转速可设定为1000r/min，1～2min 后即可停止。无定形的疏松沉淀，沉降时间要长些，转速可提高至 2000r/min。由于离心作用，沉淀紧密聚集在离心管底部的尖端，溶液则变清。离心沉降后，可用毛细吸管（或滴管）把清液与沉淀分开：取一支毛细吸管，先用手指捏紧橡皮头，排除空气，将毛细吸管的尖端轻轻插入液面以下，但不可接触沉淀（注意尖端与沉淀表面的距离不应小于1mm），然后缓缓放松橡皮头，尽量吸出上层清液。操作中注意不要将沉淀吸入管中，或搅起沉淀。

洗涤离心试管中存留的沉淀，可加入少量蒸馏水，用玻璃棒充分搅拌。离心分离使沉淀沉降，再按上述方法将上层清液尽可能地吸尽。如此重复洗涤沉淀两三次，即可洗去沉淀中的溶液和吸附的杂质。必要时可检验是否洗净，方法是将一滴洗涤液滴在点滴板上，加入适当试剂，检查应分离出去的离子是否还存在，以决定是否需要进一步洗涤沉淀。

2.5　化学制冷技术

许多化学反应是放热反应，反应产生的热使反应体系温度迅速升高，如果不能有效地控制反应温度，往往引起副反应，使易挥发的物质损失，或使化合物分解甚至出现冲料、爆炸等事故。为了把温度控制在一定范围内，需要冷却。另外，有一些反应必须在低温下进行；用重结晶方法提纯固体化合物时，为了降低化合物在溶剂中的溶解度，也需要冷却；减压蒸馏装置中的冷阱，需要放在盛有冷却剂的广口保温瓶中。

简单的冷却方法是把反应器置入冷水浴中。如果要控制温度在室温以下，可用碎冰与水的混合物，由于冷水浴和容器的接触面积大，故冷却效果比只用冰好。如果有水存在并不妨碍反应的进行，也可以把冰块投入反应物中，可有效地保持低温。如果需要冷却到 0℃以下，可根据需要选用表 2-1 所列出的冷却剂。

表 2-1　低温操作使用的冷却剂

冷却剂	冷却时可达到的温度
碎冰-食盐（3∶1）	–5～–18℃（理论上可达–20℃）
碎冰-六水合氯化钙（10∶7～10∶8）	–20～–40℃（理论上可达–48℃）
液氨	–33℃
干冰-乙醇	–72℃
干冰-丙酮	–78℃
干冰-乙醚	–100℃
液氮	–188℃（b.p. –195.8℃）

使用冰-盐冷却剂时，要经常搅拌，防止碎冰结块，并不时将融化的水除去。通常将干冰或液氨放在保温瓶（也称为杜瓦瓶，Dewar）中保存，上口用保温材料盖好，以降低其挥发的速度。

2.6　搅　　拌

搅拌是加速反应、减少副反应的必需措施。对于非均相反应，搅拌往往是反应能否顺利进行的关键，特别是当固体参与反应或反应有固体产生时，有效的搅拌就显得尤为重要。即使是均相反应，当将一种反应物滴加到反应混合物中时，为使加入的物质迅速、均匀地分散到溶液中，避免局部过浓、局部过热而产生副反应，也需要进行搅拌。

实验室常用的搅拌器有电动搅拌器和磁力搅拌器。

2.6.1　电动搅拌器

电动搅拌器搅拌充分，效果较好，在常量合成中经常使用。使用电动搅拌器，搅拌效果的好坏与搅拌棒的结构有很大关系。化学实验中使用的搅拌棒一般是玻璃或聚四氟乙烯的，搅拌头的材质是聚四氟乙烯，样式较多（图 2-23）。

图 2-23　不同搅拌头的搅拌棒

搅拌棒上端固定在搅拌电机的轴上，可将搅拌棒直接插入套有螺丝套管的夹子中，然后将螺丝套管与机轴上的螺丝拧紧。实际上为了减少摩擦及不磨损搅拌套管，常将搅拌机的轴头与搅拌棒之间用一根真空橡皮管连接，或用两节真空橡皮管和一段玻璃棒连接。

电机的转速由与之连接的调速器控制。搅拌前，先用手转动搅拌棒，看它是否灵活，是否会与反应瓶或安装于瓶中的温度计相碰撞。

2.6.2　磁力搅拌器

若反应需要在很严格的反应装置内进行，如氢化、高真空、高压操作，则应使用磁力搅拌器。在小量操作中，也往往用磁力搅拌器代替电动搅拌器。

磁力搅拌器一般同时还有加热功能，它搅拌的工作原理是利用磁性物质同性相斥的特性，通过不断变换基座两端的极性使反应容器内的搅拌磁子转动，通过搅拌磁子的转动带动溶液旋转，从而达到搅拌的目的（图 2-24）。

磁力搅拌器适用于黏度不是很大的液体或固液混合物。根据溶液的体积和质量选择合适的搅拌磁子（图 2-25）。调节磁子转速时必须由低速逐步调至高速，切忌由高速挡直接启动，以免搅拌磁子不同步，引起跳动。

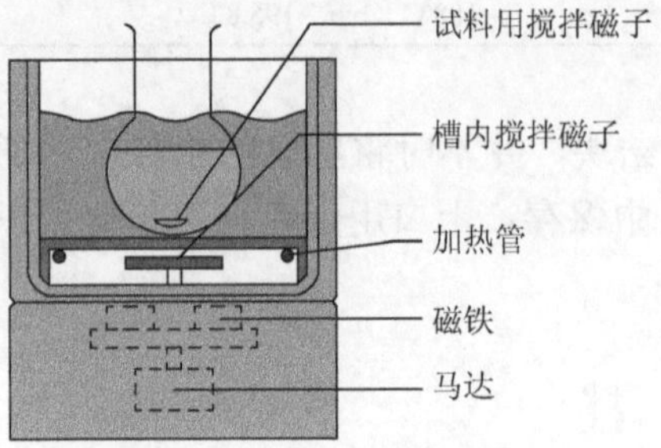

图 2-24　磁力搅拌器的工作原理

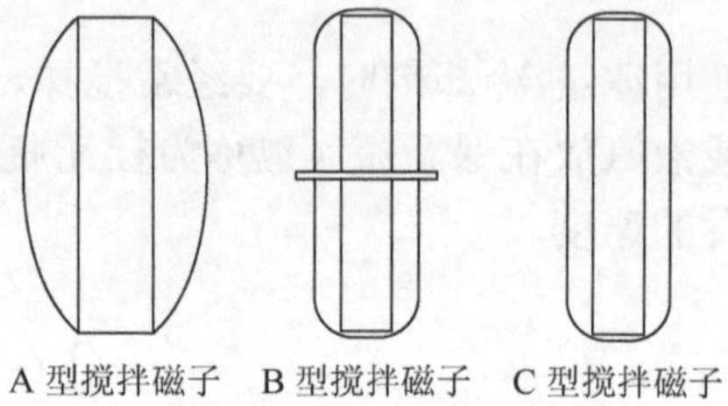

图 2-25　各种搅拌磁子

2.7　气体吸收与净化技术

2.7.1　气体吸收

反应中放出的水溶性有毒气体，可采用气体吸收装置进行吸收。图 2-26 中 a、b 可用于少量气体的吸收。a 中玻璃漏斗应倾斜放置，漏斗一半浸入水中，另一半在水面上，这样既可以有效地吸收气体，又可防止水倒吸到反应瓶中。如果反应过程中有大量气体生成或气体逸出速度过快，可使用装置 c。无论使用哪种装置，都应当时刻注意反应体系内压力的变化，谨防倒吸，必要时可在反应器与吸收装置之间加安全瓶。根据反应产生气体的性质，可以用水、碱溶液或酸溶液来吸收气体。

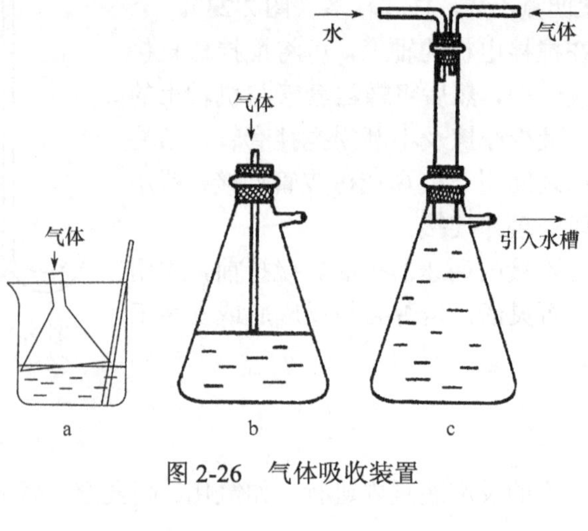

图 2-26　气体吸收装置

2.7.2　气体净化与干燥

实验室制得的气体或来自钢瓶的压缩气体常含有杂质，需要进行净化或干燥。用液体净化气体的装置是洗气瓶，如图 2-27a 所示。洗气瓶底部有一多孔玻璃板，导入气体的玻璃管插入瓶底，气体通过多孔板很好地分散在液体中，增大了两相的接触面积。如果实验室没有洗气瓶，也可以用带有两孔塞子的锥形瓶代替，两孔中各插入一根玻璃管，导入气体的一根几乎插入瓶底，但不能堵塞，另一根则刚刚通过塞子即可，如图 2-27b 所示。用固体净化气体采用干燥管或干燥塔，如图 2-28 所示。管中或塔内根据具体要求装入氢氧化钠、无水氯化钙等固体颗粒，装填时既要均匀，又不能颗粒太细，以免造成堵塞。

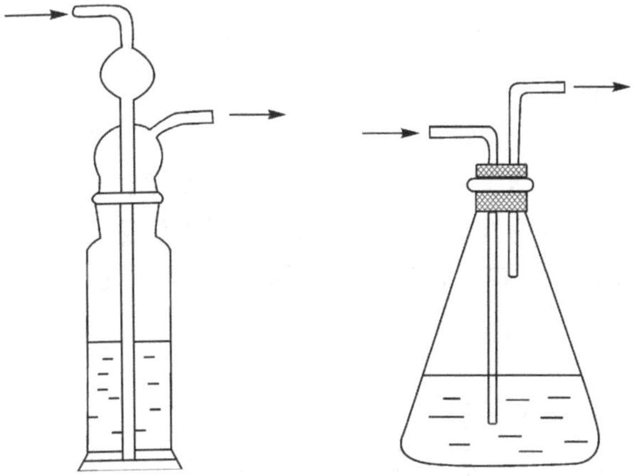

图 2-27　气体净化装置

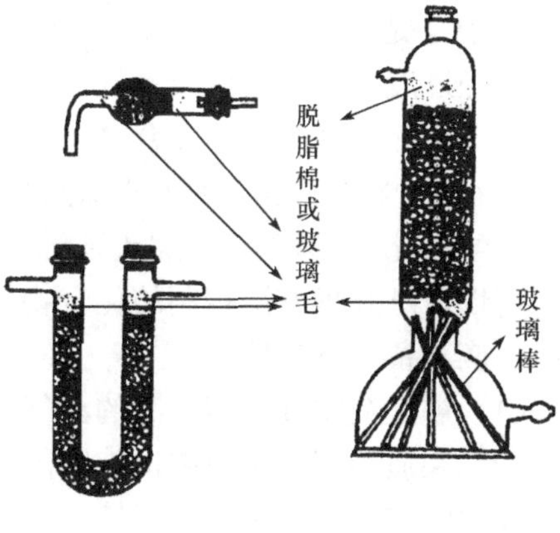

图 2-28　固体净化气体装置

2.8　反应液滴加技术

在许多情况下要成功地完成一个反应，需要按一定次序向反应混合物中加某种试剂。有时加入速度会直接影响反应结果，对于一个放热反应，慢慢地加入一种反应物要比把反应物先混合在一起再通过冷却来控制反应物容易、安全得多。

滴加液体试剂用滴液漏斗，但在滴加时，滴液漏斗上口的小孔必须和塞子的缺口相对，以便和大气相通。如果漏斗密闭，漏斗内的压力会随着滴加液的减少而减小，难以顺利滴加。如果反应必须在无水条件下或在惰性气体保护下进行，或者有气体参与反应，必须使用恒压滴液漏斗。恒压滴液漏斗的支管使反应体系与漏斗上部相通，可以保持压力平衡。图 2-29a、b 为一般的滴液漏斗，图 2-29c 为恒压滴液漏斗。

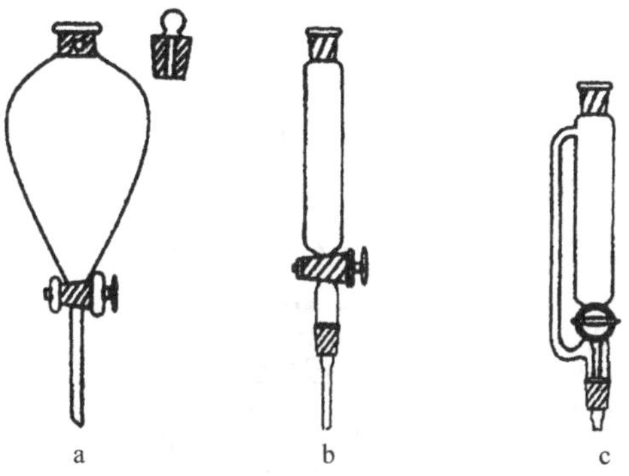

图 2-29　滴加液体装置

2.9 无水操作

一些有机化学反应必须在无水条件下进行，如傅氏反应、格氏反应，有的甚至要求无水无氧条件。绝对无水无氧操作将在后面讨论，在此仅讨论一般的无水操作应注意的问题。

无水反应所用溶剂必须经过严格的无水处理，反应试剂也必须经过干燥处理。所用仪器洗净后在烘箱中于110～120℃至少烘2h，然后放在干燥器中冷却至室温，或趁热安装，将开口处用塞子塞紧，防止空气中的潮气侵入。进行反应时，开口处连接一个干燥系统，以隔绝空气中的潮气。

2.10 升 华

升华是提纯固体化合物的又一种方法。将具有较高蒸气压的固体物质在熔点以下加热，不经过液态而直接变成蒸气，这种过程称为升华。利用升华可以除去不挥发性杂质，或分离不同挥发度的固体混合物。通过升华可以得到较高纯度的产物，但产率较低。

有的化合物在三相点时的平衡蒸气压较低，常压升华往往得不到满意的结果。为了提高产率，可在减压下升华。在加热时同时通入空气或惰性气体带出蒸气，可以加快蒸发速度。

可以通过升华方法精制的化合物，一般对称性较高，具有较高的熔点。升华提纯化合物时，应具备以下条件：

（1）被提纯物具有相当高的蒸气压。

（2）杂质的蒸气压与被提纯物的蒸气压有显著差别。

在实验室中一般用升华提纯少量物质。升华操作分为常压升华和减压升华。因为升华发生在物质表面，故升华前应先将固体粉碎。

1. 常压升华

图2-30a为最简单的升华装置。在蒸发皿中放入干燥的待升华物，上面覆盖一张刺有许多小孔的滤纸，滤纸上倒扣一口径比蒸发皿略小的玻璃漏斗，漏斗颈部塞一些疏松的脱脂棉或玻璃毛，在热浴上加热蒸发皿（最好不用煤气灯，用砂浴或其他热浴），控制温度

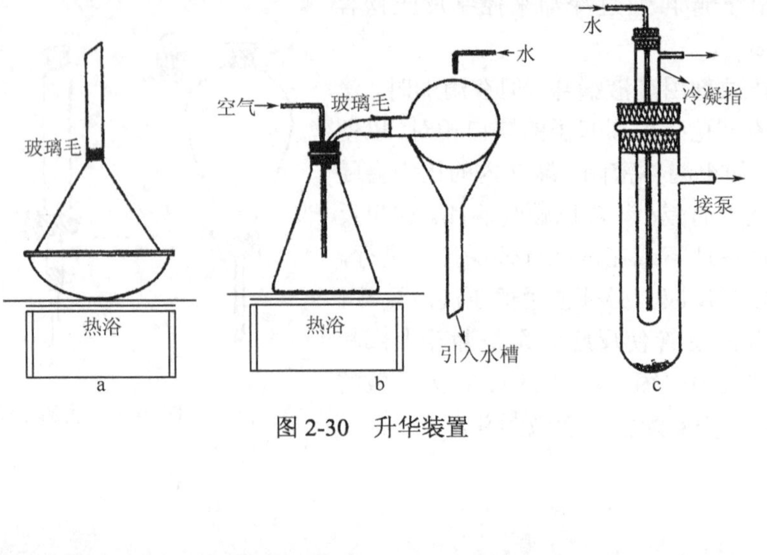

图2-30 升华装置

低于被升华物质的熔点，使其慢慢升华。蒸气通过滤纸孔上升，冷却后凝结在滤纸上或漏斗壁上。必要时可用湿布冷却漏斗外壁。升华完毕，用刮刀将产品从滤纸及漏斗上轻轻刮下，放在干净的表面皿中。

图 2-30b 为在空气或惰性气流中进行升华的装置。锥形瓶中放入待升华物质，瓶口配置一两孔塞，一孔插入玻璃导管以导入气体，另一孔插入接液管，接液管的另一端伸入圆底烧瓶中，烧瓶口塞上棉花或玻璃毛。加热锥形瓶，当物质开始升华时，通入气体，带出升华物质。烧瓶用自来水冷却，使蒸气凝结在烧瓶内壁上。

2. 减压升华

图 2-30c 为减压升华装置，在吸滤管中放入欲升华物质，然后将装有“冷凝指”的橡皮塞塞紧管口，接通冷凝水，进行减压，将吸滤管在热浴中加热，进行升华。

2.11 萃　　取

在有机化学实验中，萃取和洗涤是分离、提纯有机化合物常用的操作。萃取是用溶剂从液体或固体混合物中提取所需要的物质，洗涤是从混合物中洗掉少量杂质。洗涤实际上也是一种萃取。

2.11.1 基本原理

1. 液-液萃取

一种物质在两种互不相溶（或微溶）的溶剂中的溶解度或分配比不同。例如，有机化合物在有机溶剂中的溶解度一般比在水中的大，当将有机溶剂与含有有机化合物的水溶液一起振摇时，有机化合物就在两液相进行分配，静置后两相分层，就可以从水层中将有机化合物提取到有机溶剂中。

萃取效果与萃取剂的性质有着密切关系。选择萃取剂应当要求与原溶剂不互溶，对被提取物的溶解度大，与原溶剂及提取物不反应，沸点较低，易于回收。另外，溶剂的密度、毒性、易燃性及价格也应考虑。经常使用的萃取剂有乙醚、苯、四氯化碳、石油醚、氯仿、二氯甲烷、正丁醇、乙酸乙酯等。

有机化合物中含有少量酸、碱等杂质时，常用水、稀碱或稀酸溶液进行洗涤，杂质溶于水或形成盐后溶于水而被分离。

2. 液-固萃取

从固体混合物中提取所需物质，可利用溶剂对混合物中被提取的成分与杂质之间的溶解度不同而达到分离的目的。

2.11.2 实验技术

1. 液-液萃取

实验室最常用的萃取仪器为分液漏斗。应选用容积比萃取液体体积大一倍以上的分液漏斗。使用前，先将活塞擦干，然后涂上润滑脂（注意不要堵塞活塞孔），塞好后旋转活塞，使润滑脂均匀分布，看上去透明。上口塞子不能涂润滑脂，以免污染从上口倒出的溶液。然后放入水，检查上、下两个塞子是否漏水，确认不漏后方可使用。将分液漏斗放在固定于铁架台上的铁环中，在分液漏斗下面接一锥形瓶。关闭下面的活塞，将萃取剂和被萃取液从上口倒入，塞紧塞子，并使塞子的缺口与上口的通气孔错开。取下分液漏斗，用右手手掌顶住漏斗上面的塞子，左手握住活塞处，拇指压紧活塞，把漏斗放平，前后振摇，尽量使两互不相溶的溶液充分混合（图 2-31）。开始时，振摇要慢，振摇几次后，将漏斗上口向下倾斜，下部支管指向斜上方，左手仍握住活塞支管处，用拇指和食指旋开活塞放气。放气时支管口不能对着人，也不能对着火。振摇时一定要及时放气，尤其是用一些低沸点溶剂（如乙醚）萃取时或用酸、碱溶液洗涤产生气体时，振摇会产生很大的压力，如不及时放气，漏斗内的压力大大超过大气压，就会顶开塞子出现喷液。经几次振摇放气后，把漏斗放在铁环上，并将上口塞子的缺口对准漏斗上口的通气孔，使漏斗内部与大气相通，静置。待两层液体完全分开后，慢慢旋开下面的活塞，放出下层液体。有时在两层间出现一些絮状物，应将它放入水层。上层液体从上口倒出，不可从下口放出，以免被漏斗颈上残留的下层液体污染。水层能否很好地分离干净是能否顺利进行干燥的关键，所以分液过程一定要仔细。

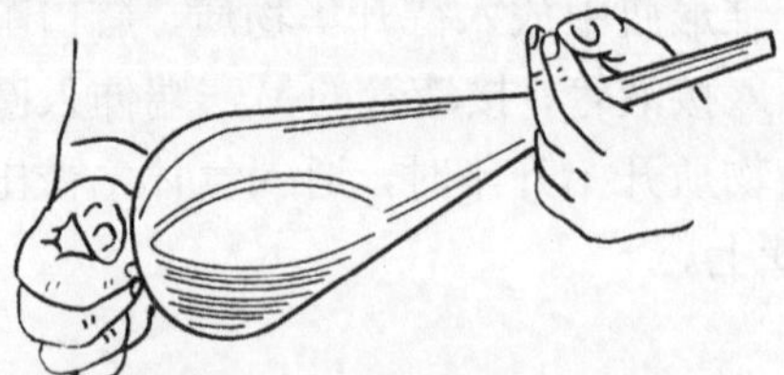
a

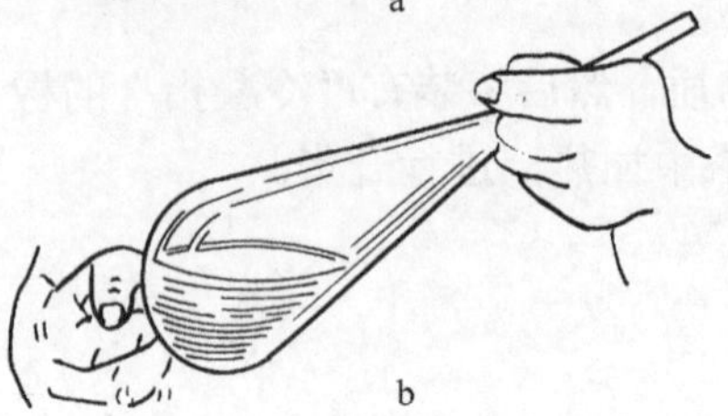
b

图 2-31 分液漏斗的握法

a. 振摇；b. 放气

分液时，一般可根据密度来判断哪一层为水层，哪一层为有机层。但有时在萃取过程中会发生变化，不好辨认，此时可在试管中放入少量水，加入其中某一层的少量液体，如不分层则为水层，否则为有机层。要特别注意，在未确认前切不可轻易倒掉某一层溶液。水溶液经几次萃取后合并所有的有机层，用干燥剂干燥，然后蒸馏回收溶剂。所得产品根据具体要求进一步纯化。

萃取时，有时会产生乳化现象（指不互溶的两种液体在一定条件下混到一起形成乳液的现象），特别是当溶液呈碱性时，很容易产生乳化现象。有时由于两相的相对密度接近、溶剂互溶或存在少量轻质沉淀，也可能使两相不能清晰地分开。用于破坏乳化的方法如下：

（1）较长时间静置。

（2）若由于溶剂与水部分互溶而发生乳化，可加入少量电解质（如氯化钠），利用盐析作用破坏乳化。在两相相对密度相差很小时，加入氯化钠可以增加水相的相对密度。

（3）因碱性物质存在而产生乳化现象，可加入少量稀酸或采用过滤的方法来消除。

有时也用乙醇、磺化蓖麻油等破坏乳化。

当所要萃取的化合物在原溶剂中的溶解度比在萃取剂中的溶解度大时，必须使用大量溶剂进行多次萃取，才能达到分离目的。为了提高萃取效率，减少萃取剂用量，最好采用连续萃取的装置进行连续萃取。

2. 液-固萃取

从固体物质中萃取化合物的一种方法是，用溶剂将固体长期浸润而将所需要的物质浸出来，即长期浸出法。但此法花费时间长，溶剂用量大，效率不高。在实验室多采用索氏提取器（图 2-32a）来提取。索氏提取器利用溶剂回流及虹吸原理，使固体物质连续不断地被溶剂萃取，既节约溶剂，萃取效率又高。萃取前先将固体物质研细，以增加固-液接触的面积。然后将固体物质放在滤纸套内，置于提取器中，提取器的下端与盛有溶剂的圆底烧瓶相连，上面接回流冷凝管。加热圆底烧瓶，使溶剂沸腾，蒸气通过提取器的支管上升，被冷凝后滴入提取器中，溶剂和固体接触进行萃取，当溶剂液面超过虹吸管的最高处时虹吸回烧瓶，即将萃取物带入烧瓶中。如此重复，固体物质不断被溶剂萃取，萃取出的物质富集在烧瓶中。对于少量固体物质的提取，可选用图 2-32b 所示简易半微量固体提取器。

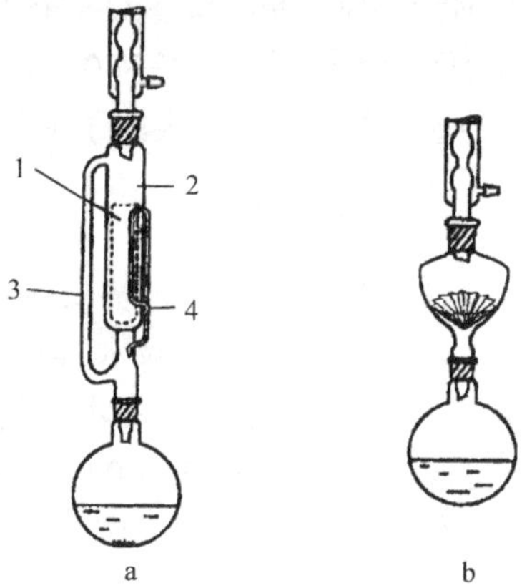

图 2-32　液-固提取装置
1. 滤纸套；2. 提取器；3. 支管；4. 虹吸管
a. 索氏提取器；b. 简易半微量固体提取器

2.12　干燥技术

干燥指除去化合物中的少量水分或溶剂。无论是反应前、反应中还是反应后都可能用到干燥技术。许多有机反应必须在无水条件下进行，所有原料和溶剂要进行无水处理，在反应过程中还要防止潮气侵入。有机化合物在蒸馏之前也必须进行干燥，以防止加热使某些化合物发生水解，或与水形成共沸混合物。获得目标产物后，要测定化合物的物理常数，对其进行定性、定量分析，利用色谱、紫外光谱、红外光谱、核磁共振谱、质谱等方法对化合物进行结构分析和测定，都必须使化合物完全处于干燥状态，才能得到正确的结果。

2.12.1　基本原理

干燥方法分为物理方法和化学方法。属于物理方法的有加热、冷冻、吸附、分馏、共沸蒸馏等。化学方法是利用干燥剂去水，按照去水作用分为两类：一类干燥剂与水可逆地结合生成水合物，如硫酸镁、氯化钙等；另一类干燥剂与水反应生成新的化合物，是不可逆的，如金属钠、五氧化二磷等。

1. 物理吸附法

采用物理吸附除去水分是近年来常用的一种方法，如用离子交换树脂、分子筛进行脱水干燥。离子交换树脂是不溶于水、酸、碱和有机化合物的高分子聚合物，如苯磺酸钾型离子交换树脂，外形为圆珠状颗粒，内有许多空隙，可以吸附小分子，使用后将其加热至150℃以上，被吸附的水又释放出来即可以重复使用。分子筛是多水硅铝酸盐的晶体，将其加热到一定温度，水被脱去，晶体内部就形成许多大小均一的孔道和占自身体积一半左右的许多空穴，小分子可以进入空穴，从而可以将不同大小的分子“筛分”。4A 型分子筛是一种硅铝酸钠[$NaAl(SiO_3)_2$]，微孔表观直径为 0.42nm，能吸附直径小于 0.4nm 的分子。5A 型分子筛是硅铝酸钙钠[$Na_2SiO_3 \cdot CaSiO_3 \cdot Al_2(SiO_3)_3$]，微孔表观直径为 0.5nm，能吸附直径小于 0.5nm 的分子。水分子的直径为 0.3nm，最小的有机化合物甲烷的直径为 0.49nm。因此，分子筛是一种很好的干燥剂，吸附了水分的分子筛可加热至 350℃以上进行解吸后重复使用。

2. 干燥剂性能

使用化学法干燥，需要选择合适的干燥剂。不同干燥剂的吸水容量和干燥效能不同。

（1）吸水容量。吸水容量指单位质量干燥剂能吸收的水的质量。例如，硫酸钠最多能形成含 10 个结晶水的水合物，其吸水容量为 1.25；氯化钙最多能形成含 6 个结晶水的水合物，其吸水容量为 0.97，所以硫酸钠的吸水容量大。

（2）干燥效能。干燥效能是指达到平衡时依然留在溶液中的水的质量。干燥剂吸水形成水合物是一个平衡过程，形成的不同水合物平衡时有不同的水蒸气压。表 2-2 列出了 25℃时硫酸镁生成不同结晶水的水合物的水蒸气压。

表 2-2　含不同结晶水硫酸镁的蒸气压（25℃）

平衡式	平衡时的水蒸气压/kPa
$MgSO_4 + H_2O \rightleftharpoons MgSO_4 \cdot H_2O$	0.13
$MgSO_4 \cdot H_2O + H_2O \rightleftharpoons MgSO_4 \cdot 2H_2O$	0.27
$MgSO_4 \cdot 2H_2O + 2H_2O \rightleftharpoons MgSO_4 \cdot 4H_2O$	0.67
$MgSO_4 \cdot 4H_2O + H_2O \rightleftharpoons MgSO_4 \cdot 5H_2O$	1.2
$MgSO_4 \cdot 5H_2O + H_2O \rightleftharpoons MgSO_4 \cdot 6H_2O$	1.33
$MgSO_4 \cdot 6H_2O + H_2O \rightleftharpoons MgSO_4 \cdot 7H_2O$	1.2

由表 2-2 可见，25℃时无水硫酸镁与一水合硫酸镁平衡时水的蒸气压为 0.13kPa，它与二者的相对量无关，但当温度升高时，水蒸气压也升高。硫酸镁含结晶水越多，平衡时的水蒸气压越大。用无水硫酸镁干燥液体化合物时，在 25℃时所能达到的最低的蒸气压为 0.13kPa，要完全除去水是不可能的。加入量过多，干燥效果并不增大，反而吸附产品。加入量不足，生成多水合物，其蒸气压增大，干燥效果差。因此，液体有机化合物加入干燥剂后要放置一段时间。提高温度可以缩短生成水合物的平衡时间，但其蒸气压也升高了，所以加入干燥剂后可在水浴上加热，然后在尽量低的温度下放置，可以提高干燥效果。

2.12.2　液体化合物的干燥

1. 干燥剂的选择

液体有机化合物进行干燥，是将干燥剂放入被干燥的液体中，所以特别要注意干燥剂与被干燥液体的化学性质，一般应注意以下几点：

（1）所用干燥剂与被干燥的液体有机化合物不发生化学反应，也不溶解在该液体中。酸性化合物不能用碱性干燥剂，碱性化合物也不能用酸性干燥剂。强碱性干燥剂（如氧化钙、氢氧化钠）能催化某些醛、酮发生缩合反应、自动氧化反应，也可以使酯、酰胺发生水解反应。有些干燥剂能与某些化合物形成配合物，如氯化钙易与醇类、胺类配位，因而不能用于这些化合物的干燥。氢氧化钠（钾）容易溶解在低级醇中，因此不能用于干燥低级醇。表 2-3 列出了各类有机化合物常用的干燥剂。

表 2-3　各类有机化合物常用的干燥剂

化合物类型	干燥剂
烃、醚	$CaCl_2$、Na、P_2O_5
卤代烃	$CaCl_2$、$MgSO_4$、Na_2SO_4、P_2O_5
醇	K_2CO_3、$MgSO_4$、CaO、Na_2SO_4
醛、酸、酚	$MgSO_4$、Na_2SO_4、$CaCl_2$
酮	K_2CO_3、$MgSO_4$、Na_2SO_4
酯	K_2CO_3、$MgSO_4$、Na_2SO_4
胺	KOH、NaOH、K_2CO_3、CaO
硝基化合物	$CaCl_2$、$MgSO_4$、Na_2SO_4

（2）考虑干燥剂的吸水容量和干燥效能。第一类干燥剂吸水容量大，但干燥效能差，如无水硫酸钠，其形成含 10 个结晶水的水合物，吸水容量达 1.25，25℃水的蒸气压为 0.26kPa；第二类干燥剂吸水容量小，但干燥效能强，如无水氯化钙，其最多能形成含 6 个结晶水的水合物，吸水容量为 0.97，25℃时水的蒸气压为 0.04kPa。所以干燥含水量大或不易干燥的化合物时，常先用吸水容量大的干燥剂进行干燥，然后再用干燥效能高的干燥剂干燥。一般只是在需要彻底干燥时才使用第二类干燥剂。表 2-4 列出了常用干燥剂的性能和应用范围。

表 2-4　常用干燥剂的性能和应用范围

干燥剂	吸水作用	吸水容量	干燥效能	干燥速度	应用范围
氯化钙	$CaCl_2 \cdot nH_2O$ n=1, 2, 4, 6	0.97 按 $CaCl_2 \cdot 6H_2O$	中等	较快，但吸水后表面被薄层液体覆盖，故放置时间要长些	能与醇、酚、酰胺及某些醛、酮形成配合物，因而不能用来干燥这些化合物。工业品中可能含氢氧化钙，故不能用来干燥酸类
硫酸镁	$MgSO_4 \cdot nH_2O$ n=1, 2, 4, 5, 6, 7	1.05 按 $MgSO_4 \cdot 7H_2O$	较弱	较快	中性，应用范围广，可代替 $CaCl_2$，并可用于干燥酯、醛、酮、腈、酰胺等不能用 $CaCl_2$ 干燥的化合物
硫酸钠	$Na_2SO_4 \cdot 10H_2O$	1.25	弱	缓慢	中性，一般用于有机液体的初步干燥
硫酸钙	$2CaSO_4 \cdot H_2O$	0.06	强	快	中性，常与硫酸镁（钠）配合，作最后干燥之用
碳酸钾	$K_2CO_3 \cdot 1/2H_2O$	0.2	较弱	慢	弱碱性，用于干燥醇、酮、酯、胺及杂环等碱性化合物，不适于酸、酚及其他酸性化合物

续表

干燥剂	吸水作用	吸水容量	干燥效能	干燥速度	应用范围
氢氧化（钾）钠	溶于水	—	中等	快	强碱性，用于干燥胺、杂环等碱性化合物，不能用于干燥醇、酯、醛、酮、酸、酚等
金属钠	$Na+H_2O \longrightarrow NaOH+1/2H_2$	—	强	快	限于干燥醚、烃类中痕量水分。用时切成小块或压成钠丝
氧化钙	$CaO+H_2O \longrightarrow Ca(OH)_2$	—	强	较快	适于干燥低级醇类
五氧化二磷	$P_2O_5+3H_2O \longrightarrow 2H_3PO_4$	—	强	快，但吸水后表面被黏浆液覆盖，操作不便	适于干燥醚、烃、卤代烃、腈等中的痕量水分。不适用于醇、酸、胺、酮等
分子筛	物理吸附	约 0.25	强	快	适用于大多数有机化合物的干燥

2. 干燥剂的用量

干燥剂的用量与所干燥的液体化合物的含水量、干燥剂的吸水容量等多种因素有关。水在不同的液体有机化合物中溶解度不同。例如，室温时，水在乙醚中的溶解度为1%～1.5%，而在苯中的溶解度只有约0.05%。若用无水氯化钙干燥100mL乙醚（其吸水容量为0.97），可以算出至少需要1g无水氯化钙。但实际用量大大超过计算量，这是因为在萃取时不可能将水分离干净，而吸水容量是按生成高水合物计算的，得到高水合物需要的时间很长，往往达不到它应有的含水量。但干燥剂也不能加得太多，因为它也会吸附一部分产品，影响产品的产量。可以通过查阅溶解度手册或根据化合物的结构来估计干燥剂的用量。极性化合物，特别是含有亲水基团（如醇、胺等）的化合物，水在其中的溶解度增大。干燥这些化合物时，干燥剂用量应该多一些。一般情况下，干燥剂的用量为每10mL溶液用0.5～1g，但要根据具体情况而定。

3. 操作

将被干燥液体中的水分尽可能分离干净，分液时若有一些絮状物，宁可弃掉。将液体放于一个干燥的锥形瓶中，先加入少量干燥剂，塞好塞子，振摇锥形瓶。如果干燥剂已附着瓶底并黏结在一起，说明干燥剂用量不够，应再添加一些，直到瓶中明显看到松动的干燥剂颗粒，再放置一段时间（至少半小时）。有时，加入干燥剂后会出现少量水层，这时应小心地用滴管吸去水层，再加入新的干燥剂。应当注意，加入干燥剂后液体由浑浊变澄清并不说明该液体已经干燥，透明与否与水在化合物中的溶解度有关。

块状干燥剂如无水氯化钙，使用时应破碎成黄豆大小的颗粒。颗粒太小，过滤困难；颗粒太大，表面积小，吸水效果差。

干燥剂吸水形成水合物的过程是一个可逆过程，高温时水合物会失水，降低干燥效能，蒸馏前必须把干燥剂滤掉。某些干燥剂（如金属钠、五氧化二磷）与水生成比较稳定的产物，有时可不必过滤而直接进行蒸馏。

4. 采用分馏和生成共沸混合物的方法除去少量水分

有些溶剂（如苯、甲苯、四氯化碳等）与水形成共沸混合物，其沸点低于该溶剂的沸点，可以通过蒸馏把水除去。也可以在被干燥的有机化合物中加入此类溶剂，蒸馏时溶剂将水带出。苯、乙醇和水形成三元共沸混合物，在 95%乙醇中加入适量苯，进行共沸蒸馏，前馏分为三元共沸混合物，水蒸完后是乙醇与苯的二元共沸混合物，无苯后即可得到无水乙醇。

对于与水不形成共沸混合物、沸点相差较大的有机化合物，可以利用精密分馏的方法将水分离，如甲醇与水。

2.12.3　固体化合物的干燥

固体物质法有水分或挥发性溶剂时，通常利用物理方法干燥，也可以根据物质和溶剂的性质，选用不同的干燥剂在干燥器中干燥。

1. 在空气中晾干

要除去低沸点溶剂（如乙醚、石油醚等），可以在空气中晾干。将晶体放在表面皿或培养皿中均匀铺开，上面盖一张滤纸以防灰尘污染。

2. 红外灯干燥

固体中若含有不易挥发的溶剂，为了加速干燥，常用红外灯干燥。干燥的温度应低于晶体的熔点，干燥时旁边可放一支温度计，以便控制温度。要随时翻动固体，防止结块。但对于常压下易升华或热稳定性差的结晶不能用红外灯干燥。红外灯可用可调变压器调节温度，使用时温度不要调得过高，严防水滴溅在灯泡上而发生炸裂。

3. 烘箱烘干

实验室内常用带有自动温度控制系统的电热鼓风干燥箱，其使用温度一般为 50～300℃，通常使用温度应控制在 100～200℃。烘箱用来干燥无腐蚀、无挥发性、加热不分解的物品。切忌将挥发、易燃、易爆物放在烘箱内烘烤，以免发生危险。

4. 用干燥器进行干燥

干燥器分为普通干燥器、真空干燥器和真空恒温干燥器。

1）普通干燥器

普通干燥器（图 2-33a）带有磨口的玻璃盖，为使干燥器密闭，在盖子磨口处均匀地涂上一层凡士林。干燥器中带孔的圆板将干燥器分为上下两室，上室放被干燥的物体，下室装干燥剂。干燥剂不宜过多，约占下室的一半即可。因不同的干燥剂具有不同的蒸气压，常根据被干燥物的要求加以选择。

这种干燥器一般适用于保存易潮解或升华的样品。但干燥效率不高，所费时间较长。

2）真空干燥器

真空干燥器（图 2-33b）盖子上有一玻璃活塞，用来抽真空，活塞下端的玻璃管呈弯钩状，口向上，防止通大气时由于空气流入太快而冲散固体。使用时，真空度不易过高，一般用水泵抽气。用水泵抽气时，要接上安全瓶，以免在水压变化时使水倒吸入干燥器内。

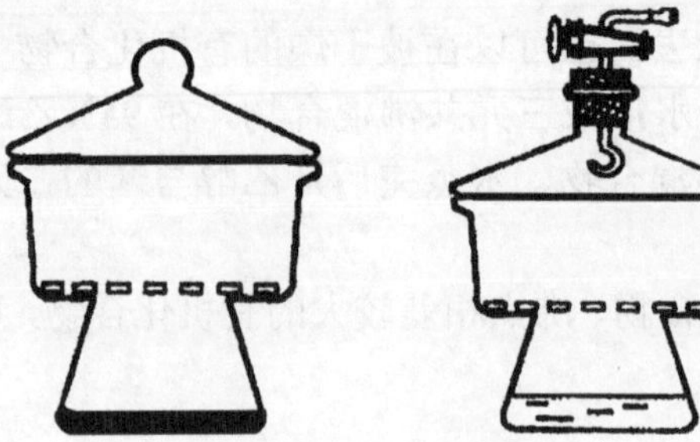

a　　b

图 2-33　干燥器

a. 普通干燥器；b. 真空干燥器

取出样品前，应缓缓打开活塞，使空气慢慢进入。这种干燥器干燥效果较好，但不适用于易升华物质的干燥。

3）干燥器的使用方法

开启盖子时，左手扶住干燥器，右手握住盖上的圆球把柄，向前推开干燥器盖，不可向上提起（图 2-34a）。搬动干燥器时必须按图 2-34b 的方法用双手搬动，防止盖子跌落打碎。

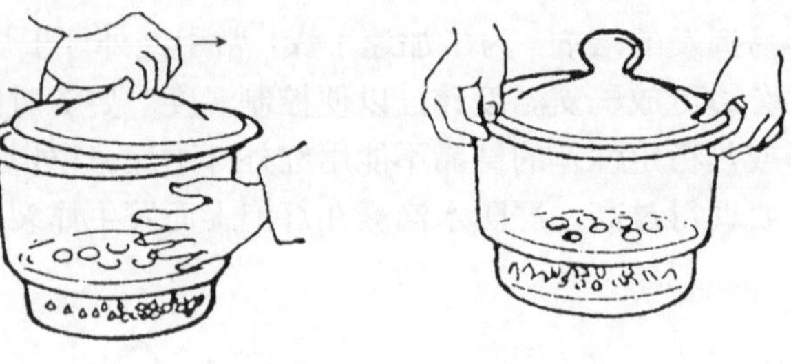

a　　b

图 2-34　干燥器的开启与搬动

4）干燥剂的选择

最常用的干燥剂有硅胶、CaO、无水 $CaCl_2$、$Mg(ClO_4)_2$、浓 H_2SO_4 等。硅胶是硅酸凝胶（组成可用通式 $x SiO_2 \cdot y H_2O$ 表示），烘干除去大部分水后，得到白色多孔的固体，具有高度的吸附能力。为了便于观察，将硅胶放在钴盐溶液中浸泡，使之呈粉红色，烘干后即变为蓝色。蓝色的硅胶具有吸湿能力，当硅胶变为粉红色时，表示已经失效，应重新烘干至蓝色。

使用时需根据样品所含溶剂的性质来选择干燥剂。例如，五氧化二磷、生石灰、无水氯化钙、分子筛、变色硅胶都可以吸水；生石灰、氢氧化钠可以吸收酸；氯化钙还可以吸收醇；石蜡片可以吸收乙醚、氯仿、苯、四氯化碳等有机溶剂。干燥器中有时同时放置两种干燥剂，如在底部放置浓硫酸，另外将盛有氢氧化钠的器皿放在瓷板上，既可以吸收水又可以吸收酸，效果更佳。若用硫酸钡的浓硫酸溶液（18g 硫酸钡溶于 1L 浓硫酸）代替硫酸，通过已吸收了大量水分，硫酸钡就沉淀出来，表明需要重新更换，使用起来更为方便。

2.13 色谱技术

色谱技术是 20 世纪初发展的一种分离分析方法，最初用于分离结构相似、性质相近的植物色素混合物，色谱也由此得名。目前色谱技术已广泛用于一般方法难以分离的有机化合物的分离提纯、定性鉴别及定量分析，具有高效、灵敏、准确及简便等优点。色谱技术的基本原理是利用样品中不同物质在两相（固定相和流动相）中具有不同的分配系数，即不同结构、性质的物质，被流动相携带在固定相中运动时，与固定相的作用力有差异，造成其在固定相上的滞留时间不同，吸附力或溶解度较小的组分在固定相中的移动速度较快，在多次反复平衡过程中导致各组分在固定相中形成了分离的“色带”，从而达到分离的目的。

固定相是具有一定吸附能力的固体物质，流动相可以是气体（气相色谱，GC）、液体（液相色谱，LC）或超临界流体（超临界流体色谱，SFC）。按照分离物质与固定相的作用原理不同，色谱技术可分为吸附色谱、分配色谱、离子交换色谱和凝胶渗透色谱。按操作方法可分为薄层色谱（thin layer chromatography，TLC）、柱色谱、纸色谱等。

2.13.1 薄层色谱

薄层色谱是指以吸附剂为固定相的一种液相色谱法。通常将吸附剂涂在一块干净的玻璃板上形成均匀的薄层，经干燥活化后在薄层板的一端约 1cm 处，用管口平整的毛细管吸取少量样品溶液点于薄层板上，形成一小圆点。待溶液晾干后，将薄层板放入盛有展开剂（流动相）的展开槽中，使点样一端浸入约 0.5cm，由于吸附剂（或支持剂）的毛细作用，展开剂沿薄层板缓缓上升，样品中各组分因在展开剂中的溶解性和被吸附剂吸附的程度不同（或在支持剂中的液体的溶解性能不同），随着展开剂的移动而被分开，在不同位置形成一个个小斑点。待展开剂上升到距薄层板上端约 1cm 时（此处为展开剂前沿）将板取出，干燥后用显色剂显色（如果样品无色），并记下斑点中心及展开剂前沿距圆点的距离，计算比移值（R_f）。

R_f=化合物斑点最高浓度中心至圆点中心距离/展开剂前沿至圆点中心的距离

R_f在一定条件下是一个化合物的特征值，但操作条件上的差异（如薄层板吸附剂的厚度、溶剂等）可以改变一个化合物的 R_f。所以在分离、鉴定化合物时最好在同一块板上与标准样品进行对照。选择合适的展开剂，使样品 R_f 为 0.15～0.75。

用薄层色谱进行分析，样品用量少（几微克到几十微克，甚至 0.01μg），操作简便、快速，是实验室常用的分析手段。薄层色谱常用于跟踪反应，确定反应终点；为柱色谱寻找最佳条件；特别适用于挥发性较小或在较高温度下易发生变化而不能用气相色谱分析的物质。若制成较大、较厚的薄层板，将样品溶液点成一条线，可以分离 500mg 左右的样品，用于少量化合物的精制。

1. 吸附剂及其选择

薄层色谱中吸附色谱使用的吸附剂常为氧化铝和硅胶，分配色谱使用的支持剂为硅藻土和纤维素。使用较多的是吸附薄层色谱。

吸附剂是表面积很大的经过活性处理的多孔性或粉状固体，颗粒大小应当均匀。市售色谱用氧化铝和硅胶都以一定大小筛孔粒度和规格包装。

硅胶是无定形多孔乳状物质，其表面含有硅醇基团，略具酸性，适用于分离酸性和中性化合物。硅醇基团能吸附水生成水合硅醇基，使硅胶的活性降低。含水量越多，其吸附能力越差，活性越低。

薄层色谱用硅胶有多种。“硅胶 H”——不含黏合剂；“硅胶 G”——含煅石膏黏合剂（$2CaSO_4 \cdot 2H_2O$）；“硅胶 HF_{254}”——含有荧光物质，可在波长 254nm 紫外光下观察荧光；“硅胶 GF_{254}”——既含黏合剂又含荧光物质。黏合剂除煅石膏外，还可以用淀粉、羧甲基纤维素。制备薄层板时，常用 0.5%左右的羧甲基纤维素钠水溶液。加黏合剂的薄层板称为硬板，不加黏合剂的薄层板称为软板。

氧化铝是活性大、吸附力强的极性化合物，也可以按含黏合剂及荧光剂分为氧化铝 G、氧化铝 GF_{254}、氧化铝 HF_{254}。与硅胶相同，氧化铝的活性也取决于它的含水量。

氧化铝按表面含水量多少分为五个活性等级。Ⅰ级活性最高，Ⅴ级活性最低。表 2-5 列出了吸附剂含水量与其活性的关系。

表 2-5　吸附剂含水量与其活性的关系

活性	氧化铝/水	硅胶/水
Ⅰ	0	0
Ⅱ	3%	5%
Ⅲ	6%	15%
Ⅳ	10%	25%
Ⅴ	15%	33%

吸附剂与化合物之间的吸附力与化合物的极性有关，氧化铝对各种化合物的吸附性顺序为酸、碱＞醇、胺、硫醇＞酯、醛、酮＞芳香族化合物＞卤代物、醚＞烯＞饱和烃。

2. 展开剂

选择合适的展开剂是做好薄层分析的关键。展开剂的选择要考虑样品各组分的极性、溶解度、挥发性等诸多因素，展开剂应对被分离物质有一定溶解度，有适当的亲和力。一般情况下，溶剂的展开能力与溶剂的极性成正比。所选择展开剂的极性要比分离物质的极性略小，如果展开剂极性太大，吸附剂对展开剂的吸附能力大于被分离物，被分离样品各组分完全随展开剂移动，其 R_f 过高；如果展开剂的极性太小，各组分不易随展开剂迁移，R_f 太小甚至为零。选择一个最佳展开剂，往往要经过多次实验。如果找不到单一溶剂，可使用按一定比例组成的混合溶剂，分离效果往往比单一溶剂好，如石油醚-乙醚、石油醚-乙酸乙酯、环己烷-乙酸乙酯等。以下是薄层色谱常用的一些展开剂，其极性依次递增：己烷和石油醚＜环己烷＜四氯化碳＜甲苯＜苯＜二氯甲烷＜氯仿＜乙醚＜乙酸乙酯＜丙酮＜乙醇＜甲醇。

3. 薄层板的制备

制备薄层板所用玻璃板（常用载玻片）必须平整，用前应洗净，晾干。所铺薄层要均匀，厚度一致（为 0.25～1mm），否则展开剂前沿不整齐，分析结果不重复。

薄层板分为“干板”与“湿板”两种。一般常用“湿法”制板。实验室常用如下简易的“平铺”方法制板：在一个小烧杯中放入 3g 硅胶（可根据需要用不同规格的硅胶），加入约 7mL 0.5‰的羧甲基纤维素水溶液，立即用搅拌棒调成糊状（调糊时间不能太长，一般在 40～60s，否则硅胶凝结），均匀倒在 5～6 块 7.5cm×2.5cm 的载玻片上，然后振摇，使硅胶糊涂布均匀平滑，室温晾干后活化。

制备较多的薄层板可用涂布器。涂布器为上下开口的长方形有机玻璃槽，其正面一块板的底部有一狭缝（狭缝高度为薄层板的厚度），硅胶糊倒入涂布器后，移动涂布器，糊从狭缝中流出，可均匀涂在玻璃板上。

若要涂布用于制备的大薄层板，可在一玻璃棒两端（两端距离为薄层板的宽度）缠上橡皮管或套上塑料环，其厚度为所涂薄层的厚度。在玻璃板一端倒上硅胶糊，平移玻璃棒，将糊涂布均匀。

4. 薄层板的活化

薄层板的活性与含水量有关，含水量越大，活性越低，所以涂好的薄层板在室温晾干后须加热活化。硅胶板一般放在烘箱中渐渐升温至 105～110℃后活化半小时。氧化铝在 200℃时活化 4h 可得活性为Ⅲ～Ⅳ级的薄板，如果需要，可对薄层板的活性进行测定。

测定氧化铝板的活性级别是将表 2-6 中的几种染料（各 30mg）分别溶解在 50mL 无水四氯化碳中，各取 0.02mL 点于要测定的薄层板上，用无水四氯化碳展开，测定各染料的 R_f，并与表中所列各原料的 R_f 进行比较，确定其活性级别。

表 2-6　活性与 R_f 的关系

活性级别 / 偶氮染料	勃劳克曼活性级的 R_f			
	Ⅱ	Ⅲ	Ⅳ	Ⅴ
偶氮苯	0.59	0.74	0.85	0.95
对甲氧基偶氮苯	0.16	0.49	0.69	0.89
苏丹黄	0.01	0.25	0.57	0.78
苏丹红	0.00	0.10	0.33	0.56
对氨基偶氮苯	0.00	0.03	0.08	0.19

硅胶的活性可以用二甲氨基偶氮苯、靛酚蓝和苏丹红 3 种染料的氯仿混合溶液（各 10mg 溶于 1mL 氯仿），以正己烷-乙酸乙酯（9∶1）为展开剂，若 3 种染料的 R_f 按上述顺序依次减小，则与Ⅱ级氧化铝相当。

活化好的薄层板应保存在干燥器或干燥箱中。

5. 点样

在薄层板一端 1cm 处，用铅笔轻轻画一条线作为起始线，用直径小于 1mm 的管口平整的毛细管吸取样品溶液（一般为 1%的稀溶液）在起始线上点样。点样时，应使毛细管口轻轻接触板面后立即移开，以防溶液扩散造成斑点直径太大（斑点直径不超过 2mm）。要注意毛细管不能刺破薄层面。因溶液太稀，一次点样太少，往往要重复几次，但要待前次点样的溶剂挥发后，再在原点样处重复点样。点样完毕，待溶剂晾干后才可以展开。点样点上的样品量的多少、斑点的大小对分离效果有很大影响。样品量太多容易造成展开后的斑点太大，两点间互相交叉、拖尾等现象，不能很好分离；样品量太少，斑点不明显，难以观察。在制备性薄层板上点样时，可用一根弧形毛细弯管，一端轻轻接触薄层板，另一端插入样品溶液，匀速直线地移动薄层板，可以在板上得到相当均匀的样品带。

6. 展开

薄层板展开时，吸附剂对样品、溶剂对样品会发生无数次吸附、解吸过程。展开前，应使展开槽内展开剂的蒸气达到饱和，以利于上述过程的进行。所用展开槽或展开缸应是密闭的，并提前几分钟加入展开剂。若在大展开缸内展开大薄层板，可在展开缸内沿内壁衬一张滤纸（但应留以空隙，便于观察展开的情况），使蒸气迅速达到饱和。展开方式分为上升法、倾斜上行法、下降法和双向展开等几种。

1）上升法

将薄层板垂直放于盛有展开剂的展开槽中，应注意展开剂不能超过 0.5cm，当展开剂上升到距上沿 1cm 时，迅速拿出，并立即记下展开剂前沿的位置，然后在通风橱中晾干。这种方法适用于含黏合剂的硬板。

2）倾斜上行法

无黏合剂的软板应倾斜 15°，含有黏合剂的硬板可以倾斜 45°～60°。

3）下降法

放在圆底烧瓶中的展开剂通过滤纸或纱布吸在薄层板上端，使展开剂下行至板下端，并流入展开槽中。这是一种连续展开的过程，适用于 R_f 小的化合物。

4）双向展开

这种方法用于成分复杂、不易分离的样品，使用方形玻璃板制板。将样品点在角上，向一个方向展开，然后转动 90°，再换另一种展开剂展开。

7. 显色

样品经薄层展开后，若本身带有颜色，可以直接看到斑点的颜色；若样品无色，就需要显色。

1）紫外灯显色

含有荧光物质的薄层板放在紫外灯下，化合物的斑点在亮的荧光背景下呈现暗色。

2）碘熏显色

在密闭的容器中放入一些碘（此容器为碘缸），容器中充满碘的蒸气。展开晾干的薄层板放入碘缸，碘与大多数有机化合物（烷、卤代烷除外）会可逆地结合，在数秒钟内化合物的斑点呈黄棕色。薄层板拿出后，碘很快挥发，使所呈现的颜色消失，因此显色后应立即用铅笔将斑点的轮廓画出。

3）喷洒显色剂

薄层板可用腐蚀性显色剂（如浓硫酸、浓盐酸、浓磷酸等）显色。另外，根据化合物的特性，还可采用一些试剂显色，如三氯化铁溶液、水合茚三酮溶液、磷钼酸溶液等。

2.13.2 柱色谱

柱色谱是将固定相填装在玻璃柱中进行分离的一种色谱分析方法。常用的有吸附柱色谱和分配柱色谱两种。固定相以氧化铝或硅胶作为吸附剂的为吸附柱色谱；以硅胶、硅藻土或纤维素作为支持剂，支持剂中吸附的大量液体作为固定相的为分配柱色谱（图2-35）。

吸附柱色谱是在色谱柱内装入固体吸附剂，将被分离样品的溶液从柱顶加入，并被柱顶的吸附剂吸附，然后从顶部加入洗脱剂（流动相），由于吸附剂对样品各组分的吸附力不同，各组分以不同速度随洗脱剂向下移动，经过反复的吸附、解吸过程，各组分在色谱柱中按照吸附作用的大小依次形成不同的“色带”。如果样品组分有颜色，则可以直接观察到“色带”。每个“色带”的溶液从柱底部流出，分别收集，则可以得到样品各组分的溶液。

色谱柱中填充的吸附剂的量远远大于薄层色谱，而且根据被分离样品的多少可以选择不同大小的色谱柱，所以柱色谱可以分离比较大量的样品。

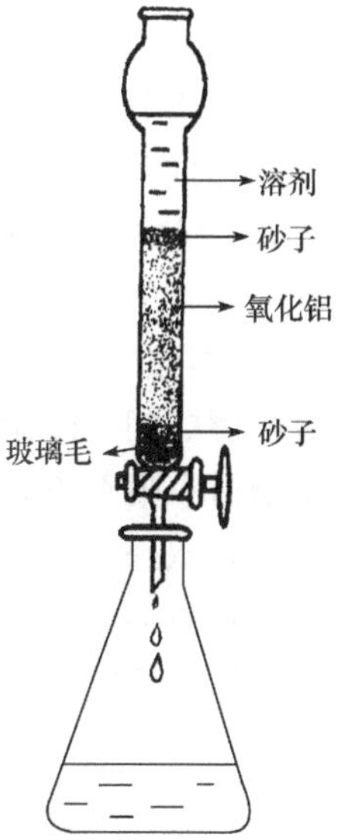

图2-35 柱色谱装置

1. 吸附剂

柱色谱常用的吸附剂有氧化铝、硅胶、氧化镁、碳酸钙、活性炭等。关于吸附剂的选择，在薄层色谱一节中已进行了讨论，对于吸附剂的粒度应选择恰当，粒度小，表面积大，吸附力强，分散效果好，但溶剂流速慢，因此应根据具体情况进行选择。供柱色谱使用的氧化铝有酸性、中性和碱性三种。酸性氧化铝是将氧化铝用1%盐酸浸泡后，用蒸馏水洗至氧化铝的悬浮液pH为7.5；碱性氧化铝pH为10，用于胺及其他碱性化合物的分离。

柱层析的分离效果与色谱柱大小和吸附剂的用量也有关系。一般柱中吸附剂的用量为被分离样品的30～40倍，若需要可增至100倍。柱高与直径之比为10∶1～4∶1。实验室常用的色谱柱直径为0.5～10cm。

2. 溶剂与洗脱剂

进行柱层析前，要将待分析样品溶解，溶解样品的溶剂极性应比样品小一些。溶剂极性太大，样品不容易被吸附剂吸附。同时溶剂对样品的溶解度也不能太大，否则也会影响吸附；但也不能太小，溶解度太小，溶剂体积增加，使“色带”分散。

洗脱剂的选择最好先用薄层色谱方法进行试验，然后将用薄层分析方法找到的合适展开剂用于柱色谱。也可以先用极性较小的溶剂将极性较小的组分洗脱，再用极性较大的溶剂洗脱极性较大的化合物。

3. 操作

（1）根据被分离样品的多少选择大小合适的色谱柱。使用前要把玻璃柱用水清洗干净，然后用蒸馏水冲洗、干燥。将色谱柱垂直固定，柱下口的玻璃塞不要涂润滑脂，以防油脂被溶剂溶解而污染被分离的化合物。

装柱的方法分为“干法”和“湿法”。“干法”装柱是先把玻璃柱底部轻轻塞紧一小卷脱脂棉（或玻璃毛），再在脱脂棉上盖一层厚 0.5cm 的石英砂，石英砂面应平整。在柱中加入溶剂至柱高的 3/4，打开下面的活塞，使溶剂以每秒一滴的流速流出，从柱上口慢慢不间断地加入吸附剂（可以通过漏斗加入），并用木棒或插有玻璃棒的橡胶塞轻轻敲打柱身下部，使其装填均匀、紧密。当装至柱的 3/4 处时，再在吸附剂上面加一层 0.5cm 厚的石英砂，加入石英砂的目的是保护吸附剂表面平整，使之不受加入样品溶液或洗脱剂的影响。

“湿法”装柱与“干法”装柱大体相同。先在柱中加入柱高 1/4 的溶剂，将吸附剂用溶剂调成糊，徐徐注入色谱柱，其他操作相同。无论用哪种方法装柱，装柱过程中及填装完毕后吸附剂要始终浸泡在溶剂中，装填完，溶剂液面要高于石英砂，否则柱身干裂，影响分离效果，甚至无法使用。柱身装填要均匀、无气泡、无裂纹、适度紧密，柱顶面的吸附剂和石英砂表面要保持水平。

（2）加样与洗脱。打开色谱柱活塞，当溶剂刚流至石英砂面时关闭活塞，用移液管或长滴管沿柱壁加入样品溶液，再打开活塞，小心放出一些溶剂，使溶液流至石英砂面再关闭活塞，用少量溶剂仔细将柱内壁黏附的样品冲洗干净，再将溶液液面放至石英砂面处。然后加入洗脱剂（可在柱上装一滴液漏斗，从漏斗不断放出洗脱剂），打开下面活塞进行洗脱分别收集不同组分，整个过程应保持有一定高度的液面。如果样品无色，可用相当数量的试管分别收集，各试管溶液经薄层色谱鉴定后，合并同组分的溶液，蒸除溶剂，得到所分离的各个组分。

2.13.3 纸色谱

纸色谱是将样品溶液点在滤纸上，滤纸作为载体，吸附在滤纸上的水作为固定相，含有一定比例水的有机溶剂作为流动相。展开时，样品各组分因在固定相（水）和流动相中的分配系数不同而被分开。

作为载体的滤纸是相对分子质量大的多羟基化合物，纸色谱用滤纸要求两面均匀，不含杂质。纸色谱操作简便，色谱图便于保存，但展开时间长，主要用于多官能团或高极性化合物（如糖、氨基酸）的分析鉴定。纸色谱的操作大体与薄层色谱相似。

用纸色谱进行分析时，由于影响 R_f 的因素很多，实验数据与文献数值可能不同，且不易重复，因此点样时，一般要同时点上标准样品作为对照。

2.14　质量分析技术

质量分析基本操作主要包括称量、沉淀、沉淀的过滤和洗涤、沉淀的包裹和灼烧。

2.14.1　沉淀

准备好干净的烧杯，杯的底部和内壁不应有划痕或裂纹，配上合适的玻璃棒和表面皿，三者一套，在整个操作过程中，每套仪器之间不得互换。

根据所形成的沉淀的性状（晶形或非晶形）选择适当的沉淀条件。对于晶形沉淀，关键在于要生成大颗粒的沉淀，为此应在如下条件下进行：①在适当稀的溶液中沉淀，尽量降低相对过饱和程度；②慢慢滴加沉淀剂，并快速搅拌，以降低局部过饱和程度，避免大量晶核的产生；③在热溶液中进行沉淀，在降低局部过饱和程度的同时可以减少吸附共沉淀。但温度较高时，沉淀的溶解度大，所以在沉淀完毕后应将溶液冷却后再进行过滤；④需要陈化。沉淀完毕后，将沉淀与母液一起放置一段时间，使沉淀小颗粒逐渐溶解，沉淀大颗粒逐渐长大。小颗粒沉淀溶解的过程中，原来共沉淀的杂质也可以重新溶出，减少沉淀的沾污。另外，陈化过程也可以使沉淀的晶体结构逐渐变得完整。在沉淀与母液共置时，加热并经常搅动溶液，可以加快陈化速度。

对于非晶形沉淀，关键在于增加沉淀的紧密度，防止胶溶现象发生。沉淀条件如下：①在较浓的溶液中进行，可以降低沉淀的含水量，利于形成结构紧密的沉淀；②在热溶液中进行，由于离子的水化程度小，利于得到含水量少，结构紧密的沉淀；③沉淀完毕后立刻过滤，避免被吸附的杂质由于陈化作用而包藏在沉淀内部；④加入电解质，缩小胶体微粒与溶液之间的双电层，利于胶体微粒聚集、沉降，防止胶溶现象。为防止电解质对称量产生干扰，一般选用易挥发的铵盐或稀酸作为电解质，以便灼烧时能够除去。

沉淀所需试剂应事先准备好。加入液体试剂时应沿烧杯内壁或沿搅拌棒慢慢加入，勿使溶液溅出。可用滴管逐滴加入，并同时搅拌，以减少局部过饱和现象，搅拌时不要用搅拌捧敲打和刻划烧杯底部或内壁。若需要在热溶液中进行沉淀，最好在水浴上加热。

2.14.2　沉淀的过滤和洗涤

1. 滤纸和漏斗的选择

若沉淀需经灼烧称量则应选用无灰定量滤纸过滤。

过滤前应根据沉淀的性状选择大小和致密程度适宜的滤纸。例如，$BaSO_4$、CaC_2O_4 等细晶形沉淀应选直径较小（7～9cm）、致密的慢速滤纸；$Fe_2O_3 \cdot xH_2O$ 等疏松的非晶形沉淀，沉淀体积庞大，难以洗涤，需选用直径较大的（9～11cm）疏松的快速滤纸。定量滤纸的类型及适用范围示于表 2-7 中。

表 2-7　定量滤纸的类型

类型	滤纸盒上色带标志	滤速/(s/100mL)	适用范围
快速	白	60～100	粗结晶及非晶形沉淀，如氢氧化铁、氢氧化铝
中速	蓝	100～160	中等粒度沉淀，如大部分硫化物、磷酸铵镁
慢速	红	160～200	细粒状沉淀，如硫酸钡

质量分析使用的漏斗为长颈漏斗。漏斗锥体角度为 60°，颈的直径通常为 3～5mm，颈长为 15～20cm。滤纸放入漏斗后，其边缘应比漏斗低 0.5～1cm。将沉淀转移至滤纸中后，沉淀高度不得超过滤纸的 1/3。

2. 滤纸的折叠和安放

漏斗洗净后，按常压过滤的方法折叠和安放滤纸（见 2.4.2 节）。如果滤纸不紧贴漏斗或有皱痕，则表示滤纸折叠得不合适，应重新折叠，否则过滤速度较慢，在过滤中易冲破滤纸，沉淀颗粒也易透过滤纸造成沉淀流失。

滤纸放好后，在漏斗中灌满蒸馏水，任水流出，并用手指紧压滤纸边缘，不让空气“钻入”缝隙，待漏斗中全部水流出后，漏斗颈部仍充满水，形成“水柱”，“水柱”重力产生的吸滤作用可以加快过滤的速度。

把有水柱的漏斗放在漏斗架上，用一洁净的烧杯承接滤液。漏斗下口紧贴烧杯内壁，以免滤液溅出。漏斗架的高低以过滤过程中漏斗颈的出口不接触滤液为准。漏斗应放正，使其边缘在同一水平上，否则洗涤沉淀时，较高的地方不易洗涤到，影响洗涤效果。

3. 沉淀的过滤和洗涤

沉淀的过滤一般分为三个步骤：①用倾注法过滤上层清液，并洗涤沉淀数次，为加速过滤和提高洗涤效率，过滤时尽可能不搅起沉淀；②把沉淀转移到漏斗上；③洗净玻璃棒和烧杯内壁。

过滤前，把装有沉淀的烧杯倾斜静置，但玻璃棒不要靠在烧杯嘴处，因为烧杯嘴处可能会粘有少量沉淀。待沉淀下降后，轻轻拿起烧杯，勿搅动沉淀，进行过滤。过滤时，左手拿起烧杯到漏斗正上方，右手轻轻从烧杯中拿出玻璃棒，将玻璃棒下端碰一下烧杯内壁，使悬在玻璃棒下端的液体流回烧杯，然后将烧杯嘴紧贴着玻璃棒，并使玻璃棒垂直向下，玻璃棒的下端对着滤纸三层处但不接触滤纸（图 2-36）（不要将玻璃棒对着滤纸锥体的中心或一层处，以免液流将滤纸冲破）。慢慢地沿玻璃棒将溶液倾注于漏斗上，溶液每次最多加到滤纸边缘以下约 5mm 处。溶液过多，沉淀有可能“爬出”滤纸到漏斗上部。应控制倾注的速度，使沉淀上层清液的倾注过程最好一次完成。当停止倾注时，应先把烧杯直立，直立时要保持玻璃棒垂直且与烧杯嘴紧贴，烧杯嘴沿玻璃棒向上提起后，才可与玻璃棒分开，这样才能使最后一滴液体顺着玻璃棒流下，不至沿着烧杯嘴

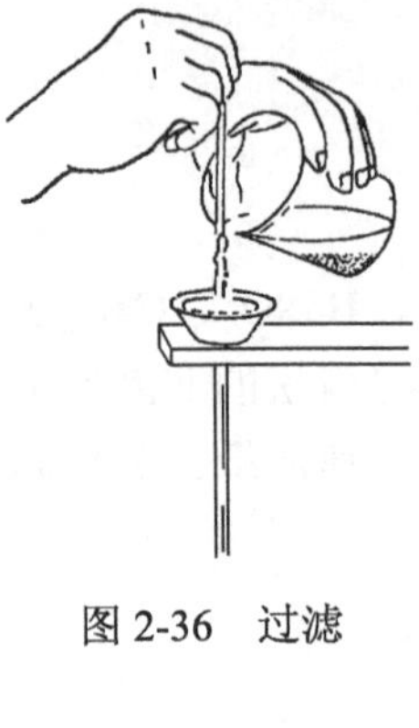

图 2-36　过滤

流到烧杯外面。过滤开始，就要注意观察滤液是否透明，如果滤液浑浊，可能有沉淀透过滤纸，应检查原因，采取措施，必要时将浊液重新过滤。

沉淀先用倾注法洗涤，在沉淀上每次沿玻璃棒加 20～30mL 蒸馏水或洗涤液，充分搅拌，放置，待沉淀下降后，用倾注法过滤。此阶段洗涤的次数根据沉淀的性质而定，晶形沉淀洗三四次，非晶形沉淀洗五六次。最后将沉淀定量地转移到滤纸上，这是工作的关键。如果失去一滴悬浊液，就会使整个分析过程失败。转移沉淀时，在沉淀上加入 10～15mL 洗涤液（加入量应不超过漏斗一次能容纳的量），搅起沉淀，小心地使悬浊液顺着玻璃棒倒在滤纸上。这样重复四五次，即可将沉淀全部转移到滤纸上。烧杯中留下的极少量沉淀，可用图 2-37 所示的方法转移：把烧杯倾斜并将玻璃棒架在烧杯口上，玻璃棒下端对着滤纸的三层处，用洗瓶压出洗液，冲洗烧杯内壁，将残余的沉淀完全转移到滤纸上。

图 2-37　沉淀的转移

然后，用洗瓶中的洗涤液自上而下螺旋式地洗涤滤纸上的沉淀（图 2-38），使沉淀集中到滤纸的底部，便于以后滤纸的折叠。洗涤前，应将洗瓶出水管内的气体压出，使之充满液体，以免冲洗时气体和液流同时压出，冲在沉淀上溅起沉淀。

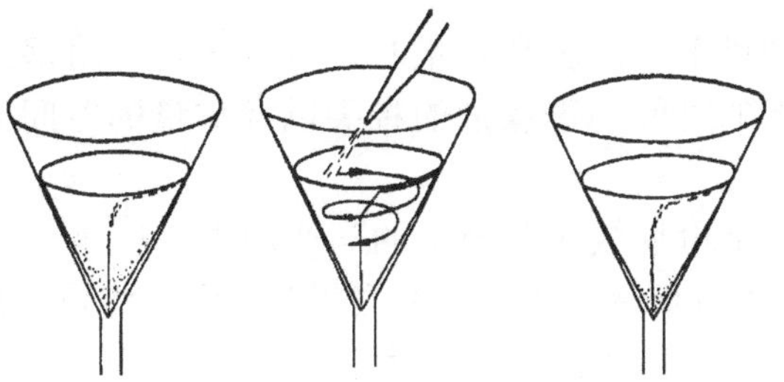

图 2-38　沉淀的洗涤

如果烧杯内壁或玻璃棒上还附着少许沉淀不易洗下，把折叠滤纸时撕下来的滤纸角用水湿润后，先擦净玻璃棒上的沉淀，再用玻璃棒按住滤纸角将烧杯壁上的沉淀擦下，然后将滤纸角放在漏斗中。对着光线检查烧杯内壁上是否还有沉淀颗粒残留，用洗瓶吹洗一次。

洗涤沉淀时，为了提高效率，应在前一份洗涤液流尽后，再加入一份新的洗涤液。还应注意，同样量的洗涤液分多次洗涤效果较好。这通常称为“少量多次”的洗涤原则，可通过下列计算说明。

设过滤以后，沉淀上残留的溶液体积为 V_0（mL），其中杂质含量为 w（mg）。如果每次洗涤时加入洗液 V（mL），洗涤后残留溶液的体积仍为 V_0（mL），则每次洗涤后杂质含量为

第一次洗涤

$$\frac{V_0}{V+V_0}\times w$$

第二次洗涤

$$\frac{V_0}{V+V_0}\times\frac{V_0}{V+V_0}\times w=\left(\frac{V_0}{V+V_0}\right)^2\times w$$

第 n 次洗涤

$$\left(\frac{V_0}{V+V_0}\right)^n \times w$$

从上式可以看到，沉淀上残留溶液的体积 V_0 越小，洗涤液的体积 V 越大，洗涤次数 n 越多，则洗涤效果越好。但洗涤液体积 V 不能过大，否则沉淀因溶解损失较多，而且洗涤时间过长。

“少量多次”洗涤原则，不仅适用于沉淀的洗涤，也适用于用蒸馏水或标准溶液润洗定量分析用的玻璃仪器。

沉淀一般洗涤 8～10 次，非晶形沉淀洗涤次数还要多些。当洗涤七八次以后，可以检查沉淀是否洗净。检查时用一洁净的试管承接 1～2 滴滤液，根据不同实验的要求，选择杂质中最易检验的离子，用灵敏、快速的定性反应来检查，如用 $AgNO_3$ 检验 Cl^- 等。如果滤液中的成分也要分析时，检查过早会损失一部分滤液而引入误差。

2.14.3　沉淀的包裹和灼烧

1. 坩埚的恒量

用坩埚进行沉淀的烘干、灼烧和称量时，应预先将空坩埚灼烧至恒量。空坩埚灼烧的温度和时间、冷却的时间、干燥剂的种类以及称量的时间等条件，应与装有沉淀时相同。

将洗净并经干燥的空坩埚放入已恒温的马弗炉中进行第一次灼烧，约 30min 后取出（注意：为了防止灼烧坩埚骤冷炸裂，夹坩埚时，应先将坩埚的头部预热）。取出后，待其红热状态消失后，约等待 1min，将坩埚放入干燥器内冷却。由于各种沉淀的灼烧温度、坩埚大小和坩埚壁厚薄等不同，坩埚的冷却时间应由具体实验确定，一般约需 30min。坩埚冷却后称量，记录其质量。然后再在同样条件下灼烧、冷却和称量，第二次灼烧时间可短些，为 15～20min。两次称量结果相差不超过 0.2mg，可认为坩埚已达到“恒量”。

如果两次称量结果相差超过 0.2mg，应再灼烧、冷却，称量，直至恒量。

2. 沉淀的包裹

用顶端细而圆的玻璃棒，从滤纸的三层处，小心地将滤纸与漏斗壁分开。用洗净的手从滤纸三层处的外层把滤纸和沉淀取出。

若是晶形沉淀，可按图 2-39a 所示包裹沉淀。沉淀包好后，放入已恒量的坩埚内，滤纸层数较多的一边向上。若是非晶形沉淀，因沉淀量较多，把滤纸的边缘向内折，把圆锥体的敞口封上，如图 2-39b 所示，然后小心取出，倒转过来，尖头向上，放入已恒量的坩埚中。

然后将沉淀和滤纸进行烘干。烘干时应在煤气灯（或电炉）上进行。在煤气灯上烘干时，将放有沉淀的坩埚斜放在泥三角上（注意，滤纸的三层部分向上），坩埚底部枕在泥三角的一边上，坩埚口朝泥三角的顶角。为使滤纸和沉淀迅速干燥，应该用反射焰，即用小火加热坩埚盖中部，这时热空气流便进入坩埚内部，而水蒸气则从坩埚上面逸出，如图 2-40a 所示。

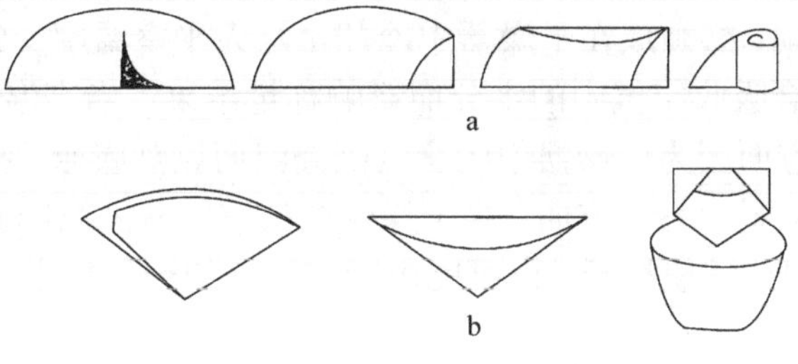

图 2-39　沉淀的包裹

3. 滤纸的炭化和灰化

滤纸和沉淀干燥后（这时滤纸只是被干燥，而不变黑），将煤气灯逐渐移至坩埚底部，使火焰逐渐加大，炭化滤纸，如图 2-40b 所示。若温度升高太快，滤纸会生成整块的炭，需要较长时间才能将其灰化，故不要使火焰加得太大。炭化时如遇滤纸着火，可立即用坩埚盖盖住，使坩埚内的火焰自行熄灭（切不可用嘴吹灭）。着火时，不能置之不理，任其燃尽，这样易使沉淀随气流飞散损失。待火熄灭后，将坩埚盖移至原位置，继续加热到全部炭化（滤纸变黑）。炭化后可加大火焰，使滤纸灰化，滤纸灰化后，应呈灰白色而不是黑色。为使炭化较快地进行，应该随时用坩埚钳夹住坩埚使之转动，但不要使坩埚中的沉淀翻动，以免沉淀飞扬损失。使用的坩埚钳放置时注意使嘴向上，不要向下。

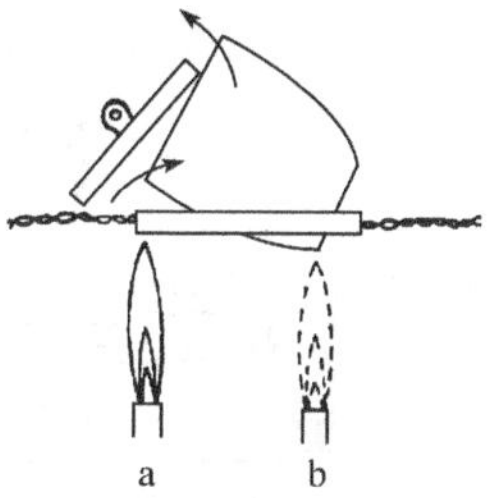

图 2-40　沉淀的干燥、炭化和灰化

沉淀的烘干，炭化和灰化也可在电炉上进行，应注意温度不能太高。这时坩埚是直立的，坩埚盖不能盖严，其他操作和注意事项同前。

4. 沉淀的灼烧

沉淀和滤纸灰化后，将坩埚移至马弗炉中（根据沉淀性质调节适当温度），盖上坩埚盖，但留有空隙。与灼烧空坩埚相同温度下，灼烧 40～50min，与空坩埚灼烧操作相同，取出，冷至室温称量。然后进行第二次、第三次灼烧，直至坩埚和沉淀恒量为止。一般第二次以后的灼烧，20min 即可。

从高温炉中取出坩埚时，将坩埚移至炉口，至红热稍退后，再将坩埚从炉中取出放在洁净瓷板上。在夹取坩埚时，坩埚钳应先预热。待坩埚冷至红热退去后，再将坩埚置于干燥器中。放入干燥器后，盖好干燥器盖子，在干燥器中冷却至室温，一般需 30min 以上。等待冷却过程中需启动干燥器盖 1～2 次。注意每次灼烧、称量和放置的时间都要保持一致。

此外，某些沉淀在烘干时就可得到确定的组成，无需再灼烧。而热稳定性差的沉淀也不宜灼烧，这时，可用微孔玻璃坩埚烘干至恒量即可。

微孔玻璃坩埚放入烘箱中烘干时，应将它放在表面皿上进行，根据沉淀性质确定干燥温度。一般第一次烘干约 2h，第二次为 45～60min。如此重复烘干，称量，直至恒量为止。

经高温灼烧后的坩埚，必须放在干燥器中冷却至与天平室温度一致后才能称量。若直接放在空气中冷却，则会吸收空气中的水分而影响称量结果。当高温坩埚放入干燥器后，不能立即盖紧盖子。一方面因为干燥器中的空气因高温而剧烈膨胀，推动干燥器盖，有时甚至会将干燥器盖推落打碎；另一方面，当干燥器中的空气从高温降到室温后，压力大大降低，干燥器盖很难打开。即使打开，也可能由于空气流的冲入将坩埚中的被测物冲散使分析失败。

2.15 天平及其使用

2.15.1 托盘天平

托盘天平仅用于粗略的称量，能称准至0.1g（图2-41）。托盘天平的横梁架在天平座上，横梁左右有两个托盘，在横梁中部的上面有指针，根据指针A在刻度盘B上摆动的情况，可以看出托盘天平的平衡状态。使用托盘天平称量时，可按下列步骤进行：

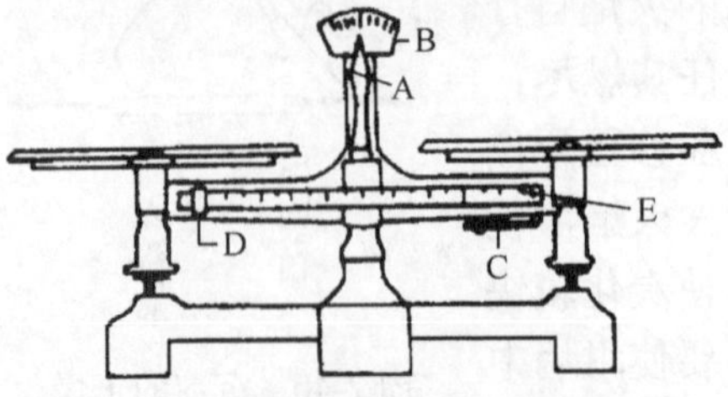

图2-41 托盘天平示意图

（1）零点调整。使用托盘天平前需把游码D放在刻度尺的零处。托盘中未放物体时，如指针不在刻度零点，可通过旋转零点调节螺丝C调节。

（2）称量。称量物不能直接放在天平托盘上称量，而应放在已知质量的纸或表面皿上，以免托盘受到腐蚀。潮湿的或具腐蚀性的药品则应放在玻璃容器内。托盘天平不能称热的物质。称量时，称量物放在左边托盘，砝码放在右边托盘。添加砝码时应从大到小。在添加刻度标尺E以内的质量时（如10g或5g），可移动标尺上的游码，直至指针指示的位置与零点相符（偏差不超过1格），记下砝码质量和游码质量之和，即称量物的质量。

（3）称量完毕，应把砝码放回盒内，把游标尺的游码移到刻度“0”处，将托盘天平清扫干净。

2.15.2 电子分析天平

电子分析天平利用电子装置完成电磁力补偿的调节，使物体在重力场中实现力的平衡，或通过电磁力矩的调节，使物体在重力场中实现力矩的平衡。电子分析天平一般均具有自动调零、自动校准、自动去皮和自动显示称量结果等功能。电子分析天平达到平衡的时间短，使称量更加快速。

下面以常见的FA1104型上皿电子天平为例（图2-42），简要说明电子分析天平的使用步骤。

（1）观察水平仪，如果气泡不在中间位置则需要调节天平下方的水平调节脚，直至气泡在水平仪中间位置为止。

（2）轻按“ON”键，显示屏全亮，经过短暂自检后，显示屏应显示“0.0000g”。如果显示数值不是“0.0000g”，则要按一下“TAR”键清零。

（3）将称量物轻轻放在称盘上，这时可见显示屏上的数字在不断变化，待数字稳定后（显示屏左边的“○”标志熄灭），即可读数，并记录称量结果。

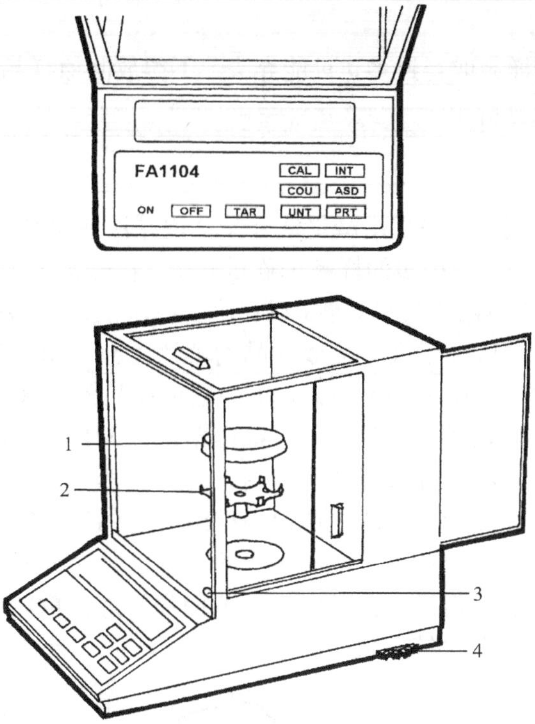

图 2-42　FA1104 型上皿电子分析天平示意图

1. 称盘；2. 盘托；3. 水平仪；4. 水平调节脚

（4）称量完毕，取下称量物，轻按“OFF”键关闭天平。

天平长时间不用、位置移动、环境变化或为获得精确称量结果时，使用前一般需要校准操作。打开天平，取下所有被称物，待天平显示“0.0000g”时轻按“CAL”键，显示屏闪烁，出现“CAL-200”字样，此时将校准用的 200g 标准砝码放在天平称盘上，闪烁数秒后，显示“200.0000g”，取下砝码，显示“0.0000g”。若显示不为“0.0000g”，则轻按“TAR”键清零后重复以上校准操作（为了得到准确的校准结果，最好反复校准两次）。

注意：学生在做实验时除了开关键和“TAR”键外，其余键均不得随意触动。

2.15.3　称量方法

1. 直接称量法

对于在空气中稳定且不易吸水的物质如金属等，可在表面皿上或硫酸纸上直接称取。方法如下：

（1）称量容器（如表面皿、硫酸纸等）并记录其质量。

（2）用牛角匙将样品添加在表面皿或硫酸纸中，同时观察天平显示数字的变化。不断添加样品，直至天平显示数字与所需值相差很小。手持盛有试剂的牛角匙，伸向表面皿中心部位上方 2～3cm 处（图 2-43），轻轻振动使样品慢慢加入，

图 2-43　直接称量法

直至达到所需值为止。

注意：称量时如果样品取得过多，只能弃去，不得放回原样品瓶中。这种称量方法准确度稍差，常用于工业分析中。

2. 减量法

称取样品或基准试剂，一般采用减量法（又称递减法或差减法）。取一洗净并烘干的称量瓶，用牛角匙取较需要量稍多的样品于称量瓶中，在分析天平上准确称量其质量。称量瓶必须用纸条拿取，不得用手直接碰触，以免手上的灰尘、油污沾在称量瓶上导致误差，如图 2-44a 所示。将称量瓶置于准备盛放样品的容器上方，用右手将瓶盖轻轻打开，慢慢将称量瓶口向下倾斜，用瓶盖轻敲瓶口，小心地使样品落入容器中，如图 2-44b 所示。注意不要使样品洒落在容器外，一旦发现样品洒落应立即停止，将天平及容器清扫干净后重新称量。当倒出的样品估计接近所需量时，仍在容器上方，一面用瓶盖轻轻敲打称量瓶，一面将称量瓶慢慢竖起，使沾在瓶口内壁或边上的样品落入称量瓶或容器中，盖好瓶盖，再准确称量称量瓶的质量。两次称量的质量之差即为样品的质量。这种称量方法称为减量法。如果样品倒得过少，可以按上述操作补加，重新准确称量。样品称量完后将容器盖好，以免落入灰尘等杂质。

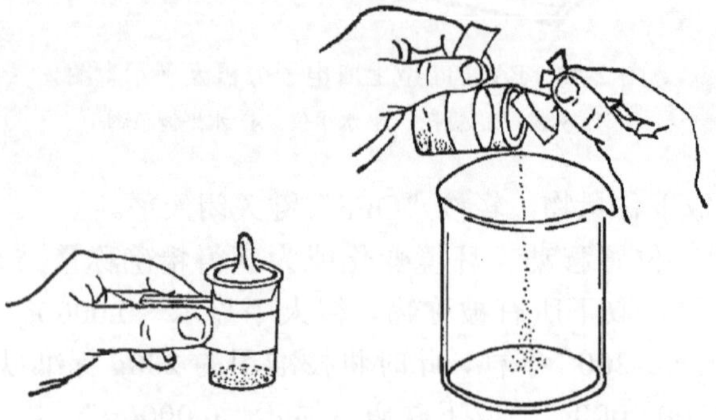

a　　b

图 2-44　减量法

称取一个样品，不宜反复多次倒出，这样容易引入误差，对于吸水性强的样品更不宜如此。如果倒出的样品过多，只好将倒出的样品废弃，清洗好容器后重新称取。

如果同时要称取 2～3 份样品，可将所需量一次放入称量瓶中，连续称取。

2.15.4　分析天平的使用规则

分析天平是精密仪器，必须非常小心地使用，才能保证天平的灵敏度和准确度不至于降低。为了使天平不受损坏，使称量结果准确，在使用天平时必须严格遵守下列规则：

（1）天平应放置在天平室内。天平室应保持干燥，光线充足而不直射，温度变化不宜太大。天平台应坚固抗震，不要在靠近门窗和暖气处放置天平。天平一经调好水平，不得任意挪动位置。

（2）天平箱内应十分清洁，放有干燥剂（如硅胶），并要定期更换，以保持天平箱内干燥。

（3）绝对不可使天平负载的质量超过限度。绝不能把过热或过冷的物体放在天平盘上。称量物的温度必须与天平温度相同。潮湿和具有挥发腐蚀性气体的样品必须放在密闭容器中才能称量。

（4）所有称量结果必须立刻正确地记录在记录本上。

（5）称量完毕后，一定要将天平清扫干净，避免化学药品对天平的腐蚀。称量者应负责维护天平的清洁。

（6）当发现天平有故障时，不要自己修理，应立即告知教师。因为分析天平是一种精密仪器，初学者随便调节，可能引起更大的损坏。

2.16　光度计的使用技术

分光光度计是用于在可见光范围内（420～700nm）进行比色分析的一种仪器。常用的 722 型分光光度计如图 2-45 所示，其主要技术指标为：波长范围，330～800nm；波长精度，±2nm；浓度直读范围，0～2000；吸光度测量范围，0～1.999；透射率测量范围，0～100%；光谱带宽，6nm；噪声，0.5%（在 550nm 处）。

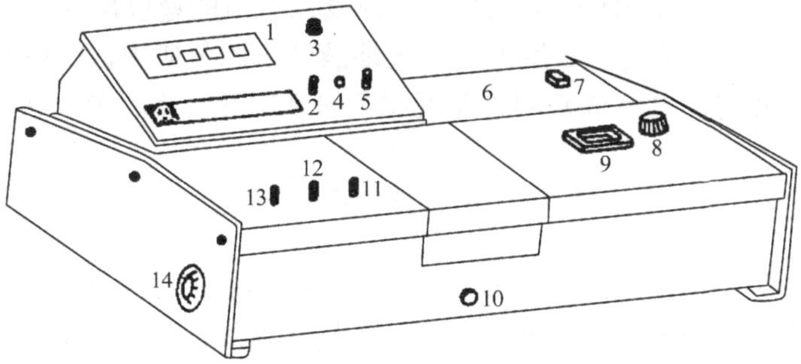

图 2-45　722 型分光光度计示意图

1. 数字显示器；2. 吸光度调零旋钮；3. 选择开关；4. 斜率电位器；5. 浓度旋钮；6. 光源室；7. 电源开关；8. 波长旋钮；9. 波长刻度盘；10. 样品架拉手；11. 100%T 旋钮；12. 0%T 旋钮；13. 灵敏度调节钮；14. 干燥器

722 型分光光度计的使用方法如下：

（1）开启电源，指示灯亮，仪器预热 20min，将灵敏度调节钮调至“1”挡（放大倍率最小），选择开关置于“T”。

（2）打开样品室盖（光路自动切断），调节 0%T 旋钮，使数字显示为“000.0”。

（3）将装有溶液的比色皿置于样品架中。

（4）旋动波长旋钮，把测试所需的波长调节至刻度线处。

（5）盖上样品室盖，将参比溶液比色皿置于光路中，调节 100%T 旋钮，使数字显示 T 为 100.0（若显示不到 100.0，则可适当增加灵敏度的挡数，同时应重复 2，调整仪器的零点。

（6）将被测溶液比色皿置于光路中，在数字显示器上直接读出被测溶液的透射率 T。

（7）吸光度 A 的测量，参照（2）、（5），调整仪器的“000.0”和“100.0”，将选择开关置于 A，旋动吸光度调零旋钮，使数字显示为“0.000”，然后移入被测溶液，显示值即为样品的吸光度 A。

（8）对于浓度的测量，选择开关由 A 旋至 C，将已标定浓度的溶液移入光路，调节浓度旋钮，使数字显示为标定值，将被测溶液移入光路，即可读出相应的浓度值。

注意事项：为防止光电管疲劳，不测定时必须打开比色皿暗箱盖，使光路切断，以延长光电管使用寿命。

拿取比色皿时，手指只能捏住比色皿的毛玻璃面，不要触碰比色皿的透光面，以免沾污。

清洗比色皿时，一般先用水冲洗，再用蒸馏水洗净。若比色皿被有机化合物沾污，可用盐酸-乙醇混合液（1∶2）浸泡片刻，再用水冲洗。不能使用碱性或氧化性强的洗涤液，以免损坏比色皿。也不能用毛刷清洗比色皿，以免损伤它的透光面。每次做完实验应立即洗净比色皿。比色皿外壁的水用擦镜纸或细软的吸水纸吸干，以保护透光面。

测量溶液吸光度时，一定要用被测溶液洗涤比色皿内壁数次，以免改变被测溶液的浓度。在测定一系列溶液的吸光度时，通常都是从稀到浓的顺序测定，以减小测量误差。

在实际分析工作中，通常根据溶液浓度的不同，选用不同规格光径长度的比色皿，使溶液的吸光度控制在 0.2～0.7，以提高测定的准确度。

比色皿透光面玻璃应无色透明，成套同一厚度比色皿的厚度应相等，使用前应对比色皿厚度做检查。其方法是把同一浓度的某有色溶液装入比色皿内，在相同的条件下，测定它们的透射率是否相等。允许成套同种厚度比色皿之间透射率相差不大于 0.5%。

2.17 折射率的测定

当一束光从一种各向同性的介质 m 进入另一种各向同性的介质 M 时，不仅光速会发生改变，如果传播方向不垂直于界面，还会发生折射现象，如图 2-46a 所示。

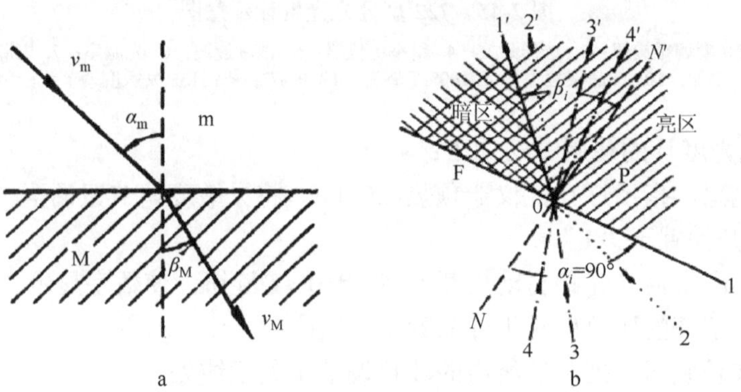

图 2-46　折射率测定的光学原理图

光线在真空中的速度（$v_{真空}$）与在某一介质中的速度（$v_{介质}$）之比定义为该介质的折射率，它等于入射角 α 与折射角 β 的正弦之比，即

$$n_\lambda^t = \frac{v_{真空}}{v_{介质}} = \frac{\sin\alpha}{\sin\beta}$$

在测定折射率时，一般光线都是从空气中射入介质中，除精密工作以外，通常都是以空气作为近似真空标准状态，故常以空气中测得的折射率作为某介质的折射率，即

$$n_\lambda^t = \frac{v_{空气}}{v_{介质}} = \frac{\sin\alpha}{\sin\beta}$$

物质的折射率随入射光的波长 λ、测定时的温度 t 及物质的结构等因素而变化，所以，在测定折射率时必须注明所用的光线和温度。当 λ、t 一定时，物质的折射率是一个常数。例如，$n_D^{20}=1.3611$ 表示入射光波长对应钠光 D 线（λ=589.3nm），温度为 20℃时，介质的折射率为 1.3611。

由于光在任何介质中的速度均小于它在真空中的速度，因此，所有介质的折射率都大于 1，即入射角大于折射角。

测定折射率通常使用阿贝折光仪。它的光学原理如图 2-46b 所示。入射角 α_i=90°时，折射角 β_i 最大，称临界折射角。如果从 0°到 90°，α_i 都有单色光入射，那么从 0°到临界角 β_i 也都有折射光。换言之，在临界角以内的区域均有光线通过，该区是亮的，而在临界角 β_i 以外的区域，由于折射光线消失而没有光线通过，故该区是暗的，两区将有一条明暗分界线，由分界线的位置可测出临界角 β_i。

当 α_i=90°，$\beta=\beta_i$ 时，有

$$n_\lambda^t = \frac{\sin 90°}{\sin\beta_i} = \frac{1}{\sin\beta_i}$$

不同物质的临界角 β_i 不同，可以通过测定其临界角，得到各物质的折射率。

阿贝折光仪的结构如图 2-47a 所示。其中心部件是由两块直角棱镜组成的棱镜组，上面一块是光滑的，为测量棱镜，下面一块是可以启闭的辅助棱镜，其斜面是磨砂的，液体样品夹在辅助棱镜与测量棱镜之间，展开成一薄层。光由光源经反射镜反射至辅助棱镜，磨砂的斜面发生漫射，因此从液体样品层进入测量棱镜的光线各个方向都有，从测量棱镜

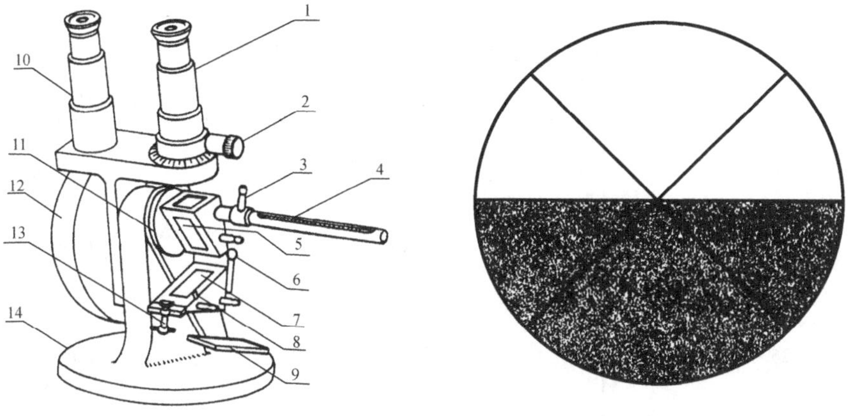

图 2-47 阿贝折光仪的构造与原理

1. 测量镜筒；2. 阿米西棱镜手轮；3. 恒温器接头；4. 温度计；5. 测量棱镜；6. 铰链；7. 辅助棱镜；8. 加样品孔；9. 反光镜；10. 读数镜筒；11. 转轴；12. 刻度盘罩；13. 棱镜锁紧扳手；14. 底座

的直角边上方可观察到临界折射现象。转动棱镜组转轴的手柄，调节棱镜组的角度，使临界线正好落在测量望远镜视野的"X"形准丝交点上，形成了半明半暗的图像（图 2-47b）。由于刻度盘与棱镜组的转轴是同轴的，因此与样品折射率相对应的临界角位置能通过刻度盘反映出来。

为使用方便，阿贝折光仪光源采用日光而不用单色光。日光通过棱镜时其不同波长的光的折射率不同，因而产生色散，使临界线模糊。为此在测量望远镜的镜筒下面设计了一套消色散棱镜（阿米西棱镜），旋转消色散手柄（阿米西棱镜手轮），就可以使色散现象消除。测得的数据与使用钠光相同，量程为 1.3000~1.7000，精密度为 0.0001。

1. 阿贝折光仪操作方法

（1）将折光仪与恒温水槽相连，调至所需温度。打开直角棱镜，用擦镜纸蘸少量乙醇或丙酮轻轻沿一个方向擦净镜面（不可来回擦），晾干后待用。

（2）恒温后，用滴管将被测液体滴到辅助棱镜上，注意不要使滴管尖直接接触镜面，以防造成刻痕。关闭棱镜，调好反光镜，使光线射入。所滴液体应均匀分布在两块棱镜之间，不可太少，否则观察不清。

（3）通过棱镜转动手轮转动棱镜，直到从测量望远镜中找到明暗分界线。如果出现彩色带，则调节阿米西棱镜手轮，使明暗线清晰。再调节转动棱镜手轮，使分界线对准十字交叉点，打开读数望远镜下面的小窗，使光线射入，记录读数。

（4）测定后，立即用乙醇或丙酮擦洗两块棱镜，晾干后关闭，放进木箱中。

2. 注意事项

（1）折光仪不能用来测定强酸、强碱以及有腐蚀性的液体，也不能测定对棱镜、保温套之间的黏合剂有溶解性的液体。

（2）使用前应先对仪器进行校正。通常用纯水校正，测得纯水的折射率，与标准值比较，求得校正值（一般重复两次，求得平均值）。校正值一般都很小，若此值太大，整个仪器必须重新校正。表 2-8 列出了不同温度下纯水和乙醇的折射率。

表 2-8 不同温度下纯水与乙醇的折射率

温度/℃	水的折射率	乙醇（99.8%）的折射率
14	1.33348	
16	1.33333	1.36210
18	1.33317	1.36129
20	1.33299	1.36048
22	1.33281	1.35048
24	1.33262	1.35967
26	1.33241	1.35885
28	1.33219	1.35721
30	1.33192	1.35639
32	1.33164	1.35557
34	1.33136	1.35474

（3）仪器不能暴于日光中，也不能在较高温度下使用。

（4）必须注意保护棱镜，不能在镜面上造成刻痕，使用完毕，用乙醇或丙酮洗净镜面，晾干后再闭上棱镜，妥善保管。

2.18　旋光度的测定

1. 旋光度及比旋光度

一般光源发出的光，其光波在垂直于传播方向的一切方向上振动，这种光称为自然光，或称非偏振光；而只在一个方向上有振动的光称为平面偏振光。当一束平面偏振光通过具有光学活性的物质时，其振动方向会发生改变，此时光的振动面旋转一定的角度，这种现象称为物质的旋光现象，这种物质称为旋光物质。旋光物质使偏振光振动面旋转的角度称为旋光度。使平面偏振光的振动平面向右旋转的称为右旋，用（+）或 *d* 表示，向左旋转的称为左旋，用（–）或 *l* 表示。

一个化合物具有光学活性是由其分子结构决定的。具有光学活性的化合物的分子具有实物与其镜影不能重叠的特点，即具有“手性”。在一定条件下不同旋光活性物质的旋光度为一常数，通常用比旋光度[α]表示。比旋光度是旋光活性物质的特征物理常数，只与分子结构有关，可以通过旋光仪测定物质的旋光度经计算求得。

图 2-48 是旋光仪的结构示意图。它由光源（一般测定时用钠灯）、起偏镜、样品管、检偏镜和目镜组成。起偏镜为尼科尔棱镜，它只能使与其镜轴平行的平面振动的光通过，这种在一个平面振动的光称为平面偏振光。检偏镜是能转动的尼科尔棱镜，它连有一刻度盘。样品管装待测物质液体或溶液，长度有 1dm 和 2dm 等几种。对于旋光度小或很稀的溶液，最好用 2dm 的样品管。当检偏镜和起偏镜的镜轴平行，并且样品管是空着或放有无旋光活性物质时，由旋光仪的目镜可以看到最大强度的光，这时刻度盘指向零。当样品管放入有旋光活性物质的溶液时，由起偏镜射来的平面偏振光被它向左或向右旋转了一定角度，到达目镜的光的强度就被减弱。这时转动检偏镜直至光的亮度最强为止，由刻度盘上可以读出左旋或右旋的度数。但人的眼睛对最亮点并不是很灵敏。为了准确判断旋光度的大小，在旋光仪的起偏镜后加一石英晶片，使光的偏振方向旋转一个角度 ϕ（ ϕ称半暗角）。当检偏镜与通过石英片的光的偏振面平行时，通过目镜可以观察到中间明亮，两旁较暗，如图 2-49a 所示；若检偏镜的偏振面与起偏镜的偏振面平行时，可观察到中间暗，两旁明亮，如图 2-49b 所示；只有当检偏镜的偏振面处于 1/2 ϕ的角度时，视场内明暗相同，如图 2-49c 所示；把这一位置定为零点。测定时应调节视场内明暗相同，以使观察结果准确。由于人的眼睛对弱照度的变化比较敏感，一般测定时选较小的半暗角，视野的照度随着半暗角减小而变弱，所以在测定时通常选几度到几十度的结果。

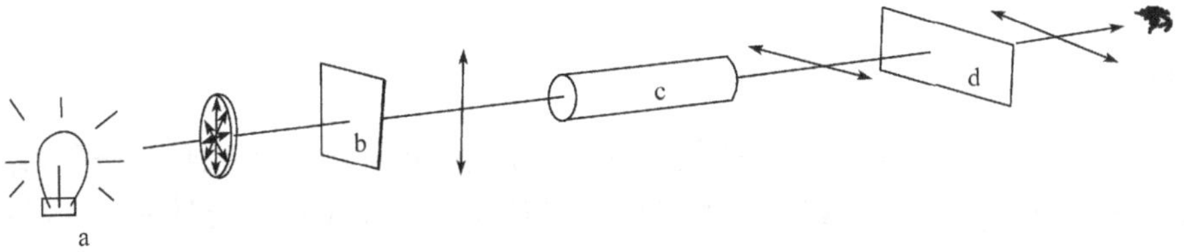

图 2-48　旋光仪的结构示意图

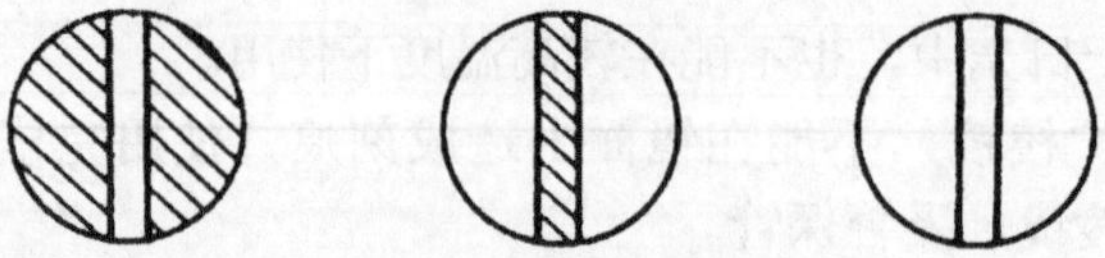

图 2-49 目镜观察图像

物质的旋光度与所用光源的波长、测定时溶液的浓度、样品管长度、温度及溶剂等因素有关。为了表征出只与分子结构有关的化合物的旋光特性，引入比旋光度[α]概念。当光源、温度、溶剂固定时，[α]为样品浓度为 1g/mL，样品管长度为 1dm 的物质的旋光度。测定出旋光度后，用下式求出比旋光度：

$$[\alpha]_D^t = \alpha / c \cdot L$$

式中，$[\alpha]_D^t$ 为钠光作光源（D），温度为 t（℃）时的比旋光度；α 为从旋光仪测得的旋光度；L 为样品管长度，单位以分米（dm）表示；c 为溶液浓度，以每毫升溶液含溶质的质量（g/mL）表示，如果测定的物质为纯液体，则 c 改为密度 d（g/cm^3）。

另外，还应标出测定时所用的溶剂。

2. *测定方法*

准备工作：准确称取 0.5～1g 样品，选择适当溶剂在容量瓶中配制溶液。一般溶剂可选用水、乙醇、氯仿等。

（1）接通电源，5min 后钠灯发光正常，开始测定。

（2）校正仪器零点：在样品管中未放样品和充满蒸馏水时，观察视场是否一致，如果不一致，说明零点有误差，应在测量读数中减去或加上这一偏差值。

（3）测试：选取合适长度的样品管，将样品管的一端用玻盖和螺帽封好，并用已配好的待测溶液冲洗两次。将管竖起，充满待测溶液，并使溶液因表面张力而形成凸液面，中心高出管顶。将玻盖沿管口边上平移过去，使样品管内不留空气泡，然后旋上螺帽，使之不漏。螺丝不易过紧，过紧会使玻盖引起应力，影响读数。将样品管擦干净，放入旋光仪中。旋转旋钮，使视场明暗一致，从刻度盘上读数。

（4）计算比旋光度，然后按下式求出样品的光学纯度（op）。光学纯度为所测物质的比旋光度除以光学纯度样品在相同条件下的比旋光度：

$$\text{op} = \frac{[\alpha]_D^t \text{观察值}}{[\alpha]_D^t \text{理论值}} \times 100\%$$

2.19 光谱技术简单介绍

2.19.1 红外光谱

红外光辐射使分子振动和转动能级发生跃迁，由此形成的分子吸收光谱称为红外光谱（infrared spectroscopy，IR）。红外光谱可用来确认有机分子中的官能团和它所处的环境。由于其测试样品少、操作简单、测试速度快而准确，因而成为结构分析采用的方法之一。

1. 红外光谱仪

红外光谱仪常用的是色散型双光束分光光度计。一般是以棱镜或光栅作为色散元体把复色光变为单色光，它可满意地测试化合物对不同波长的吸收。选择能发射红外光的光源，使两束光分别通过样品池和参比池，斩波器使两束光交替通过，衍射光栅（或棱镜）使复色光变为不同波长的单色光。如果通过样品的光在某波长有吸收，则检测器会感生一个交变电流，经放大后用于记录笔电机，从而带动记录笔画出红外光谱图。

2. 样品制备

红外光谱测定技术首先是制样。实际操作中要根据样品的物理性状采用不同的制样方法。

1）液体样品

对于液体样品一般采用两种方法：纯净样品液膜法和样品溶液测试法。两种方法采用的样品池不同，前者采用可拆式样品池，后者采用密封式样品池。玻璃对红外辐射是不透明的，因此，无论哪一种样品池都采用氯化钠片（食盐片）制样。食盐片易被损坏并易被湿气浸蚀，所以样品和溶剂必须干燥，在操作时手只能触及其边缘。

（1）纯净样品液膜法：从干燥器中取出可拆式样品池，在拆开的食盐片上滴一小滴液体样品，将两盐片并合至紧，除去气泡，加上橡皮垫片和金属片，再用螺帽轻轻上紧，使金属片有均匀压力。把样品池装入样品室即可测试。

（2）样品溶液测试法：将液体或固体样品溶于溶剂中，制成透明的 10%的样品溶液，制样中常用溶剂是氯仿和四氯化碳。配制好样品溶液后，取出密封样品池并使其稍倾斜放置，用毛细滴管通过注样口向密封样品池加入 3 滴样品溶液，使样品池充满（可以视窗观察）并且不存在气泡。一般密封池两盐片间隔为 0.1mm。然后在注样口加上聚四氟乙烯塞子，将样品池放入测试室内。为消除溶剂对吸收的影响，一般在参比池内加入相应的溶剂并把参比池也放入测试室内进行测试。这个方法是红外光谱测试中较为广泛采用的方法之一。

2）固体样品

（1）溶液法　把固体样品溶于适当溶剂中制成样品溶液，按液体样品的溶液测试法操作。

（2）KBr 压片法　固体样品最常用的方法是 KBr 压片法，特别对不溶于特定溶剂的某些样品。一般 0.5～1mg 样品和 50～100mg 光谱级干燥 KBr 放在洗净并干燥的玛瑙研钵中混均研细。用不锈钢铲移至专用金属膜内，铺平，填入压舌，装好模具，置于油压机上，抽真空并在 784.4～980.7kPa 压力下保持 5min，制得透明 KBr 压片。用镊子从模具中取出 KBr 压片并放在专用夹具中。用纯的 KBr 压片作参比进行测试。

（3）石蜡糊法　用不锈钢铲将 10～20mg 样品放在玛瑙研钵内研细，为避免光的散射，必须把样品研至小于 2.5mm，外观上看上去有黏性。加入 2 滴石蜡油再继续研磨 2～5min，调制成糊。用橡皮刷转移到可拆式样品池的下盐片上，盖好上盐片，来回转动使其分布均匀并无气泡。组装样品池后继续测试。由于石蜡油对 C—H 吸收带有干扰，需要时也可采用氟油作调糊剂。

2.19.2 核磁共振

核磁共振（nuclear magnetic resonance，NMR）技术因能快速方便地测定有机分子的骨架而在有机结构测定中成为最普遍应用的分析技术。

1. 核磁共振仪

常用扫场式核磁共振仪包括以下几个主要部分：

（1）磁铁和扫描发生器。在磁铁上有扫描线圈，通入直流电以附加磁场来调节磁铁原有磁场强度，当磁场强度达到一定值而使两种不同自旋能差等于辐射能（辐射频率固定，辐射能为一定值）时，则会发生共振吸收。

（2）射频振荡器。该部分用于辐射能的提供，常用于核磁共振仪型号定名，目前常用的有 90、100、200、300、400 等兆周核磁共振仪。

（3）接收放大器及记录仪。用于接收共振信号并放大和记录谱图。

（4）探头和样品管座。探头中含有射频振荡线圈和接收线圈，它们两者相互垂直，而且与磁铁扫描线圈也彼此垂直，这样可互不干扰。样品管座能够以 20～40 周/秒的速度旋转，使样品受到均一磁场的影响。

（5）积分仪。一般仪器均附有积分仪，可作积分曲线，谱图解析者可根据各组峰的积分曲线高度比求出各种氢的个数。

2. 样品制备

要获得一个满意的谱图，最关键的是制备好样品。样品必须是无杂质的、高纯度的，若存在固体杂质会使谱图严重失真，此时必须使样品通过一个装有紧密玻璃毛的毛细吸管滤去杂质。非黏稠液体一般加入约 3%的 TMS 作为内标制成测试氢谱的样品。黏稠液体或固体一般溶于适当溶剂中，制成 10%～25%的溶液。当然溶剂必须与样品不反应，并有良好的溶解性能，同时保证在样品化合物共振吸收范围内无吸收。作氢谱时为避免溶剂干扰，一般采用不含质子的或氘代化合物作溶剂。常用的溶剂有 CCl_4、CS_2、$CDCl_3$、D_2O 等。当然，如果需要还可采用有商品供应的氘代丙酮、苯和二甲亚砜作溶剂。通常采用含有 3%～5% TMS 的 CS_2 和 $CDCl_3$ 储备液来配制样品。如果用 D_2O 作溶剂，因 TMS 不溶，故可采用 DSS[$(CH_3)_3SiCH_2CH_2CH_2SO_3Na$]作内标。

制成的样品溶液装在直径 5mm 的特制玻璃管内，测样品品的量一般为 0.3～0.5mL。将有样品的特制玻璃管放在样品管座上即可测试。测试用样品管的管壁和内径必须均匀，否则会影响测试结果。

2.19.3 紫外光谱

1. 电子跃迁与紫外光谱

分子中的电子从低能级向高能级跃迁所需能量一般为 150～1195kJ，可提供这个能量范围的光是紫外和可见光。因此，人们把电子跃迁光谱称作紫外（ultraviolet）、真空紫外

(vacuum ultraviolet)和可见(visible)光谱。紫外吸收涉及的电子跃迁最常见的是 $\pi\rightarrow\pi^*$ 和 $n\rightarrow\pi^*$ 跃迁。简单烯、炔、羰基化合物的 $\pi\rightarrow\pi^*$ 跃迁的吸收波长一般低于200nm。例如，乙烯和丙酮 $\pi\rightarrow\pi^*$ 跃迁吸收波长分别为165nm和188nm。在200nm以下为真空紫外，在该区域由于空气中的 O_2 和 CO_2 干扰，必须采用真空技术。共轭烯、共轭醛酮和其他具有共轭体系的化合物，以及含有大π键的芳香化合物的 $\pi\rightarrow\pi^*$ 和 $n\rightarrow\pi^*$ 跃迁的吸收波长均为200～400nm，这个区域为普通(石英)紫外。所以紫外光谱是测试共轭化合物和芳香化合物的有力工具。

2. 紫外光谱的应用

在结构分析中，单靠紫外光谱难以确定化合物结构，一般可作为红外、核磁共振测定的补充分析手段。如果紫外光谱中在200～300nm有强的吸收带($\varepsilon = 10000 \sim 20000$)，可断定化合物中至少含有2个共轭双键。如果在200～300nm除具有强的吸收带外还存在中强吸收带，则可判定有苯环。在270～350nm有低强度的 $n\rightarrow\pi^*$ 跃迁吸收，说明其具有羰基。还可利用伍德沃德-费塞尔经验规律计算与实验数据的对照推测化合物结构。顺反异构体由于几何上的原因而影响共轭程度和紫外的吸收。例如，顺二苯乙烯和反式异构体在紫外吸收上有较大差别，顺式 λ_{max} 为250nm，反式 λ_{max} 为295.5nm，因此，可利用紫外光谱法区别它们。

紫外分光光度法灵敏度极高，在很稀的溶液中对具有紫外吸收的微量杂质也可测定，所以还常用于化合物的纯度测定。根据紫外光谱法中浓度(c)越大则吸光度(A)或摩尔吸收系数越大原理，利用下式来测定化合物含量：

$$c_x / c_{标} = A_x / A_{标}$$

式中，c_x 和 $c_{标}$ 分别为样品浓度和标准样浓度，A_x 和 $A_{标}$ 分别为样品和标准样吸光度。

第 3 章　无机化学实验

实验 1　基本操作练习

一、实验目的

（1）练习由固体、液体配制粗略浓度的溶液。

（2）掌握滴定管、移液管的清洗和使用方法。

（3）初步掌握滴定分析操作的基本技术和使用酚酞作指示剂时准确判断终点的方法。

二、仪器与试剂

仪器：滴定管（50mL）；锥形瓶（250mL）；移液管（25mL）；量筒（10mL，100mL）；烧杯（250mL）；台秤（0.1mg）。

试剂：固体 NaOH；浓 HCl；酚酞指示剂（0.2%乙醇溶液）。

三、步骤

1. 配制 250mL 0.1mol/L NaOH 操作溶液

称取 1.0g 固体 NaOH 于洗净的烧杯中，加 250mL 蒸馏水溶解，搅匀并贴上标签。

2. 配制 200mL 0.1mol/L HCl 操作溶液

用 10mL 量筒量取 2mL 浓 HCl，倒于洗净的烧杯中，用蒸馏水稀释到 200mL，搅匀并贴上标签。

3. 滴定管的准备

实验室提供含聚四氟乙烯旋塞的滴定管。洗净滴定管，检查活塞是否可以灵活转动且不漏水。用 0.1mol/L NaOH 操作溶液润洗滴定管三次（每次用 5～10mL）后，再将 NaOH 操作溶液倒入滴定管，排去滴定管内所有气泡，调液面至 0.00mL 处。

4. 滴定管操作练习

用移液管移取 25.00mL 0.1mol/L HCl 操作溶液于 250mL 锥形瓶中，加 1～2 滴酚酞指示剂，用 0.1mol/L NaOH 溶液操作滴定至微红色，并保持 30s 不褪色为终点。读取所用 NaOH 溶液的体积。重复以上测定共三次，求极差（注：极差是一组测量值内最大值与最小值之差，又称范围误差或全距，要求不大于 0.04mL）。

四、报告示例

用 NaOH 溶液滴定 HCl 溶液示例如下：

指示剂：

记录项目＼滴定序号	I	II	III
HCl 溶液体积/mL	25.00	25.00	25.00
NaOH 溶液初始读数/mL	0.00	0.02	0.00
NaOH 溶液最后读数/mL	24.22	24.26	24.22
消耗 NaOH 溶液体积/mL	24.22	24.24	24.22
极差/mL	0.02		

五、思考题

（1）在滴定分析中，滴定管、移液管在使用前为什么要先用操作溶液润洗几次？滴定中使用的锥形瓶或烧杯，是否也要用操作溶液润洗？

（2）在滴定接近终点时，用洗瓶吹洗锥形瓶内壁。这样就会冲稀了瓶内溶液，对滴定是否有影响？

（3）用 NaOH 溶液滴定 HCl 溶液时，有三位同学将所耗用的 NaOH 溶液体积分别记录为 25mL、25.0mL 和 25.00mL。哪个记录是正确的？为什么？

实验 2　阿伏伽德罗常量的测定

一、实验目的

（1）了解电解法测定阿伏伽德罗常量（N_A）的实验原理和方法。

（2）练习天平称量和电解操作。

二、实验原理

阿伏伽德罗常量（N_A）是一个相当重要的物理常数，它有多种测定方法，本实验采用电解法。

以两块已知质量的铜片作阴极和阳极、以硫酸铜溶液作电解质进行电解，则在阴极上 Cu^{2+}得到电子而析出金属铜，并在阴极上沉积：

$$Cu^{2+}+2e \longrightarrow Cu\downarrow$$

结果阴极铜片质量增大。同时，在阳极上金属铜失去电子而变成 Cu^{2+}，并进入溶液：

$$Cu \longrightarrow Cu^{2+}+2e$$

结果阳极铜片质量减小。

根据电流强度、电解时间，以及阴极增加的质量或阳极减少的质量可计算出阿伏伽德罗常量（提示：一个一价离子所带的电量即一个电子所带的电量是 1.6×10^{-19}C）。

三、仪器与试剂

仪器：分析天平（0.1mg）；电阻箱；毫安表；稳压电源；秒表；导线；砂纸。

试剂：乙醇；纯紫铜片（60mm×20mm×1mm）；硫酸铜溶液（0.5mol/L）。

四、步骤

（1）取两块 60mm×20mm×1mm 的纯紫铜片，用砂纸打磨掉表面的氧化物，然后水洗，再用少量乙醇洗，完全晾干后，准确称量。一块作阴极，一块作阳极，做好标记。

（2）在 100mL 烧杯中加入约 80mL 0.5mol/L 硫酸铜溶液，将每块铜片高度的 2/3 以上浸在硫酸铜溶液中。两极的距离保持 1.5cm。然后按图 3-1 安装好仪器。

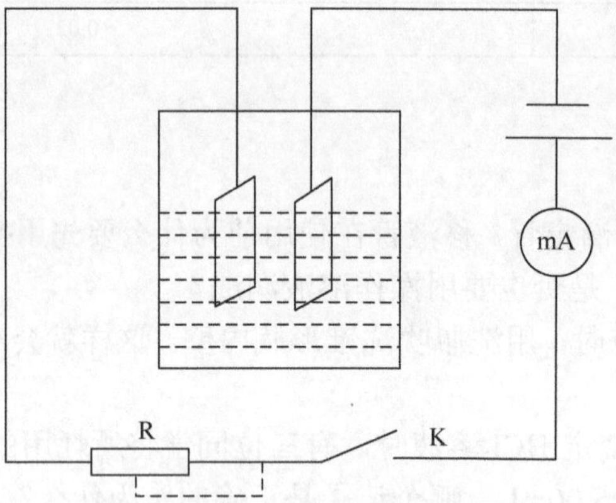

图 3-1　电解装置

mA. 毫安表；R. 电阻箱；K. 开关

（3）直流电压控制为 10V。实验开始时，电阻箱值控制在 99Ω。接通电流，迅速调节电阻使毫安表指针在 100mA 处，同时准确记下时间。通电 60min，停止电解。在整个电解期间，电流应保持不变，如有变动，可调节电阻以维持恒定。

（4）将取下的阴、阳极铜片先在水中漂洗，后用少量乙醇洗，待完全晾干后，准确称量。

（5）根据所得数据，计算阿伏伽德罗常量 N_A。

五、思考题

（1）为什么从阴极增加质量算得的结果较为准确？

（2）硫酸铜电解质的浓度对电解结果有何影响？

实验 3　二氧化碳相对分子质量的测定

一、实验目的

（1）了解测定气态物质相对分子质量的实验原理和方法。

（2）练习天平称量操作。

二、实验原理

理想气体的压力（p）、体积（V）、温度（T）及其物质的量（n）之间的关系，可用理想气体方程式表示：

$$pV=nRT \tag{3-1}$$

式中，R 为摩尔气体常量。对于实际气体来说，在较高温度、较低压力的情况下，才接近理想气体。因此，理想气体方程式用于常温、常压下的实际气体时，严格来说，其压力和体积都必须加以校正，但在本实验中，只做一般要求，不做校正。

根据上述方程式，在同温、同压下，同体积的两种气体的质量比等于其相对分子质量比：

$$\frac{M_{CO_2}}{M_{空气}}=\frac{m_{CO_2}}{m_{空气}} \tag{3-2}$$

其中：M_{CO_2}、$M_{空气}$ 分别为二氧化碳和空气的相对分子质量，m_{CO_2}、$m_{空气}$ 分别为二氧化碳和空气的质量。$M_{空气}$ 已知为 29.0，m_{CO_2} 可在分析天平上直接测出，$m_{空气}$ 可由下式算出：

$$m_{空气}=\frac{pV\times 29.0}{RT} \tag{3-3}$$

式中，V 可以在台秤上称量同体积的水来换算。这样，二氧化碳的相对分子质量 M_{CO_2} 即可确定。

三、仪器与试剂

仪器：分析天平（0.1mg）；带塞锥形瓶（250mL）；二氧化碳钢瓶。

试剂：二氧化碳。

四、步骤

（1）取一个洁净干燥、带磨口玻璃塞的锥形瓶，称量出充满空气的锥形瓶质量（准确至 0.1mg）。

（2）从二氧化碳钢瓶中放出气体，导入锥形瓶中，把导气管插入瓶底，等 2～3min 后，轻轻取出，立即塞好磨口玻璃塞，称量出充满二氧化碳的锥形瓶质量（准确至 0.1mg）。重复通入二氧化碳和称量的操作，直到前后两次称量之差不超过 2mg 为止。

（3）在瓶内装满水，塞好塞子，擦去瓶外的水滴。称量其质量（准确至 0.1g），记下室温及大气压。

（4）根据实验数据，计算二氧化碳的相对分子质量。

五、思考题

（1）为什么向锥形瓶中导入二氧化碳时，要将导气管插入瓶底？如何确定锥形瓶已经充满二氧化碳？

（2）为什么称量充满空气及充满二氧化碳的锥形瓶的质量要准确至 0.1mg，而称量充满水的锥形瓶的质量可以准确至 0.1g？

实验 4　摩尔气体常量 R 的测定

一、实验目的

（1）了解测定摩尔气体常量 R 的方法和实验原理。

（2）练习天平称量操作，初步练习搭建气密性装置。

（3）学会误差和数据处理。

二、实验原理

由理想气体方程

$$pV=nRT$$

可得

$$R=\frac{pV}{nT} \tag{3-4}$$

本实验利用镁条与稀硫酸的反应产生氢气进行 R 的测定，反应方程式为

$$Mg+H_2SO_4 \xlongequal{\quad} MgSO_4+H_2\uparrow$$

氢气的物质的量 n 可由镁条质量求得，氢气分压与水蒸气饱和蒸气压之和等于大气压力（水的饱和蒸气压见表 3-1）。用量气管量出气体体积，即可通过理想气体状态方程式，求得 R。

表 3-1　水的饱和蒸气压（Pa）

温度/℃	0.0	0.2	0.4	0.6	0.8
15	1698	1727	1749	1772	1795
16	1818	1841	1858	1889	1913
17	1937	1962	1987	2012	2038
18	2063	2090	2116	2143	2169
19	2197	2224	2252	2280	2309
20	2338	2367	2396	2426	2456
21	2486	2517	2548	2580	2611
22	2643	2676	2709	2742	2775
23	2809	2843	2877	2912	2948
24	2983	3019	3056	3093	3130
25	3167	3205	3243	3282	3321
26	3361	3401	3441	3482	3523
27	3565	3607	3650	3692	3736
28	3766	3824	3868	3914	3959

三、仪器与试剂

仪器：分析天平（0.1mg）；量气管（50mL）；漏斗；磨口试管（15mm×150mm）；橡皮管；砂纸。

试剂：镁条；硫酸（1mol/L）。

四、步骤

1. 称量

用天平称取三份镁条，每份质量在 0.03g 左右（准确称至 0.0001g）。

2. 安装测定装置

加 5mL 1mol/L 硫酸于试管中，按图 3-2 装配好测定装置。量气管中装水至水面略低于刻度“0”的位置，上下移动漏斗，以赶尽附着在橡皮管和量气管内壁的气泡。然后把反应管和量气管用橡皮管连接。

3. 检漏

把漏斗下移一段距离，并固定在一定位置上。如果量气管中的液面只在开始时稍有下降，随后（3～5min）即维持恒定，说明装置不漏气。如果液面继续下降，则表明装置漏气，检查各接口处是否严密。经检查与调整后，再重复试验，直至确保不漏气为止。

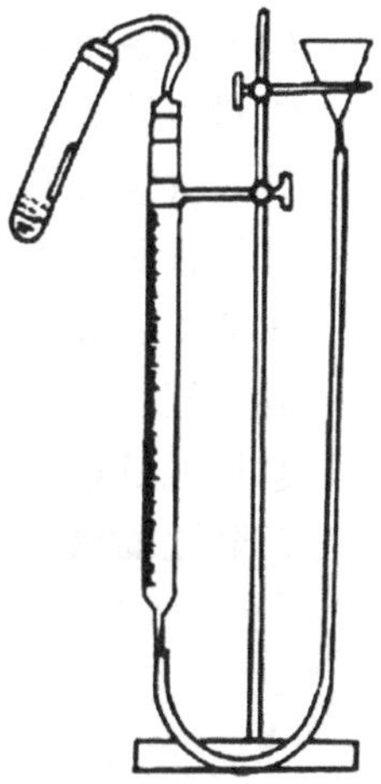

图 3-2　摩尔气体常量测定装置

4. 测定

（1）取下试管，如果有需要，可以再调整一次漏斗的高度，使量气管内液面保持在略低于刻度“0”的位置。用一滴水将镁条粘在试管内壁上部，确保镁条不与酸接触。装好试管，塞紧磨口塞，再次检查装置是否漏气。

（2）调节漏斗高度，使漏斗和量气管中液面保持同一水平，记下量气管中的液面位置。

（3）倾斜试管，以使镁条和硫酸接触，这时由于反应产生的氢气进入量气管中，把管中的水压入漏斗内，为避免管内压力过大，在管内液面下降时，漏斗也相应地向下移动，使管内液面和漏斗液面大体上保持同一水平。

（4）反应结束后，待试管冷至室温，使漏斗与量气管的液面处于同一水平，记下液面位置。过 1～2min，再记录液面位置，如两次读数相等，表明管内气体温度已与室温相同。记下室内的温度和大气压力。

用另两份已称量的镁条重复实验，将实验数据和计算结果整理成下表。

序号	镁条质量/g	氢气物质的量/mol	氢气体积/mL	温度/K	p/MPa	R	$\overline{R}$
1							
2							
3							
误差/%							

五、思考题

（1）计算摩尔气体常量时，要用到哪些数据？如何得到？

（2）实验测得的摩尔气体常量应有几位有效数字？

（3）考虑下列情况对实验结果有何影响？

①量气管和橡皮管内的气泡没有赶净；

②量气管没有洗净，排水后内壁上有水珠；

③镁条称量不准；

④镁条表面氧化物没有除尽；

⑤量气管温度高于室温；

⑥反应过程中量气管压入漏斗的水过多而溢出；

⑦装置漏气。

实验5 乙酸电离度和电离常数的测定

一、实验目的

（1）熟练酸碱滴定操作。

（2）测定弱酸的电离度和电离常数，以加深对缓冲作用的理解。

（3）练习使用酸度计。

二、实验原理

pH 电势测定法是研究稳定体系和非稳定体系最广泛应用的技术之一，它远比比色法方便和精确。

本实验研究乙酸（CH_3COOH 或简写为 HAc）溶液体系。HAc 是弱电解质，在溶液中存在下列电离平衡：

$$HAc \rightleftharpoons H^+ + Ac^-$$

$$K_i = \frac{[H^+][Ac^-]}{[HAc]} \tag{3-5}$$

式中，$[H^+]$、$[Ac^-]$和$[HAc]$分别为 H^+、Ac^-和 HAc 的平衡浓度（mol/L）；K_i为电离常数。若 HAc 的起始浓度为 c（mol/L），则

$$K_i = \frac{[H^+]^2}{c - [H^+]} \tag{3-6}$$

$$\alpha=\frac{[H^+]}{c} \tag{3-7}$$

α为乙酸的电离度。

通过对已知浓度乙酸溶液pH的测定，由式（3-6）、式（3-7）可分别求算出电离常数K_i和电离度α。

如果在稳定体系即缓冲溶液中测定pH，然后由式（3-6）计算出电离常数K_i，则其准确度要比从非缓冲体系中测定的K_i高得多。

三、仪器与试剂

仪器：秒表；滴定管（50mL）；移液管（25mL）；pH计；锥形瓶（250mL）。

试剂：标准NaOH溶液（0.1mol/L）；HAc溶液（0.1mol/L）；NaAc溶液（0.1mol/L）；NaCl溶液（0.1mol/L）；酚酞指示剂（0.2%乙醇溶液）。

四、步骤

1. 在非缓冲体系中测定乙酸的电离常数和电离度

（1）用标准NaOH溶液标定0.1mol/L HAc溶液。

用移液管移取三份25.00mL 0.1mol/L HAc溶液，分别置于三个250mL锥形瓶中，各加2～3滴酚酞指示剂。分别用标准NaOH溶液滴定至溶液呈现粉红色，并在半分钟内不褪色为止。记录所用NaOH溶液的体积，计算HAc溶液的准确浓度。

（2）配制不同浓度的待测溶液。

用20mL和10mL的移液管按下表所列数据取上述已标定出准确浓度的HAc溶液，分别置于烧杯中。

样品A	20.00mL HAc
样品B	20.00mL HAc+20.00mL H_2O
样品C	10.00mL HAc稀释至100mL

（3）用已校准的酸度计测定上述样品A、B和C的pH。记录室温。

2. 在缓冲体系中测定乙酸的电离常数

制备50mL 0.1mol/L HAc和50mL 0.1mol/L NaAc溶液。用20mL和10mL的移液管及一支滴定管按下表要求配制三种样品的混合物，分别置于50mL烧杯中：

样品D	20.00mL 0.1mol/L HAc+4.00mL 0.1mol/L NaAc+16.00mL 0.1mol/L NaCl
样品E	20.00mL 0.1mol/L HAc+20.00mL 0.1mol/L NaAc
样品F	4.00mL 0.1mol/L HAc+20.00mL 0.1mol/L NaAc+16.00mL H_2O

加入NaCl是为了使样品具有相等的离子强度。用已校准好的酸度计测定每个样品的pH。记录室温。

根据实验数据，分别计算从稳定体系和非缓冲体系中测定出的乙酸电离度和电离常数。

五、思考题

如果改变所测 HAc 溶液的温度，电离度和电离常数有无变化？

实验 6　离子交换法测定 $PbCl_2$ 的溶度积

一、实验目的

掌握离子交换法测定难溶盐的溶度积的实验原理及实验操作技术。

二、实验原理

本实验中采用强酸型离子交换树脂测定二氯化铅（$PbCl_2$）的溶度积。这种树脂出厂时一般是 Na^+型，即活性基团为—SO_3Na，如用 H^+把 Na^+交换下来，即得 H^+型树脂。一定量的饱和 $PbCl_2$ 溶液与 H^+型阳离子树脂充分接触后，下列交换反应能进行得很完全：

$$2R—SO_3H + PbCl_2 \Longrightarrow (R—SO_3)_2Pb + 2HCl$$

经过交换后，H^+从离子交换柱中流出，用已知浓度的 NaOH 溶液滴定流出液，滴定所用的 NaOH 与 H^+物质的量相同，进而推知饱和溶液中 Pb^{2+}的浓度，并算出 $PbCl_2$ 的溶度积。

三、仪器与试剂

仪器：离子交换柱；离子交换树脂；烧杯（250mL, 100mL）；漏斗；长玻璃棒（40～50cm）；台秤（0.1g）；滴定管（50mL）；移液管（25mL）；锥形瓶（250mL）；加热装置。

试剂：$PbCl_2$；标准 NaOH 溶液（0.1mol/L）；溴百里酚蓝；去离子水。

四、步骤

为保证 Pb^{2+}能完全交换出 H^+，必须将 Na^+型树脂完全转变为 H^+型树脂。实验室提供的是用酸处理过的 H^+型树脂，实验结束后回收至指定容器。

1. $PbCl_2$ 饱和溶液的制备

将 1.5g 分析纯 $PbCl_2$ 固体溶于约 100mL 经煮沸除去 CO_2 并冷却后的去离子水中，搅拌约 15min，再放置约 15min，使之达到平衡。测量并记录饱和 $PbCl_2$ 溶液的温度，过滤得到澄清的饱和溶液（所用的漏斗、接收器必须是干燥的）。

2. 装柱

向离子交换柱中加入约 1/2 体积的水，排除玻璃砂挡板下玻璃管中的空气。将处理好的阳离子交换树脂与水打浆，搅拌均匀后从交换柱的上部倾入（树脂随水一起倾入），当下沉的树脂高度达约 10cm 时，停止加入树脂，旋开霍夫曼夹把柱中的多余水放至水面高出树脂 1cm 左右。在以后的操作中，一定要使树脂浸泡在溶液中，勿使溶液流干，否则气泡浸入树脂床中，将影响离子交换的进行。若树脂床中出现气泡，可用长玻璃棒一边搅动树脂，一边向上提拉，以带出气泡。

3. 交换

用移液管移取 25mL $PbCl_2$ 饱和溶液，放入离子交换柱中，控制交换柱流出液的速度为每分钟 20～25 滴。用洗净的锥形瓶盛接流出液。在 $PbCl_2$ 饱和溶液差不多完全流进树脂床时，加去离子水淋洗树脂至流出液的 pH=6～7。淋洗时的流出液也应盛接在同一锥形瓶中，在整个交换和洗涤过程中应注意勿使流出液损失。

4. 滴定

以溴百里酚蓝为指示剂，用标准 NaOH 溶液滴定锥形瓶中的收集液，溶液由黄色变为鲜明的蓝色（pH=6.2～7.6），即为滴定终点，记下所用 NaOH 溶液的体积。

5. 数据处理

重复步骤 3、4。然后进行数据处理，计算 $PbCl_2$ 的溶度积。

6. 离子交换树脂的再生

用过的离子交换树脂经过再生可以反复使用。实验完毕后，用 HNO_3 溶液处理离子交换树脂，使树脂全部变成 H^+ 型。然后用去离子水淋洗直至流出液的 pH=6～7，此时树脂可再使用。

五、思考题

（1）离子交换中，为什么要控制液体的流速不宜太快？为什么要自始至终保持液面高于离子交换树脂层？

（2）制 $PbCl_2$ 饱和溶液时，为什么要用煮沸过的水溶解 $PbCl_2$ 固体？

（3）树脂转换型用 HCl，而再生时为什么只能用 HNO_3 而不能用 HCl 或 H_2SO_4 溶液？

实验 7　氯化钠的提纯

一、实验目的

（1）学习提纯氯化钠和检验其纯度的方法。

（2）了解盐类溶解度的知识在无机化合物提纯中的应用。

（3）练习溶液的蒸发、浓缩、结晶以及常压过滤、减压过滤、结晶（沉淀）的洗涤和干燥等基本操作。

二、实验原理

粗盐中含有钙、镁、钾、硫酸根离子等可溶性杂质和泥砂等不溶性杂质。为了制得试剂纯或医用纯氯化钠，必须除去这些杂质。通常是选择适当的沉淀剂，如 $Ca(OH)_2$、$BaCl_2$、Na_2CO_3 等，使钙、镁、硫酸根等离子生成难溶物沉淀下来而和 NaCl 分离。

粗盐中的钾离子和这些沉淀剂不起作用，仍留在溶液中。但由于 KCl 的溶解度相当大，且含量很少，所以蒸发浓缩食盐溶液时，NaCl 结晶析出，而 KCl 则留在溶液中，从而达到提纯的目的。KCl 和 NaCl 在不同温度下的溶解度见表 3-2。

表 3-2　KCl 和 NaCl 在不同温度下的溶解度（g/100g H_2O）

盐 \ 温度/℃	10	20	30	40	50	60	80	100
KCl	25.8	34.2	37.2	40.1	42.9	45.8	51.3	56.3
NaCl	35.7	35.8	36.0	36.2	36.7	37.1	38.0	39.2

三、仪器与试剂

仪器：台秤（0.1g）；吸滤装置；加热装置；漏斗；烧杯（100mL, 250mL）；玻璃棒（20cm）；pH 试纸；蒸发皿（150mL）；表面皿（100mm）。

试剂：粗盐（非化学试剂）；氢氧化钙；$BaCl_2$ 溶液（1mol/L）；Na_2CO_3 溶液（1mol/L）；HCl 溶液（6mol/L）；H_2SO_4 溶液（6mol/L）；亚硝酸钴钠溶液。

四、步骤

（1）称取 15g 粗盐，研细，放入烧杯中，加水 50mL，加热搅拌使其溶解。然后加入一小匙氢氧化钙，充分搅拌后，减压过滤。

（2）将滤液倒入烧杯中，加热近沸，在搅拌下逐滴加入 1mol/L $BaCl_2$ 溶液至沉淀完全。继续加热几分钟，使沉淀长大以易于沉降。静置，待沉淀沉降后，用滴管取少量上层清液，加入几滴 6mol/L HCl 溶液，再加入一滴 $BaCl_2$ 溶液，观察清液中是否还有浑浊现象产生，以检验沉淀是否完全。如沉淀完全，进行常压过滤。

（3）将滤液加热近沸，在搅拌下滴加 1mol/L Na_2CO_3 溶液至不生成沉淀为止，再多加 Na_2CO_3 溶液数滴，静置。待沉淀沉降后，用滴管取少量上层清液，加入几滴 6mol/L H_2SO_4 溶液，观察清液中是否还有浑浊现象产生，以检验沉淀是否完全。如沉淀完全，减压过滤。

（4）向滤液中逐滴加入 6mol/L HCl 溶液，中和过量的 Na_2CO_3 至溶液呈微酸性（pH=3～4）。将溶液倒入蒸发皿中，蒸发浓缩至稠液状，切不可蒸干。冷却后减压过滤，将结晶干燥，称量。

五、产品检验

取粗盐和产品各 0.5g，分别用 5mL 蒸馏水溶解，制订方案定性鉴定溶液中有无杂质 Ca^{2+}、SO_4^{2-}、Ba^{2+}、Mg^{2+}和 K^+存在。

六、思考题

（1）实验中的前三次过滤分别滤去何物？

（2）Na_2CO_3 沉淀剂为什么要过量？为什么要用盐酸中和到溶液呈微酸性？

（3）如何掌握蒸发浓缩的程度？

实验 8　硫酸亚铁铵的制备

一、实验目的

（1）练习水浴加热、常压过滤、减压过滤和蒸发浓缩等基本操作。

（2）了解复盐的一般特征和制备。

二、实验原理

硫酸亚铁铵[$(NH_4)_2SO_4 \cdot FeSO_4 \cdot 6H_2O$]为浅绿色单斜晶体，俗称莫尔盐，在空气中比一般亚铁盐稳定，不易被氧化，溶于水，不溶于乙醇。

从表 3-3 所列的数据可见，在 0～60℃的温度范围内，硫酸亚铁铵在水中的溶解度比 $FeSO_4$ 和$(NH_4)_2SO_4$ 小。因此，蒸发含有硫酸根、亚铁离子和氨根离子的水溶液时，溶解度最小的硫酸亚铁铵最先析出。

表 3-3　硫酸铵、硫酸亚铁和硫酸亚铁铵在水中的溶解度（g/100g H_2O）

盐 \ 温度/℃	0	10	20	30	40	50	60
$FeSO_4 \cdot 7H_2O$	15.7	20.5	26.5	32.9	40.2	48.6	—
$(NH_4)_2SO_4$	70.6	73.0	75.4	78.0	81.0	—	88.0
$(NH_4)_2SO_4 \cdot FeSO_4 \cdot 6H_2O$	12.5	17.2	—	—	33.0	40.0	—

本实验是先将铁屑溶于稀硫酸制得硫酸亚铁溶液：

$$Fe + H_2SO_4 = FeSO_4 + H_2\uparrow$$

然后加入硫酸铵制得混合溶液，加热浓缩，冷却至室温时，硫酸亚铁铵复盐析出：

$$FeSO_4 + (NH_4)_2SO_4 + 6H_2O = (NH_4)_2SO_4 \cdot FeSO_4 \cdot 6H_2O\downarrow$$

三、仪器与试剂

仪器：台秤（0.1g）；吸滤装置；加热装置；漏斗；量筒（10mL, 100mL）烧杯（100mL, 250mL）；玻璃棒（20cm）；蒸发皿（150mL）；表面皿（100mm）；圆底烧瓶（100mL）；球形冷凝管；容量瓶（100mL）；比色管（25mL）；移液管（35mL）。

试剂：废铁屑（非化学试剂）；Na_2CO_3 溶液（10%）；H_2SO_4 溶液（1mol/L, 3mol/L）；硫酸铵；Fe^{3+}标准溶液；KSCN 溶液（25%）；HCl 溶液（3mol/L）。

四、步骤

1. 铁屑的除油处理（如果用纯净的铁屑，可省去此步）

称取 4.0g 铁屑，放入 100mL 烧杯中，加入 20mL 10% Na_2CO_3 溶液，缓缓加热约 10min（适当补充水分），采用倾析法除去碱液，用水洗干净铁屑。

2. 硫酸亚铁的制备

将铁屑转移至圆底烧瓶中，加入约 25mL 3mol/L H_2SO_4 溶液，按图 3-3 搭建反应装置，加热使反应顺利进行。注意漏斗与吸收液面间要留少许空隙。

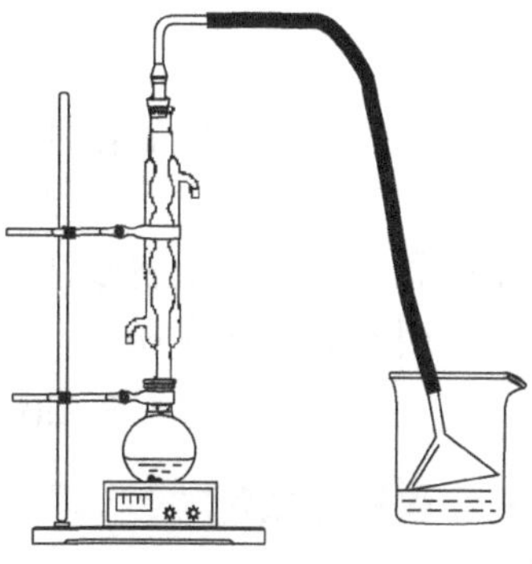

图 3-3　反应装置

反应基本完全后，加入 1mL 1mol/L H_2SO_4，常压过滤，滤液转移至蒸发皿内。

3. 硫酸亚铁铵的制备

根据反应掉的铁屑的量称取所需量的硫酸铵，加入上述溶液中，水浴加热，搅拌至硫酸铵全部溶解，继续蒸发浓缩至表面出现晶膜为止。缓慢冷却至室温，减压过滤，用少量乙醇洗涤晶体两次。晶体放在表面皿上晾干，称量。

五、产品检验

Fe^{3+}标准溶液的配制（由实验室准备）：称取 0.0870g 硫酸亚铁铵固体溶于不含氧的蒸馏水中（内含 10mL 浓硫酸），移入 1000mL 容量瓶中，并稀释到刻度。该溶液每毫升含 Fe^{3+} 0.01mg。用移液管分别移取上述 Fe^{3+}标准溶液 5.00mL、10.00mL、20.00mL 于三个 25mL 比色管中，各加 2mL 3mol/L HCl 溶液和 1mL 25% KSCN 溶液，稀释到刻度，此为Ⅰ级、Ⅱ级和Ⅲ级试剂标准液（其中含 Fe^{3+}分别为 0.05mg、0.10mg 和 0.20mg）。

Fe^{3+}的限量分析：称取 1g 样品于 25mL 比色管中，加入 2mL 3mol/L HCl 和 20mL 不含氧的蒸馏水，振荡，样品溶解后加入 1mL 25% KSCN 溶液，稀释到刻度，摇匀。与 Fe^{3+}标准溶液进行目测比色，确定产品的等级。

六、思考题

（1）制备硫酸亚铁时，如何判断反应基本完成？为什么最后还要加入 1mL 1mol/L H_2SO_4 溶液？

（2）如何确定加入硫酸铵的量？

（3）在蒸发浓缩过程中，若发现溶液变为黄色，是什么原因？

（4）在计算硫酸亚铁铵的产率时，是根据铁、硫酸的用量，还是硫酸铵的用量？

实验 9　硫酸铝钾的制备

一、实验目的

（1）了解复盐的制备方法和性质。

（2）认识金属铝和氢氧化铝的两性。

（3）掌握水浴加热、过滤等操作和测量产品中铝含量的方法。

二、实验原理

铝屑溶于浓氢氧化钾溶液，生成可溶性的四羟基铝酸钾 $KAl(OH)_4$：

$$2Al+2KOH+6H_2O \xlongequal{} 2KAl(OH)_4+3H_2\uparrow$$

而铝屑中的其他金属或杂质则不溶。

用硫酸溶液中和，可制得微溶于水的复盐明矾 $KAl(SO_4)_2\cdot 12H_2O$：

$$KAl(OH)_4+2H_2SO_4+8H_2O \xlongequal{} KAl(SO_4)_2\cdot 12H_2O$$

三、仪器与试剂

仪器：台秤（0.1g）；吸滤装置；加热装置；漏斗；量筒（10mL, 100mL）；烧杯（100mL,

250mL)；玻璃棒（20cm）；表面皿（100mm）。

试剂：铝屑；氢氧化钾；H_2SO_4溶液（1∶1）；水-乙醇（1∶1）。

四、步骤

（1）称量 1.3g 氢氧化钾固体，放入 100mL 烧杯中，加 15mL 水使之溶解。称量 0.5g 铝屑，切碎，分次加入溶液中。将烧杯置于水浴中加热（反应剧烈，防止溅出！佩戴防护眼镜及在通风橱内进行为宜）。

（2）反应完毕后，常压过滤热溶液。将滤液转入 100mL 烧杯中，慢慢加入约 5mL 1∶1 H_2SO_4溶液，并不断搅拌（开始时反应剧烈，防止溅出！佩戴防护眼镜为宜）。将中和后的溶液加热几分钟（勿沸），使沉淀完全溶解。冷却至室温后，放入冰浴中进一步冷却、结晶。

（3）减压过滤，用 8mL 1∶1 的水-乙醇混合液分两次洗涤晶体，干燥，称量。

五、产品检验

取产品 0.4～0.5g，用返滴定方法测定其中铝含量。

六、思考题

（1）铝屑同 KOH 溶液反应时，为什么将铝屑尽量剪碎？为什么采用水浴加热而不直接用火加热？

（2）铝与氢氧化钾反应完毕后，为什么用常压过滤，而不用减压过滤？

（3）铝是两性金属，本实验使用碱溶法。是否可以用酸溶再加碱的方法制备明矾？分析原因。

实验 10　硫酸铜的制备

一、实验目的

（1）了解由金属与酸作用制备盐的实验原理和方法。

（2）练习和掌握酸溶（金属）、蒸发、结晶、过滤等操作。

二、实验原理

纯铜是不活泼金属，不能溶于非氧化性酸。本实验采用浓硝酸作氧化剂，以废铜屑与硫酸、浓硝酸作用制备硫酸铜：

$$Cu+2HNO_3+H_2SO_4 = CuSO_4+2NO_2\uparrow+2H_2O$$

溶液中生成硫酸铜外，还含有一定量的硝酸铜和其他一些可溶性或不溶性的杂质。不溶性杂质可过滤除去，硫酸铜则可利用它和硝酸铜在水中溶解度的不同分离出来（表 3-4）。

表 3-4 硫酸铜和硝酸铜在水中的溶解度（g/100g H_2O）

盐 \ 温度/℃	0	20	40	60	80
$CuSO_4·5H_2O$	23.3	32.3	46.2	61.1	83.8
$Cu(NO_3)_2·6H_2O$	81.8	125.1			
$Cu(NO_3)_2·3H_2O$			～160	～178.5	～208

从表 3-4 可见，硝酸铜在水中的溶解度无论在高温或低温下都比硫酸铜大得多。因此，当热溶液冷却时，随着温度的下降，硫酸铜首先从溶液中不断析出，而硝酸铜则大部分留在溶液中，小部分随硫酸铜析出的硝酸铜和其他一些可溶性杂质，可通过重结晶除去。

三、仪器与试剂

仪器：台秤（0.1g）；吸滤装置；加热装置；量筒（10mL, 100mL）；烧杯（100mL, 250mL）；玻璃棒（20cm）；蒸发皿（150mL）；表面皿（100mm）。

试剂：铜屑；硫酸（3mol/L）；浓硝酸。

四、步骤

1. $CuSO_4·5H_2O$ 的制备

向盛有铜屑的蒸发皿中加入 20mL 3mol/L 硫酸，水浴加热，温热后，分多次缓慢地加入 8mL 浓硝酸（反应过程中产生大量有毒的 NO_2 气体，操作应在通风橱中进行）。待反应缓和后，盖上表面皿，放在水浴上继续加热至铜屑几乎全部溶解（加热过程中需要补加 10mL 3mol/L 硫酸和 2mL 浓硝酸）。趁热减压过滤，用 5mL 蒸馏水分两次洗涤滤纸。将滤液转入洗净的蒸发皿中，在水浴上加热浓缩至表面出现晶膜为止。冷却，减压过滤，晶体用滤纸吸干。

2. 重结晶

按粗 $CuSO_4·5H_2O$ ∶ H_2O=1 ∶ 1.2 的比例（质量比），将粗产品溶于蒸馏水中，加热使之溶解，趁热过滤。滤液转入小烧杯中，慢慢冷却后，减压过滤，干燥晶体，称量。

五、思考题

（1）制备 $CuSO_4·5H_2O$ 时，为什么要加入少量浓硝酸？为什么又要分次缓慢加入？

（2）查阅文献，设计检验 $CuSO_4·5H_2O$ 产品纯度的方法。

实验 11 硝酸钾的制备及溶解度的测定

一、实验目的

（1）了解可溶盐的一种制备方法和实验原理。

（2）练习减压过滤操作。

（3）学习绘制及应用溶解度曲线。

（4）熟练使用滴定管（或移液管）移取溶液。

二、实验原理

当 KCl 和 $NaNO_3$ 溶液混合时，在混合液中同时存在 Na^+、K^+、Cl^-、NO_3^- 四种离子，由这四种离子组成的四种盐在不同温度下的溶解度见表 3-5。

表 3-5　KNO_3 等四种盐在不同温度下的溶解度（g/100g H_2O）

盐 \ 温度/℃	0	20	40	70	100
KNO_3	13.3	31.6	63.9	138.0	246.0
KCl	27.6	34.0	40.0	43.8	56.7
$NaNO_3$	73.0	88.0	104.0	136.0	180.0
NaCl	35.7	36.0	36.6	37.8	39.8

从上述数据可以看出，在 20℃时，除 $NaNO_3$ 外，其他三种盐的溶解度都差不多。因此 KNO_3 不能结晶析出。但是随着温度的升高，NaCl 的溶解度几乎没有多大变化，而 KNO_3 的溶解度却增大得很快。这样只要把 $NaNO_3$ 和 KCl 混合液加热，由于 NaCl 在高温下的溶解度较小，可趁热把它滤去。将滤液冷却，其中的硝酸钾因溶解度急剧下降而析出。

在一定体积水中加入确定量的 KNO_3，升高温度使其全部溶解。逐渐降温至晶体刚刚析出，记录温度。此时溶液为饱和溶液，即可确定 KNO_3 在该温度下的溶解度。再以溶解度为纵坐标，温度为横坐标，作出溶解度随温度变化的曲线，即得 KNO_3 的溶解度曲线。溶解度曲线可以很清楚地表示出温度对溶解度的影响。

三、仪器与试剂

仪器：台秤（0.1g）；吸滤装置；加热装置；漏斗；量筒（10mL, 100mL）；烧杯（50mL, 100mL, 400mL）；玻璃棒（20cm）；表面皿（100mm）；带塞大试管；温度计；吸量管（1mL）。

试剂：硝酸钠；氯化钾。

四、步骤

1. KNO_3 的制备

称取硝酸钠 17g 及氯化钾 15g，放入 100mL 烧杯内，加水 30mL。在烧杯外壁液面处做一标记，微热使其中的盐全部溶解，继续加热，使溶液蒸发至原有液体体积的 2/3。这时烧杯内有晶体析出（晶体是什么？）。趁热过滤，滤液中立即有晶体析出（晶体是什么？）。另取沸水 15mL 倒入滤液中，则晶体又溶解。将滤液倒入烧杯中，再用小火加热，蒸发至该液体体积的 3/4，将此溶液静置桌上，使温度逐渐下降到 10～5℃，则晶体再次析出（这时析出的晶体形状如何？与漏斗中的晶体比较，有什么不同？），减压过滤。将晶体转移到 50mL 烧杯中，并加入 7mL 蒸馏水，用小火加热使之溶解。再将溶液静置，并使温度逐渐下降到 10～5℃，则晶体再次析出。减压过滤，晶体干燥，称量。

2. KNO_3溶解度的测定

预备洁净干燥的大试管一支（高 20cm），配一单孔橡胶塞。插入 110℃温度计，使温度计水银球距离试管底约 5mm。称量固体硝酸钾约 5.0g，放入试管中。用滴定管（或移液管）准确取蒸馏水 4mL 加入试管中，安装上带有温度计的橡胶塞。取 400mL 烧杯，盛水约 300mL，置于石棉网上，将水加热至沸。

将试管放入烧杯中，使试管内液面略低于烧杯内水面。搅拌试管内溶液至固体全部溶解。若烧杯内的水保持沸腾而试管内固体尚未完全溶解，则需向试管内再准确加入 1mL 蒸馏水，以使固体全部溶解。注意所加水量应详细记录，并且加热时间不可太长，以免试管内溶液过分蒸发。待试管内固体全部溶解后，将试管离开水浴，任其冷却并不断轻轻摇动，记录在溶液内晶体最初出现时的温度，重复加热和冷却至所得两次测量数据之差不超过 0.5℃。向试管内再准确加入蒸馏水 1mL，如前加热至固体溶解完全，然后冷却，测定另一饱和温度。继续加蒸馏水，每次 1mL，直至饱和温度达到 30℃或更低。计算硝酸钾在不同温度下的溶解度，绘制溶解度曲线。

五、思考题

（1）制备中，第二次加蒸馏水（7mL），再进行加热、冷却、减压过滤等步骤的实验目的何在？

（2）能否将除去氯化钠后的滤液直接冷却制取硝酸钾？

（3）考虑在母液中留有硝酸钾，粗略计算本实验实际得到的最高产量。

实验 12　从碳酸氢铵和氯化钠制备碳酸钠

一、实验目的

（1）学会利用各种盐类溶解度的差异并通过复分解反应来制取一种盐的方法。

（2）了解联合制碱法的反应实验原理。

二、实验原理

碳酸钠又名苏打，工业上称为纯碱，用途很广。工业上的联合制碱法是将二氧化碳和氨气通入氯化钠溶液中，生成碳酸氢钠，再在高温下灼烧，使它失去一部分二氧化碳，转化为碳酸钠。

$$NH_3+CO_2+H_2O+NaCl = NaHCO_3\downarrow+NH_4Cl$$

$$2NaHCO_3 = Na_2CO_3+CO_2\uparrow+H_2O$$

第一个反应实质上是碳酸氢铵和氯化钠在水溶液中的复分解反应。在本实验中将直接用碳酸氢铵和氯化钠作用来制取碳酸氢钠：

$$NH_4HCO_3+NaCl = NaHCO_3+NH_4Cl$$

NH_4HCO_3、NaCl、$NaHCO_3$、NH_4Cl 同时存在于水溶液中，是一个复杂的四元交互体系，它们在水溶液中的溶解度互相发生影响。不过，根据各纯净盐在不同温度下在水中溶解度的互相对比，也仍然可以粗略地判断出反应体系中分离几种盐的最佳条件和适宜操作步骤。各种纯净盐在水中的溶解度见表3-6。

表3-6 NaCl等四种盐在不同温度下的溶解度（g/100g H_2O）

盐 \ 温度/℃	0	10	20	30	40	50	60	70	80	90	100
NaCl	35.7	35.8	36.0	36.3	36.6	37.0	37.3	37.8	38.4	39.0	39.8
NH_4HCO_3	11.9	15.8	21.0	27.0							
$NaHCO_3$	6.9	8.2	9.6	11.1	12.7	14.5	16.4				
NH_4Cl	29.4	33.3	37.2	41.4	45.8	50.4	55.2	60.2	65.6	71.3	71.3

当温度超过35℃时，NH_4HCO_3就开始分解，所以反应温度不能超过35℃，但温度太低又影响了NH_4HCO_3的溶解度，故反应温度又不宜低于30℃。另外从表3-6可以看出，$NaHCO_3$在30～35℃温度范围内的溶解度在四种盐中是最低的，所以将研细的固体NH_4HCO_3溶于浓的NaCl溶液中，充分搅拌，就可以析出$NaHCO_3$晶体。

三、仪器与试剂

仪器：台秤（0.1g）；吸滤装置；加热装置；量筒（10mL, 100mL）；烧杯（100mL, 250mL）；玻璃棒（20cm）；蒸发皿（150mL）；表面皿（100mm）；温度计；滴定管（50mL）；锥形瓶（250mL）；研钵。

试剂：粗盐（非化学试剂）；碳酸氢铵；NaOH-Na_2CO_3混合溶液（体积比1∶1）；盐酸（2mol/L）；酚酞；甲基橙；标准盐酸溶液（0.1mol/L）。

四、步骤

1. 化盐与精制

向250mL烧杯中加25mL 24%～25%的粗盐水溶液，用3mol/L NaOH和3mol/L Na_2CO_3组成1∶1（体积比）的混合溶液，调至pH=11左右，得到大量沉淀。加热至沸，减压过滤，分离沉淀。将滤液用2mol/L盐酸调至pH=7。

2. 转化

加热滤液，控制溶液温度为30～35℃，在不断搅拌的情况下，分多次将11g研细的碳酸氢铵加入滤液中，保温搅拌30min，静置，减压过滤，得到$NaHCO_3$晶体，用少量水洗涤两次，抽干。

3. 制纯碱

将抽干的$NaHCO_3$放入蒸发皿中，在煤气灯上灼烧2h，即得纯碱，冷却到室温，称量。

五、产品检验

准确称取两份0.25g左右纯碱产品，分别加入锥形瓶中，用100mL蒸馏水溶解，加酚酞指示剂两滴，用已知准确浓度的盐酸溶液滴定至溶液由红色到近无色，记下所用盐酸的体积 V_1，再加两滴甲基橙指示剂，这时溶液为黄色。继续用上述盐酸溶液滴定，使溶液由黄至橙，加热煮沸 1～2min，冷却后，溶液又为黄色，再用盐酸滴定至橙色，半分钟不褪色为止，记下所用盐酸的总体积 V_2（V_2 包括 V_1）。根据滴定数据，计算出 Na_2CO_3 和 $NaHCO_3$ 的质量分数，最后计算纯碱的产率（理论产量按粗盐量的 90%计算）。

提示：第一步滴定以酚酞为指示剂，其滴定终点反应为

$$CO_3^{2-} + H^+ \xlongequal{\quad} HCO_3^-$$

所以中和样品中全部 Na_2CO_3 所消耗的盐酸体积为 V_1 的 2 倍（$2V_1$），而中和样品中 $NaHCO_3$ 消耗盐酸的体积则为 V_2-2V_1。

六、思考题

（1）为什么计算 Na_2CO_3 产率时要根据 NaCl 的用量？影响 Na_2CO_3 产率的因素有哪些？

（2）氯化钠不预先提纯将对产品有何影响？在该步骤中得到的沉淀主要是什么？为什么氯化钠中的硫酸根离子不要求预先除去？

实验 13 硫代硫酸钠的制备

一、实验目的

（1）掌握硫代硫酸钠合成的实验原理及操作。

（2）了解固液反应的操作方法。

二、实验原理

硫代硫酸钠（$Na_2S_2O_3·5H_2O$）俗称大苏打或海波，为无色透明单斜晶体。在 33℃以上的干燥空气中风化，48℃分解。

硫代硫酸钠的制备方法很多，其中亚硫酸钠法是工业和实验室中最主要的制备方法。该方法是以硫黄和亚硫酸钠为原料合成硫代硫酸钠，即将硫黄与亚硫酸钠溶液在短颈圆底烧瓶中回流。过滤掉未反应的硫黄粉，然后蒸发浓缩，析出 $Na_2S_2O_3·5H_2O$ 晶体。反应式为

$$Na_2SO_3+S+5H_2O \xlongequal{\quad} Na_2S_2O_3·5H_2O$$

三、仪器与试剂

仪器：台秤（0.1g）；吸滤装置；加热装置；量筒（10mL, 100mL）；烧杯（100mL）；玻璃棒（20cm）；蒸发皿（150mL）；表面皿（100mm）；圆底烧瓶（100mL）；回流冷凝管；试管（10mm×100mm）

试剂：无水亚硫酸钠；硫黄粉；活性炭；$AgNO_3$ 溶液（0.1mol/L）。

四、步骤

称取 8g 无水亚硫酸钠于小烧杯中，加入 50mL 蒸馏水溶解。在 100mL 短颈圆底烧瓶中放入 1.5g 研细的硫黄粉（可加少量乙醇润湿，使硫黄粉易于分散到溶液中），烧瓶口上

方垂直安装一支小型回流冷凝管。将亚硫酸钠溶液倒入圆底烧瓶中，加热回流 30min。

反应完毕后，加一匙活性炭脱色，趁热过滤，除去剩余的硫黄粉。滤液在水浴上蒸发浓缩至液面有晶体产生为止。冷却后，即有 $Na_2S_2O_3 \cdot 5H_2O$ 晶体析出。减压过滤，晶体在 40℃干燥 40～60min，称量。

五、产品检验

1. 定性鉴定

取少量产品晶体溶于水。另取一小试管，加入少量 0.1mol/L $AgNO_3$ 溶液，滴加 1～2 滴产品溶液，观察生成的沉淀由白→黄→棕→黑的变化过程。

2. 含量测定

准确称取 0.5g $Na_2S_2O_3 \cdot 5H_2O$ 晶体，用少量蒸馏水溶解，以淀粉作指示剂，用 0.1mol/L 碘标准溶液进行滴定，直至 1min 内蓝色不褪为止。计算含量。

六、思考题

（1）写出一种用其他原料制备硫代硫酸钠的方法。

（2）为什么硫代硫酸钠产品不能在高于 40℃的温度下干燥？

（3）写出产品检验的反应方程式。

实验 14　由三氧化二铬制备重铬酸钾

一、实验目的

（1）了解由三氧化二铬制取重铬酸钾的实验原理。

（2）掌握固态反应的操作。

二、实验原理

三氧化二铬在碱性介质（如碳酸钠等）中易被氧化，生成可溶于水的六价铬酸盐：

$$2Cr_2O_3+4Na_2CO_3+3O_2 = 4Na_2CrO_4+4CO_2\uparrow$$

为了使上述反应能在较低温度下进行，多用碳酸钠加氢氧化钠作为溶剂，并加入少量氧化剂（如硝酸钠等）以加速氧化：

$$Cr_2O_3+2Na_2CO_3+3NaNO_3 = 2Na_2CrO_4+3NaNO_2+2CO_2\uparrow$$

然后用水浸取熔融物，待全部溶解后，酸化，铬酸盐即变为重铬酸盐：

$$2CrO_4^{2-}+2H^+ = Cr_2O_7^{2-}+H_2O$$

重铬酸钾则由重铬酸钠与氯化钾进行复分解反应而制得：

$$Na_2Cr_2O_7+2KCl = K_2Cr_2O_7+2NaCl$$

重铬酸钾在室温下溶解度很小，而在升高温度时增加很多（0℃时 4.6g/100g H_2O，100℃时 94.1g/100g H_2O），温度对氯化钠的溶解度却影响很小。因此，将溶液浓缩后，冷却，即有大量重铬酸钾析出，氯化钠仍留在溶液中。

三、仪器与试剂

仪器：台秤（0.1g）；吸滤装置；加热装置；量筒（10mL）；烧杯（100mL，250mL）；玻璃棒（20cm）；蒸发皿（150mL）；表面皿（100mm）；铁坩埚；铁棒；漏斗；pH 试纸。

试剂：三氧化二铬；硝酸钠；氢氧化钠；碳酸钠；冰醋酸；氯化钾。

四、步骤

1. 氧化

称取 2.0g 三氧化二铬与 3.5g 硝酸钠均匀混合。另取 3.0g 氢氧化钠及 3.0g 碳酸钠于铁坩埚中，混匀后用小火加热直至熔融，然后将三氧化二铬及硝酸钠混合物分几次加入，并不断搅拌，以防熔融物喷溅。混合物加完后逐渐加大火灼烧 0.5h，并不断用铁棒搅拌，然后冷却。

2. 浸取

将冷却后的熔融物和坩埚一起放入烧杯中，加少量水，小火加热至沸，煮沸数分钟后即可浸取出熔块及坩埚。将烧杯中的溶液及熔块一同加热煮沸 15min，并不断搅拌以加速溶解。稍冷后，常压过滤，滤渣用 10mL 水洗一次（滤液控制在 40mL 左右）。

3. 转化

滤液移入蒸发皿中，用冰醋酸（6～7mL）调节酸度至 pH=4～5，使铬酸钠转化为重铬酸钠。

4. 复分解和结晶

将制得的重铬酸钠溶液加入 2.5g 氯化钾，置于水浴上加热，并不断搅拌，到溶液蒸发至表面有少量晶体析出时为止，趁热过滤。再调节溶液 pH=4～5，在冰-水混合物冷却下，即有大量重铬酸钾结晶，吸滤，用滤纸吸干晶体，称量。

5. 重结晶

按 $K_2Cr_2O_7$：H_2O=1：1.5 的比例（质量比），将重铬酸钾粗品溶于蒸馏水中，加热使之溶解，趁热过滤（若无不溶杂质，则不需过滤），冷却以使其结晶，减压过滤，用少量蒸馏水洗涤一次（以刚好润湿为宜）。在 40～50℃温度下烘干，称量。

五、思考题

（1）为什么用冰醋酸酸化时，pH 要维持在 4～5？

（2）讨论影响产品质量和纯度的因素。

实验 15　无水二氯化锡的制备

一、实验目的

（1）学习无水盐的一种制备方法。

（2）熟练酸溶（金属）、蒸发、过滤、干燥等基本操作。

二、实验原理

二氯化锡有强烈的水解性，在水溶液中难以制得无水二氯化锡。本实验利用金属锡与浓盐酸反应生成 $SnCl_2 \cdot 2H_2O$，再利用乙酸酐的强脱水性将 $SnCl_2 \cdot 2H_2O$ 中的水全部脱去而制得无水产品，反应方程式如下：

$$Sn+2HCl+2H_2O = SnCl_2 \cdot 2H_2O+H_2\uparrow$$

$$SnCl_2 \cdot 2H_2O+2(CH_3CO)_2O = SnCl_2+4CH_3COOH$$

无水二氯化锡中氯的质量分数为一定值，测定产品中氯的质量分数，并与其理论值比较，即可确定产品的纯度。

三、仪器与试剂

仪器：台秤（0.1g）；吸滤装置；加热装置；量筒（10mL, 100mL）；烧杯（100mL, 250mL）；玻璃棒（20cm）；表面皿（100mm）；蒸发皿（150mL）；锥形瓶（250mL）；漏斗；干燥器；滴定管（50mL）。

试剂：锡箔；盐酸；乙酸酐；乙醚；NaOH 溶液（6mol/L）；H_2O_2（30%）；HNO_3 溶液（2mol/L）；$K_2Cr_2O_4$（5%）；$AgNO_3$ 标准溶液（0.1mol/L）。

四、步骤

1. 制备 $SnCl_2 \cdot 2H_2O$

按图 3-4 装置仪器，在 250mL 锥形瓶（反应瓶）中放入 2.5g 剪碎的锡丝和 10mL 浓盐酸，水浴加热至 80℃以上。反应约 30min 后，再向反应瓶中添加 5～10mL 浓盐酸，继续加热至锡丝全部溶解。冷却至室温，常压过滤，用 3～5mL 浓盐酸淋洗滤纸，将滤液全部转移至蒸发皿中，再用 2～3mL 浓盐酸分次洗涤反应瓶，洗涤液也转移至蒸发皿中。小火加热浓缩至晶膜出现后再微热 5min。冷却，减压过滤，将晶体放入干燥器中干燥，称量。

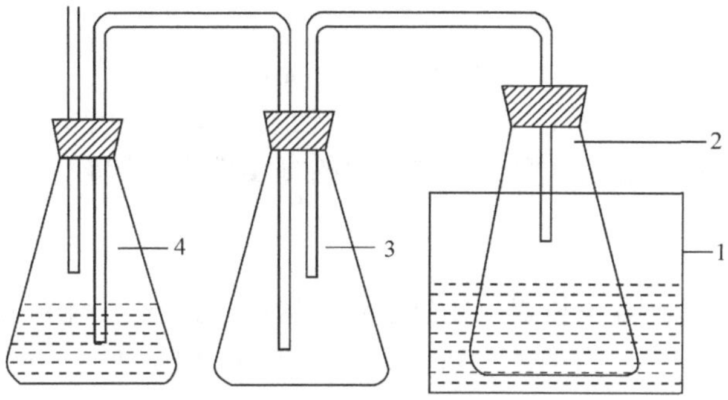

图 3-4　制备 $SnCl_2 \cdot 2H_2O$ 装置

1. 水浴；2. 反应瓶；3. 安全瓶；4. 装有水的尾气吸收瓶

2. 制备 $SnCl_2$

称取 5g $SnCl_2 \cdot 2H_2O$ 于干燥的 50mL 烧杯中，置于通风橱内，加入 10mL 乙酸酐，同时搅拌。此反应剧烈，无需加热。约 30min 后（在此期间应搅拌几次），在干燥的布氏漏斗上过滤，用 3～5mL 乙醚淋洗产品。将产品转移到表面皿上，放入干燥器中干燥约 30min，称量。

五、产品检验

准确称取 0.2g 产品置于 250mL 锥形瓶中，加入约 30mL 水、8～10 滴 6mol/L NaOH、4～5 滴 30% H_2O_2，加热煮沸 10min，冷却至室温后，用 2mol/L HNO_3 调节溶液的 pH 至 6～7。加 0.5～1mL 5% $K_2Cr_2O_4$，用 0.1mol/L $AgNO_3$ 标准溶液滴定至出现砖红色沉淀。

六、思考题

（1）既然乙酸酐有强吸水性，为什么在制备 $SnCl_2$ 时必须用干燥的 $SnCl_2·2H_2O$ 晶体和干燥的仪器？

（2）能否用锡粒和氯气直接反应制得无水二氯化锡？

（3）写出产品检验的主要反应方程式。

实验 16　无水四碘化锡的制备

一、实验目的

（1）掌握微型实验的基本操作。

（2）学习在非水溶液中制备无水四碘化锡的方法。

（3）学习利用测定熔点来识别物质和检验物质纯度的方法。

二、实验原理

四碘化锡（SnI_4）为橙红色晶体，熔点为 143℃，沸点为 340℃，能溶于乙醚、苯、二硫化碳、四氯化碳和氯仿等有机溶剂中，在冰醋酸中溶解度较小。由于四碘化锡强烈水解，只能在非水体系中制备。本实验是在四氯化碳中，由锡和碘加热回流，而直接化合生成无水四碘化锡。

$$Sn+2I_2 \xlongequal{\quad} SnI_4$$

四碘化锡的熔点为 144.5℃，杂质的存在不但使熔化的温度范围增大，而且往往使熔点降低。利用被测样品的熔化温度与四碘化锡的真实熔点相比较，即可检验样品的纯度。

三、仪器与试剂

仪器：台秤（0.1g）；吸滤装置；加热装置；量筒（10mL）；圆底烧瓶（10mL）；球形冷凝管；玻璃棒（20cm）；表面皿（100mm）；锥形瓶（10mL）；漏斗；干燥器；显微熔点仪。

试剂：四氯化碳；锡箔；碘。

四、步骤

（1）量取 6mL 四氯化碳置于干燥的 10mL 圆底烧瓶中，加入 100mg 锡屑、400mg 碘，装好装置，接通冷却水，电磁加热，进行回流反应。当烧瓶上部碘的紫红色变浅，而底部溶液的颜色变为橙红色时，停止加热。

（2）用热的漏斗过滤，滤液接收于锥形瓶中，用少量四氯化碳洗涤两次。将滤液在冰水中冷却 30min，待析出晶体后，用干燥的漏斗减压过滤，产品放在干燥器中干燥 20～30min，称量。

（3）在显微熔点仪上放置小米粒大小的产品，测定产品开始熔化和熔化完全的温度。

五、思考题

（1）合成无水四碘化锡时，以何种原料过量为好？

（2）试设计用冰醋酸和乙酸酐为溶剂合成无水四碘化锡的实验步骤。

实验 17　TiO_2 纳米晶体的溶胶-凝胶法制备及 X 射线衍射分析

一、实验目的

（1）掌握溶胶-凝胶法制备 TiO_2 纳米晶体的方法。

（2）了解粉末 X 射线衍射分析的基本实验原理和操作。

（3）掌握粉末 X 射线衍射实验方法，并利用粉末 X 射线衍射法对纳米晶体进行物相分析和粒度测定。

二、实验原理

TiO_2 纳米晶体是目前应用最广泛的一种纳米材料，由于其表面的电子结构及晶体结构发生了与块状形态不同的变化，导致其具有特殊的表面效应、小尺寸效应以及宏观量子隧道效应等特性，因而具有一系列优异的物理化学性质，使其在很多方面得到广泛的应用。特别在环境领域，由于 TiO_2 纳米晶体具有生物无毒性、光催化活性高、无二次污染等特点，成为新兴的环保材料。在大于其带隙能的光照条件下，TiO_2 光催化剂不仅能降解环境中的有机污染物生成 CO_2 和 H_2O，而且可氧化除去大气中低浓度的氮氧化物 NO_x 和含硫化合物 H_2S、SO_2 等有毒气体。目前 TiO_2 纳米晶体作为光催化剂已得到广泛的研究和应用。本实验以钛酸丁酯为原料，采用溶胶-凝胶法制备 TiO_2 纳米晶体，并利用 X 射线衍射方法对 TiO_2 纳米晶体进行物相分析和粒度测定。

由于每种晶体都有其特定的晶体结构和晶胞尺寸，而衍射峰的位置及衍射强度完全取决于该晶体的内部结构特点，因此每一种晶体都有自己独特的衍射花样，即“指纹谱”。

根据布拉格（Bragg）方程

$$2d\sin\theta = n\lambda \tag{3-8}$$

式中，d 为各个衍射面的面间距；λ 为 X 射线的波长；θ 为布拉格衍射角。通过 X 射线衍射峰的位置、相对强度 I 及数量，可以鉴定晶体物质的物相。

数据库中可查到已知晶体结构物相的标准数据（PDF 卡片，powder diffraction files），将所测样品的衍射图谱与之比较（可通过计算机自动检索或人工检索来进行），即可确定样品中所含物相。

当纳米粒子的颗粒小到一定程度时，会引起X射线衍射峰的宽化。根据谢乐（Scherrer）方程可计算晶粒的平均粒径 D，具体公式如下：

$$D=\frac{K\lambda}{\beta\cos\theta} \tag{3-9}$$

式中，K 为谢乐常数，一般取 0.89；β 为样品引起的衍射宽化（半峰宽），单位为弧度（rad）。需要注意的是，实测的衍射峰半峰宽还包括和仪器条件有关的仪器变宽，可通过内标法或外标法从实测衍射峰的半峰宽中扣除仪器变宽以得到 β。

另外，通过粉末 X 射线衍射还可以进行晶体学参数的测定、介孔结构测定、材料应力以及晶格畸变等方面的研究，在此不再一一赘述。

三、仪器与试剂

仪器：量筒（10mL）；烧杯（50mL）；坩埚（10mL, 30mL）；研钵；恒温磁力搅拌器；陶瓷纤维马弗炉；电热恒温干燥箱；X 射线粉末衍射仪；差热仪；紫外-可见分光光度计；玛瑙研钵。

试剂：钛酸丁酯；无水乙醇；浓硝酸。

四、步骤

1. TiO_2 纳米晶体的制备

取 3mL 蒸馏水和 10mL 无水乙醇，加入 50mL 烧杯中，搅拌混合均匀，用硝酸调节 pH=4，记为溶液 a。在另一 50mL 烧杯中，将 10mL 无水乙醇和 3mL 钛酸丁酯搅拌混合均匀，记为溶液 b。在剧烈搅拌下，向溶液 a 中滴加溶液 b，并继续搅拌 10min。搅拌状态下，缓慢蒸干溶胶。将干燥粉末分为两份，转移至两个坩埚，分别放入设定焙烧温度为 400℃和 700℃的两个马弗炉中，焙烧 2h。冷却后，在研钵中研成细粉。

2. X 射线衍射分析

采用日本理学 D/max-2200/PC X 射线衍射仪对 TiO_2 纳米晶体进行物相分析和粒度测定。

（1）样品用研钵研细至 200～300 目，压入样品架的槽内，样品表面要求平整光滑。然后将样品架插到样品台上。

（2）参阅附注中 X 射线衍射仪的使用方法，用 1°/min 的速度，在 10°～80°范围内扫描，得到衍射谱图。测定完毕后按操作程序关机。

五、数据处理

（1）将实验数据进行处理，得到每一个衍射峰的位置（2θ）和相对强度，并求出所对应的晶面间距 d。

（2）根据上面的结果查索引和 PDF 卡片，确定样品的物相和结构。

（3）测量样品三个最高衍射峰的半高宽，利用谢乐方程计算 TiO_2 纳米晶体对应的粒度，然后求其平均粒度。

六、思考题

（1）制备条件对 TiO_2 纳米晶体的粒度大小有什么影响？

（2）多晶衍射时能否用多种波长的混合 X 射线？为什么？

（3）将实验所得衍射线条数及相对强度与卡片中的一一对照，完全一致吗？试说明误差来源。

【附注】

X 射线衍射仪使用方法：①打开主机和冷却水箱电源；②打开计算机并与主机连接；③调入控制和操作程序；④开高压电源，烤靶 5min；⑤放置样品。注意：先按主机面板上“DOOR OPEN”键后方打开样品台门，放好样品后，轻轻地关严防护门；⑥打开测试程序，根据要求修改测试条件；⑦开始测试，测试完毕后处理数据，打印结果；⑧测试结束，关高压后，继续通冷却水 5min，才能关主电源。

实验 18　化学共沉淀法制备铁酸锌纳米材料

一、实验目的

用化学共沉淀法制备铁酸锌纳米材料。

二、实验原理

纳米材料是指由极细晶粒组成、尺寸在纳米量级（1～100nm）的固体材料，由于其尺度处于原子簇和宏观物体的交界区域，因而具有表面效应，并产生奇异的力学、光学、电学、磁学和化学等特性。纳米材料的合成方法有许多种，其中气相法主要包括气体冷凝法、溅射法和化学气相沉积法等，液相法主要包括沉淀法、溶胶-凝胶法和水热法等。

铁酸锌（$ZnFe_2O_4$）是重要的软磁材料，也是丁烯氧化脱氢的催化剂和具有很高光催化活性及对可见光敏感的半导体催化剂。$ZnFe_2O_4$ 纳米粒子还是性能优良的透明无机颜料，具有耐热、耐光、无毒和防锈等显著特点。本实验采用化学共沉淀法制备 $ZnFe_2O_4$ 纳米晶体，并对产品进行表征。

三、仪器与试剂

仪器：量筒（10mL）；烧杯（50mL）；离心试管（10mL）；离心机；X 射线衍射仪；透射电子显微镜；超声波发生器；电磁加热搅拌器；红外灯；马弗炉。

试剂：$FeSO_4$ 溶液（1mol/L）；$Zn(NO_3)_2$ 溶液（2mol/L）；NaOH 溶液（6mol/L）；乙醇。

四、步骤

1. 纳米晶的合成

将 20mL 1mol/L $FeSO_4$ 溶液和 5mL 2mol/L $Zn(NO_3)_2$ 充分混合，加入 6mol/L 的 NaOH 溶液调节 pH=13，得到包括化学共沉淀在内的溶液。水浴 100℃沸腾 1h，得到红褐色沉淀。离心分离，用去离子水洗涤沉淀数次，用红外灯烘干，即得到浅棕红色的初始 $ZnFe_2O_4$ 纳米晶体。将其在 300℃煅烧 1h，便可得到 3～30nm 粒度的 $ZnFe_2O_4$ 纳米晶体。

2. 产品的表征

（1）用X射线衍射仪记录$ZnFe_2O_4$纳米材料的X射线衍射图。$ZnFe_2O_4$晶体的晶面为[220]（d_1=0.2980nm）、[311]（d_2=0.2557nm）、[400]（d_3=0.2113nm）、[422]（d_4=0.1729nm）和[511]（d_5=0.1620nm）。

（2）将$ZnFe_2O_4$纳米材料在乙醇中超声分散15min后，用透射电子显微镜观察$ZnFe_2O_4$晶体的表面形貌，拍摄其电子衍射花样。

（3）根据透射电子显微镜照片测量的结果确定$ZnFe_2O_4$晶体的粒度，根据X射线衍射峰的宽窄、晶体表面形貌以及衍射环情况说明所制产品的状态。

实验19　葡萄糖酸锌的合成及表征

一、实验目的

初步掌握含锌药物的制备方法及表征手段。

二、实验原理

锌是人体所需的微量元素之一，具有多种生物作用，含锌的配合物是生物无机化学研究的重要领域之一。本实验通过离子交换法制取高纯的葡萄糖酸溶液，然后同氧化锌反应制得葡萄糖酸锌。

三、仪器与试剂

仪器：台秤（0.1g）；吸滤装置；加热装置；玻璃棒（20cm）；表面皿（100mm）；量筒（100mL, 250mL）；烧杯（100mL）；离子交换柱；离子交换树脂（001×7型）；显微熔点仪；红外光谱仪。

试剂：浓硫酸；葡萄糖酸钙；氧化锌；95%乙醇。

四、步骤

1. 葡萄糖酸的制备

在100mL烧杯中加入50mL蒸馏水，再缓慢加入2.7mL（0.05mol）浓硫酸，搅拌下分批加入22.4g（0.05mol）葡萄糖酸钙，在90℃水浴中反应1.0h。趁热滤去生成的$CaSO_4$，滤液冷却后，过5cm高的离子交换柱（内装酸性离子交换树脂），10min内完成过柱，最后得到无色高纯的葡萄糖酸溶液。

2. 葡萄糖酸锌的制备

取上述制得的溶液，分批加入2.0g（0.025mol）氧化锌，在60℃水浴中搅拌反应2h，溶液的pH=5.8。过滤，滤液减压浓缩至原体积的1/3。加入10mL 95%乙醇，冷却至0℃，得到白色结晶状的葡萄糖酸锌。将产物干燥，称量，计算产率。

3. 葡萄糖酸锌的表征

（1）用显微熔点仪或提勒管测定合成产物的熔点。

（2）用压片法测定合成产物的红外光谱。主要吸收峰有：—OH 伸缩振动，3200～3500cm^{-1}；—COO— 伸缩振动，1589cm^{-1}、1447cm^{-1}、1400cm^{-1}。

实验 20　离子交换法分离 Co^{2+}和 Cr^{3+}

一、实验目的

（1）了解离子交换技术分离金属离子的实验方法和基本原理。

（2）学会离子交换法的基本操作。

二、实验原理

一定的强酸型阳离子交换树脂（R—SO_3H）对不同的阳离子的吸附亲和力是不同的，而吸附亲和力的大小主要取决于阳离子（M^{n+}）所带电荷的多少，一般为

$$M^+ < M^{2+} < M^{3+}$$

因此，当把带有不同电荷阳离子的混合液加入阳离子交换树脂的柱内时，由于树脂对不同电荷阳离子的吸附亲和力不同，便在交换柱上形成了不同的谱带。所以，Co^{2+}和 Cr^{3+}混合液可以在树脂上形成两个谱带。

在酸性条件下，树脂和被吸附的阳离子之间可以建立如下平衡：

$$nR-SO_3^-H^+ + M^+ \rightleftharpoons (R-SO_3^-)_n^{n-}\cdot M^+ + nH^+$$

该平衡的位置主要由阳离子 M^{n+}的浓度和电荷以及体系的酸度来决定。如果增大体系的酸度，则上述平衡向左移动，被吸附的阳离子将根据它们与树脂结合程度大小的不同先后被 H^+取代下来。通常 M^+最容易被淋洗剂中的 H^+取代下来而最先从交换柱的底部流出。M^{2+}需要提高淋洗剂的酸度才能从树脂上被淋洗下来。如果取代与树脂结合最紧的 M^{3+}，则淋洗剂的酸度要比前两者大得多。对于 Co^{2+}、Cr^{3+}体系，用不同浓度的 HCl 溶液淋洗，即可将 Co^{2+}、Cr^{3+}分离。

三、仪器与试剂

仪器：台秤（0.1g）；加热装置；离子交换树脂；离子交换柱；玻璃棒（20cm）；量筒（10mL, 100mL）；表面皿（100mm）；烧杯（50mL）；试管（10mm×100mm）。

试剂：氯化钴（$CoCl_2\cdot 6H_2O$）；氯化铬（$CrCl_3\cdot 6H_2O$）；HCl 溶液（0.8mol/L, 2mol/L）；NaF；NH_4SCN-戊醇饱和溶液；NaOH 溶液（40%）；H_2O_2 溶液（3%）；$Pb(Ac)_2$ 溶液（0.1mol/L）；HAc 溶液（6mol/L）。

四、步骤

1. 准备离子交换柱

准备一支直径 1cm、长约 20cm 的交换柱，底部塞上玻璃棉，下部用一段约 4cm 的乳

胶管连接一玻璃尖嘴。在交换柱中加入约 1/2 的水，旋开霍夫曼夹排除管中、玻璃尖嘴中的空气。然后将处理好的阳离子交换树脂与水打浆，搅拌均匀后从交换柱的上部倾入（树脂随水一起倾入），当下沉的树脂高度达约 8cm 时，停止加入树脂，把柱中的多余水放至水面高出树脂 1cm 左右。用 10mL 2mol/L HCl 淋洗树脂，再用蒸馏水淋洗，直至流出液的 pH=6～7。

2. Co^{2+}、Cr^{3+}混合液的制备

在 16mL pH=1～2 的水中分别加入 1g $CoCl_2·6H_2O$ 和 1g $CrCl_3·6H_2O$，加热，微沸 10min（加热时要盖上表面皿），冷却至室温。

3. 混合液装柱

放出交换柱中多余的水，当交换柱内的水层几乎接近树脂层时，加入 1mL 混合液，旋开霍夫曼夹，直至溶液层接近树脂层的高度。

4. Co^{2+}、Cr^{3+}分离

当溶液层与树脂层的顶部接近时，由交换柱的上部滴加 HCl 淋洗剂，淋洗速度为 1 滴/（2～3）秒。在交换柱的底部先用小烧杯收集淋出液，当树脂层的粉红色接近底部时，改用小量筒收集淋出液，并以约每 5mL 一份分别转移到小试管中。观察淋出液颜色的变化。当淋出液的颜色消失后，用 NaF 及 NH_4SCN-戊醇的饱和溶液检查 Co^{2+}是否全部被淋洗下来。

当确证 Co^{2+}已被全部淋出后，改用 2mol/L HCl 淋洗树脂，淋洗速度为 1 滴/（4～5）秒。当蓝紫色接近底部时，改用小量筒收集淋出液，并以约每 3mL 一份分别转移到小试管中。观察淋出液颜色的变化并不断用 40%NaOH、3%H_2O_2 和 0.1mol/L $Pb(Ac)_2$ 检验 Cr^{3+}是否被全部淋出。

当确证 Cr^{3+}被全部淋出后，用水淋洗树脂，淋洗速度约为 1 滴/秒，直至淋出液的 pH=6～7。

五、思考题

（1）制备 Co^{2+}、Cr^{3+}混合液时，为什么要用 pH=1～2 的水溶解样品？怎样获得该酸度的水？

（2）写出检验 Co^{2+}和 Cr^{3+}存在的化学方程式。

【附注】

检验 Co^{2+}和 Cr^{3+}存在的方法：

用小试管取约 1mL 淋出液，加入约黄豆粒大小体积的固体 NaF，摇动，保持试管中有未溶的 NaF 固体，再加入 0.5～1mL NH_4SCN-戊醇的饱和溶液，摇动。如果戊醇层呈现蓝色，则证明有 Co^{2+}的存在。

用小试管取约 1mL 淋出液，加入 10 滴 40% NaOH 和 10 滴 3% H_2O_2 溶液，摇动。在水浴上煮沸 5min。冷却到室温。加 6mol/L HAc 溶液至 pH=5～6，再加 2～3 滴 0.1mol/L $Pb(Ac)_2$ 溶液，如果出现黄色沉淀，则表示有 Cr^{3+}存在。

实验 21　十二钨磷酸和十二钨硅酸的制备

一、实验目的

（1）掌握十二钨杂多酸的制备方法。

（2）加深对杂多酸的了解。

二、实验原理

杂多酸作为一种新型催化剂，近年来已广泛应用于石油化工、冶金、医药等许多领域。有关杂多酸的研究课题，也成为无机化学研究的一个重要方向。钒、铌、钼、钨等元素的一个特征是易形成同多酸和杂多酸。在碱性溶液中 W（Ⅵ）以正钨酸根 WO_4^{2-} 存在，随着溶液 pH 减小，逐渐聚合为多酸根离子。在上述聚合过程中，加入一定量的磷酸盐或硅酸盐，则可生成有确定组成的钨杂多酸根离子，如$[PW_{12}O_{40}]^{3-}$、$[SiW_{12}O_{40}]^{4-}$等。这类钨杂多酸在水溶液中结晶时，得到高水合状态的杂多酸（盐）结晶 $H_m[XW_{12}O_{40}]\cdot nH_2O$，其易溶于水及含氧有机溶剂（乙醚、丙酮等），遇强碱分解，在酸性水溶液中较稳定。本实验利用钨杂多酸在强酸溶液中易与乙醚生成加合物而被乙醚萃取的性质制备十二钨磷酸和十二钨硅酸。

三、仪器与试剂

仪器：台秤（0.1g）；吸滤装置；加热装置；烧杯（50mL）；玻璃棒（20cm）；量筒（10mL）；布氏漏斗；蒸发皿（150mL）；分液漏斗。

试剂：钨酸钠（$Na_2WO_4\cdot 2H_2O$）；磷酸氢二钠；偏硅酸钠（$Na_2SiO_3\cdot 9H_2O$）；浓盐酸；乙醚。

四、步骤

1. 十二钨磷酸的制备

取 5.0g 钨酸钠和 0.8g 磷酸氢二钠溶于 20mL 热水（60～70℃）中，搅拌下加入 5mL 浓盐酸，继续加热半分钟，此刻溶液略呈淡黄色，冷却至 40℃。

将烧杯中的溶液转移到分液漏斗中，待溶液降至室温后，向分液漏斗中先加入 7mL 乙醚，再加入 2mL 6mol/L 盐酸，振荡 15min，静置，分出下层油状物，放入蒸发皿中。

将蒸发皿放在装有沸水的烧杯上，水浴蒸发乙醚，直至液体表面有晶膜出现为止。取下蒸发皿放在通风处干燥、冷却，待乙醚完全挥发后，得淡黄色十二钨磷酸固体。若在蒸发时，液体变蓝，可加入少量 3%的 H_2O_2 使蓝色褪去。

2. 十二钨硅酸的制备

称取 5.0g 钨酸钠和 0.35g 硅酸钠，溶于 10mL 蒸馏水中，加热搅拌使其溶解，在微沸下缓慢滴加 2mL 浓盐酸，同时搅拌。开始滴入盐酸，有黄色钨酸沉淀出现，要继续滴加盐酸，直至不再有黄色沉淀时，便可停加盐酸（此过程约需 10min）。

减压过滤，滤液冷却至室温，转移到分液漏斗中，加入 4mL 乙醚，再加入 1mL 6mol/L 盐酸，充分振荡萃取后静置。分出下层油状物到另一个分液漏斗中，再加入 1mL 浓盐酸、4mL 水和 2mL 乙醚，剧烈振荡后静置（此时油状物应澄清无色，如颜色偏黄可继续萃取一两次），分出澄清的第三相于蒸发皿中，加入少量蒸馏水（15～20 滴），在 60℃水浴锅上蒸发浓缩，直至液体表面有晶膜出现为止。冷却，待乙醚完全挥发后，得无色透明的十二钨硅酸晶体。

五、思考题

（1）为什么转移至分液漏斗前，制备的十二钨磷酸钠溶液冷却至 40℃，而不冷却至室温？

（2）萃取分离时，静置后溶液分三层，请问每层各为何物？

（3）使用乙醚时，要注意哪些事项？

实验 22　杂多化合物 $K_5CoW_{12}O_{40}·20H_2O$ 的合成与鉴定

一、实验目的

（1）了解杂多化合物的组成和结构。

（2）了解杂多化合物的一般合成方法。

（3）合成杂多化合物 $K_5CoW_{12}O_{40}·20H_2O$，并由红外光谱法鉴定产物。

二、实验原理

杂多化合物的合成最早起源于 1826 年，科学家 Berzelius 发现将钼酸铵加到磷酸中产生黄色沉淀，其就是现在人们熟知的$(NH_4)_3PMo_{12}O_{40}$。1848 年，生成这种黄色化合物的沉淀法被应用到分析化学上。但直到 1862 年，Marignac 发现了钨硅酸及其盐后，这些杂多化合物的组成才被确定下来。到 20 世纪初，已发现了近 6 种不同的杂多酸及几百种盐。人们已经发现有近 70 种元素可作杂多酸中的杂原子。杂多化合物已形成了一类庞大而重要的化合物。杂多酸作为高效的均相催化剂早已应用于有机化工生产中，杂多化合物在医学、药学、抗病毒、生物化学等领域的潜在应用价值引起了科学家们极大的兴趣。多年来，人们对杂多化合物的研究长盛不衰。不过，近年来杂多化合物的概念有被“金属氧酸盐”或“金属氧原子簇”取代的趋势。

在经典的杂多化合物的合成中，人们研究较多的两种常见类型为具有 Keggin 结构的阴离子$[XM_{12}O_{40}]$和具有 Dawson 结构的阴离子$[X_2M_{12}O_{62}]$。具有 Keggin 结构的阴离子有五种异构体，其中 α-Keggin 结构中的杂原子 XO_4 四面体以桥氧被四个 M_3O_{13} 单元包围在中间。在 M_3O_{13} 单元中，三个 MO_6 八面体之间两两共边后，三个单元又共用一个顶点构成 M_3O_{13}（考虑到共边和共顶点因素，属于每个单元的只有 10 个氧原子，故可写成 M_3O_{13} 单元）。四个 M_3O_{13} 单元之间靠共顶点氧构成 α-Keggin 结构（图 3-5）。

常用来合成杂多化合物的方法是酸化简单含氧阴离子和所含杂原子的水溶液：

$$7MoO_4^{2-} + 8H^+ \longrightarrow [Mo_7O_{24}]^{6-} + 4H_2O$$

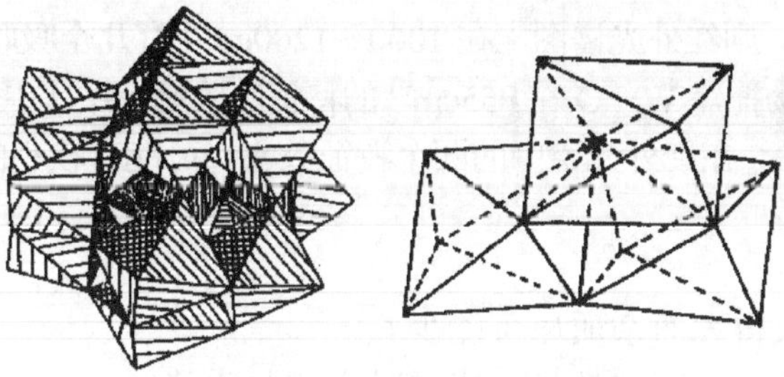

图 3-5　M_3O_{13} 单元和 α-Keggin 结构

$$12WO_4^{2-} + HPO_4^{2-} + 23H^+ \longrightarrow [PW_{12}O_{40}]^{3-} + 12H_2O$$

加入合适的阳离子，则杂多酸盐从水溶液中析出。在实验中，试剂的加入顺序、控制合适的温度和溶液的 pH 都是非常重要的。

本实验合成杂多化合物 $K_5CoW_{12}O_{40}\cdot 20H_2O$，以过二硫酸钾（$K_2S_2O_8$）作氧化剂，将 Co^{2+}氧化为 Co^{3+}，分别用冰醋酸和硫酸酸化产物，产物中有较多杂质，经重结晶后控制合适的结晶速度，可得到纯净的金黄色大棒状晶体。

产物可由红外光谱鉴定。杂多化合物往往都有特征的红外光谱，$K_5CoW_{12}O_{40}\cdot 20H_2O$ 的红外光谱除 3400～3500cm^{-1} 和 1620～1630cm^{-1} 两个结晶水的特征吸收峰以外，$CoW_{12}O_{40}^{5-}$ 阴离子有四个特征吸收峰。其中 955cm^{-1}、895cm^{-1}、758cm^{-1} 吸收峰与 W—O 振动有关，而 433cm^{-1} 的吸收峰可能与 Co—O 振动有关。

三、仪器与试剂

仪器：台秤（0.1g）；吸滤装置；加热装置；量筒（10mL, 100mL）；烧杯（50mL, 100mL）；玻璃棒（20cm）；精密 pH 试纸；显微镜；红外光谱仪。

试剂：钨酸钠；硫酸（2mol/L）；过二硫酸钾；乙酸钴；溴化钾；冰醋酸。

四、步骤

（1）向 13mL 去离子水中加入 2 滴冰醋酸后，再加入 2.5g 乙酸钴，搅拌溶解得乙酸钴溶液。

（2）将 19.8g 钨酸钠溶于 40mL 去离子水，以冰醋酸调 pH 至 7，得钨酸钠溶液。

（3）将乙酸钴溶液加入加热近沸的钨酸钠溶液中，使混合物保持微沸 15min，趁热加入 13g KCl 固体，溶解后将混合物冷却至室温，吸滤。

（4）向沉淀物中加入 40mL 2mol/L 硫酸，小火加热几分钟后过滤，弃去沉淀物（如无沉淀杂质，可不过滤）。将滤液加热至沸，搅拌下分次加入过二硫酸钾（注意不要加太多、太快，以免溶液暴沸，同时注意适当补充水分）直至溶液由蓝绿色转为橙色，煮沸 5～8min 以分解过量的过二硫酸钾。

（5）将上述混合物冷却至室温，若析出的晶体较少，可用冰浴冷却（不要过冷，以免硫酸钾等杂质析出过多），减压过滤，将粗产品以 10mL 热去离子水重结晶。

（6）取少量较纯净的、空气中自然干燥的晶体产物，加入 100～200 倍的溴化钾，按要求研细后压片，测其红外光谱，以鉴定其纯度及结构。

如果产物含有杂质，则红外光谱图上在1000～1200cm^{-1}有几个吸收峰，杂质较多时，该区域的吸收峰较强，甚至会掩盖W—O在955cm^{-1}的特征吸收峰，并且在570～610cm^{-1}处出现强吸收峰。此外，$CoW_{12}O_{40}^{5-}$在红外光谱中的四个特征吸收峰可能有较小的位移，这是正常现象。

五、思考题

（1）如何使晶体长得大而杂质尽可能少？

（2）为什么化合物的特征红外吸收峰有时会有些位移？

（3）为什么乙酸钴溶解前先向水中加两滴冰醋酸？

实验23　氯化亚铜的制备

一、实验目的

（1）掌握Cu(Ⅰ)与Cu(Ⅱ)转化的条件。

（2）掌握连续进料的合成方法。

二、实验原理

纯的CuCl是白色四面体晶体，遇光变褐色，熔点为430℃，密度为3.53g/cm^3。熔融时呈铁灰色，置于空气中会迅速氧化，生成绿色的Cu(OH)Cl。CuCl多用于有机和染料化工的催化剂、石油工业的脱硫剂以及分析化学中的CO吸附剂和脱氧剂。

在水溶液中，Cu(Ⅰ)不稳定，很容易歧化为Cu(Ⅱ)和Cu，也可能被氧化为Cu(Ⅱ)。

$$2Cu(\text{I}) \longrightarrow Cu(\text{II}) + Cu$$

要使Cu(Ⅰ)稳定存在，必须形成沉淀或者相应的配合物。本实验依据以下反应式：

$$2CuSO_4+Na_2SO_3+2NaCl+H_2O \longrightarrow 2CuCl+2Na_2SO_4+H_2SO_4$$

反应过程中需要及时除去生成的H$^+$，使反应环境尽可能维持在弱碱性或者中性条件，以使反应进行完全。因此，使用Na_2CO_3消除H$^+$，若反应条件不当，会发生以下副反应：

$$2Cu^{2+} + 5SO_3^{2-} + H_2O \longrightarrow 2[Cu(SO_3)_2]^{3-} + SO_4^{2-} + 2H^+$$

三、仪器与试剂

仪器：台秤（0.1g）；吸滤装置；加热装置；量筒（10mL, 100mL）；烧杯（100mL, 250mL）；玻璃棒（20cm）；滴液漏斗。

试剂：五水硫酸铜；氯化钠；无水亚硫酸钠；碳酸钠；无水乙醇；浓盐酸；硫酸（2mol/L）；氨水（2mol/L）。

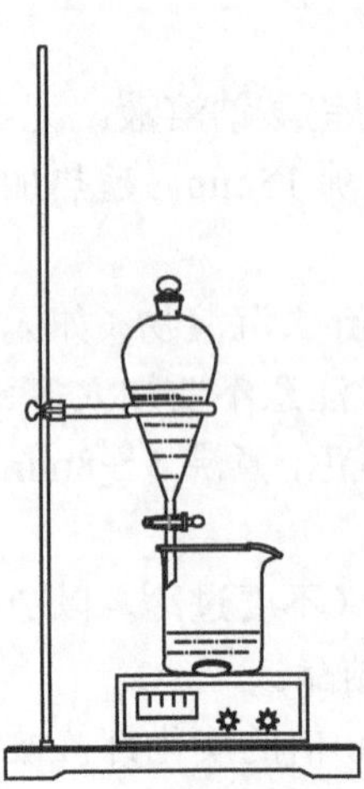

图3-6　反应装置

四、步骤

称取12.5g $CuSO_4·5H_2O$和5g NaCl晶体置于250mL烧杯中，加入50mL蒸馏水溶解，另取100mL烧杯称量4g Na_2SO_3和2.5g Na_2CO_3，加入20mL蒸馏水溶解，转移到滴液漏斗中。将盛有$CuSO_4$和NaCl混合液的烧杯放在磁力搅拌器上，一边搅拌一边滴加Na_2SO_3和Na_2CO_3混合液（图3-6），控制滴加速度为1滴/（3～4）秒，直至黄色不再褪去。滴加完成后，继续搅拌 10min，减压过滤分离，用无水乙醇洗涤沉淀，干燥，称量。

五、性质检验

取少量样品，分别与浓盐酸、稀硫酸、稀氨水反应，观察现象。

六、思考题

写出性质检验的有关反应方程式。

实验 24　从“盐泥”制取七水合硫酸镁

一、实验目的

（1）了解以“盐泥”为原料，制取七水合硫酸镁的实验原理和方法。

（2）初步了解七水合硫酸镁的性质和用途。

（3）进一步熟练用酸溶解原料、除杂、蒸发、结晶、过滤等基本操作。

二、实验原理

七水合硫酸镁在印染、造纸、医药等工业中有广泛的应用，还可用于制革、肥料、化妆品和防火材料等。七水合硫酸镁是一种无色、无臭、有苦咸味、易风化的晶体或白色粉末，易溶于水，其水溶液呈中性，医药上俗称“泻盐”。在超过 48℃的干燥空气中，会失去一个结晶水，成为六水合硫酸镁；温度再升至 200℃以上，会失去全部结晶水，成为无水硫酸镁。

本实验使用“盐泥”作原料制取七水合硫酸镁。“盐泥”是一种化工废弃物，含约 40%的 $MgCO_3 \cdot CaCO_3$，以它制取七水合硫酸镁既可有效地利用资源，变废为宝，又可消除对环境的污染，有一定的环境、经济效益。

盐泥用硫酸溶解，其主要反应如下：

$$MgCO_3 \cdot CaCO_3 + 2H_2SO_4 = MgSO_4 + CaSO_4 + CO_2\uparrow + 2H_2O$$

此时，碳酸镁转化为硫酸镁溶于溶液中，碳酸钙则转化为硫酸钙沉淀，留在残渣中。由于硫酸钙的溶解度较大，所以仍有少量的钙离子残存于溶液中。

在盐泥的酸解浆液中，主要杂质为 Fe^{3+}、Fe^{2+}、Ca^{2+}等离子，本实验采用加入氧化剂（H_2O_2 或 $KClO_3$）、调节浆液 pH 和煮沸浆液的方法，除去这些杂质。首先用氧化剂将 Fe^{2+} 氧化：

$$2Fe^{2+} + H_2O_2 + 2H^+ = 2Fe^{3+} + 2H_2O$$

或

$$6Fe^{2+} + KClO_3 + 6H^+ = 6Fe^{3+} + 3H_2O + Cl^- + K^+$$

然后，在 pH≈1 的浆液中加入少量盐泥，调节 pH 至接近 6，使 Fe^{3+}发生水解：

$$Fe^{3+} + 3H_2O = Fe(OH)_3\downarrow + 3H^+$$

由反应式可见，随水解的进行，浆液的酸度会不断增大，所以必须不断地添加盐泥，同时用力搅拌，以维持浆液的 pH，使水解反应进行完全，将杂质铁完全除去。

浆料中 Ca^{2+}在 SO_4^{2-} 存在下，可形成 $CaSO_4$ 沉淀，它的溶解度随温度升高而降低，所以，将浆液煮沸，趁热过滤，可同时除去 Ca^{2+}、Fe^{3+}。母液经浓缩，冷却，结晶，可得到纯度较高的七水合硫酸镁产品。

三、仪器与试剂

仪器：台秤（0.1g）；吸滤装置；加热装置；量筒（10mL, 100mL）；烧杯（100mL）；玻璃棒（20cm）；蒸发皿（150mL）；表面皿（100mm）；试管（10mm×100mm）。

试剂：盐泥（非化学试剂）；H_2SO_4 溶液（3.0mol/L）；H_2O_2（3%）；KSCN 溶液（1.0mol/L）；HCl 溶液（2.0mol/L）；$BaCl_2$ 溶液（1.0mol/L）；NaOH 溶液（2.0mol/L）；镁试剂（0.5mo1/L）；$(NH_4)_2C_2O_4$ 溶液（0.5mo1/L）。

四、步骤

1. 酸解

称取干燥“盐泥”5.0g 于 100mL 烧杯中，加入 30mL 水，缓慢滴加 5.0mL 3.0mol/L H_2SO_4 溶液，不断搅拌。由于反应剧烈放出大量 CO_2 气体，所以滴加硫酸的速度要慢，以免使浆料冒出造成损失，甚至导致实验失败。在反应进行到基本无气泡产生时，继续加热煮沸 20min 使反应进行完全，得酸解浆液。检验浆液的酸度，这时 pH 约为 1。

2. 氧化除杂

将酸解浆液适当加热，在不断搅拌下慢慢补加“盐泥”（以减量法计量），调节浆液的 pH 接近 6，然后加热煮沸至无气泡冒出为止（所用盐泥与前合计，以便计算产量。由于加热过程蒸发失水，需适当补加，使浆液总体积维持在 50mL 左右）。再加入 3%H_2O_2 约 3mL，继续加热煮沸 5min 促使水解完全。趁热减压过滤，再用 5mL 沸水洗涤滤渣，收集滤液于蒸发皿中。检查溶液中 Fe^{3+}是否除净（取滤液 0.5mL，用 2 滴 3.0mol/L H_2SO_4 酸化，加入 1 滴 1.0mol/L KSCN，如溶液近无色，说明 Fe^{3+}已洗净）。若未除净，需再次除铁（如何操作？）。

3. 浓缩、结晶

将收集到蒸发皿中的滤液置于蒸气浴中，加热浓缩至表面明显出现晶膜为止（注意加热时火力不应太大，以防止溶液暴沸而溅出）。取下蒸发皿，室温下冷却结晶，然后减压过滤，称量，计算产率[1]。

五、产品鉴定

取少量产品溶于 2mL 蒸馏水中，所得溶液进行产品的定性鉴定。

1. SO_4^{2-} 的鉴定

取 2 滴产品溶液于小试管中，加入 2 滴 2.0mol/L HCl 和 1 滴 1.0mol/L $BaCl_2$ 溶液，观察有无白色沉淀生成。

2. Mg^{2+}的鉴定

取 2 滴产品溶液于小试管中，加入 2 滴 2.0mol/L NaOH 溶液使溶液呈碱性，再加入一滴镁试剂（对硝基偶氮间苯二酚），如有蓝色沉淀产生，表示有 Mg^{2+}存在。

3. Ca^{2+}的鉴定

取 2 滴产品溶液于小试管中，加入 1 滴 0.5mo1/L $(NH_4)_2C_2O_4$ 溶液，观察有无 CaC_2O_4 沉淀生成。

4. Fe^{3+}的鉴定

取 2 滴产品溶液于小试管中，加入 2 滴 0.lmol/L KSCN 溶液，观察溶液颜色的变化。根据以上实验结果，说明产品的组成。

六、思考题

（1）从“盐泥”中提取七水合硫酸镁的基本实验原理是什么？

（2）本实验的主要工艺条件是什么？它们的理论依据是什么？可用什么方法把主要杂质铁和钙除去？

（3）酸解、浓缩、蒸发时应注意些什么？为什么？

【附注】

[1] 在盐泥中，$MgCO_3·CaCO_3$ 占总量的 40%，在 $MgCO_3·CaCO_3$ 中，$MgCO_3$ 约占 45%（但不同来源的盐泥其组分不同，理论产量应以实用盐泥计）。

实验 25　碱式碳酸铜的制备

一、实验目的

通过对碱式碳酸铜制备条件的探求和对生成物颜色、状态等的分析，研究反应物的合理比例并确定反应的浓度和温度条件，从而培养独立设计实验的能力。

二、实验原理：

一定条件下，由硫酸铜和碳酸钠反应可制得碱式碳酸铜：

$$2Cu^{2+} + CO_3^{2-} + 2H_2O \xlongequal{\quad} Cu_2(OH)_2CO_3\downarrow + 2H^+$$

三、仪器与试剂

仪器：台秤（0.1g）；吸滤装置；加热装置；量筒（10mL，100mL）；烧杯（100mL）；玻璃棒（20cm）；表面皿（100mm）；试管（10mm×100mm）；温度计。

试剂：五水硫酸铜；碳酸钠。

四、步骤

1. 反应物溶液配制

配制 0.5mol/L 硫酸铜和 0.5mol/L 碳酸钠溶液各 100mL。

2. 制备实验反应条件的确定

1）反应物投放比例的确定

分别取 0.5mol/L 硫酸铜溶液 2.0mL 于四支试管中，分别取 0.5mol/L 碳酸钠溶液 1.6mL、2.0mL、2.6mL、3.8mL 于另外四支试管中，将八支试管均放在沸水浴中。几分钟后，依次将硫酸铜溶液分别倒入碳酸钠溶液中，振荡试管，观察各支试管中生成沉淀的现象。思考后说明以何种比例混合，碱式碳酸铜生成速度较快，含量较高。

2）反应温度的确定

按上一步得到的合适比例准备四份 0.5mol/L 硫酸铜溶液和四份 0.5mol/L 碳酸钠溶液，分别置于八支试管中。四份硫酸铜溶液和四份碳酸钠溶液的实验温度均分别为室温、50℃、76.5℃、100℃。将硫酸铜溶液分别倒入碳酸钠溶液中，振荡试管，观察不同温度下的反应现象，由实验结果确定合成反应的合适温度。

3. 碱式碳酸铜的制备

取 60mL 0.5mol/L 硫酸铜溶液，根据上述求得的合适比例与适宜温度制备碱式碳酸铜［$Cu_2(OH)_2CO_3$］。待生成物沉淀完全后，吸滤，并用蒸馏水洗涤沉淀物数次直到沉淀中不含 SO_4^{2-} 为止，抽干。

将所得产品在烘箱中烘干，控制温度在 100℃，称量，计算产率。

五、思考题

（1）写出硫酸铜与碳酸钠溶液反应的方程式，分析其在不同条件下反应的可能产物。

（2）各试管中生成物的颜色有何不同？为什么？

（3）将碳酸钠溶液倒入硫酸铜溶液中所得沉淀颜色与硫酸铜溶液倒入碳酸钠溶液中是否相同？为什么？

实验 26　磷酸钠、磷酸氢二钠和磷酸二氢钠的制备

一、实验目的

运用所学知识，自己查阅资料、设计实验方案，提高独立解决实际问题的能力。

二、提示

十二水合磷酸钠 $Na_3PO_4·12H_2O$ 为无色三方晶系晶体，有吸潮性，易吸收二氧化碳，1%水溶液的 pH 为 11.5～12.1，从水溶液中的析出温度为 55～65℃。十二水合磷酸氢二钠 $Na_2HPO_4·12H_2O$ 为无色单斜晶系或斜方晶系晶体，有风化性，1%水溶液的 pH 为 9.0～9.4，

从水溶液中的析出温度为 0～35℃。二水合磷酸二氢钠 $NaH_2PO_4 \cdot 2H_2O$ 为无色斜方晶系晶体，0.2mol/L 水溶液的 pH 为 4.2～4.6，从水溶液中的析出温度为 0～41℃。

用氢氧化钠或碳酸钠将磷酸中和，在不同的 pH 条件下，浓缩溶液，冷却，可分别析出 $Na_3PO_4 \cdot 12H_2O$、$Na_2HPO_4 \cdot 12H_2O$ 和 $NaH_2PO_4 \cdot 2H_2O$。

三、要求

（1）利用已学知识和查阅文献，以磷酸和氢氧化钠或碳酸钠为原料，设计合理的制备方案，分别制备 $Na_3PO_4 \cdot 12H_2O$、$Na_2HPO_4 \cdot 12H_2O$ 和 $NaH_2PO_4 \cdot 2H_2O$ 各 5g（理论值）。

（2）根据制备方案，计算主要原料的用量，确定最佳实验条件（温度、溶液浓度、pH 等）。

（3）分别制备出 $Na_3PO_4 \cdot 12H_2O$、$Na_2HPO_4 \cdot 12H_2O$ 和 $NaH_2PO_4 \cdot 2H_2O$ 各 3g 以上。

四、思考题

（1）磷酸钠盐的制备中，为什么要控制析出温度？

（2）如何测定磷酸二氢钠产品的纯度，请简述测定实验方案。

实验 27　硫酸铜的提纯

一、实验目的

（1）加深对提纯物质的基本原理的理解，熟练相关的基本操作。

（2）设计方案提纯粗品硫酸铜。

二、提示

粗硫酸铜晶体中含有不溶性的和以 $FeSO_4$、$Fe_2(SO_4)_3$ 为主的可溶性杂质。不溶性杂质可通过将硫酸铜晶体溶于水后过滤除去。Fe^{2+}、Fe^{3+}可用化学方法和重结晶法除去。在 0.01mol/L 的 Fe^{2+}、Fe^{3+}溶液中 $Fe(OH)_2$ 和 $Fe(OH)_3$ 分别于 pH=7.5、2.3 时开始沉淀，pH=9.7、4.1 时沉淀完全（残留离子浓度＜10^{-5}mol/L）。

三、要求

使用 1mol/L H_2SO_4 溶液、0.5mol/L NaOH 溶液、3% H_2O_2 等试剂，提纯粗硫酸铜晶体，并鉴定提纯后的硫酸铜的纯度。

【附注】

硫酸铜纯度的鉴定方法：

（1）将 1g 粗硫酸铜晶体放在小烧杯中，用 10mL 蒸馏水溶解，加入 1mL 1mol/L H_2SO_4 酸化，然后加入 2mL 3% H_2O_2，煮沸片刻。

（2）待溶液冷却后，搅拌加入 6mol/L 氨水，直至最初生成的蓝色沉淀完全溶解，溶液呈深蓝色为止，

此时 Fe^{3+}成为 $Fe(OH)_3$沉淀。

（3）常压过滤，用 1mol/L 氨水洗涤滤纸上的沉淀物，直到蓝色洗去为止。此时黄色沉淀留在滤纸上。

（4）将 3mL 2mol/L 的热 HCl 滴在滤纸上，用以溶解 $Fe(OH)_3$。如果一次不能完全溶解，可将滤下的滤液加热，再滴到滤纸上。

（5）在滤液中滴入 2 滴 1mol/L KSCN，观察血红色产生。根据血红色的深浅可以比较 Fe^{3+}的多少，保留此血红色溶液，与下一步操作中所得溶液作比较。

（6）称取 1g 提纯过的硫酸铜，重复上面的操作，比较两种溶液血红色的深浅，评定产品的纯度。

实验 28 从废钒触媒中回收五氧化二钒

一、实验目的

（1）自己设计从废钒触媒中回收五氧化二钒的实验方案。

（2）了解钒（V）的性质。

二、提示

在钒触媒中，钒是以 KVO_3 的形式分散在载体硅藻土上的。但在接触法制造硫酸的催化剂装置上更换下来的废钒触媒中，30%～70%的钒以 $VOSO_4$ 形式存在。为了从废钒触媒中回收 V_2O_5，可在酸性条件下，选择适当的氧化剂将钒（Ⅳ）氧化成钒（Ⅴ）。例如，选用 $KClO_3$ 为氧化剂将发生如下反应：

$$ClO_3^- + 6VO^{2+} + 3H_2O = 6VO_2^+ + Cl^- + 6H^+$$

VO_2^+ 再水解，就得到 V_2O_5：

$$2VO_2^+ + H_2O = V_2O_5 \downarrow + 2H^+$$

三、要求

（1）查阅文献，设计合理的实验路线：$VO^{2+} \rightarrow VO_2^+ \rightarrow V_2O_5$，确定合适的实验条件。

（2）制取约 1.5g 已干燥的产品。

四、思考题

（1）如何将废钒触媒中的 $VOSO_4$ 浸取出来？

（2）VO_2^+ 水解得到 V_2O_5 的最佳 pH 范围是多少？pH 过高或过低对产品有何影响？

实验 29 三氯化六氨合钴（Ⅲ）的制备及其组成测定

一、实验目的

（1）加深理解配合物的形成对三价钴的稳定性的影响。

（2）掌握沉淀滴定法——莫尔法。

二、实验原理

在通常情况下，二价钴盐较三价钴盐稳定得多，而在它们的配合物中，三价钴反而比二价钴稳定。通常采用空气或过氧化氢氧化二价钴的配合物的方法，来制备三价钴的配合物。

氯化钴（Ⅲ）的氨合物有许多种，主要有三氯化六氨合钴（Ⅲ）$[Co(NH_3)_6]Cl_3$（橙黄色晶体），三氯化一水五氨合钴（Ⅲ）$[Co(NH_3)_5H_2O]Cl_3$（砖红色晶体），二氯化一氯五氨合钴（Ⅲ）$[Co(NH_3)_5Cl]Cl_2$（紫红色晶体）等，它们的制备条件各不相同。三氯化六氨合钴(Ⅲ)的制备条件是以活性炭为催化剂，用过氧化氢氧化有氨及氯化铵存在的氯化钴(Ⅱ)溶液。反应式为

$$2CoCl_2+2NH_4Cl+10NH_3+H_2O_2 = 2[Co(NH_3)_6]Cl_3+2H_2O$$

三、仪器与试剂

仪器：台秤（0.1g）；吸滤装置；加热装置；量筒（10mL, 100mL）；锥形瓶（100mL）；烧杯（100mL）；玻璃棒（20cm）；表面皿（100mm）；三颈烧瓶（250mL）；滴液漏斗；电子天平（0.1mg）；滴定管（50mL）。

试剂：氯化钴；氯化铵；活性炭；浓氨水；H_2O_2（6%）；浓盐酸；NaOH 溶液（10%）；HCl 标准溶液（0.5mol/L）；NaOH 标准溶液（0.5mol/L）；碘化钾；$Na_2S_2O_3$ 标准溶液（0.1mol/L）；淀粉溶液（0.1%）；K_2CrO_4 溶液（5%）；$AgNO_3$ 标准溶液（0.1mol/L）。

四、步骤

1. $[Co(NH_3)_6]Cl_3$ 的制备

将 4.5g 研细的氯化钴和 3g 氯化铵溶于 10mL 水中，加热溶解后倾入一盛有 0.3g 活性炭的 100mL 锥形瓶中。冷却后，加入 10mL 浓氨水，进一步冷却至 10℃以下，缓慢滴加 10mL 6%的 H_2O_2，同时搅拌。水浴加热至 60℃，保温 20min。以流水冷却后再以冰水浴冷却至 0℃左右。减压过滤，将沉淀溶于含有 1.5mL 浓盐酸的 40mL 沸水中。趁热减压过滤，慢慢加入 8mL 浓盐酸于滤液中，即有橙黄色晶体析出，冰水浴冷却。减压过滤，晶体用少量冷的稀盐酸洗涤，将产品在 105℃烘干 2h。

2. $[Co(NH_3)_6]Cl_3$ 组成的测定

1）氨的测定

精确称取 0.2g 左右的产品，加 80mL 水溶解，注入图 3-7 所示的盛样品液的三颈烧瓶中，然后逐滴加入 10mL 10% NaOH 溶液，通入水蒸气，将溶液中的氨全部蒸出，用 30.00mL 0.5mol/L HCl 标准溶液吸收。蒸馏 40～60min。取下接收瓶，加 2 滴 0.1%甲基红指示剂，用 0.5mol/L NaOH 标准溶液滴定过剩的 HCl，计算氨的含量。

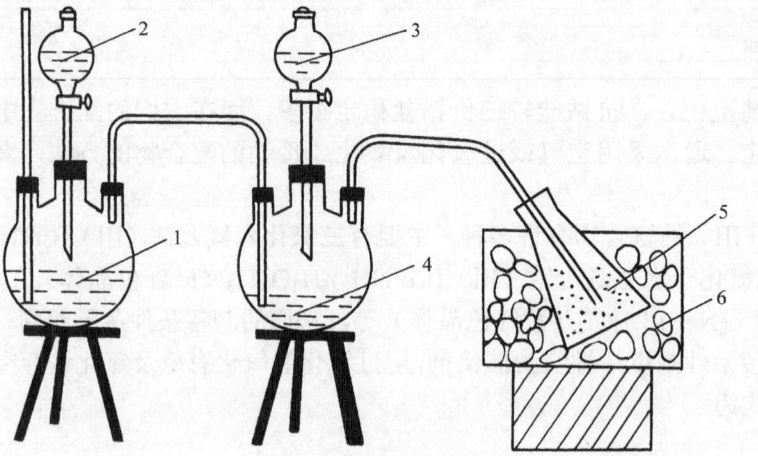

图 3-7　氨的测定装置

1, 2. 水；3. 10% NaOH；4. 样品溶液；5. 0.5mol/L HCl；6. 冰盐水

2）钴的测定

精确称取 0.2g 左右的产品，加 20mL 水溶解。加入 10mL 10% NaOH 溶液，加热，将氨全部赶走后，冷却。也可取上面氨的测定中已赶走氨的样品液。加入 1g 碘化钾固体和 10mL 6mol/L HCl 溶液，于暗处放置 5min 左右。用 0.1mol/L $Na_2S_2O_3$ 标准溶液滴定到浅黄色，加入 5mL 新配的 0.1%淀粉溶液，再滴至蓝色消失。计算钴的含量。

3）氯的测定

准确称取产品两份（自己计算所需的量），分别加入 25mL 水溶解。加入 1mL 5% K_2CrO_4 溶液为指示剂，用 0.1mol/L $AgNO_3$ 标准溶液滴定至出现淡红色不再消失为终点。计算氯的含量。

由以上测定氨、钴和氯的结果，写出产品的实验式。

五、思考题

（1）在制备$[Co(NH_3)_6]Cl_3$过程中，氯化铵、活性炭和过氧化氢各起什么作用？

（2）在制备$[Co(NH_3)_6]Cl_3$过程中，为什么在溶液中加了 H_2O_2 后要在 60℃恒温一段时间？为什么在滤液中加入浓盐酸？

（3）测定钴含量时，样品溶液中加入 10% NaOH 溶液，加热后出现棕黑色沉淀，这是什么化合物？加入碘化钾和 6mol/L HCl 溶液后，为什么要在暗处放置？放置 5min 左右后，沉淀溶解，生成什么化合物？

（4）氯的测定原理是什么？

实验 30　三草酸根合铁（III）酸钾的制备及其化学式的确定

一、实验目的

（1）制备三草酸根合铁（III）酸钾，加深对三价铁和二价铁化合物性质的了解。

（2）学习确定化合物化学式的基本原理及方法。

二、实验原理

三草酸根合铁（Ⅲ）酸钾 $K_3[Fe(C_2O_4)_3]\cdot 3H_2O$ 是一种绿色的单斜晶体，溶于水而不溶于乙醇。本实验为了制备纯的三草酸根合铁（Ⅲ）酸钾晶体，首先利用硫酸亚铁铵与草酸反应制备出草酸亚铁：

$$(NH_4)_2Fe(SO_4)_2\cdot 6H_2O+H_2C_2O_4 = FeC_2O_4\cdot 2H_2O+(NH_4)_2SO_4+H_2SO_4+4H_2O$$

然后在草酸根离子的存在下，用过氧化氢将草酸亚铁氧化为草酸高铁化合物，加入乙醇后，它便从溶液中形成 $K_3[Fe(C_2O_4)_3]\cdot 3H_2O$ 晶体析出，反应式可写为

$$2FeC_2O_4\cdot 2H_2O+H_2O_2+3K_2C_2O_4+H_2C_2O_4 = 2K_3[Fe(C_2O_4)_3]\cdot 3H_2O$$

$K_3[Fe(C_2O_4)_3]\cdot 3H_2O$ 加热到 100℃脱去结晶水，通过质量的变化可以确定结晶水。配离子的组成可通过化学分析确定，其中 $C_2O_4^{2-}$ 含量可直接由 $KMnO_4$ 标准溶液在酸性介质中滴定测得。Fe^{3+}含量可先用过量锌粉将其还原为 Fe^{2+}，然后再用 $KMnO_4$ 标准溶液滴定测得。

三、仪器与试剂

仪器：台秤（0.1g）；吸滤装置；加热装置；量筒（10mL, 100mL）；烧杯（250mL）；玻璃棒（20cm）；表面皿（100mm）；锥形瓶（250mL）；滴定管（50mL）；分析天平（0.1mg）；称量瓶；干燥器。

试剂：硫酸亚铁铵；$H_2C_2O_4$ 溶液（1mol/L）；饱和 $K_2C_2O_4$ 溶液；H_2SO_4 溶液（3mol/L）；H_2O_2（3%）；95%乙醇；H_2SO_4 溶液（2mol/L）；$KMnO_4$ 标准溶液（0.02mol/L）；锌粉。

四、步骤

1. 草酸亚铁的制备

称取 5.0g 硫酸亚铁铵固体放入 250mL 烧杯中，加入 20mL 蒸馏水和 5 滴 3mol/L H_2SO_4，加热使其溶解。然后加入 25mL 1mol/L $H_2C_2O_4$ 溶液，加热至沸，不断搅拌，便得黄色 $FeC_2O_4\cdot 2H_2O$ 晶体，静置沉降后用倾析法弃去上层溶液。往沉淀上加 20mL 蒸馏水，搅拌并温热，静置，再弃去清液（尽可能把清液倾干净些）。

2. 三草酸根合铁（Ⅲ）酸钾的制备

在上述沉淀中加入 15mL 饱和 $K_2C_2O_4$ 溶液，水浴加热至约 40℃，用滴管慢慢加入 20mL 3% H_2O_2 溶液，不断搅拌并保持温度在 40℃左右，此时会产生氢氧化铁沉淀。将溶液加热至沸，不断搅拌下，一次加入 5mL 1mol/L $H_2C_2O_4$ 溶液，然后继续滴加 1mol/L $H_2C_2O_4$ 溶液，并保持接近沸腾的温度，直至体系变成绿色透明溶液。稍冷后，向溶液中加入 10mL 95%乙醇，继续冷却，即有晶体析出，减压过滤，产品在 70～80℃干燥，称量。也可将棉线绳搭入加入 10mL 95%乙醇的清液中，用表面皿盖住烧杯，暗处放置到第二天，即有晶体在棉线绳上析出，用倾析法分离出晶体，干燥，称量。

3. 产品化学式的确定

将所得产物研成粉状。

1）结晶水的测定

精确称取 0.5～0.6g 已干燥的产物两份，分别放入两个已干燥的称量瓶中，置于烘箱中。在 110℃干燥 1h，再在干燥器中冷却至室温，称量。重复干燥、冷却、称量等操作直至恒量。根据称量结果，计算结晶水含量。

2）草酸根含量的测定

准确称取 0.18～0.22g 110℃干燥恒量后的样品三份，分别放入三个 250mL 锥形瓶中，加入 50mL 水和 15mL 2mol/L H_2SO_4 溶液。用 0.02mol/L $KMnO_4$ 标准溶液滴定至终点，计算草酸根的含量。滴定完的三份溶液保留待用。

3）铁含量的测定

在草酸根含量测定步骤中保留的溶液中加入还原锌粉，直到黄色消失。加热溶液 2min 以上，使 Fe^{3+} 还原为 Fe^{2+}，过滤除去多余的锌粉，洗涤锌粉，使 Fe^{2+} 定量地转移到滤液中。滤液放入另一锥形瓶中，用 0.02mol/L $KMnO_4$ 标准溶液滴定至终点，计算铁的含量。

根据实验结果，计算三草酸根合铁（III）酸钾产物的化学式。

五、思考题

（1）在制备步骤中，向最后的溶液中加入乙醇的作用是什么？能否用多加乙醇或蒸发浓缩的方法来提高产率？

（2）用 $FeSO_4$ 为原料合成 $K_3[Fe(C_2O_4)_3]\cdot 3H_2O$，也可用 HNO_3 代替 H_2O_2 作氧化剂，你认为用哪个作氧化剂较好，为什么？

实验 31　镍配合物的合成及其组成测定

一、实验目的

通过合成一种镍配合物及测定其组成，学习测定未知配合物组成的一种方法。

二、实验原理

将浓氨水加入一种含有 $Ni(NO_3)_2$、$NaNO_2$、H_2O 和乙醇的体系中，便可得到镍（II）的配合物。该体系的主要成分是 $Ni(H_2O)_6^{2+}$、NO_2^-、NO_3^-、Na^+、NH_3 和乙醇。由于乙醇、NO_3^- 及 Na^+ 不能有效地与 Ni^{2+} 结合，所以该配合物的组成分子式为 $Ni(NH_3)_x(NO_2)_y(H_2O)_z$。欲准确知道该配合物的组成，必须应用分析方法确定 x、y、z。

氨的分析可用 HCl 标准溶液滴定的方法进行。

应用离子交换法可测定镍的含量。由于阳离子交换树脂中的 H^+ 可被溶液中所有的阳离子取代，因此将上述滴定 NH_3 后的溶液加入交换柱，交换后的溶液用 NaOH 标准溶液滴定即可确定所交换的 H^+ 的总量，减去 NH_4^+ 所交换的 H^+ 量，就可以计算出 Ni^{2+} 的含量。

亚硝酸根与氨磺酸可以定量反应：

$$NO_2^- + NH_2SO_3^-H^+ \longrightarrow N_2\uparrow + HSO_4^- + H_2O$$

用过量的氨磺酸可将样品中所有的 NO_2^- 转化为 N_2，用量气管收集气体并量其体积，可计算出 NO_2^- 的含量。

提示：计算 N_2 分压的公式为

$$p_{N_2} = p_{大气压} - p_{H_2O} - \Delta h / 13.6$$

式中，$p_{大气压}$ 为室温时水的饱和蒸气压；Δh 为量气管内外水面的高度差，$\Delta h/13.6$ 为量气管内水柱静压力（mmHg）。

在测定了 Ni^{2+}、NO_2^- 和 NH_3 的百分含量后，可以间接推算出水的含量。

三、仪器与试剂

仪器：台秤（0.1g）；吸滤装置；加热装置；量筒（10mL, 100mL）；烧杯（100mL）；玻璃棒（20cm）；表面皿（100mm）；锥形瓶（250mL）；滴定管（50mL）；分析天平（0.1mg）；称量瓶；干燥器；阳离子交换树脂；离子交换柱；量气装置。

试剂：硝酸镍；95%乙醇；亚硝酸钠；浓氨水；HCl 标准溶液（0.1mol/L）；溴百里酚蓝；NaOH 标准溶液（0.2mol/L）；氨磺酸。

四、步骤

1. 配合物合成

将 5.8g 研细的 $Ni(NO_3)_2 \cdot 6H_2O$ 溶于 15mL 95%乙醇中，另将 5.8g $NaNO_2$ 溶于 10mL 蒸馏水中，再将 $NaNO_2$ 溶液加入 $Ni(NO_3)_2 \cdot 6H_2O$ 溶液中，搅拌均匀。在搅拌下向此混合液中加入 10mL 浓氨水，用表面皿将烧杯盖上，静置 1.5h，待晶体析出。倾掉上清液，加入 10mL 95%乙醇，减压过滤，用 5mL 95%乙醇洗涤两次。将晶体置于空气中干燥 15min，转移至称量瓶中，放入干燥器干燥，称量。

2. 氨的分析

准确称取 0.2g 样品于锥形瓶中，加 25mL 蒸馏水溶解，加 5 滴溴百里酚蓝指示剂。在另一干净容器中加 50mL 蒸馏水和 5 滴指示剂，作为空白颜色。用 0.1mol/L 的 HCl 标准溶液滴定样品，直到溶液颜色达到空白颜色为止。保留被滴定溶液，以备分析镍时使用。

3. 镍的分析

将已处理好的阳离子交换树脂装入交换柱中，将滴定 NH_3 后保留的样品液缓慢加入柱中，用一干净的 250mL 锥形瓶接收流出液。控制 1 滴/3 秒的速度，当样品液交换完后，用蒸馏水淋洗至流出液呈中性为止。用 0.2mol/L NaOH 标准溶液滴定流出液，直到溶液出现蓝色为止。

4. 亚硝酸根的分析

准确称取 0.5g 样品于锥形瓶中，加 50mL 蒸馏水溶解，并加几滴浓碱液，小火加热，将氨气全部赶出，冷却至室温，调节 pH=8～9。称取 0.5g 氨磺酸于称量瓶中，用少量水溶解，小心放入已逸出氨气后的样品液中。按图 3-8 装好量气装置。先用水充满量气管并将其倒置于盛水的 600mL 烧杯中，将量气导管的一端插入量气管中，带胶塞的另一端将盛样品液的瓶口塞紧。检查整个系统不漏气后，轻轻振动装有氨磺酸的称量瓶以使样品液与之完全混合。待气体不再产生后，测量量气管内外水面的高度差。再称取第二份 0.2g 样品重复操作。记录室温、大气压。

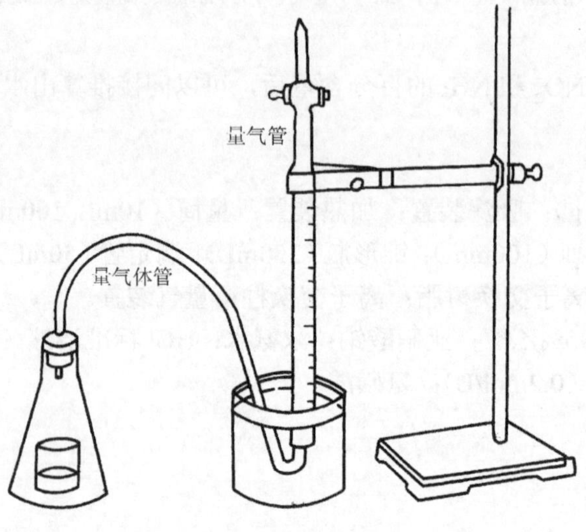

图 3-8　量气装置

由 Ni^{2+}、NO_2^- 和 NH_3 的分析结果，计算出水的含量，并推算出该配合物的最简式。

五、思考题

（1）写出该配合物合成的反应方程式。

（2）说明采取什么方法能够确定该配合物的结构。

实验 32　配合物键合异构体的制备和鉴别

一、实验目的

（1）通过$[Co(NH_3)_5NO_2]Cl_2$ 和$[Co(NH_3)_5ONO]Cl_2$ 的制备，了解配合物的键合异构现象。

（2）了解金属配合物红外光谱的一般特点。

二、实验原理

键合异构体是配合物异构现象中的一个重要类型。配合物的键合异构体是由同一个配体通过不同的配位原子与中心原子配位而形成的多种配合物。真正的键合异构体是指配合物中的中心原子和配体组成完全相同，而只是与中心原子相结合的配位原子不同。另一种是由同一配体在与不同的中心原子形成配合物时，用不同的配位原子与中心原子相配位，这种异构体称为配体键合异构体。通常把这两种异构体统称为键合异构体。如果一种配体中具有两个配位原子，则就有出现键合异构现象的可能。例如，亚硝酸根离子和硫氰酸根离子都显示出这种异构现象。当亚硝酸根离子通过氮原子与中心原子配位时，这种配合物称为硝基配合物，而当亚硝酸根离子通过氧原子与中心原子配位时，这种配合物称为亚硝酸根配合物。同样，硫氰酸根离子通过硫原子与中心原子配位时称为硫氰酸根配合物，而通过氮原子与中心原子配位时，称为异硫氰酸根配合物。

红外光谱是测定配合物键合异构体的最有效的方法。每一基团都有它自己的特征频率，基团的特征频率是受其原子的质量和键的力常数等因素影响的，可用下式来表示：

$$\nu = \frac{1}{2\pi}\sqrt{\frac{k}{\mu}}$$

式中，ν 为频率；k 为基团的化学键力常数；μ 为基团中成键原子的折合质量。由上式可知，基团的化学键力常数 k 越大，折合质量 μ 越小，则基因的特征频率就越高。反之，基团的力常数越小，折合质量越大，则基因的特征频率就越低。当基团与金属离子形成配合物时，配位键的形成不仅引起了金属离子与配位原子之间的振动（这种振动被称为配合物的骨架振动），而且还影响配体中原来基团的特征频率。配合物的骨架振动直接反映了配位键的特性和强度。这样就可以通过骨架振动的测定直接研究配合物的配位键性质。但是，由于配合物中心原子的质量一般都比较大，而且配位键的力常数比较小。因此，这种配位键的振动频率都很低，一般出现在 200～500cm^{-1} 的低波数范围，这给研究配位键带来很大的困难。然而由于配合物的形成，配体中的配位原子与中心原子的配位作用会改变配体的对称性和配体中某些原子的电子密度，同时还可能使配体的构型发生变化，这些因素都能引起配体特征频率的变化。因此，可以利用这种配体特征频率的变化来研究配位键的性质。

本实验是测定$[Co(NH_3)_5NO_2]Cl_2$和$[Co(NH_3)_5ONO]Cl_2$配合物的红外光谱，利用它们的谱图可以识别哪一个配合物是通过氮原子配位的硝基配合物，哪一个是通过氧原子配位的亚硝酸根配合物。亚硝酸根离子 NO_2^- 中的 N 或 O 原子与 Co^{3+}配位时，对 N—O 特征频率的影响是不同的，当 NO_2^- 以 N 原子配位形成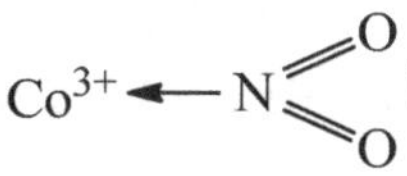时，由于 N 给出电荷，N—O 之间力常数减弱，因为两个 N—O 是等价的，则在两个 N—O 之间力常数的减弱是平均分配的。由于化学键力常数的减弱，N—O 的伸缩频率降低，在 1428cm^{-1} 左右出现特征吸收峰。当 NO_2^- 以 O 原子配位形成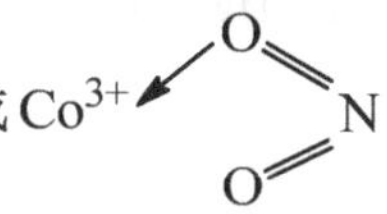时，则配位的 O—N 力常数减弱，其特征吸收峰出现在 1065cm^{-1} 附近，而另一个没有配位的 O—N 力常数比用 N 配位时的 N—O 力常数大，故在 1468cm^{-1} 附近出现特征吸收峰。因此，可以从它们的红外光谱图来识别其键合异构体。

三、仪器与试剂

仪器：台秤（0.1g）；吸滤装置；加热装置；量筒（10mL, 100mL）；烧杯（250mL）；玻璃棒（20cm）；表面皿（100mm）；烘箱；红外光谱仪。

试剂：氯化铵；浓氨水；氯化钴；30% H_2O_2；浓盐酸；乙醇；丙酮；亚硝酸钠。

四、步骤

1. $[Co(NH_3)_5Cl]Cl_2$ 的合成

在 250mL 烧杯内将 2.1g 氯化铵溶解在 12.5mL 浓氨水中，在不断搅拌下，将 4.2g 研细的氯化钴分成若干小份，加到上述溶液中，应在前一份钴盐溶解后再加入下一份，生成一种黄红色的$[Co(NH_3)_6]Cl_2$沉淀，同时放出热量。

以下操作必须在通风橱中进行。在不断搅拌下，慢慢滴入 3mL 30% H_2O_2，反应结束后生成一种深红色的$[Co(NH_3)_5H_2O]Cl_3$溶液，再向此溶液中慢慢加入 12mL 浓盐酸。在加入浓盐酸的过程中，反应混合物的温度上升，并有$[Co(NH_3)_5Cl]Cl_2$紫红色沉淀产生，水浴加热 15min，冷却到室温，吸滤，用总量为 9mL 的冰水将沉淀洗涤多次，然后用等体积冰冷的 1∶1 盐酸洗涤，再用少量乙醇洗涤一次，最后用丙酮洗涤一次，在 100～110℃干燥 1h。

2. $[Co(NH_3)_5NO_2]Cl_2$ 的合成

在 15mL 2mol/L 的氨水中溶解 1.0g $[Co(NH_3)_5Cl]Cl_2$，在水浴上加热使其全部溶解，过滤除去不溶物，滤液冷却后，以 4mol/L 盐酸酸化到 pH 为 3～4，加入 1.5g 亚硝酸钠，加热使生成的沉淀全部溶解，冷却溶液，在通风橱内向冷却液中小心注入 15mL 的浓盐酸，再在冰水中冷却使结晶完全，滤出棕黄色晶体，用无水乙醇洗涤，晾干，记录产量。

3. $[Co(NH_3)_5ONO]Cl_2$ 的合成

在 20mL 水和 7mL 浓氨水的混合液中溶解 1.0g $[Co(NH_3)_5Cl]Cl_2$，在水浴上加热使其全部溶解，过滤除去不溶物。滤液冷却后，以 4mol/L 的盐酸中和溶液，使 pH 为 5～6，冷却后加入 1.0g 亚硝酸钠，搅动使其溶解，再在冰水中冷却，有橙红色晶体析出，用冰水和无水乙醇洗涤，在室温下干燥，记录产量。

4. 红外光谱测定

在 4000～7000cm^{-1}范围内，用 KBr 压片测定这两种异构体的红外光谱。

五、思考题

（1）为何配合物中配位键的特征频率不易直接测定？

（2）若能测得配合物中配位键的特征频率，能否用这种特征频率来鉴别上述两种键合异构体？在何种情况下，可以直接利用这种特征来鉴别键合异构体？

（3）为何$[Co(NH_3)_5ONO]Cl_2$不稳定，容易转变为$[Co(NH_3)_5NO_2]Cl_2$？

实验 33　配合物磁化率测定

一、实验目的

（1）了解磁化率的意义以及它与物质结构的内在联系。

（2）掌握使用 LDJ 9600-1 振动样品磁强计进行磁化率测定和计算方法。

二、实验原理

磁性是物质的基本性质之一，并且与物质的其他性质（如光学、电学、热学等）有密切的联系，所以测定物质的磁性是研究物质结构的基本方法之一。一般的物质在较强磁场作用下都显示一定程度的磁性，只是除了极少数像铁那样的强磁性物质外，一般物质的磁化率的绝对值都是很小的。它们又可分为两类：一类物质的磁化率是负的，称为抗磁性物质。这类物质在磁场中获得的磁矩方向与外磁场方向相反，被磁场排斥；另一类物质的磁化率是正的，被磁场吸引，法拉第称之为顺磁性物质。像铁那样强的磁性显然是特殊的，应另属一类，后来称为铁磁性。这样，物质的磁性一般可分为三大类，即抗磁性、顺磁性和铁磁性。

将物质放置于强度为 H 的磁场中，物质被磁化，产生磁化强度信号 I。对于非铁磁性物质，磁化强度与外磁场强度成正比，即

$$I = KH \tag{3-10}$$

式中，K 为比例常数，称为单位体积磁化率，其物理意义是物质在单位外磁场强度的作用下，所产生的磁化强度的大小和方向。对顺磁性物质，I 和 H 的方向相同，$K>0$；对抗磁性物质，I 和 H 方向相反，$K<0$。

在化学上常用摩尔磁化率 χ_M 来表示物质的磁性，物质的摩尔磁化率即 1mol 物质在单位外磁场的作用下，所产生的磁化强度的大小和方向。其大小可由下式计算：

$$\chi_M = \frac{I}{H}\cdot\frac{M}{m} \tag{3-11}$$

式中，M 为物质的摩尔质量；m 为物质的质量。

物质的磁性主要是由其微观电子结构决定的。物质在外磁场的作用下，在轨道上的成对电子将受到洛伦兹力的作用而改变其运动方向，并由此产生诱导磁场，其诱导磁场的方向与外磁场方向相反，因此，成对电子具有抗磁性。如果原子、离子或分子中除了轨道上的成对电子外，还具有一个或几个未成对电子，则具有永久磁矩。每个未成对电子如同一个个小磁体，在外磁场的作用下要被迫转向，使其磁力线方向与外磁场方向相一致，从而产生顺磁性。又因为顺磁效应比抗磁效应大得多，因此，凡具有未成对电子的物质基本上都是顺磁性物质。

在研究物质磁性时，化学上常用有效磁矩来进行计算，有效磁矩与摩尔磁化率的关系为

$$\mu_{eff} = 2.828\sqrt{\chi_M T} \tag{3-12}$$

式中，T 为热力学温度；μ_{eff} 的单位为玻尔磁子，常用 B.M.或 μ_B 表示。

根据泡利实验原理，同一轨道上成对电子的自旋磁矩相反，互相抵消，故只有未成对电子才能产生磁矩。因此，有效磁矩的大小可由下式表示：

$$\mu_{eff} = \sqrt{4S(S+1) + L(L+1)} \tag{3-13}$$

式中，S 为总的自旋量子数；L 为总的轨道量子数。

实际上，在过渡元素配合物中，轨道的贡献要比自旋的贡献小，很多情况下其轨道磁矩可忽略。因此对过渡元素可取下式作近似，表示为

$$\mu_{eff} = \sqrt{4S(S+1)} \tag{3-14}$$

因为 $S = \sum s$，而自旋量子数只有 $s=\pm 1/2$，如用 n 表示未成对电子数目，则上式可改写为

$$\mu_{eff} = \sqrt{n(n+2)} \tag{3-15}$$

因此，当我们通过实验测得磁化强度后即可求得摩尔磁化率 χ_M，再算出有效磁矩 μ_{eff} 和未成对电子数 n，反之若已知 n，则可算出理论的有效磁矩 μ_{eff}。很多情况下计算值和实验值往往有一定的差距，这是轨道磁矩被忽略的缘故。

在过渡金属配合物中，由于配体的影响，中心原子原来能量相同的 d 轨道分裂为能量不同的两组或两组以上的轨道。在分裂的 d 轨道上的电子究竟如何排列，取决于分裂能 Δ 和成对能 P 的大小，如果 $\Delta > P$，电子尽可能占据能量低的 d 轨道自旋成对而形成低自旋配合物；如果 $\Delta < P$，则电子尽可能占据最多的 d 轨道自旋平行而形成高自旋配合物。

本实验合成一些配合物，然后测定其磁性，研究与其结构之间的关系。

三、仪器与试剂

仪器：台秤（0.1g）；吸滤装置；加热装置；量筒（10mL, 100mL）；烧杯（100mL, 250mL）；玻璃棒（20cm）；表面皿（100mm）；振动样品磁强计。

试剂：五水硫酸铜；氨水；草酸（$H_2C_2O_4 \cdot 2H_2O$）；重铬酸钾；铬酸钾；乙醇。

四、步骤

1. 配合物合成

（1）硫酸四氨合铜(Ⅱ)：在小烧杯中加入 1∶1 氨水 15mL，在不断搅拌下慢慢加入精制的 $CuSO_4 \cdot 5H_2O$ 5g，继续搅拌，使其完全溶解成深蓝色溶液。待溶液冷却后，缓慢加入 8mL 95%乙醇，即有深蓝色晶体析出。盖上表面皿，静置约 15min，吸滤，并用 1∶1 氨水-乙醇混合液（自配，1∶1 氨水与乙醇等体积混合）淋洗晶体两次，每次用量为 2～3mL，将其在 60℃左右烘干，称量。

（2）三草酸根合铬(Ⅲ)酸钾。

在 250mL 烧杯中加入 3g $H_2C_2O_4 \cdot 2H_2O$ 和 10mL 蒸馏水，搅拌使其溶解（可适当加热），然后慢慢加入 1g 研细的 $K_2Cr_2O_7$ 粉末，同时搅拌（反应剧烈，注意安全），待反应平息后，将溶液加热至微沸，再加入 1.2g $K_2C_2O_4$，搅拌使其溶解。将溶液冷却至室温，加入 5mL 无水乙醇，放置，结晶。减压过滤，用 30mL 1∶1 乙醇水溶液分三次洗涤产品，最后用

10mL 无水乙醇分两次洗涤产品，抽干，称量。

（3）双螯配合物二(*N*-异丙基水杨醛缩亚胺)合镍(Ⅱ)。

将一定量水杨醛配合物置于一圆底烧瓶中，加入 50mL 乙醇，按异丙胺$(CH_3)_2CHNH_2$∶Ni（Ⅱ）=2∶1 投料，并使异丙胺过量 10%。充分回流，反应完成后，冷却，过滤得到产品。用乙醇洗涤，干燥，称量。

（4）其他配合物：铁氰化钾；莫尔盐；三草酸根合铁(III)酸钾。

2. 磁性测定

（1）打开 LDJ 9600-1 振动样品磁强计，稳定 2～3h。然后进行鞍点调试和基准校正。

（2）装样和称量。

先用分析天平称量出背景（胶囊和棉花）的质量 m_0，然后取出棉花，小心地用药匙将样品装入胶囊中，用棉花封口，再次称量样品加背景（胶囊和棉花）的质量 m_1，计算出纯样品的质量 $m=m_1-m_0$。

（3）用玻璃棒等工具把样品压实。把样品黏结在样品管中，注意要黏结牢固。然后把样品杆安装到样品腔中，注意垂直放置。拧紧旋钮，盖上样品腔上的盖子。

（4）在“Set”和“Setup”模式下选择测定的条件，然后点击“Sample—Curve—OK”，即得样品的起始磁化曲线。测试结束后注意及时存储文件。

五、实验结果和计算

样品名称				
样品质量/g				
样品的摩尔磁化率/（cm^3/mol）				
样品的有效磁矩/B.M.				
未成对电子数				

【附注】

振动样品磁强计简介：

振动样品磁强计是以感应法为基础并配用近代电子技术发展起来的一种新型磁测量仪器。它的工作原理是将样品放置在稳定的磁场中并使样品相对于探测线圈做小幅度周期振动，则可得到与被测样品磁矩成正比的信号，再将这些信号用适当的电子技术放大、检波转换成易于测量的电压信号。由于振动样品磁强计具有灵敏度高、准确可靠、结构简单、使用方便等特点，已广泛应用于物质的磁性研究中，作为磁测量的最基本手段在实验室和工厂中普遍采用。

振动样品磁强计简称 VSM，是测量粉末状材料磁性能的最有效的仪器之一，特别适用于半硬磁性材料如磁记录磁粉材料等。VSM 的测量方法准确、快速、取样少、操作简便，并且符合国际标准，可给出磁性材料的比磁化强度和矫顽力。其测量误差小于 2%。

LDJ 9600-1 VSM 系统适用于块状、粉末、薄片和液体材料。可用于以下测量内容：①常温及低温磁滞回线：*I-H* 曲线、饱和磁化强度、剩磁强度；②初始化磁化曲线；③磁化强度的变温测量：*I-T*。

（一）LDJ 9600-1 振动样品磁强计系统及操作简介

1. 真空系统

真空系统是保障低温测量时系统稳定及控制液氮流量，减少液氮损失的关键。为保证能达到较大的真空度，一般抽真空 2～4h。在加热电流调节为 100mA，大气压抽到 2Pa 左右即可。

2. 液氮系统

液氮系统是低温操作的核心。建议液氮倒入后，等漏斗取出后再进行测量，以免影响鞍点位置，降低测量精度。建议采用程序降温进行测量。因为该系统的加热系统为固定功率的电阻丝，升温时速度太快，不宜控制。降温时用手调节杜瓦瓶左端的流量旋钮，控制适当的氮气流量。流量过大会导致降温速度太快，样品尚未稳定，从而影响测量精度。还会导致液氮进入样品室，改变测量值。降温太慢则会使测量时间过长。建议降温速度：0.1℃/s。真空系统和液氮系统在进行变温测量时使用，在进行室温测量时不使用。

3. 测量系统

测量系统是数据测量的心脏，务必保持其清洁，使仪器保持较高的测试精度。尤其是样品杆，由于经常取出安装，建议在洗净手后进行此项操作，并最后使用镜头纸擦净样品杆后再安装。千万注意取送样品杆的时候要小心，以防变形或折断!!

4. 控制系统

控制系统是用户操作的窗口。LDJ 9600-1 VSM 系统配置的软件为计算机中的 TDL4 WIN 9600 VSM 程序。双击该图标，即进入计算机控制，刚开机时常提示检测不到温度控制系统，请按重试键（室温测量可不启动温度控制系统）。稍等片刻提示正常，显示四个对话框：TDL Text Output，数据输出显示；Manual Setup，修改或设定参数；Variable Watch，变量观察或变量监视；Curve Thmbnails，所作曲线显示。

下面就用途较多的命令作以简介。

1）Sample 模式

curve：作所选曲线。

2）Set 模式

（a）FIELD：设定磁场的数值；

（b）TEMP：设定样品温度（在温度控制系统为 CONTROL 模式下方可）；

（c）TC：设定取数间隔；

（d）MRANGE：设定感量范围；

（e）MUNIT：修改或设定各变量的单位；

（f）INST：设定仪器编号，请勿改动！

3）Setup 模式

（a）Curve Type：所作曲线类型；

（b）Points：所作曲线点数；

（c）Time Constant：设定取数间隔。

（二）LDJ 9600-1 振动样品磁强计操作要点

1. 开机顺序

（1）启动电源，预热几分钟，等电压指向 220V，高压灯亮。

（2）打开“System power”和“Computer power”开关。

（3）开振动和磁场开关，等相应指示灯（红灯和黄灯）熄灭后，表明系统正常（一般先开振动，20min 后再开磁场以减小冲击电流）。

（4）打开操作箱，打开温度控制、控制面盘和锁向放大开关。注意时间不要太长。

（5）打开计算机开关，双击“TDL”图标，打开四个对话框。

2. 鞍点调试

鞍点调试是将样品置于磁场的近乎匀强磁场区域，此时灵敏度和准确度最高。因此在每次开机后正式测量前均需进行鞍点调试：

（1）换上镍标样。

（2）“Set”模式下设定场强为“5000”，开启振动。

（3）打开“Assistant”，通过三个旋钮调试 Y、Z 方向感量为最大，X 方向为最小。

3. 调基准

调基准是在鞍点调试后进行的，在鞍点调试结束后，在“Assistant”下用“Spectrol”旋针调至镍标样标准值（54.7emu/g）。

4. 室温测量

在“Set”和“Setup”模式下选择测定的条件，然后点击“Sample—Curve—OK”，即得样品的起始磁化曲线。

5. 变温测量

（1）在开机前，先开工作泵，抽气 2～3h，使气压到 1Pa 以下。关上绝热层开关。

（2）抽样品室中水汽，以防止结冰，阻塞管道。

（3）倒入液氮。

（4）点击“file—open—TDL test—MVST—lunch test”。

6. 关机顺序

（1）“Set”模式下设定磁场为零并关闭振动，关闭计算机。

（2）打开操作箱，关磁场和振动开关。

（3）关闭温度控制、控制面盘和锁向放大开关。

（4）关“System power”和“Computer power”开关。

7. 注意事项

（1）在变温测量时最好作降温曲线。

（2）关机和换样及某项测试完毕后必须设定磁场为零，并设定振动为“OFF”。

（3）若发现磁场回路电流过大、振动异常响动、霍尔探头掉落等紧急情况，请向里推“EMERGENCY FIELD OFF”旋钮以关闭系统。

实验 34 $[Co(NH_3)_6]Cl_3$和$[Co(NH_3)_5Cl]Cl_2$的制备及电导率测定

一、实验目的

（1）学会氨与钴(III)的不同组成和结构的配合物的合成方法。

（2）了解电导率测量的基本原理，通过电导率测量掌握确定配合物电离类型的方法。

二、实验原理

制备钴(III)的配合物的方法很多，基本上都是以 Co(Ⅱ)盐为原料，通过空气或过氧化氢将 Co(Ⅱ)氧化为 Co(III)。三氯化六氨合钴(III)（橙黄色晶体）的制备条件是以活性炭为催化剂，用过氧化氢氧化有氨及氯化铵存在的氯化钴(Ⅱ)溶液。反应式为

$$2CoCl_2+2NH_4Cl+10NH_3+H_2O_2 = 2[Co(NH_3)_6]Cl_3+2H_2O$$

二氯化一氯五氨合钴(III)$[Co(NH_3)_5Cl]Cl_2$（紫红色晶体）的制备条件与$[Co(NH_3)_6]Cl_3$的相近，是通过先用过氧化氢氧化有氨及氯化铵存在的氯化钴(Ⅱ)溶液得到$[Co(NH_3)_5H_2O]Cl_3$（砖红色晶体），然后在其热溶液中加入浓盐酸而制得。

$$2CoCl_2+2NH_4Cl+8NH_3+H_2O_2 = 2[Co(NH_3)_5(H_2O)]Cl_3$$

$$[Co(NH_3)_5(H_2O)]Cl_3 \xlongequal{HCl} [Co(NH_3)_5Cl]Cl_2+H_2O$$

在衡量电解质溶液导电能力时，常使用摩尔电导率（Λ_m）的概念。溶液的摩尔电导率是指把含有 1mol 电解质的溶液置于相距为 1m 的两个电极之间的电导。浓度为 c mol/L 的溶液的摩尔电导率为

$$\Lambda_m=\sigma\times10^{-3}/c \ (\Lambda_m \text{的单位为 } S\cdot m^2/mol)$$

式中，σ为溶液电导率。在一定温度下，测得配合物稀溶液的电导率σ后，即可求得溶液的摩尔电导率。然后将其与已知电解质溶液的摩尔电导率加以对照，即可确定该配合物的电离类型。实际测量时，稀溶液的电导率很小，电导率仪读数常常以 μS/cm 为单位。表 3-7 为 25℃时，在不同溶剂中，不同类型配合物的Λ_m的一般范围。

表 3-7 25℃时配合物的Λ_m的一般范围（$S\cdot cm^2/mol$）

溶剂 \ 电离类型	1∶1	1∶2	1∶3	1∶4
水	118～131	235～273	408～435	～560
乙醇	35～45	70～90	～120	～160
甲醇	80～115	160～220	290～350	～450
二甲基甲酰胺	65～90	130～170	200～240	～300

续表

电离类型 / 溶剂	1∶1	1∶2	1∶3	1∶4
乙腈	120～160	220～300	340～420	～500
丙酮	100～140	160～200	～270	～360

三、仪器与试剂

仪器：台秤（0.1g）；吸滤装置；加热装置；量筒（10mL）；烧杯（50mL）；玻璃棒（20cm）；表面皿（100mm）；离心试管；电导率仪；离心机；烘箱；容量瓶。

试剂：氯化铵；氯化钴；浓盐酸；活性炭；30% H_2O_2；乙醇；丙酮。

四、步骤

1. $[Co(NH_3)_6]Cl_3$ 的制备

称取 0.6g NH_4Cl 放入离心试管中，加 1mL 水使其溶解。加热近沸，分批加入 0.9g 研细的 $CoCl_2·6H_2O$，溶解后加入 0.1g 活性炭。冷却，加入 2mL 浓氨水，继续冷却至 10℃以下，滴加 1mL 30% H_2O_2，摇动试管。50～60℃恒温约 20min，冰水冷却后离心分离，弃去上层清液。向小烧杯中加 8mL 水，加热至沸，加入 0.3mL 浓盐酸，用此溶液把离心试管中的沉淀溶解，倒进烧杯。趁热过滤，滤液中加 1mL 浓盐酸，冷却，即有晶体析出。过滤，晶体用冷的 6mol/L HCl 洗涤两次，抽干。100～110℃下干燥 1h。

2. $[Co(NH_3)_5Cl]Cl_2$ 的制备

在离心试管中加入 3.0mL 浓氨水，再加入 0.5g 氯化铵搅拌使其溶解。在不断搅拌下分数次加 1.0g 研细的 $CoCl_2·6H_2O$，得到黄红色$[Co(NH_3)_6]Cl_2$沉淀。

在不断搅拌下慢慢滴入 1mL 30% H_2O_2 溶液，生成深红色$[Co(NH_3)_5H_2O]Cl_3$溶液。慢慢注入 3mL 浓盐酸，生成紫红色$[CoCl(NH_3)_5]Cl_2$晶体。将此混合物在水浴上加热 15min 后，冷却至室温，离心分离，用总量约 2mL 冰冷的蒸馏水将沉淀洗涤两次，然后用等量的冰冷 6mol/L 盐酸洗涤两次，再用少量无水乙醇洗涤一次，最后用丙酮洗涤一次，每次洗涤后都离心分离，产品在烘箱中于 100～110℃干燥 1h。

3. 测量

用 100mL 容量瓶分别配制浓度为 0.001mol/L 的配合物$[Co(NH_3)_6]Cl_3$和$[CoCl(NH_3)_5]Cl_2$的水溶液，测量其电导率。根据测量数据，计算出各配合物的摩尔电导率Λ_m，并根据摩尔电导率值推断各配合物的电离类型。

五、思考题

测定溶液的电导率时，溶液的浓度范围是否有一定要求？为什么？

实验35　二茂铁的合成

一、实验目的

（1）了解金属有机化合物二茂铁的一种合成方法。

（2）掌握无氧实验操作技术。

二、实验原理

二茂铁，又名双（环戊二烯基）合铁，是由两个环戊二烯基阴离子和一个二价铁阳离子组成的夹心型化合物，属于D_{5d}点群。其分子式为$(C_5H_5)_2Fe$，为橙黄色针状或粉末状结晶，具有类似樟脑的气味，熔点为173～174℃，沸点为249℃，100℃以上能升华，加热至500℃也不分解，不溶于水，溶于甲醇、乙醇、乙醚、石油醚、汽油、煤油、柴油、二氯甲烷、苯等有机溶剂，具有高度热稳定性、化学稳定性和耐辐射性。二茂铁与芳香族化合物相似，不容易发生加成反应，容易发生亲电取代反应。二茂铁及其衍生物被广泛用于火箭燃料添加剂、汽油抗震剂、橡胶熟化剂和紫外线吸收剂等。自20世纪50年代初Kealey等用环戊二烯溴化镁与无水三氯化铁反应制得二茂铁以来，已相继研究开发出多种制备二茂铁的方法。目前，二茂铁的制备方法可分为四类：无水氯化亚铁法、四水合氯化亚铁法、相转移催化法和电化学合成法。

本实验将采用四水合氯化亚铁法制备二茂铁。基本实验原理为：强碱NaOH或KOH用作环戊二烯的脱质子试剂，同时还是一种很好的脱水剂，可以省略通常的水合氯化亚铁的脱水步骤。在氮气气氛、室温、常压下，以二甲基亚砜（或*N*, *N*-二甲基甲酰胺、1, 2-二甲氧基乙烷）为溶剂，使新蒸馏的环戊二烯与强碱反应，生成环戊二烯负离子，再将其与四水合氯化亚铁反应生成二茂铁。

$$C_5H_6 + NaOH = C_5H_5Na + H_2O$$

$$2C_5H_5Na + FeCl_2 \cdot 4H_2O + 4NaOH = (C_5H_5)_2Fe + 2NaCl + 4NaOH \cdot H_2O$$

三、仪器与试剂

仪器：台秤（0.1g）；吸滤装置；加热装置；量筒（10mL, 100mL）；三颈烧瓶（25mL）；刺形分馏柱；蒸馏装置；电动搅拌器；氮气钢瓶；恒压滴液漏斗；表面皿（100mm）；真空干燥箱；显微熔点仪；红外光谱仪。

试剂：氢氧化钾；1, 2-二甲氧基乙烷；环戊二烯；氯化亚铁；二甲基亚砜；盐酸（6mol/L）。

四、步骤

1. 环戊二烯的解聚

在25mL三颈烧瓶中装入约8mL二聚环戊二烯，烧瓶口上装一只刺形分馏柱，柱外包裹石棉绳，柱顶装上蒸馏头（并附有温度计）和冷凝管。加热蒸馏，收集39～43℃馏分约10mL，馏出液当即使用，或密封保存在干冰或液氮浴中备用。

2. 二茂铁的合成及鉴定

如图 3-9 所示，在装有电动搅拌器的 150mL 三颈烧瓶中，烧瓶的一个侧颈通 N_2（中间连有汞计泡计），主颈口接一恒压滴液漏斗。在烧瓶中加入 80mL 1, 2-二甲氧基乙烷和 36g KOH 粉末（直径小于 0.5mm）。在通入氮气并缓慢搅拌的同时，加入 10mL 新蒸出的环戊二烯，将另一侧颈塞紧，并打开恒压滴液漏斗活塞，在估计有 99%空气已从烧瓶中排出后，关闭恒压滴液漏斗活塞，向恒压滴液漏斗中注入有 8.0g $FeCl_2·4H_2O$ 的 40mL 二甲基亚砜溶液，关闭恒压滴液漏斗上口。将混合物猛烈搅拌 10min 后，逐滴加入氯化亚铁溶液，调节滴加速度，使全部溶液在 45min 内加完，继续搅拌 1h，冷却至室温。将反应混合物倾入 120mL 6mol/L 盐酸中，搅拌 15min，减压过滤，用水洗涤，将产物摊在表面皿上自然干燥，或真空干燥。称量，计算产率。

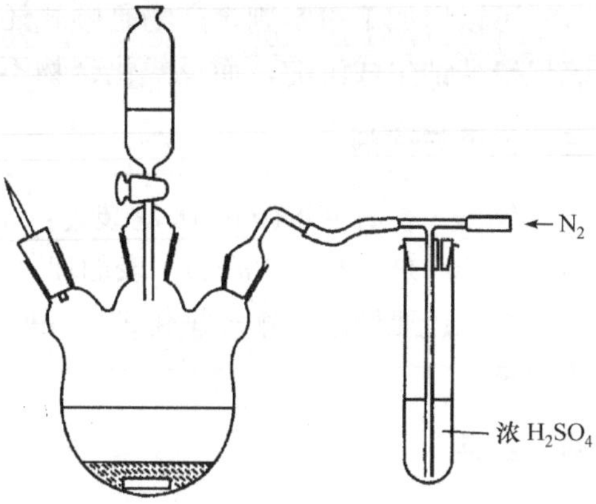

图 3-9　制备二茂铁装置

用显微熔点仪测定二茂铁产品的熔点，并与文献值（172.5～173.0℃）比较。将二茂铁产品用 KBr 压片法在红外光谱仪上进行分析，所得红外光谱图与标准谱图比较。

五、思考题

（1）以四水合氯化亚铁制备二茂铁的方法较无水氯化亚铁法有何优点？
（2）分析影响二茂铁产率的因素。

实验 36　二硝基二乙二胺合钴(III)的顺反异构体制备

一、实验目的

（1）掌握顺式和反式二硝基二乙二胺合钴(III)的制备方法。
（2）加深对配合物的顺、反异构体的认识。

二、实验原理

二硝基二乙二胺合钴(III)的两种异构体可由下列反应制备：

化合物 I

$$K_3[Co(NO_2)_6]+2en = [Co(NO_2)_2en_2]NO_2+3KNO_2$$

$$2[Co(NO_2)_2en_2]NO_2+HNO_3 = 2[Co(NO_2)_2en_2]NO_3+NO_2+NO+H_2O$$

化合物 II

$$4Co(NO_3)_2\cdot 6H_2O+8NaNO_2+4en+4(en\cdot HNO_3)+O_2 = 4[Co(NO_2)_2en_2]NO_2+8NaNO_3+26H_2O$$

在第一个反应中，乙二胺取代了$[Co(NO_2)_6]^{3+}$的 4 个硝基；在第二个反应中，钴离子是在有配体的存在下被 O_2 氧化。由于 $K_3[Co(NO_2)_6]$不易购买，需要由 $Na_3[Co(NO_2)_6]$来制备。

可以用如下事实判定产物是顺式还是反式异构体：顺式化合物能同铬酸钾、草酸铵或硫代硫酸钠生成沉淀，而反式化合物不产生沉淀。

三、仪器与试剂

仪器：台秤（0.1g）；吸滤装置；加热装置；量筒（10mL, 100mL）；烧杯（50mL）；离心试管；玻璃棒（20cm）；表面皿（100mm）；锥形瓶（250mL）；离心机。

试剂：亚硝酸钴钠；氯化钾；亚硝酸钠；无水乙醇；乙二胺；草酸钾；草酸铵；硫代硫酸钠。

四、步骤

1. 化合物Ⅰ的制备

称取 5.0g $Na_3[Co(NO_2)_6]$和 7g KCl 于 50mL 烧杯中，加入 20mL 蒸馏水。搅拌混合物使之形成均匀的悬浮液。经过 2～3min 后，减压过滤（悬浮液必须在加水后 3min 内滤完），用 5mL 无水乙醇洗涤晶体。

将制得的 $K_3[Co(NO_2)_6]$放在 15mL 离心试管中，加入 10mL 乙二胺溶液并搅拌。水浴加热，使溶液温度缓慢地上升到 75℃，这需用 10min 的时间。不停地搅拌 $K_3[Co(NO_2)_6]$在乙二胺中的悬浮液，以免固体在离心试管底形成一个壳层。当温度达到 70℃时，很快就有反应发生，这可以从黄色的 $K_3[Co(NO_2)_6]$溶解并形成一种暗棕色的溶液看出。（注意：要确保温度在 75℃或更低些，超过 75℃时，异构体将被破坏）

趁热离心分离，将暗棕色溶液用冰-盐混合物冷却至−10℃，出现棕色沉淀，离心分离，把沉淀转移到离心试管中，加入尽量少的 50℃水，将产物溶解，然后滴加 1mL 硝酸，这时将发生一个剧烈的反应，生成暗黄色的固体沉淀，离心分离，称量。

2. 化合物Ⅱ的制备

在离心试管中，将 2.0g $Co(NO_3)_2 \cdot 6H_2O$ 和 1.0g $NaNO_2$ 溶解在 5mL 水中。猛烈旋荡以保证所有的固体都完全溶解。往混合物中加入 4mL 乙二胺的硝酸溶液，快速搅拌或摇荡直到有黄色沉淀开始出现。放入冰-盐浴中冷却 20min，然后离心分离，用 5mL 无水乙醇洗涤黄色晶体。再把黄色晶体溶解在尽可能少的沸水中，冷却，进行重结晶。

五、产品检验

将产品分别用尽量少的水溶解，用 $K_2C_2O_4$、$(NH_4)_2C_2O_4$ 或 $Na_2S_2O_3$ 的浓溶液检验是否能够生成沉淀，产生沉淀的即是顺式化合物。

六、思考题

（1）为什么用乙醇而不用水来洗涤 $K_3[Co(NO_2)_6]$沉淀？说出两条理由。

（2）在化合物Ⅰ的制备中温度控制是十分关键的，说明其理由。

实验 37　氧化还原反应和电化学

一、实验目的

（1）了解氧化还原的本质，巩固氧化还原的有关概念。

（2）加深对介质酸（碱）度和反应物浓度对氧化还原反应的影响的认识。

二、实验内容

1. 氧化性、还原性具有相对性

（1）向试管中加 0.5mL I_2 水，再加 1mL CCl_4，摇荡试管，观察水层及有机层的颜色。再滴加 0.5mol/L Na_2S 溶液 1mL，摇荡试管，观察现象。

（2）向试管中加 2 滴 0.1mol/L KI 溶液和 1mL CCl_4，观察水层及有机层的颜色。再往其中逐滴加入氯水，并不断摇荡试管，观察有机层颜色的产生和消失现象。

2. 氧化还原反应与电极电势

（1）向试管中加入 0.5mL 0.1mol/L KI 和 2 滴 0.1mol/L $FeCl_3$，再加入 0.5mL CCl_4。充分振荡，观察 CCl_4 层的颜色变化。再往溶液中加几滴 $K_3[Fe(CN)_6]$，观察“铁蓝”生成。

（2）用 0.1mol/L KBr 溶液代替 0.1mol/L KI 溶液进行相同的实验，观察“铁蓝”是否能够生成。

3. 浓度对氧化还原反应的影响

向两个试管中分别加入 0.1mol/L $CuSO_4$ 溶液 1mL，其中一个试管中再加浓氨水，得深蓝色溶液，然后分别加入 1mL 0.1mol/L KI 溶液，观察现象，再滴加 0.5mL CCl_4，摇荡试管，观察有机层颜色的变化。两个试管中的现象有何不同？

4. 介质对氧化还原反应的影响

（1）向三支各装有 0.5mL 0.1mol/L Na_2SO_3 溶液的试管中分别加入 1mol/L H_2SO_4、水、0.2mol/L NaOH 溶液各 1mL，摇匀后再向三支试管中分别加入 2 滴 0.01mol/L $KMnO_4$ 溶液，观察现象并解释。

（2）向两支试管中各加入 0.5mL 0.5mol/L KBr 溶液，一支试管中加 5 滴 6mol/L H_2SO_4，另一支加 5 滴 6mol/L HAc。然后再各加 2 滴 0.01mol/L $KMnO_4$ 溶液，观察褪色速度的快慢。

5. 催化剂对氧化还原反应的影响

（1）取三支试管，各加入 1mL 0.1mol/L $H_2C_2O_4$ 溶液和 2 滴 2mol/L H_2SO_4 溶液，向其中两支试管中分别加入 2 滴 0.1mol/L $MnSO_4$ 溶液和数滴 2mol/L NH_4F 溶液，最后三支试管中均加入 1 滴 0.01mol/L $KMnO_4$ 溶液。比较它们褪色的速度。

（2）将 2mL 1mol/L H_2SO_4、2mL 蒸馏水和 1 滴 0.002mol/L $MnSO_4$ 溶液混合均匀，再加入 1 滴浓硝酸。将该溶液分为两份，在一份溶液中加 1 滴 $AgNO_3$ 溶液和少量 $K_2S_2O_8$

固体，另一份只加少量 $K_2S_2O_8$ 固体，微热，观察两份溶液的颜色有无变化。

6. 原电池

将 Zn 片和 Cu 片擦亮、洗净，再用滤纸吸干水分。在两只小烧杯中分别加入 30mL 1.0mol/L $ZnSO_4$ 和 30mL 1.0mol/L $CuSO_4$ 溶液，再分别插入 Zn 片和 Cu 片，用盐桥将两种溶液连接，伏特表与 Zn 片和 Cu 片连接，测定电动势，并与理论值比较。

按上述方法，分别测定下列原电池的电动势，并与理论值比较。

$$Zn \mid ZnSO_4(1.0mol/L) \parallel CuSO_4(0.010mol/L) \mid Cu$$
$$Zn \mid ZnSO_4(0.010mol/L) \parallel CuSO_4(1.0mol/L) \mid Cu$$
$$Zn \mid ZnSO_4(0.010mol/L) \parallel ZnSO_4(1.0mol/L) \mid Zn$$
$$Cu \mid CuSO_4(0.010mol/L) \parallel CuSO_4(1.0mol/L) \mid Cu$$

7. 电解

（1）在 U 形管中装入 0.1mol/L KI、数滴 1%淀粉和 2 滴酚酞的混合溶液，以石墨为电极，用直流稳压电源控制电压，观察电极上和电极周围溶液有何种现象发生。

（2）在 U 形管中装入饱和食盐水溶液，以石墨为电极，用直流稳压电源控制电压（1.6～2.0V），两极有何现象，如何证明？

三、报告格式

结果记录在如下表格中：

序号	实验内容	现象	反应方程式	结论

实验 38　配合物的生成和性质

一、实验目的

（1）了解配合物的生成。

（2）了解配合物的稳定性、配位平衡等方面的知识。

二、实验内容

1. 配合物的生成

（1）在离心试管中加入约 0.5g $CuSO_4 \cdot 5H_2O$ 固体，再加入 2mL 含有 H_2SO_4 的水，加热溶解，冷却后，逐滴加入浓氨水，生成浅蓝色的 $Cu_2(OH)_2SO_4$ 沉淀，继续滴加浓氨水，边加边振荡，直至生成深蓝色溶液，然后慢慢加入 1mL 95%乙醇，析出深蓝色沉淀，离心分离，得到$[Cu(NH_3)_4]SO_4 \cdot H_2O$晶体。

（2）向 0.5mL 0.2mol/L $FeCl_3$溶液中加入 1 滴 0.1mol/L $K_4[Fe(CN)_6]$溶液，观察现象。往 0.5mL 0.2mol/L $FeSO_4$溶液中加入 1 滴 0.1mol/L $K_3[Fe(CN)_6]$溶液，观察现象。两种产物是否相同？

2. 配位平衡

（1）制取 AgCl、AgBr 和 AgI，并使其分别与稀氨水和$Na_2S_2O_3$反应。

（2）向试管中加入 0.5mL 0.2mol/L $NiSO_4$溶液，然后滴加 2mol/L 氨水，生成绿色碱式盐沉淀，继续加入氨水至沉淀刚好溶解。将溶液分成两份，一份滴加 2mol/L NaOH 溶液，另一份加热，观察现象。

（3）试验Fe^{3+}溶液与 0.1mol/L KSCN 溶液的作用，观察现象。再往溶液中加入 1mol/L NH_4F溶液，观察有何变化。

（4）向试管中加入 0.1mol/L KI 溶液 0.5mL，再加 0.1mol/L $FeCl_3$溶液 0.5mL，观察现象。然后逐滴加入 10% NH_4F（或 KF）溶液，摇荡，观察有何变化。

3. 螯合物的生成

（1）取少量$NiSO_4$溶液于试管中，加入几滴氨水和几滴 1%丁二酮肟，观察现象。

（2）向 2 滴 0.1mol/L $CuSO_4$溶液中，逐滴加入 0.1mol/L $K_4P_2O_7$溶液，观察沉淀生成。继续滴加溶液，观察现象。

实验 39　主族元素化合物的性质

一、实验目的

（1）掌握主族元素化合物的鉴定方法、特征反应和重要性质。

（2）掌握分离鉴定混合离子的方法。

二、实验内容

（1）在试管中加入 1 滴 0.1mol/L NaCl 溶液，再加入 8～10 滴 0.1mol/L 乙酸铀酰锌溶液，用玻璃棒摩擦试管内壁，观察乙酸铀酰锌钠沉淀的生成和颜色。

（2）取 2 滴 0.1mol/L KNO_3溶液，加几滴 0.1mol/L 钴亚硝酸钠溶液，放置，观察钴亚硝酸钠钾沉淀的生成和颜色。

（3）在试管中加入 2 滴 0.5mol/L $MgCl_2$溶液，再加入 2 滴 NaOH 溶液和 1 滴镁试剂，沉淀呈蓝色，表示有Mg^{2+}存在。

（4）在试管中加入 1mL 3% H_2O_2溶液、0.5mL 乙醚和 0.5mL 1mol/L H_2SO_4溶液，再加入 2～3 滴 0.5mol/L $K_2Cr_2O_4$溶液。振荡试管，观察有机层颜色。

（5）往 0.5mL 0.1mol/L $AgNO_3$溶液中逐滴加入 0.1mol/L $Na_2S_2O_3$溶液，观察沉淀颜色的逐渐变化。

（6）在试管中加 1 滴 0.1mol/L NH_4Cl溶液，再加 1 滴奈斯勒试剂（K_2HgI_4的 KOH 溶

液），观察红褐色沉淀的生成。

（7）在试管中加1滴0.5mol/L $NaNO_2$ 溶液和0.5mL蒸馏水，再加几滴6mol/L HAc溶液酸化，然后加1滴对氨基苯磺酸和1滴α-萘胺，观察现象。

（8）在试管中加入5滴0.2mol/L $NaNO_3$ 溶液和0.5mL蒸馏水，用1～2滴2mol/L H_2SO_4 溶液酸化，再加5滴0.1mol/L $FeSO_4$ 溶液，并沿试管壁加入10滴浓 H_2SO_4。观察在浓 H_2SO_4 和样品溶液的界面上形成的棕色环。

（9）PO_3^-、PO_4^{3-}、$P_2O_7^{4-}$ 的区别和鉴定。

①在 HPO_3、H_3PO_4（用 Na_2CO_3 溶液调至微酸性）和 $Na_4P_2O_7$ 溶液中，各加入等量的 $AgNO_3$ 溶液，观察现象。

②在 $NaPO_3$、Na_3PO_4 和 $Na_4P_2O_7$ 溶液中，各加入2mol/L HAc和鸡蛋蛋白水溶液，观察现象。

（10）在试管中加入1g硼酸晶体，加5mL蒸馏水，微热使之溶解，用pH试纸测试溶液的pH，然后向溶液中加入几滴甘油，混匀，再测试溶液的pH，观察酸度的变化。

（11）将少量氯化亚锡晶体置于5mL蒸馏水中，将会发生什么现象？如何防止这种现象的发生？

（12）向0.5mL 0.5mol/L $HgCl_2$ 溶液中逐滴加入0.5mol/L $SnCl_2$ 溶液，观察现象；继续加入 $SnCl_2$ 溶液并不断搅拌，放置2～3min，又有什么现象发生？

（13）向0.5mL 0.5mol/L $SnCl_2$ 溶液中加入过量的2mol/L NaOH溶液至最初生成的白色沉淀溶解，然后加几滴0.5mol/L $Bi(NO_3)_3$ 溶液，观察现象。

（14）在1滴0.002mol/L $MnSO_4$ 溶液及0.5mL 6mol/L HNO_3 溶液中，加入少量 PbO_2 固体，搅拌，水浴加热，有何现象？

（15）取少量0.5mol/L $SbCl_3$ 溶液逐滴加水稀释，有何现象发生？当滴加6mol/L HCl溶液时，有何变化？再加水，再加酸，情况又如何？

（16）取少量0.5mol/L $Bi(NO_3)_3$ 溶液逐滴加水稀释，有何现象发生？当滴加6mol/L HNO_3 溶液时，有何变化？再加水，再加酸，情况又如何？

（17）向盛有0.5mL 0.5mol/L $SbCl_3$ 溶液的试管中加入6mol/L NaOH溶液，直至最初生成的沉淀溶解。向盛有1mL 0.1mol/L $AgNO_3$ 溶液的另一个试管中，逐滴加入过量的2mol/L氨水，直至最初生成的沉淀溶解。将上述两种溶液混合均匀，微热，观察现象。

（18）在含有 $Bi(OH)_3$ 的强碱性介质中加入30% H_2O_2 溶液，有何现象？

（19）在1滴0.05mol/L $MnSO_4$ 溶液、2滴2mol/L HNO_3 溶液和1mL水的混合液中加入少量 $NaBiO_3$ 固体，搅拌并微热，又有什么变化？

（20）如何以实验证明 Pb_3O_4 中含有Pb(Ⅱ)和Pb(Ⅳ)？

（21）固体未知物1#、2#、3#、4#和5#可能是KCl、KBr、KI、$KClO_3$ 和 KIO_3，试鉴别。

（22）固体未知物6#、7#、8#、9#和10#可能是 Na_2S、$Na_2S_2O_3$、Na_2SO_3、Na_2SO_4 和 $K_2S_2O_8$，试鉴别。

（23）固体未知物11#、12#、13#和14#可能是 $NaNO_2$、$NaNO_3$、Na_2SO_3 和 Na_2SO_4，

试鉴别。

（24）五种无色液体 15#、16#、17#、18#和 19#可能是 $Pb(NO_3)_2$、$SnCl_2$、$SbCl_3$、$Al_2(SO_4)_3$ 和 $Bi(NO_3)_3$，请用最简便的化学方法鉴别它们。

（25）分离鉴定混合溶液 20#中可能含有的 Al^{3+}、Sn^{2+}、Bi^{3+}。

（26）分离检出水溶液中的 Na^+、K^+、NH_4^+、Mg^{2+}、Ca^{2+}、Ba^{2+}。

①采用气室法检验样品溶液中的 NH_4^+。

②在样品溶液中加 6 滴 3mol/L NH_4Cl 溶液，并加入 6mol/L $NH_3 \cdot H_2O$ 使溶液呈碱性，再多加 3 滴。搅拌下加入 10 滴 1mol/L $(NH_4)_2CO_3$ 溶液，在 60℃水浴中加热几分钟，离心分离。

③将②中沉淀用 10 滴热蒸馏水洗涤，加入 3mol/L HAc 溶液，加热搅拌使之溶解。加入 5 滴 3mol/L NH_4Ac 溶液，再逐滴加入 1mol/L K_2CrO_4 溶液，产生黄色沉淀，表示有 Ba^{2+} 存在。离心分离，所得清液呈橘黄色时，表明 Ba^{2+}已沉淀完全，否则还需要再加 1mol/L K_2CrO_4 溶液使沉淀完全。向此清液中加 1 滴 6mol/L $NH_3 \cdot H_2O$ 和几滴 0.5mol/L $(NH_4)_2C_2O_4$ 溶液，加热后产生白色沉淀，表示有 Ca^{2+}。

④向②中所得清液中加 0.5mol/L $(NH_4)_2C_2O_4$ 和 1mol/L $(NH_4)_2SO_4$ 各 1 滴，加热几分钟，如果溶液浑浊，离心分离。取清液分别鉴定 Na^+、K^+、Mg^{2+}。

实验 40　过渡金属元素化合物的性质

一、实验目的

（1）掌握过渡金属元素化合物的鉴定方法、特征反应和重要性质。

（2）掌握分离鉴定混合离子的方法。

二、实验内容

（1）在试管中加入适量 $CuSO_4$ 溶液，再加入少量 KI 溶液，观察现象。再滴加适量的 $Na_2S_2O_3$ 溶液，观察沉淀的颜色，继续滴加 $Na_2S_2O_3$ 溶液，观察现象。

（2）向 1mL 0.5mol/L $CuSO_4$ 溶液中加入等体积的酒石酸钾钠的碱溶液（酒石酸为 1.3mol/L，NaOH 为 4mol/L），得一蓝色费林溶液。向此溶液中加入 0.3g 葡萄糖，微热，观察现象。

（3）取几滴 Cu^{2+}样品溶液，加入 6mol/L HAc 溶液酸化，再滴加 0.1mol/L $K_4[Fe(CN)_6]$ 溶液，有红棕色 $Cu_2[Fe(CN)_6]$沉淀生成，表示有 Cu^{2+}存在。

（4）向 $AgNO_3$ 溶液中加入 K_2CrO_4 溶液，然后再加入足量 NaCl 溶液，观察沉淀的颜色变化。

（5）试验 $Hg(NO_3)_2$ 溶液与适量和过量的 KI 溶液的反应。

（6）取 $Hg_2(NO_3)_2$ 溶液两份，分别加入 NaCl 溶液和稀氨水，观察现象。

（7）向试管中加入 4～5 滴 0.1mol/L $CrCl_3$ 溶液，再滴加 2mol/L NaOH 溶液，观察沉淀的生成。继续滴加 NaOH 溶液，至沉淀溶解。向溶液中加入少量 3% H_2O_2 溶液，水浴加热，观察溶液颜色的变化。

（8）往试管中加入 4～5 滴 0.1mol/L K_2CrO_4 溶液，然后滴加 1mol/L H_2SO_4 溶液，观察溶液颜色的变化。向此溶液中再加入 2mol/L NaOH 溶液，又有何现象？

（9）取 4～5 滴 0.1mol/L K_2CrO_4 溶液，测其 pH，然后加入数滴 0.1mol/L $AgNO_3$ 溶液，观察 Ag_2CrO_4 沉淀的生成，溶液的 pH 有什么变化？

（10）取 1mL 蒸馏水和几滴稀 H_2SO_4 溶液，煮沸除去其中的空气后，溶入少量 $(NH_4)_2Fe(SO_4)_2·6H_2O$ 晶体。另取 1mL 2mol/L NaOH 溶液，在沸水浴中加热煮沸除去空气，冷却后，用滴管吸取 0.5mL 碱液。将滴管尖嘴插入 Fe^{2+} 溶液底部，慢慢放出碱液，观察沉淀的颜色。放置一段时间后，沉淀有何变化？

（11）试验 Fe^{2+} 溶液与邻二氮菲溶液的作用，观察现象。

（12）取 0.5mL 0.1mol/L $CoCl_2$ 溶液，加入少量 NH_4Cl 固体，然后滴加浓氨水，观察现象。静置一段时间，观察溶液颜色有何变化。

（13）在 0.5mL 0.1mol/L $CoCl_2$ 溶液中加入 0.5mL 戊醇，再滴加饱和 KSCN 溶液，振荡试管，观察水相和有机相的颜色变化。

（14）$ZnSO_4$ 溶液中含有少量的 Fe^{2+}、Ni^{2+} 杂质离子，试设法除去。

（15）混合溶液 1[#]中可能含有 Cd^{2+}、Hg^{2+}、Ag^+，试鉴别。

（16）五种未知溶液 2[#]、3[#]、4[#]、5[#]、6[#]为 $ZnSO_4$、$CdSO_4$、$AgNO_3$、$Hg(NO_3)_2$、$Hg_2(NO_3)_2$，试鉴别。

（17）一混合溶液 7[#]中可能含有 Al^{3+}、Cr^{3+}、Mn^{2+}、Zn^{2+}，试分离并检验。

（18）一混合溶液 8[#]中可能含有 Cr^{3+}、Mn^{2+}、Fe^{3+}、Co^{2+}、Ni^{2+}，试分离并检验。

实验 41　混合阳离子未知溶液分析

一、实验目的

（1）掌握分离鉴定混合阳离子的方法。

（2）掌握阳离子的特征鉴定反应。

二、实验内容

取一份未知溶液，自己拟定实验步骤，确定自选的未知液属于下列哪一组：

（1）Ag^+、Fe^{3+}、Cr^{3+}、Co^{2+}

（2）Fe^{3+}、Co^{2+}、Ni^{2+}、Ag^+

（3）Zn^{2+}、Cd^{2+}、Hg^{2+}、Cu^{2+}

（4）Al^{3+}、Pb^{2+}、Bi^{3+}、Cr^{3+}

（5）Co^{2+}、Mn^{2+}、Al^{3+}、Zn^{2+}

（6）Ni^{2+}、Cr^{3+}、Mn^{2+}、Ba^{2+}

（7）Pb^{2+}、Ba^{2+}、Bi^{3+}、Sn^{4+}

（8）Mg^{2+}、Al^{3+}、Zn^{2+}、Pb^{2+}

（9）Ag^+、Pb^{2+}、Bi^{3+}、Mg^{2+}

（10）K^+、Mg^{2+}、Ca^{2+}、Ba^{2+}

（11）Cu^{2+}、Ni^{2+}、Mg^{2+}、Al^{3+}

（12）Ag^{+}、Pb^{2+}、Hg^{2+}、Cu^{2+}

（13）Pb^{2+}、Ag^{+}、Hg^{2+}、Zn^{2+}

（14）Pb^{2+}、Bi^{3+}、Zn^{2+}、K^{+}

（15）Mg^{2+}、Ba^{2+}、Zn^{2+}、Cd^{2+}

第 4 章　定量分析实验

实验 42　分析天平称量练习

一、实验目的

（1）了解分析天平的使用规则。

（2）掌握直接称量法、固定称量法和递减称量法。

二、仪器与试剂

仪器：分析天平（0.1mg）；烧杯（100mL）；称量瓶；牛角匙。

试剂：固体 $CaCO_3$ 粉末。

三、步骤

在天平室内听教师讲解天平的构造、使用规则、称量方法及注意事项（操作见 2.15 节内容）。

1. 直接称量法练习

准备一个干燥洁净的烧杯（100mL），在分析天平上称准到 0.1mg，将结果记录在报告本上。

2. 固定称量法练习

在准确称取烧杯质量的基础上，用牛角匙将固体 $CaCO_3$ 慢慢加入烧杯中，调整固体 $CaCO_3$ 的量直至称出 $CaCO_3$ 的质量为 0.5000g（误差范围为±0.2mg）。

为增加练习机会，以内有 $CaCO_3$ 的烧杯为起点（按去皮键），继续加入固体 $CaCO_3$，使第二次加入的 $CaCO_3$ 质量也为 0.5000g，如此反复练习两三次。

固定称量法记录：

实验次数	烧杯质量/g	（烧杯+样品质量）/g	样品质量/g	误差/g
1				
2				
3				

3. 递减称量法（或称减量法）练习

（1）准确称量两个洁净干燥的烧杯（100mL），将质量分别记为 M_1 和 M_2。

（2）取一洁净干燥的称量瓶，加入约 1g 的固体 $CaCO_3$ 粉末，准确称量至 0.1mg，记下质量为 m_1。用递减称量法转移样品 0.3～0.4g 于 1 号烧杯中，然后准确称出称量瓶和剩

余样品的质量为 m_2。以同样方法转移样品 0.3～0.4g 于 2 号烧杯中，再准确称出称量瓶和剩余样品的质量为 m_3。

（3）准确称出 1 号和 2 号烧杯加样品后的质量，分别记为 M_3 和 M_4。

（4）数据处理和检验：

称量项目＼称量序号	I	II
烧杯质量/g	M_1（1 号烧杯）	M_2（2 号烧杯）
(称量瓶+样品质量)/g (倾出样品前)	m_1	m_2
(称量瓶+样品质量)/g (倾出样品后)	m_2	m_3
倾出样品质量/g	m_1-m_2	m_2-m_3
(烧杯+样品质量)/g	M_3	M_4
称出样品质量/g	M_3-M_1	M_4-M_2
误差/g	$(M_3-M_1)-(m_1-m_2)$	$(M_4-M_2)-(m_2-m_3)$

第一份样品质量为 m_1-m_2，应等于 M_3-M_1；第二份样品质量为 m_2-m_3，应等于 M_4-M_2。实验要求差值小于 0.0005g。如果差值偏大，分析原因后重新称量。

4. 清理实验台

实验完毕后清扫天平盘内及实验台上洒落的样品，罩上天平罩，关闭电源。

四、思考题

（1）称量方法有哪几种？固定称量法和递减称量法各有何优缺点？分别在何种情况下选用此两种方法？

（2）实验中记录数据记至几位有效数字？

（3）递减称量法中，从称量瓶向器皿中转移样品时，能否用药匙取？为什么？如果转移样品时，有少许样品未转移到器皿中而洒落到外边，此次称量数据还能否使用？

实验 43　酸碱滴定操作练习

一、实验目的

（1）掌握滴定管、移液管的清洗和使用方法。

（2）掌握滴定分析操作和使用甲基橙、酚酞指示剂准确判断终点的方法。

二、仪器与试剂

仪器：滴定管（酸式、碱式）；移液管（25mL）；锥形瓶（250mL）；烧杯（100mL）；量筒（10mL, 100mL）；试剂瓶（500mL）；托盘天平（0.1g）。

试剂：氢氧化钠（固体）；浓盐酸（约 12mol/L）；酚酞指示剂（0.2%乙醇溶液）；甲基橙指示剂（0.2%水溶液）。

三、步骤

1. 0.1 mol/L NaOH 溶液的配制

用托盘天平称取 2g NaOH 于 100mL 烧杯中，加少量水溶解后倒入试剂瓶中，用水稀释至 500mL，摇匀。

2. 0.1 mol/L HCl 溶液的配制

用量筒量取约 4.2mL 浓 HCl 倒入试剂瓶中，用水稀释至 500mL，摇匀。

3. 准备滴定管

检查、洗净酸式和碱式滴定管各一支。用 0.1mol/L 的 HCl 溶液润洗酸式滴定管三次（每次用 5～10mL），再将 HCl 溶液装满滴定管。排除滴定管下端气泡后调节上端液面至 0.00mL 处。用 0.1mol/L NaOH 溶液润洗碱式滴定管三次，再将 NaOH 溶液装满滴定管，排除下端气泡后调节上端液面至 0.00mL 处。

4. 酸碱体积比的测定

由碱式滴定管放出 20～25mL 0.1mol/L NaOH 溶液于 250mL 锥形瓶中，放出速度应以每秒 3～4 滴为宜，不能太快（为什么？）。加入 1～2 滴甲基橙指示剂，用 0.1mol/L HCl 溶液滴定至溶液由黄色变为橙色，仔细观察颜色的突变（终点）。再加入少量 NaOH 溶液，此时溶液又变为黄色，再用 HCl 溶液滴定至又变为橙色，如此反复练习至滴定操作娴熟、能够准确判定终点为止。准确读取所用 HCl 溶液和 NaOH 溶液的体积，计算 V_{HCl}/V_{NaOH}。重复上述操作两次，计算体积比的平均值和相对平均偏差（要求≤0.2%）。

5. 碱式滴定管操作练习

用移液管移取 25.00mL 0.1mol/L HCl 溶液三份于 250mL 锥形瓶中，加 1～2 滴酚酞指示剂，用 0.1mol/L NaOH 溶液滴定至溶液呈微红色，并保持 30s 不褪色为终点。读取每份所用 NaOH 溶液的体积，计算极差（要求极差≤0.04mL）。

6. 实验报告示例

1）酸碱体积比

记录项目 \ 滴定序号	I	II	III
HCl 初始读数/mL	0.00	0.00	0.02
HCl 最终读数/mL	35.12	31.20	32.30
V_{HCl}/mL	35.12	31.20	32.28
NaOH 初始读数/mL	0.00	0.03	0.08
NaOH 最终读数/mL	34.00	30.28	31.40
V_{NaOH}/mL	34.00	30.25	31.32
V_{HCl}/V_{NaOH}	1.033	1.031	1.032

续表

记录项目 \ 滴定序号	Ⅰ	Ⅱ	Ⅲ
平均值	1.032		
相对平均偏差/%	0.07		

2）NaOH 滴定 HCl

记录项目 \ 滴定序号	Ⅰ	Ⅱ	Ⅲ
HCl 体积/mL	25.00	25.00	25.00
NaOH 初始读数/mL	0.00	0.02	0.00
NaOH 最终读数/mL	24.22	24.26	24.22
V_{NaOH}/mL	24.22	24.24	24.22
极差/mL	0.02		

四、思考题

（1）在滴定分析中，滴定管、移液管在使用前为什么要先用操作溶液润洗几次？滴定中使用的锥形瓶或烧杯，是否也要用操作溶液润洗？

（2）在滴定接近终点时，用洗瓶吹洗锥形瓶内壁会稀释瓶内溶液，对滴定结果是否有影响？

（3）能否在分析天平上准确称取固体 NaOH 用直接法配制标准溶液？为什么？能否用移液管准确移取所需体积的浓 HCl 直接配制 HCl 标准溶液？为什么？

（4）用 NaOH 滴定 HCl 时，有三位同学所耗用的 NaOH 体积完全一样。他们分别记录为 25mL、25.0mL 和 25.00mL。哪位同学的记录是正确的？为什么？

实验 44　容量仪器的校准

一、实验目的

了解容量仪器的校正方法。

二、实验原理

严格意义上说，滴定管、移液管或容量瓶的实际体积（放出或容纳溶液的体积）与所标示的数值不一定完全相符。对于一般测定而言，所引起的误差可忽略不计，但在要求很高的定量分析中则需对它们进行校正。校正的方法可分为相对法和称量法。

在分析化学实验中，经常利用容量瓶配制溶液，用移液管取出其中一部分进行测定。分析结果的计算并不需要知道容量瓶和移液管的准确体积数值，只需知道二者体积比的准确整数值。此时需要对容量瓶和移液管进行相对校正。此法简单易行，应用较多，但必须在这两件仪器配套使用时才有意义。

称量法是通过称量容量器皿放出或容纳的纯水质量，根据水的密度算出器皿在标准温度20℃时的容积。但在质量换算容积时必须考虑以下三个因素的影响：①水的密度受温度的影响；②在空气中称量时，空气浮力对质量的影响；③玻璃器皿的容积受温度的影响。

为了方便计算，将这三项影响合并得一总校正值，列于表4-1中。

表4-1　温度质量校正表

温度/℃	质量/g	温度/℃	质量/g	温度/℃	质量/g	温度/℃	质量/g
10	998.39	16	997.80	22	996.80	28	995.44
11	998.32	17	997.65	23	996.60	29	995.18
12	998.23	18	997.51	24	996.38	30	994.91
13	998.14	19	997.34	25	996.17	31	994.68
14	998.04	20	997.18	26	995.93	32	994.34
15	997.93	21	997.00	27	995.69	33	994.05

表中的数值表示容积为1L的玻璃器皿所盛纯水在空气中和不同温度下称取的质量。利用该表即可算出在某一温度下，称得的一定质量的纯水所占有的体积。例如，在18℃称量由25mL移液管放出的纯水质量为24.90g。由表4-1可知，18℃时1L水的质量为997.51g，即水的密度为0.99751g/mL。故该移液管在18℃时的容积为：V=24.90/0.99751=24.96(mL)。

三、仪器与试剂

仪器：分析天平（0.1mg）；容量瓶（100mL, 250mL）；移液管（25mL）；磨口锥形瓶（50mL）；温度计。

四、步骤

1. 容量瓶和移液管的相对校正

洗净并晾干100mL和250mL容量瓶各一个。再用一支洁净的25.00mL移液管移取蒸馏水四次于100mL容量瓶中，观察液面是否与容量瓶的刻度线相切。如不相切，可用纸条或透明胶带另作一标记。以同样方法校正250mL容量瓶并作标记。经相对校正后，移液管移取一次溶液的体积即是容量瓶容积的1/4或1/10。实验中此移液管和容量瓶应配套使用。

2. 称量法校正移液管

在分析天平上称量一个干净并干燥的50mL带磨口塞的锥形瓶的质量（称准至1mg）。用一支干净的25mL移液管移取蒸馏水至锥形瓶中，立即盖上塞子称量其质量（称准至1mg），计算水的质量，并求出移液管在室温时的容积。

实验 45　碱灰中总碱量的测定

一、实验目的

（1）学会用基准物标定 HCl 溶液的方法。

（2）了解混合碱测定的原理。

二、实验原理

HCl 标准溶液必须用近似法配制，然后用基准物无水碳酸钠或硼砂标定。本实验采用无水碳酸钠为基准物，甲基橙为指示剂。

碱灰的主要成分为 Na_2CO_3，并且可能含有 NaOH、$NaHCO_3$、NaCl、Na_2SO_4 等杂质。用 HCl 滴定时，除主要成分 Na_2CO_3 被中和外，其中的 NaOH 或 $NaHCO_3$ 都可能被中和，分析结果为样品中全部碱性成分的含量。因此，此方法称为总碱量的测定，其结果用 Na_2O%或 Na_2CO_3%的形式表示。在测定中，化学计量点 pH=3.8～3.9，所以一般选用甲基橙为指示剂，用 HCl 标准溶液滴定至溶液由黄色变为橙色即为终点。

碱灰容易吸收水分和 CO_2，通常将样品于 270～300℃加热 2h，使其成干基样品后再进行分析。另外，因碱灰均匀性较差，测定时应称取较多样品。

三、仪器与试剂

仪器：酸式滴定管（50mL）；试剂瓶（500mL）；烧杯（100mL）；锥形瓶（250mL）；容量瓶（100mL）；移液管（25mL）；量筒（10mL, 100mL）；称量瓶；分析天平（0.1mg）。

试剂：浓 HCl（约 12mol/L）；无水碳酸钠（基准物质，150℃下烘干 1h 并在干燥器中冷却至室温）；甲基橙指示剂（0.2%水溶液）；碱灰样品（在 150℃下烘干 1h 并在干燥器中冷却至室温）。

四、步骤

1. 0.1mol/L HCl 溶液的配制与标定

用小量筒量取约 4.2mL 浓 HCl 倒入试剂瓶中，加水稀释至 500mL，摇匀。

用减量法准确称取无水碳酸钠 0.2～0.22g 三份（称量速度要快，称量瓶要盖严）于 250mL 锥形瓶中，加水 20～30mL 溶解，然后加甲基橙指示剂 1～2 滴，用 HCl 溶液滴定至溶液由黄色变为橙色即为终点。计算 HCl 溶液的浓度及相对平均偏差。

2. 总碱量的测定

用减量法准确称取样品 0.6～0.8g（注意事项与称 Na_2CO_3 相同）于 100mL 烧杯中，加水 40～50mL 溶解，必要时可稍加热促进溶解。将溶液定量转移到 100mL 容量瓶中，用水稀释至刻度，摇匀。

平行移取 25.00mL 样品溶液三份于 250mL 锥形瓶中，加 20～30mL 水，1～2 滴甲基橙指示剂，用标定好的 HCl 标准溶液滴定至溶液由黄色变为橙色即为终点（颜色应与标定时相同）。计算样品的总碱量（以 Na_2O%表示）及相对平均偏差。

3. 报告示例

1）HCl 溶液的标定

记录项目 \ 实验序号	I	II	III
(Na_2CO_3+称量瓶质量)/g (倾出前)	17.2236	17.0212	16.8208
(Na_2CO_3+称量瓶质量)/g (倾出后)	17.0212	16.8208	16.6078
Na_2CO_3 质量/g	0.2024	0.2004	0.2130
HCl 初始读数/mL	0.00	0.00	0.00
HCl 最终读数/mL	32.68	32.41	34.52
V_{HCl}/mL	32.68	32.41	34.52
c_{HCl}/(mol/L)	0.1169	0.1167	0.1164
c_{HCl} 平均值/(mol/L)	0.1166		
相对平均偏差/%	0.13		

2）总碱量的测定

称量内容	质量/g
碱灰+称量瓶质量（倾出前）	0.0000
碱灰+称量瓶质量（倾出后）	−0.6715
碱灰质量	0.6715

记录项目 \ 滴定序号	I	II	III
碱灰样品溶液体积/mL	25.00	25.00	25.00
HCl 初始读数/mL	0.00	0.00	0.00
HCl 最终读数/mL	20.80	20.72	20.75
V_{HCl}/mL	20.80	20.72	20.75
Na_2O 含量/%	44.79	44.62	44.68
平均值/%	44.70		
相对平均偏差/%	0.14		

五、思考题

（1）基准物无水 Na_2CO_3 如果保存不当，吸收了少量水分，对标定 HCl 溶液浓度有何影响？

（2）分别称取基准物标定和称取较多的基准物配成溶液后再分取几份做标定，各有什么优缺点？

实验 46 有机酸摩尔质量的测定

一、实验目的

（1）掌握用基准物标定 NaOH 溶液的方法。

（2）了解有机酸摩尔质量测定的原理和方法。

二、实验原理

绝大多数有机酸为弱酸，它们和 NaOH 溶液的反应为

$$n\text{NaOH}+\text{H}_n\text{A} = \text{Na}_n\text{A}+n\text{H}_2\text{O}$$

当有机酸的各级解离常数与浓度的乘积均大于 10^{-8} 时，有机酸中的氢均能被准确滴定。用酸碱滴定法可以测得已知 *n* 值的有机酸的摩尔质量。由于滴定产物是强碱弱酸盐，滴定突跃在碱性范围内，因此可选用酚酞作指示剂。

NaOH 不符合基准物的条件，必须用近似法配制，然后用基准物标定。本实验采用邻苯二甲酸氢钾为基准物，酚酞为指示剂标定 NaOH 溶液的浓度，其反应式为

$$\text{OH}^-+\text{HC}_8\text{H}_4\text{O}_4^- = \text{C}_8\text{H}_4\text{O}_4^{2-}+\text{H}_2\text{O}$$

三、仪器与试剂

仪器：碱式滴定管（50mL）；锥形瓶（250mL）；试剂瓶（500mL）；烧杯（100mL）；容量瓶（100mL）；移液管（25mL）；量筒（100mL）；称量瓶；分析天平（0.1mg）；托盘天平（0.1g）。

试剂：氢氧化钠（固体）；邻苯二甲酸氢钾（基准物质，在 110～120℃温度下干燥 1h 后，放入干燥器中备用）；酚酞指示剂（0.2%乙醇溶液）；有机酸样品（如草酸、酒石酸、柠檬酸、乙酰水杨酸、苯甲酸等）。

四、步骤

1. 0.1mol/L NaOH 溶液的配制与标定

用托盘天平称取约 2g NaOH，放入 100mL 烧杯中，用少量水溶解后倒入试剂瓶中，加水稀释至 500mL，摇匀。

用减量法准确称取邻苯二甲酸氢钾 0.4～0.6g 三份于锥形瓶中，加入 40～50mL 水溶解，加入 1～2 滴酚酞指示剂，用待标定的 NaOH 溶液滴定至溶液呈现微红色并保持 30s 不褪色即为终点。平行测定三次，计算 NaOH 溶液的浓度和相对平均偏差。

2. 有机酸摩尔质量的测定

用减量法准确称取样品 0.5～0.7g 于 100mL 烧杯中，加 40～50mL 水溶解后定量转入 100mL 容量瓶中，用水稀释至刻度，摇匀。用移液管平行移取 25.00mL 样品溶液三份于

锥形瓶中，加酚酞指示剂 1～2 滴，用 NaOH 标准溶液滴定至溶液由无色变为微红色并保持 30s 不褪色即为终点。计算有机酸摩尔质量及相对平均偏差。

五、思考题

（1）如果 NaOH 标准溶液在保存过程中吸收了空气中的 CO_2，用该标准溶液测定某有机酸的含量，NaOH 浓度是否会改变？测定结果有何影响？

（2）草酸、柠檬酸、酒石酸等多元有机酸能否用 NaOH 溶液分步滴定？

（3）$Na_2C_2O_4$ 能否作为酸碱滴定的基准物质？为什么？

实验 47　混合碱的分析（双指示剂法）

一、实验目的

（1）了解酸碱滴定法的应用。

（2）掌握双指示剂法测定混合碱的原理和组成成分的判别及计算方法。

二、实验原理

混合碱是 Na_2CO_3 与 NaOH 或 Na_2CO_3 与 $NaHCO_3$ 的混合物。欲测定同一份样品中各组分的含量，可用 HCl 标准溶液滴定，选用两种不同指示剂分别指示第一、第二终点。根据滴定到两个终点时消耗的 HCl 标准溶液的体积，便可判别样品的组成及计算各组分的含量。

在混合碱样品中加入酚酞指示剂，此时溶液呈红色，用 HCl 标准溶液滴定到溶液由红色恰好变为无色时（此时消耗 HCl 标准溶液的体积为 V_1），样品溶液中所含 NaOH 完全被中和，Na_2CO_3 被中和到 $NaHCO_3$，而 $NaHCO_3$ 则未被滴定。反应如下：

$$NaOH+HCl = NaCl+H_2O$$

$$Na_2CO_3+HCl = NaCl+NaHCO_3$$

加入甲基橙指示剂，继续用 HCl 标准溶液滴定到溶液由黄色变为橙色。此时样品溶液中的 $NaHCO_3$（或是 Na_2CO_3 第一步被中和生成的，或是样品中含有的）被中和成 CO_2 和 H_2O。

$$NaHCO_3+HCl = NaCl+CO_2\uparrow+H_2O$$

此时消耗的 HCl 标准溶液（即第一终点到第二终点消耗的）的体积为 V_2。

当 $V_1>V_2$ 时，样品为 Na_2CO_3 与 NaOH 混合物。中和 Na_2CO_3 所需 HCl 是分两批加入的，两次用量应该相等，即滴定 Na_2CO_3 所消耗 HCl 的体积为 $2V_2$，而中和 NaOH 所消耗 HCl 的体积为 V_1-V_2，故计算 NaOH 和 Na_2CO_3 含量的公式应为

$$NaOH\%=\frac{(V_1-V_2)\cdot c(HCl)\cdot M(NaOH)}{1000m_s}\times 100\%$$

$$Na_2CO_3\%=\frac{V_2\cdot c(HCl)\cdot M(Na_2CO_3)}{1000m_s}\times 100\%$$

当 $V_1<V_2$ 时，样品为 Na_2CO_3 与 $NaHCO_3$ 的混合物。此时 V_1 为中和 Na_2CO_3 时所消耗

HCl 的体积，故 Na_2CO_3 所消耗 HCl 的体积为 $2V_1$，中和 $NaHCO_3$ 消耗 HCl 的体积为 V_2-V_1，计算 $NaHCO_3$ 和 Na_2CO_3 含量的公式为

$$NaHCO_3\% = \frac{(V_2 - V_1)\cdot c(\text{HCl})\cdot M(\text{NaHCO}_3)}{1000m_s}\times 100\%$$

$$Na_2CO_3\% = \frac{V_1\cdot c(\text{HCl})\cdot M(\text{Na}_2\text{CO}_3)}{1000m_s}\times 100\%$$

式中，m_s 为混合碱样品质量（g）。

三、仪器与试剂

仪器：酸式滴定管（50mL）；锥形瓶（250mL）；试剂瓶（500mL）；烧杯（100mL）；容量瓶（100mL）；移液管（25mL）；量筒（10mL, 100mL）；称量瓶；分析天平（0.1mg）。

试剂：无水碳酸钠（基准试剂，在 150℃下烘干 1h 并在干燥器中冷却至室温）；浓盐酸（约 12mol/L）；混合碱样品（150℃下烘干 1h 并在干燥器中冷却至室温）；甲基橙指示剂（0.2%水溶液）；酚酞指示剂（0.2%乙醇溶液），混合碱样品（在 150℃下烘干 1h 并在干燥器中冷却至室温）。

四、步骤

1. 0.1mol/L HCl 标准溶液的配制与标定

用小量筒量取 4.2mL 浓 HCl 倒入试剂瓶中，加水稀释至 500mL，摇匀。

用减量法准确称取无水碳酸钠 0.20～0.22g 三份（称量速度要快，称量瓶要盖严）于锥形瓶中，加水 20～30mL 溶解，加甲基橙指示剂 1～2 滴，用 HCl 标准溶液滴定至溶液由黄色变为橙色即为终点。计算 HCl 标准溶液的浓度及相对平均偏差。

2. 混合碱的测定

用减量法准确称取混合碱样品 0.8～1.0g 于小烧环中，加 40～50mL 水溶解，必要时可稍加热促进溶解。将溶液定量转入 100mL 容量瓶中，用水稀释至刻度，摇匀。用 25mL 移液管平行移取样品溶液 25.00mL 三份于锥形瓶中，加水 20～30mL，加酚酞指示剂 1～2 滴，用 HCl 标准溶液滴定至溶液恰好由红色褪至无色，记下消耗的 HCl 标准溶液的体积 V_1。再加入甲基橙指示剂 1～2 滴，继续用 HCl 标准溶液滴定至溶液由黄色变为橙色，消耗的 HCl 溶液的体积记为 V_2。判断样品的组成并计算各组分的含量及相对平均偏差。

五、思考题

（1）在同一份溶液中采用双指示剂法测定混合碱，判断下列五种情况下样品的组成：

（a）$V_1=0$ （b）$V_2=0$ （c）$V_1>V_2$ （d）$V_1<V_2$ （e）$V_1=V_2$

（2）测定混合碱时，酚酞褪色前，由于滴定速度太快，摇动不均匀，使滴入的 HCl 局部过浓致使 $NaHCO_3$ 迅速转变为 H_2CO_3 并分解为 CO_2。当酚酞恰好褪色时，记下 HCl 体积 V_1，这对测定结果有何影响？

实验 48　铵盐中氮含量的测定（甲醛法）

一、实验目的

掌握甲醛法测定铵盐中氮含量的原理和方法。

二、实验原理

铵盐是一类常用的无机化肥，在农业生产上有广泛的应用。由于 NH_4^+ 的酸性很弱（K_a=5.6×10^{-10}），故无法用 NaOH 标准溶液直接滴定。铵盐可与甲醛定量反应，生成质子化六次甲基四胺和 H^+：

$$4NH_4^+ + 6HCHO = (CH_2)_6N_4H^+ + 3H^+ + 6H_2O$$

生成的 $(CH_2)_6N_4H^+$（K_a=7.1×10^{-6}）和 H^+ 可用 NaOH 标准溶液滴定。由于滴定终点生成的 $(CH_2)_6N_4$ 是弱碱，故滴定突跃处在弱碱性范围内，应选用酚酞为指示剂，溶液呈微红色即为滴定终点。由上述反应可知，1mol NH_4^+ 相当于 1mol H^+。

如果样品中含有游离酸杂质，加入甲醛之前应先以甲基红为指示剂，用 NaOH 中和至溶液呈黄色，消除杂质酸的干扰。

与蒸馏法相比，甲醛法准确度稍差，但方法快速、简便，故生产实际中应用较广，适用于强酸铵盐的测定。

三、仪器与试剂

仪器：碱式滴定管（50mL）；锥形瓶（250mL）；试剂瓶（500mL）；烧杯（100mL）；容量瓶（250mL）；移液管（25mL）；量筒（100mL）；称量瓶；分析天平（0.1mg）；托盘天平（0.1g）。

试剂：氢氧化钠（固体）；邻苯二甲酸氢钾（基准物质，在 110～120℃温度下干燥 1h 后，放入干燥器中备用）；酚酞（0.2%乙醇溶液）；甲醛(20%水溶液)[1]；铵盐样品。

四、步骤

1. 0.1mol/L NaOH 溶液的配制与标定

用托盘天平称取约 2g NaOH 固体，放入 100mL 烧杯中，用少量水溶解后倒入试剂瓶中，加水稀释至 500mL，摇匀。

用减量法准确称取邻苯二甲酸氢钾 0.4～0.6g 三份于锥形瓶中，加入 40～50mL 水使之溶解，加入 1～2 滴酚酞指示剂，用待标定的 NaOH 标准溶液滴定至溶液呈微红色并保持 30s 不褪色即为滴定终点。平行测定三次，计算 NaOH 溶液的浓度和相对平均偏差。

2. 铵盐中氮含量的测定

用减量法准确称取铵盐样品 3～4g 一份于 100mL 烧杯中，加入 50～60mL 水使之溶解，将溶液定量转移到 250mL 容量瓶中，用水稀释至刻度，摇匀。用 25mL 移液管平行移取样品溶液 25.00mL 三份于 250mL 锥形瓶中，加入 10mL 预先中和好的 20%的甲醛溶液，加酚酞指示剂 1～2 滴，充分摇匀，放置 1min。用标准 NaOH 溶液滴定至溶液呈微红色并保持 30s 不褪色即为滴定终点。计算氮的含量及相对平均偏差。

五、思考题

（1）本法测定氮时，为什么不用碱标准溶液直接滴定？

（2）本法加入甲醛的作用是什么？

（3）样品为$(NH_4)_2SO_4$、NH_4NO_3、NH_4Cl、NH_4HCO_3是否都可用本法测定？为什么？

【附注】

[1] 甲醛中常含有微量酸，应事先除去。方法如下：取瓶装甲醛上层清液于烧杯中，加水稀释一倍，加入 2～3 滴酚酞指示剂，用 NaOH 溶液滴定至甲醛溶液呈现微红色。

实验 49　盐酸、硼酸混合液分析

一、实验内容

参考提示，学生自拟方案测定盐酸和硼酸（含量各约为 0.1mol/L）混合样品溶液中两种酸的含量。方案应包括：①方法原理；②仪器与试剂（规格、浓度和配制方法）；③操作步骤及注意事项；④分析结果计算公式。

方案拟好后由指导教师审核批准后，按照方案进行实验并写出实验报告。

二、实验提示

硼酸为极弱酸，不能被直接准确滴定，可采用强化的方法间接测定。

实验 50　鸡蛋壳中碳酸盐含量的测定

一、实验目的

（1）掌握鸡蛋壳样品的处理方法。

（2）掌握返滴定法的原理和操作步骤。

二、实验原理

鸡蛋壳的主要成分为 $CaCO_3$，另外还有少量的 $MgCO_3$、蛋白质、色素以及 Fe、Al 等元素。$CaCO_3$ 和 $MgCO_3$ 均可与盐酸发生反应。在样品中加入过量、定量的 HCl 标准溶液，待反应完全后用 NaOH 标准溶液返滴定过量的 HCl，即可求出鸡蛋壳中碳酸盐的含量。反应式如下：

$$CaCO_3(MgCO_3)+2HCl = Ca^{2+}(Mg^{2+})+CO_2\uparrow+H_2O$$

三、仪器与试剂

仪器：碱式滴定管（50mL）；酸式滴定管（50mL）；试剂瓶（500mL）；烧杯（400mL，100mL）；锥形瓶（250mL）；量筒（10mL, 100mL）；称量瓶；分析天平（0.1mg）；托盘天平（0.1g）。

试剂：浓盐酸（约 12mol/L）；无水碳酸钠（基准物质，150℃下烘干 1h 并在干燥器中冷却至室温）；甲基橙指示剂（0.2%水溶液）；邻苯二甲酸氢钾（基准物质，在 110～120℃温度下干燥 1h 后，放入干燥器中备用）；酚酞（0.2%乙醇溶液）；氢氧化钠（固体）；鸡蛋壳样品。

四、步骤

1. 鸡蛋壳预处理

将鸡蛋壳洗净后放入 400mL 烧杯中，加水约 150mL，煮沸 5～10min 以去除鸡蛋壳内表层蛋白薄膜。然后将煮过的鸡蛋壳洗净后置于烘箱中烘干，在研钵中研磨成粉末。

2. 0.1mol/L HCl 标准溶液的配制与标定

用小量筒量取约 4.2mL 浓 HCl 倒入试剂瓶中，加水稀释至 500mL，摇匀。

用减量法准确称取无水碳酸钠 0.20～0.22g 三份（称量速度要快，称量瓶要盖严）于锥形瓶中，加水 20～30mL 溶解，加甲基橙指示剂 1～2 滴，用 HCl 标准溶液滴定至溶液由黄色变为橙色即为终点。计算 HCl 标准溶液的浓度及相对平均偏差。

3. 0.1mol/L NaOH 标准溶液的配制与标定

用托盘天平称取约 2g NaOH 放入 100mL 烧杯中，用少量水溶解后倒入试剂瓶中，加水稀释至 500mL，摇匀。

用减量法准确称取邻苯二甲酸氢钾 0.4～0.6g 三份于锥形瓶中，加水 40～50mL 溶解，加入 1～2 滴酚酞指示剂，用待标定的 NaOH 标准溶液滴定至溶液呈微红色并保持 30s 不褪色即为滴定终点。平行测定三次，计算 NaOH 标准溶液的浓度和相对平均偏差。

4. 鸡蛋壳中碳酸盐含量测定

准确称取预处理后的鸡蛋壳粉末 0.20～0.22g 三份于锥形瓶中，用酸式滴定管逐滴加入 HCl 标准溶液约 50mL（需准确读数），加热使之全部溶解，待溶液冷却后加入甲基橙指示剂 1～2 滴，用 NaOH 标准溶液滴定至溶液由红色变为黄色即为终点。计算碳酸盐含量（以 $CaCO_3$%表示）及相对平均偏差。

五、思考题

（1）为什么向样品中加入 HCl 标准溶液时要逐滴加入？

（2）测定样品时能否用酚酞作指示剂？

实验 51　阿司匹林药片中乙酰水杨酸含量的测定

一、实验目的

学习药片中酸性有效成分含量的测定方法。

二、实验原理

阿司匹林是国内外广泛使用的解热镇痛药，它的主要成分是乙酰水杨酸，为一种有机弱酸（$K_a=1\times10^{-3}$），分子式为 $C_9H_8O_4$，摩尔质量为 180.16g/mol，微溶于水（3.3g/L，20℃），易溶于乙醇。乙酰水杨酸在干燥空气中比较稳定，但在潮湿空气中会缓慢水解成水杨酸（邻羟基苯甲酸）和乙酸。在强碱性溶液中溶解并分解为水杨酸和乙酸盐，反应式如下：

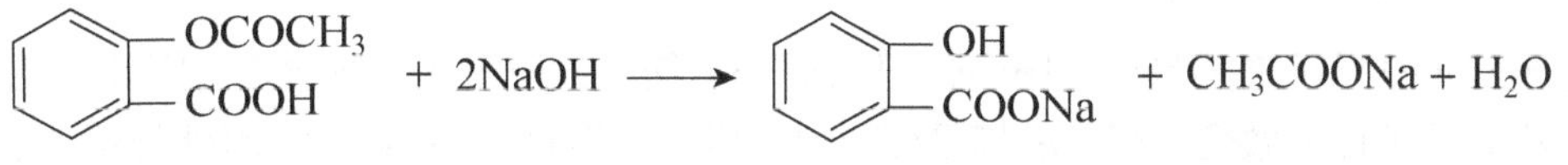

由于药片中一般都添加一定量的赋形剂，如硬脂酸镁、淀粉等不溶物，因此只能采用返滴定法进行测定。将药片研磨成粉状后加入定量、过量的 NaOH 标准溶液，加热一段时间使乙酰基水解完全，再用 HCl 标准溶液返滴定过量的 NaOH。

三、仪器与试剂

仪器：碱式滴定管（50mL）；酸式滴定管（50mL）；试剂瓶（500mL）；烧杯（100mL）；锥形瓶（250mL）；容量瓶（250mL）；移液管（25mL）；量筒（10mL, 100mL）；称量瓶；分析天平（0.1mg）；托盘天平（0.1g）。

试剂：浓盐酸（约 12mol/L）；无水碳酸钠（基准物质，150℃下烘干 1h 并在干燥器中冷却至室温）；甲基橙指示剂（0.2%水溶液）；邻苯二甲酸氢钾（基准物质，在 110～120℃温度下干燥 1h 后，放入干燥器中备用）；酚酞（0.2%乙醇溶液）；氢氧化钠（固体）；阿司匹林药片。

四、步骤

1. 0.1mol/L HCl 标准溶液的配制与标定

用小量筒量取约 4.2mL 浓 HCl 倒入试剂瓶中，加水稀释至 500mL，摇匀。

用减量法准确称取无水碳酸钠 0.20～0.22g 三份（称量速度要快，称量瓶要盖严）于锥形瓶中，加水 20～30mL 溶解后，加甲基橙指示剂 1～2 滴，用 HCl 标准溶液滴定至溶液由黄色变为橙色即为终点。计算 HCl 标准溶液的浓度及相对平均偏差。

2. 1.0mol/L NaOH 标准溶液的配制与标定

用托盘天平称取约 20g NaOH 放入 100mL 烧杯中，用少量水溶解后倒入试剂瓶中，加水稀释至 500mL，摇匀。移取 25.00mL NaOH 标准溶液于 250mL 容量瓶中，用水稀释至刻度，摇匀。

用减量法准确称取邻苯二甲酸氢钾 0.4～0.6g 三份于锥形瓶中，加水 40～50mL 溶解，加入 1～2 滴酚酞指示剂，用稀释后的 NaOH 标准溶液滴定至溶液呈微红色并保持 30s 不褪色即为终点。平行测定三次，计算 NaOH 标准溶液的浓度和相对平均偏差。

3. 药片中乙酰水杨酸含量的测定

将阿司匹林药片研磨成粉末后，准确称取约 0.6g 样品于 100mL 烧杯中，加入 25.00mL 1.0mol/L NaOH 标准溶液，加水约 30mL，盖上表面皿，加热 15min。待溶液冷却后，将烧杯中的溶液定量转移至 250mL 容量瓶中，用水稀释至刻度，摇匀。

准确移取上述样品溶液 25.00mL 三份于 250mL 锥形瓶中，加水 20～30mL，加入 2～3 滴酚酞指示剂，用 0.1mol/L HCl 标准溶液滴至红色刚刚消失即为终点。根据所消耗的 HCl 溶液的体积计算每片药剂中乙酰水杨酸的质量（g/片）及相对平均偏差。

4. 空白实验

由于 NaOH 溶液在加热过程中会受空气中 CO_2 的干扰而引入系统误差。因此，需要在测定样品相同的条件下做空白实验以扣除空白值。实验步骤除不加入药品粉末外与第 3 步相同。

五、思考题

（1）在测定药片的实验中，为什么 1mol 乙酰水杨酸消耗 2mol NaOH 而不是 3mol？返滴定后的溶液中，水解产物以何种形式存在？

（2）若测定的是乙酰水杨酸纯品（晶体），可否采用直接滴定法进行测定？

实验 52　食用醋中总酸度的测定

一、实验目的

学习食用醋中总酸度的测定方法。

二、实验原理

食用醋的主要成分是乙酸（HAc），此外还含有少量其他弱酸，如乳酸、氨基酸、葡萄糖酸、琥珀酸，以及糖、钙、磷、铁、维生素 B_2 等。乙酸的解离常数 $K_a=1.8\times10^{-5}$，其可以用 NaOH 标准溶液直接滴定。滴定时，HAc 与 NaOH 反应，食用醋中其他各种形式的酸也会与 NaOH 发生反应，故滴定所得为总酸度。

三、仪器与试剂

仪器：碱式滴定管（50mL）；试剂瓶（500mL）；烧杯（100mL）；锥形瓶（250mL）；容量瓶（250mL）；移液管（25mL）；量筒（100mL）；称量瓶；分析天平（0.1mg）；托盘天平（0.1g）。

试剂：邻苯二甲酸氢钾（基准物质，在 110～120℃温度下干燥 1h 后，放入干燥器中备用）；酚酞（0.2%乙醇溶液）；氢氧化钠（固体）；食用醋样品。

四、步骤

1. 0.1mol/L NaOH 标准溶液的配制与标定

用托盘天平称取约 2g NaOH 放入 100mL 烧杯中，用少量水溶解后倒入试剂瓶中，加水稀释至 500mL，摇匀。

用减量法准确称取邻苯二甲酸氢钾 0.4～0.6g 三份于锥形瓶中，加水 40～50mL 溶解，加入 1～2 滴酚酞指示剂，用 NaOH 标准溶液滴定至溶液呈现微红色并保持 30s 不褪色即为终点。平行测定三次，计算 NaOH 标准溶液的浓度和相对平均偏差。

2. 食用醋总酸度的测定

准确移取食用醋样品溶液 25.00mL 于 250mL 容量瓶中，用水稀释至刻度，摇匀。用移液管移取 25.00mL 上述稀释后的样品溶液三份于锥形瓶中，加水 50mL，加 1～2 滴酚酞指示剂，用 0.1mol/L NaOH 标准溶液滴至溶液呈微红色并保持 30s 不褪色即为终点。计算食用醋总酸度 T_{HAc}（g/L）及相对平均偏差。

实验 53　天然水总硬度的测定

一、实验目的

（1）掌握 EDTA 标准溶液的配制和标定方法。

（2）掌握 EBT 指示剂的使用条件和终点变化。

（3）掌握 EDTA 法测定水的总硬度的方法和原理。

（4）了解水硬度的表示方法。

二、实验原理

水的硬度主要来源于水中所含的钙盐和镁盐，对饮用水和工业用水的影响很大，是水质分析的常规项目。水硬度的表示方法很多，我国主要采用两种表示方法：①以度（°）表示，每升水中含 10mg CaO 为 1 度（°）；②用 $CaCO_3$ 含量表示。

水硬度的测定主要是通过 EDTA 滴定水中钙和镁总量，并折合成 CaO 或 $CaCO_3$ 含量来确定。用 EDTA 测定钙、镁总量，一般是在 pH≈10 的氨-氯化铵缓冲溶液中进行，并以铬黑 T（EBT）作指示剂。终点前 Ca^{2+}和 Mg^{2+}与 EBT 形成紫红色配合物，滴至终点时游离出的指示剂使溶液呈纯蓝色。

由于 EBT 与 Mg^{2+}显色灵敏度高，与 Ca^{2+}显色灵敏度低，故当水中 Mg^{2+}含量较低时，使用 EBT 作指示剂往往得不到敏锐的终点。因此可在 EDTA 滴定之前加入适量 Mg^{2+}（计量），并在最后得到的 Ca^{2+}结果中扣除加入的 Mg^{2+}的量。或者也可以在缓冲溶液中加入少量 Mg-EDTA 配合物，利用置换滴定原理来提高终点变色的敏锐性。在含 Ca^{2+}溶液中加入 Mg-EDTA 时，由于

$$\lg K_{Ca\text{-}EDTA}(10.7) > \lg K_{Mg\text{-}EDTA}(8.7) > \lg K_{Mg\text{-}EBT}(7.0) > \lg K_{Ca\text{-}EBT}(5.4)$$

将会发生如下置换反应：

$$\text{Mg-EDTA} + Ca^{2+} = \text{Ca-EDTA} + Mg^{2+}$$

再加入 EBT 指示剂时生成 Mg-EBT（红色）。终点时颜色的转变来自以下反应：

$$\text{Mg-EBT} + \text{EDTA} = \text{Mg-EDTA} + \text{EBT}$$

溶液由红色变为蓝色，变色十分敏锐，并且不影响 Ca^{2+}与 EDTA 的计量关系。这种方法也称为间接指示剂法。

测定时水中含有其他干扰离子时，可用掩蔽方法消除。例如，样品中含有 Fe^{3+}或 Al^{3+}可加入三乙醇胺掩蔽（先加入三乙醇胺再调节溶液 pH 至碱性。为什么？）；含有 Cu^{2+}、Pb^{2+}或 Zn^{2+}等可加入 KCN 掩蔽（一定要先将溶液 pH 调为碱性再加入 KCN！为什么？）或加入 Na_2S 掩蔽。

三、仪器与试剂

仪器：酸式滴定管（50mL）；锥形瓶（250mL）；试剂瓶（500mL）；烧杯（400mL，100mL）；容量瓶（250mL）；移液管（25mL）；量筒（100mL）；称量瓶；分析天平（0.1mg）；托盘天平（0.1g）。

试剂：乙二胺四乙酸二钠盐（EDTA）；氨-氯化铵缓冲溶液（pH≈10）[1]；铬黑 T(EBT)[2]；三乙醇胺（1∶2 水溶液）；HCl（1∶1 水溶液，约 6mol/L）；碳酸钙（基准试剂）；三乙醇胺（1∶2 水溶液）；水样。

四、步骤

1. 0.02mol/L EDTA 标准溶液的配制和标定

用托盘天平称取 4g EDTA 于 400mL 烧杯中，用水溶解后倒入试剂瓶中，加水稀释至 500mL，摇匀。

准确称取 0.3～0.5g $CaCO_3$ 于 100mL 烧杯中，加入少量水润湿，盖上表面皿，慢慢滴加 1∶1 HCl 5～10mL，加热溶解，然后将溶液定量转入 250mL 容量瓶中，用水稀释至刻度，摇匀。移取 25.00mL 上述溶液三份于 250mL 锥形瓶中，加入 20mL pH≈10 氨-氯化铵缓冲溶液，加入少许（约 10mg）EBT 指示剂，用 EDTA 标准溶液滴定至溶液由紫红色变为纯蓝色即为终点。计算 EDTA 标准溶液的浓度及相对平均偏差。

2. 水硬度测定

用移液管移取 100.00mL 水样于 250mL 锥形瓶中，加 1～2 滴 1∶1 HCl 酸化，煮沸数分钟除去 CO_2。待溶液冷却后加入 5mL 三乙醇胺溶液，5mL pH≈10 氨-氯化铵缓冲溶液，少许（约 10mg）EBT 指示剂，用 EDTA 标准溶液滴定至溶液由紫红色变为纯蓝色即为终点。平行测定三次，计算水硬度及相对平均偏差。

3. 计算方法

（1）用度表示：

$$x(°)=\frac{c_{\text{EDTA}}\cdot V_{\text{EDTA}}\cdot M(\text{CaO})\cdot 10^2}{V_{\text{水样}}}$$

（2）用 $CaCO_3$（mg/L）表示：

$$\text{CaCO}_3=\frac{c_{\text{EDTA}}\cdot V_{\text{EDTA}}\cdot M(\text{CaCO}_3)\cdot 10^3}{V_{\text{水样}}}$$

（3）用 CaO（mg/L）表示：

$$\text{CaO}=\frac{c_{\text{EDTA}}\cdot V_{\text{EDTA}}\cdot M(\text{CaO})\cdot 10^3}{V_{\text{水样}}}$$

五、思考题

测定水硬度时，为什么常加入少量 Mg-EDTA？它对测定有无影响？是否可以用 Zn-EDTA

代替 Mg-EDTA？

【附注】

[1] 称取 20g 氯化铵溶于水，加 100mL 浓氨水，再加 Mg-EDTA 配合物 0.4g，用水稀释至 1L。

[2] 1g EBT 与 100g 固体 NaCl 混合研磨后保存备用。

实验 54 鸡蛋壳中钙、镁含量的测定（配位滴定法）

一、实验目的

学习使用配合掩蔽法消除共存离子的干扰。

二、实验原理

鸡蛋壳的主要成分为 $CaCO_3$，其次为 $MgCO_3$、蛋白质、色素以及少量的 Fe、Al 等。在 pH=10 时，采用铬黑 T（EBT）作指示剂，用 EDTA 标准溶液可直接滴定 Ca^{2+}、Mg^{2+} 总量。但鸡蛋壳中少量的 Fe^{3+}、Al^{3+}等金属离子可同时与 EDTA 配合，影响测定结果。为提高测定选择性，需要加入三乙醇胺作为掩蔽剂，使之与 Fe^{3+}、$A1^{3+}$等离子生成更稳定的配合物以消除它们的干扰。

三、仪器与试剂

仪器：酸式滴定管（50mL）；锥形瓶（250mL）；试剂瓶（500mL）；烧杯（400mL，100mL）；容量瓶（250mL）；移液管（25mL）；量筒（100mL）；称量瓶；电子天平（0.1mg）；托盘天平（0.1g）。

试剂：乙二胺四乙酸二钠盐（EDTA）；氨-氯化铵缓冲溶液（pH≈10，配制方法见实验 53）；铬黑 T（EBT，配制方法见实验 53）；三乙醇胺（1∶2 水溶液）；盐酸（1∶1 水溶液，约 6mol/L）；碳酸钙（基准试剂）；乙醇（95%水溶液）；鸡蛋壳样品。

四、步骤

1. 鸡蛋壳预处理

将鸡蛋壳洗净后放入 400mL 烧杯中，加水约 150mL，煮沸 5～10min 以去除蛋壳内表层的蛋白薄膜。然后将煮过的鸡蛋壳洗净后置于烘箱中烘干，在研钵中研磨成粉末。

2. 0.02mol/L EDTA 标准溶液的配制和标定

用托盘天平称取 4g EDTA 于 400mL 烧杯中，用水溶解后倒入试剂瓶中，加水稀释至 500mL，摇匀。

准确称取 0.3～0.5g $CaCO_3$ 于 100mL 烧杯中，加少量水润湿，盖上表面皿，缓慢滴加 1∶1 HCl 溶液 5～10mL，加热溶解。待溶液冷却后将溶液定量转入 250mL 容量瓶中，用水稀释至刻度，摇匀。移取 25.00mL 上述溶液三份于锥形瓶中，加入 20mL pH≈10 的氨-氯化铵缓冲溶液，少许（约 10mg）EBT 指示剂，用 EDTA 标准溶液滴定至溶液由紫红色变为纯蓝色即为终点。计算 EDTA 标准溶液的浓度及相对平均偏差。

3. Ca、Mg 总量的测定

准确称取 0.3～0.4g 鸡蛋壳粉末于 100mL 烧杯中，盖上表面皿，缓慢滴加 1∶1 HCl 5mL，加热至完全溶解（可能会有少量蛋白膜不溶）。待冷却后，将溶液定量转移至 250mL 容量瓶中，用水稀释至接近刻度线。此时若容量瓶中有泡沫，则滴加 2～3 滴 95%乙醇，待泡沫消除后，再用水稀释至刻度，摇匀。

移取样品溶液 25.00mL 三份置于锥形瓶中，加水 20mL，三乙醇胺 5mL，摇匀。再加 pH≈10 氨-氯化铵缓冲溶液 10mL，摇匀。加入少许（约 10mg）EBT 指示剂，用 EDTA 标准溶液滴定至溶液由紫红色变为纯蓝色即为终点。计算 Ca^{2+}、Mg^{2+}总量，以 CaO 的含量（%）表示。

实验 55　保险丝中铅含量的测定

一、实验目的

（1）掌握保险丝的溶样方法。

（2）掌握掩蔽剂在络合滴定中的应用。

二、实验原理

保险丝的主要成分一般为铅及少量的 Sb、Cu 等金属元素。溶于酸后，这些金属离子都可以与 EDTA 形成络合物，对铅的测定产生严重干扰。在六次甲基四胺缓冲溶液条件下（pH=5～6），采用硫脲掩蔽 Cu^{2+}，NH_4F 掩蔽 Sb^{3+}，以二甲酚橙为指示剂，用 EDTA 标准溶液可以直接滴定铅。

三、仪器与试剂

仪器：酸式滴定管（50mL）；锥形瓶（250mL）；试剂瓶（500mL）；烧杯（400mL，100mL）；容量瓶（250mL）；移液管（25mL）；量筒（100mL）；称量瓶；分析天平（0.1mg）；托盘天平（0.1g）。

试剂：乙二胺四乙酸二钠盐（EDTA）；二甲酚橙（XO，0.2%水溶液）；六次甲基四胺（20%水溶液）；金属锌粒（>99.9%）；盐酸（1∶1，约 6mol/L）；硝酸（1∶2，约 5mol/L）；氟化铵；硫脲；保险丝样品。

四、步骤

1. 0.02mol/L EDTA 标准溶液的配制与标定

用托盘天平称取约 4g EDTA 于 400mL 烧杯中，用水溶解后倒入试剂瓶中，稀释至 500mL，摇匀。

准确称取纯锌粒 0.3～0.4g（直接称量法）于 100mL 烧杯中，盖上表面皿，滴加 1∶1HCl 10mL，待其完全溶解后，吹洗表面皿和烧杯内壁，将溶液定量转入 250mL 容量瓶中，用水稀释至刻度，摇匀。

用移液管移取 25.00mL Zn^{2+}标准溶液三份于锥形瓶中，加 XO 指示剂 1～2 滴，滴加 20%六次甲基四胺溶液至溶液呈稳定的紫红色后再多加 5mL，用 EDTA 标准溶液滴定至溶液由紫红色变为亮黄色即为终点。计算 EDTA 溶液的浓度及相对平均偏差。

2. 样品的测定

准确称取保险丝样品 0.9～1.1g（直接称量法）于 100mL 烧杯中，加入 5mol/L HNO_3 20mL，加热微沸至样品溶解完全，冷却至室温，定量转入 250mL 容量瓶中，用水稀释至刻度，摇匀。

移取上述样品溶液 25.00mL 三份于锥形瓶中，加水 20mL，氟化铵 2g，硫脲 2g，加热至 60～70℃，冷却至室温后，加入 XO 指示剂 2～3 滴，逐滴加入六次甲基四胺溶液直至溶液呈稳定的紫红色后再多加 5mL，用 EDTA 标准溶液滴定至溶液由紫红色变为亮黄色即为终点。计算保险丝中铅的质量分数（%）及相对平均偏差。

五、思考题

溶解保险丝时能否用 HCl 和 H_2SO_4？为什么？

实验 56 锌铋混合液中金属离子的连续配位滴定

一、实验目的

掌握配位滴定中控制酸度进行金属离子连续滴定的方法。

二、实验原理

Bi^{3+}、Zn^{2+}均能和 EDTA 形成稳定的 1∶1 配合物。lg$K$ 分别为 27.9 和 16.5。由于二者的 lg$K$ 相差很大，故可控制在不同的酸度下分别进行滴定。

在 Bi^{3+}、Zn^{2+}混合溶液中，首先调节溶液的 pH≈1，以二甲酚橙为指示剂，用 EDTA 标准溶液滴定至溶液由紫红色变为亮黄色即达到 Bi^{3+}的滴定终点，此时 Zn^{2+}不被滴定。在滴定 Bi^{3+}后的溶液中，加入六次甲基四胺溶液，调节溶液 pH 为 5～6，这时 Zn^{2+}与二甲酚橙形成配合物，溶液再次呈紫红色。用 EDTA 标准溶液继续滴定至溶液由紫红色变为亮黄色即是 Zn^{2+}的滴定终点。

三、仪器与试剂

仪器：酸式滴定管（50mL）；锥形瓶（250mL）；试剂瓶（500mL）；烧杯（400mL，100mL）；容量瓶（250mL）；移液管（25mL）；量筒（100mL）；称量瓶；分析天平（0.1mg）；托盘天平（0.1g）。

试剂：乙二胺四乙酸二钠盐（EDTA）；二甲酚橙（XO，0.2%水溶液）；六次甲基四胺（20%水溶液）；金属锌粒（>99.9%）；HCl（1∶1，约 6mol/L）；硝酸（0.1mol/L）；锌铋混合溶液。

四、步骤

1. 0.02mol/L EDTA 标准溶液的配制与标定

用托盘天平称取 4g EDTA 于 400mL 烧杯中，加水溶解后倒入试剂瓶中，稀释至 500mL，摇匀。

准确称取纯锌粒 0.3～0.4g 一份（直接称量法）于 100mL 烧杯中，盖上表面皿，滴加 1∶1 HCl 10mL，待其完全溶解后，吹洗表面皿和烧杯内壁，将溶液定量转入 250mL 容量瓶中，用水稀释至刻度，摇匀。

用移液管移取 25.00mL Zn^{2+}标准溶液三份置于锥形瓶中，加二甲酚橙指示剂 1～2 滴，滴加 20%六次甲基四胺溶液至溶液呈稳定的紫红色后再多加 5mL，用 EDTA 标准溶液滴定到溶液由紫红色变为亮黄色即为终点。计算 EDTA 标准溶液的浓度及相对平均偏差。

2. 样品分析

用移液管移取 25.00mL 混合离子样品溶液三份分别置于锥形瓶中，加二甲酚橙指示剂 1～2 滴，用 EDTA 标准溶液滴定至溶液由紫红色变为亮黄色即为终点，记下消耗的 EDTA 标准溶液的体积 V_1(mL)。滴加 20%的六次甲基四胺溶液到滴定完 Bi^{3+}的溶液中，待溶液变为稳定的紫红色后再多加 5mL，此时溶液的 pH 为 5～6，继续用 EDTA 标准溶液滴定至溶液由紫红色变为亮黄色即为终点，记下消耗的 EDTA 的体积 V_2(mL)。计算 Bi^{3+}和 Zn^{2+}的浓度（g/L）及相对平均偏差。

五、思考题

（1）用纯锌标定 EDTA 溶液时，为什么要加入六次甲基四胺溶液？

（2）本实验中，能否先在 pH=5～6 的溶液中滴定 Zn^{2+}，然后再调节溶液的 pH=1 滴定 Bi^{3+}？

（3）Bi^{3+}、Zn^{2+}连续滴定时，为什么用二甲酚橙指示剂？是否可以用铬黑 T 指示剂？

实验 57　返滴定法测定未知物中铝的含量

一、实验目的

掌握返滴定法测定铝的原理和方法。

二、实验原理

铝离子（Al^{3+}）在水中极易水解形成一系列多核羟基配合物。这些多核羟基配合物与 EDTA 的配位反应非常缓慢，故不能用直接滴定法测定铝离子含量，只能采用返滴定法。为此，先加入定量且过量的 EDTA 标准溶液，在 pH=3.5 时煮沸几分钟，使铝离子与 EDTA 配合完全。然后调节 pH=5～6，以二甲酚橙为指示剂，用锌标准溶液返滴定过量的 EDTA 而测得铝离子的含量。此方法可用于简单样品中铝含量的测定，如氢氧化铝、复方氢氧化铝、明矾[$KAl(SO_4)_2·12H_2O$]等样品。

三、仪器与试剂

仪器：酸式滴定管（50mL）；锥形瓶（250mL）；试剂瓶（500mL）；烧杯（400mL，100mL）；容量瓶（250mL）；移液管（25mL）；量筒（100mL）；称量瓶；分析天平（0.1mg）；托盘天平（0.1g）。

试剂：乙二胺四乙酸二钠盐（EDTA）；六次甲基四胺（20%水溶液）；金属锌粒（>99.9%）；HCl（1∶1 水溶液，约 6mol/L）；$NH_3·H_2O$（约 6mol/L）；二甲酚橙指示剂（XO，0.2%水溶液）；百里酚蓝（0.1%的 20%乙醇溶液，pH>2.8 时溶液呈黄色，pH>9 时溶液呈蓝色）；含铝样品。

四、步骤

1. 0.02mol/L 锌标准溶液的配制

准确称取纯锌粒 0.3～0.4g 一份（直接称量法）于 100mL 烧杯中，盖上表面皿，加入 1∶1 HCl 溶液 10mL，待其完全溶解后冲洗表面皿和烧杯内壁，将溶液定量转入 250mL 容量瓶中，用水稀释至刻度，摇匀。计算锌标准溶液浓度。

2. 0.02mol/L EDTA 标准溶液的配制和标定

用托盘天平称取 EDTA 约 4g 于 400mL 烧杯中，加水溶解后倒入试剂瓶中，稀释至 500mL，摇匀。

移取 25.00mL 锌标准溶液三份于锥形瓶中，加入 1～2 滴 XO 指示剂，滴加六次甲基四胺溶液至溶液呈稳定的紫红色后再多加 5mL，用 EDTA 标准溶液滴定至溶液由紫红色变为亮黄色即为终点。平行测定三次，计算 EDTA 标准溶液浓度和相对平均偏差。

3. 返滴定法测定样品中铝的含量

准确称取样品 0.3～0.4g 于 100mL 烧杯中，加 1∶1 HCl 2mL 溶解后定量转移至 250mL 容量瓶中，用水稀释至刻度，摇匀。

移取样品溶液 25.00mL 三份置于锥形瓶中，加入 0.02mol/L EDTA 标准溶液 25.00mL，加百里酚蓝指示剂 3～5 滴，用 6mol/L $NH_3·H_2O$ 调节溶液 pH 至溶液由红色变为黄色，将溶液煮沸 1～2min，待冷却后，加入 20%六次甲基四胺溶液 10mL，加入二甲酚橙指示剂 2～3 滴。此时溶液应呈黄色，如不呈黄色，可用 HCl 调至黄色，然后用锌标准溶液滴定至溶液由黄色变为紫红色即为终点。平行测定三次，计算样品中铝的含量及相对平均偏差。结果以 Al_2O_3%表示。

五、思考题

（1）返滴定过量的 EDTA 时，能否改用其他金属离子的标准溶液？此时要用什么指示剂？

（2）试述以二甲酚橙为指示剂采用返滴定法测定铝的原理。

实验 58 混合离子溶液中铁和铝含量的测定

一、要求

参考提示，自拟用配位滴定法测定 Fe^{3+}和 Al^{3+}混合样品溶液中二者含量的实验方案，并按实验要求将拟出的方案经指导教师审批后进行实验。

二、提示

用 EDTA 滴定 Fe^{3+}常用磺基水杨酸作指示剂，并加热至 40～50℃滴定。

实验 59 配位滴定法测定铜和锌的含量

一、实验目的

掌握配合掩蔽法在测定混合离子中的应用。

二、实验原理

合金是由两种或几种金属元素组成的特殊材料，由于其独特的性质（如导电性、延展性、耐腐蚀性等），被广泛应用于许多领域，如航空航天、建筑、电子设备等。黄铜属于铜锌合金，是日常生活中最为常见的金属材料，其中铜和锌含量可以用配位滴定法测定。因为 Cu^{2+}和 Zn^{2+}与 EDTA 配合物的稳定常数相近，因此单独测定 Zn^{2+}时需用硫代硫酸盐作为配合剂掩蔽 Cu^{2+}。第一次滴定时，测定铜和锌总量；第二次滴定时，加入硫代硫酸钠掩蔽 Cu^{2+}，测定 Zn^{2+}含量，两次滴定结果的差值即为 Cu^{2+}含量。另外，由于 Cu^{2+}对常用金属指示剂二甲酚橙有封闭作用，因此实验中采用 PAN（1-(2-吡啶偶氮)-2-萘酚）作为指示剂。

三、仪器与试剂

仪器：酸式滴定管（50mL）；锥形瓶（250mL）；试剂瓶（500mL）；烧杯（100mL, 400mL）；容量瓶（100mL, 250mL）；移液管（25mL）；量筒（100mL）；称量瓶；分析天平（0.1mg）；托盘天平（0.1g）。

试剂：乙二胺四乙酸二钠盐（EDTA）；HAc-NaAc 缓冲溶液（0.1mol/L，pH=5.5～6.0）；硫代硫酸钠（10%水溶液）；PAN 指示剂（0.1%乙醇溶液）；金属锌粒（＞99.9%）；HCl（1∶1 水溶液，约 6mol/L）；浓硝酸；六次甲基四胺（20%水溶液）；二甲酚橙（XO，0.2%水溶液）；黄铜样品。

四、步骤

1. 黄铜样品的溶解

准确称取黄铜样品（约 0.25g，直接称量法）置于 100mL 烧杯中，小心加入 5mL

浓硝酸，加热使之完全溶解（由于这一步会有 NO_2 气体产生，一定要在通风橱中进行！）。样品溶解后继续加热蒸发浓缩至近干以除去大部分未反应的酸（注意不要蒸干至盐析出，否则铜会发生水解。如果已经发生水解，可加微量盐酸溶解）。将烧杯冷却至室温，加水溶解烧杯内残渣，将溶液定量转移至 100mL 容量瓶中，稀释至刻度，摇匀。

2. EDTA 标准溶液的配制和标定

用托盘天平称取约 4g EDTA 于 400mL 烧杯中，用水溶解后倒入试剂瓶中，稀释至 500mL，摇匀。

准确称取纯锌粒 0.3～0.4g 一份（直接称量法）于 100mL 烧杯中，盖上表面皿，加 1∶1HCl 10mL，待其完全溶解后，吹洗表面皿和烧杯内壁，将溶液定量转入 250mL 容量瓶中，加水稀释至刻度，摇匀。

移取 25.00mL Zn^{2+}标准溶液三份于锥形瓶中，加 XO 指示剂 1～2 滴，滴加 20%六次甲基四胺溶液至溶液呈稳定的紫红色后再多加 5mL，用 EDTA 标准溶液滴定至溶液由紫红色变为亮黄色即为终点。计算 EDTA 标准溶液的浓度及相对平均偏差。

3. Cu^{2+}和 Zn^{2+}总量的测定

移取 25.00mL 待测液于锥形瓶中，加水 20mL，加入 15mL HAc-NaAc 缓冲溶液，滴加几滴 PAN 指示剂，用 EDTA 标准溶液滴定至溶液由红色变为黄色即为终点。平行测定三次，计算 Cu^{2+}和 Zn^{2+}总量（%）。

4. Zn^{2+}含量的测定

移取 25.00mL 待测液于锥形瓶中，加水 20mL，加入 15mL HAc-NaAc 缓冲溶液，5mL 硫代硫酸钠溶液，滴加几滴 PAN 指示剂，用 EDTA 标准溶液滴定至溶液由红色变为黄色即为终点。平行测定三次，计算 Zn^{2+}含量（%）。

5. 计算 Cu^{2+}含量

根据第 3 步和第 4 步滴定结果的差值计算 Cu^{2+}含量（%）。

五、思考题

（1）解释硫代硫酸钠掩蔽 Cu^{2+}的原因。
（2）为什么滴定时 pH 要控制在 5～6？

实验 60　铁矿石中酸可溶铁的测定（汞法）

一、实验目的

（1）了解氧化还原滴定法的一般原理和重铬酸钾法的特点。
（2）了解氧化还原指示剂的变色原理和选择原则。

二、实验原理

具有工业价值的铁矿石主要有赤铁矿（Fe_2O_3）、褐铁矿（$Fe_2O_3 \cdot nH_2O$）、磁铁矿（Fe_3O_4）和菱铁矿（$FeCO_3$）等。可溶铁是指能溶于 HCl 中的铁，不包括不能被 HCl 分解的硅酸铁。

铁矿样品用 HCl 溶解后，铁以 $FeCl_6^{3-}$（黄色）形式进入溶液，可用 $SnCl_2$ 将 Fe^{3+} 全部还原为 Fe^{2+}。此反应要在热的浓 HCl 介质中进行，$FeCl_6^{3-}$ 的黄色褪去指示还原反应进行完全。溶液体积小，HCl 浓度大有利于观察颜色的变化。溶液温度以 80～90℃为宜。温度太高，$FeCl_3$ 易挥发，造成损失；温度太低，反应速率慢，滴加 $SnCl_2$ 时会过量很多。

过量的 $SnCl_2$ 必须除去，否则会消耗 $K_2Cr_2O_7$ 标准溶液，使测定结果偏高。可加入 $HgCl_2$ 与过量的 $SnCl_2$，生成白色丝状 Hg_2Cl_2 沉淀，此沉淀不与 $K_2Cr_2O_7$ 反应，因此不会影响后面的滴定结果。$HgCl_2$ 必须一次性快速加入。如果 $SnCl_2$ 过量太多，会形成絮状 Hg_2Cl_2 和金属 Hg 混合物，沉淀呈灰黑色，此沉淀能与 $K_2Cr_2O_7$ 反应消耗滴定剂。如果加入 $HgCl_2$ 后不产生白色沉淀，说明 $SnCl_2$ 用量不足，Fe^{3+} 没有全部还原为 Fe^{2+}。如果实验中出现这两种现象都应重做。

$K_2Cr_2O_7$ 标准溶液滴定 Fe^{2+} 需在 1～2mol/L 硫酸-磷酸混合溶液中进行，以二苯胺磺酸钠为指示剂。反应式如下：

$$Cr_2O_7^{2-} + 6Fe^{2+} + 14H^+ = 6Fe^{3+} + 2Cr^{3+} + 7H_2O$$

硫酸为反应提供足够的酸度。磷酸与滴定产物 Fe^{3+} 可以形成无色络离子 $Fe(HPO_4)_2^-$，消除 Fe^{3+} 的黄色，有利于终点颜色的观察。同时可以降低 Fe^{3+} 的浓度，从而降低 Fe^{3+}/Fe^{2+} 电对的条件电位，使突跃起点电位降低，指示剂变色点落在突跃范围内。加入硫酸-磷酸混合溶液后应立即滴定，否则空气中的氧会氧化 Fe^{2+} 产生误差。滴定过程中生成的 Cr^{3+} 的绿色会影响终点观察，故加入硫酸-磷酸混合溶液前应将溶液稀释。终点时，过量的 $K_2Cr_2O_7$ 将二苯胺磺酸钠氧化，溶液由淡绿色变为紫色，变色敏锐。二苯胺磺酸钠的氧化产物不稳定，故溶液放置一段时间后，紫色会逐渐消失。

汞法测铁准确度高，适应性广，测定速度快，当氯离子浓度不是很大时不会产生干扰。但汞法中使用的 $HgCl_2$ 为剧毒物，会给使用者带来潜在的危险，滴定后的废液处理不当也会造成环境的污染。

三、仪器与试剂

仪器：酸式滴定管（50mL）；锥形瓶（250mL）；试剂瓶（500mL）；烧杯（100mL，400mL）；容量瓶（250mL）；移液管（25mL）；量筒（100mL）；称量瓶；分析天平（0.1mg）。

试剂：$SnCl_2$ 溶液（10%水溶液。称取 10g $SnCl_2 \cdot 2H_2O$ 溶于 100mL 1∶2 HCl 中）；氯化汞（5%水溶液）；硫酸-磷酸混合溶液（将 150mL 浓硫酸缓慢加入 700mL H_2O 中，冷却后加入 150mL 磷酸，混匀）；浓 HCl（约 12mol/L）；二苯胺磺酸钠（0.2%水溶液）；$K_2Cr_2O_7$（基准试剂）；铁矿石样品。

四、步骤

1. 0.02mol/L $K_2Cr_2O_7$ 标准溶液的配制

将 $K_2Cr_2O_7$ 在 150～180℃下烘干 2h，放入干燥器中冷却至室温。用减量法准确称取 1.2～1.3g 于 100mL 烧杯中，加水溶解后，定量转入 250mL 容量瓶中，用水稀释至刻度，摇匀。计算 $K_2Cr_2O_7$ 标准溶液的浓度。

2. 样品的分析

将铁矿样品置于称量瓶中，在 110℃烘箱中烘干 1h，然后放在干燥器中冷却至室温。准确称取样品 0.2～0.3g 三份于 400mL 烧杯中[1]，加少许水润湿，滴加浓 HCl 10mL，盖上表面皿，在通风橱中低温加热溶解（若溶解困难，可加入少量 NaF 助溶）。样品分解完全后[2]，用少量水冲洗表面皿和烧杯内壁，加热至近沸，趁热滴加 10% $SnCl_2$ 溶液还原 Fe^{3+}至黄色消失，并过量 1～2 滴[3]。用水冲洗烧杯内壁，冷却至室温[4]。将 5% $HgCl_2$ 溶液快速加入，摇匀，此时即有白色丝状沉淀产生。放置 3～5min 后，加水稀释至约 200mL，加入硫酸-磷酸混合溶液 15mL，二苯胺磺酸钠 5～6 滴，立即用 $K_2Cr_2O_7$ 标准溶液滴定至溶液由绿色变为紫色即为终点[5]。计算铁的含量（Fe%）及相对平均偏差。

五、思考题

（1）$K_2Cr_2O_7$ 法测定铁时，滴定前为什么要加入 H_3PO_4？不加对结果有何影响？加入 H_3PO_4 后为什么要立即进行滴定？

（2）为什么 $SnCl_2$ 溶液要趁热滴加，而加 $HgCl_2$ 溶液前则需要冷却？

（3）$K_2Cr_2O_7$ 为什么能直接配制标准溶液而无需标定？

【附注】

[1] 若样品为可溶性铁盐，则称样量为 1.0～1.2g，改加 1∶1 HCl 10mL，无需加热。

[2] 样品分解完全时，剩余残渣应为白色或接近白色的 SiO_2。如仍有黑色残渣，则说明样品分解不够完全。

[3] 用 $SnCl_2$ 还原 Fe^{2+}时，溶液体积不能过大，HCl 浓度不能太小，温度不能低于 60℃，否则还原速度很慢，容易使滴加的 $SnCl_2$ 过量太多。故冲洗表面皿及烧杯内壁时，用水量不能太多。

[4] 加入 $HgCl_2$ 前，溶液应冷却，否则 Hg^{2+}可能氧化溶液中的 Fe^{2+}，使结果偏低。$HgCl_2$ 溶液应快速一次加入，不能分批加或滴加，否则可能会有 Hg 生成。加入 $HgCl_2$ 后，应放置 3～5min，否则 $SnCl_2$ 氧化不完全，使结果偏高。

[5] 在硫酸-磷酸混合溶液中，Fe^{2+}极易氧化。故加入混酸后，应马上滴定。二苯胺磺酸钠指示剂加入后，溶液呈无色。随着 $K_2Cr_2O_7$ 的滴加，溶液中有 Cr^{3+}生成，溶液由无色逐渐变为绿色。终点时，溶液由绿色变为紫色。

实验 61　重铬酸钾法测定铁矿石中酸可溶铁的含量（无汞法）

一、实验目的

了解无汞法测定铁的原理及方法。

二、实验原理

经典的汞法测定铁矿石中可溶铁的含量，简便、快速，但因 $HgCl_2$ 剧毒，操作人员面临潜在的风险，并且废液处理不当也会污染环境。为减少危险和污染，近年来国内外的化学工作者研究了多种不用汞测定常量铁的新方法。

本实验采用了改进的重铬酸钾法，即保留 $K_2Cr_2O_7$ 作滴定剂，但不使用 $HgCl_2$。矿样经盐酸分解，先用 $SnCl_2$ 将大部分 Fe^{3+} 还原成 Fe^{2+}，样品溶液由红棕色变为淡黄色。然后再用 $TiCl_3$ 将剩余的 Fe^{3+} 还原，过量的 TiC_3 会将 Na_2WO_4 还原成“钨蓝”，指示还原反应完全。过量的 TiC_3 可通过滴加 $K_2Cr_2O_7$ 溶液氧化至“钨蓝”刚好褪色，然后再以二苯胺磺酸钠为指示剂，用 $K_2Cr_2O_7$ 标准溶液滴定样品溶液中的 Fe^{2+}。

三、仪器与试剂

仪器：酸式滴定管（50mL）；锥形瓶（250mL）；试剂瓶（500mL）；烧杯（100mL，400mL）；容量瓶（250mL）；移液管（25mL）；量筒（100mL）；称量瓶；分析天平（0.1mg）。

试剂：HCl（1∶1 水溶液，约 6mol/L）；$SnCl_2$ 溶液（10%水溶液。称取 10g $SnCl_2 \cdot 2H_2O$ 溶于 100mL 1∶2 HCl 中）；硫酸-磷酸混合溶液（将 150mL 浓硫酸缓慢加入 700mL H_2O 中，冷却后加入 150mL 磷酸，混匀）；$TiCl_3$ 溶液（3%水溶液。100mL 15%～20%的浓 $TiCl_3$ 与 160mL 1∶1 HCl 及 50mL 水混合，加入十粒纯锌，放置过夜）；Na_2WO_4 溶液（25%水溶液。25g Na_2WO_4 溶于适量水中，加 H_3PO_4 5mL，稀释至 100mL）；二苯胺磺酸钠（0.2%水溶液）；$K_2Cr_2O_7$（基准试剂）；铁矿石样品。

四、步骤

1. 0.02mol/L $K_2Cr_2O_7$ 标准溶液的配制

将 $K_2Cr_2O_7$ 在 150～180℃下烘干 2h 后放入干燥器中冷却至室温。用减量法准确称取 1.2～1.3g 于 100mL 烧杯中，加水溶解后定量转入 250mL 容量瓶中，用水稀释至刻度，摇匀。计算 $K_2Cr_2O_7$ 标准溶液的浓度。

2. 样品分析

准确称取已烘干的铁矿样品 0.2～0.3g 三份于 400mL 烧杯中，加少许水润湿，滴加 1∶1 HCl 20mL，盖上表面皿，在通风橱中低温加热溶解[1]（若溶解困难，可加 NaF 助溶）。样品分解完全后，用少量水冲洗表面皿和烧杯内壁，加热至近沸，趁热滴加 $SnCl_2$ 至溶液由棕色变为淡黄色，加 H_2O 50mL，Na_2WO_4 4 滴，边摇动边滴加 $TiCl_3$ 溶液至出现浅蓝色后再过量 2 滴。冲洗烧杯内壁，冷却至室温后滴加 $K_2Cr_2O_7$ 标准溶液至蓝色刚刚消失（注意：一般只需 2～5 滴 $K_2Cr_2O_7$，不要过量，否则结果偏低。此时消耗的 $K_2Cr_2O_7$ 不计体积）。再加水 50mL，硫酸-磷酸混合溶液 15mL，二苯胺磺酸钠指示剂 5～6 滴，立即用 $K_2Cr_2O_7$ 标准溶液滴定至溶液呈稳定紫色即为终点[2]。计算样品中铁的含量及相对平均偏差。

五、思考题

比较无汞法与汞法测可溶铁的优缺点。

【附注】

[1] 若样品为可溶性铁盐，则称样量为 1.0～1.2g，改加 1∶1 HCl 10mL，无需加热。

[2] 在硫酸-磷酸混合溶液中，Fe^{2+}极易氧化。故加入混酸后，应马上滴定。二苯胺磺酸钠指示剂加入后，溶液呈无色。随着 $K_2Cr_2O_7$ 的滴加，溶液中有 Cr^{3+}生成，溶液由无色逐渐变为绿色。终点时，溶液由绿色变为紫色。

实验 62　水样中化学需氧量（COD）测定（$K_2Cr_2O_7$法）

一、实验目的

掌握 $K_2Cr_2O_7$ 法测定化学需氧量的原理和实验方法。

二、实验原理

化学需氧量（COD）是指在一定的条件下，采用一定的强氧化剂处理水样中的还原性物质时，所消耗的氧化剂量折算成氧气的量，单位为 mg/L。水中的还原性物质主要为各种有机化合物，还包括一些亚硝酸盐、硫化物、亚铁盐等。因此，COD 是水体有机化合物污染的一项重要指标，COD 越大，说明水体受有机化合物的污染越严重。清洁的地面水中有机化合物的含量较低，COD 一般小于 3～4mg/L，而清洁海水的 COD 小于 0.5mg/L。轻度污染的水源 COD 可达 4～10mg/L。若水中 COD 大于 10mg/L，则认为水源污染严重。在饮用水的标准中，Ⅰ类和Ⅱ类水 COD≤15mg/L，Ⅲ类水 COD≤20mg/L，Ⅳ类水 COD≤30mg/L，Ⅴ类水 COD≤40mg/L。

COD 测定方法中应用最普遍的是酸性 $KMnO_4$ 氧化法与 $K_2Cr_2O_7$ 氧化法。由于污水和工业废水中含有许多不能被 $KMnO_4$ 氧化的有机化合物，氧化效率低，导致测定结果偏低。因此 $KMnO_4$ 法仅限于测定轻度污染的水样，如地表水、饮用水和生活污水等。而 $K_2Cr_2O_7$ 法对各种水样有较宽的适应性，氧化效率高［加入 Ag_2SO_4（催化剂）能将大多数有机化合物氧化］，重现性好，适用于测定水样中有机化合物含量较高的严重污染水样。

$K_2Cr_2O_7$ 在酸性溶液中呈现下列反应，表现出很强的氧化能力：

$$Cr_2O_7^{2-}+14H^++6e = 2Cr^{3+}+7H_2O$$

在酸性水样中，加入一定量的 $K_2Cr_2O_7$，经加热回流 2h，水样中的还原性物质被氧化，然后用硫酸亚铁铵滴定未反应的 $Cr_2O_7^{2-}$ 即可求出 $Cr_2O_7^{2-}$ 与水样中还原性物质发生反应的量：

$$6Fe^{2+}+Cr_2O_7^{2-}+14H^+ = 6Fe^{3+}+2Cr^{3+}+7H_2O$$

为保证水样中较难氧化的直链有机化合物被氧化，可加入 Ag_2SO_4 作为催化剂。但在此实验条件下，Cl^-也能被$Cr_2O_7^{2-}$氧化，反应如下：

$$Cr_2O_7^{2-}+12Cl^-+14H^+ \xlongequal{} 2Cr^{3+}+6Cl_2+7H_2O$$

因此，若水样中Cl^-含量较高（>30mg/L），需加入$HgSO_4$，它可与Cl^-结合成可溶性氯化汞配合物，避免被$Cr_2O_7^{2-}$氧化。

用$K_2Cr_2O_7$法分解有机物的氧化效率远比$KMnO_4$法高，见表4-2。

表4-2　$K_2Cr_2O_7$与$KMnO_4$氧化效率对比（%）

化合物	乙酸	苯	安息香酸	酚	甘氨酸	葡萄糖	乳糖	蔗糖	淀粉	纤维素	丙酸
$KMnO_4$	8	0	5	70	2	60	70	70	60	0	10
$K_2Cr_2O_7$	100	20	100	100	100	100	100	100	90	90	100

由表4-2可见，$K_2Cr_2O_7$法可氧化绝大多数有机化合物，但对一些芳香性有机化合物（如苯、甲苯等）的氧化效率却很低。

测定水样中COD时，取水样后应立即加入H_2SO_4使其pH<2，以抑制微生物繁殖，然后立即进行测定。若需放置一定时间，可加入少量$CuSO_4$以抑制微生物对有机化合物的分解。取水样的体积视水样的外观情况而定。洁净透明的水样一般取100mL；浑浊的水样一般取10～30mL，补加蒸馏水至100mL。如果需要精确测定，可用蒸馏水代替水样测得空白值，计算COD时将空白值扣除。

三、仪器与试剂

仪器：酸式滴定管（50mL）；锥形瓶（250mL）；试剂瓶（500mL）；烧杯（100mL，400mL）；容量瓶（250mL）；移液管（25mL）；量筒（10mL, 100mL）；圆底烧瓶（500mL）；蛇形冷凝管；称量瓶；分析天平（0.1mg）；托盘天平（0.1g）。

试剂：H_2SO_4（1∶1水溶液，约9mol/L）；$K_2Cr_2O_7$（基准物）；$HgSO_4$；Ag_2SO_4；硫酸亚铁铵；试亚铁灵指示剂（0.7g $FeSO_4\cdot 7H_2O$溶于50mL水中，加入1.5g邻二氮菲，溶解后加水稀释至100mL）；水样。

四、步骤

1. 0.02mol/L $K_2Cr_2O_7$标准溶液的配制

将$K_2Cr_2O_7$在150～180℃下烘干2h后放入干燥器中冷却至室温。用减量法准确称取1.2～1.3g于100mL烧杯中，加水溶解后定量转入250mL容量瓶中，用水稀释至刻度，摇匀。计算$K_2Cr_2O_7$溶液的浓度。

2. 0.02mol/L$(NH_4)_2SO_4\cdot FeSO_4$标准溶液的配制与标定

用托盘天平称取约4g$(NH_4)_2SO_4\cdot FeSO_4\cdot 6H_2O$于400mL烧杯中，加水溶解后倒入试剂瓶中，稀释至500mL，摇匀。移取25.00mL $K_2Cr_2O_7$标准溶液三份于锥形瓶中，加水80mL，1∶1 H_2SO_4 20mL，混匀。加3滴试亚铁灵指示剂，用$(NH_4)_2SO_4\cdot FeSO_4$标准溶

液滴定至溶液由黄色经蓝绿色变为红褐色即为终点。计算$(NH_4)_2SO_4 \cdot FeSO_4$标准溶液浓度和相对平均偏差。

3. 水样 COD 的测定

在圆底烧瓶中加入 0.4g $HgSO_4$及 5mL 1∶1 H_2SO_4，加入 25.00mL 样品，混匀。加入 25.00mL $K_2Cr_2O_7$溶液，约 1g Ag_2SO_4，30mL H_2SO_4以及几粒玻璃珠，加热回流 2h。待溶液冷却后加水稀释到 150mL，以试亚铁灵为指示剂，用$(NH_4)_2SO_4 \cdot FeSO_4$标准溶液滴定剩余的$K_2Cr_2O_7$至溶液由蓝绿色变为红褐色即为终点，记下体积$V_1$。

取 25.00mL 蒸馏水代替水样，按上述步骤操作，记下体积V_2。由下式计算 COD：

$$\text{COD(mg/L)}=(V_2-V_1)\times c\times 8\times 1000/25$$

式中，c为硫酸亚铁铵标准溶液的浓度（mol/L）；V_1为滴定样品时所消耗的硫酸亚铁铵标准溶液的体积（mL）；V_2为滴定空白时所消耗的硫酸亚铁铵标准溶液的体积（mL）。

实验 63　铜合金中铜的测定（碘量法）

一、实验目的

（1）掌握碘量法的原理。

（2）掌握$Na_2S_2O_3$标准溶液的配制和标定方法。

（3）掌握碘量法测Cu^{2+}的原理。

二、实验原理

在弱酸性溶液中，Cu^{2+}与过量 KI 作用，生成 CuI 沉淀，同时析出定量的I_2：

$$2Cu^{2+}+4I^- = 2CuI\downarrow+I_2$$

$$\text{或}\ 2Cu^{2+}+5I^- = 2CuI\downarrow+I_3^-$$

析出的碘以淀粉为指示剂，可用$Na_2S_2O_3$标准溶液滴定：

$$I_2+2S_2O_3^{2-} = 2I^-+S_4O_6^{2-}$$

Cu^{2+}与I^-之间的反应是可逆的，任何引起Cu^{2+}浓度减小或引起 CuI 溶解度增加的因素均使反应不完全。加入过量的 KI 可使反应趋于完全。这里 KI 既是Cu^{2+}的还原剂，又是Cu^+的沉淀剂，还是I_2的配合剂，使I_2生成I_3^-，增加I_2的溶解度，减少I_2的挥发。由于 CuI 沉淀强烈吸附I_3^-会使测定结果偏低，所以需要加入SCN^-使 CuI（$K_{sp}=1.1\times10^{-12}$）转化为溶解度更小的 CuSCN（$K_{sp}=4.8\times10^{-15}$），释放出被吸附的I_3^-：

$$CuI+SCN^- = CuSCN\downarrow+I^-$$

释放出的I^-继续与未反应的Cu^{2+}发生反应，使得Cu^{2+}被I^-还原的反应在用较少 KI 时也能进行完全，同时改善了终点，降低了误差。但SCN^-只能在接近终点时加入，否则有可能直接还原Cu^{2+}，使结果偏低：

$$6Cu^{2+}+7SCN^-+4H_2O = 6CuSCN\downarrow+SO_4^{2-}+CN^-+8H^+$$

Cu^{2+}被I^-还原的 pH 一般控制为 3～4。酸度过低时 Cu^{2+}水解，使反应不完全，结果偏低，而且反应速率慢，终点拖长；酸度过高时，I^-易被空气中的氧氧化为 I_2，使结果偏高。

Fe^{3+}能氧化I^-，对测定有干扰：

$$2Fe^{3+}+2I^- = 2Fe^{2+}+I_2$$

可加入 NH_4HF_2 掩蔽 Fe^{3+}，降低 Fe^{3+}/Fe^{2+}电对的电位，防止其氧化I^-，消除干扰。另外，NH_4HF_2 是一种很好的缓冲溶液，因为 HF 的 K_a 为 6.6×10^{-4}（pK_a 为 3.18），故可使溶液的 pH 控制为 3～4。

三、仪器与试剂

仪器：酸式滴定管（50mL）；锥形瓶（250mL）；试剂瓶（500mL）；烧杯（100mL，400mL）；容量瓶（250mL）；移液管（25mL）；量筒（10mL, 100mL）；称量瓶；分析天平（0.1mg）；托盘天平（0.1g）。

试剂：碘化钾；淀粉溶液(0.5%水溶液)[1]；过氧化氢（30%）；硫氰化铵（10%水溶液）；盐酸（1∶1，约 6mol/L）；氟氢化铵（20%水溶液，置于塑料瓶中）；乙酸（1∶1）；氨水（1∶1）；重铬酸钾（基准试剂）；硫代硫酸钠；碳酸钠；铜合金样品。

四、步骤

1. 0.02mol/L $K_2Cr_2O_7$ 标准溶液的配制

将 $K_2Cr_2O_7$ 在 150～180℃下烘干 2h，放入干燥器中冷却至室温。用减量法准确称取 1.2～1.3g 于 100mL 烧杯中，加水溶解后定量转入 250mL 容量瓶中，用水稀释至刻度，摇匀。计算 $K_2Cr_2O_7$ 溶液的准确浓度。

2. 0.1mol/L $Na_2S_2O_3$ 溶液的配制与标定

用托盘天平称取 $Na_2S_2O_3\cdot5H_2O$ 10g 溶于 400mL 新煮沸并冷却的水中，加入 Na_2CO_3 约 0.1g，储存于棕色瓶中，该溶液要在本实验前一周配好，使用前标定。

移取 $K_2Cr_2O_7$ 标准溶液 25.00mL 三份于锥形瓶中，加 1∶1 HCl 5mL，1g KI，摇匀。置于暗处 5min，待反应完全后，加蒸馏水 60～70mL，用待标定的 $Na_2S_2O_3$ 溶液滴定至溶液呈淡黄绿色，然后加 0.5%的淀粉指示剂 2mL，继续滴定至溶液由蓝色变为亮绿色即为终点[2]。计算 $Na_2S_2O_3$ 溶液的浓度及相对平均偏差。

3. 铜合金中铜的测定

准确称取铜合金样品 0.2g 左右三份于锥形瓶中，加 1∶1 HCl 10mL，滴加 30% H_2O_2 2mL[3]，加热，样品溶解完全后，再继续加热煮沸 1～2min 使 H_2O_2 分解除去[4]，但不要使溶液蒸干。待溶液冷却后，加水 60mL，滴加 1∶1 氨水，至溶液中刚有沉淀生成[5]，然后加 1∶1 HAc 8mL，20% NH_4HF_2 溶液 10mL，2g KI，每加完一次溶液均摇匀，暗处放置 5min。用 $Na_2S_2O_3$ 标准溶液滴定至溶液呈很浅的黄色，加 0.5%淀粉指示剂 3mL[6]，继续滴定至溶液呈浅蓝色，加 10% NH_4SCN 溶液 10mL，再滴定至蓝色消失。此时因为白色沉淀物存在，溶液颜色呈灰白色或肉色。计算铜的含量及相对平均偏差。

五、思考题

（1）铜合金能否用 HNO_3 分解？为什么？
（2）测定铜时加入 NH_4SCN 的作用是什么？淀粉加入过早对结果有什么影响？
（3）为什么加入 NH_4HF_2？为什么 NH_4HF_2 能控制溶液的 pH 为 3～4？
（4）碘量法误差来源主要是 I^- 的氧化和 I_2 的挥发，结合本实验说明应如何避免。

【附注】

[1] 称取可溶性淀粉 0.5g，加少量水搅匀后，加入 100mL 沸水中，搅拌继续煮沸至溶液透明为止，加热时间不可过长。溶液应迅速冷却，为防腐可加 10mg HgI_2 或 $ZnCl_2$。

[2] 标定 $Na_2S_2O_3$ 时，滴定至终点后，经过 5min 以上，溶液又变为蓝色，这是空气中氧气氧化 I^- 成 I_2 所致，不影响结果。若滴定至终点后很快又转变为蓝色，是由 KI 与 $K_2Cr_2O_7$ 反应不完全引起，应另取溶液重新标定。

[3] 滴加 H_2O_2 不宜过快。滴加完 H_2O_2 后，也不要过快加热，否则 H_2O_2 分解而失去作用。

[4] H_2O_2 分解时会有细小气泡，与溶液沸腾时的现象有明显区别。

[5] 若样品为铜盐，可直接用水溶解，无需此中和步骤。

[6] 加淀粉指示剂不要过早，否则终点不明显。

实验 64　维生素 C（抗坏血酸）含量的测定

一、实验目的

掌握直接碘量法测定维生素 C 的原理和方法。

二、实验原理

维生素 C 又称为抗坏血酸，分子式为 $C_6H_8O_6$。维生素 C 具有还原性，可被 I_2 定量氧化，因而可用 I_2 标准溶液直接滴定。其氧化反应为

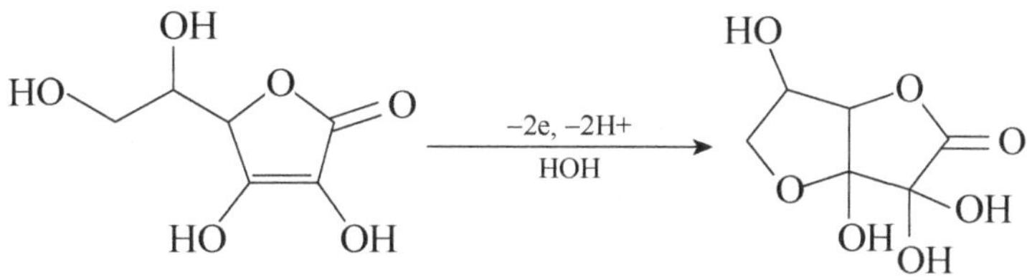

用直接碘量法可测定药片、注射液、饮料、蔬菜、水果中的维生素 C 含量。由于维生素 C 的还原性很强，易被溶液和空气中的氧气氧化，在碱性介质中氧化反应更易进行，因此滴定宜在酸性介质中进行，以减少副反应的发生。考虑到 I^- 在强酸性溶液中也易被空气中的氧气氧化，故滴定应在 pH=3～4 的弱酸性溶液中进行。

三、仪器与试剂

仪器：酸式滴定管（50mL）；锥形瓶（250mL）；试剂瓶（500mL）；烧杯（100mL，

400mL）；容量瓶（250mL）；移液管（25mL）；量筒（100mL）；称量瓶；分析天平（0.1mg）；托盘天平（0.1g）。

试剂：碘化钾；碘；淀粉溶液（0.5%水溶液。配制方法见实验 63）；盐酸（1∶1，约 6mol/L）；乙酸（1∶1，约 3mol/L）；重铬酸钾（基准试剂）；硫代硫酸钠；碳酸钠；维生素 C 片样品。

四、步骤

1. 0.02mol/L $K_2Cr_2O_7$ 标准溶液的配制

将 $K_2Cr_2O_7$ 在 150～180℃下烘干 2h，放入干燥器中冷却至室温。用减量法准确称取 1.2～1.3g 于 100mL 烧杯中，加水溶解后定量转入 250mL 容量瓶中，用水稀释至刻度，摇匀。计算 $K_2Cr_2O_7$ 溶液的准确浓度。

2. 0.1mol/L $Na_2S_2O_3$ 溶液的配制与标定

用托盘天平称取 $Na_2S_2O_3 \cdot 5H_2O$ 10g 溶于 400mL 新煮沸并冷却的水中，加入 Na_2CO_3 约 0.1g，储存于棕色瓶中。该溶液要在本实验前一周配好，使用前标定。

移取 $K_2Cr_2O_7$ 标准溶液 25.00mL 三份于锥形瓶中，加 1∶1 HCl 5mL，1g KI，摇匀。置于暗处 5min，待反应完全后，加蒸馏水 60～70mL，用待标定的 $Na_2S_2O_3$ 溶液滴定至溶液呈淡黄绿色，然后加 0.5%的淀粉指示剂 2mL，继续滴定至溶液由蓝色变为亮绿色即为终点。计算 $Na_2S_2O_3$ 溶液的浓度及相对平均偏差。

3. 0.05mol/L 碘标准溶液的配制与标定

用托盘天平称取约 6.4g I_2 和 10g KI 于研钵中，加少量水，在通风橱中研磨至 I_2 全部溶解，将溶液转入棕色试剂瓶中，加水稀释至 500mL，充分摇匀后置于暗处保存。

用移液管移取 25.00mL $Na_2S_2O_3$ 标准溶液三份于锥形瓶中，加水 50mL，淀粉溶液 3mL，用 I_2 标准溶液滴定至溶液呈浅蓝色，30s 内不褪色即为终点。计算 I_2 标准溶液的浓度和相对平均偏差。

4. 维生素 C 片剂中维生素 C 含量的测定

准确称取约 0.2g 研碎的维生素 C 片剂三份于锥形瓶中，加入新煮沸并冷却的水 100mL，1∶1 HAc 溶液 10mL，淀粉溶液 3mL，立即用 I_2 标准溶液滴定至出现稳定的浅蓝色且 30s 内不褪色即为终点。计算样品中维生素 C 的含量（%）。

5. 果蔬样品中维生素 C 含量的测定

用干燥的 100mL 烧杯准确称取 50g 左右果蔬样品（用绞碎机打成糊状），将其定量转入锥形瓶中。加入 1∶1 HAc 溶液 10mL，淀粉溶液 3mL，用 I_2 标准溶液滴定至溶液呈现出稳定的浅蓝色即为终点。计算样品中维生素 C 的含量（mg/100g）。

五、思考题

（1）溶解 I_2 时，加入过量 KI 的作用是什么？

（2）维生素C固体样品溶解时为何要加入新煮沸并冷却的蒸馏水？

（3）碘量法的误差来源有哪些？应采取哪些措施减小误差？

实验65　注射液中葡萄糖含量的测定

一、实验目的

了解碘量法测定葡萄糖的方法和原理。

二、实验原理

在碱性溶液中，I_2 可歧化成 IO^-，IO^-能定量地将葡萄糖（$C_6H_{12}O_6$）氧化成葡萄糖酸（$C_6H_{12}O_7$）。

$$I_2+2OH^- = IO^-+I^-+H_2O$$

$$C_6H_{12}O_6+IO^- = I^-+C_6H_{12}O_7$$

总反应式为

$$I_2+2OH^-+C_6H_{12}O_6 = C_6H_{12}O_7+2I^-+H_2O$$

未与葡萄糖反应的 IO^-可进一步歧化为 IO_3^- 和 I^-。溶液经酸化后，IO_3^- 与 I^- 作用析出 I_2，用 $Na_2S_2O_3$ 标准溶液滴定析出的 I_2，即可计算出葡萄糖的含量。有关反应式如下：

$$3IO^- = IO_3^- + 2I^-$$

$$IO_3^-+5I^-+6H^+ = 3I_2+3H_2O$$

$$I_2+2S_2O_3^{2-} = 2I^-+S_4O_6^{2-}$$

三、仪器与试剂

仪器：酸式滴定管（50mL）；锥形瓶（250mL）；试剂瓶（500mL）；烧杯（100mL）；容量瓶（250mL）；移液管（25mL）；量筒（10mL, 100mL）；称量瓶；分析天平（0.1mg）；托盘天平（0.1g）。

试剂：碘化钾；碘；淀粉溶液（0.5%水溶液。配制方法见实验63）；盐酸（1∶1，约6mol/L）；氢氧化钠溶液（0.2mol/L）；重铬酸钾（基准试剂）；硫代硫酸钠；碳酸钠；葡萄糖注射液样品。

四、步骤

1. 0.02mol/L $K_2Cr_2O_7$ 标准溶液的配制

将 $K_2Cr_2O_7$ 在150～180℃下烘干2h，放入干燥器中冷至室温。用减量法准确称取1.2～1.3g于100mL烧杯中，加水溶解后定量转入250mL容量瓶中，用水稀释至刻度，摇匀。计算 $K_2Cr_2O_7$ 溶液的准确浓度。

2. 0.1mol/L $Na_2S_2O_3$ 溶液的配制与标定

用托盘天平称取 $Na_2S_2O_3·5H_2O$ 10g 溶于 400mL 新煮沸并冷却的水中，加入 Na_2CO_3 约 0.1g，储存于棕色瓶中。该溶液要在本实验前一周配好，使用前标定。

移取 $K_2Cr_2O_7$ 标准溶液 25.00mL 三份于 250mL 锥形瓶中，加 1∶1 HCl 5mL，1g KI，摇匀。置于暗处 5min，待反应完全后，加水 60～70mL，用待标定的 $Na_2S_2O_3$ 溶液滴定至溶液呈淡黄绿色，然后加 0.5%的淀粉指示剂 2mL，继续滴定至溶液由蓝色变为亮绿色即为终点。计算 $Na_2S_2O_3$ 溶液的浓度及相对平均偏差。

3. 0.05mol/L 碘标准溶液的配制与标定

用托盘天平称取约 6.4g I_2 和 10g KI 于研钵中，加少量水，在通风橱中研磨至 I_2 全部溶解，将溶液转入棕色试剂瓶中，加水稀释至 500mL，充分摇匀后置于暗处保存。

用移液管移取 25.00mL $Na_2S_2O_3$ 标准溶液三份于锥形瓶中，加水 50mL，淀粉溶液 3mL，用 I_2 标准溶液滴定至溶液呈浅蓝色且 30s 内不褪色即为终点。计算 I_2 标准溶液的浓度和相对平均偏差。

4. 葡萄糖注射液中葡萄糖含量的测定

移取 25.00mL 葡萄糖注射液于 250mL 容量瓶中，用水稀释至刻度，摇匀。移取 25.00mL 稀释后的葡萄糖溶液三份于锥形瓶中，加入 25.00mL I_2 标准溶液，缓慢滴加 0.2mol/L NaOH 溶液，边加边摇，直至溶液呈淡黄色（加碱液的速度不能过快，否则生成的 IO^- 来不及氧化葡萄糖就发生歧化反应，使测定结果偏低）。用表面皿将锥形瓶盖好，暗处放置 10～15min，然后加 1∶1 HCl 2mL 使溶液呈酸性，立即用 $Na_2S_2O_3$ 标准溶液滴定至溶液呈浅黄色，加入淀粉指示剂 3mL，继续滴至蓝色刚好消失即为终点。计算葡萄糖的含量（g/100mL）。

五、思考题

为什么用 I_2 溶液滴定 $Na_2S_2O_3$ 溶液时应预先加入淀粉指示剂？而用 $Na_2S_2O_3$ 滴定 I_2 溶液时必须在将近终点之前才加入指示剂？

实验 66　石灰石中钙的测定（$KMnO_4$ 法）

一、实验目的

（1）进行沉淀过滤和滴定分析实验技术的综合训练。

（2）掌握 $KMnO_4$ 标准溶液的配制与标定方法。

（3）掌握 $KMnO_4$ 法间接测定 Ca^{2+} 的原理和方法。

二、实验原理

高锰酸钾（$KMnO_4$）是氧化还原滴定中最常用的氧化剂之一。$KMnO_4$ 滴定法通常在酸性溶液中进行，反应时锰的氧化数由+7 变到+2。市售的 $KMnO_4$ 常含有还原性杂质，因此配制的 $KMnO_4$ 溶液要在暗处放置数天，待 $KMnO_4$ 把还原性杂质充分氧化，除去生成

的 $MnO(OH)_2$ 沉淀后再标定其准确浓度。

光线和 $MnO(OH)_2$、Mn^{2+}等都能促进 $KMnO_4$ 的分解，故 $KMnO_4$ 溶液应尽量除尽杂质，并保存于暗处。

$Na_2C_2O_4$ 和 $H_2C_2O_4\cdot 2H_2O$ 均是较易纯化的还原剂，也是标定 $KMnO_4$ 常用的基准物质，其反应如下：

$$5C_2O_4^{2-}+2MnO_4^-+16H^+ = 10CO_2\uparrow+2Mn^{2+}+8H_2O$$

反应要在酸性、较高温度和有 Mn^{2+}作催化剂的条件下进行。在滴定初期反应很慢，$KMnO_4$ 溶液必须逐滴加入。若滴加过快，部分 $KMnO_4$ 在热溶液中将按下式分解而造成误差：

$$4KMnO_4+2H_2SO_4 = 4MnO_2+2K_2SO_4+2H_2O+3O_2\uparrow$$

在滴定过程中逐渐生成的 Mn^{2+}有催化作用，结果使反应速率逐渐加快。

因为 $KMnO_4$ 溶液本身具有特殊的紫红色，极易观察，故在滴定时不需要另加指示剂。

石灰石的主要成分是 $CaCO_3$，含 CaO 40%～50%，较好的石灰石含 CaO 45%～53%。此外还含有 SiO_2、Fe_2O_3、Al_2O_3 及 MgO 等杂质。测定石灰石中钙的含量时，将样品溶于盐酸，加入草酸铵溶液，在中性或碱性介质中生成难溶的草酸钙沉淀（$CaC_2O_4\cdot H_2O$）。将所得沉淀过滤、洗净，用硫酸溶解，用标准 $KMnO_4$ 溶液滴定生成的草酸，通过钙与草酸的定量关系，间接求出钙的含量。

$$Ca^{2+}+C_2O_4^{2-} = CaC_2O_4\downarrow$$

$$CaC_2O_4+H_2SO_4 = CaSO_4+H_2C_2O_4$$

$$5H_2C_2O_4+2MnO_4^-+6H^+ = 2Mn^{2+}+10CO_2\uparrow+8H_2O$$

草酸钙沉淀颗粒细小，易沾污，难以过滤。为了得到纯净而粗大的结晶，通常在含 Ca^{2+}的酸性溶液中加入饱和$(NH_4)_2C_2O_4$。由于酸效应的存在，$C_2O_4^{2-}$ 浓度很低，溶液中不会生成沉淀。向溶液中滴加氨水，溶液中 $C_2O_4^{2-}$ 浓度缓慢增大，逐渐生成草酸钙沉淀，由此可以获得颗粒较大的草酸钙沉淀。沉淀完毕后，pH 应为 3.5～4.5，这样可避免其他难溶钙盐析出，又不会使草酸钙溶解度太大。

三、仪器与试剂

仪器：酸式滴定管（50mL）；锥形瓶（250mL）；试剂瓶（500mL）；烧杯（100mL，400mL）；容量瓶（250mL）；移液管（25mL）；量筒（10mL, 100mL）；长颈玻璃漏斗；定量滤纸；称量瓶；分析天平（0.1mg）；托盘天平（0.1g）。

试剂：高锰酸钾；草酸钠（基准试剂。110℃烘干 2h，干燥器中冷却至室温）；氨水（1∶1）；盐酸（1∶1，约 6mol/L）；硫酸（1∶1，约 9mol/L；1∶5，约 3.6mol/L）；甲基红指示剂（0.1%的 60%乙醇溶液）；硝酸银溶液（0.1mol/L）；草酸铵溶液（饱和）；石灰石样品。

四、步骤

1. 0.02mol/L $KMnO_4$ 标准溶液的配制和标定

用托盘天平称取 1.7～1.8g $KMnO_4$ 于 400mL 烧杯中，加水 500mL，加热煮沸约 1h[1]。

静置冷却后用倾斜法倒入 500mL 棕色试剂瓶中，弃去烧杯底部的沉淀和残余溶液，摇匀。

准确称取 110℃烘干过的 $Na_2C_2O_4$ 0.20g 左右三份于 400mL 烧杯中，用 80～90mL 水溶解后，加 1∶5 H_2SO_4 20mL，将溶液加热至 75～85℃，用 $KMnO_4$ 溶液滴定。滴定过程中用玻璃棒不断搅拌溶液。第一滴 $KMnO_4$ 加入后褪色很慢，要等褪色后再加入第二滴。待溶液中有 Mn^{2+} 产生后，反应速率加快，滴定速度也就可适当加快，但不能使 $KMnO_4$ 溶液连续滴下成线状。在滴定过程中，温度不要低于 75℃，故可边加热边滴定。接近终点时，紫红色褪去很慢，应减慢滴定速度同时充分搅拌溶液，以防滴过终点。滴定至加入一滴 $KMnO_4$ 溶液后微红色 30s 内不褪色即为终点。计算 $KMnO_4$ 溶液的浓度及相对平均偏差。

2. 样品分析

准确称取 110℃烘干过的样品 0.20g 左右两份于 400mL 烧杯中，加少量水[2]搅拌成糊状，盖上表面皿，用滴管自烧杯嘴处滴加 1∶1 HCl 溶液 10mL，待气泡停止发生后，加热使样品分解完全。用水冲洗烧杯内壁及表面皿，加水稀释至 100mL，再加 1∶1 HCl 溶液 5mL，饱和 $(NH_4)_2C_2O_4$ 溶液 20mL，甲基红溶液 1～2 滴，加热至 70～80℃，在不断搅拌下滴加 1∶1 氨水至溶液由红色变为黄色。将烧杯置于水浴上加热陈化 2h 左右[3]，然后将烧杯从水浴上取下，冷却至室温。用慢速滤纸过滤（倾泻法）。将沉淀用冷水洗涤四五次，每次用水约 10mL。将所有沉淀转移到滤纸上后，继续用冷水洗涤。用表面皿接几滴滤液，在滤液中滴加 1 滴 $AgNO_3$ 溶液，若无沉淀生成（检查有无 Cl^-），则洗涤完毕。

将洗净的沉淀连同滤纸取下展开，贴在原来盛沉淀的烧杯内壁上，滤纸有沉淀的一面朝内。用热的 100mL 水将沉淀冲下，加 1∶1 H_2SO_4 溶液 20mL，微热使沉淀溶解。再用热水冲洗滤纸数次（不要将滤纸扔掉），加热至 80℃，用已标定好的 $KMnO_4$ 溶液滴定至溶液呈粉红色时，将滤纸拨入烧杯中[4]，再滴定至溶液呈粉红色且 30s 内不褪色即为终点。计算 CaO 含量及相对平均偏差。

五、思考题

（1）$KMnO_4$ 标准溶液能否直接配制？为什么？

（2）生成 CaC_2O_4 沉淀时，为什么要先在酸性溶液中加入沉淀剂 $(NH_4)_2C_2O_4$，然后在 70～80℃时滴加氨水至甲基红指示剂变为黄色？

（3）写出溶样、沉淀、溶解、滴定的反应式，并推导出 CaO 与 $KMnO_4$ 的定量关系。写出 CaO 含量的计算公式。

【附注】

[1] 不能直接把 $KMnO_4$ 固体加入正在沸腾的水中，这样会产生暴沸现象。

[2] 向 $CaCO_3$ 中加 HCl 时会产生大量的 CO_2 气体，如果样品为干粉状，会将样品粉末冲出。故必须先将样品润湿。

[3] 陈化过程中，若溶液变成红色，可补加几滴 1∶1 氨水，使溶液刚刚变为黄色。

[4] 不能将滤纸搅碎，应轻轻拨动，使滤纸保持完整。

实验 67　过氧化氢含量的测定

一、实验目的

掌握用高锰酸钾法测定过氧化氢含量的原理和方法。

二、实验原理

过氧化氢是常用的消毒剂，它在酸性溶液中很容易被高锰酸钾氧化而生成氧气和水，其反应如下：

$$5H_2O_2+2MnO_4^-+6H^+ = 2Mn^{2+}+8H_2O+5O_2\uparrow$$

在一般的工业分析中，常用高锰酸钾标准溶液测定过氧化氢的含量。

在生物化学中，常利用此法间接测定过氧化氢酶的活性。例如，血液中存在的过氧化氢酶能使过氧化氢分解，所以加入定量且过量的过氧化氢与其作用，然后在酸性条件下用高锰酸钾标准溶液返滴定剩余的过氧化氢用以测定酶的活性。

三、仪器与试剂

仪器：酸式滴定管（50mL）；锥形瓶（250mL）；试剂瓶（500mL）；烧杯（100mL，400mL）；容量瓶（250mL）；移液管（1mL, 25mL）；量筒（100mL）；称量瓶；分析天平（0.1mg）；托盘天平（0.1g）。

试剂：硫酸（1∶5，约 3.6mol/L）；高锰酸钾；草酸钠（基准试剂。110℃烘干 2h，放入干燥器冷却至室温）；过氧化氢样品（30%）。

四、步骤

1. 0.02mol/L $KMnO_4$溶液的配制和标定

用托盘天平称取 1.7～1.8g $KMnO_4$ 固体，溶于 500mL 蒸馏水中，煮沸约 1h，静置冷却后用倾斜法倒入棕色试剂瓶中（注意不能把杯底的固体沉淀倒进去）。标定前，其上层的溶液用玻璃砂芯漏斗过滤，弃去残余溶液和沉淀。把试剂瓶洗净，将滤液倒回瓶内，摇匀。

准确称取$Na_2C_2O_4$ 0.2g左右三份置于400mL烧杯中，加入80～90mL水和20mL 1∶5 H_2SO_4使其溶解，慢慢加热直到有蒸气冒出（75～85℃）。在玻璃棒搅拌下趁热用待标定的 $KMnO_4$溶液进行滴定。开始滴定时，速度要慢，在第一滴 $KMnO_4$ 溶液滴入后，不断搅拌溶液，待紫红色褪去后再滴入第二滴。在滴定过程中温度不得低于 75℃，故可边加热边滴定。待溶液中有 Mn^{2+}产生后，反应速率加快，滴定速度也就可适当加快，但不能使 $KMnO_4$溶液连续滴下成线状。接近终点时，紫红色褪去很慢，应减慢滴定速度同时充分搅拌溶液，以防滴过终点。滴定至加入一滴 $KMnO_4$ 溶液后微红色 30s 内不褪色即为终点。计算 $KMnO_4$溶液的浓度及相对平均偏差。

2. 过氧化氢含量的测定

用移液管吸取 1.00mL H_2O_2 样品，置于 250mL 容量瓶中，加水稀释至刻度，摇匀。吸取 25.00mL 稀释液三份置于锥形瓶中，加入 1∶5 H_2SO_4 5mL，用 $KMnO_4$ 标准溶液滴定至终点。计算样品中 H_2O_2 的含量及相对平均偏差。

五、思考题

（1）$KMnO_4$ 在中性、弱碱性或强碱性溶液中进行反应时，它的氧化数变化有何不同？
（2）用 $KMnO_4$ 滴定 $Na_2C_2O_4$ 过程中加酸、加热和控制滴定速度等的目的是什么？
（3）标定 $KMnO_4$ 溶液时，为什么第一滴 $KMnO_4$ 的颜色褪得很慢，以后反而逐渐加快？
（4）用 $KMnO_4$ 法测定 H_2O_2 时，为什么要在 H_2SO_4 酸性介质中进行，能否使用 HCl？

实验 68　水样中化学需氧量（COD）测定（$KMnO_4$ 法）

一、实验目的

掌握 $KMnO_4$ 法测定化学需氧量的原理和实验方法。

二、实验原理

用 $KMnO_4$ 法测定化学需氧量（COD）时，COD 不仅与水污染程度有关，还取决于所用的 $KMnO_4$ 浓度、介质酸度、氧化温度和时间等。因此，测定水样时必须严格控制在相同的实验条件下，这样的测定结果才有比较意义。

水溶液中多数有机化合物都可以被氧化，但反应过程相当复杂，只能用下式表示其中的部分过程：

$$4MnO_4^- + 5C + 12H^+ = 4Mn^{2+} + 5CO_2\uparrow + 6H_2O$$

剩余的 $KMnO_4$ 用定量且过量的 $Na_2C_2O_4$ 还原，再用 $KMnO_4$ 溶液返滴定至溶液呈微红色为终点，反应如下：

$$2MnO_4^- + 5C_2O_4^{2-} + 16H^+ = 2Mn^{2+} + 8H_2O + 10CO_2\uparrow$$

结果计算式如下：

$$\text{COD(mg/L)} = \frac{[5c_{KMnO_4}(V_1+V_2) - 2c_{Na_2C_2O_4}V_{Na_2C_2O_4}]\times 8\times 1000}{V_{水样}}$$

式中，V_1、V_2 分别为 $KMnO_4$ 的加入体积和返滴定过量的 $Na_2C_2O_4$ 时消耗的体积（mL），c_{KMnO_4} 与 $c_{Na_2C_2O_4}$ 分别表示 $KMnO_4$ 及 $Na_2C_2O_4$ 的浓度（mol/L）。

若水样中含有 Fe^{2+}、H_2S（或 S^{2-}）、NO_2^- 等还原性离子时会干扰测定，此时可在冷的水样中直接用 $KMnO_4$ 滴定至微红色后，再进行 COD 测定。

若水样（特别是海水样品）中含有大量 Cl^- 时（＞300mg/L），由于发生如下反应，测定结果偏高：

$$2MnO_4^- + 16H^+ + 10Cl^- = 2Mn^{2+} + 8H_2O + 5Cl_2\uparrow$$

为避免这一干扰，可以先在样品中加入大量的 Ag_2SO_4 沉淀 Cl^-（1g Ag_2SO_4 可消除 200mg Cl^-的干扰），然后再用 $KMnO_4$ 法测定，但此法成本较高。还有一种办法是在碱性介质中用 $KMnO_4$ 氧化有机化合物，待氧化反应完成后，用碘量法滴定。即加入 KI 固体，用硫酸酸化，再用硫代硫酸钠溶液滴定析出的碘，即可计算出耗氧量。反应式如下：

$$MnO_2+2I^-+4H^+ \!=\!=\!= Mn^{2+}+I_2+2H_2O$$

$$2MnO_4^-+10I^-+16H^+ \!=\!=\!= 2Mn^{2+}+5I_2+8H_2O$$

$$2S_2O_3^{2-}+I_2 \!=\!=\!= S_4O_6^{2-}+2I^-$$

三、仪器与试剂

仪器：酸式滴定管（50mL）；锥形瓶（250mL）；试剂瓶（500mL）；烧杯（100mL，400mL）；容量瓶（250mL）；移液管（25mL）；量筒（10mL, 100mL）；称量瓶；分析天平（0.1mg）；托盘天平（0.1g）。

试剂：高锰酸钾；草酸钠（基准试剂。100℃下干燥 2h）；硫酸（1∶3，约 6mol/L）；氢氧化钠溶液（10%）；硫代硫酸钠；淀粉溶液（0.5%水溶液。配制方法见实验 63）；盐酸（1∶1）；碘化钾；重铬酸钾（基准试剂）；水样。

四、步骤

1. 0.02mol/L $KMnO_4$ 溶液的配制与标定

称取约 1.6g $KMnO_4$ 固体，溶于 500mL 水中，加热煮沸，并保持在微沸状态约 1h，静置冷却后用微孔玻璃砂芯漏斗过滤，将滤液倒入棕色试剂瓶中，摇匀。

准确称取 0.20g 左右预先干燥过的 $Na_2C_2O_4$ 三份置于 400mL 烧杯中，加入 80～90mL 水和 20mL 1∶3 H_2SO_4 使其溶解，慢慢加热直到有蒸气冒出（75～85℃）。趁热用待标定的 $KMnO_4$ 溶液进行滴定。开始滴定时，速度宜慢，在第一滴 $KMnO_4$ 溶液滴入后，不断搅动溶液，当紫红色褪去后再滴入第二滴。在滴定过程中温度不得低于 75℃，故可边加热边滴定。待溶液中有 Mn^{2+}产生后，反应速率加快，滴定速度也就可适当加快，但不能使 $KMnO_4$ 溶液连续滴下成线状。接近终点时，紫红色褪去很慢，应减慢滴定速度同时充分搅拌，以防滴过终点。滴定至加入一滴 $KMnO_4$ 溶液后微红色 30s 内不褪色即为终点。计算 $KMnO_4$ 溶液的浓度及相对平均偏差。

2. 0.01mol/L $Na_2C_2O_4$ 标准溶液的配制

准确称取 0.3～0.4g $Na_2C_2O_4$ 于 100mL 烧杯中，以适量水溶解，加入 1mL 1∶3 H_2SO_4，定量转移至 250mL 容量瓶中，以水稀释至刻度，摇匀。

3. 0.1mol/L $Na_2S_2O_3$ 标准溶液的配制与标定

用托盘天平称取 $Na_2S_2O_3 \cdot 5H_2O$ 10g 溶于 400mL 新煮沸并冷却的水中，加入 Na_2CO_3 约 0.1g，储存于棕色瓶中。该溶液要在本实验前一周配好，使用前标定。

准确称取 $K_2Cr_2O_7$ 0.2g 左右三份于锥形瓶中，加水 25mL，1∶1 HCl 5mL，1g KI，摇匀。置于暗处 5min，待反应完全后，加水 60～70mL，用待标定的 $Na_2S_2O_3$ 溶液滴定至溶液呈淡黄绿色，然后加 0.5%的淀粉指示剂 2mL，继续滴定至溶液由蓝色变为亮绿色即为终点。计算 $Na_2S_2O_3$ 溶液的浓度及相对平均偏差。

4. 酸性溶液中测定 COD

取 25.00mL 水样三份于锥形瓶中，用水稀释至 100mL，加入 25.00mL $KMnO_4$ 标准溶液，10mL 1∶3 H_2SO_4 溶液和几粒沸石，加热煮沸 10min（此时若红色褪去，应补加适量、定量 $KMnO_4$ 标准溶液），立即加入 25.00mL $Na_2C_2O_4$ 标准溶液（此时应为无色，若仍为红色，再补加适量、定量 $Na_2C_2O_4$ 标准溶液），趁热用 $KMnO_4$ 溶液滴至微红色且 30s 内不褪色即为终点。计算 COD（mg/L）和相对平均偏差。

5. 碱性溶液中测定 COD（适用于氯含量高的水样）

移取 25.00mL 水样三份于锥形瓶中，用水稀释至 100mL，加入 2mL 10% NaOH 溶液，25.00mL $KMnO_4$ 标准溶液，加热煮沸 10min（此时若红色褪去，应补加适量、定量 $KMnO_4$ 标准溶液）。然后迅速冷却到室温（用冷水冷却），加入 0.5g KI 及 3mL 1∶3 H_2SO_4 溶液，摇匀，以淀粉为指示剂，立即用 $Na_2S_2O_3$ 溶液滴定至终点，体积记为 V_1。

移取 25.00mL 水三份于锥形瓶中，再加水 75mL，加入 0.5g KI，溶解后加入 1mL 1∶3 H_2SO_4 溶液及 25.00mL $KMnO_4$ 溶液，待反应完全后，以淀粉为指示剂，立即用 $Na_2S_2O_3$ 溶液滴定至终点，体积记为 V_2。

$$\text{COD(mg/L)}=c\times(V_2-V_1)\times 8\times 1000/100$$

式中，c 为 $Na_2S_2O_3$ 的浓度（mol/L）；V_2 和 V_1 分别为用 $Na_2S_2O_3$ 溶液滴定空白和水样所消耗体积（mL）。

五、思考题

（1）本实验的测定方法属于何种滴定方式？为何要采取这种方式？

（2）水样中 Cl^- 含量高时为什么对测定有干扰？应如何消除？

实验 69　氯化物中氯的测定（莫尔法）

一、实验目的

（1）掌握沉淀滴定法的原理和滴定方法。

（2）掌握 $AgNO_3$ 标准溶液的配制和标定方法。

（3）掌握莫尔法中指示剂用量。

二、实验原理

莫尔法是测定可溶性氯化物中氯含量的常用方法。在中性或弱碱性溶液中，以 K_2CrO_4 为指示剂，用 $AgNO_3$ 标准溶液进行滴定。由于 $AgNO_3$ 沉淀的溶解度比 Ag_2CrO_4 小，溶液中首先析出白色 AgCl 沉淀。当 AgCl 完全沉淀后，过量 $AgNO_3$ 溶液与 CrO_4^{2-} 生成砖红色 Ag_2CrO_4 沉淀，指示滴定终点。主要反应如下：

$$Ag^{+}+Cl^{-} = AgCl\downarrow(白色) \quad K_{sp}=1.8\times10^{-10}$$

$$2Ag^{+}+CrO_4^{2-} = Ag_2CrO_4\downarrow(砖红色) \quad K_{sp}=2.0\times10^{-12}$$

滴定必须在中性或弱碱性溶液中进行，最适宜 pH 范围为 6.5～10.5。酸性条件下，指示剂主要以 $HCrO_4^-$ 或 H_2CrO_4 形式存在，致使终点滞后产生正误差或无终点。如果有铵盐存在，NH_3 与 Ag^+的配合作用会使 AgCl 和 Ag_2CrO_4 沉淀的溶解度增大，影响滴定的准确度，因此溶液的 pH 范围应为 6.5～7.2。

指示剂的用量对滴定结果有影响，用量过多会使终点提前，并且 CrO_4^{2-} 颜色会影响终点的观察；用量太少则会引起终点滞后。一般条件下终点时 K_2CrO_4 浓度以 5×10^{-3}mol/L 为宜。

凡是能与 Ag^+生成难溶化合物或配合物的阴离子，如 PO_4^{3-}、AsO_4^{3-}、AsO_3^{3-}、S^{2-}、SO_3^{2-}、CO_3^{2-}、$C_2O_4^{2-}$ 等均干扰测定。其中 H_2S 可加热煮沸除去，SO_3^{2-} 可用氧化成 SO_4^{2-} 的方法消除干扰。大量 Cu^{2+}、Ni^{2+}、Co^{2+}等有色离子影响终点观察。凡能与指示剂 K_2CrO_4 生成难溶化合物的阳离子也干扰测定，如 Ba^{2+}、Pb^{2+}等。Ba^{2+}的干扰可加过量 Na_2SO_4 消除。Al^{3+}、Fe^{3+}、Bi^{3+}、Sn^{4+}等高价金属离子在中性或弱碱性溶液中易水解产生沉淀，也会干扰测定。另外，由于 AgI 和 AgSCN 强烈吸附 I^-和 SCN^-，所以莫尔法不适用于 I^- 和 SCN^-的测定。

三、仪器与试剂

仪器：酸式滴定管（50mL）；锥形瓶（250mL）；试剂瓶（500mL）；烧杯（100mL）；容量瓶（250mL）；移液管（25mL）；量筒（100mL）；称量瓶；分析天平（0.1mg）；托盘天平（0.1g）。

试剂：氯化钠（基准试剂。在 500～600℃灼烧 30min 后，于干燥器中冷却）；硝酸银；铬酸钾（5%水溶液）；氯化物样品。

四、步骤

1. 0.1mol/L $AgNO_3$ 标准溶液的配制与标定

用托盘天平称取约 8.5g $AgNO_3$ 于 100mL 烧杯中，加少量水溶解后，将溶液转入棕色瓶中，用水稀释至 500mL，摇匀，在暗处避光保存。

准确称取 1.4～1.5g NaCl 于 100mL 烧杯中，加少量水溶解后定量转入 250mL 容量瓶中，稀释至刻度，摇匀。移取 25.00mL NaCl 标准溶液三份于锥形瓶中，加水 25mL，5% K_2CrO_4 溶液 1mL，在不断用力摇动下，用 $AgNO_3$ 溶液滴定至溶液由黄色变为淡红色即为终点。计算 $AgNO_3$ 标准溶液的浓度及相对平均偏差。

2. 样品分析

准确称取氯化物样品 1.8～2.0g 于 100mL 烧杯中，加水溶解后定量转入 250mL 容量瓶中，稀释至刻度，摇匀。移取此溶液 25.00mL 三份于锥形瓶中，加水 25mL，5% K_2CrO_4

溶液 1mL，在不断用力摇动下，用 $AgNO_3$ 标准溶液滴定至溶液由黄色变为淡红色即为终点。计算 Cl^-含量（%）及相对平均偏差。

五、思考题

（1）莫尔法测 Cl^-时，为什么溶液的 pH 需控制在 6.5～10.5？

（2）以 K_2CrO_4 作为指示剂时，其浓度太大或太小对滴定结果有何影响？

（3）若样品中含有大量铵盐，需如何处理才能保证测定结果的准确度？

（4）实验所用蒸馏水使用前必须检查是否含有 Cl^-，如何检查？

实验 70　氯化钡中钡的测定（质量法）

一、实验目的

（1）初步掌握质量分析的基本操作技术，包括沉淀、陈化、过滤、洗涤、沉淀转移、烘干、炭化、灰化、灼烧、恒量等。

（2）了解晶形沉淀的性质及沉淀条件。

二、实验原理

质量法测定氯化钡中钡的含量是利用沉淀反应：

$$Ba^{2+}+SO_4^{2-} = BaSO_4\downarrow$$

测定过程概括如下：样品的称量和溶解→沉淀→陈化→过滤→洗涤→灼烧→称量。

因 $BaSO_4$ 属晶形沉淀，初生成时常为细晶形，过滤时易透过滤纸。为得到较粗大而纯净的 $BaSO_4$ 沉淀，应特别注意掌握有利于生成晶形沉淀的条件，即所谓的“稀”、“热”、“搅”、“慢”、“陈”。

选稀 H_2SO_4 为沉淀剂，为使 $BaSO_4$ 沉淀完全，H_2SO_4 必须过量（一般过量 50%～100%）。沉淀中所含的过量 H_2SO_4 在灼烧时可挥发除去，不会影响测定结果。

沉淀从溶液析出时，由于共沉淀现象会使沉淀沾污，如 NO_3^-、Cl^-、CO_3^{2-} 常以钡盐形式共沉淀。而阳离子如碱金属离子、Ca^{2+}、Fe^{3+}等常以硫酸盐或硫酸氢盐形式共沉淀。至于在实验中哪些离子共沉淀及对测定结果的影响如何取决于杂质离子的浓度和沉淀的性质。

加入稀 HCl 溶液一则可以防止 $BaSO_3$ 等共沉淀，二则可适当增加 $BaSO_4$ 溶解度，减少其过饱和程度，有利于获得较大颗粒沉淀。

三、仪器与试剂

仪器：烧杯（250mL, 100mL）；量筒（100mL）；坩埚；干燥器；玻璃漏斗；慢速定量滤纸；称量瓶；分析天平（0.1mg）；马弗炉。

试剂：盐酸（2mol/L）；硫酸（1mol/L）；硝酸银溶液（0.1mol/L）；氯化钡样品。

四、步骤

本实验做两份平行测定（同时操作）。

1. 样品的称取、溶解和沉淀

取一干燥洁净的称量瓶置于小表面皿上，在指导教师处领取 $BaCl_2·2H_2O$ 样品。准确称取 0.5～0.6g 样品于 250mL 烧杯中，加水约 70mL，再加 2～3mL 2mol/L HCl 溶液。盖上表面皿，加热近沸，但勿煮沸以防溶液溅失。（注意：由于氯化钡为剧毒品，称量瓶中剩余的氯化钡样品一定要交给指导教师回收，严禁随意丢弃或带出实验室！）。另取 3mL 1mol/L H_2SO_4 溶液于 100mL 烧杯中，加水稀释至约 30mL，加热近沸。在不断搅拌条件下将此热的稀 H_2SO_4 用滴管慢慢滴加至热的样品溶液中。加完 H_2SO_4 后，盖好表面皿，静置数分钟。当沉淀沉积于烧杯底部时，沿烧杯内壁加入 1～2 滴 1mol/L H_2SO_4 溶液，仔细观察 Ba^{2+} 是否沉淀完全。如果上层清液有浑浊出现，必须再加 H_2SO_4，直至沉淀完全为止。盖好表面皿，放置陈化到下次实验。也可在水浴上加热陈化 1h，加热陈化时应不时搅拌。

2. 空坩埚的准备

在进行沉淀操作的同时，洗净并晾干两个瓷坩埚（也可在上次实验结束后完成此工作）。用 $FeCl_3$ 溶液或蓝墨水在坩埚上写好记号（1#或 2#），放入马弗炉中，在 800～850℃温度下灼烧 30～45min，取出稍冷片刻，放入干燥器中，冷却至室温（大约需 30min）后称量。再在相同温度下第二次灼烧 15～20min，以同样方法冷却后称量（两次冷却时间尽量一致）。如此操作直至两次称量质量相差不大于 0.2mg。

3. 沉淀的过滤和洗涤

陈化好的沉淀（加热陈化的要冷至室温），用慢速定量滤纸过滤。过滤时先将上层清液倾注在滤纸上，再以稀 H_2SO_4（2～4mL 1mol/L H_2SO_4 溶液，稀释至 200mL）洗涤沉淀三四次，每次约用洗涤液 10mL。然后将沉淀小心转移到滤纸上，用一小滤纸片（即折滤纸时撕下的小片滤纸角）擦净玻璃棒上和烧杯内壁上所沾沉淀，将滤纸片放入漏斗内，保证沉淀全部转移。再用水洗沉淀至无 Cl^- 检出为止（用 $AgNO_3$ 溶液检查）。

4. 沉淀的灼烧和称量

将沉淀包裹好，置于已准备好的坩埚中，在煤气灯上干燥、炭化、灰化后，放在 800～850℃马弗炉中灼烧，称重。重复操作直至两次称量质量相差不大于 0.2mg。计算 Ba%及相对平均偏差。

$$Ba\% = \frac{m_{BaSO_4}}{m_{样}} \times \frac{M_{Ba}}{M_{BaSO_4}} \times 100\%$$

5. 报告示例

$BaCl_2·2H_2O$ 中 Ba 的测定

记录项目 \ 实验序号	I	II
(样品+称量瓶质量)/g (倾出样品前)	19.1459	18.5059
(样品+称量瓶质量)/g (倾出样品后)	18.5059	17.9376
$BaCl_2$ 样品质量/g	0.6400	0.5683
(坩埚+$BaSO_4$ 沉淀质量)/g (第一次)	20.7158	23.4597
(坩埚+$BaSO_4$ 沉淀质量)/g (第二次)	20.7158	23.4598
空坩埚质量(第一次)/g	20.1084	22.9211
空坩埚质量(第二次)/g	20.1084	22.9211
$BaSO_4$ 沉淀质量/g	0.6074	0.5387
Ba 含量/%	55.84	55.78
平均值/%	55.81	
相对平均偏差/%	0.05	

五、思考题

（1）为什么用稀 H_2SO_4 作沉淀剂？是否可以改用 K_2SO_4？

（2）为使沉淀完全，沉淀剂是否加得越多越好？

（3）试用晶形沉淀条件解释本实验中沉淀的各步操作。

实验 71　钢中镍含量的测定（分光光度法）

一、实验目的

（1）掌握分光光度法的基本原理及工作曲线的绘制方法。

（2）掌握镍的分光光度测定法。

（3）学会分光光度计的使用方法。

二、实验原理

在碱性溶液中，氧化剂（过硫酸铵、碘液、溴水等）存在下，Ni^{2+}可以和丁二肟生成酒红色可溶性配合物，其最大吸收波长λ_{max}=470nm，摩尔吸收系数ε=1.3×10^4，因此可以用分光光度法测定 Ni^{2+}。此显色反应的选择性很高，仅大量 Co^{2+}、Cu^{2+}、Mn^{2+}存在时有干扰。Fe^{3+}、Al^{3+}、Cr^{3+}在碱性介质中产生沉淀，会影响测定结果，可用酒石酸盐、柠檬酸盐等掩蔽。如果在氨性溶液中进行，则以碘液为氧化剂，用柠檬酸盐掩蔽 Fe^{3+}。如果在较强的 NaOH 介质中进行，则以过硫酸铵为氧化剂，用酒石酸掩蔽 Fe^{3+}。两种体系中后一体系比较稳定。但由于 Fe-酒石酸配合物在 470nm 处有吸收，因此测定波长选择 530nm。

三、仪器与试剂

仪器：分光光度计；比色皿；吸量管（10mL）；比色管（25mL），容量瓶（100mL）；烧杯（100mL）；量筒（25mL）；分析天平（0.1mg）。

试剂：硝酸（2∶3 水溶液）；酒石酸钾钠（50%水溶液）；氢氧化钠（10%水溶液）；过硫酸铵（3%水溶液，临用前配制）；丁二肟（1%乙醇溶液）；硫酸（1∶1 水溶液，约 9mol/L）；镍标准溶液(0.1000mg/mL，作为储备液)[1]；钢样。

四、步骤

1. 工作曲线的绘制

吸取 0.1000mg/mL Ni^{2+}储备液 10.00mL 于 100mL 容量瓶中，用水稀释至刻度，摇匀，此溶液浓度为 0.01000mg/mL Ni^{2+}。

用吸量管分别吸取 0.01000mg/mL Ni^{2+}标准溶液 0.00mL、1.00mL、2.00mL、3.00mL、4.00mL、5.00mL 置于六支 25mL 比色管中（依次编为 $1^{\#}$～$6^{\#}$），用吸量管依次加入 50%酒石酸钾钠 2.5mL，10%NaOH 3.5mL，3%过硫酸铵 2.5mL，1%丁二肟 1mL，以水稀释至刻度，摇匀[2]。5min 后，在 530nm 波长下，用 1cm 比色皿以 $1^{\#}$为参比溶液，测量各溶液的吸光度，绘制工作曲线。

2. 钢中镍的测定

准确称取样品 0.8g 左右于 100mL 烧杯中，加入 2∶3 HNO_3 20mL，加热溶解。然后加入 1∶1 H_2SO_4溶液 5mL，蒸发至冒白烟[3]。稍冷后，加少量水使盐类溶解。待溶液冷却后定量转入 100mL 容量瓶中，用水稀释至刻度，摇匀。

显色溶液：吸取 5.00mL 样品溶液于 25mL 比色管中，用吸量管依次加入 50%酒石酸钾钠 2.5mL，10%NaOH 3.5mL，3%过硫酸铵 2.5mL，1%丁二肟 1mL，用水稀释至刻度，摇匀。

空白溶液：吸取 5.00mL 样品溶液于 25mL 比色管中，以下同显色溶液操作，只是不加丁二肟而改加 1mL 乙醇。

5min 后，于 530nm 波长下，用 1cm 比色皿，以空白溶液为参比溶液，测量显色溶液的吸光度。从工作曲线上查出显色溶液的浓度，并计算钢样中镍的含量。

五、思考题

显色溶液（钢样）用的参比溶液与标准曲线的参比溶液为何不同？

【附注】

[1] 称取 0.1000g 纯金属镍溶于 10mL 2∶3 HNO_3 中，冷却后定量转入 1L 容量瓶中，用水稀释至刻度，摇匀。

[2] 溶液要依次加入。如果先加 NaOH 会生成 $Fe(OH)_3$ 沉淀，使实验失败。加酒石酸钾钠后溶液浑

浊，是因为生成了溶解度较小的酒石酸，加 NaOH 后溶液澄清。加各种试剂均使用吸量管。

[3] 加 H_2SO_4 至冒白烟是为了除去 HNO_3，SO_3 白烟与水蒸气有明显不同。注意不要将溶液蒸干，否则会迸溅。

实验 72　邻二氮菲分光光度法测定铁

一、实验目的

（1）初步掌握分光光度法条件实验。

（2）掌握摩尔比法测定配合物组成的方法。

二、实验原理

邻二氮菲（1, 10-phenanthroline monohydrate，又称邻菲咯啉）是测定微量铁的一种较好的显色试剂。在 pH=2～9 的溶液中，试剂与 Fe^{2+}生成稳定的橙红色配合物，其最大吸收峰在 508nm 处，$\lg K=21.3$，摩尔吸收系数$\varepsilon=1.4\times10^4$。本法选择性高，相当于铁含量 40 倍的 Sn^{2+}、Al^{3+}、Ca^{2+}、Mg^{2+}、Zn^{2+}、SiO_3^{2-}，20 倍的 Cr^{3+}、Mn^{2+}、V^{5+}、PO_4^{3-}，5 倍的 Co^{2+}、Cu^{2+}等均不干扰测定。

三、仪器与试剂

仪器：分光光度计；比色皿；吸量管（10mL）；比色管（25mL）；容量瓶（1L），精密 pH 试纸。

试剂：铁标准溶液 1（1.000×10^{-3}mol/L）[1]；铁标准溶液 2（100μg/mL，作工作曲线用）[2]；邻二氮菲 1（0.15%）；邻二氮菲 2（1×10^{-3}mol/L）；盐酸羟胺（10%，临用时配制）；乙酸钠（1mol/L）；氢氧化钠溶液（1moI/L）；盐酸（1∶1 水溶液）；含铁样品溶液。

四、步骤

1. 吸收曲线的制作

用吸量管移取 1.000×10^{-3}mol/L 铁标准溶液 1.00mL 于 25mL 比色管中，用吸量管依次加入 10%的盐酸羟胺溶液 0.5mL，0.15%邻二氮菲溶液 1mL，1moI/L NaAc 溶液 2.5mL，以水稀释至刻度，摇匀。在分光光度计上用 1cm 比色皿，以试剂为参比溶液，在 440～560nm 间，每隔 10nm 测定一次吸光度，以波长为横坐标，吸光度为纵坐标，绘制吸收曲线，找出最大吸收波长λ_{max}。

2. 显色剂浓度的影响

取七支 25mL 比色管，用吸量管依次加入 1.000×10^{-3}mol/L 的铁标准溶液 1.00mL 和 10%盐酸羟胺溶液 0.5mL，摇匀。分别加入 0.15%的邻二氮菲溶液 0.20mL、0.40mL、0.80mL、1.00mL、1.20mL、1.60mL、2.00mL，然后加入 1mol/L NaAc 溶液 2.5mL，以水稀释至刻度，摇匀。在分光光度计上，用 1cm 比色皿，在最大吸收波长下，以试剂为参比溶液，测定以上七个溶液的吸光度。以邻二氮菲的体积（mL）为横坐标，相应的吸光度为纵坐标，绘制吸光度-显色剂用量曲线，找出在测定中应加入的显色剂的体积（mL）。

3. 有色溶液的稳定性

在 25mL 比色管中，用吸量管依次加入 1.000×10^{-3}mol/L 铁的标准溶液 1.00mL，10%的盐酸羟胺溶液 0.5mL，0.15%的邻二氮菲溶液 1mL，1mol/L 的 NaAc 溶液 2.5mL，以水稀释至刻度，摇匀。立即在所用波长下，用 1cm 比色皿，以相应的试剂溶液为参比，测定吸光度，然后放置 5min、10min、30min、1h、2h、3h，分别测其吸光度。以时间为横坐标，吸光度为纵坐标，绘制吸光度-时间曲线，找出配合物稳定的时间范围。

4. 溶液酸度的影响

在九支 25mL 比色管中，用吸量管依次加入 1.000×10^{-3}mol/L 的铁标准溶液 1.00mL，10%的盐酸羟胺溶液 0.5mL，0.15%的邻二氮菲溶液 1mL，分别加入 1mol/L 的 NaOH 溶液 0.00mL、0.10mL、0.20mL、0.40mL、0.50mL、0.80mL、1.00mL、1.20mL、1.50mL，以水稀释至刻度，摇匀。用精密 pH 试纸或 pH 计测定各溶液的 pH。在所用波长下，用 1cm 比色皿，以各自相应的试剂溶液为参比，测定九个溶液的吸光度。以 pH 为横坐标，吸光度为纵坐标，绘制吸光度-pH 曲线，找出测定的适宜 pH 范围。

5. 工作曲线的绘制

在六支 25mL 比色管中，用吸量管分别依次加入 100μg/mL 的铁标准溶液（注意，是铁标准溶液 2，不要错加成 1）0.00mL、0.20mL、0.40mL、0.60mL、0.80mL、1.00mL，再分别加入 10%的盐酸羟胺溶液 0.5mL，0.15%的邻二氮菲溶液 1mL，1mol/L NaAc 溶液 2.5mL，以水稀释至刻度，摇匀。在所用波长下，用 1cm 比色皿，以试剂溶液为参比，测定各溶液吸光度，绘制工作曲线，并计算摩尔吸收系数。

6. 配合物组成的测定（摩尔比法）

取九支 25mL 比色管，用吸量管依次加入 1.000×10^{-3}mol/L 的铁标准溶液 1.00mL，10%盐酸羟胺溶液 0.5mL，再依次加入 1×10^{-3}mol/L 的邻二氮菲溶液（注意是邻二氮菲 2，不要错加成 1）0.50mL、0.80mL、1.00mL、1.20mL、1.50mL、1.80mL、2.00mL、2.20mL、2.50mL，然后各加入 1mol/L NaAc 溶液 2.5mL，用水稀释至刻度，摇匀。在所用波长下用 1cm 比色皿，以各自试剂为参比，测定各溶液的吸光度。用 c_L 表示邻二氮菲的浓度，c_M 表示 Fe^{2+}的浓度，以吸光度为纵坐标，以 c_L/c_M 为横坐标，绘制曲线。根据曲线上前后两部分延长线的交点位置，确定反应的配位比。

7. 铁含量的测定

准确移取适当体积未知液，按工作曲线的测定步骤，测定其吸光度，从工作曲线上求出未知液中 Fe 的含量（μg/mL）。

注：由于本实验所使用的邻二氮菲、盐酸羟胺、乙酸钠、氢氧化钠等溶液均为无色透明的水溶液，所以实验中所有参比溶液均可使用蒸馏水。

五、思考题

（1）邻二氮菲测定铁时，为什么要加盐酸羟胺和乙酸钠溶液？

（2）读取吸光度数值时，应读到几位有效数字？

【附注】

[1] 准确称取 $NH_4Fe(SO_4)_2 \cdot 12H_2O$ 0.4822g 于烧杯中，加 1：1 HCl 80mL 和少量水，溶解后，定量转移到 1L 容量瓶中，稀释至刻度，摇匀。

[2] 准确称取 $NH_4Fe(SO_4)_2 \cdot 12H_2O$ 0.8634g，加 1：1 HCl 20mL 和少量水，溶解后，定量转移到 1L 容量瓶中，稀释至刻度，摇匀。

实验 73 水泥中 SiO_2、Fe_2O_3、Al_2O_3、CaO 和 MgO 的测定

一、实验目的

（1）掌握样品分解、沉淀分离等操作技术。

（2）掌握配位滴定的各种方法，如直接滴定法、返滴定法等，初步掌握配位滴定中酸度控制、温度控制、指示剂选择等方法。

（3）掌握用沉淀分离、配位掩蔽和沉淀掩蔽等消除干扰的方法。

二、实验原理

水泥的主要组成是硅酸盐。不同性质、不同用途的水泥的组成也不尽相同。要对水泥的成分进行分析，不同性质的水泥分解的方法也不一样。一般水泥熟料、普通硅酸盐水泥、碱性炉渣水泥可用酸分解，其他种类水泥则需用碱熔融分解。

本实验采用普通硅酸盐水泥样品，样品用 HCl 分解后，即可析出无定形硅酸沉淀，但沉淀不完全，而且吸附严重。本法将样品与 7～8 倍量的固体 NH_4Cl 混匀后，再加浓 HCl 加热分解样品。在这种情况下，由于是在含有较大量电解质的小体积溶液中析出硅酸，故有利于硅酸的凝聚，沉淀较完全，硅酸的含水量少，结构紧密，吸附现象也有所减少。样品分解完全后，加适量水溶解可溶性盐类，过滤、洗涤后将沉淀灼烧称量，即可测得 SiO_2 的含量。

另取样品，用 HCl 分解后，用氨水沉淀法使 $Fe(OH)_3$、$Al(OH)_3$ 与 Ca^{2+}、Mg^{2+} 分离。沉淀用 HCl 溶解，调节其 pH=2～2.5，以磺基水杨酸为指示剂，用 EDTA 滴定 Fe^{3+}。然后加入定量且过量的 EDTA 标准溶液，煮沸，使 Al^{3+} 与 EDTA 配位完全，再调节其 pH 约为 4.2，以 PAN 为指示剂，用 $CuSO_4$ 标准溶液滴定过量的 EDTA，从而求出 Fe_2O_3 和 Al_2O_3 的含量。溶液中的 Ca^{2+}、Mg^{2+} 在 pH=10 时，用 EDTA 滴定，测得 Ca^{2+}、Mg^{2+} 含量。再调 pH=12～12.5 使 Mg^{2+} 生成 $Mg(OH)_2$ 沉淀掩蔽 Mg^{2+}，用 EDTA 滴定 Ca^{2+}，用差减法便可求得 CaO 和 MgO 的含量。

三、仪器与试剂

仪器：酸式滴定管（50mL）；锥形瓶（250mL）；试剂瓶（500mL）；烧杯（100mL，

250mL）；容量瓶（100mL）；移液管（25mL）；量筒（100mL）；快速定量滤纸；精密pH试纸；称量瓶；电子天平（0.1mg）；托盘天平（0.1g）。

试剂：氯化铵；硝酸铵；浓盐酸；盐酸（1∶1水溶液，约6mol/L）；浓硝酸；硫酸（1∶1水溶液，约9mol/L）；氨水（1∶1水溶液）；氢氧化钠溶液（20%）；碳酸钙（基准试剂）；硝酸银溶液（0.1 mol/L）；三乙醇胺（1∶2水溶液）；甲基红（0.2%的60%乙醇溶液）；磺基水杨酸（10%水溶液）；PAN（0.3%乙醇溶液）；K-B指示剂（0.2g酸性铬蓝K，0.4g萘酚绿B，溶解到100mL水中）；乙酸-乙酸钠缓冲溶液（pH=4.2。无水乙酸钠32g溶于适量水，加冰醋酸50mL，用水稀释到1L，摇匀）；氨-氯化铵缓冲溶液（67g氯化铵溶于适量水，加浓氨水570mL，用水稀释至1L，摇匀）；乙二胺四乙酸二钠（EDTA）；水泥样品。

四、步骤

1. 0.02mol/L EDTA标准溶液的配制和标定

用托盘天平称取约4g EDTA于250mL烧杯中，加水溶解后倒入试剂瓶中，用水稀释至500mL，摇匀。

准确称取0.3～0.5g $CaCO_3$于100mL烧杯中，加少量水润湿，盖上表面皿，慢慢滴入1∶1 HCl溶液5～10mL，加热使之完全溶解。冷却后将溶液定量转入250mL容量瓶中，用水稀释到刻度，摇匀。移取此溶液25.00mL三份于锥形瓶中，加pH=10的缓冲溶液20mL，K-B指示剂2～3滴，用EDTA标准溶液滴定至溶液由红色变为蓝绿色即为终点。计算EDTA标准溶液浓度及相对标准偏差。

2. 0.02mol/L $CuSO_4$标准溶液的配制和标定

用托盘天平称取$CuSO_4·5H_2O$ 2.5g于250mL烧杯中，加50mL水溶解，加3～4滴1∶1 H_2SO_4溶液，倒入试剂瓶中，用水稀释至500mL，摇匀。

准确移取0.02mol/L EDTA标准溶液25.00mL三份于锥形瓶中，加水稀释到100mL，加pH=4.2的HAc-NaAc缓冲溶液10mL，加热至80～90℃，加PAN指示剂4～6滴，用$CuSO_4$溶液滴定至溶液由黄色变为红色即为终点。计算$CuSO_4$标准溶液的浓度及相对平均偏差。

3. SiO_2的测定

准确称取0.4g样品两份于干燥的100mL烧杯中，加入2.5～3g固体NH_4Cl，用玻璃棒搅拌均匀，滴加浓HCl至样品全部润湿（一般约需2mL），并滴加浓HNO_3 2～3滴，搅匀。小心压碎块状物，盖上表面皿，置于沸水浴上，加热10min。加热水约40mL并搅动以溶解可溶性盐类。用快速滤纸趁热过滤，用热水洗涤沉淀（沉淀应为白色或略带微黄色，如沉淀为灰黑色，则表示此种水泥不适宜于用此法测定SiO_2含量）至无Cl^-为止（用$AgNO_3$检验），弃去滤液。

将沉淀连同滤纸放入已恒量的瓷坩埚中，将沉淀干燥、炭化、灰化后，于950℃灼烧30min后取出，置于干燥器中冷却至室温，称量。再灼烧20min，冷却至室温后再称量。重复上述步骤直到恒量为止。计算样品中SiO_2的含量及相对标准偏差。

4. Fe_2O_3、Al_2O_3、CaO、MgO 的测定

准确称取 0.25g 样品两份于 250mL 烧杯中，加少许水润湿，加 1∶1 HCl 溶液 15mL，滴加浓 HNO_3 3～5 滴，加热煮沸。待样品分解完全后（残渣为白色），用水稀释至 150mL 左右，加热至沸。取下烧杯，待冷却后，滴加甲基红指示剂 2 滴，在不断搅拌下慢慢滴加 1∶1 氨水至溶液呈黄色并略有氨味后再加热至沸。取下烧杯，待溶液澄清后，趁热用快速滤纸过滤，滤液置于 250mL 容量瓶中，用水稀释至刻度，供测定 Ca^{2+}、Mg^{2+}用。用 1% NH_4NO_3 热溶液（使用前配制）充分洗涤沉淀至流出液中无 Cl^-为止（用 $AgNO_3$ 溶液检验），保留沉淀测 Fe、Al 用。注意：因滤液和洗涤液均是热的，过滤完毕，调整刻度后，在放置过程中溶液体积会改变，故调整刻度后暂不摇匀。待冷至室温后，调整好刻度后再摇匀。

1）Fe_2O_3 的测定

滴加 1∶1 HCl 于滤纸上，使氢氧化物沉淀溶解于原烧杯中，滤纸用热水洗涤数次后弃去（滤纸上不溶的白色残渣为 $SiO_2 \cdot nH_2O$）。将溶液煮沸以溶解可能存在的氢氧化物沉淀，冷却至室温。滴加 1∶1 氨水至溶液的 pH 为 2～2.5（用精密 pH 试纸检验。EDTA 滴定 Fe^{3+}时，溶液的最高允许酸度为 pH≈1.5。pH＜1.5 时，配位不完全，结果偏低；pH＞3 时，Al^{3+}有干扰。当样品含铝量较高时，如矾土水泥，则滴定 Fe^{3+}时的 pH 应控制为 1.5～2.0，以避免大量 Al 的干扰），加热至 50～60℃（不能沸腾，否则 Fe^{3+}会水解），加 10 滴磺基水杨酸指示剂，用 EDTA 标准溶液滴定至溶液由紫红色变为淡黄色即为终点（仔细观察变色过程，临近终点时，滴定速度要慢）。计算样品中 Fe_2O_3 的含量及相对平均偏差。

2）Al_2O_3 的测定

在滴定完 Fe^{3+}的溶液中，准确加入 25.00mL EDTA 标准溶液，滴加 1∶1 氨水至溶液 pH 约为 4（用 pH 试纸检验），加入 pH=4.2 的 HAc-NaAc 缓冲溶液 10mL，煮沸 1min，取下烧杯，待稍冷后加入 6～8 滴 PAN 指示剂，用 $CuSO_4$ 标准溶液滴定至溶液由黄色变为红色即为终点（此时终点往往不清晰，应注意操作条件，温度以 80～85℃为宜。PAN 指示剂的用量不同，终点颜色也略有不同）。计算 Al_2O_3 含量及相对平均偏差。

3）CaO、MgO 的测定

准确移取分离氢氧化物沉淀后的滤液 50.00mL 两份于锥形瓶中，用 1∶1 氨水中和至 pH=10 左右，加 pH=10 的 NH_3-NH_4Cl 缓冲溶液 20mL，K-B 指示剂 2～3 滴，用 EDTA 标准溶液滴定至溶液由紫红色变为蓝绿色即为终点。计算 CaO、MgO 总量（用 CaO%表示）及相对平均偏差。

再移取分离氢氧化物沉淀后的滤液 50.00mL 两份于锥形瓶中，用 20% NaOH 溶液调节溶液 pH 为 12～12.5（用 pH 试纸检验），加 K-B 指示剂 2～3 滴，用 EDTA 标准溶液滴定至溶液由紫红色变为蓝绿色即为终点。计算 CaO 的含量及相对平均偏差，用差减法计算 MgO 含量。

当样品中 Fe、Al 含量较低时，可不经分离直接用 EDTA 滴定 Ca^{2+}、Mg^{2+}。即过滤完 SiO_2 后的溶液稀释至一定体积后，分取一定体积，调节 pH，直接滴定 Fe^{3+}，后用返滴定法测 Al^{3+}。分取一定体积，用酒石酸钾钠和三乙醇胺分别掩蔽 Fe^{3+}和 Al^{3+}，调节 pH，用 EDTA 直接滴定 Ca^{2+}、Mg^{2+}。

五、思考题

（1）用 EDTA 滴定 Al^{3+}时，为什么采用返滴定法？

（2）用 EDTA 滴定法测定 Fe^{3+}、Al^{3+}、Mg^{2+}，滴定时，哪些需要加热？

（3）在滴定 Fe^{3+}、Al^{3+}、Ca^{2+}、Mg^{2+}时，应分别控制什么样的酸度范围，怎样控制？

（4）本实验中，Fe^{3+}测定结果不准确，对 Al^{3+}的测定有无影响？为什么？

（5）返滴定法测定 Al^{3+}时，滴定 Fe^{3+}后的溶液中，先加入一定体积 EDTA 标准溶液，然后调节溶液 pH≈4。能否先调节 pH≈4，后加入 EDTA？为什么？

实验 74 半微量滴定分析（碘量法测定铜合金中铜含量）

一、实验目的

（1）掌握半微量滴定管的操作和读数。

（2）了解半微量滴定的测定误差和控制方法。

（3）掌握碘量法测铜的原理。

二、实验原理

近年来在国内外化学实验中，较广泛地采用了“微型”实验，“微型”实验不仅可以减少试剂用量（特别是贵重试剂），降低环境污染（如减少 $HgCl_2$、$K_2Cr_2O_7$等有毒试剂的消耗量），并且可通过与常量滴定的比较，加深对测定误差的理解，同时也可使学生的滴定操作能提高一个层次。

如果不具备半微量天平的使用条件，也可采用常量分析天平称取样品，容量瓶定容后用移液管分取作平行测定的办法，也可得到较好的效果。实验原理与常量滴定法相同。

半微量滴定的误差主要来源于以下两个方面：

（1）体积测定误差（由读数的不确定性引起的误差）：在不考虑滴定管刻度不准和管内壁滞留液体而产生的误差时，由于 10mL 滴定管最小分度值为 0.05mL（两刻度间的绝对距离约为 2mm），读数的估计值为 0.005mL，则体积测量的相对误差为 1%～2%。

（2）滴误差（drop error）：10mL 滴定管一般为 0.03mL/滴（如果“滴”过大可在滴定管下出口蘸一点热熔石蜡，冷却后用针刺出小孔以控制液滴的大小），在计量点前后滴定剂少或多半滴引起的相对误差为 1.5%～3%。若滴定时能控制小于半滴（如 1/3 滴），误差还可以降低。

三、仪器与试剂

仪器：滴定管（酸式，10mL），锥形瓶（100mL）；烧杯（100mL）；容量瓶（250mL）；吸量管（10mL）；量筒（100mL）；称量瓶；分析天平（0.01mg 或 0.1mg）；托盘天平（0.1g）。

试剂：碘化钾；淀粉溶液（0.5%水溶液。配制方法见实验 63）；过氧化氢（30%）；硫氰化铵（10%）；盐酸（1∶1 水溶液，约 6mol/L）；氟氢化铵（20%，置于塑料瓶中）；乙酸（1∶1 水溶液）；氨水（1∶1 水溶液）；重铬酸钾（基准试剂）；硫代硫酸钠；碳酸钠；铜合金样品。

四、步骤

1. 0.02mol/L $K_2Cr_2O_7$ 标准溶液的配制

将 $K_2Cr_2O_7$ 在 150～180℃下烘干 2h，放入干燥器中冷却至室温。准确称取 0.5g 左右于 100mL 烧杯中，加水溶解后定量转入 100mL 容量瓶中，用水稀释至刻度，摇匀。计算 $K_2Cr_2O_7$ 溶液的准确浓度。

2. 0.1mol/L $Na_2S_2O_3$ 溶液的配制与标定

用托盘天平称取 $Na_2S_2O_3 \cdot 5H_2O$ 10g 溶于 400mL 新煮沸并冷却的蒸馏水中，加入 Na_2CO_3 约 0.1g，储存于棕色瓶中。该溶液要在本实验前一周配好，使用前标定。

准确移取 5.00mL $K_2Cr_2O_7$ 标准溶液三份置于 100mL 锥形瓶中，加入 0.2g KI，1mL 1∶1 HCl，摇匀后放于暗处 5min，待反应完全后，加 10mL 水，用待标定的 $Na_2S_2O_3$ 溶液滴定至溶液呈浅黄绿色，加 1mL 0.5%淀粉指示剂，继续滴定至溶液由蓝色变为亮绿色为终点。计算 $Na_2S_2O_3$ 浓度及相对标准偏差。

3. 铜合金中铜的测定

准确称取铜样品 0.2～0.3g 置于 100mL 烧杯中，加入 1∶1 HCl 10mL，滴加 30% H_2O_2 2mL，加热使样品完全分解，煮沸 1～2min 将过量的 H_2O_2 除尽（注意不要将溶液蒸干）。冷却后，加水 60mL，滴加 1∶1 氨水至溶液刚有沉淀生成。然后加 1∶1 HAc 8mL，20% NH_4HF_2 溶液 10mL，转至 100mL 容量瓶中，以水稀释至刻度，摇匀。分别移取样品 10.00mL 两份于 100mL 锥形瓶中，加 0.3g KI，摇匀，置于暗处反应 5min。然后用 $Na_2S_2O_3$ 标准溶液滴定至溶液呈浅黄绿色，加 1mL 0.5%淀粉指示剂，继续滴定至溶液呈浅蓝色。加入 2mL NH_4SCN 溶液，摇匀，再滴定至蓝色消失即为终点。此时因为有白色沉淀物存在，溶液颜色呈灰白色或肉色。计算铜的含量及相对平均偏差。

第 5 章　有机化学实验

实验 75　常压蒸馏工业乙醇

一、实验目的

了解蒸馏的基本原理和用途，熟练掌握常压蒸馏的基本操作，通过蒸馏分离提纯互溶液体混合物中的重要组分。

二、实验原理

当加热液体化合物时，液体分子不断逸出形成蒸气，蒸气产生的压力称为蒸气压。蒸气分子冷却又凝结成液体。当液体逸出的速度和蒸气分子冷凝速度相同时，即蒸气和液体间建立了动态平衡，此时蒸气的压力称为饱和蒸气压。当饱和蒸气压与标准大气压相等时，液体沸腾，蒸气的温度称为沸点。蒸馏就是利用不同物质沸点不同进行分离。当加热混合液体时，物质按沸点由低到高的顺序气化逸出，经冷凝后再恢复到液态。分别收集不同温度下逸出的组分，即可达到分离的目的。各组分沸点相差越大，得到的组分纯度越高。通常组分沸点相差30℃以上，才能得到满意的分离效果。常压蒸馏指的是在通常压力下（约0.1MPa）进行蒸馏。

三、仪器与试剂

仪器：圆底烧瓶（50mL）；蒸馏头；冷凝管；接液管；温度计；锥形瓶（50mL）。

试剂：工业乙醇；沸石。

四、步骤

1. 仪器安装

常压蒸馏装置如图 5-1 所示。装置安装在平行摆放的两个铁架台上。十字头的开口一个向上，一个面对操作者。根据瓶口大小选择铁夹，用以固定圆底烧瓶和冷凝管。铁夹内侧应有胶垫，以免玻璃仪器受力造成破损。安装仪器的顺序是从加热一端开始，自下而上，从左到右连接。依次安装加热装置、圆底烧瓶、蒸馏头、温度计、温度计套管、直形冷凝管、接液管、接收瓶、尾气管。

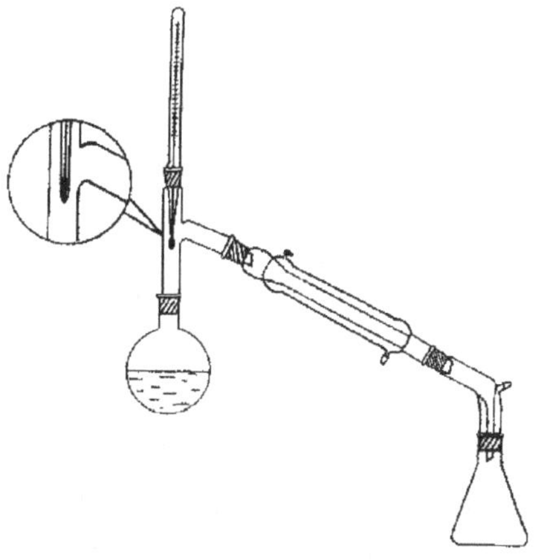

图 5-1　常压蒸馏装置

根据样品性质和体积选择合适仪器。常压蒸馏时蒸馏液的体积通常不超过蒸馏瓶的 2/3，不少于 1/3。温度计量程应大于被蒸馏物的沸点。尾气一般要通入吸收装置，无污染气体可直接排出。准备两个接收瓶，一个用以接收前馏分，另一个应先称量，用以接收正馏分。

加热一般用控温电热套，也可直接用火石棉网、水浴、油浴、砂浴等。圆底烧瓶底与电热丝、石棉网应有 1～2mm 空隙，与水浴锅、油浴锅、砂浴锅等底部则空 1～2cm，以防止局部过热造成有机化合物炭化和分解。温度计的水银球上沿与蒸馏头出口管内壁下沿位于同一水平线，以保证蒸馏完全。尾气装置和接收瓶应尽量远离热源。

2. 蒸馏操作步骤

取 20mL 已称量的工业乙醇倒入 50mL 圆底烧瓶中[1]，加入 2～3 粒沸石[2]，连接好仪器。从冷凝管下口缓缓通冷水，充满冷凝管，上口出水流入水槽。然后开始加热，待液体沸腾蒸气上升，降低电热套电压，使蒸气平稳上升至包过温度计水银球，温度计读数迅速上升。蒸气流入冷凝管，经冷凝后流入接液管。控制电热套电压使接液管流出液体以每秒 1～2 滴为宜。当达到 77℃且温度计读数稳定时，取下前馏分，换上已称量的干燥洁净的接收瓶，保持加热套电压，收集 78℃左右的稳定馏分。当不再有液体流出时，温度下降，此组分蒸完。圆底烧瓶中应留有少量残液[3]。停止加热，取下电热套，关冷凝水。取下接收瓶，按与安装仪器相反顺序依次拆下接液管、冷凝管、温度计、蒸馏头、圆底烧瓶。称量所收集馏分[4]，计算产率。回收产品，清洗干净仪器备用。

【附注】

[1] 加料时应严格避免液体洒落到电热套内，否则一旦通电会引起事故。

[2] 当加热后忘记加沸石或蒸馏中因故停止加热再次蒸馏时，应先使蒸馏液体冷却至沸点以下，再加沸石。

[3] 不得将圆底烧瓶内液体蒸干，以防爆炸等意外发生。

[4] 乙醇属低沸点有机化合物，不能敞口放置。

实验 76　乙醇折射率的测定

一、实验目的

熟练掌握阿贝折光仪测定液体折射率的方法，了解溶液浓度与折射率的关系，通过折射率推测溶液的浓度。

二、实验原理

折射率是有机化合物重要的物理常数之一，通过阿贝折光仪可以精确而方便地测定折射率。折射率可作为液体物质纯度的标准，比沸点更可靠。利用折射率可以鉴定未知化合物，尤其在鉴定异构体化合物方面具有优势。多数异构体化合物的沸点极为相似，而折射率则差异很大。通过测定折射率判断有机化合物异构体比测定沸点更准确。

折射率也可用于确定液体混合物的组成。当组分的结构相似和极性较小时，混合物的折射率和物质的组成之间呈线性关系。因此，在蒸馏两种或两种以上的液体混合物且当各组分的沸点彼此接近时，可通过折射率测定确定组分的组成。例如，乙醇和水的混合物在一定浓度范围内的折射率与组分含量呈线性关系，可通过测定折射率确定乙醇的浓度，因而可用于常见白酒的乙醇含量测定。

阿贝折光仪的原理及使用方法见 2.17 节。

三、仪器与试剂

仪器：2W 型双目阿贝折光仪。

试剂：乙醇含量分别为 10%、20%、30%、40%、50%、60%的水溶液；无水乙醇；未知浓度白酒样品。

四、步骤

1. 仪器准备

将阿贝折光仪置于靠窗口的桌上或白炽灯前，但避免阳光直射，用超级恒温槽通入所需温度的恒温水于两棱镜夹套中，棱镜上的温度计应指示所需温度，否则应重新调节恒温槽的温度。松开锁钮，打开棱镜，将 1～2 滴丙酮滴在玻璃面上[1]，合上两棱镜，待镜面全部被丙酮湿润后再打开，用擦镜纸轻擦干净[2]。

2. 用重蒸蒸馏水校正

打开棱镜，滴 1 滴蒸馏水于下面镜面上，在保持下面镜面水平情况下关闭棱镜，转动刻度盘罩外手柄（棱镜被转动），使刻度盘上的读数等于蒸馏水的折射率（n_D^{20}=1.33299，n_D^{25}=1.3325），调节反射镜使入射光进入棱镜组，并从测量望远镜中观察，使视场最明亮，调节测量棱镜（目镜），使视场十字线交点最清晰。转动消色散手柄，消除色散，得到清晰的明暗界线，然后用仪器附带的小旋棒旋动位于镜筒外壁中部的调节螺丝，使明暗界线对准十字交点，校正即完毕。

3. 测定

用丙酮清洗镜面，晾干后，滴加 1～2 滴待测样品于毛玻璃面上[3]，闭合两棱镜，旋紧锁钮。若样品很易挥发，可用滴管从棱镜间小槽中滴入。转动刻度盘罩外手柄（棱镜被转动），使刻度盘上的读数为最小，调节反射镜使光进入棱镜组，并从测量望远镜中观察，使视场最明亮，再调节目镜，使视场十字线交点最清晰。再次转动罩外手柄，使刻度盘上的读数逐渐增大，直到观察到视场中出现的半明半暗现象，并在交界处有彩色光带，这时转动消色散手柄，使彩色光带消失，得到清晰的明暗界线，继续转动罩外手柄使明暗界线正好与目镜中的十字线交点重合。从刻度盘上直接读取折射率[4]。

将不同浓度乙醇溶液的折射率与浓度作图，分析折射率与浓度的关系。根据未知样品的折射率[5]，计算样品的浓度，并与实际浓度比较，分析所测定的数据与实际值间的误差，讨论方法的可行性和影响因素。

【附注】

[1] 要特别注意保护棱镜镜面，滴加液体时防止滴管口划到镜面。

[2] 每次擦拭镜面时，只许用擦镜纸轻擦，测试完毕，也要用丙酮洗净镜面，待干燥后才能合拢棱镜。

[3] 不能测量带有酸性、碱性或腐蚀性的液体。

[4] 测量完毕，拆下连接恒温槽的橡皮管，棱镜夹套内的水要排尽。

[5] 若无恒温槽，所得数据要加以修正，通常温度升高 1℃，液态化合物的折射率降低$(3.5\sim5.5)\times10^{-4}$。

实验 77　分 馏 操 作

一、实验目的

通过分馏分离甲醇-水混合物，熟练掌握分馏的基本操作。

二、实验原理

分馏通常用于分离沸点相近的互溶液体混合物，其原理与常压蒸馏相同，只是蒸气在分馏柱中多次进行气液热量交换平衡，相当于多次蒸馏。高沸点物质在分馏中冷却回流，低沸点物质蒸气不断上升，先蒸出。

分馏柱是连接在蒸馏瓶与蒸馏头之间的一根长而垂直，柱身有一定形状的空管，或者在管中填充特制的填料。其目的是增大液相与气相的接触面积，以提高分离效果。当蒸馏瓶中的混合液沸腾时，混合液的蒸气进入分馏柱，这时沸点较高的组分易被冷凝，冷凝液中含有较多的高沸点物质。当冷凝液与沿分馏柱上升的另一部分蒸气相遇时，进行热交换，使上升蒸气中高沸点组分冷凝下来，低沸点的组分仍呈蒸气上升，而冷凝液中低沸点的组分受热重新气化。如此反复进行液相与气相的热交换，每一次热交换产生的蒸气都使易挥发组分增多，沿分馏柱流下的冷凝液在每一层上都比与之接触的蒸气含有更多的高沸点组分，使得低沸点组分不断上升，高沸点物质被冷凝不断回到加热的蒸馏瓶中。在理想的条件下，柱顶部几乎完全是低沸点组分，而底部则主要是高沸点组分，从而达到分离的目的。所以在分馏时，分馏柱内不同高度组分含量不同，温度也不同（存在温度梯度）。要达到理想的分离效果，一般应具备以下几个条件：①使柱内蒸气与液相广泛紧密接触；②柱自下而上保持适当的温度梯度；③柱身有足够的高度；④混合物各组分的沸点有一定差距。但是如果满足前三个条件，或者分馏柱效率较高，则沸点相差较小的化合物也可以进行较好的分离。

普通实验室常用填充式分馏柱和刺形分馏柱（又叫米格分馏柱）。填充式分馏柱是在柱内填充一些制成各种形状的惰性材料，如螺旋形、马鞍形、网状等各种形状的金属片或金属丝、陶瓷环、玻璃珠、玻璃管等，目的是增加表面积。填充式分馏柱效率较高，刺形分馏柱结构简单，较填充式分馏柱黏附的液体少，但分馏效率较低。

简单分馏操作要注意以下两点：

（1）在分馏柱内保持适当的温度梯度。大多数蒸馏操作中，可以通过调节蒸馏速度，由蒸气冷凝自动建立起来。为了保持温度剃度，常用石棉布、石棉绳进行保温，有条件的可采用涂银的真空夹套。当分馏柱温要求较高时，常在柱外绕上电热丝，用调压变压器调节温度，提供一定的热量，达到保温目的。

（2）控制好热源温度。热源常用水浴、油浴，浴温不能太高，如果浴温太高，柱中没有温度梯度，便达不到分馏目的。通过控制浴温和对柱保温可以防止“液泛”。“液泛”是指有相当一部分冷凝液滞留在分馏柱中，被上升的蒸气冲入冷凝管中的现象。一般的简单分馏，在加热使液体沸腾后，调节浴温使蒸馏速度为每 2～3 秒一滴。总之，要达到好的分馏效果，应控制蒸馏速度，使一定的冷凝液自柱流回到烧瓶中，即控制一定的回流比（蒸出液体的量与冷凝液流回烧瓶的量之比）。回流比越大，分离效率越高。但回流比也不能太大，否则收集液体的量太少，分馏时间太长。实验室中通常采用的回流比为理论塔板数的 1/10～1/5。

在分馏过程中，可能会得到与单纯化合物相似的混合物。该混合物具有恒定的沸点和固定组成，其气相和液相的组成也完全相同，不能用分馏方法分离。这种混合物称为共沸混合物或恒沸混合物，其沸点高于或低于其中的每一组分，称为共沸点或恒沸点。共沸混合物不是化合物，其组成和沸点随压力而改变，可采用其他方法破坏共沸组分后再蒸馏得到纯的组分。

三、仪器与试剂

仪器：圆底烧瓶（100mL）；刺形分馏柱；蒸馏头；冷凝管；接液管；温度计；锥形瓶（50mL）。

试剂：甲醇（化学纯）；自来水；沸石。

四、步骤

1. 仪器安装

仪器安装顺序和要求与常压蒸馏一样，不同处是在蒸馏瓶与蒸馏头之间加一刺形分馏柱（图 5-2）。此外，要在分馏柱上用石棉材料保温，保证分馏柱的热稳定性，并用夹子固定。

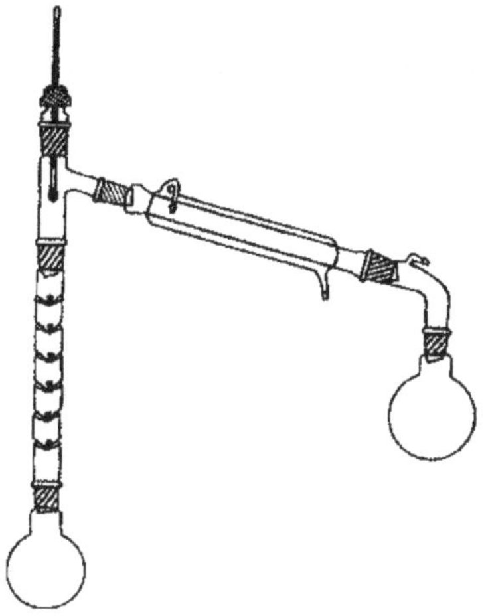

图 5-2　分馏装置

2. 操作步骤

在 100mL 圆底烧瓶中加入 25mL 甲醇[1]和 25mL 水，放入 3～4 粒沸石，按图 5-2 安装分馏柱及冷凝接收装置。采用电热套加热，控制加热使蒸气进入分馏柱后缓缓上升，约 10min 到达柱顶，温度计读数升高。当开始有馏出液滴下时，调节加热速度控制每分钟滴下 0.5～0.65mL，每滴下 1mL 记一次柱顶温度[2]。以沸点为纵坐标作曲线，曲线的转折点即为甲醇与水的分离点。从曲线可知，当大部分甲醇蒸出后，温度很快升高，迅速达到水的沸点。对所得馏分进行气相色谱分析，测定不同馏分的甲醇含量[3]。

【附注】

[1] 甲醇为毒性物质。

[2] 沸点开始迅速上升时，及时更换接收瓶。

[3] 若将收集的甲醇进行简单蒸馏，即可获得近于纯净的甲醇。

实验 78　减压蒸馏

一、实验目的

用于分离和提纯常压下高沸点易分解和氧化的有机化合物。

二、实验原理

通过减压使蒸馏环境的压力即被蒸馏物表面压力降低，从而使被蒸馏物的沸点降低。在减压下蒸馏物沸点可以近似地由下列公式求出：

$$\lg p = AB/T$$

式中，p 为蒸馏压力；T 为沸点（热力学温度）；A、B 为常数。以 $\lg p$ 为纵坐标，$1/T$ 为横坐标，可以近似地得到一条直线。从两组已知的压力和温度算出 A 和 B 的数值，再将所选择的压力代入上式，算出液体的沸点。但实际上，许多物质的沸点变化不符合上述公式，我们可以参考经验曲线（图 5-3）找出某物质在一定压力下的沸点。图中 B 线表示常压下物质的沸点，C 线是不同的压力条件，连接 B、C 线上两个数据点得一直线，使其延长与直线 A 相交，交点显示的即是所需压力下物质的沸点。例如，苯甲酸乙酯在常压下的沸点为 213℃，需要减压至 2.67kPa（20mmHg），连接图中 B 线 213℃和 C 线 20mmHg 得到的直线与 A 线相交于 100℃（D 线），即 2.67kPa 时苯甲酸乙酯的沸点约为 100℃。

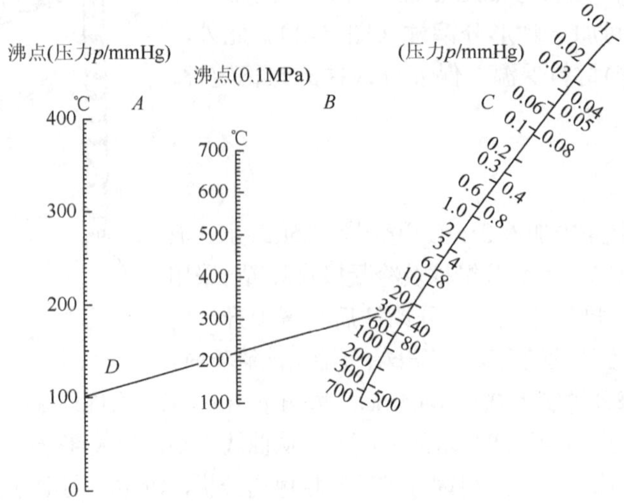

图 5-3　沸点与压力经验曲线

沸点与压力之间的关系有下面一些经验规律：

（1）压力在 2.67kPa（20mmHg）时，大多数有机化合物的沸点比常压（0.1MPa，760mmHg）的沸点低 100～120℃。

（2）压力在 1.33～3.33kPa（10～25mmHg），压力每相差 0.133kPa（1mmHg），沸点约相差 1℃。

（3）压力在 3.33kPa（25mmHg）以下时，压力每降低一半，沸点下降 10℃。

真空度的获得与划分：

低真空：0.1MPa（760mmHg）～1.33kPa（10mmHg），一般可以从水泵获得，水泵可

由玻璃或金属制得。水泵的抽空效力与水压、水泵中水的流速及水温有关。水泵所能达到的最低压力为当时水温时水的蒸气压。例如，水温在10℃时，水的蒸气压为1.22kPa左右，30℃时为4.2kPa左右；

中度真空：$1.33\sim1.33\times10^{-2}$kPa（$10\sim10^{-3}$mmHg），可由油泵获得；

高真空：$1.33\times10^{-2}\sim1.33\times10^{-7}$kPa（$10^{-3}\sim10^{-8}$mmHg），采用机械泵与扩散泵串联抽气获得。

实验室通常采用水银压力计（图5-4）来测量减压系统的压力。开口式压力计，两臂汞柱高度之差为大气压力与系统压力之差，蒸馏系统的实际压力（真空度）应是大气压力减去这一压力差。开口式压力计比较笨重，读数也较麻烦，但数据准确。另一种压力计为封闭式水银压力计，其两臂水银柱高度之差即为系统内的真空度。封闭式压力计读数方便，比较轻便，但常常由于有残留空气而不够准确，常用开口式压力计进行校正。测定高真空度系统压力常用麦氏压力计（或称麦氏真空规）。麦氏压力计不使用时应水平放置，测量时慢慢转动压力计，使其处于竖直位置。气体压缩到一端封闭的测量毛细管中，调整位置使参考毛细管内（右侧）水银柱与测量毛细管（左侧）的顶部（零点）处于同一水平线，从刻度板上直接读出真空度。不测量时再慢慢旋转压力计，使其恢复到水平位置。

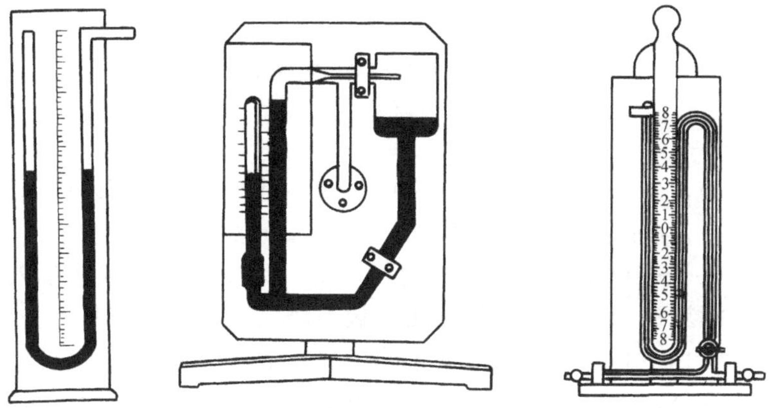

a　　b　　c

图5-4　水银压力计

a. 开口式压力计；b. 麦氏压力计；c. 封闭式压力计

三、仪器与试剂

仪器：圆底烧瓶（50mL）；克氏蒸馏头；冷凝管；接液管；温度计；真空泵。

试剂：乙酰乙酸乙酯（化学纯）。

四、步骤

1. 实验装置

减压蒸馏装置主要由以下几部分组成（图5-5）。

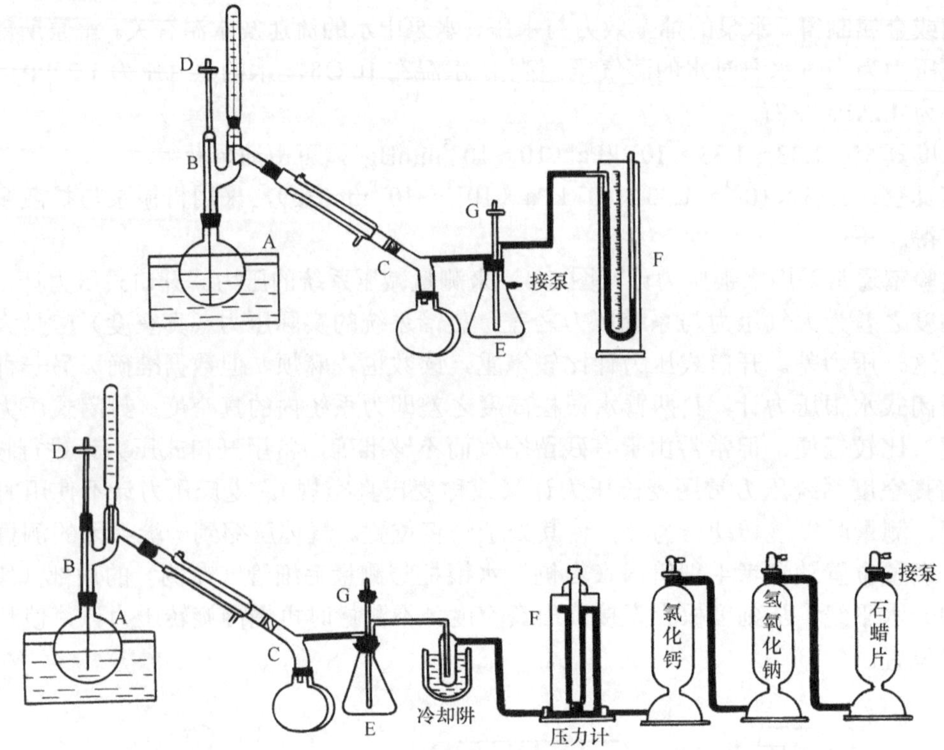

图 5-5　两种常用减压蒸馏装置

1）蒸馏部分

A 为圆底烧瓶，B 为克氏蒸馏头。克氏蒸馏头有两个颈，可以避免减压蒸馏时瓶内液体由于沸腾冲入冷凝管中。蒸馏头的一端插入一根拉制很细的毛细管，其长度恰好使其下端距瓶底 1～2mm。毛细管上端套一小段乳胶管，乳胶管内插入一段细铁丝，乳胶管上夹一个螺旋夹 D。通过螺旋夹可以调节进入空气量，使其呈微小气泡冒出，起到搅拌和作为气化中心的作用。冷凝管的选择与常压蒸馏相同。蒸馏少量沸点很高的液体或低熔点固体，可以不用冷凝管，使蒸馏头直接插入接液管。这时最好用石棉布包裹蒸馏头部分，以减少散热。减压蒸馏常用多尾接液管，接液管的每个分管各连接一个接收瓶，通过转动接液管，可以收集不同馏分。用这种接液管比普通接液管在操作上可以减少许多麻烦。

要特别注意，减压蒸馏不能使用薄壁、平底等不耐压的玻璃仪器（如锥形瓶）。仪器上不能有裂纹，因为即使用水泵抽真空，装置外部受到的压力也很大，缺损的地方可以引起内向爆炸。进行减压蒸馏操作时，一定要戴防护眼镜，采取必要的防护措施。减压蒸馏所用热源最好选择油浴，要控制油浴的温度，使它比液体的沸点高出 20～30℃。

2）减压泵

实验室常用水泵或油泵进行减压，油泵的效能取决于其机械结构及泵油的品质。蒸馏时如果有挥发性的有机溶剂进入油泵，会增加油的蒸气压，影响抽真空效能；水蒸气进入油泵与油形成黏稠的乳浊液，使油泵不能正常工作；酸气会腐蚀油泵的机件，因此使用时必须十分注意保护油泵。减压蒸馏前，样品必须除去酸并充分干燥。应先蒸去低沸点溶剂，然后用水泵除去残留溶剂，再用油泵减压蒸馏。

3）保护装置

在油泵与接收瓶之间的冷却阱、几个吸收塔和压力计，用以杜绝有害气体进入油泵，起到保护油泵的作用。冷却阱中的冷却剂可用冰-水、冰-盐、干冰与丙酮等。吸收塔中依次装有无水氯化钙（或硅胶）、粒状或棒状氢氧化钠、固体石蜡，分别吸收水分、酸气和烃类化合物。冷却阱前装一安全瓶，瓶上的两通活塞用于调节系统内的压力及放气之用。

减压蒸馏系统必须十分严密，各连接处所用橡皮管要用耐压橡皮管。玻璃仪器磨口处用真空脂涂抹均匀，真空脂不可涂得太多，否则可能堵塞活塞孔或污染产品，而太少又容易漏气。必要时可用固体石蜡密封橡胶塞的连接处，将固体石蜡加热熔融，趁热用滴管滴在需要密封的部位。

2. 实验操作

依次安装电热套、50mL 圆底蒸馏瓶[1]、克氏蒸馏头、冷凝管、接液管、圆底接收瓶、温度计、毛细搅拌管。磨口之间连接用真空脂。毛细搅拌管与圆底蒸馏瓶底部应有 1～2mm 间隙。

减压蒸馏前应先进行常压蒸馏。在 50mL 圆底蒸镏瓶中加入 25mL 乙酰乙酸乙酯，插入毛细搅拌管，在接液管尾气口连接耐压胶管至真空泵安全瓶，旋紧毛细搅拌管上的螺旋夹 D，打开安全瓶上的二通活塞 G，然后开泵抽气[2]，逐渐关闭二通活塞 G，从压力计 F 上观察所达到的真空度。如果漏气，仔细检查各部分的塞子、接口及橡皮管连接是否严密。调节毛细管上的螺旋夹 D，使液体中有连续不断的小气泡冒出。调节二通活塞 G，以达到所需要的真空度。通入冷凝水，开始加热。加热时，蒸馏瓶至少应有 2/3 没入浴液中，在浴液中插入一支温度计，控制浴液温度比待蒸液体的沸点高出 20～30℃，使蒸馏速度保持 1～2 滴/秒。在蒸馏过程中，应密切注意蒸馏头上的温度计和压力计的变化，及时收集不同沸点范围的馏分。蒸馏完毕，先撤掉热源，待稍冷后，打开毛细搅拌管上的螺旋夹 D（防止放气时吸入残液），然后慢慢打开安全瓶上的二通活塞 G（一定要小心打开，否则封闭式压力计中的汞急剧上升，有冲破压力计的危险），使系统内外压力平衡，取下接收瓶，拆除仪器。

有些情况下，蒸馏过程中有气体经由毛细搅拌管进入热的溶液，引起化合物的氧化，需在毛细搅拌管上连接一充氮的气球。蒸馏前，先用氮气“冲洗”整套装置，然后再调节螺旋夹 D。

3. 旋转蒸发仪的使用

旋转蒸发仪是有机实验室最常用的仪器之一（图 5-6）。旋转蒸发仪由蒸馏装置、电动旋转控制装置和加热测温装置组成。

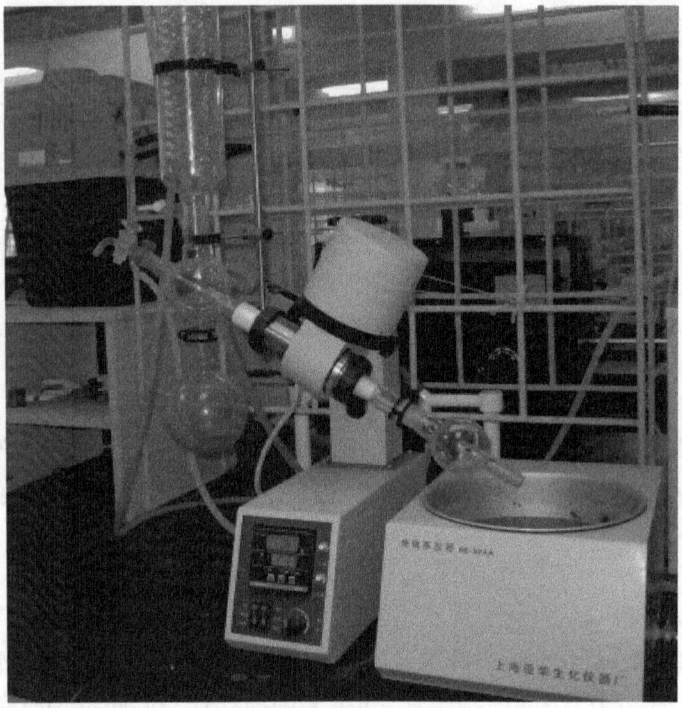

图 5-6　旋转蒸发仪

旋转蒸发仪可在常压或减压下进行蒸馏操作，可一次进料也可分批吸入进料。常压蒸馏时真空接头与大气相通，减压蒸馏时真空接头与循环真空水泵相连。旋转蒸发仪主要用于减压条件下连续蒸馏大量易挥发性溶剂，尤其适用于浓缩萃取液及色谱分离时的接收液，其突出特点为操作简便，但对于分离提纯沸点高、真空度要求高的液体则不适合。其主要操作步骤如下：

（1）连接接收瓶并用金属夹固定，连接装有待蒸馏液体的蒸馏瓶并用塑料夹子固定。将真空接头与循环真空水泵连接。

（2）开启电源开关，打开旋钮，左右调节蒸馏装置至合适位置，通过升降旋钮调节蒸馏瓶与加热水槽水面接触。

（3）开冷却水，开启循环真空水泵开关，关闭放空阀门，调节真空度。

（4）调节电动旋钮至合适转速，打开加热开关，根据蒸馏液体的沸点设置加热温度，开始蒸馏。

（5）当蒸馏瓶内不再有液体蒸出时，关闭加热开关，调节电动转速至 0。开启升降旋钮升高蒸馏瓶，使其离开加热水槽。打开放空开关，关闭循环真空水泵、旋转蒸发仪电源及冷却水。取下蒸馏瓶和接收瓶。

【附注】

[1] 减压蒸馏瓶的选择一般以被蒸馏物体积不超过蒸馏瓶容积的 1/2 为宜。减压蒸馏系统中玻璃仪器应该达到耐压标准。蒸馏瓶、接收瓶应该使用圆底或梨形烧瓶，严禁用平底瓶。

[2] 减压操作时应戴防护面罩或保护眼镜。

实验 79　水蒸气蒸馏从橘皮中分离橙皮油

一、实验目的

（1）了解水蒸气蒸馏的基本原理、使用范围及对被蒸馏物条件要求。

（2）熟练掌握常量水蒸气蒸馏装置的组装和使用方法。

（3）掌握天然产物的提取技术。

二、实验原理

水蒸气蒸馏是用来分离和提纯液态或固态有机化合物的一种方法。根据分压定律，$p = p_A + p_{H_2O}$，通过水蒸气通入被分离或提纯的混合物中使其沸腾，使有机化合物在比其沸点低得多且低于 100℃的温度下随水蒸气蒸馏出来的蒸馏操作称为水蒸气蒸馏。

这种方法是在难溶或不溶于水的有机化合物中通入水蒸气或与水一起共热，从而将水与有机化合物一起蒸出。水蒸气蒸馏有两种方法：一种是将水蒸气发生器产生的水蒸气通入盛有被蒸物的烧瓶中，使被蒸物与水一起蒸出；另一种方法是将水加入装有被蒸物的烧瓶中，与普通蒸馏方法相同，直接加热烧瓶，进行蒸馏，这是一种简化了的水蒸气蒸馏方法。当蒸馏时间较短，不需耗用大量水蒸气时，可采用这种方法。

水蒸气蒸馏要求被分离的有机化合物具备下列条件：

（1）不溶或难溶于水。

（2）长时间与水共沸不发生化学变化。

（3）在 100℃左右具有一定的蒸气压，一般不小于 1.33kPa。

水蒸气蒸馏常用于下列几种情况：

（1）反应混合物中含有大量树脂状物质。

（2）从固体混合物中分离容易挥发物质或除去易挥发杂质。

（3）常压下蒸馏易分解的化合物。

三、仪器与试剂

仪器：水蒸气蒸馏装置一套。

试剂：鲜橘皮[1]；二氯甲烷；无水硫酸钠。

四、步骤

1. 实验装置

水蒸气蒸馏装置如图 5-7 所示。A 为水蒸气发生器，常用金属制成，也可以用大圆底烧瓶，一般盛水量为其 2/3 为宜。B 为安全管，插到发生器底部，如果体系内压力增大，水会沿玻璃管上升，起到调节压力的作用。如果系统发生阻塞，水会从管的上口喷出，这时应停止蒸馏，查找原因。蒸馏瓶 D 是 500mL 以上的长颈圆底烧瓶，烧瓶向发生器方向倾斜 45°，瓶内液体不超过其容积的 1/3。水蒸气发生器 A 与蒸气导入管 E 之间用橡皮管连接一个 T 形管，T 形管下端连接一段带有螺旋夹 G 的乳胶管。打开螺旋夹 G，可以及时放掉蒸气冷凝后的水滴。蒸气发生器至蒸馏瓶之间的蒸气导管应尽可能短，以减少蒸气的冷凝。蒸气导管 E 的下端应尽量接近瓶底，但不可与瓶底接触，弯曲部分位于瓶中液体的中央并与瓶底垂直。进行蒸馏时，打开 T 形管下端的螺旋夹 G，加热水蒸气发生器 A，直至水沸腾。当有大量水蒸气产生时，将螺旋夹 G 拧紧，使水蒸气通入蒸馏瓶 D 中。为了不使蒸馏瓶 D 中的液体积累太多，必要时，可在 D 下面加一石棉网，用小火加热，但应注意控制加热速度，使蒸气能在冷凝管中全部冷凝下来。在蒸馏固体物质时，它们往往在冷凝管中凝结为固体，这时可暂停甚至放掉冷凝水，如果无效则立即停止蒸馏，用长玻璃棒将固体捅除或用吹风机的热风将固体熔化。当馏出液澄清不含油滴时，为蒸馏终点。中途停止蒸馏或结束蒸馏时，应先打开 T 形管下方的螺旋夹 G，然后停止加热，以防蒸馏瓶 D 中的液体倒吸入水蒸气发生器。

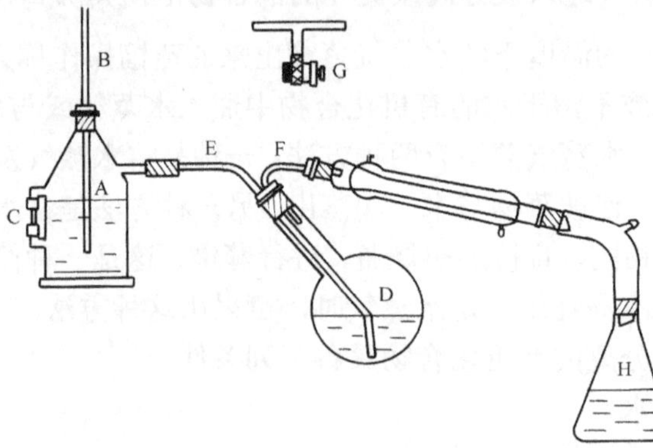

图 5-7　水蒸气蒸馏装置

2. 实验操作

将 4～6 个鲜橘皮磨碎，称量后置于一个 500mL 三颈烧瓶中，并加入 100mL 热水，在三颈烧瓶上安装水蒸气蒸馏装置[2]。加热水蒸气发生器使水蒸气通入三颈烧瓶，维持稳定蒸馏，收集 100～150mL 馏出液[3]。

将馏出液移至分液漏斗中，每次用 10mL 二氯甲烷萃取两次，弃去水层，用无水硫酸钠干燥萃取液。

滤弃干燥剂，在水浴上蒸出大部分溶剂，将剩余液体移至一支试管中，继续在水浴上小心加热，浓缩至完全除净溶剂为止，揩干试管外壁，称量。以所用鲜橘皮质量为基准，计算橙皮油的回收质量分数。

五、思考题

（1）能被水蒸气蒸馏蒸出的被提纯物质应具备什么条件？

（2）在水蒸气蒸馏过程中，出现安全管的水柱迅速上升，并从管上口喷出水等现象，这表明蒸馏体系中发生了什么故障？

（3）在水蒸气发生器与蒸馏瓶之间需连接一个 T 形管，在 T 形管下口再接一根带着螺旋夹的橡皮管。请说明此装置有何用途。

（4）在停止水蒸气蒸馏时，为什么一定要先打开螺旋夹，然后再停火加热？

（5）发现安全管内液体迅速上升时，应该怎么办？

【附注】

[1] 可使用食品绞碎机将鲜橘皮绞碎后称量，以备水蒸气蒸馏使用。橙皮油是一种天然香精油，可从柑橘的果皮经水蒸气蒸馏或压榨得到，为黄色或橙色液体。具有橘皮愉快的香味，相对密度为 0.848～0.853（15℃），旋光度为+88°～+98°，不溶于水，溶于乙醇和冰醋酸，其主要成分是右旋苎烯（含量在 90%以上），并含有葵醛。

苎烯的分子式为 $C_{10}H_{16}$，结构式为

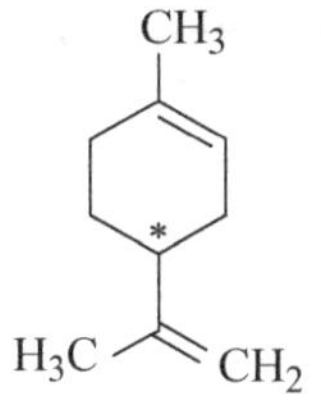

苎烯(limonene)

右旋苎烯的沸点为 178℃，旋光度为+125.6°，属单环萜类化合物，广泛存在于自然界中，在柠檬油、橙皮油、薄荷油、橡树油、松节油和松针中都含有。右旋苎烯是一种比较稳定的物质，可在常压下蒸馏而不分解，因具有柠檬的香味，可用作食品、牙膏、肥皂等的香精，作为柑橘工业副产品而大量生产。

[2] 水蒸气导入管应尽可能短些，以减少水蒸气冷凝。水蒸气导入管尽可能接近蒸馏烧瓶底部。

[3] 当馏出液无明显油珠、澄清透明时，便可停止蒸馏。其顺序是先旋开螺旋夹，然后移去热源，否则可能发生倒吸现象。

实验 80　重结晶乙酰苯胺

一、实验目的

（1）学习固体物质提纯的一般方法。

（2）掌握溶解、脱色、过滤、结晶等基本操作技术。

二、实验原理

重结晶是根据被提纯的化合物不同温度下在溶剂中的溶解度不同，以及该化合物及其所含的杂质在同一溶剂中溶解度的不同而达到分离的目的。固体有机化合物在溶剂中的溶解度一般随着温度升高而增大。把固体有机化合物在较高温度（一般在溶剂沸点温度）制成热的饱和溶液，将其溶液冷却至室温以下，由于溶解度降低而析出结晶。而杂质在此溶剂中溶解度很大或很小。若溶解度很大，则杂质溶解在溶剂中而不析出，过滤结晶后留在母液中；若溶解度很小，则可在制热饱和溶液后趁热过滤除去。

重结晶的方法用于提纯杂质含量小于 5%的固体有机化合物。杂质含量过多，提纯分离比较困难，这时应采用其他方法进行初步提纯，然后再进行重结晶。重结晶所用的溶剂必须具备下列条件：

（1）与被提纯物不起反应。

（2）被提纯物质在溶剂中的溶解度随温度变化较大，即温度高时溶解度较大，在室温或更低温度时溶解度很小。杂质在此溶剂中溶解度很大或很小。

（3）易挥发、易与结晶分离而除去。

（4）能给出较好的结晶。

（5）无毒或毒性小。

另外，还应考虑溶剂的价格、来源、易燃性等因素。

表 5-1 列出了几种常用的重结晶溶剂。

表 5-1　常用的重结晶溶剂

溶剂	沸点/℃	凝固点/℃	相对密度	与水的混溶性	可燃性
水	100	0	1.0	+	不燃
95%乙醇	78.1	<0	0.804	+	易燃
丙酮	56.2	<0	0.79	+	易燃
石油醚	30～60	<0	0.64	–	易燃
乙醚	34.51	<0	0.71	–	易燃
乙酸乙酯	77.06	<0	0.90	–	易燃
甲醇	64.96	<0	0.7914^{20}	+	易燃
冰醋酸	117.9	16.7	1.05	+	易燃
环己烷	80.7	6.5	0.7785^{20}	–	易燃
氯仿*	61.7	<0	1.48	–	不燃
四氯化碳*	76.54	<0	1.59	–	不燃

*苯由于其毒性较大未列入此表，同理，如果有其他溶剂可以代替，应尽量不使用各种氯代甲烷。

溶剂的选择与所提纯化合物和溶剂的性质有关。根据“相似溶于相似”的原则，通常极性化合物易溶于极性溶剂，非极性化合物易溶于非极性溶剂。所提纯的化合物，如果是已知化合物，可以查阅手册或文献了解其在一些溶剂中的溶解性，但最主要的还是通过实验进行选择。具体方法是：取约 0.1g 待结晶样品放入一小试管中，逐滴加入某种溶剂，并不断振荡，观察样品的溶解情况。若加入的溶剂量达 1mL 已全溶，或者温热后全溶，则此溶剂不适用。如果该物质不溶于 1mL 沸腾的溶剂中，可分批加入溶剂（每次约 0.5mL），并加热使之沸腾，若加入量达 4mL 仍不能全溶，则此溶剂也不适用。如果该物质能溶于 1～4mL 沸腾的溶剂中，冷却后能析出较多的结晶，则此溶剂适用。

实验时，要同时选择几种溶剂，比较收率，选择其中最好的作为重结晶的溶剂。有的化合物在溶剂中溶解度太大，而在另一些溶剂中溶解度又太小，很难选择一种合适的溶剂，这时可使用混合溶剂。混合溶剂就是把对化合物溶解度很大（称为良溶剂）和溶解度很小（称为不良溶剂），又能互溶的两种溶剂按一定比例混合起来，作为重结晶的溶剂。这样可获得满意的结果。用混合溶剂重结晶时，先用良溶剂在其沸点温度附近将样品溶解，制成接近饱和的溶液。若有颜色，则用适量活性炭脱色，趁热滤去活性炭或不溶物，然后将此溶液在沸点附近滴加热的不良溶剂至溶液变浑浊不再消失为止，再加入少量良溶剂使之恰好透明，将液体冷却析出结晶。有时也可将两种溶剂按比例事先混合，操作与单一溶剂相同。常用的混合溶剂有水-乙醇、乙醚-丙酮、水-乙酸、乙醚-甲醇、水-丙酮、乙醚-石油醚、水-吡啶。

重结晶过程一般分为下列几步：

（1）在已选好的溶剂中将所提纯的固体有机化合物在溶剂沸点或接近沸点的温度下制成接近饱和的溶液。

（2）如果溶液含有有色杂质，则用适量活性炭脱色。

（3）热过滤以除去活性炭或不溶性杂质。

（4）冷却，析出结晶。

（5）抽气过滤，使结晶与母液分开，洗涤结晶表面所吸附的母液。

（6）干燥，除去挥发性溶剂。

（7）测熔点，检查化合物的纯度。

上述过程的每一步都与重结晶的产率及产品质量有着密切关系。下面针对（1）～（5）进行具体说明。

（1）饱和溶液的制备：制备热饱和溶液一般使用由锥形瓶与回流冷凝管组成的回流装置。根据所用溶剂的沸点及可燃性选择合适的热源。溶解样品之前，应先根据查阅到的待结晶化合物的溶解度或通过实验得到的数据计算大约所需要的溶剂量，并使溶液保持沸腾，注意观察样品溶解情况，直至化合物在加热溶液时熔化为油状物（如用水重结晶乙酰苯胺），这时应正确判断，避免少加溶剂。从理论上讲，溶剂的用量应满足在沸腾条件下恰好使样品完全溶解，这时收率最高。但考虑到热过滤时溶剂的挥发，操作中温度下降会析出结晶造成损失和麻烦等因素，一般应加比需要量多 20%的溶剂。

（2）当重结晶样品带有颜色时，可加入适量活性炭脱色。活性炭的用量视杂质多少而定，一般为样品的 1%～5%。加入量过多会吸附部分产品，过少达不到理想的脱色效果。活性炭应在制得的接近饱和的溶液稍冷后加入，切不可加入沸腾的溶液中，以免暴沸使溶液冲出。加入活性炭后应摇匀，使其均匀分布在溶液中，然后加热微沸 5～10min（不可大火加热），趁热过滤除去活性炭和不溶杂质。如果活性炭不能使溶液完全脱色，则可再加入适量活性炭重复上述操作。但最好能一次脱色成功，以减少操作上的损失。活性炭在水溶液中脱色效果较好，也可以在有机溶剂中使用，不过在非极性溶剂中效果较差。除用活性炭脱色外，也可采用硅藻土等脱色或采用柱层析法脱色。

（3）热过滤既要滤除活性炭和不溶杂质，又要避免溶液冷却而在滤纸和漏斗中析出结晶，因此热过滤动作要迅速，尽量不使溶液降温。热过滤有以下几种方法：

①将一短而粗的玻璃漏斗放入烘箱中烘热，待过滤时取出。漏斗中放一折叠滤纸，滤纸向外突出的棱边紧贴于漏斗壁上。过滤时，先用少量热溶剂湿润滤纸，以免干燥的滤纸吸收溶液中的溶剂，使结晶堵塞滤纸孔，同时也使滤纸预热。倾倒滤液时，切忌使溶液从滤纸与漏斗之间漏过。漏斗中存放的溶液应尽可能满，这样溶液与较大面积的滤纸接触，过滤速度就比较快。在漏斗上盖上表面皿（凹面向下），以减少溶剂的挥发。接收滤液的容器应该用锥形瓶。若过滤顺利，一般在滤纸上只有很少结晶。如果析出的结晶较多，则

应用刮刀刮回到原来的瓶中，加适量溶剂溶解并进行热过滤。

折叠滤纸的方法如图 5-8 所示：将选好的滤纸先一折为二，再沿 2、4 折成四分之一。然后将 1、2 的边折向 4、2，2、3 的边折向 2、4，在 2、5 和 2、6 处产生新的折纹，如图 5-8a 所示。将 1、2 折向 2、6，2、3 折向 2、5，分别得 2、7 和 2、8 处的折纹，如图 5-8b 所示。同样以 2、3 对 2、6，1、2 对 2、5 分别折出 2、9 和 2、10 处的折纹，见图 5-8c。然后在 8 个等分的每一小格反向折叠，得到 16 等分，如图 5-8d 所示，再在 1、2 和 2、3 处各向内折一小折面，展开后即得折叠滤纸（即扇形滤纸），见图 5-8e。折叠时，勿重压圆心处，否则滤纸中央容易破裂。使用时，应将滤纸翻转，使可能被手弄脏的一面向上，避免滤液污染。

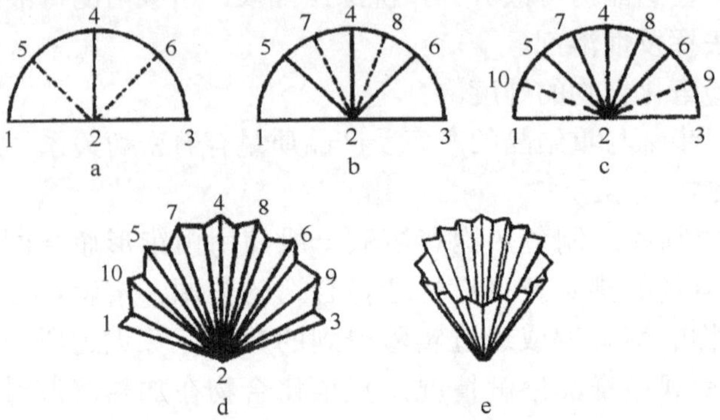

图 5-8　折叠滤纸

②用热水保温漏斗进行热过滤：如果过滤的溶液量较大，或溶液稍冷就容易析出结晶，最好用热水保温漏斗。此种漏斗是带有夹套的铜漏斗，使用时在夹套中加入其容量约 2/3 的水，漏斗上放入颈部短而粗的玻璃漏斗，玻璃漏斗中放入折叠滤纸。过滤前，先在侧管处加热漏斗至所需要的温度，使玻璃漏斗及滤纸预热，然后进行热过滤。如果用水作溶剂，过滤时不必灭火；如果是易燃的有机溶剂，过滤时必须将火熄灭！

③减压过滤：减压过滤的特点是过滤快，但缺点是由于减压会使沸点较低的溶剂挥发，甚至使热的溶剂沸腾，所以吸滤时一定要小心调节压力，切勿使压力过低。当然，漏斗要预热。

（4）结晶：将热过滤后的溶液盖上瓶塞（若为磨口仪器，则在瓶塞与瓶口之间夹一小纸条，以防由于溶液冷却造成负压，从而打不开瓶塞），静置，缓慢冷却，使结晶慢慢析出，这样得到的晶体较大，比较纯净。如果热过滤时已析出一些结晶，可加热使之溶解，再缓慢结晶。不要将热溶液放在冷水中快速冷却，也不要搅动溶液，因为这样形成的结晶很细，容易吸附溶液中的杂质。

有时由于溶液中存在胶状物质或焦油物质，或因形成过饱和溶液而不易析出结晶，可用玻璃棒在液面附近摩擦瓶壁引发结晶形成；或投入晶种（同一种物质的结晶），供给定向晶核，使结晶迅速形成。如果没有晶种，可用玻璃棒蘸少量溶液，使溶剂挥发析出结晶。有时从溶液中析出的不是结晶而是油状物，这种析出方式常含有杂质，这时可用玻璃棒摩擦瓶壁以促使结晶，若不行则最好选用其他溶剂。

（5）结晶的过滤和洗涤：将结晶与母液分离一般进行减压过滤。在吸滤瓶与水泵之间安装安全瓶可以防止水泵中的水倒吸。先用少量溶剂把滤纸湿润，然后打开水泵将滤纸抽紧。借助玻璃棒将结晶及溶液分批转移至布氏漏斗中，瓶中残留的结晶用少量滤液洗出，将溶液尽量抽干。关闭水泵前，先拆下吸滤瓶与水泵间连接的橡皮管，或打开安全瓶上的活塞，接通大气，以免水倒吸入吸滤瓶。

三、仪器与试剂

仪器：锥形瓶（100mL）；玻璃漏斗；保温漏斗；布氏漏斗；吸滤瓶；回流冷凝管。

试剂：粗乙酰苯胺；活性炭；沸石。

四、步骤

1. 实验装置

重结晶装置如图 5-9 所示。

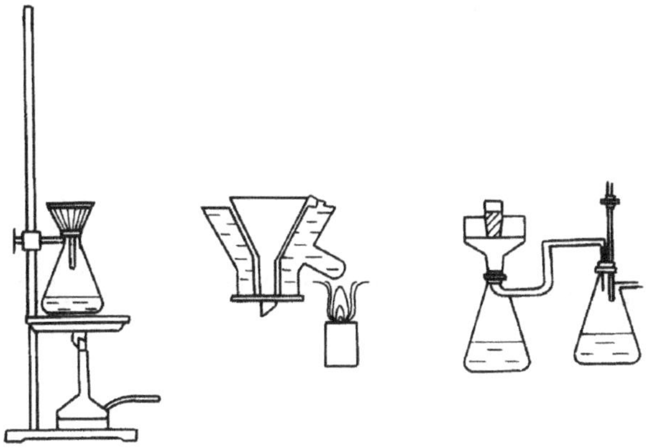

图 5-9　重结晶装置

2. 实验操作

在 100mL 锥形瓶中放入 2g 粗乙酰苯胺，加入适量水和几粒沸石，装上球形冷凝管，加热至沸，不断摇动使固体溶解。此时若有未溶解的固体，可继续加入少量热水直至全部溶解为止，再过量 20%。移去火源，稍冷后加入少许活性炭，稍加摇动后继续加热微沸 5～10min。

事先在热水保温漏斗夹套中加入约 2/3 体积的水并加热，把短颈玻璃漏斗放入保温漏斗中一起预热，于玻璃漏斗中放入一预先叠好的折叠滤纸。将上述热溶液通过折叠滤纸迅速滤入 100mL 锥形瓶中。每次倒入漏斗的液体不要太满，也不要等溶液全部滤完后再加入。在过滤过程中应保持溶液的温度，为此，将未过滤的部分继续加热，以防冷却。待所有溶液过滤完毕，用少量热水洗涤锥形瓶和滤纸。

滤毕，用塞子并加一小纸条将盛滤液的锥形瓶盖好，放置一旁，自然冷却后用冷水冷却以使结晶完全。如要得到较大颗粒的结晶，可在滤完后，将滤液中析出的结晶重新加热使之溶解，于室温下放置，让其慢慢冷却。结晶完成后，用布氏漏斗吸滤（滤纸要用少量冷水润湿吸紧），使结晶和母液分离，并用玻璃塞均匀挤压，以便使母液尽量除去。打开安全瓶上的活塞，停止抽气，加少量冷水至布氏漏斗中（使结晶润湿，可用玻璃匙或钢匙使结晶松动），然后重新抽干。如此重复一两次，最后将结晶移至表面皿上，摊成薄层，置空气中晾干或红外灯下烘干。测定精制产物的熔点，称量并计算回收率。

五、思考题

（1）加热溶解待重结晶的粗产物时，为什么先加入比计算量略少的溶剂，然后渐渐添加至恰好溶解，最后再多加少量溶剂？

（2）活性炭为什么要在固体物质完全溶解后才加入？为什么不能在溶液沸腾时加入？

（3）溶液进行过滤时，如何尽可能减少溶剂的挥发？

（4）用吸滤瓶进行过滤收集固体时，应注意哪些问题？

（5）用有机溶剂重结晶时，哪些步骤及操作容易着火？应怎样防止？

实验 81　重 结 晶 萘

一、实验目的

巩固重结晶基本操作。

二、实验原理

本实验的基本原理和重结晶乙酰苯胺相同，实验操作不同之处为本实验采用混合溶剂进行重结晶。

三、仪器与试剂

仪器：锥形瓶（15mL）；玻璃漏斗；保温漏斗；布氏漏斗；吸滤瓶；回流冷凝管。

试剂：粗萘；70%乙醇；活性炭；沸石。

四、步骤

在装有回流冷凝管的 150mL 锥形瓶中，加入 2g 粗萘、20mL 70%的乙醇和几粒沸石。接通冷凝水，在水浴上加热至沸，并不时振摇，使瓶中物加速溶解。若加入的乙醇不能使粗萘完全溶解，应从冷凝管上端继续加入少量 70%乙醇，每次加入乙醇后应稍微振摇并继续加热，待瓶中粗萘完全溶解后，再多加几毫升。移去水浴，稍冷后加入少许活性炭，再重新在水浴上加热煮沸 5～10min。

预先加热好保温漏斗和短颈玻璃漏斗及折叠滤纸准备过滤，灭掉火源趁热将萘溶液迅速滤入干燥的 150mL 锥形瓶中（注意，此时附近也不能有明火），滤完后，用少量的 70%乙醇洗涤锥形瓶和滤纸。盛滤液的锥形瓶用塞子塞好，放置，自然冷却至室温，最后再用冷水冷却，使结晶析出完全。

用布氏漏斗吸滤（滤纸先用 70%乙醇润湿并吸紧），用少量 70%乙醇洗涤，抽干后将结晶移至表面皿上，在空气中晾干或在红外灯下烘干后测定熔点，称量并计算回收率。

实验 82 熔点测定和温度计校正

一、实验目的

（1）了解物质纯度与熔点的关系。

（2）了解提勒管法测定熔点的方法。

（3）了解“未知物”熔点的测定方法。

（4）学会用显微熔点仪测定乙酰苯胺的熔点。

二、实验原理

在大气压下，纯物质固态和液态呈平衡时的温度，称为该物质的熔点。固体物质受热液化时，往往是在某一温度范围内进行的。从第一滴液体出现或局部开始液化的初熔阶段，到固体全部熔化、转化为透明液体的全熔阶段，温度变化的范围称为熔程。熔程与物质的纯度密切相关，熔程越大，化合物纯度越低。纯净的固体有机化合物一般都有固定的熔点，固液两相之间的变化是非常敏锐的，自初熔至全熔温度不超过 0.5～1℃。

通过测定熔点可以鉴别物质或检验样品纯度。

1. 粗略鉴定晶体样品

当一种晶体可能为 A，也可能为 B 时，只要准确测定其熔点，再与文献值相比较，大体上可以确定该晶体是 A 或是 B。

2. 确定化合物是否纯净

纯净的晶体化合物都具有固定而敏锐的熔点，若其中混有杂质，会使熔点下降且熔程变长。因此准确测定晶体样品的熔点，将其与文献记载的标准数据相比较。如果相符，则说明样品是纯净的；如果低于文献值，则说明样品不纯净。

3. 确定两个晶体样品是否为同一物质

同一种纯净的晶体化合物，其熔点固定不变，但不同种晶体化合物也可能具有相同或非常相近的熔点。若将两个不同晶体样品混合研细，即相当于在一种晶体中掺入了杂质，会造成熔点降低和熔程拉长。将两种晶体按不同比例（通常为 1∶9、1∶1 和 9∶1）混合研细测定熔点，若测定结果相同，则说明两种晶体为同一化合物，若测定结果比单一晶体的熔点低，则说明是不同化合物。

此外，测定熔点还可以大致了解物质（如液晶化合物）的相变过程。

测定熔点常用提勒管法或熔点仪。提勒管（Thiele tube）的形状像英文字母 b，也称为 b 形管。提勒管法的优点是载热液用量小；载热液循环、流动较好，受热均匀；管径小，易于观测。

常见熔点仪有显微熔点仪和自动熔点仪。显微熔点仪是肉眼通过显微镜观察晶体样品在升温熔融过程中的状态变化测定熔点。自动熔点仪则是基于样品在晶体状态反射光线、熔融状态透射光线的原理，采用光电方式检测毛细管中样品透光度的跃变测定熔点。

三、仪器与试剂

仪器：提勒管；显微熔点仪。

试剂：乙酰苯胺；未知样品；混合样品。

四、步骤

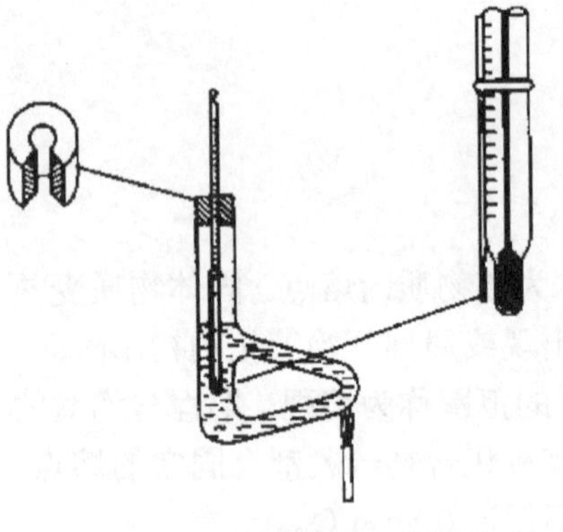

图 5-10　熔点的测定装置

1. 乙酰苯胺熔点的测定

将少量乙酰苯胺研成细的粉末，堆积在一起，将毛细管开口向下插入样品中，然后开口向上轻轻在桌面上敲击，使粉末落入管底。将封口朝下的毛细管通过一根放在表面皿上的直立长玻璃管自由落下使样品敦实。管内固体一般装 2～3mm。熔点的测定装置如图 5-10 所示。

把装有样品的毛细管紧靠温度计水银球的中心水平线上[1]，将该温度计慢慢放入盛有传热介质（一般为浓硫酸）的提勒管中，使水银球位于提勒管交汇的叉管之间，小火加热。开始时升温速度可以较快，到距熔点 10～15℃时，调整火焰使温度每分钟上升 1～2℃。观察温度计所示读数和样品的变换情况。记下样品开始塌落并有液相产生（初熔）和固体完全消失时（全熔）的温度计读数，此即为该化合物的熔程。

至少要有两次重复的数据，每一次测定都必须用新的熔点管装样品[2]。

目前，一般有机实验室常用数字显微熔点仪以盖玻片热台法测定固体样品的熔点。图 5-11 所示为常用的显微熔点仪。

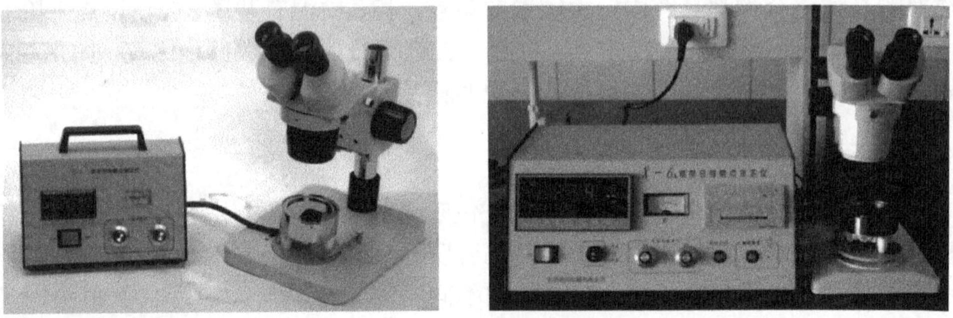

图 5-11　X-4 数字显微熔点仪

数字显微熔点仪的使用主要包括以下步骤：

（1）样品粗测。取少量乙酰苯胺，将其研细，放到两片载玻片中间。将晶体放到物镜下，调整位置，使其位于视野中央。将测定仪打开，用粗调和细调旋钮调节电压，使其升温，开始时升温速度可以较快，以每分钟约 5℃的速度升温。仔细观察目镜内的晶体是否熔化，记录当盖玻片内样品开始塌落即有液相产生时（初熔）和样品刚好全部变成澄清液体时（全熔）的温度，并计算熔程。

（2）样品精测。当热台温度下降约 30℃时，换一样品盖玻片，再作精确测定。开始升温可稍快，以每分钟约 5℃的速度升温。当热台温度离粗测熔点约 15℃时，改用细调旋钮调节电压加热，使温度缓缓而均匀地上升（每分钟上升 1～2℃）。当接近熔点时，加热速度要更慢，使温度每分钟上升 0.2～0.3℃。记录样品初始塌陷和样品恰好完全熔融时的两个温度读数。熔点测试需重复两三次。

2. 未知物及混合物的熔点测定

测定未知物的熔点，应先对样品粗测一次。加热速度可稍快些，知道大致的熔点范围后，待浴温冷至熔点以下 30℃左右时，再取另一根装样品的熔点管作精细的测定。每种未知物至少要测三次。取未知物 A、B 和混合物样品[3]各少许，分别装进毛细管中，按测熔点的方法进行熔点测定。验证 A 或 B 是水杨酸（熔点 159℃）还是苯甲酸（熔点 122.4℃），并测出混合物样品的熔程。

3. 温度计校正

实验室测定熔点时，常用提勒管法。用该法测定熔点时，温度计上的熔点读数与真实熔点之间常有一定偏差。这可能是由温度计质量引起的，有可能是温度计经长期使用，玻璃发生体积变形而使刻度不准。因而，要精确测定物质的熔点，就要校正温度计。进行温度计校正时，可参照化合物的熔点，按顺序测定。

记录所测得熔点的数据，以所测熔点为纵坐标，测得的熔点与应有熔点的差数为横坐标，绘成曲线。任一温度计的校正值可直接从曲线中读出。

每个样品至少测两次，两次数据应一致。

五、思考题

（1）测熔点时若熔点管壁太厚，或样品不干，或样品装不实，会出现什么结果？

（2）样品装得过多过少有什么不好？

（3）测熔点时加热太快会出现什么问题？

【附注】

[1] 用温度计水银球蘸取少许硫酸滴于熔点管上端外壁上，即可使之黏着于温度计上。或用橡皮圈套在温度计和熔点管的上部。

[2] 有时某些物质产生部分分解，有些会转变成具有不同熔点的其他结晶形式。

[3] 混合样品由教师预先将 A、B 各取 1/2 充分混合好待测。

实验 83　从茶叶中提取咖啡因

一、实验目的

（1）学习利用萃取的方法从天然植物中提取有效成分。

（2）学习液固萃取的基本原理和操作方法。

（3）学习升华的基本原理和操作方法。

二、实验原理

咖啡因是嘌呤衍生物，化学名称为 1, 3, 7-三甲基-2, 6-二氧嘌呤，其结构式如下：

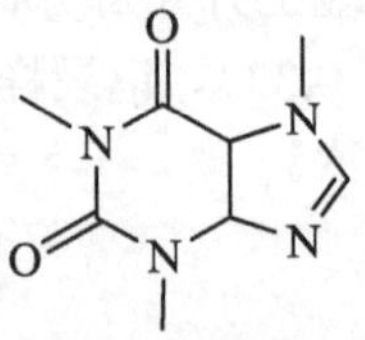

茶叶中的咖啡因含量为 1%～5%。咖啡因是弱碱性化合物，易溶于热水、氯仿、乙醇等。含结晶水的咖啡因为无色针状结晶，味苦，在 100℃时即失去结晶水，并开始升华，120℃时升华显著，至 178℃时升华很快。无水咖啡因的熔点为 236℃。

1. 提取原理

在欲提取的天然植物中加入一种与其不溶或部分互溶的液体萃取剂，形成两相系统，利用天然植物中各组分在萃取剂中的溶解度和分配系数不同的性质，使易溶组分较多地进入溶剂相，从而实现与植物的分离。提取咖啡因的方法一般有两种，一是利用索氏提取器进行连续提取，二是利用浸取法提取。

2. 升华原理

升华是利用固体混合物的蒸气压或挥发度不同，将不纯净的固体化合物在固体熔点温度以下加热，利用产物蒸气压高，杂质蒸气压低的特点，使产物不经液体过程而直接气化，遇冷后固化，而杂质则不发生此过程，达到分离的目的。本实验中，咖啡因具有升华的性质，因此利用升华的方法纯化比较方便。

三、仪器与试剂

仪器；圆底烧瓶（150mL）；回流装置；索氏提取器；蒸馏装置；升华装置。

试剂：茶叶；碳酸钠；乙醇；氯仿；无水硫酸镁；生石灰。

四、步骤

1. 方法Ⅰ

在 100mL 圆底烧瓶中，分别加入 5g 茶叶、4g 碳酸钠、25mL 水、25mL 乙醇，安装球形冷凝管，加热回流 1h。待冷却后，用布氏漏斗吸滤，滤液倾至分液漏斗。加入 30mL 氯仿，摇振 1min，静置分层，下层有机相用无水硫酸镁干燥，过滤，有机相为清亮透明溶液。在装有有机相的烧瓶中加入磁子，安装蒸馏装置，回收氯仿。冷却后，用钢匙将残留物转至蒸发皿中，覆盖一张刺有小孔的滤纸，罩上带有棉花的漏斗。在加热套与蒸发皿之间放置一根玻璃棒，防止蒸发皿将加热套完全封住，控制电压 220V 以内，加热升华 10～15min[1]。自然冷却，小心取下漏斗，揭开滤纸，用刮刀将滤纸上和蒸发皿周围的咖啡因刮下[2]。残渣为深绿色或黑色，产品为白色晶体。

2. 方法Ⅱ

称取 8g 茶叶末，放入索氏提取器的滤纸套筒中[3]，在 150mL 圆底烧瓶中加入 75mL

95%乙醇，电热套加热，连续提取 1.5h[4]。待冷却液刚刚虹吸下去时，立即停止加热。稍冷后，改成蒸馏装置，回收乙醇。趁热将瓶中残液倾至蒸发皿中，拌入 3g 生石灰调成糊状[5]。覆盖一张刺有小孔的滤纸，罩上带有棉花的漏斗。在加热套与蒸发皿之间放置一根玻璃棒，防止蒸发皿将加热套完全封住，控制电压 220V 以内，加热升华 10～15min。自然冷却，小心取下漏斗，揭开滤纸，用刮刀将滤纸上和蒸发皿周围的咖啡因刮下。残渣为深绿色或黑色，产品为白色晶体。

【附注】

[1] 蒸馏操作时注意不要蒸干，升华操作时将二人的蒸馏产物合并进行。

[2] 升华现象主要为漏斗中出现白烟，滤纸变黑；咖啡因主要在滤纸的下面，刮取时应注意。

[3] 滤纸筒要紧贴器壁，高度不超过虹吸管，滤纸包茶叶时要严密，防止漏出堵塞虹吸管，纸套上面折成凹形，以保证回流液均匀浸润茶叶。

[4] 当提取液颜色很淡时即可停止提取。

[5] 生石灰起吸水和中和作用，以除去酸性物质。

实验 84　薄层色谱法分离菠菜叶色素

一、实验目的

（1）掌握薄层色谱法的原理、操作方法。

（2）利用薄层色谱法对菠菜叶色素进行分离。

二、实验原理

绿色植物如菠菜叶中含有叶绿素（包括叶绿素 a 和叶绿素 b）、叶黄素及胡萝卜素等天然色素。叶绿素 a 为蓝黑色固体，在乙醇溶液中呈蓝绿色；叶绿素 b 为暗绿色，其乙醇溶液呈黄绿色。它们是吡咯衍生物与镁的配合物，是植物进行光合作用必需的催化剂，易溶于石油醚等非极性溶剂中。通常植物中叶绿素 a 的含量是叶绿素 b 的 3 倍。

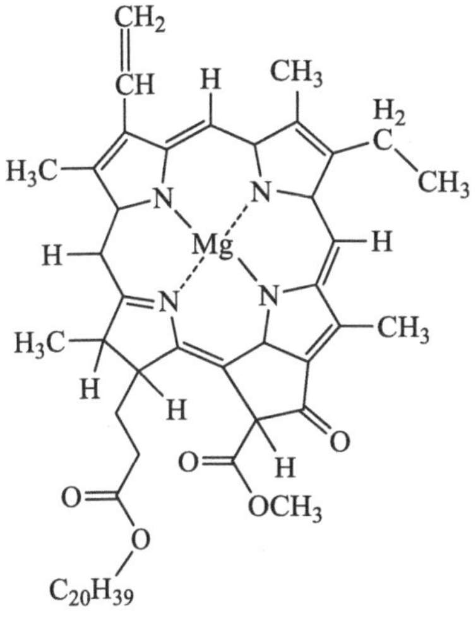

叶绿素a

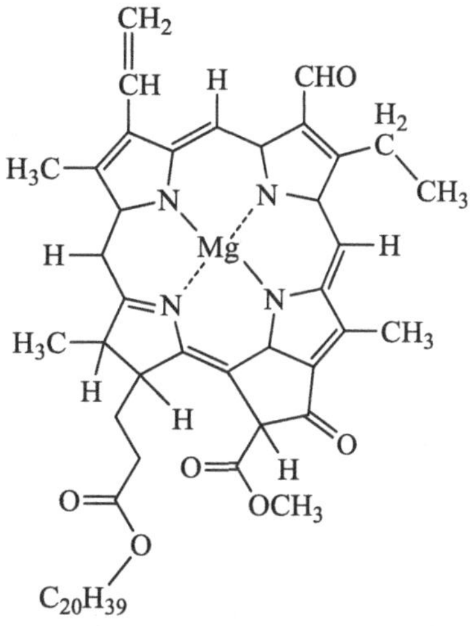

叶绿素b

胡萝卜素是一种橙色的天然色素，属于四萜，为一长链共轭多烯，有α、β、γ三种异构体，其中β异构体最多。叶黄素是一种黄色色素，与叶绿素同存在于植物体内，是胡萝卜素的羟基衍生物，较易溶于乙醇，在石油醚中溶解较小。秋天，高等植物的叶绿素被破坏后，叶黄素的颜色就显示出来。

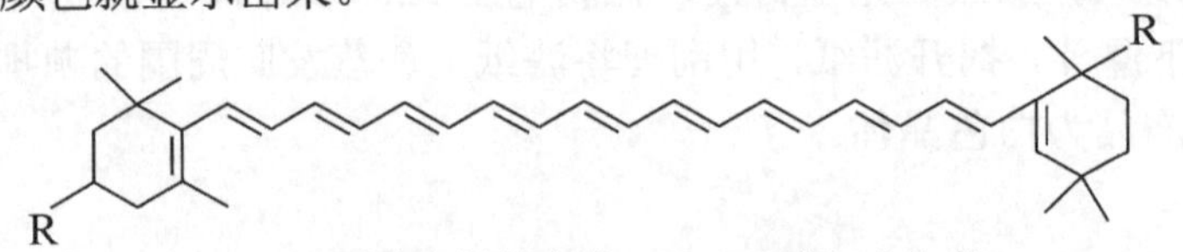

R=H时为β-胡萝卜素；R=OH时为叶黄素

三、仪器与试剂

仪器：载玻片；展开槽；玻璃棒；研钵。

试剂：硅胶G；95%乙醇；石油醚（60～90℃）；丙酮；菠菜叶。

四、步骤

1. 菠菜叶色素的提取

将1～2片新鲜的菠菜叶剪碎放于研钵中研磨，然后加入20mL石油醚-乙醇（1∶1）混合液继续研磨3min[1]。用移液管或滴管将萃取液移至分液漏斗中[2]，加等体积水洗涤[3]（旋摇几下，但不可振荡以防产生乳化），分层，弃去下层水层，再加等体积水洗涤，弃去水层，将上层溶液移至干燥的小锥形瓶中，用无水硫酸镁干燥，备用。

2. 制板

在小烧杯中放入2g硅胶，加入5mL 0.5%羧甲基纤维素钠水溶液，调成糊状，均匀倒在3块干净的载玻片上[4]（2.5cm×7.5cm），用玻璃棒刮平，轻轻振摇，使硅胶糊均匀铺在载玻片上且表面光滑均匀。于室温下放置15min，晾干。然后放入烘箱在105～110℃活化0.5h。

3. 分离与鉴定

在活化后的薄层板一端1～1.5cm处，用铅笔轻轻画一条直线作为起点线（不要划破吸附剂层）或在薄层板边缘作一记号。用管口平整的毛细管吸取菠菜叶色素提取液点样，斑点直径为2～3mm。溶剂挥发后，将点样一端放入已放有高约0.5cm展开剂的展开槽中[5]（展开剂为丙酮∶石油醚=1∶2），盖好盖，观察展开过程，当展开剂前沿上行到距薄层板另一端约1cm时，立即取出，并立刻用铅笔画出展开剂前沿的位置。晾干后，仔细测量每个斑点所走的距离，计算 R_f。

五、思考题

（1）在一定操作条件下为什么可以利用 R_f 鉴定有机化合物？

（2）在薄层板上如何判断各组分的位置？

（3）为什么薄层板在展开过程中不宜移动展开槽？

（4）试比较叶绿素a、叶绿素b和β-胡萝卜素的极性，为什么β-胡萝卜素在薄层板上移动最快？

【附注】

[1] 只需适当研磨，不可研得太烂而成糊状，否则会造成分离困难。
[2] 也可用小布氏漏斗过滤，稍稍减压并用塞子挤压固体。
[3] 水洗的目的是洗涤乙醇及提取液中的少量水溶物。
[4] 载玻片必须洗净，并用少量丙酮或乙醚擦拭。
[5] 展开槽加入溶剂后，可轻轻摇动几下，使之充满溶剂蒸气。

实验 85　环己烯的制备

一、实验目的

（1）掌握由环己醇制备环己烯的原理及方法。
（2）学习分馏的原理及方法。
（3）巩固蒸馏、分液、干燥等实验操作方法。

二、实验原理

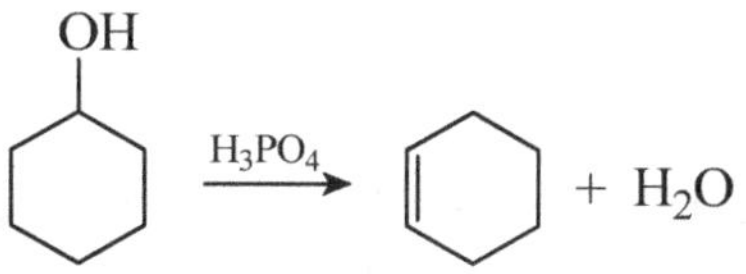

三、仪器与试剂

仪器：圆底烧瓶（100mL）；刺形分馏柱；蒸馏头；冷凝管；接液管；温度计；锥形瓶。

试剂：环己醇；磷酸（85%）。

四、步骤

分馏反应装置如图 5-12 所示。在 100mL 圆底烧瓶中，加入 20g 环己醇[1]、5mL 磷酸[2]（85%）和几粒沸石，摇匀，装上刺形分馏柱，在分馏柱上端装上蒸馏头和温度计，再连接冷凝管与接收器，接收瓶用冰水冷却。

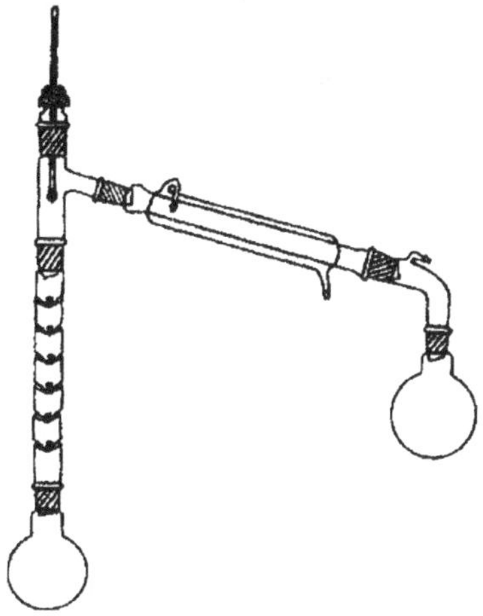
图 5-12　分馏反应装置图

控制加热温度[3]，缓慢蒸出环己烯和水，并使分馏柱上端温度不超过 90℃，蒸至瓶中只剩下少量残余液体时，停止蒸馏。将蒸馏液倒入分液漏斗中，用等体积饱和氯化钠溶液洗涤，分去水层[4]，将有机层倒入一个干净、干燥的锥形瓶中，用无水硫酸钠干燥 1h。

将干燥后的产品通过一个置有折叠滤纸的小漏斗滤入 50mL 圆底烧瓶中，进行蒸馏，收集 82～85℃的馏分，产量为 11～12g。

五、思考题

（1）试写出环己醇被磷酸催化脱水的反应机理。

（2）下列各醇脱水时将生成什么烯烃？

（a）1-甲基环己醇　　（b）2-甲基环醇　　（c）4-甲基环己醇

（d）2, 2-二甲基环己醇　　（e）1, 2-环己二醇

（3）粗制的环己烯为什么不用水洗而要用饱和氯化钠溶液洗？

【附注】

[1] 环己醇在常温下是黏稠液体（熔点 25.20℃），因而若用量筒量取（约 21mL），应注意转移中的损失，环己醇与磷酸应充分混合均匀。

[2] 硫酸也可以代替磷酸起脱水剂作用，但硫酸容易引起炭化，不如使用磷酸有利。

[3] 由于反应中环己烯与水形成共沸物（沸点 70.8℃，含水 10%）；环己醇与环己烯形成共沸物（沸点 64.9℃，含环己醇 30.5%）；环己醇与水形成共沸物（沸点 97.8℃，含水 80%），因此在加热时温度不可过高，蒸馏速度不宜太快，以减少未作用的环己醇蒸出。

[4] 使用分液漏斗之前要检漏，以防产品损失。在萃取和分液时，上下层液体都应保留到实验完毕，以便操作失误时能够补救。此外，水层应尽可能分离完全，否则干燥时将增加无水硫酸钠的用量，使产物更多地被干燥剂吸附而造成损失。

实验 86　正溴丁烷的制备

一、实验目的

（1）熟练掌握回流装置、蒸馏装置及尾气处理装置的使用。

（2）利用取代反应制备正溴丁烷。

二、实验原理

主反应：

$$n\text{-}C_4H_9OH + HBr \xrightarrow{H_2SO_4} n\text{-}C_4H_9Br + H_2O$$

副反应：

$$CH_3CH_2CH_2CH_2OH + HBr \xrightarrow{H_2SO_4} CH_3CH_2CH{=}CH_2 + H_2O$$

$$CH_3CH_2CH{=}CH_2 + HBr \longrightarrow CH_3CH_2\underset{\underset{\displaystyle Br}{|}}{C}H\,CH_3$$

$$2CH_3CH_2CH_2CH_2OH \xrightarrow{H_2SO_4} CH_3CH_2CH_2CH_2OCH_2CH_2CH_2CH_3 + H_2O$$

三、仪器与试剂

仪器：圆底烧瓶（25mL）；回流冷凝管；蒸馏装置；玻璃漏斗；烧杯。

试剂：正丁醇；溴化钠；浓硫酸；饱和碳酸氢钠溶液；饱和亚硫酸氢钠溶液；无

水氯化钙。

四、步骤

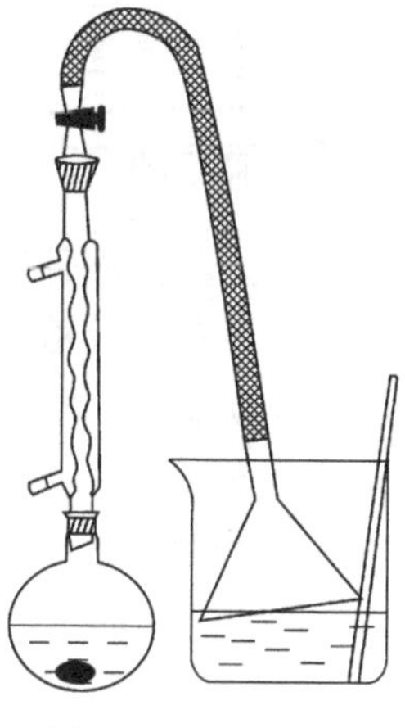
图 5-13　反应装置

如图 5-13 所示，在 25mL 圆底烧瓶中，加入 2mL 水，并缓缓加入 2.9mL 浓硫酸，混匀后，冷却至室温，再依次加入 1.5g 正丁醇和 2.5g 研细的溴化钠，充分振荡，加入搅拌磁子，搅拌加热回流 30min。冷却，拆去回流装置，改成蒸馏装置[1]，蒸出 1-溴丁烷和水。用毛细管将有机层转移至 10mL 离心管中，用 1.5mL 水洗[2]，用毛细滴管向液体中挤入空气，搅拌洗涤[3]，分净水层。小心用 1mL 浓硫酸洗，仔细分净硫酸层[4]，再依次用 1.5mL 水、1.5mL 饱和碳酸氢钠溶液和 1.5mL 水各洗一次[5]。加入几小粒无水氯化钙干燥。

将干燥过的粗产品转移至 5mL 圆底烧瓶中，蒸馏，收集 99～103℃的馏分，产品为无色透明液体。

纯 1-溴丁烷的物理常数：沸点 101.6℃，相对密度$\left(d_4^{20}\right)$ 1.275，折射率$\left(n_D^{20}\right)$ 1.4401。

五、思考题

（1）如果加料顺序改成先将溴化钠加到硫酸中，混匀后，再加入正丁醇和水，行吗？为什么？

（2）说明每步洗涤的目的，副产物中的正丁醚、1-丁烯以及未反应完的正丁醇都是如何除去的？

（3）通过以上的分离提纯操作步骤，2-溴丁烷杂质能被除去吗？说明气相色谱分析结果。

（4）洗涤过程中，有机相有时在下层，有时又在上层，使用什么简单易行的方法可以断明有机层或水层？

【附注】

[1] 1-溴丁烷是否完全蒸出，可用以下几种方法判断：馏出液是否澄清；反应液的上层油状液是否完全消失；用一支试管接几滴馏出液，再加少许水摇动，观察有无油珠。

[2] 用水洗后，有机层若呈红色，是因为含有溴。可用 1mL 饱和亚硫酸氢钠溶液洗涤除去。

$$2NaBr+3H_2SO_4 \longrightarrow Br_2+SO_2\uparrow+2H_2O+2NaHSO_4$$

$$Br_2+3NaHSO_3 \longrightarrow 2NaBr+NaHSO_4+2SO_2\uparrow+H_2O$$

[3] 本实验操作量较小，若无适当容量的分液漏斗，常采用将分离液置于离心试管或锥形试管中，用滴管吸取分液的办法。

[4] 第一次水洗和浓硫酸洗涤时，一定要仔细分液，如有不慎，将导致浓硫酸与水剧烈放热，造成粗产品挥发损失。

[5] 在洗涤分液的整个过程中，每步分液都要注意断明有机层，以免误将产品遗弃。

实验 87　1, 2-二溴乙烷的制备

一、实验目的

（1）掌握液体滴加、仪器密封安装及拆卸等基本操作。

（2）掌握分液漏斗的使用方法。

二、实验原理

主反应：

$$CH_3CH_2—OH \xrightarrow[170℃]{H_2SO_4} CH_2{=}CH_2 + H_2O$$

$$CH_2{=}CH_2 + Br_2 \longrightarrow Br—CH_2CH_2—Br$$

副反应：

$$2CH_3CH_2—OH \xrightarrow[\triangle]{H_2SO_4} (CH_3CH_2)_2O + H_2O$$

浓硫酸除作为脱水剂外，还是氧化剂。在反应过程中，还伴随着乙醇被氧化成二氧化碳和碳的副反应，而硫酸本身被还原成二氧化硫气体，二氧化硫若未经除去，又可被溴氧化：

$$SO_2+Br_2+H_2O \longrightarrow 2HBr+H_2SO_4$$

三、仪器与试剂

仪器：三颈烧瓶（250mL）；恒压滴液漏斗；吸滤瓶；烧杯；吸滤试管；锥形瓶（100mL，250mL）。

试剂：液溴；95%乙醇；浓硫酸；粗砂；10%氢氧化钠溶液；5%氢氧化钠溶液；无水氯化钙。

四、步骤

如图 5-14 所示，在 250mL 三颈烧瓶瓶口装一个恒压滴液漏斗和一支温度计（插至距瓶底 1～2mm 处），在瓶中加 10g 粗砂，用以防止产生乙烯时因加热起泡沫，影响反应正常进行。安全瓶是一个盛有 50mL 水的 250mL 吸滤瓶，瓶口装一跟插至水面以下的长玻璃管作为安全管，若发现玻璃管内水柱迅速上升，甚至喷出，则证明体系有堵塞，应立即停止反应。洗气瓶是一个装有 75mL 10%氢氧化钠溶液的 250mL 锥形瓶，用以吸收乙烯气中的酸性气体。反应试管是一支装着 4mL 液溴的 20mL 吸滤试管，并且在溴的液面上覆盖 2～3mL 水，连接导气管要插至距试管底 3mm 处，试管要浸在一个装有冷水的烧杯中[2]。吸收瓶是一个盛有 50mL 5%氢氧化钠溶液的 100mL 锥形瓶，用来吸收少量挥发出来的溴蒸气[3]。所有连接部分必须力求严密。待仪器安装完毕，需认真检查体系是否漏气[4]。

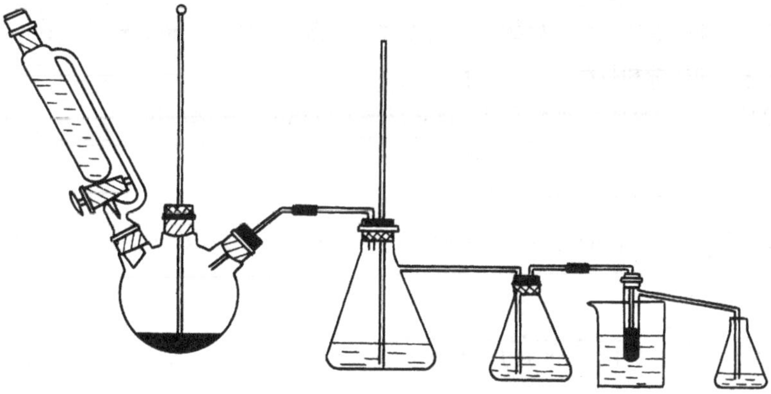

图 5-14　反应装置图

在冷水浴冷却下，小心将 23mL 浓硫酸混入盛有 13mL 95%乙醇的锥形瓶中，混匀后，将其倒至恒压滴液漏斗中。首先一次将 13mL 乙醇-浓硫酸混合液滴加至三颈烧瓶中。开始用石棉网加热，使三颈烧瓶温度迅速升至 170℃，此时有乙烯气产生。调节火焰，维持温度在 180～200℃，再慢慢滴加其余的乙醇-浓硫酸混合液，控制滴加速度和反应温度，保持乙烯气均匀地通入吸滤试管[5]，至溴的颜色完全褪去为止。先拆下吸滤试管，保存好产品，然后停火。

将粗产品移至分液漏斗中，每次用 10mL 水洗，洗四次（洗至洗涤液呈中性为止）。用无水氯化钙干燥。

将干燥过的粗产品用玻璃漏斗滤入 50mL 圆底烧瓶中，进行蒸馏，收集 129～133℃的馏分，产品为无色透明液体，产量为 8～10g，产率为 57%～71%。

纯 1, 2-二溴乙烷的物理常数：沸点 131.36℃，折射率 $\left(n_{\mathrm{D}}^{20}\right)$ 1.5387。

五、思考题

（1）乙烯气中含有二氧化硫和二氧化碳等杂质，如不经除去就通入溴液中，对实验结果有何影响？这两种气体在本实验中是如何除去的？

（2）要求通入吸滤试管的导气管必须深插（至距管底 3mm 处），若插得太高，甚至接近液溴表面则不行；但太低直插到管底也不行，这是为什么？

（3）为什么锥形瓶瓶口不能用塞子堵紧？

（4）终止反应时，为什么不能先停火而后拆下吸滤试管？

（5）粗产品用水洗的目的是什么？

（6）在本实验中，出现下列现象对 1, 2-二溴乙烷的产率有何影响？

①盛溴的吸滤试管太热；

②乙烯通入液溴时迅速鼓泡；

③仪器装置体系不严，带有缝隙。

【附注】

[1] 溴是具有强腐蚀性和刺激性的液体。取溴时必须特别小心，先在盛溴的吸滤试管中装入 2～3mL

水，再拿去取溴；必须在通风橱内戴好橡皮手套进行取溴操作。如不慎将溴触及皮肤，应立即用大量水冲洗，再用乙醇或甘油擦洗和按摩。

[2] 乙烯和溴发生放热反应，如不冷却，将导致溴大量逸出，影响产率。

[3] 注意：绝对不可用塞子堵住锥形瓶瓶口。

[4] 仪器体系是否严密是该实验成败的关键。

[5] 若乙烯生成太快，使溴的有效吸收率降低，也会因为剧烈鼓泡而引起溴液大量挥发逸出，导致损失。

实验 88　卤代烷的制备及气相色谱、红外光谱表征

一、实验目的

（1）利用亲核取代反应制备卤代烷，比较亲核试剂的反应活性。

（2）掌握液体的分离、洗涤、干燥技术。

（3）了解气相色谱仪的原理、仪器操作及用途。

（4）了解红外光谱仪的原理，固体及液体样品制作方法，解析红外光谱图。

（5）通过折射率测定不同组分的含量。

二、实验原理

$$ROH + HX \rightleftharpoons RO^+H_2 + X^-$$

$$X^- + RO^+H_2 \longrightarrow RX + H_2O$$

可能的副反应：

$$CH_3CH_2CH_2CH_2OH \xrightarrow[\triangle]{H_2SO_4} CH_3CH_2CH{=}CH_2 + CH_3CH_2CH_2CH_2OCH_2CH_2CH_2CH_3$$

三、仪器与试剂

仪器：圆底烧瓶（100mL）；回流冷凝管；玻璃漏斗；烧杯；气相色谱仪；红外光谱仪。

试剂：正丁醇；氯化铵；溴化铵；浓硫酸；饱和碳酸氢钠溶液。

四、步骤

1. 卤代烷的制备

小心地将 23mL 浓硫酸倾入盛有 30mL 冷水的烧杯中，摇匀，冷却至室温。称取 6.6g 氯化铵和 12.3g 溴化铵均匀混合后，装入 100mL 的圆底烧瓶中，依次加入 7.4g 正丁醇和配好的稀硫酸，加入沸石，装上回流冷凝管，在其顶端接一酸性气体吸收装置[1]。电磁搅拌加热，缓慢回流 2～3h。冷却后，拆去回流装置，改为蒸馏装置，用 50mL 锥形瓶作为接收器。然后在烧瓶中再补加几粒沸石，用电热套加热，蒸出所有的卤代烷[2]。

将馏出液移至分液漏斗中，分去水层，将有机层相继用浓硫酸洗两次[3]，每次用 5mL，然后用 10mL 水洗一次[4]，10mL 饱和碳酸氢钠溶液洗一次，再用水洗一次。将产物盛于

干燥的 50mL 锥形瓶中，用无水氯化钙干燥，除去产物中微量的水，待液体变澄清，将其倒入另一个干燥的 50mL 锥形瓶中塞紧塞子[5]，称取产品质量。保存好，待下面分析实验使用。

2. 气相色谱和红外光谱分析

对反应生成物进行气相色谱定量分析。根据峰面积归一法计算氯丁烷和溴丁烷的质量分数。采用液膜法制样，测试产品的红外光谱。

3. 测定折射率

假定混合物的摩尔分数和折射率之间呈线性关系，通过测量产品混合物的折射率[6]，可以算出混合物的组成[7]。在 20℃时，纯的 1-氯丁烷和 1-溴丁烷的折射率分别为 1.4021 和 1.4401。

若实验室内的温度不是 20℃，需要将折射率进行校正，在 20℃以上时，每超过 1℃应在观察到的读数中加上 0.0004，在低于 20℃时，则每低 1℃应减去同样的数量。分别计算出反应生成物中氯丁烷和溴丁烷的质量分数。

五、思考题

（1）在分液漏斗中洗涤产物时，卤代烷有时在上层，有时又在下层，可用什么简便方法判断？

（2）写出无水氯化钙吸水后所起化学变化的反应式。

（3）列出通过折射率与摩尔分数计算出产品质量分数的计算式。

（4）浓硫酸能溶解正丁醇和正丁醚，它们都发生了什么化学反应？

【附注】

[1] 酸性气体吸收装置，请参见正溴丁烷的制备实验。

[2] 此蒸馏是卤代烷粗产品与部分水同时蒸出，这是省去了水蒸气发生器的简易水蒸气蒸馏操作。卤代烷是否蒸完，可从下列几方面判断：

（1）蒸出液是否由浑浊变为清亮。

（2）原反应瓶内上层油层是否消失。

（3）取一试管，收集几滴馏出液，加水摇动，观察无油珠出现，表示馏出液中已无有机化合物，蒸馏已完成。蒸馏不溶于水的有机化合物时常可用此法检验有机化合物是否蒸完。

[3] 若有些未反应的醇仍旧存在，则可能出现三层，此时可将醇层当作卤代烷的一部分进行处理。用浓硫酸洗是为了溶解存在于粗产物中的少量未反应的正丁醇及副产物正丁醚等杂质。

[4] 若水洗后产物尚呈红色，是由于浓硫酸的氧化作用使之生成游离溴，可加入几毫升饱和亚硫酸钠溶液洗去。

[5] 这些卤代物易挥发，在干燥和存放时，注意要用磨口玻璃塞塞紧，否则会使测得的实验结果不准确。

[6] 折射率是有机化合物的重要物理常数之一，作为检验液体物质纯度的标准，比沸点更可靠。利

用折射率，可以鉴定未知化合物，还可以用以确定液体混合物的组成。在蒸馏两种或两种以上的液体混合物时，可以利用折射率确定馏分的组成。另外，当组分的结构相似和极性相近时，混合物的折射率和摩尔分数之间呈线性关系。

[7] 实验证明 1-氯丁烷和 1-溴丁烷混合组分的折射率和摩尔分数之间是呈线性关系的。因此可以通过摩尔分数与折射率的线性关系，先分别求出每个组分的摩尔分数，再以每个组分的摩尔分数和相应相对分子质量进一步计算出各组分的质量分数。

实验 89　2-甲基-2-己醇的制备

一、实验目的

利用格利雅（Grignard）反应制备仲醇。

二、实验原理

$$n\text{-}C_4H_9Br + Mg \xrightarrow{\text{无水乙醚}} n\text{-}C_4H_9MgBr$$

$$n\text{-}C_4H_9CMgBr + CH_3\underset{\underset{\displaystyle O}{\|}}{C}CH_3 \xrightarrow{\text{无水乙醚}} n\text{-}C_4H_9\underset{\underset{\displaystyle OMgBr}{|}}{C}(CH_3)_2$$

$$n\text{-}C_4H_9\underset{\underset{\displaystyle OMgBr}{|}}{C}(CH_3)_2 + HOH \xrightarrow{H^+} n\text{-}C_4H_9\underset{\underset{\displaystyle OH}{|}}{C}(CH_3)_2$$

三、仪器与试剂

仪器：三颈烧瓶（250mL）；回流冷凝管；恒压滴液漏斗；电动搅拌器；干燥管。

试剂：正溴丁烷；丙酮；无水乙醚；乙醚；镁屑；氯化铵；无水碳酸钾；碘。

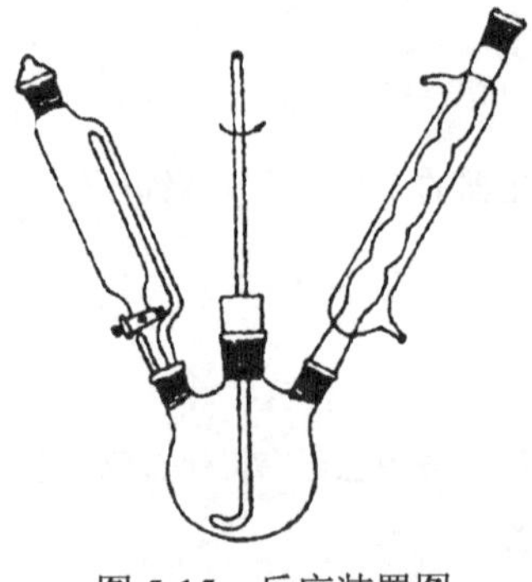

图 5-15　反应装置图

四、步骤

反应装置如图 5-15 所示。在 250mL 三颈烧瓶[1]上分别安装电动搅拌器[2]、球形冷凝管和恒压滴液漏斗，在球形冷凝管上口装氯化钙干燥管。瓶内放入 2.5g 镁屑、15mL 无水乙醚及一粒碘。在恒压滴液漏斗中加入 10.7mL 正溴丁烷和 10mL 无水乙醚并使之混合均匀。先向三颈烧瓶内滴入约 4mL 混合液，数分钟后溶液呈微沸状态，碘的颜色消失，若不发生反应，可用温水浴温热[3]。开动搅拌，反应比较剧烈，待反应稍缓和后，自冷凝管上端加入 25mL 无水乙醚。此时滴入其余的正溴丁烷和无水乙醚混合溶液。控制滴加速度，维持反应液呈微沸状态。加入完毕，用温水浴回流 15min，使镁屑几乎作用完全。

将上面制好的格利雅试剂在不断搅拌和冰水浴冷却下，自恒压滴液漏斗加入 7.4mL 丙酮和 5mL 无水乙醚混合液，控制滴加速度保持乙醚微沸。加完后，在室温下继续搅拌 15min。溶液中可能有灰白色黏稠状固体析出。

将反应瓶在冰水浴下继续搅拌，自恒压滴液漏斗加入氯化铵溶液（该溶液由 13g 氯化铵溶于 50mL 水配制而成）分解加成产物[4]。分解完成后，水层用 20mL 乙醚萃取两次，合并醚层，用无水碳酸钾干燥。

将干燥后的粗产物乙醚溶液滤入 100mL 蒸馏瓶中，先用温水浴蒸去乙醚，再用电热套加热蒸出产品，收集 137～141℃的馏分，产量为 5～6g。

纯 2-甲基-2-己醇的沸点为 143℃，折射率$\left(n_{\mathrm{D}}^{20}\right)$为 1.4175。

五、思考题

（1）本实验水解前的各步中，所使用的仪器、药品为什么要进行干燥？

（2）本实验有哪些可能发生的副反应？如何避免？

（3）本实验为什么用氯化铵的水溶液分解格利雅试剂加成产物，而不用水或盐酸分解？

【附注】

[1] 所有仪器及试剂必须充分干燥。所用仪器在烘箱干燥后取出，稍冷后放入干燥器中或将仪器开口处用塞子塞好，以防止在冷却过程中玻璃吸附空气中的水分。

溴丁烷用无水氯化钙干燥后蒸馏提纯；丙酮用无水碳酸钾干燥后再进行蒸馏纯化；乙醚用金属钠处理后再蒸馏纯化；镁屑用新处理的（因长期放置的镁屑表面常有一层氧化膜，所以要进行处理：用 5%盐酸溶液作用数分钟，吸滤除去酸液，再依次用水、乙醇、丙酮洗涤干燥后备用）。

[2] 本实验搅拌密封应好，装置搅拌器时应注意：搅拌棒保持垂直，末端以不触及瓶底为宜；装好后先用手慢慢旋动搅拌，无阻滞后方可开动搅拌器，转速由低挡慢慢调至合适挡次。

[3] 开始时正溴丁烷浓度较大，易于发生反应，若 5min 后反应仍不开始，可用温水浴加热。

[4] 开始水解时要慢，以后可以逐渐加快。

实验 90　正丁醚的制备及核磁共振氢谱表征

一、实验目的

（1）掌握醇分子间脱水制备醚的实验原理和实验方法。

（2）掌握分水器的使用方法。

（3）了解核磁共振仪的工作原理和基本操作，解析核磁共振氢谱。

二、实验原理

主反应：

$$2CH_3CH_2CH_2CH_2OH \xrightleftharpoons[140^{\circ}C]{H_2SO_4} CH_3CH_2CH_2CH_2OCH_2CH_2CH_2CH_3 + H_2O$$

副反应：

$$CH_3CH_2CH_2CH_2OH \xrightleftharpoons{H_2SO_4} CH_3CH_2CH{=\!=}CH_2 + H_2O$$

三、仪器与试剂

仪器：三颈烧瓶（100mL）；回流冷凝管；分水器。

试剂：正丁醇；浓硫酸；无水氯化钙。

四、步骤

在 100mL 三颈烧瓶中加入 27mL 正丁醇、4mL 浓硫酸和几粒沸石，摇匀[1]。三颈烧瓶的中间口连接分水器（图 5-16）[2]，一个侧口插入温度计，另一口塞住。搅拌，加热，保持反应物沸腾，回流分水，反应生成的水以共沸物形式蒸馏出来，冷凝后收集于分水器下层，上层有机相积至分水器支管时返回烧瓶，当烧瓶内反应物温度升至 140℃，分水器全部被水充满时可停止反应[3]，反应约需 1.5h。

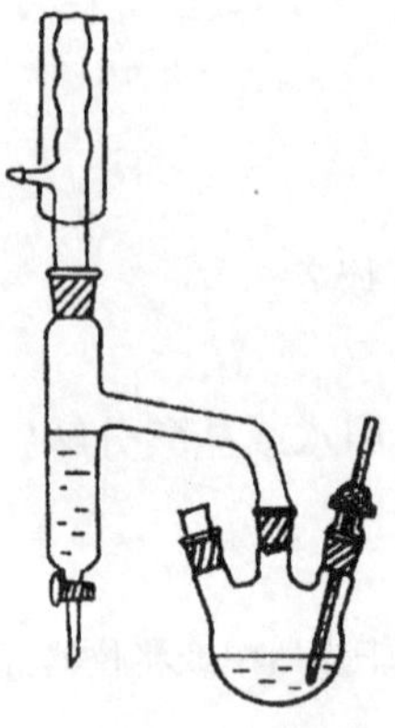

图 5-16　分水器装置

将反应液冷至室温后倒入已装有 50mL 水的分液漏斗中，静置分去下层水，上层粗品依次用 20mL 水、15mL 5%氢氧化钠溶液、15mL 水和 15mL 饱和氯化钙溶液洗涤。有机相用无水氯化钙干燥[4]，粗产品倒入 50mL 圆底烧瓶进行蒸馏，收集 140～144℃馏分。产品为无色透明液体，产量为 6～7g 测试产品的折射率，并用核磁共振氢谱表征其结构和纯度。

纯正丁醚的沸点为 142.4℃，折射率 $\left(n_{\mathrm{D}}^{20}\right)$ 为 1.3992。

五、思考题

（1）反应中可能产生的副产物是什么？如何避免副产物的生成？

（2）反应结束后各步洗涤处理的目的是什么？

（3）如何判断反应已经进行完全？

（4）本实验中使用分水器的目的是什么？

【附注】

[1] 加硫酸后必须充分摇匀，否则极易炭化。

[2] 本实验理论产水 2.7mL，实际分水的体积略多于理论计算量，操作时分水器放满水后先放掉 3mL。

[3] 反应开始后，生成的水以共沸物形式不断排出，瓶内主要是正丁醚和正丁醇，反应物温度维持 118～120℃，随着反应的进行，温度逐渐升高，反应后期温度可达到 140℃。反应结束后不要继续加热，否则会生成烯烃副产物，且在瓶中生成大量黑色混合物。

正丁醚、正丁醇与水形成二元或三元共沸物的组成及共沸点见表 5-2。

表 5-2　正丁醚、正丁醇与水形成二元或三元共沸物的组成及共沸点

共沸点/℃	组成/%		
	正丁醚	正丁醇	水
94.1	66.6		33.4
93.0		55.5	44.5
117.4	17.5	82.5	
90.6	36.4	3504	28.2

[4] 用饱和氯化钙溶液洗涤时静置分水要充分，否则需要大量无水氯化钙干燥。

实验 91　β-萘乙醚的制备

一、实验目的

掌握威廉姆森（Williamson）法合成醚类化合物。

二、实验原理

β-萘乙醚是一种定香剂。由于一些香料（如玫瑰油、薰衣草、橙皮油、柠檬油等）香油容易挥发，香味容易消失，加几滴定香剂能减慢香气消失的速度，使产品较长时间保留香气。β-萘乙醚可以由威廉姆逊合成法制得。β-萘酚是一种弱酸，和氢氧化钾反应生成 β-萘酚钾。然后 β-萘酚阴离子按 S_N2 机理与碘乙烷反应，生成 β-萘乙醚。反应式如下：

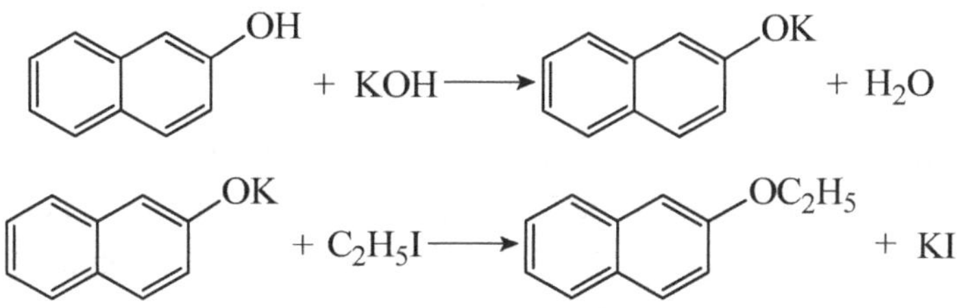

三、仪器与试剂

仪器：回流装置；蒸馏装置；重结晶装置。

试剂：β-萘酚；碘乙烷；无水甲醇；活性炭。

四、步骤

在 100mL 圆底烧瓶中，将 4g 氢氧化钾固体溶于 40mL 无水甲醇中，然后将 β-萘酚溶于氢氧化钾的甲醇溶液中，并加入 3mL 碘乙烷[1]，加入几粒沸石，装上球形冷凝管，在水浴上加热回流 2h，然后将回流装置改为蒸馏装置，回收大部分甲醇。最后将反应混合物倒入盛有 100mL 水的 250mL 烧杯中，用冰水冷却，过滤，得粗产品，并用水洗一次，用无水甲醇重结晶，用活性炭脱色过滤，得白色片状结晶 2.7g，产率为 45%，熔点为 35～36℃。

纯 β-萘乙醚的熔点为 37.5℃。

五、思考题

（1）制备 β-萘乙醚时为什么不用乙醇和 β-溴萘作原料？

（2）反应结束后为什么要蒸出大部分甲醇？

【附注】

[1] 本实验也可以用氢氧化钠和溴乙烷与 β-萘酚反应，但反应时间较长。

实验 92　正丁醛的制备

一、实验目的

掌握氧化还原反应，制备正丁醛。

二、实验原理

$$3CH_3CH_2CH_2CH_2OH+Na_2Cr_2O_7+4H_2SO_4 \longrightarrow 3CH_3CH_2CH_2CHO+Cr_2(SO_4)_3+Na_2SO_4+7H_2O$$

三、仪器与试剂

仪器：三颈烧瓶（250mL）；分馏装置；恒压滴液漏斗；温度计。

试剂：正丁醇；重铬酸钠（$Na_2Cr_2O_7 \cdot 2H_2O$）；浓硫酸；无水硫酸镁。

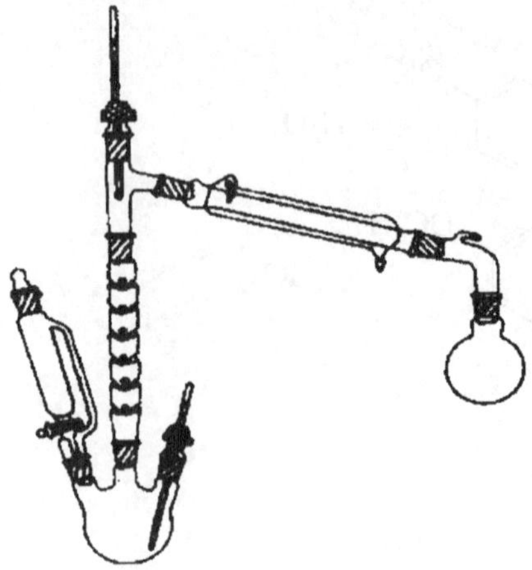

图 5-17　分馏反应装置

四、步骤

反应装置如图 5-17 所示。在 250mL 烧杯中将 30.5g 重铬酸钠溶于 165mL 水中，在冷却与搅拌下加入 22mL 浓硫酸。在 250mL 三颈烧瓶中加入 22.2g 正丁醇及几粒沸石，将已配好的重铬酸钠溶液移入恒压滴液漏斗（可分批加入）。

将三颈烧瓶加热至微沸，待蒸气刚好到达分馏柱底部时，开始滴加重铬酸钠溶液，控制滴加速度使分馏柱顶部温度不超过 78℃，不低于 71℃，不断蒸出生成的正丁醛[1]。滴加完毕，继续加热 15～20min，收集所有 95℃以下馏分。

将粗产物分去水层，有机层用无水硫酸镁干燥。干燥后的粗产物滤入 25mL 蒸馏瓶中蒸馏，收集 70～80℃馏分[2]，并继续蒸馏收集 80～120℃馏分，其为回收的正丁醇。产量约 6.5g，产率为 30%。产品可进行气相色谱分析。纯正丁醛为无色透明液体，沸点为 75.7℃，折射率$\left(n_D^{20}\right)$为 1.3843。

五、思考题

（1）本实验产率为什么低？

（2）制备醛还有哪些方法？

（3）为什么要将氧化剂滴加到正丁醇中？将正丁醇滴加到氧化剂中行吗？

【附注】

[1] 接收瓶应该用冷水冷却。正丁醛与水形成二元恒沸液（沸点 68℃，含正丁醛 94%）；正丁醇与水形成二元恒沸液（沸点 92.4℃，含正丁醇 62%）。

[2] 绝大部分正丁醛应在 73～76℃馏出，醛易被氧化，应保存在棕色瓶中。

实验 93　苯乙酮的制备

一、实验目的

利用傅-克（Friedel-Crafts）反应制备苯乙酮。

二、实验原理

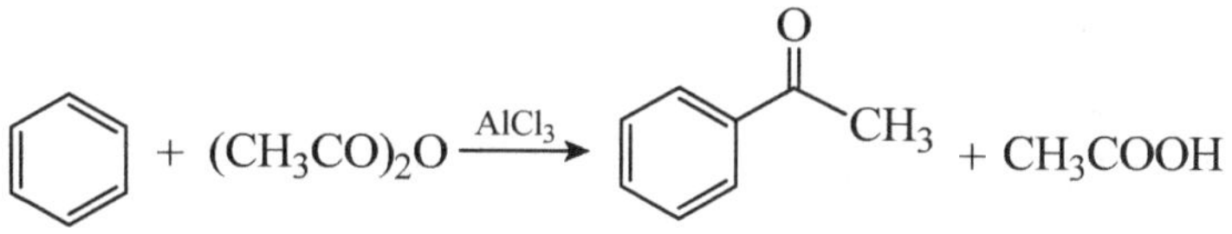

三、仪器与试剂

仪器：电动搅拌器；三颈烧瓶（250mL）；回流冷凝管；恒压滴液漏斗；气体吸收装置。

试剂：乙酸酐（新处理）；无水三氯化铝；无水苯；浓盐酸；5%氢氧化钠溶液；无水硫酸镁。

四、步骤

在 250mL 三颈烧瓶上[1]分别安装电动搅拌器、恒压滴液漏斗和冷凝管，在冷凝管上再安装一个氯化钙干燥管和氯化氢气体吸收装置。

迅速称取 20g 无水三氯化铝[2]加入三颈烧瓶中，再加入 30mL 无水苯[3]。在恒压滴液漏斗中加入 6.5g 乙酸酐[4]和 10mL 无水苯的混合溶液。开动搅拌器，滴加乙酸酐和苯溶液，控制滴加速度，勿使反应过猛，维持反应瓶温热为宜，有氯化氢气体放出，20～30min 滴加完毕，在搅拌下，用沸水浴加热 0.5h，至无氯化氢气体逸出为止。

在冷水浴冷却下，继续搅拌，慢慢滴加 50mL 浓盐酸和 50mL 冰水混合液[5]，当瓶中固体物质完全溶解后，停止搅拌。分出苯层，每次用 15mL 苯萃取水层两次，合并苯层。依次用 5%氢氧化钠溶液和水各 20mL 洗涤苯层。用无水硫酸镁干燥。

滤去干燥剂，先用电热套加热蒸去苯，继续蒸馏，当温度升至 140℃时，放出冷凝管中的冷凝水，蒸馏收集 198～202℃的馏分[6]，产品为无色透明液体，产量为 5～6g，产率为 66%～79%。

纯苯乙酮的物理常数：沸点 202℃，熔点 20.5℃，折射率 $\left(n_D^{20}\right)$ 1.5372。

五、思考题

（1）水和潮气对本实验有什么影响？在该实验中，对试剂处理、仪器装置和实验操作都采取了哪些除水、防潮措施？

（2）如果苯中含有噻吩，对实验结果有什么影响？应怎样从苯中除去噻吩？

（3）为何采用滴加的方法加入乙酸酐？

（4）当反应完成后为什么要加浓盐酸和冰水（1∶1）的混合液？

（5）其同学发现在反应物中加入浓盐酸和冰水混合液后，仍有不溶固体。他想使所有固体全部溶解，又补加一些浓盐酸，结果固体不仅没有减少，反而有所增加。这是为什么？

（6）在傅-克烷基化反应中，三氯化铝的用量很小，而在酰化反应中为什么需要大大过量？

【附注】

[1] 仪器必须干燥，反应过程中必须保持体系干燥。

[2] 三氯化铝称量和投料都要迅速，防止长时间暴露在空气中。

[3] 经过无水处理的苯。

[4] 乙酸酐的提纯操作步骤是：在需处理的酸酐中先加入适量五氧化二磷，加热回流 20min 后，经过蒸馏，收集 138～139℃的馏分，密封储存备用。

[5] 若仍有少许固体不溶，可以补加 1∶1 稀盐酸，再继续搅拌，至固体完全溶解为止。

[6] 苯乙酮沸点较高（202℃），此处蒸馏属高温常压蒸馏，蒸馏仪器的磨口连接处应注意涂抹真空脂。在蒸馏过程中要注意保温。也可改用减压蒸馏，收集 86～90℃/16kPa（12mmHg）馏分。

实验 94　乙酸正丁酯的制备

一、实验目的

掌握酯化反应的基本技术。

二、实验原理

$$CH_3\overset{O}{\overset{\|}{C}}OH + CH_3CH_2CH_2CH_2OH \xrightleftharpoons{\text{浓}H_2SO_4} CH_3\overset{O}{\overset{\|}{C}}OCH_2CH_2CH_2CH_3 + H_2O$$

三、仪器与试剂

仪器：回流装置；蒸馏装置；分液漏斗。

试剂：正丁醇；冰醋酸；浓硫酸；10%碳酸氢钠；无水硫酸镁。

四、步骤

在干燥的 50mL 圆底烧瓶中加入 7.5g 正丁醇及 12g 冰醋酸，小心加入 0.5mL 浓硫酸[1]，并摇匀，加入几粒沸石，装上回流冷凝管，加热回流 2h。

待反应物冷却后，倒入盛有 50mL 水的分液漏斗中，振摇、静置，分出下层水层。然后将酯层依次用 10mL 水、10mL10%碳酸氢钠水溶液、10mL 水洗，用无水硫酸镁干燥[2]。将干燥后的产品滤入 25mL 圆底烧瓶中，常压加热蒸馏，收集 124～126℃馏分，产量约 7.5g，产率为 65%。

纯乙酸正丁酯为无色液体，沸点为 126.5℃，折射率$\left(n_D^{20}\right)$为 1.3947。

五、思考题

（1）本实验可能存在的副反应有哪些？采用什么方法可提高酯的产率？

（2）反应结束后，过量的乙酸及催化剂硫酸是如何除去的？

（3）硫酸在反应中的作用是什么？

【附注】

[1] 加入硫酸后要振摇均匀，否则硫酸局部过浓，加热时会发生炭化现象。

[2] 干燥必须完全，否则由于丁醇、水、乙酸丁酯之间形成二元或三元恒沸液，蒸馏时沸点降低，影响产率。

实验 95　乙酰水杨酸的制备

一、实验目的

（1）掌握乙酸酐和水杨酸在酸催化下进行酰化制备乙酰水杨酸的原理和方法。

（2）进一步熟悉吸滤及重结晶等基本操作。

二、实验原理

水杨酸是无色针状结晶，熔点为 159℃，pK_a=2.98，其酸性比苯甲酸强。水杨酸可以止痛，常用于治疗风湿病和关节炎。它具有双官能团，一个是酚羟基，一个是羧基，羧基和羟基都可以发生酯化。

乙酰水杨酸（即阿司匹林（aspirin））为白色结晶或结晶性粉末，味微酸，遇湿气即缓缓水解成水杨酸和乙酸。在乙醇中易溶，溶于乙醚、氯仿，微溶于水。与氢氧化钠溶液及碳酸钠溶液作用生成溶于水的羧酸盐。阿斯匹林是 19 世纪末合成成功的，作为一种有效的解热止痛、治疗感冒的药物，至今仍广泛使用。近年来还发现阿司匹林能抑制血小板凝聚，可防止血栓的形成。

本实验就是用邻羟基苯甲酸（水杨酸）与乙酸酐反应制备乙酰水杨酸。在生成乙酰水杨酸的同时，水杨酸分子间可以发生缩合生成少量聚合物，因此反应温度不可过高，以减少聚合物的生成。为了除去少量的高分子聚合物杂质，可使乙酰水杨酸变成钠盐，利用高聚物不溶于水的特点将它们分开，达到分离的目的。至于反应进行得完全与否，则可以通过三氯化铁进行检验：由于酚羟基可与三氯化铁水溶液反应形成深紫色溶液，所以未反应的水杨酸与稀的三氯化铁溶液反应呈现紫色，而纯净的阿司匹林不会产生紫色。

主反应：

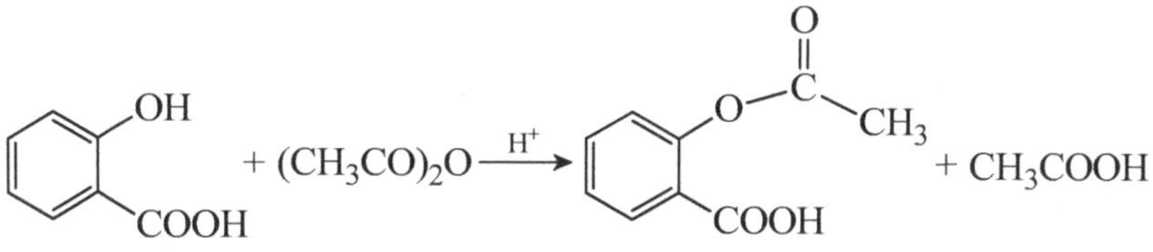

副反应：

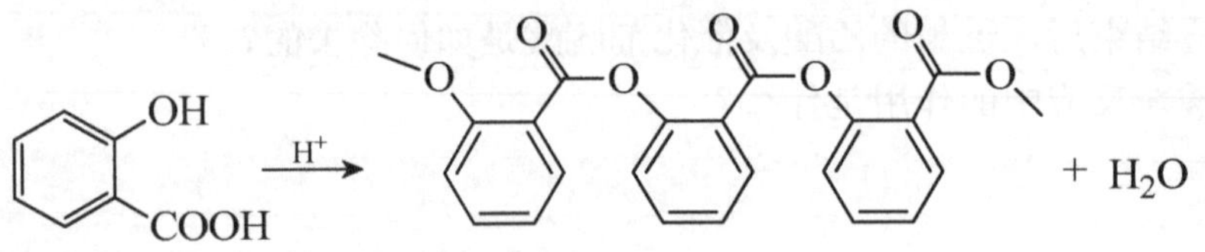

三、仪器与试剂

仪器：圆底烧瓶（50mL）；回流装置；电磁搅拌加热仪；重结晶装置。

试剂：水杨酸；乙酸酐；浓硫酸；饱和碳酸氢钠溶液；浓盐酸；1%三氯化铁溶液。

四、步骤

在干燥的 50mL 锥形瓶中加入 3g 干燥的水杨酸、4.5g 乙酸酐[1]和 5 滴浓硫酸，充分摇动，使水杨酸全部溶解，加上冷凝管后迅速在水浴上电磁搅拌加热 30min，控制水浴温度为 80～85℃[2]。稍冷，在不断搅拌下将反应物倒入 50mL 水中，并用冷水冷却。吸滤，用适量冷水洗涤。

将吸滤后的粗产物转入 100mL 烧杯中，在搅拌下加入 38mL 饱和碳酸氢钠水溶液[3]，加完后继续搅拌几分钟，直至无二氧化碳产生。吸滤，滤出副产物聚合物，并用 5～10mL 水冲洗漏斗，合并滤液，用浓盐酸酸化，调节 pH=3～4，析出乙酰水杨酸晶体，将烧杯用冷水冷却，使结晶完全。吸滤，用冷水洗涤结晶。将结晶转移至表面皿，干燥后称量质量为 2.5～2.8g，产率为 63%～71%，熔点为 134～136℃[4]。取几粒结晶加入盛有 5mL 水的试管中溶解，加入 1～2 滴 1%三氯化铁溶液，观察有无颜色变化，从而判定产物中有无未反应的水杨酸。

为了得到更纯的产品，可用乙酸乙酯进行重结晶。

纯乙酰水杨酸为白色针状结晶，熔点为 135℃。

五、思考题

（1）浓硫酸在反应中起什么作用？

（2）怎样用水杨酸制备冬青油水杨酸甲酯？

（3）反应中水杨酸、乙酸酐和浓硫酸的加料顺序能否改为依次加入水杨酸、浓硫酸和乙酸酐？为什么？

（4）除生成少量聚合物外，本实验中还可产生什么副产物？

（5）水杨酸可以在各步纯化过程和产物的重结晶过程中被除去，如何检验水杨酸已被除尽？

【附注】

[1] 乙酸酐应是新蒸的。

[2] 溶解后迅速水浴加热，否则反应液易凝固，无法进行电磁搅拌，导致实验失败或产率降低。

[3] 乙酰水杨酸与碳酸氢钠反应生成水溶性钠盐，而副产物聚合物则不能溶于碳酸氢钠溶液。

[4] 乙酰水杨酸受热易分解，因此熔点不很明显，它的分解点为 128～135℃，测定熔点时，应先将热载体加热至 120℃左右，然后放入样品测定。水杨酸加热易升华，用 X-4 数字显微熔点仪易导致目镜模糊，不易清洗。

实验 96　肉桂酸的制备

一、实验目的

利用珀金（Perkin）反应制备肉桂酸。

二、实验原理

$$C_6H_5CHO + \begin{matrix} CH_3CO \\ CH_3CO \end{matrix}\!\!>O \xrightarrow{CH_3COOK} C_6H_5CH{=}CHCOOH + CH_3COOH$$

三、仪器与试剂

仪器：圆底烧瓶（100mL，500mL）；带干燥管的回流装置；水蒸气蒸馏装置；重结晶装置。

试剂：苯甲醛（新蒸）；无水乙酸钾；无水碳酸钾；乙酸酐（新蒸）；碳酸钠；活性炭；盐酸。

四、步骤

1. 方法Ⅰ

在 100mL 圆底烧瓶中分别加入 5.3g 新蒸馏的苯甲醛[1]、8g 新蒸馏过的乙酸酐[2]和 3g 无水乙酸钾[3]，摇匀后将烧瓶与装有氯化钙干燥管的空气冷凝管连接，电磁搅拌，加热混合物回流 1.5～2h。

反应完毕，将反应物趁热倒入 500mL 圆底烧瓶中，将留在反应瓶中的沉淀用少量热水冲洗数次，并全部转移至圆底烧瓶中。加入约 7.5g 固体碳酸钠，使溶液呈微碱性(pH=8～9)，进行水蒸气蒸馏，将反应物中未反应的苯甲醛蒸出，至馏出液无油珠为止。

残留液中加入少量活性炭，装上球形冷凝管煮沸数分钟，用热水保温漏斗趁热过滤。在搅拌下往热滤液中小心加入浓盐酸 12～14mL，至溶液呈酸性（pH=3～4）。冷却，待白色结晶全部析出后，吸滤，即得粗产品，干燥。

将粗产品转入 250mL 锥形瓶中，用 1∶3 的乙醇-水溶液进行重结晶，冷却、吸滤、洗涤、干燥，得产品约 4g，产率为 54%。熔点为 131.5～132℃。

反式肉桂酸为白色片状结晶，熔点为 133℃。

2. 方法Ⅱ

在 100mL 圆底烧瓶中加入 3.5g 无水碳酸钾、2.5mL 苯甲醛和 7mL 乙酸酐，电磁搅拌加热回流 45min。

冷却反应混合物，加入 20mL 水，进行水蒸气蒸馏，直至无油状物蒸出为止。将烧瓶冷却后，加入 20mL 10%氢氧化钠水溶液，使生成的肉桂酸形成钠盐溶解。再加入 20mL 水，加热煮沸，稍冷后加入少量活性炭煮沸 5min，趁热过滤。待滤液冷至室温后，搅拌下小心加入约 10mL 浓盐酸，至 pH=3～4。冷却结晶，吸滤析出的结晶，用少量冷水洗涤，干燥，称量，计算产率。

五、思考题

（1）开始反应温度过高会有何现象？

（2）水蒸气蒸馏前为何用碳酸钠碱化？是否可用氢氧化钠代替？

【附注】

[1] 提纯苯甲醛，先用碳酸钠溶液洗去苯甲酸，再用无水硫酸镁干燥后重新蒸馏。

[2] 乙酸酐中放入五氧化二磷回流 0.5h，再蒸馏。

[3] 无水乙酸钾要熔融后研碎，放入干燥器中备用。

实验 97　4-己氧基苯甲酸的制备及熔点、清亮点的测定

一、实验目的

（1）学习威廉姆森（Williamson）反应的原理及制备对烷氧基苯甲酸的方法。

（2）掌握熔点、清亮点测定基本操作，了解熔点测定在判断化合物相变中的应用。

（3）了解偏光显微镜的使用方法及液晶基本知识。

二、实验原理

液晶是物质存在的一种状态，一方面具有液体的流动性和连续性，另一方面还具有像晶体一样的各向异性的物理特征，在偏光显微镜下可观察到各种纹理织构，呈现双折射现象。液晶态是热力学稳定的中间状态，相变时具有确定的焓变和熵变。4-己氧基苯甲酸是一种具有液晶性的化合物，在加热过程中具有从固体（晶体态）到向列相（N）及向列相到各向同性液体的相变过程。该化合物在加热过程中不仅可观察到熔点（固体到向列相转变），还可观察到清亮点（从向列相到各向同性液体转变）。把 4-己氧基苯甲酸作为测定熔点的样品不仅可以使学生全面了解熔点测定在初步判断化合物相变方面的应用，还可以增加学生对液晶基础知识的认识。

本实验以对羟基苯甲酸和溴代正己烷为反应原料，在氢氧化钠的乙醇和水的混合溶液中加热回流，采用威廉姆森反应制备 4-己氧基苯甲酸。反应式如下：

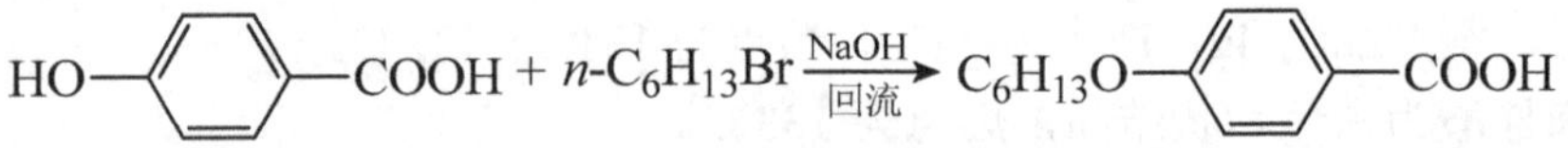

在液晶科学中，液晶织构图一般指液晶薄膜在偏光显微镜特别是正交偏光显微镜下用平行光系统所观察到的图像。偏光显微镜作为表征液晶态的首要手段，可以方便地观察到液晶态的产生和液晶相间的转变及清亮点，了解液晶态的织构和取向缺陷等形态学问题。通过液晶织构图可以判断液晶相态，通过数字显微熔点仪也可初步了解液晶化合物的相变过程。

三、仪器与试剂

仪器：电磁搅拌加热仪；X-4 数字显微熔点仪；程序控温 BX53 偏光显微镜；三颈烧瓶（100mL）；锥形瓶（100mL）；回流冷凝管；恒压滴液漏斗；烧杯；玻璃棒；吸滤瓶；

布氏漏斗。

试剂：对羟基苯甲酸；溴代正己烷；氢氧化钠；乙醇；乙酸；10%盐酸。

四、步骤

在 100mL 三颈烧瓶中加入 6.9g（50mmol）对羟基苯甲酸、10mL 乙醇、4.1g 氢氧化钠固体、20mL 水，电磁搅拌加热至溶解。在 10min 内用恒压滴液漏斗滴加 7mL（50mmol）溴代正己烷和 25mL 乙醇的混合溶液，升温回流反应 5h，冷却后，将反应液倒入含有 50mL 水的烧杯中，用 10%盐酸溶液调节 pH 为 2，析出白色固体，吸滤，并用水洗涤三次。用冰醋酸和 50%乙醇溶液重结晶，在红外灯下干燥得无色片状晶体 3.9～4.4g，产率为 35%～40%。

取两片盖玻片，用蘸有乙醚的脱脂棉擦拭干净。晾干后，取少量（约 0.1mg）4-己氧基苯甲酸放在一片载玻片上并使样品分布均匀，盖上另一片载玻片。将样品压实后放在偏光显微镜的热台中心，盖上隔热玻璃。调整好目镜焦距，开始时可快速加热，速度控制在 5℃/min，到距熔点约 10℃时，调整加热速度约 1℃/min。当观察到样品由固态（晶体态）开始萎缩、熔融到出现浑浊液体时，即是样品从固态（晶体态）向液晶态转化的过程，记录样品的熔点温度。继续加热，观察到样品由浑浊液体（液晶态）转化为透明的各向同性液体，记录下转变温度，即为样品的清亮点。纯净的 4-己氧基苯甲酸的相变温度为 Cr（104.5℃）N（148.6℃）IL[1]。拍摄样品在不同温度下的织构图[2]。利用数字显微熔点仪观察样品的相变过程，并与偏光显微镜观察结果进行比较。

五、思考题

（1）本实验可能会有哪些副反应？

（2）表征液晶相的方法有哪些？

【附注】

[1] Cr、N、IL 分别表示晶体态、向列相液晶态和各向同性液体。

[2] 典型织构图如图 5-18 所示。

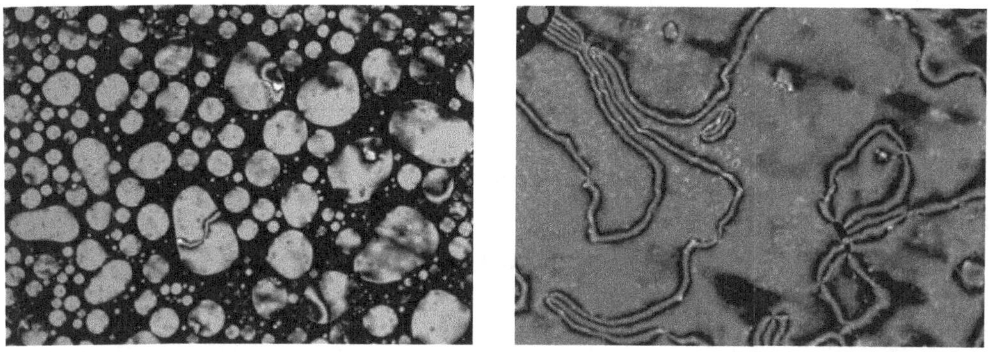

a　　b

图 5-18　典型织构图

a. 从各向同性液体降温至 149℃时出现的具有光双折射性液滴织构图，200×，向列相；b. 降温至 133℃时，形成的司列伦织构图，200×，向列相

实验 98　呋喃甲醇和呋喃甲酸的制备

一、实验目的

利用康尼查罗（Cannizzaro）歧化反应制备呋喃甲醇和呋喃甲酸。

二、实验原理

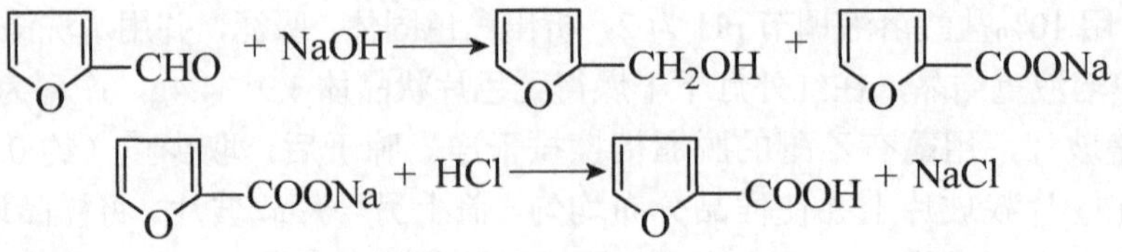

三、仪器与试剂

仪器：烧杯（100mL）；滴液漏斗；重结晶装置；电磁搅拌加热仪。

试剂：呋喃甲醛（新蒸）；氢氧化钠；乙醚；无水碳酸钾；盐酸。

四、步骤

在 100mL 烧杯中加入 8.3mL 呋喃甲醛[1]，烧杯浸入凉水中冷却，另取 4g 氢氧化钠溶于 6mL 水中。在搅拌下用滴管将氢氧化钠溶液滴加到呋喃甲醛中，调节滴加速度使反应温度不超过 12℃[2]，约滴加 30min[3]。滴加完后继续搅拌 1h。若反应物很黏稠，无法搅拌，可直接进行后处理。

在搅拌下向反应物中加入 10mL 水，将析出的沉淀完全溶解。将溶液转入分液漏斗中，用乙酸乙酯萃取三次，每次 10mL。合并有机层，用无水硫酸镁干燥。安装蒸馏装置，收集沸程为 165～171℃馏分。纯净的呋喃甲醇为无色透明液体，沸点为 171℃，折射率$\left(n_{\mathrm{D}}^{20}\right)$为 1.4865。

向萃取后的水层加入浓盐酸 8～9mL，调至 pH 为 2，冷却结晶，析出呋喃甲酸。吸滤，用少量水洗涤。粗产品呈黄色，用 15mL 水重结晶，活性炭脱色，得到白色产品。纯净的呋喃甲酸熔点为 133～134℃。

五. 思考题

（1）写出苯甲醛发生康尼查罗反应的反应式，并比较康尼查罗反应与羟醛缩合反应在醛的结构上有何不同？

（2）本实验根据什么原理分离和提纯呋喃甲醇和呋喃甲酸这两种产物？

【附注】

[1] 呋喃甲醛存放过久会变成棕褐色或黑色，使用前需蒸馏提纯，减压蒸馏产品颜色更浅，常压蒸馏可以收集 155～162℃馏分。新蒸的呋喃甲醛为无色或淡黄色液体。

[2] 反应温度如高于 12℃，则反应物温度上升很快，反应难以控制，而且反应物变成深红色。如温

度过低，反应过慢，造成氢氧化钠的积累，一旦发生反应又过于猛烈，一般反应温度控制 8～12℃为好。

[3] 氢氧化钠溶液不应加得过快，因为混合物很快变稠，不能充分搅拌，此时会使氢氧化钠局部过多，使局部反应剧烈，温度上升，这种局部过热常引起树脂状物质的生成。

实验 99 对甲苯磺酸的制备

一、实验目的

利用磺化反应制备对甲苯磺酸。

二、实验原理

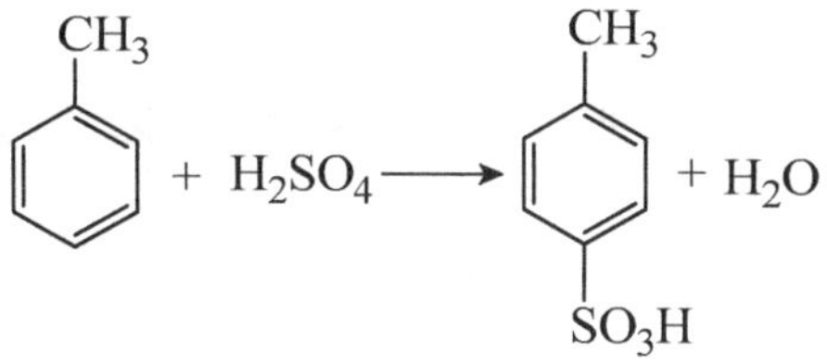

三、仪器与试剂

仪器：量筒（100mL）；圆底烧瓶（100mL）；锥形瓶（250mL）；电磁搅拌加热仪；回流装置；吸滤装置。

试剂：甲苯；浓硫酸；碳酸氢钠；氯化铵；甲醇。

四、步骤

量取 32mL（0.3mol）甲苯[1]和 19mL 浓硫酸，加入一个 100mL 的圆底烧瓶中，将反应瓶安放在电热包上并装上一个短的回流冷凝管。在回流冷凝管上装置蒸馏头，在蒸馏头顶上固定一根延伸到瓶底的 6mm 玻璃管，作为空气搅拌，慢慢通入空气，使气流通过两相反应混合物，温和加热[2]直到甲苯开始沸腾并能从冷凝管滴回，记下时间，调整电压的大小使其微微沸腾，继续加热 15～20min，直到只残留一薄层甲苯为止（少量甲苯在支管中冷凝）。

把热的反应混合物倒入盛有 100mL 蒸馏水的 400mL 烧杯中，并用洗瓶加少量水洗涤烧瓶（注意：如果混合物在倒入水中以前冷却，则混合物成为对甲苯磺酸水化物硬膏的结晶。可温热溶解后按上述操作处理）。在剧烈搅拌下，分批小心加入 15g 碳酸氢钠，部分中和此酸溶液，然后加入 40g 氯化钠并搅拌混合物，直到粒状的盐全部被珠光片状的对甲苯磺酸钠代替（用玻璃棒探查底部颗粒状固体，或举起烧杯并观察杯底物）。然后在冰浴中彻底冷却，在一个 75mm（内径）的布氏漏斗中收集产品。开始只缓慢地吸滤，因为液体有足够强的酸性，会使滤纸强度变弱。由于磺酸盐在没有氯化钠的水中有极大的溶解度，所以要用滤液冲洗烧杯。用钢匙压紧固体，然后打开抽气系统并用 20mL 饱和氯化钠溶液洗涤产品，冲洗钢匙和漏斗。

把粗的磺酸盐转移到滤纸上，然后转移到 250mL 锥形瓶中，并溶解在 100mL 沸腾的蒸馏水中，称出 15g 氯化钠，在旋动下分小批加入溶液中（如果有一层薄的甲苯层则将在以后除去它）。全部加完后，把附着在瓶壁上的盐冲洗下来，保证所有固体都溶解，然后在冰水中剧烈地旋动烧瓶直到开始结晶，充分冷却放置以后，收集产品并用滤液冲洗烧瓶。抽干滤瓶，然后放气，倒入20mL甲醇以除去微量的甲苯，并加速干燥。全力吸滤，沥去淋洗液后，把结晶转移到预先称量的400mL烧杯中，于蒸汽浴上干燥。纯的无色对甲苯磺酸钠产量为16～20g。

【附注】

[1] 没有充分纯化的甲苯含有噻吩衍生物，可使反应混合物变黑。

[2] 为了便于对位异构体生成和缩短反应时间，在本实验中反应是在更高的温度下（约175℃）进行的。引入干燥的空气流通过反应混合物，可使混合物的两层密切混合。为了避免二次磺化，硫酸用量应保持最少，剩下一些甲苯不起反应是无关紧要的，因为甲苯价格很便宜。主要反应产物是对甲苯磺酸，通过部分中和酸的混合物并加入氯化钠，则产物以钠盐形式游离出来。

对甲苯磺酸钠是难熔的，鉴定其纯度时可使其转化成对甲苯胺盐的衍生物，后者有特定的熔点。

实验100　*N*, *N*-二乙基间甲基苯甲酰胺的合成

一、实验目的

了解新型昆虫“驱虫剂”*N*, *N*-二乙基间甲基苯甲酰胺的合成。

二、实验原理

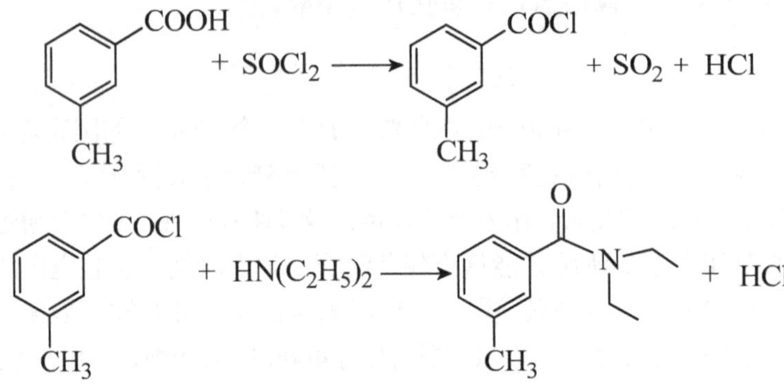

三、仪器与试剂

仪器：三颈烧瓶（500mL）；回流装置；恒压滴液漏斗；温度计；减压蒸馏装置。

试剂：间甲基苯甲酸；亚硫酰氯；二乙胺；无水乙醚；10%盐酸；5%氢氧化钠溶液。

四、步骤

在干燥的500mL三颈烧瓶内装入4.1g间甲基苯甲酸和4.5mL亚硫酰氯。三颈烧瓶上分别装上分液漏斗及回流冷凝管、干燥管和氯化氢气体吸收装置，余一口用空心塞堵住。

温和加热，20～25min后氯化氢气体不再溢出，停止加热。使反应器冷却后进行下一步。

向三颈烧瓶内加入50mL无水乙醚。在恒压滴液漏斗中加入10mL二乙胺及20mL干燥无水乙醚的混合溶液。慢慢滴加，在20～25min内加完。此间，不要使反应太剧烈。反

应器内有白色烟雾，待烟雾消失，移入分液漏斗中洗涤。

用 20mL 5%的氢氧化钠溶液洗涤两次（注意振荡不宜剧烈，如不分层可以多加乙醚），然后用 20mL10%的盐酸溶液洗一次，最后用水洗一次分得乙醚层溶液，用无水硫酸钠干燥。

干燥后先蒸出乙醚，再进行减压蒸馏可得 160～164℃/20mmHg 的无色油状液体（也可以用层析柱分离）。

红外光谱的特征吸收峰为 $2960cm^{-1}$、$2940cm^{-1}$、$2860cm^{-1}$（s）、$1640cm^{-1}$（m）。

实验 101　苯频哪醇的光化学制备及重排反应

一、实验目的

学习光化学反应制备苯频哪醇和用重排反应制备频哪酮的方法，增进对羰基光化学还原反应和频哪醇重排反应机理的理解。

二、实验原理

有机分子吸收光能后形成活化分子，活化分子可经多种途径失去其多余的能量，利用这部分能量引起化学反应就是有机光化学研究的内容。近年来有机光化学发展迅速，已成为有机化学的一个重要分支。本实验是光化学反应的一个简单例子。

在光照下，二苯酮分子中羰基上的孤电子发生 $n\rightarrow\pi^*$跃迁，形成激发单线态 S_1；再经系间窜越（ISC），电子改变自旋方向，形成寿命较长的激发三线态 T_1：

$$\underset{S_0}{(C_6H_5)_2CO} \xrightarrow[n+n^*]{h\nu} \underset{S_1}{(C_6H_5)_2C=O^*} \xrightarrow{ISC} \underset{T_1}{(C_6H_5)_2C=O^*}$$

T_1 具有两个未成键电子，因而具有类似自由基的性质，它夺取溶剂异丙醇分子中的一个氢原子，生成二苯甲醇基自由基和羟基异丙基自由基，羟基异丙基又把一个氢原子转移给基态二苯酮而生成另一个二苯甲醇基自由基和一分子丙酮。两个二苯甲基自由基相结合就生成了苯频哪醇（四苯基乙二醇）。

反应式如下：

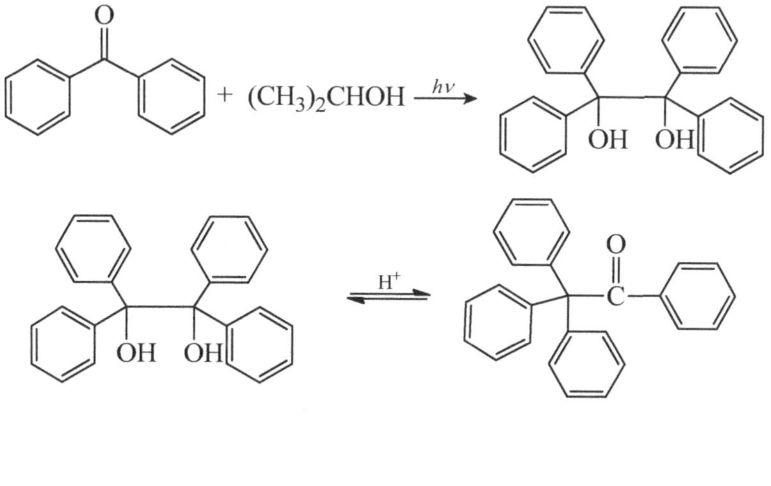

三、仪器与试剂

仪器：圆底烧瓶（100mL）；回流装置；蒸馏装置。

试剂：二苯酮；异丙醇；冰醋酸；碘；95%乙醇。

四、步骤

在 100mL 圆底烧瓶中加入 8g 二苯酮和 50～60mL 异丙醇，在水浴中稍加热溶解。加一滴冰醋酸（为消除玻璃碱性的影响，避免产物分解），然后加异丙醇到充满烧瓶，塞好磨口塞，用夹子或细棉绳将塞子扎牢。将烧瓶倒置于烧杯中，放在向阳窗台上光照[1]。随着反应的进行，有大量的白色晶体析出。用布氏漏斗过滤，干燥产品[2]。产量为 6～7g，产率为 75%以上。熔点为 188～189℃。

在 100mL 圆底烧瓶中加入 5g 自制的苯频哪醇、25mL 冰醋酸和 2～3 粒碘晶体（约 0.05g），加热至沸，回流 1～2min，使晶体完全溶解成红色溶液，继续回流 5min，冷却后，产物呈白色的糊状物析出。加 20mL 95%乙醇稀释，吸滤收集产物。用 95%的乙醇洗涤两次，每次 10mL，以除去产物中的碘。干燥后称量，得 3～4g，熔点为 179～180℃[3]。

说明：①为节省药品，本实验也可减少用量进行，如用 1g 二苯酮在 12mL 试管中参照上述操作步骤进行。②若天气寒冷，有时在放置过程中，先析出少量二苯酮晶体。这对实验影响不大，在光照下会逐渐溶解、反应，再生成苯频哪醇的晶体。③如果反应不完全，产率过低，在滤出苯频哪醇晶体后，母液可继续放在阳光下照射，以得到更多产品。④从二苯酮经光化学还原制得的苯频哪醇较纯，可直接用于重排反应。

五、思考题

（1）在苯频哪醇的光化学制备中，反应瓶为什么倒置？

（2）二苯酮和金属作用也可以发生双分子还原生成苯频哪醇，其反应机理与上述光化学还原机理有何不同？

【附注】

[1] 光线充足光照一星期即可，若光线不充足或阴天要放两星期左右才能析出产物。所以做该实验时，最好选择光线充足的天气。

[2] 测定熔点并作红外光谱图，与苯频哪醇的标准红外光谱图对比，解析其主要吸收峰。

[3] 测熔点并作红外光谱图，将测得的红外光谱图与苯频哪酮标准红外光谱图及测得的苯频哪醇的红外光谱图比较，并解析其主要吸收峰。

实验 102　偶氮苯的光异构化反应和薄层色谱鉴定

一、实验目的

熟悉光化学反应和薄层色谱鉴定。

二、实验原理

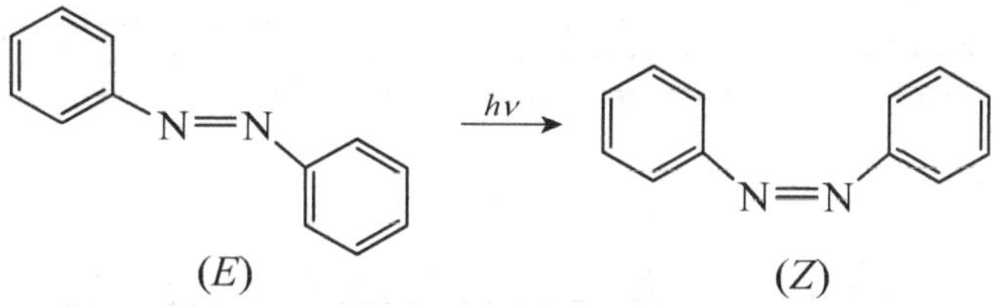

三、仪器与试剂

仪器：紫外灯；层析展缸。

试剂：偶氮苯；石油醚；硅胶 G；蒸馏水（含 0.3%～0.5%羧甲基纤维素）；展开剂（1, 2-二氯乙烷∶石油醚=1∶2.5）。

四、步骤

1. 光化异构化

取 1g 偶氮苯溶于 100mL 石油醚中，分成两部分，一部分放在小样品瓶中，用黑纸包好避免阳光照射，以便与光照后的溶液做对比。另一部分样品放在培养皿中，用汞灯产生波长为 365nm 的紫外光照射 1h 备用。

2. 异构体的分离

首先将 5 块载玻片[1]（二人用）依次用自来水、蒸馏水洗净，再用丙酮擦洗，烘干或晾干。另将 3g 硅胶 G 和 7mL 0.3%～0.5%羧甲基纤维素溶液置于 50mL 小烧杯中，调成糊状后分别倒在 5 块载玻片上，用手指夹住载玻片两边沿水平方向轻轻振动，使浆状物表面平整光滑且均匀附在载玻片上水平放置。0.5h 后，将此薄层板放在小瓷盘中置于烘箱内，渐渐升温到 105～110℃，在此温度恒温 0.5h，再将薄层板从烘箱中取出，放在干燥器中备用。

用管口平整的毛细管（直径 0.3～0.4mm）吸取光照后的偶氮苯溶液，在距薄层板底沿约 1cm 的起点上点样[2]。再用另一毛细管吸取未经光照的偶氮苯溶液点样，两点之间的距离为 1cm。待溶剂挥发后将点好样品的薄层板放入展开槽中，展开槽中已放置了展开剂[3]（1, 2-二氯乙烷∶石油醚=1∶2.5），点样端在下方，浸入展开剂的深度为 0.5cm。待展开剂前沿上升到离板的上端约 1cm 处时取出薄层板，立即用铅笔在展开剂上升的前沿处划一记号，置于空气中晾干，可观察到薄层板上经光照后的偶氮苯溶液点样处上端有两个黄色斑点（哪一个点是 *E* 的？哪一个斑点是 *Z* 的？）。

计算异构体的 R_f。

五、思考题

（1）在薄层层析实验中，样品原点高度太低，浸入展开剂中会出现什么结果？

（2）经薄层色谱分离后，偶氮苯的两种异构体中，哪个异构体的 R_f 大?为什么?

【附注】

[1] 二人用 5 块 7.5cm×2.5cm 左右的载玻片、3g 硅胶、7mL 羧甲基纤维素溶液。

[2] 点样直径不宜过大，一般直径不应超过 2mm。

[3] 展开剂也可用苯。

实验 103　微波辐射合成苯甲酸乙酯

一、实验目的

（1）了解微波辐射条件下合成苯甲酸乙酯的原理和方法。

（2）掌握微波加热进行实验操作的技术。

二、实验原理

微波是频率为 300MHz～300GHz，即波长为 1000～1mm 的电磁波。微波用于有机反应始于 1986 年，Gedye 等通过比较传统加热条件与微波辐射加热条件下的酯化、水解及氧化等反应，发现微波辐射条件下反应速率得到不同程度的加快，甚至加快了几百倍。微波辐射能有效利用能量，反应速率快，副反应少，节约能源，缩短时间，符合绿色化学理念。目前，微波辐射已广泛用于有机合成，发展成为一个学科分支——微波化学。

微波加热的原理为：液体中电介质分子的偶极子取向极化的弛豫时间为 10^{-12}～10^{-9}s，该时间与微波交变电场振动一周的时间相当。当微波辐射溶液时，溶液中的极性分子受微波作用随电场的改变发生取向和极化，吸收微波能量，同时吸收了能量的极性分子通过与周围其他分子的碰撞进行能量传递，从而使液体温度升高。由于液体中每个极性分子均同时吸收和传递微波能量，因而升温速率快而均匀。

微波促进有机反应的机理一般有两种观点：一种观点认为，微波对有机化合物进行整体的穿透，能量迅速到达反应物的官能团上。微波对化学反应的加速主要归结为对极性分子的选择加热，即微波的致热效应。另一种观点认为，微波对化学反应的作用，一是使反应物分子剧烈运动，温度升高；二是微波对离子和极性分子的洛伦兹力作用使这些粒子间的相对运动具有特殊性，且与微波的频率、温度及调制方式有关，存在致热和非致热两种效应。

用于有机合成的微波反应器主要分为两部分：微波炉装置和微波反应容器。目前有各种商品化的微波反应器，如 MCR-3（西安予辉仪器有限公司）和 MAS-ⅡPlus（上海新仪微波化学科技有限公司）常压微波合成仪（图 5-19）。对微波无吸收、微波可穿透的材料，如玻璃、陶瓷、聚四氟乙烯等都可制成微波反应容器，实验室里常用烧瓶、烧杯及锥形瓶等玻璃仪器。

微波反应器的使用方法：

以 MCR-3 型微波反应器为例，介绍微波反应器的使用方法。MCR-3 微波反应器具有五个工作时段，每列为一个工作时段；微波功率可分为 10 挡，其中 1 挡为最小挡，10 挡

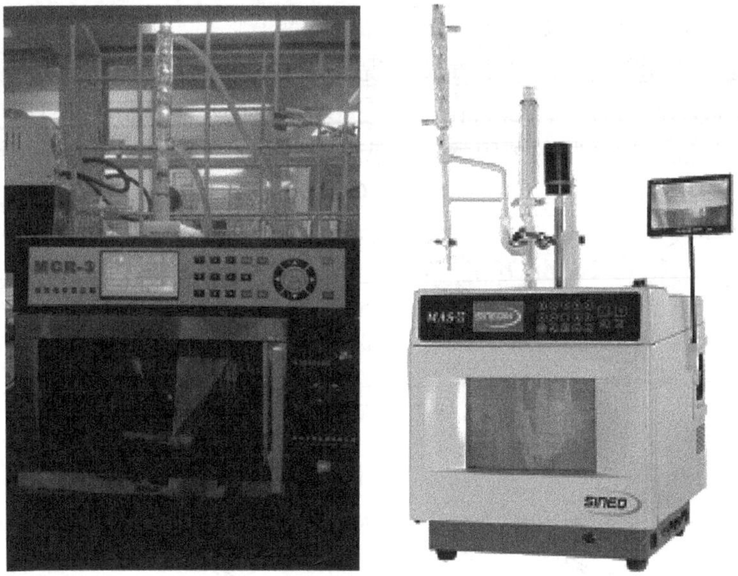

a　　　　　　　　b

图 5-19　微波反应器

a. MCR-3；b. MAS-Ⅱ Plus

为最大挡，即100%功率微波标称功率800W，工作状态时最低有效功率为1%；最高反应温度为250℃；反应时间每段可设为0～9999s。具体操作方法如下：

（1）打开开关，按“设定”键，设定微波功率挡位、反应温度、反应时间，如需修改，先按“退格”键，再重新输入程序。

（2）设定完毕后，按“确认”键。

（3）调节磁搅拌速率。

（4）按“开启”键，开始反应。

（5）正在运行的实验需要中止，按“关闭”键。

（6）到达设定时间后，按“关闭”键，停止反应。

微波反应器使用注意事项：

（1）微波反应器内严禁使用金属器皿进行加热。

（2）微波反应器内没有反应物时，不能空腔启动微波辐射。反应物必须有一定的极性，如果全部为非极性物质则相当于空腔操作，会损坏磁控管。

（3）如果发现微波反应器内出现烟雾，注意保持炉门关闭，并立即断开微波反应器电源。

（4）切勿将密闭容器置于微波反应器内进行反应，以免发生爆炸事故。

（5）反应物投量少、沸点低或回流时间长的反应，应尽量选用小功率。

（6）未知反应条件的反应，应先从小功率辐射开始探索实验条件。

（7）切勿在无回流装置情况下加热低沸点溶剂，或将易燃品直接放置在微波反应器内加热。万一着火，保持冷静。按以下操作处理：①千万不要打开炉门；②迅速按“清除”键；③切断电源；④采取正确方式灭火。

（8）在微波反应器附近不要放置易燃、易爆物品。

（9）微波反应进行期间，注意观察实验现象，避免脱岗。

本实验在微波辐射条件下，以氯化苄基三乙胺为相转移催化剂（PTC），采用高锰酸钾氧化甲苯与水的混合体系制备苯甲酸，反应式如下：

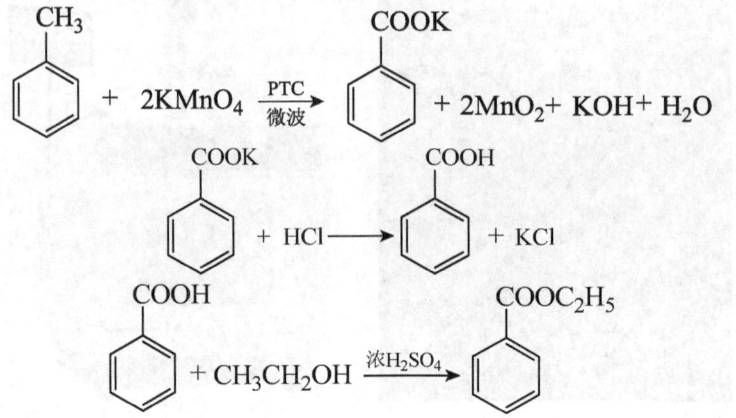

三、仪器与试剂

仪器：微波反应器；三颈烧瓶（100mL）；球形冷凝管。

甲苯；高锰酸钾；氯化苄基三乙胺；浓盐酸；无水亚硫酸钠；浓硫酸；无水乙醇。

四、步骤

1. 苯甲酸的微波制备

在 100mL 三颈烧瓶中加入 0.91g 氯化苄基三乙胺和 50mL 水，加入 1.84g 甲苯、9.48g 高锰酸钾[1]，放入搅拌磁子，安装反应装置（在微波反应器内，将三颈烧瓶的一侧口安装探针，与反应器内壁凸起小孔连接[2]，另一侧口加真空塞，中间口处连接空气冷凝管，空气冷凝管上安装球形冷凝管）。

开启微波反应器电源开关，按“设定”键，挡位设为 1 挡，温度设定 80℃，时间设定 2400s。按“确定”键，调节转速，按“开启”键开始反应。到时间后，按“关闭”键。

打开微波反应器，稍冷后取出三颈烧瓶，将反应液倒入 100mL 烧杯中，小量分批加入无水亚硫酸钠至反应液紫色褪去，趁热减压过滤，用少量热水洗涤滤渣二氧化锰。合并滤液和洗涤液，放在冰水浴中冷却，用浓盐酸酸化至 pH=2[3]，将析出的苯甲酸减压吸滤，用冰水洗涤两三次，在红外灯下干燥 10min，称量，计算产率，产率为 30%～70%。

纯苯甲酸为无色针状晶体，熔点为 122.4℃。

2. 苯甲酸乙酯的微波制备

在 100mL 三颈烧瓶中依次加入 6.1g 苯甲酸、20mL 无水乙醇、25mL 甲苯或环己烷，摇匀后加入 2mL 浓硫酸，放入搅拌磁子，安装分水器，从分水器上端小心加水至分水器支管处然后放去 2.0mL，分水器上端安装回流冷凝管。采用 MAS-II Plus 常压微波合成/萃取反应仪（上海新仪微波化学科技有限公司），设置反应温度 100℃，微波功率 350W，加热 40min。将反应液倒入盛有 60mL 冷水的烧杯中，分批加入碳酸钠粉末，至无二氧化碳气体产生，pH 试纸检测呈中性。将所得溶液转移到分液漏斗中，分出有机相，用 15mL 乙酸乙酯萃取水层。合并有机相，用无水硫酸镁干燥。安装蒸馏装置，依次蒸出乙酸乙酯、乙醇、甲苯或环己烷后，将直形水冷凝管换成空气冷凝管，蒸馏收集 210～213℃的馏分。称量，计算产率。

五、思考题

（1）微波辐射反应为何比加热方式的反应速率快？

（2）查阅资料，了解微波反应在有机合成中的应用最新进展。

【附注】

[1] 用 5mL 水清洗瓶口残留的高锰酸钾。

[2] 在教师的指导下，按照说明书安装探针，切忌盲目安装；调节探针底部进入液面的深度，不能与磁子碰撞。

[3] 浓盐酸不可加入过快和过量太多。

实验 104　2, 3-二甲基喹喔啉-6-羧酸的合成

一、实验目的

学习喹喔啉羧酸衍生物的合成方法，巩固重结晶基本操作。

二、实验原理

2, 3-二甲基喹喔啉-6-羧酸[1]是一种重要的合成中间体，可用于合成有机药物和荧光探针分子，也可作为配体构筑金属有机功能化合物。该化合物可通过 2, 3-丁二酮和 3, 4-二氨基苯甲酸反应制备，反应式如下：

三、仪器与试剂

仪器：电磁加热搅拌仪；球形冷凝管，圆底烧瓶（100mL）；锥形瓶（100mL）；吸滤瓶；布氏漏斗。

试剂：3, 4-二氨基苯甲酸；2, 3-丁二酮；无水乙醇；乙酸。

四、步骤

在 100mL 圆底烧瓶中放入搅拌磁子，加入 3, 4-二氨基苯甲酸（3g, 20mmol）、2, 3-丁二酮[2]（1.8mL, 20mmol）、50mL 无水乙醇及 10mL 乙酸，安装加热回流装置。通冷凝水，调节搅拌旋钮至适当转速开始搅拌。开启加热至反应液沸腾后继续加热反应 1h。稍冷后将反应瓶放入冰水中，用玻璃棒搅拌，冷却 15min。吸滤，滤饼用无水乙醇洗

涤两三次。

将上述所得固体转移至 100mL 锥形瓶，加入 35mL 无水乙醇-乙酸（体积比 5∶1）混合溶剂，安装回流装置，加热至沸腾。若仍有不溶固体，再逐渐加入 5～10mL 混合溶剂，加热回流 2min，趁热吸滤。将滤液转移到 100mL 烧杯，自然冷却到室温后放入冰水中冷却 10min。吸滤，滤饼用无水乙醇洗涤三次。将产品转移到培养皿，放在红外灯下烘干，称量，计算产率。

五、思考题

（1）乙酸在反应中的作用是什么？影响反应收率的因素有哪些？

（2）根据产物的性质，设计实验方案，采用酸碱滴定方法测定产物的相对分子质量。

【附注】

[1] 不溶于水，微溶于乙醇，易溶于乙酸。

[2] 2, 3-丁二酮为刺激性液体，易挥发，有毒，应在通风橱中小心地量取。

实验 105　超声在 Knoevenagel 反应中的应用

一、实验目的

了解超声的基本原理及 Knoevenagel 反应，掌握最基本的超声促进化学反应的方法。

二、实验原理

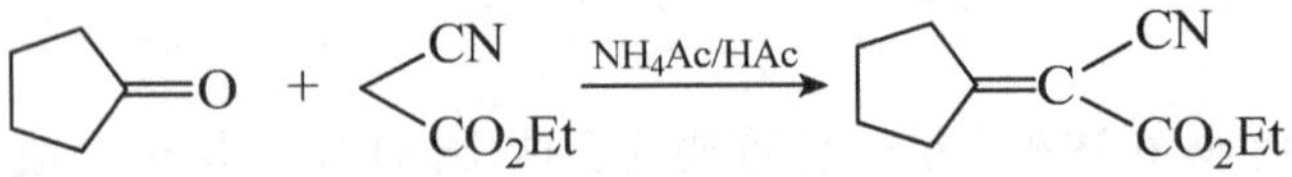

三、仪器和药品

仪器：功率 500W 25KH2 超声清洗池；烧瓶（100mL）；冷凝管；减压蒸馏装置；油泵。

试剂：环戊酮（或环己酮）；氰基乙酸乙酯；乙酸铵；乙酸。

四、步骤

将环戊酮 4.2g（0.05mol）、氰基乙酸乙酯 6.8g（0.06mol）、乙酸铵 0.39g（0.005mol）和乙酸 0.6g（0.01mol）加入 100mL 烧瓶中。将烧瓶固定在装有水的超声清洗池中，池中水温控制在 70℃。开启超声清洗池，持续超声 1.5h。超声完毕，冷却，将反应液倒入 50mL 盛有冰水的烧杯中，析出白色固体。抽滤，将产品转移至表面皿，自然晾干，计算产率。用红外光谱及核磁共振氢谱表征分析产物。

五、思考题

（1）超声促进化学反应的机理是什么？将本实验的结果和文献报道的普通合成法相比，说明超声合成的优势。

（2）举例说明超声波在有机合成中的应用。

实验 106　固相研磨法合成 2-(3, 4-二甲氧基苯亚甲基)-2, 3-二氢-1-茚酮

一、实验目的

（1）掌握固态研磨法制备有机化合物的方法。

（2）了解绿色化学概念，培养良好的实验素养。

二、实验原理

在碱或酸催化下，两分子醛或酮相互作用，生成 α, β-不饱和醛酮的反应，称为羟醛缩合反应。该反应可通过研磨固态反应物，在不使用有机溶剂条件下几乎以定量的产率得到羟醛缩合反应产物，是绿色化学中一个典型的有机合成反应。本实验中 1-茚酮和 3, 4-二甲氧基苯甲醛在氢氧化钠作用下进行交叉羟醛缩合反应，生成双键以 E 构型为主的产物。反应式如下所示：

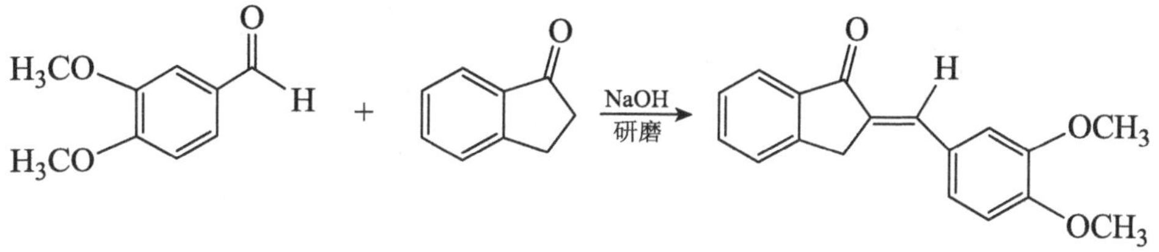

三、仪器与试剂

仪器：研钵；烧杯（50mL）；锥形瓶（50mL）；回流冷凝管；吸滤瓶；布氏漏斗；红外灯。

试剂：2, 3-二氢-1-茚酮；3, 4-二甲氧基苯甲醛；氢氧化钠；乙醇。

四、步骤

在 50mL 烧杯中加入 3, 4-二甲氧基苯甲醛（0.25g）及 1-茚酮（0.20g），用钢匙研磨固体至成溶液。向所得溶液中加入固体氢氧化钠（0.05g），继续用钢匙研磨混合物至成固体。放置 15min。

加入 2mL 10%盐酸溶液，搅拌使固体与盐酸溶液混合均匀，控制 pH=1～2。用布氏漏斗吸滤，收集固体。将固体转移至 50mL 圆底烧瓶，加入 15mL 乙醇-水（体积比 9∶1）溶液，加热回流 10min，将少量未反应原料及副产物溶解。冷却至室温，用布氏漏斗吸滤，固体在红外灯下干燥 10min。称量，计算收率，测熔点。

五、思考题

（1）写出本实验的反应机理，预测副产物结构。

（2）研磨反应过程中，反应物颜色为什么会发生变化？如何判断反应进行程度？

（3）如何选择混合溶剂进行重结晶？

（4）绿色化学的特点是什么？

实验 107　1, 4-二甲氧基柱[5]芳烃的合成

一、实验目的

（1）了解超分子化学概念及主要研究领域和研究方法。

（2）掌握 1, 4-二甲氧基柱[5]芳烃的合成方法。

二、实验原理

柱芳烃是在 2, 5 位通过亚甲基连接的 1, 4-取代对苯二酚组成的环状低聚物，最早由 Ogoshi 等于 2008 年首次报道。柱芳烃的合成简单、易于结构修饰、具有对称的空腔结构且具有平面手性等独特性能，广泛用于超分子自组装、药物传输、荧光探针、杂化材料等领域，目前已成为超分子化学领域内的研究热点之一。本实验将合成 1, 4-二甲氧基柱[5]芳烃（DMP[5]）。

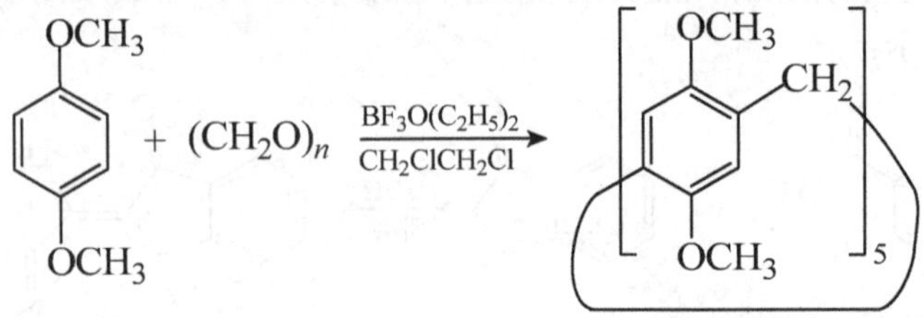

DMP[5]

三、仪器与试剂

仪器：RE-52AA 旋转蒸发仪（上海亚荣生化仪器厂）；AREX DIGITAL 数字加热磁力搅拌器（德国 Cole-Parmer）；SHB-Ⅲ型循环水式多用真空泵（郑州长城科工贸有限公司）；圆底烧瓶（100mL）。

试剂：1, 4-二甲氧基苯；多聚甲醛；1, 2-二氯乙烷；三氟化硼乙醚；甲醇；氯仿；丙酮。

四、步骤

在 100mL 圆底烧瓶中加入 1, 4-二甲氧基苯（1.38g）、多聚甲醛（0.93g）和 20mL 1, 2-二氯乙烷，室温下搅拌 20min[1]。加入 1.25mL 三氟化硼乙醚，继续搅拌 3～30min 至反应液呈深绿色，加入 20mL 甲醇[2]，析出沉淀，过滤。所得固体用丙酮和氯仿混合溶剂（体积比 1∶1）进行重结晶，趁热过滤，除去不溶固体，收集滤液，用旋转蒸发仪旋干溶剂得白色固体产物。产率为 40%～70%。

五、思考题

（1）本反应的主要副产物是什么？除重结晶外还可以采用什么方法提纯产物？

（2）查阅文献，了解柱芳烃的最新研究进展。

【附注】

[1] 在 1, 2-二氯乙烷加入 1, 4-二甲氧基苯及多聚甲醛后，搅拌 20min 充分混合，再加三氟化硼乙醚

进行反应。

[2] 控制反应时间也是实验成功的关键因素，甲醇是反应的淬灭剂，加入甲醇后，反应停止，产物析出。甲醇的加入时间过早，底物未反应完全，加入太晚，副反应增多，产率仍很低，甚至没有产物。

实验 108 二苯甲醇的制备

一、实验目的

通过还原反应制备二苯甲醇，掌握薄层色谱法监控反应进程。

二、实验原理

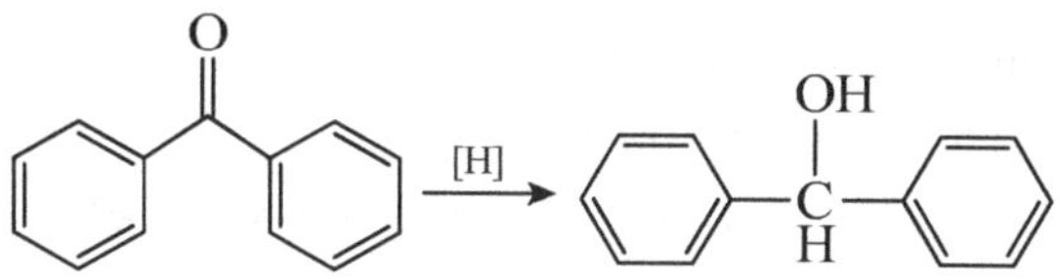

三、仪器与试剂

仪器：锥形瓶（50mL）；回流冷凝管；电磁搅拌加热仪；霍氏漏斗；薄层板。

试剂：氢氧化钠；二苯甲酮；锌粉；无水乙醇；石油醚（60～90℃）；硅胶 GF；硼氢化钠；10%盐酸；乙酸乙酯；0.5%羟甲基纤维素溶液。

四、步骤

1. 方法Ⅰ

在装有冷凝管的 50mL 锥形瓶中，依次加入 1g 氢氧化钠、1g 二苯甲酮、1g 锌粉及 10mL 无水乙醇，充分摇动，反应微放热，约 20min 后，在约 80℃的热水浴上加热 20min，取样，在薄层板上与二苯甲酮溶液对照点样，在装有展开剂（石油醚∶乙酸乙酯=8∶1）的展开缸中展开，晾干后放在紫外灯下观察反应情况。如未反应完全，再继续加热 5min，用与前边相同的方法在薄层板上观察反应情况，使反应进行完全。用霍氏漏斗吸滤，固体用少量乙醇洗涤。滤液倒入盛有 80mL 冷水的（冰水浴冷却）烧杯中，用浓硫酸小心酸化[1]，使 pH=5～6，然后吸滤，粗品于红外灯下（应低于 50℃）干燥。然后用 60～90℃的石油醚 10mL 重结晶，吸滤，干燥，得针状结晶 0.8g，产率约为 80%，熔点为 67℃。

薄层色谱中控反应：展开剂（石油醚∶乙酸乙酯=8∶1），3mL；硅胶 GF，3g；紫外灯显色，254nm。

2. 方法Ⅱ

二苯甲醇可以通过多种方法制备。在碱性溶液中用锌粉还原二苯甲酮是制备二苯甲醇的常用方法，适用于中等规模的实验室制备。对于小量合成，硼氢化钠[2]是更理想的还原剂，1mol 硼氢化钠理论上能还原 4mol 醛酮。本实验采用硼氢化钠还原。

在 50mL 圆底烧瓶中加入 1.83g 二苯甲酮和 20mL 无水乙醇，放入搅拌磁子，安装回流冷凝管，加热使固体溶解。冷却至室温，在搅拌下分批加入 0.38g 硼氢化钠，加入速度以反应温度不超过 50℃为宜。硼氢化钠全部加完后，继续搅拌回流 20min，薄层色谱法检测反应至原料消失（展开剂：石油醚：乙酸乙酯=8：1），停止加热，冷却至室温。将反应液倒入 100mL 烧杯中，加入 50mL 冷水，然后逐滴加入 10%盐酸 1.5～2.5mL[3]，吸滤，用水洗涤固体，干燥，粗产品用 15mL 石油醚重结晶得针状结晶。产品在红外灯下干燥[4]，称量，计算产率。

【附注】

[1] 酸化时溶液酸性不易太强，否则难以析出固体。

[2] 硼氢化物遇酸会产生易燃和剧毒的氢硼烷气体，应严禁明火。反应一般在中性或碱性介质中进行。硼氢化钠能形成碱性溶液，有毒，应避免与皮肤接触。

[3] 滴加盐酸控制 pH=5～6，盐酸过量导致固体难以析出。

[4] 二苯甲醇熔点为 69℃，干燥时应距离红外灯稍远，避免加热熔融。

实验 109　顺/反均二苯乙烯二醇的二乙酸酯的制备

一、实验目的

通过 1, 4-加成和分步结晶制备有立体化学特征的化合物。

二、实验原理

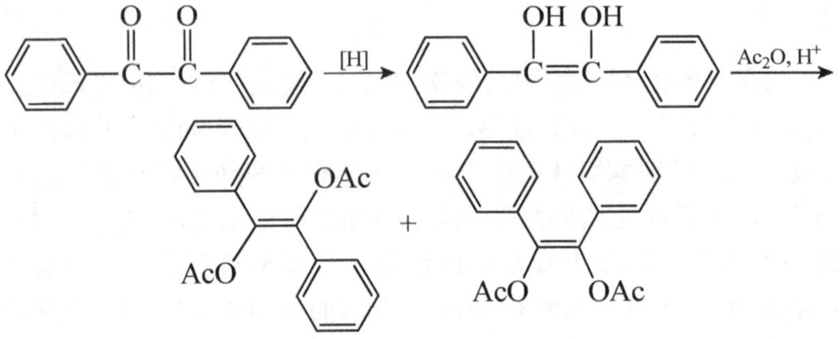

三、仪器与试剂

仪器：试管；烧杯；锥形瓶（25mL, 50mL, 100mL）；蒸发皿。

试剂：二苯乙二酮（自制）；乙酸酐；浓盐酸；锌粉；乙醚；甲醇；无水碳酸钠。

四、步骤

将 7mL 乙酸酐和 1mL 浓盐酸分别盛于两个试管中，置于冰浴中充分冷却后，然后仍在保持冷却的情况下，用滴管将盐酸慢慢滴加至乙酸酐中，摇匀，并把此冷溶液倒入一个盛有 1g 纯的二苯乙二酮和 1g 锌粉的 50mL 锥形瓶中，在冰浴中旋动 2～3min 后，移开冰浴，在不断摇动下开始有自动升温，在猛烈的摇动下，使温度维持在 30～40℃，直到不再有放热现象为止（反应 1.5～2h）。加入 25mL 水，摇动锥形瓶，弄碎生成的块状产物。

等待几分钟使过量的乙酸酐水解，用真空吸滤收集锌粉与产品的混合物，用水洗并抽干，转入一个 50mL 锥形瓶中，用 70mL 乙醚分批多次萃取该固体混合物，将乙醚萃取液通过玻璃三角漏斗滤入一个 100mL 锥形瓶中，用少量无水硫酸钠干燥，再将该溶液滤入另一个 100mL 锥形瓶中，用水浴加热浓缩至 15mL 左右，塞好锥形瓶静置。

反二乙酸酯以棱形针状结晶析出。待结晶停止后，用滴管吸取覆盖在结晶上的母液至一个 25mL 的锥形瓶中，用少量新鲜乙醚洗涤结晶，洗涤液与母液合并后浓缩，除去溶剂。将第一批反二乙酸酯取出，晾干，称量，测定熔点。

用 10mL 热甲醇溶解浓缩母液，剩余的混合产品投入一粒反二乙酸酯微小结晶，静置自然冷却，产生第二批反二乙酸酯结晶。吸出母液和洗涤并浓缩到 7～8mL，再投入一粒反乙二酸酯晶种，便可得到第三批反乙二酸酯，将后面两批反二乙酸酯也取出，晾干称量，测定熔点为 154～156℃。

将母液及洗涤液浓缩至 4～5mL，塞好锥形瓶静置过夜。顺二乙酸酯可以自然析出非常漂亮的大矩形棱晶，如果溶液仍保持过饱和，就要加入顺二乙酸酯的晶种，可促使顺二乙酸酯以细小的结晶析出，将两批顺式产品取出，晾干，测定熔点为 116～117℃。

实验 110　环己酮的制备

一、实验目的

（1）通过氧化还原反应制备环己酮，并掌握产物分离提纯技术。

（2）进一步熟练掌握水蒸气蒸馏和普通蒸馏及分液漏斗的使用方法。

（3）了解盐析效应在分离有机化合物中的应用。

二、实验原理

一级醇及二级醇的羟基所连接的碳原子上有氢，可以被氧化成醛、酮或羧酸。三级醇由于醇羟基相连的碳原子上没有氢，不易被氧化，如在剧烈的条件下，碳碳键氧化断裂，形成含碳较少的产物。

用高锰酸钾作氧化剂，在冷、稀、中性的高锰酸钾水溶液中，一级醇、二级醇不被氧化，若在比较强烈的条件下（如加热）可被氧化。一级醇氧化生成羧酸钾盐，溶于水，并有二氧化锰沉淀析出，二级醇氧化为酮，但易进一步氧化，使碳碳键断裂，故很少用于合成酮。由二级醇制备酮，最常用的氧化剂为重铬酸钠与浓硫酸的混合液，或三氧化铬的冰醋酸溶液等，酮在此条件下比较稳定，产率也较高，因此是比较有用的方法。本实验采用重铬酸钠与浓硫酸氧化环己醇制备环己酮，反应式如下：

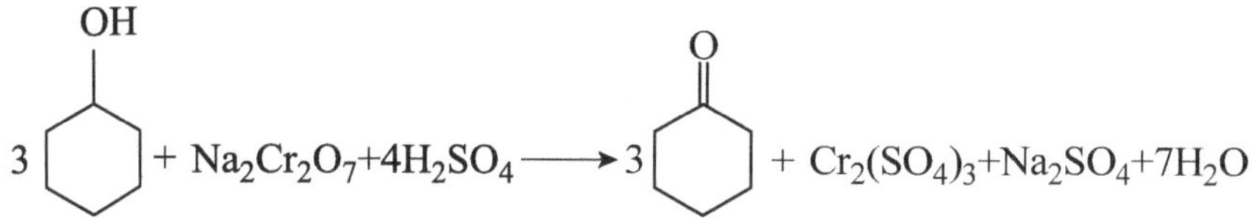

三、仪器与试剂

仪器：电磁搅拌加热仪；蒸馏装置；圆底烧瓶（100mL）；分液漏斗；烧杯。

试剂：浓硫酸；草酸；环己醇；重铬酸钠；氯化钠；无水硫酸镁。

四、步骤

在 100mL 圆底烧瓶中放置 27mL 冰水，慢慢加入 4.5mL 浓硫酸，充分混合后，小心加入 4.7mL 环己醇[1]。在上述混合液中放入一支温度计，振荡溶液冷却至 30℃以下[2]。在烧杯中将 5.3g 重铬酸钠溶于 3mL 水中。将此溶液分批加入圆底烧瓶中，并不断振荡使其充分混合，氧化反应开始后，混合物迅速变热，并使橙红色的重铬酸盐变成墨绿色的低价铬盐，控制反应温度在 65℃以下。待前一批重铬酸盐的橙红色完全消失后，再加入下一批。加完后继续振荡，直至温度有自动下降趋势再保温 10min。然后加入约 0.8g 草酸，以破坏过量的重铬酸盐，使反应液完全变成墨绿色。在反应瓶内加入 25mL 水，再加几粒沸石，改成简易水蒸气蒸馏装置，将环己酮与水一起蒸馏出来[3]，环己酮与水形成沸点为 95℃的恒沸混合物，至馏出液不再浑浊再多蒸出 5～8mL，在馏出液中加入 4.5g 氯化钠，在分液漏斗中静置后分出有机层，用无水硫酸镁干燥，蒸馏，收集 154～156℃的馏分，得无色透明油状液体 1.9g。

五、思考题

（1）反应温度及氧化剂用量对反应有什么影响？

（2）反应结束后，为什么要加草酸？不加有什么不好？

（3）怎样判断分液漏斗中液体哪层为有机层？

（4）高锰酸钾水溶液氧化环己酮应得什么产物？

【附注】

[1] 环己醇常温下为黏稠液体，若用量筒量取，应注意转移中的损失。

[2] 控制反应温度不要太低，否则未反应的铬酸积累，达到一定浓度，造成氧化反应剧烈，有失控危险。

[3] 进行简易水蒸气蒸馏，水馏出量不宜过多，否则即使用盐析，仍不可避免有少量环己酮溶在水中。

实验 111　己二酸的制备

一、实验目的

学会判断反应和中控的方法，酸化和结晶。

二、实验原理

三、仪器与试剂

仪器：电磁搅拌加热仪；烧杯（100mL）；滤装置。

试剂：环己酮；高锰酸钾；10%氢氧化钠溶液；亚硫酸钠；浓硫酸。

四、步骤

在 100mL 烧杯中，将 2.9g 高锰酸钾溶于 56mL 水中，并加入 0.96g 环己酮，在温水浴上将反应温度调至 30℃后，滴加氢氧化钠溶液，振荡混合物，使温度自动升至 45℃。并在此温度下水浴维持反应 0.5h，继续加热 5min，进一步使反应完全。取一滴反应液于滤纸上，若在黑色二氧化锰周围仍出现紫色环，可加入亚硫酸钠以除去过量高锰酸钾，直至不显紫色环为止。吸滤反应混合物，用热水充分洗涤棕色沉淀。将滤液转移至烧杯中[1]，浓缩至 7mL。趁热小心加浓硫酸，使 pH=1～2 后再过量 1.5mL。放冷结晶，过滤得己二酸白色晶体。

五、思考题

写出利用高锰酸钾氧化环己酮成己二酸的化学方程式，并指出其中哪个试剂是过量的。

【附注】

[1] 过滤后的滤液如浑浊或有色，需先用活性炭脱色后再浓缩。

实验 112　*N*-[(*E*)-亚苯甲基]苯胺的制备

一、实验目的

了解制备席夫碱的反应原理，掌握其制备方法及在有机合成方面的应用。

二、实验原理

伯胺与醛或酮之间缩合失去一分子水形成亚胺键的反应是应用最广泛的有机化学反应之一。该反应最早由德国化学家 Hugo Schiff 于 1864 年发现，反应产物命名为席夫碱。席夫碱的生成反应是一个可逆反应，在水存在下席夫碱可分解生成伯胺和醛（或酮）。控制反应条件可得到不同的目标产物。

本实验通过苯胺与苯甲醛反应制备 *N*-[(*E*)-亚苯甲基]苯胺，反应式如下：

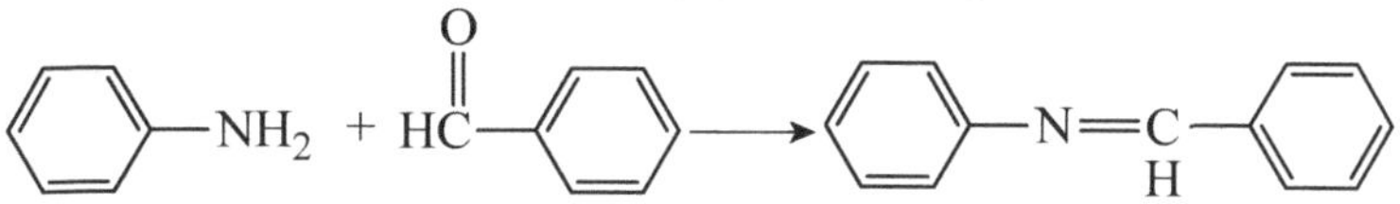

三、仪器与试剂

仪器：电磁搅拌加热仪；二颈烧瓶（25mL）；烧杯（25mL）；回流冷凝管；恒压滴液漏斗；循环水泵；吸滤瓶；霍氏漏斗。

试剂：苯胺；苯甲醛；95%乙醇。

四、步骤

用移液管量取 0.4mL 苯甲醛加入 25mL 二颈烧瓶中，加入搅拌磁子，置于电磁搅拌装置上。安装冷凝回流装置和恒压滴液漏斗，搅拌并加热反应物至 40～50℃。量取 0.4mL

苯胺于恒压滴液漏斗中，逐滴加入二颈烧瓶，滴加完后继续搅拌加热 15min。

在小烧杯中加入 3mL 乙醇水溶液（95%），趁热将反应瓶中的物质转入小烧杯，并用 1mL 乙醇水溶液洗涤反应瓶，将洗涤液转入烧杯，在冰水浴下放置 10min。待烧杯中有晶体析出后，减压吸滤。将所得固体转移到干净培养皿上，放于红外灯下干燥 10min，称量，计算产率，并测定熔点。

五、思考题

写出席夫碱生成反应的机理，并思考由席夫碱如何得到相应的羰基化合物。

实验 113　D-甘露糖与丙酮反应

一、实验目的

（1）了解丙酮作为羟基及巯基保护试剂在有机合成方面的应用。

（2）掌握半微量实验操作。

（3）掌握旋转蒸发仪的使用方法。

二、实验原理

保护基团在现代有机合成中具有很重要的作用，原因在于保护基团可以防止活泼的 X—H（X=O，N，S）基团发生反应。理想的保护基团需在温和条件下与特定试剂反应后易于去除。丙酮是一种常用的有机溶剂，在有机合成中也被广泛用作保护剂。丙酮可与包括羟基、氨基、硫醇基在内的很多基团反应，根据亲核基团 X—H 的数目和位置不同生成半缩醛或缩酮（或是用 N、S 代替 O 的类似物）。在（异）缩酮中，反应后的丙酮基团可被看作 1, 3-二异五元环的一部分。

本实验将考查 D-甘露糖与丙酮的反应。反应式如下：

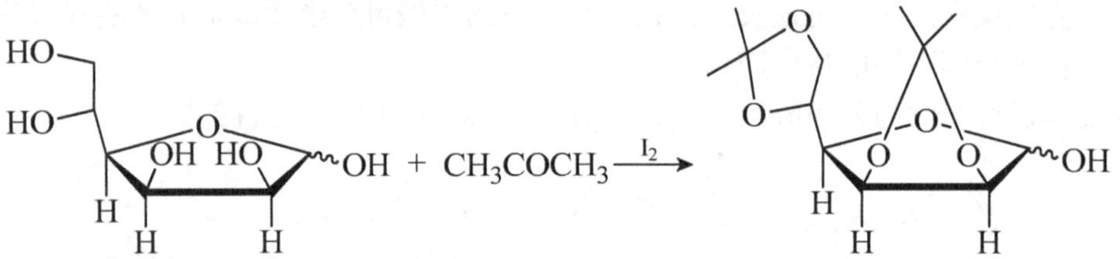

三、仪器与试剂

仪器：电磁搅拌加热仪；搅拌磁子；球形冷凝管；分液漏斗；旋转蒸发仪；烧杯（25mL）；温度计；量筒。

试剂：D-甘露糖；晶体碘；无水丙酮；5%硫代硫酸钠溶液；三氯甲烷；无水硫酸钠。

四、步骤

向 50mL 烧杯中加入 200mg D-甘露糖、60mg 晶体碘和 12mL 无水丙酮。在电磁搅拌下水浴加热，温度维持在 35℃，反应 30min。当所有的甘露糖溶解后，停止加热，使混合物自然冷却到室温。

向混合物中逐滴加入 5%硫代硫酸钠溶液，直至溶液变为无色，再加入 10mL 水。将反应液转移至分液漏斗中，用 10mL 氯仿萃取，收集有机层。重复萃取操作一两次，合并有机层，并用 10mL 水洗涤有机层[1]。将有机层收集到锥形瓶中，加入适量无水硫酸钠干燥 30min。过滤，用旋转蒸发仪除去溶剂[2]，得白色固体。称量，计算产率，测熔点。

五、思考题

反应中加入碘单质起什么作用？反应后处理过程中加入硫代硫酸钠溶液的作用是什么？

【附注】

[1] 用水洗涤合并后的有机层时，应尽量将水层与有机层分离，以减少干燥剂的用量。

[2] 旋转蒸馏时，蒸馏液体体积一般不要超过蒸馏瓶体积的 50%。

实验 114　L-半胱氨酸与丙酮反应

一、实验目的

（1）巩固丙酮作为保护试剂在有机合成方面的应用。

（2）了解 L-半胱氨酸的性质及其在生物化学领域中的应用。

二、实验原理

三、仪器与试剂

仪器：圆底烧瓶（50mL）；冷凝管；移液管；布氏漏斗；吸滤瓶。

试剂：L-半胱氨酸盐酸盐；无水丙酮。

四、步骤

向 50mL 圆底烧瓶中加入 200mg L-半胱氨酸盐酸盐和 4mL 无水丙酮，安装电磁搅拌回流装置，加热反应液直至沸腾。保持反应回流 30min，停止加热，移除冷凝管，冰浴冷却反应混合物。

适当摇动烧瓶，减压吸滤，将样品转移至布氏漏斗，同时用母液润洗烧瓶，将残余固体一并转移至布氏漏斗，减压吸滤。最后用 1mL 无水丙酮润洗并吸滤。将固体产品置于红外灯下干燥 10min，称量，计算反应产率。测熔点，通过红外光谱及核磁共振氢谱表征产物的结构。

五、思考题

（1）比较—OH、—SH、$—NH_2$与丙酮的反应活性。

（2）写出反应机理，说明盐酸在反应中的作用，如果将 L-半胱氨酸盐酸盐换为 L-半胱氨酸，对反应有何影响？

（3）产物中可能会混有少量未反应的 L-半胱氨酸，为保证产品的纯度，可采取哪些措施？

实验 115　D-葡萄糖脎的制备

一、实验目的

（1）学习 D-葡萄糖脎的制备方法。

（2）解析 D-葡萄糖脎的红外光谱及核磁共振氢谱。

二、实验原理

碳水化合物及其转化产物的结构表征通常是比较困难的，主要原因在于这些化合物通常为油状或糖浆状，没有固定的熔点。另外，碳水化合物复杂的立体结构的表征也比较困难。1880 年，德国化学家 Emil Fischer 发现一些单糖和过量的苯肼在加热条件下可生成晶体状化合物，并将其命名为“脎”。不同的糖脎具有不同的晶体结构，且其生成速率也与相应的碳水化合物有关，这为解析碳水化合物的结构带来了很大便利。糖脎的生成使碳水化合物 2 位碳原子的手性消失，也为很多单糖化合物的手性空间结构的表征提供重要依据。本实验将通过微量实验制备 D-葡萄糖脎，反应式如下：

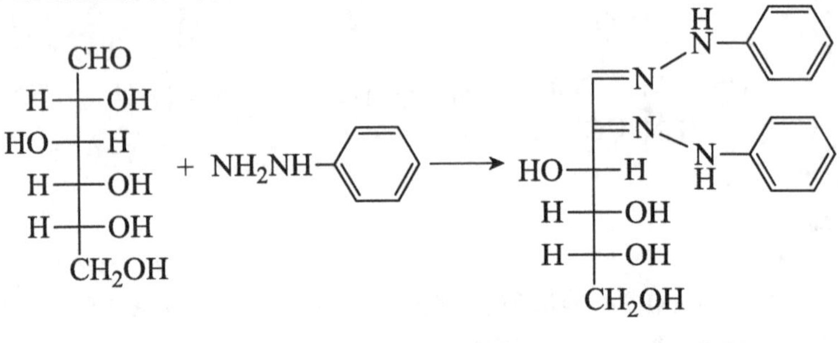

三、仪器与试剂

仪器：电磁搅拌加热仪；移液管（1mL）；圆底烧瓶（50mL）；吸滤瓶；布氏漏斗。

试剂：D-葡萄糖；苯肼；乙酸；无水乙醇。

四、步骤

向一个 50mL 圆底烧瓶中加入 200mg 葡萄糖、4mL 水、400mg 新蒸的苯肼[1]和 0.4mL50% 乙酸，安装电磁搅拌回流装置，水浴加热反应至沸腾。5min 后，黄色的糖脎沉淀开始生成。继续加热 1h 后，停止加热，冷却至室温。

减压吸滤，用母液将反应瓶中残留的固体转移到布氏漏斗，减压吸滤，黄色固体用无水乙醇洗涤两三次，每次用 3mL。将固体产品在红外灯下干燥 10min，称量，计算产率。测熔点，通过红外光谱及核磁共振氢谱表征产物的结构。

五、思考题

写出葡萄糖脎生成反应的机理。

【附注】

[1] 苯肼有毒，操作时要小心。

实验 116　苯甲酰苯胺的制备

一、实验目的

通过贝克曼（Beckmann）重排反应两步合成苯甲酰苯胺。

二、实验原理

$$(C_6H_5)_2C{=}O + NH_2OH \longrightarrow (C_6H_5)_2C{=}N{-}OH \xrightarrow{PCl_5} C_6H_5{-}\overset{\overset{\displaystyle O}{\|}}{C}{-}\overset{\overset{\displaystyle H}{|}}{N}{-}C_6H_5$$

三、仪器与试剂

仪器：水浴装置；试管；布氏漏斗；吸滤瓶。

试剂：二苯甲酮；盐酸羟胺；二苯酮肟（自制）；氢氧化钠；五氯化磷；无水乙醇；无水乙醚；乙醇（95%）；稀硫酸。

四、步骤

1. 二苯酮肟的制备

在干燥的试管中将 0.8g 二苯甲酮溶于 5mL 无水乙醇中，然后依次注入冷盐酸羟胺溶液（0.6g 盐酸羟胺溶于 1.2mL 水中）和氢氧化钠溶液（1g 氢氧化钠溶于 1mL 水中），试管在水浴上加热 15min，然后将液体倒入 100mL 水中，这时有部分肟析出，用稀硫酸酸化至 pH=5～7，使肟全部析出，过滤后得白色晶体 0.8g[1]，熔点为 142℃，产率为 87%。

2. 苯甲酰苯胺的制备

将 0.8g 二苯酮肟溶于少量的无水乙醚中，向液体中逐渐加入 1.2g 五氯化磷[2]，然后蒸出乙醚，残留物在冷却下用水分解（注意放热），析出沉淀后，用乙醇重结晶，得片状结晶，熔点为 162～163℃，产量为 0.6～0.7g，产率为 75%～88%。

【附注】

[1] 所得结晶不纯时，可用乙醇进行重结晶。

[2] 加入五氯化磷时，一定要慢，否则将剧烈放热，会使溶液冲出。操作时注意戴好防护眼镜。

实验 117　邻氨基苯甲酸的制备

一、实验目的

通过霍夫曼（Hofmann）重排分步合成邻氨基苯甲酸。

二、实验原理

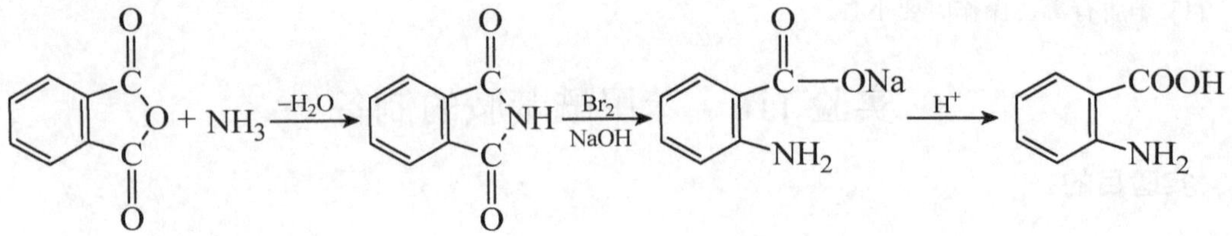

三、仪器与试剂

仪器：圆底烧瓶（100mL）；直形冷凝管；研钵；重结晶装置。

试剂：邻苯二甲酸酐；浓氨水；二甲酰亚胺（自制）；溴；氢氧化钠；冰醋酸；浓盐酸。

四、步骤

1. 邻苯二甲酰亚胺的制备

在 100mL 圆底烧瓶中加入 10g 邻苯二甲酸酐，然后装上直形冷凝管（不通水）。将 10mL 浓氨水慢慢从冷凝管上口加入，加热至邻苯二甲酸酐溶解。然后提高加热套电压，继续加热使水蒸气排出至反应瓶中出现固体，进一步加热直至呈熔融状态，有明显的升华现象（瓶内冒白烟），停止加热。趁热倒入干净的研钵中，稍冷却后[2]研成粉末，得邻苯二甲酰亚胺，熔点为 232～235℃。

2. 邻氨基苯甲酸的制备

在 100mL 锥形瓶内将 7.5g 氢氧化钠溶于 30mL 水中，用冰盐浴冷却至 0℃以下，在通风橱内慢慢加入 2.3mL 溴[3]，在冰盐浴中不断旋动直至溴全部溶解即得次溴酸钠溶液。在 0℃以下[4]分批加入 6g 自制粉末状邻苯二甲酰亚胺[5]，不断旋动。加毕迅速加入事先配制好的氢氧化钠溶液（5.5g 氢氧化钠溶于 20mL 水，冷却至 0℃，并保持该温度）。拿出冰盐浴继续旋动，使其自然升温。反应 0.5～1h，此时亚胺一般可完全溶解，然后在水浴上慢慢加热至 70℃维持 1～2min，若有固体，过滤，将滤液倒入 400mL 烧杯中，在冷水冷却下，向滤液中缓缓加入浓盐酸进行酸化，使溶液恰好呈中性（pH=7）[6]，然后慢慢加入约 6mL 冰醋酸[7]，析出沉淀后吸滤。粗产品用热水重结晶，用活性炭脱色，得无色针状晶体，熔点为 143～144℃。

五、思考题

（1）溴和氢氧化钠的用量不足或过量，对反应各有什么影响？

（2）邻氨基苯甲酸在强酸性和强碱性溶液中，都分别生成什么物质？

（3）反应完成后，在邻氨基苯甲酸的碱性溶液中，加入盐酸使之恰好呈中性，为什么不再继续加盐酸，而是加入适量乙酸使邻氨基苯甲酸完全析出？

【附注】

[1] 邻苯二甲酰亚胺在次溴酸钠和氢氧化钠作用下，通过霍夫曼降解反应转换成邻氨基苯甲酸的反应历程如下：

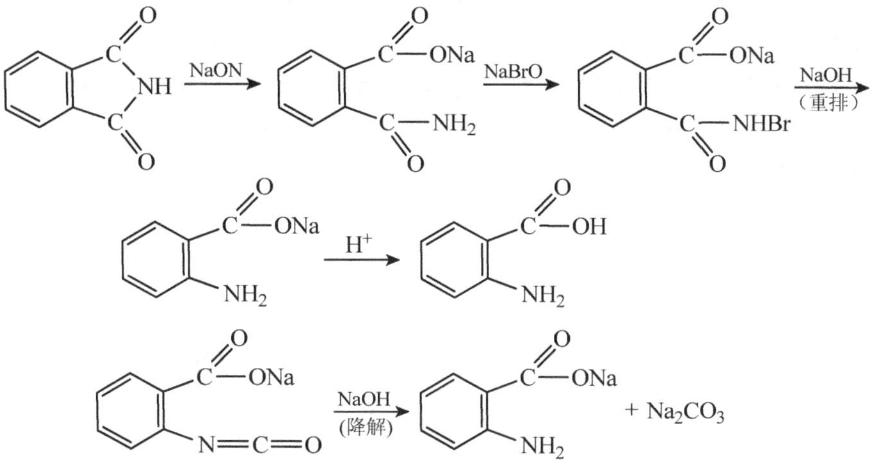

[2] 待全部固化后，迅速将整块固体用力敲碎，研细。

[3] 溴为剧毒、强腐蚀性药品，在使用时要特别小心。在使用前，要仔细阅读实验书中有关的安全和急救说明。取溴必须在通风橱中进行，要事先戴好防护眼镜及橡皮手套，并且注意不要吸入溴的蒸气。

[4] 溴与氢氧化钠溶液反应生成次溴酸钠是放热反应，必须在冷却条件下进行，否则温度升高，会引起次溴酸钠迅速分解，生成溴化钠、溴酸钠和氧气，影响次溴酸钠参加以下重排降解反应。

[5] 邻苯二甲酰亚胺应当尽量研细，否则在反应中不能完全溶解，使反应不易完成。

[6] 邻氨基苯甲酸既能溶于碱又能溶于酸，如果加入过量盐酸，能使产品溶解，所以要用碳酸钠或氢氧化钠再调至中性。

[7] 邻氨基苯甲酸为两性物质，其等电点为 pH=3～4，两性物质在等电点时溶解度最低，析出比较完全。

实验 118　二聚环戊二烯解聚制备环戊二烯

一、实验目的

高温解聚二聚环戊二烯制备环戊二烯。

二、实验原理

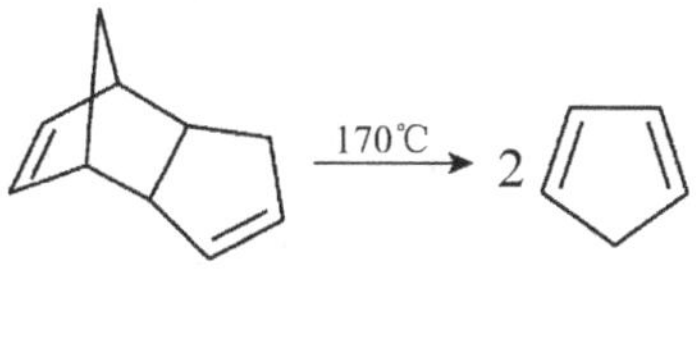

三、仪器与试剂

仪器：圆底烧瓶（50mL）；刺形分馏柱；蒸馏装置。

试剂：二聚环戊二烯；无水氯化钙。

四、步骤

将 10mL 二聚环戊二烯[1]加入 50mL 圆底烧瓶中，按图 5-2 装上刺形分馏柱、蒸馏头、温度计、冷凝管及接收器等，接收瓶用冰水浴冷却。加热使温度维持在 240～260℃，此时二聚体迅速起泡，开始解聚，当蒸气升至柱顶，柱顶温度上升至 41～42℃时维持恒定，蒸出环戊二烯，收集 40～45℃的馏分，至瓶内只剩下少许液体时停止蒸馏。在接收瓶中加入 1g 粒状无水氯化钙进行干燥，在冰水浴冷却下存放备用。

纯环戊二烯的物理常数：熔点–85℃，沸点 41～42℃。

【附注】

[1] 商品出售的环戊二烯均为二聚体。

实验 119　内型-二环[2.2.1]庚-2-烯-二酸酐的制备

一、实验目的

通过第尔斯-阿尔德（Diels-Alder）反应制备内型-二环[2.2.1]庚-2-烯-二酸酐。

二、实验原理

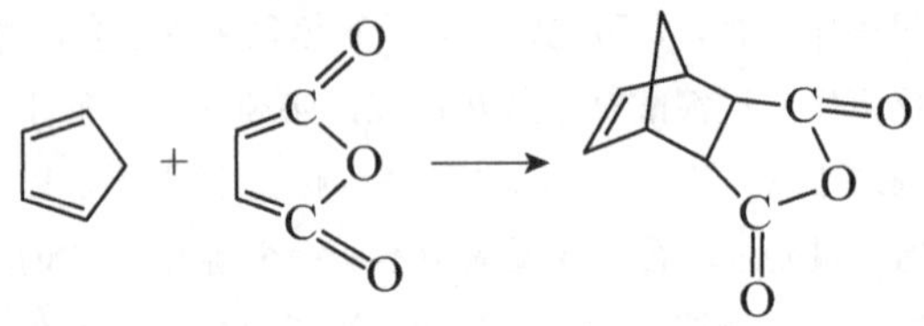

三、仪器与试剂

仪器：锥形瓶（50mL）；研钵；重结晶装置。

试剂：顺丁烯二酸酐；环戊二烯（新蒸）；乙酸乙酯；石油醚（60～90℃）。

四、步骤

在 50mL 锥形瓶中加入 10mL 乙酸乙酯和 3g 研细的顺丁烯二酸酐，装上冷凝管，在水浴上温热，使固体完全溶解后，再加入 10mL 石油醚，混合均匀，改用冰浴冷却。向以上冷却的混合溶液中加入新蒸出的 2.4g 环戊二烯，将反应物摇匀，反应开始剧烈放热，在冰浴冷却下继续不断摇动，直至反应平息，停止放热为止。析出白色结晶，吸滤，收集粗产品的晶体。

用乙酸乙酯和石油醚混合溶剂（1∶1）将粗产品重结晶，吸滤，干燥。得 4g 产品，为白色针状结晶，产率为 80%，熔点为 164～165℃。

五、思考题

（1）在反应液中加入乙酸乙酯和石油醚对制备加成物起什么作用？

（2）在此双烯合成反应中，哪个是双烯体？哪个是亲双烯体？

（3）写出下列第尔斯-阿尔德反应的产物：

(a) 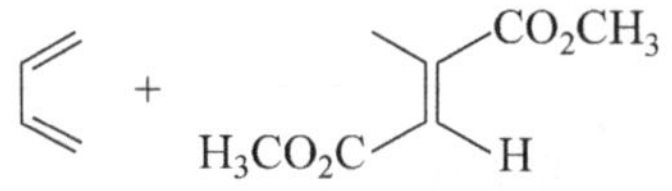

(b) 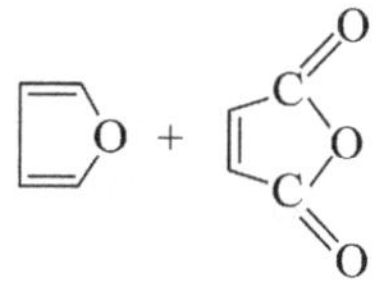

(c) 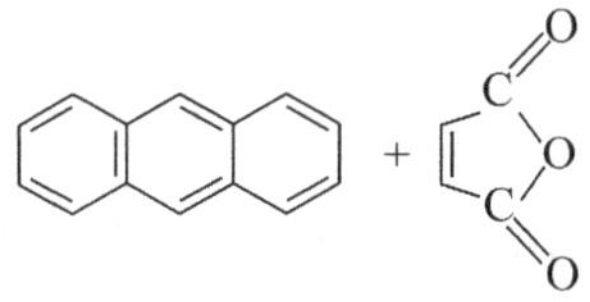

(d) 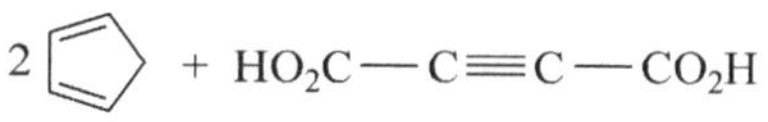

实验 120　内型-二环[2.2.1]庚-2-烯-5, 6-二甲酸的制备

一、实验目的

水解内型-二环[2.2.1]庚-2-烯-二酸酐制备内型-二环[2.2.1]庚-2-烯-二甲酸。

二、实验原理

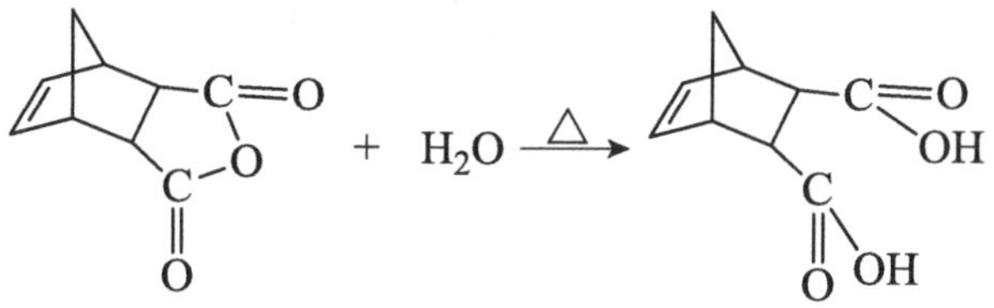

三、仪器与试剂

仪器：圆底烧瓶（50mL）；刺形分馏柱；蒸馏装置。

试剂：内型-二环[2.2.1]庚-2-烯-二甲酸酐。

四、步骤

将 3g 实验 119 中的二环二酸酐固体置于 50mL 圆底烧瓶中，加入 25mL 水，加热回流至固体接近全部溶解为止。冷却后析出针状结晶，吸滤，在红外灯下烘干，得此双环二甲酸产品，其熔点为 180～182℃（分解）。

实验 121　*N*-溴代丁二酰亚胺的制备

一、实验目的

N-溴代丁二酰亚胺（NBS）的制备和真空干燥。

二、实验原理

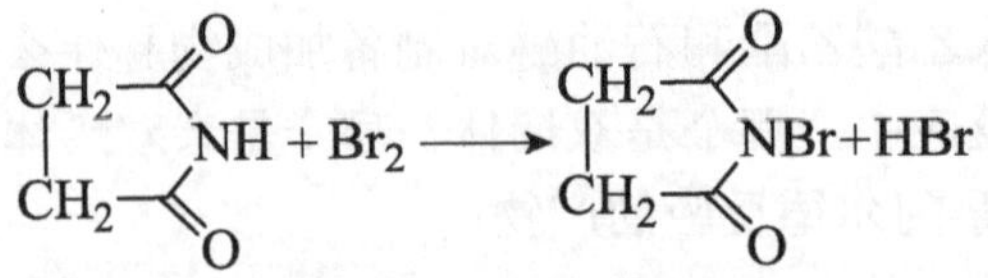

三、仪器与试剂

仪器：烧杯（250mL）；真空干燥器；玻璃棒；吸滤装置。

试剂：丁二酰亚胺；溴；四氯化碳；氢氧化钠。

四、步骤

在 250mL 烧杯中加入 40mL 水，溶解 7.0g 氢氧化钠，冷却后，加入 16.0g 丁二酰亚胺和 30g 冰。把烧杯放在冰浴中，在剧烈搅拌下，慢慢滴加 8.5mL 溴溶于 8.5mL 四氯化碳溶液中，使析出的沉淀略带淡黄色。立即吸滤，用少量冰水洗涤，抽干，把产品放在真空干燥器中干燥。产量为 17.0g，产率为 60%。

五、思考题

为什么在制备 NBS 时必须在反应器中加入冰块并在冰浴中进行？

实验 122　α-溴乙苯的制备

一、实验目的

无水操作制备α-溴乙苯。

二、实验原理

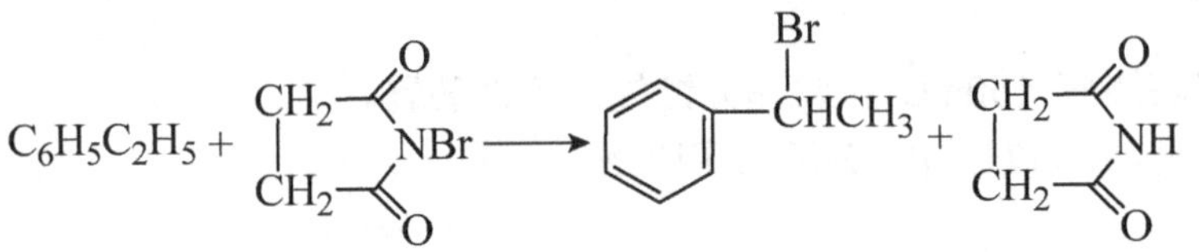

三、仪器与试剂

仪器：三颈烧瓶（250mL）；回流冷凝管；电动搅拌器；减压蒸馏装置。

试剂：乙苯；NBS（自制）；过氧化苯甲酰；四氯化碳。

四、步骤

在 250mL 三颈烧瓶上装上电动搅拌器及回流冷凝管和干燥管。在三颈烧瓶中加入 41mL 四氯化碳、0.9g 乙苯、16.0g NBS 和 0.2g 过氧化苯甲酰。在搅拌下加热促使反应开始，若反应剧烈可用冷水冷却。30min 后停止加热，冷却，过滤，除去丁二酰亚胺，蒸馏除去四氯化碳（76～82℃），然后减压蒸馏，收集 90～95℃/1.9kPa（14mmHg）馏分，产量为 10.0g，产率为 64%。

五、思考题

使用 NBS 作溴化剂有什么特点？通常在什么条件下使用？

实验 123　α-氨基乙苯的制备

一、实验目的

用乌洛托品与自制α-溴乙苯制备α-氨基乙苯。

二、实验原理

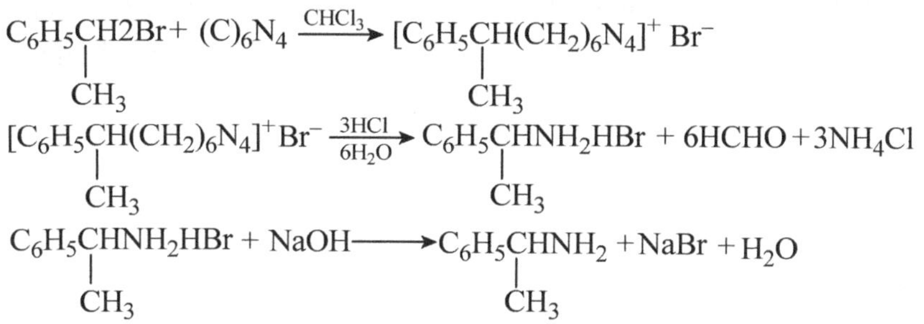

三、仪器与试剂

仪器：三颈烧瓶（100mL, 250mL）；回流冷凝管；电热套；电动搅拌器；分液漏斗；减压蒸馏装置。

试剂：α-溴乙苯（自制）；六次甲基四胺；氯仿；浓盐酸；乙醇；乙醚；20%氢氧化钠溶液；无水硫酸镁。

四、步骤

在 100mL 三颈烧瓶上装上电动搅拌器及回流冷凝管和恒压滴液漏斗。在三颈烧瓶中加入 8.5g 六次甲基四胺和 20mL 氯仿，在恒压滴液漏斗中加入 9.0g α-溴乙苯和 10mL 氯仿的混合物。在加热回流搅拌下，滴加 α-溴乙苯的氯仿溶液，反应瓶中出现白色沉淀。继续回流搅拌直到白色固体不再增加为止，需 2～3h。冷却，过滤得白色固体，干燥后称量质量为 15.2g。

在 250mL 三颈烧瓶上装上电动搅拌器和回流冷凝管。将上步产品全部放在三颈烧瓶中，加入 20mL 浓盐酸，加热使固体溶解。再加入 50mL 乙醇，加热搅拌回流 7h。进行酸性水解，有白色固体出现。冷却，过滤，滤液慢慢蒸馏。蒸馏到 110℃以上时，绝大部分的液体被蒸出，停止蒸馏。冷却，用 20%氢氧化钠溶液中和残留物至呈碱性，此时有油状物析出。分液，用 30mL 乙醚提取两次，合并有机相，用无水硫酸镁干燥。过滤，蒸出乙醚，然后减压蒸馏，收集 86～88℃/3.2kPa（24mmHg）的馏分，产量为 4.0g，沸点为 187℃，产率为 67%。

五、思考题

用 20%氢氧化钠溶液中和残留物时，为什么一定到碱性？

实验 124　α-氨基乙苯的拆分

一、实验目的

了解外消旋化合物的化学拆分方法，制备手性化合物。

二、实验原理

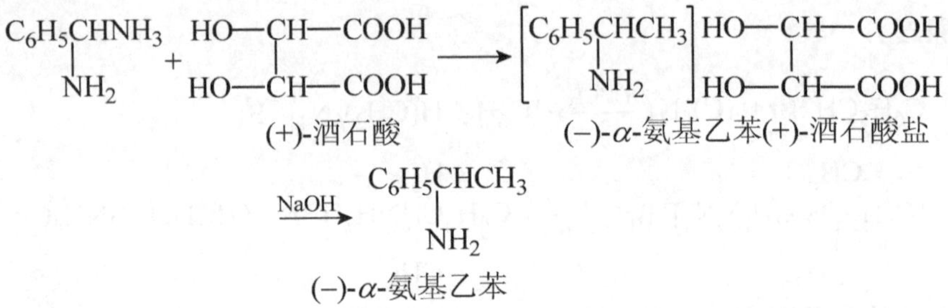

三、仪器与试剂

仪器：锥形瓶（100mL）；分液漏斗；分馏蒸馏装置；研钵；蒸发皿。

试剂：(+)-酒石酸；α-氨基乙苯（自制）；甲醇；乙醚；50%氢氧化钠溶液；氯化钠；无水硫酸镁。

四、步骤

在 100mL 锥形瓶中加入 3.9g(+)-酒石酸和 56mL 甲醇，加热使之溶解。加入 3.1g α-氨基乙苯，加热使之溶解。趁热过滤，滤液慢慢冷却结晶，24h 后析出棱柱状晶体。过滤，用少量甲醇洗涤，得 2.2g 产品。合并母液和甲醇洗液，然后浓缩至 22mL，静置使之冷却，放置 24h，又可得到产品。将产品合并，用研钵研细，以 55mL 甲醇重结晶，浓缩到 40mL，放置 24h，得到白色棱柱状晶体 2.0g，放于真空干燥器中干燥。测其熔点和比旋光度：m.p.179～182℃（分解），$[\alpha]_D^{20}=+30°$（比旋光度的数值是 80%的该结晶体水溶液在 20℃时的数值）。

将纯的(−)-α-氨基乙苯(+)-酒石酸盐 17.9～19.1g 和 90mL 水的混合物以 15mL 50%的氢氧化钠处理，用 25mL 乙醚提取四次，合并提取液，以 50mL 饱和氯化钠水溶液洗涤，用无水硫酸镁干燥。用刺形分馏柱（30cm 长）蒸出乙醚，然后进行减压蒸馏，收集 94～95℃/3.7kPa（28mmHg）馏分，得到 6.9～7.2g 无色液体，为(−)-α-氨基乙苯。测其折射率和比旋光度，得$[\alpha]_D^{20}=-38.4°$。

五、思考题

（1）为什么用(+)-酒石酸可以拆分 α-氨基乙苯？拆分出来的 α-氨基乙苯是左旋的还是

右旋的？

（2）在(+)-酒石酸甲醇溶液中加入 α-氨基乙苯后，析出棱柱状晶体，过滤后，滤液是否有旋光性？为什么？

（3）拆分后所得到的白色棱柱状晶体，能否在红外灯下照射干燥？

实验 125　维生素 B_1 催化合成 1, 2-二苯羟乙酮

一、实验目的

以维生素 B_1 为催化剂进行安息香缩合反应。

二、实验原理

1, 2-二苯羟乙酮可通过经典的“安息香缩合”反应制得，此缩合反应是在碱金属氰化物的催化影响下，由苯甲醛发生双分子缩合，生成 α-羟基酮的反应。由于其中催化剂有剧毒，不便安排在基础有机实验课中，1943 年 Ugai 等发现维生素 B_1 及其他含噻唑环的化合物可作为“安息香缩合”反应的良好无毒催化剂。此后，便可以将此反应安排成基础有机实验课的内容。

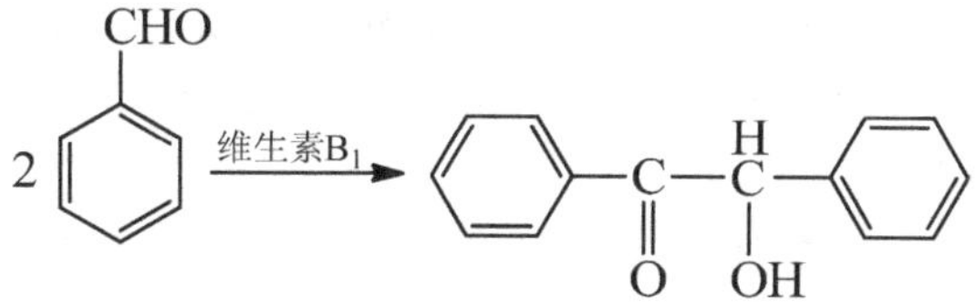

三、仪器与试剂

仪器：圆底烧瓶（25mL）；回流冷凝管；电磁搅拌加热仪。

试剂：维生素 B_1；苯甲醛（新蒸的）；乙醇（95%）；氢氧化钠溶液（3mol/L）。

四、步骤

在 25mL 烧瓶中加入 0.6g 维生素 B_1[2]和 1mL 水、4mL 95%乙醇，在冰水浴冷却下，慢慢滴入 3mol/L 氢氧化钠溶液将酸度调至 pH=9～10[3]（1～2mL 氢氧化钠溶液），并不断搅拌，此时溶液呈黄色，去掉冰水浴，加入 2.9g 新蒸的苯甲醛[4]，装上回流冷凝管，在水浴上加热回流 90min，冷却，这时有固体析出[5]，吸滤，用少量冰水洗涤，得到安息香（1, 2-二苯羟乙酮）的粗产品（黄色固体）1.8g，用 95%乙醇重结晶，得白色针状晶体。熔点为 134～136℃，产量为 1.3g，产率为 45%。

安息香的紫外光谱 λ_{max}^{EtOH}=247nm（e=13200）。浓度为 12.56g/L（5.29×10^{-5}mol/L）。247nm 的吸收谱带说明羟基与苯环共轭的苯基酮基团的存在。α, β-不饱和脂肪醛（R—CH═CH—CHO）也显示相近波长的紫外选择吸收。

【附注】

[1] 1985 年 Brealow 提出了以维生素 B_1 为催化剂的“安息香缩合”反应机理。

维生素 B_1（盐酸噻胺）的结构式为

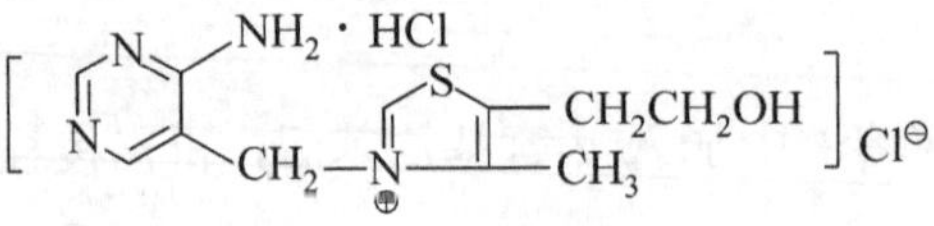

维生素 B_1 的噻唑环上的 2 位质子很容易失去，形成稳定的两性离子：

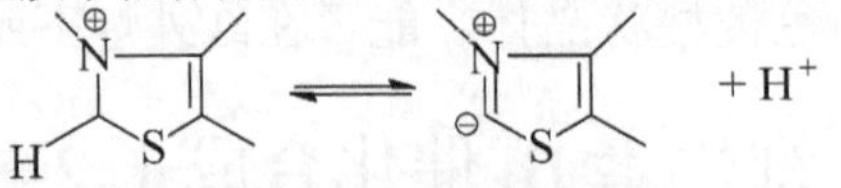

在缩合反应中，是此两性离子起催化作用，其反应机理如下：

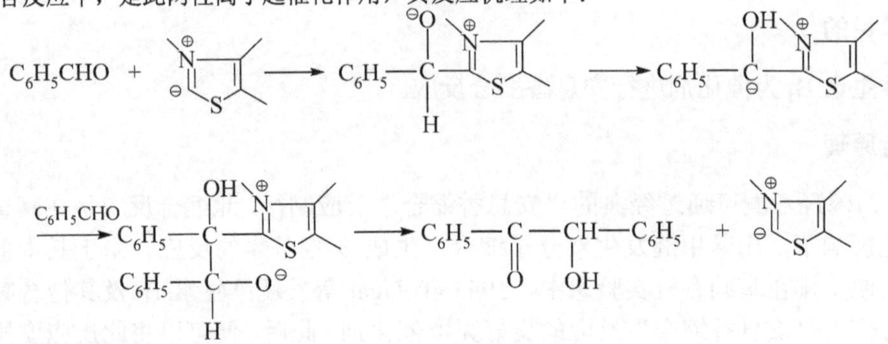

[2] 若需要制备其他二苯乙烷衍生物，可按需要增加试剂用量。

[3] 碱加得太多或太少都影响反应顺利进行，在碱性介质中，维生素 B_1 的噻唑环能转化成起催化作用的两性离子，但在碱性介质中也可以引起噻唑开环，因此太强的碱也能降低维生素 B_1 的催化作用，加碱太多，溶液由黄色变成红色。

[4] 苯甲醛必须是新蒸的，在氮气保护下，避光保存备用。若其中含有苯甲酸，反应难以完成。

[5] 若无结晶析出，可摩擦瓶壁或投入晶种。

实验 126　二苯乙二酮的制备

一、实验目的

用硝酸氧化 1, 2-二苯羟乙酮制备二苯乙二酮。

二、实验原理

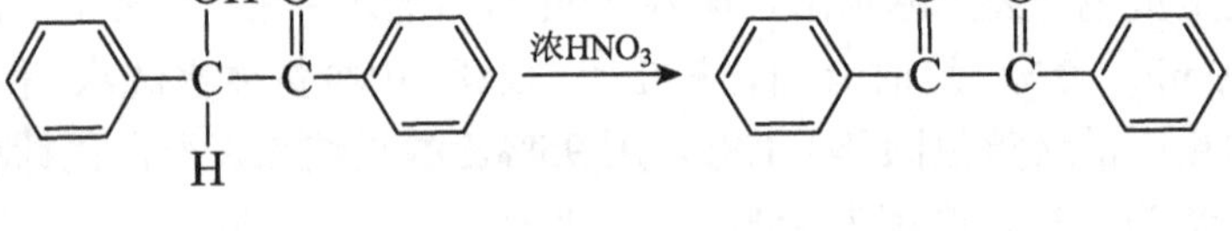

三、仪器与试剂

仪器：圆底烧瓶（10mL）；回流冷凝管；电磁搅拌加热仪；气体吸收装置。

试剂：1, 2-二苯羟乙酮（自制）；浓硝酸。

四、步骤

将 1g 1, 2-二苯羟乙酮和 3.5mL 浓硝酸混合加入 10mL 圆底烧瓶中，安装氮氧化物的气体吸收装置，在水浴上加热 15min。把 19mL 水加入反应混合物中，冷却至室温并搅动，产物凝结成黄色固体。用霍氏漏斗吸滤并用水洗产物，尽量压干固体，除去水分。不需干燥便可进行重结晶，重结晶是先把产品溶于 2.5mL 热乙醇中，然后滴入水至出现浑浊，放置结晶，产品为黄色结晶。吸滤，晾干，产量为 0.9g，产率为 92%，熔点为 93～94℃。

对产品中未被氧化的 1, 2-二苯羟乙酮的检验：

把约 0.5mL 粗制并提纯的二苯乙二酮溶于 0.5mL 95%的乙醇中，加入一滴 10%的氢氧化钠。如果 1, 2-二苯羟乙酮存在，由于二苯乙二酮与 1, 2-二苯羟乙酮的自氧化物反应生成一个配合物，溶液立即成为紫色。如果在 2～3min 内无颜色显示，便可证明没有 1, 2-二苯羟乙酮存在。加入少量 1, 2-二苯羟乙酮就可观察到颜色的发生。注意：如果塞好试管并使两端来回颠倒，颜色就会立刻消失。而当溶液静止时，颜色又重新出现。

实验 127　2, 3-二苯喹噁啉的制备

一、实验目的

羰基和氨基缩合、脱水制备 2, 3-二苯喹噁啉。

二、实验原理

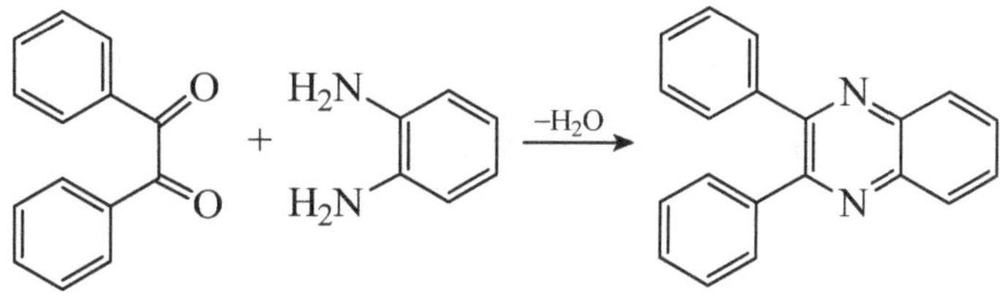

三、仪器与试剂

仪器：蒸汽浴装置；试管；吸滤装置。

试剂：二苯乙二酮（自制）；邻苯二胺。

四、步骤

称取 0.2g 二苯乙二酮（理论含量 210mg）和 0.1g 提纯后的邻苯二胺[1]（理论含量 108mg）加到一个 20mm×15mm 的试管中，在蒸汽浴套环内加热 10min，混合物熔化，冷却变成浅褐色固体。把该固体溶于热甲醇（约 5mL）中，静置，完全析出结晶[2]，立即过滤，得无色针状结晶，熔点为 125～126℃，产量为 185mg。

【附注】

[1] 商品邻苯二胺一般经空气氧化都带有深色，如不经过提纯，直接用于实验，结果很差。可按以下方法进行提纯：将 200mg 商品邻苯二胺放在一个 20mm×15mm 的试管底部，将试管与抽气装置连接并将其水平地夹好，在抽气的情况下用火加热试管底部，使白色的邻苯二胺蒸馏或升华到试管的上半部与黑色残余物分离。使试管放冷后，刮出白色固体。

[2] 如果 10min 内没有生成结晶，需重新加热甲醇溶液，再滴加少量水稀释到饱和点。结晶一旦完

全析出，则需马上过滤，因放置会聚集成棕色氧化产物。

实验 128　抗痉挛药——5, 5-二苯乙内酰脲的制备

一、实验目的

（1）了解杂环化合物的合成方法。

（2）了解抗痉挛药物的纯化及鉴定方法。

二、实验原理

5, 5-二苯乙内酰脲的钠盐（地仑丁，dilantin）是一种抗痉挛药物，它可用于稳定癫痫病情，但不能减少癫痫发作，静脉注射可控制严重癫痫发作，肌内注射能防止进行神经外科手术时发病。注意：静脉注射速度太快会导致呼吸作用和心脏功能改变。

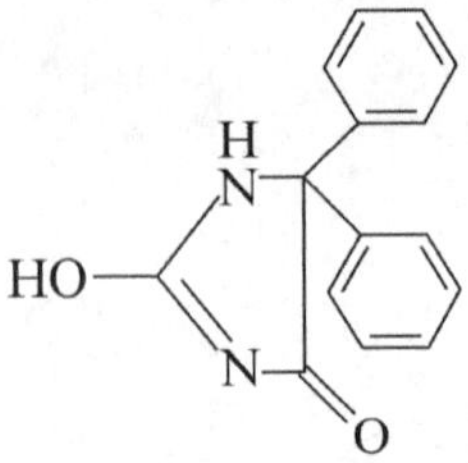

5, 5-二苯乙内酰脲

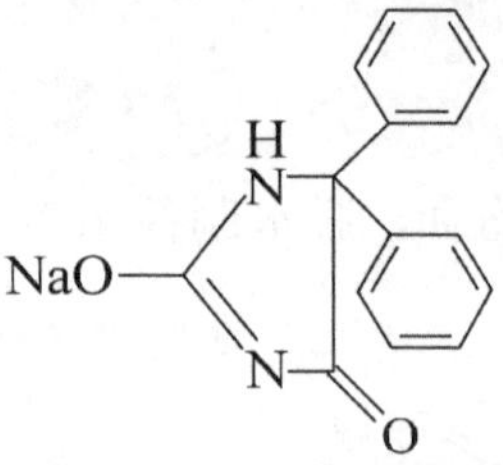

5, 5-二苯乙内酰脲钠

本实验采用下列反应制备 5, 5 二苯乙内酰脲：

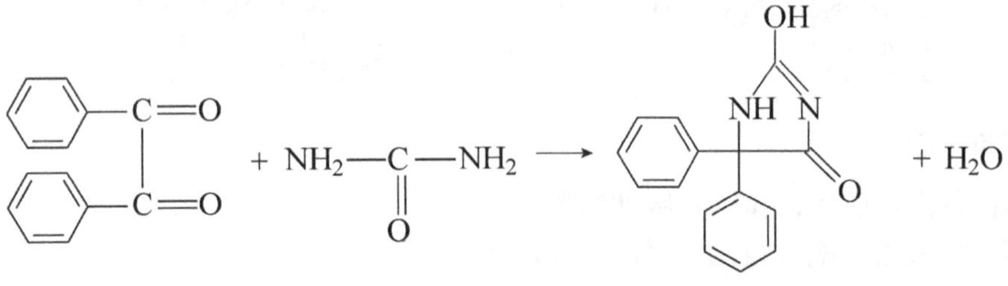

三、仪器与试剂

仪器：回流反应装置；电磁搅拌加热仪。

试剂：二苯乙二酮（自制）；尿素；95%乙醇；30%氢氧化钠溶液；10%盐酸；丙酮。

四、步骤

在 50mL 圆底烧瓶中加入 1g 二苯乙二酮、0.5g 尿素、15mL 95%乙醇和 3mL 30%的氢氧化钠溶液。水浴加热，温和回流 2h。用冰浴冷却，将反应混合物倒入盛有 25mL 水的烧杯中，吸滤，除去固体杂质。向滤液中滴加 10%盐酸，直至石蕊试纸呈酸性反应为止。吸滤，收集固体为二苯乙内酰脲粗产品，用 20mL 水洗一次。用丙酮重结晶，晾干，存放在预先称量的瓶中。产量为 0.85g，产率为 70%。

注意：二苯乙内酰脲是极强的抗痉挛药，处理时务必小心。防止在实验室中产生二苯乙内酰脲的蒸气，不要测定它的熔点。

实验 129　苄基三乙基氯化铵的制备

一、实验目的

（1）了解相转移催化剂的催化原理及制备方法。

（2）掌握电动搅拌器的使用。

二、实验原理

相转移催化是 20 世纪 70 年代发展起来的一种非常实用的有机合成方法，其基本原理是借助于催化剂将一种试剂的活性部分从一相（如有机相）转移到另一相（如水相）中，使相间反应能迅速进行，该催化剂称为相转移催化剂。常用的相转移催化剂有鎓盐类、大环冠醚类及开链聚醚类等类型，其中鎓盐类季铵盐具有价格便宜、毒性小等优点，常用于基础有机化学实验。本实验采用氯化苄与三乙胺反应制备相转移催化剂苄基三乙基氯化铵，反应式如下：

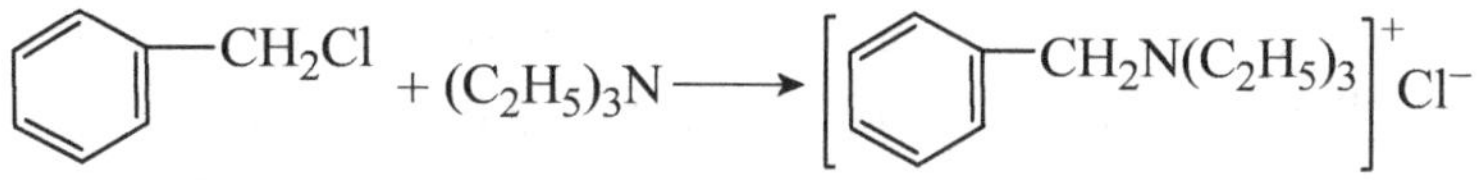

三、仪器与试剂

仪器：电动搅拌器；三颈烧瓶（100mL）；回流冷凝管；蒸馏装置。

试剂：氯化苄（重蒸沸点 179℃）；三乙胺（重蒸沸点 90℃）。

四、步骤

在 100mL 三颈烧瓶中装电动搅拌器和回流冷凝管。称取 6.3g 氯化苄和 5g 三乙胺放入三颈烧瓶中，加入 20mL 水搅拌回流 2～3h，油状物消失，再浓缩除去水分，直到反应瓶内呈现白色雾状几乎无液体蒸出为止（温度不超过 140℃）。冷却析出黄色蜡状苄基三乙基季铵盐 5～7g，放入干燥器中备用。

五、思考题

选择相转移催化剂的原则是什么？相转移催化剂的用量一般是多少？

实验 130　7, 7-二氯二环[4.1.0]庚烷的制备

一、实验目的

（1）了解卡宾的生成及加成反应。

（2）掌握旋转蒸发仪的操作。

二、实验原理

利用二卤卡宾制备三元环的传统方法是在无水叔丁醇中用叔丁醇钾与氯仿反应，其反应机理为卡宾（carbene）与烯烃的亲电加成反应。该反应需要较长时间且必须在无水条

件下进行，但在少量相转移催化剂存在下，可用氢氧化钠水溶液代替叔丁醇钾。这样可使反应时间明显缩短，产率也较高。相转移催化剂适用于有机合成中有水相和有机相参加的非均相反应。

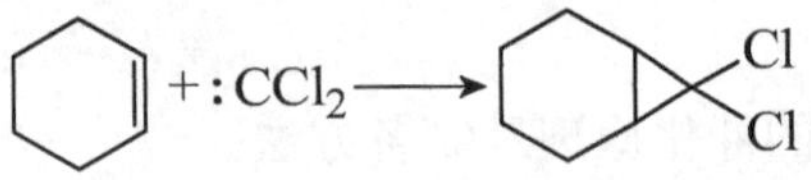

三、仪器与试剂

仪器：锥形瓶（100mL）；分液漏斗；圆底烧瓶（50mL）；旋转蒸发仪；减压蒸馏装置。

试剂：环己烯（自制）；苄基三乙基氯化铵（自制）；氯仿；氢氧化钠溶液（50%）；乙醚。

四、步骤

在装有温度计的100mL锥形瓶内加入8.2g环己烯、12.0g氯仿和20mL 50%的氢氧化钠溶液[1]，再向以上混合液中加入0.2g苄基三乙基氯化铵，旋动混合物[2]，使其生成浓的乳浊液，反应温度自动升高。当温度超过60℃时，把反应瓶浸入已经准备好的冰浴中，稍许冷却后，从冰浴中拿出[3]，随着反应瓶在冰浴中拿进、拿出，同时在不断旋动下，维持温度为55～60℃，至放热反应完成（10～15min）。使反应混合物自然冷却到35℃，再用50mL水稀释，分出有机层，用10mL乙醚萃取水层一次，合并有机层并用20mL水洗涤，加入无水硫酸钠在摇动下进行干燥，直到液体清亮为止。

将干燥过的混合液过滤至50mL圆底烧瓶中，用旋转蒸发仪蒸出乙醚及低沸点物质。安装减压蒸馏装置，进行减压蒸馏，收集60℃（4mmHg）左右的馏分即为7, 7-二氯二环[4.1.0]庚烷产品，产量为8～9g。

五、思考题

（1）写出二氯卡宾产生的过程及其与环己烯发生加成反应的机理。

（2）7, 7-二氯二环[4.1.0]庚烷是一种重要的合成中间体，查阅文献了解其在有机合成应用方面的研究进展。

【附注】

[1] 质量分数为50%的碱液应在40～50℃时加入反应液中，使反应起始温度能达到30～35℃，这可使放热反应顺利升温；当反应起始温度低于30℃时，常常不能使反应自动升温达60℃，以至于反应不能完成。

[2] 应当注意剧烈旋动，使反应物充分混合，否则反应不能顺利开始。

[3] 冷却时，应当注意不要使温度低于55℃，如果温度太低，也能使放热反应还未完成就终止。

实验131　Synthesis of Ethyl Benzoate

Ⅰ. Purpose

In this experiment，ethyl benzoate is prepared by reacting benzoic acid with ethanol with concentrated sulfuric acid as a catalyst.

Azeotropic distillation: An azeotrope is a mixture of two or more liquids in such a way that its components cannot be altered by simple distillation. The separation method involves introducing an additional agent, called an entrainer, which will affect the volatility of one of the azeotrope constituents more than another. When an entrainer is added to a binary azeotrope to form a ternary azeotrope, and the resulting mixture is distilled.This method, the so-called azeotropic distillation, is often used to separate a liquid mixture or to improve the yield of a reaction. The best known example is adding benzene or cyclohexane to the water/ethanol azeotrope.

Ⅱ. Reaction mechanism

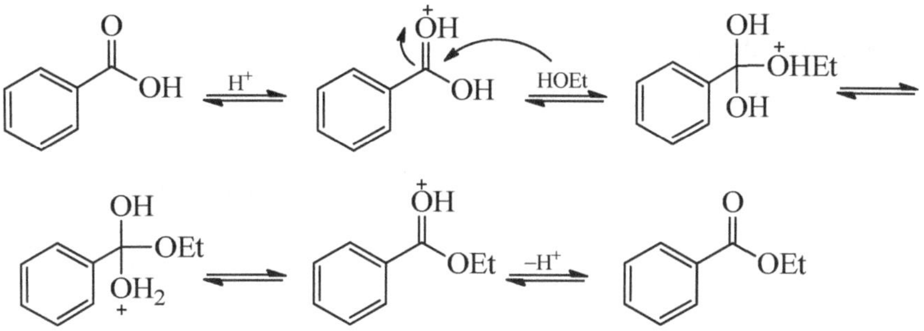

Ⅲ. Experimental procedure

To a 250mL three-necked flask are added 12g of benzoic acid, 30mL of absolute ethanol, 30mL of cyclohexane and 4mL of concentrated sulfuric acid, and the mixture is mixed thoroughly. To promote even boiling and prevent boil over, a few of boilingchips are placed in the flask. The three-necked flask is equipped with a water segregator which is filled with water and a reflux condenser. After the mixture was heated under gently reflux for 20min, 6mL of water is released from the water segregator. The reaction mixture is fluxed continuously.With cyclohexane as the entrainer, the ternary azeotrope is consisted of 4.8% water, 19.7% ethanol, and 75.5% cyclohexane, and boils at 62.5℃. The ternary azeotrope collected in the water segregator is separated into three layers, the lowest layer mainly consists of water, the middle layer consists of water and ethanol, and the top layer mainly consists of cyclohexane. After the mixture reflux for 2h, the middle layer is no longer increasing. Stop heating and release the lower layer (about 18mL) and the middle layer, separately. The excess ethanol and cyclohexane in the reaction mixture are distilled off into the water segregator. Then the reaction residue is poured into 80mL of water in a 500mL beaker. Anhydrous sodium bicarbonate is required to add into the beaker slowly under continuous agitation to neutralize the free acid (pH=7～8). Stir thoroughly and vigorously so as to mix the liquid layers.Transfer the contents of the beaker to a separatory funnel and drain off the aqueous(lower)layer. Extract the water layer with 25mL of ether. Combine the ether layers and dry over anhydrous $CaCl_2$, filter and remove the solvent on the rotary evaporator to afford the crude ester.

The crude ester is distilled under reduced pressure (vacuum), pressures between 5～10mmHg being set at the top of the columns. Collect the ester at 65～75℃.

Ⅳ. Safety

1. If for any reason after stopping reflux you add fresh boiling chips, be sure that the solution is cool first—otherwise violent frothing may occur.

2. Extract the organic (upper) layer with 20mL of ether. Careful: pressure may build up in the funnel.

Ⅴ. Questions

1. How would you describe the smell?
2. Write an equation for the reaction.

实验 132　Synthesis of Triphenylmethanol

Ⅰ. Purpose

1. In this experiment, phenyulmagnesium bromide (a Grignard reagent) was prepared and used to produce triphenylcarbinol (a tertiary alcohol) by reacting with methyl benzoate.

2. Extraction was used in order to isolate the product and then purified through recrystallization from 95% ethanol.

Ⅱ. Reaction mechanism

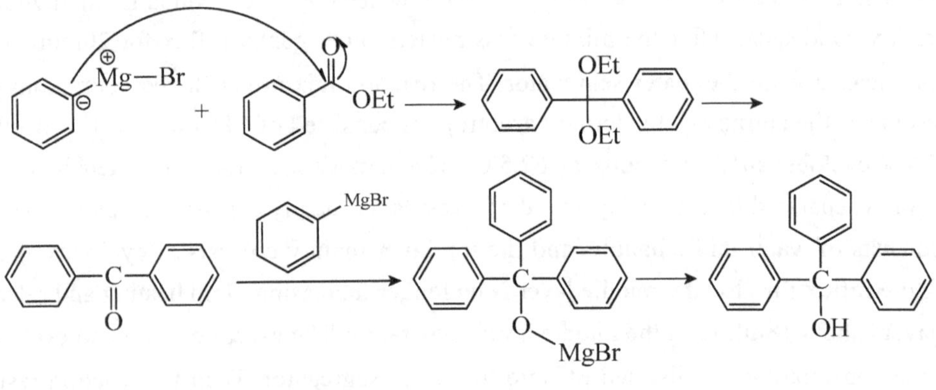

Side reactions (Wurtz coupling):

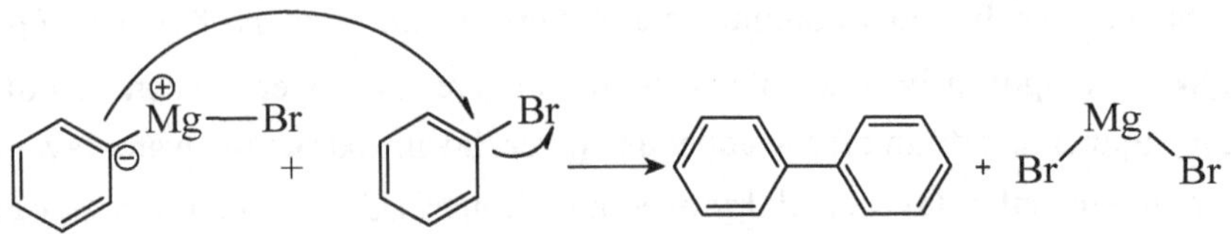

Ⅲ. Experimental procedure

1. Formation of the phenylmagnesium bromide (Phenyl Grignard) reagent

All apparatus and reagents must be absolutely dry. The Grignard reagent is prepared in a dry three-necked flask fitted with a long reflux condenser and a dropping funnel. A calcium chloride drying tube is attached on the top end of the condenser to prevent moisture from entering the reaction system.

Place 2.2g (0.091mol) of crushed magnesium into a 250mL flask and the rest of the apparatus is assembled quickly (dropping funnel, reflux condenser, calcium chloride drying tube). The solution of 14.3g(9.6mL, 0.091mol)of dry bromobenzene in 38mL of absolute ether (absolutely dry, anhydrous) is put in the dropping funnel. 10mL of the as-prepared bromobenzene solution and a tiny crystal of iodine (as a starter) are added to the flask. Once the reaction begins (the color of iodine disappears), spontaneous boiling in the diluted mixture may be slow or become slow. Drop the remaining bromobenzene solution slowly into the flask under stirring. Make an ice bath ready in case control of the reaction becomes necessary, although this is usually not the case. When all of the bromobenzene solution is dropped into the flask, the reaction is further refluxed for 30 minutes. The reaction is complete when only a few small remnants of metal (or metal contaminants) remain. Check to see that the volume of ether has not decreased. If it has, add more anhydrous ether. Since the solution of Grignard reagent deteriorates on standing, the next step should be started at once.

2. Synthesis of Triphenylmethanol

Cool the flask containing phenylmagnesium bromide solution briefly in an ice bath. A solution of 5.7g (5.4mL, 0.045mol) dry ethyl benzoate in 7.5mL absolute ether is added into the flask. The solution of ethyl benzoate in absolute ether is added dropwise to control the mildly exothermic reaction, which affords an intermediate addition compound that separates as a white solid. Stirring the flask continuously until the ethyl benzoate is completely added. Complete the reaction by heating the mixture at reflux for one-half hour (hot water from the tap works well) .

The reaction mixture is cooled using an ice-bath. Under constant stirring a saturated solution of 18g ammonium chloride is added into the flask. Continue stirring the solution until the solid was dissolved.

Pour the mixture into a separatory funnel (rinse the flask with ether), shake, and draw off the aqueous layer. Collect the ether layer out of the neck of the separatory funnel and distill off ether. Upon cooling, the residue solidifies. Filter the solid and wash with water (petroleum) . The crude triphenylcarbinol was recrystallized by 95% ethanol. The product should be colorless.

Ⅳ. Safety

1. Ether is extremely flammable and explosive. No flames in lab can be present when any ether is being used in the rooms.

2. Anyhydrous ether may form peroxides over time, which are explosive. Check date when using（should be<12 months）and wash out empty can with water before disposal.

3. The reaction is very exothermic, so do not add everything at once. Keep an ice bath nearby in case reaction starts to boil over.

实验 133　Reaction of Triphenylmethanol

To 80mL of glacial acetic acid warmed by hot water, 4.0g of triphenylmethanol is dissolved for the following reactions（a～f）:

a. To 20mL of the stock solution, 2mL of 47% hydrobromic acid is added and then heated for 5min in a hot bath. Upon cooling, filter the precipitation and wash with petroleum.

b. To 20mL of the stock solution, 2mL of an acetic acid solution containing 5% of chloroaetic acid and 1% of sulfuric acid is added and heated for 5min. Then 5～6mL of water is added to the reaction, and the solution is let stand for crystallization at room temperature. Filter the precipitation and wash with methanol-water（V∶V=1∶1）.

c. To 20mL of the stock solution, 2mL of 47% hydroiodic acid is added and then heated for 1h. Upon cooling, 1g of sodium bisulfite is added to the reaction mixture.Wash the precipitation well with water and crystallize the brown solid from methanol（15～20mL）.

d. To 20mL of the stock solution, a hot solution of 2g of stannous chloride in 5mL of hydrochloric acid is added. Reflux the reaction mixture for 1h, then cool it to room temperature, filter the precipitation and wash well with ethanol.

e. To a solution of 1g triphenylmethanol in 25mL of anhydrous ethanol, is added 1mL of 47% hydrobromic acid.Then heat the reaction mixture gently for 15mins. Upon cooling, crystallization can be procreated by scratching. Wash the solid product with ethanol.

f. Add 1g of triphenylmethanol and 2g of malonic acid（crush any lumps）into a 25mL Erlenmeyer flask, and heat the mixture for 7min in the oil bath（about 150℃）. Upon cooling the residue, 2mL of benzene and 10mL of petroleum（60～90℃）is added in sequence. Wash the product with petroleum.

Melting point information can provide rapid confirmation of the identity of unknown substances. Some of the possible products are given in the table 5-3. Please identify the products primarily using melting points.

Identify each product in reactions a～f, and present some reasons for your conclusion besides the correspondence of m.p. Some of the possible products are given in the Table 5-3. Halogens can be detected by the Beilstein test; heat a 10～15cm long piece of copper wire to redness in the oxidizing flame of a bumer（nonluminous）until the flame is no longer colored, let the wire cool and touch it to a solid（or dip it in a liquid）and reheat; a volatile copper halide imports a green color to the flame.

Put a small spatula of this compound in a 13mm×100mm test tube, dissolve in benzene and cool, add a few milligrams of zinc dust, and stir with a rod to produce a yellow solution containing triphenylmethyl radical. Decant into a clean tube and shake with air; the cloudy precipitate is the peroxide(($(C_6H_5)_3COOC(C_6H_5)_3$.

Table 5-3　The melting points of some possible products

some of the possible products	m.p./℃
$(C_6H_5)_3CCl$	113
$(C_6H_5)_3CBr$	152
$(C_6H_5)_3CI$	132
$CH_3COOC(C_6H_5)_3$	97
$CH_2ClCOOC(C_6H_5)_3$	144
$(C_6H_5)_3CH$	94
$(C_6H_5)_3COOC(C_6H_5)_3$	186
9-phenylfluorene	148
p-$[(C_6H_5)_2CH]C_6H_4C(C_6H_5)_3$	224
$(C_6H_5)_3COC(C_6H_5)_3$	237
$(C_6H_5)_3CCH_2COOH$	176
$(C_6H_5)_3COCH_2CH_3$	86

实验 134　Synthesis of 1, 2, 3, 4-Tetrahydrocarbazole

Ⅰ. Reaction

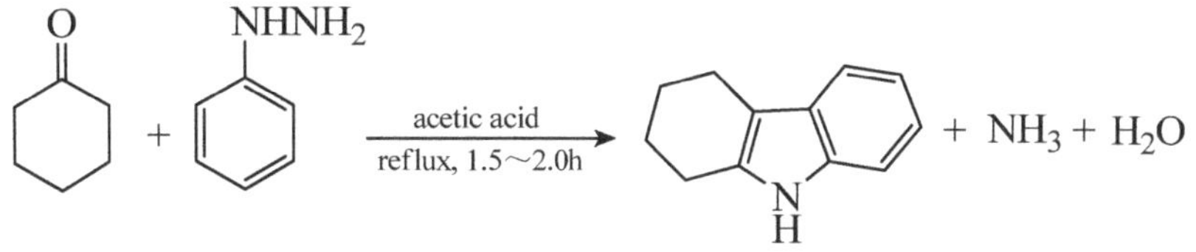

Ⅱ. Experimental procedure

A mixture of 1.0g（0.01mole, 1.05mL）of cyclohexanone, 1.1g（0.01mole, 1.0mL）of phenylhydrazine（note 1）and 4mL of acetic acid contained in a 50mL three-necked round-bottomed flask equipped with a reflux condenser and a magnetic stirring bar is heated under reflux for 1h with stirring. Then the mixture is poured into a 100mL beaker while it is still hot and it is vigorously stirred by hand while it solidifies. The filter cake is washed twice with water（5mL×2）and finally with 75% ethanol（5mL×2）. The product is collected and air-dried to yield 1.3～2g as white solid，m.p. 111～113℃.

Ⅲ. Notes

1. Caution：phenylhydrazine is moderately poisonous；excessive contact or exposure to air should be avoided.

2. The stirring should be sufficiently vigorous to prevent the formation of lumps.

Ⅳ. Questions

Please propose a reasonable mechanism of the reaction.

第 6 章　物理化学实验

实验 135　燃烧热的测定

一、实验目的

（1）采用氧弹式量热计测定萘的燃烧热。

（2）掌握氧弹式量热计的原理、构造和使用方法。

（3）学会用雷诺作图法校正温度改变值。

（4）学会使用贝克曼温度计。

（5）获得有关热化学实验的一般知识和基础训练。

二、实验原理

1. 燃烧与量热

根据热化学的定义，1mol 某物质完全燃烧时的反应热称作燃烧热。燃烧热是热化学中重要的基本数据。燃烧热的测定，除了有其实际应用价值外，还可以用于求算化学反应热效应以及求算化合物的生成热及键能等。这是因为，一般化学反应的热效应往往因反应太慢或反应不完全，不是不能直接测定，就是测不准。而通过盖斯定律，可由燃烧热数据间接求算。因此，燃烧热数据广泛应用于各种热化学计算中。

量热法是热力学中的一个基本实验方法。量热计的种类很多。本实验采用氧弹量热计测定萘的燃烧热。氧弹量热计属于恒容式恒温夹套量热计。将一定量的物质放入充有高压氧气的氧弹中，使其完全燃烧，放出的热量使得氧弹本身及其周围的介质和量热计有关的附件的温度升高。测量介质在燃烧前后温度的变化值，根据量热计热容 $C_V(\mathrm{s})$，就可求算该样品的恒容燃烧热 q_V。在恒容、无其他功时，有

$$q_V = \Delta U = -C_V(\mathrm{s})\Delta T \tag{6-1}$$

上式中，负号是指体系放出热量，放热时体系的热力学能降低；而 $C_V(\mathrm{s})$及 ΔT 均为正值，故加负号表示。

一般燃烧热是指恒压燃烧热 q_p。在恒压、无其他功时，有

$$q_p = \Delta H = \Delta U + \Delta(pV) = \Delta U + p\Delta V \tag{6-2}$$

若把参与反应的气体及反应生成的气体视为理想气体处理，则 q_p 与 q_V 间存在如下关系：

$$q_p = q_V + \Delta nRT \tag{6-3}$$

式中，Δn 为反应前后反应物和产物中气体的物质的量的差值；R 为摩尔气体常量；T 为反应时的热力学温度。

氧弹量热计的热容 $C_V(\mathrm{s})$含吸热介质水和仪器的热容两项。每套仪器的热容不一样，

须事先测定。用标准物质苯甲酸（燃烧热已知）燃烧，测出量热计温度的改变值，可求算仪器热容。用量热计本身温度升高1℃需要的热量可使 W_N(g)水的温度也升高1℃来表示。W_N 称为水当量。

2. 氧弹量热计

氧弹量热计的结构如图6-1所示。内筒以内的部分为仪器的主体，即本实验所研究的实际体系。体系与外界隔以空气层绝热。内筒装水，氧弹为反应器，放入水中。物质完全燃烧放出的热量使体系（包括水、搅拌器、氧弹等）温度升高。内筒下方用绝热支角架起；上方有绝热胶板盖，以减少对流和蒸发。为了减少水的对流，在内筒装有挡板。盛水筒与套壳之间有一个高度抛光的挡板，以减少热辐射和空气对流。搅拌器使测量体系温度均匀。搅拌器上部装有绝热棒，与马达相连。测量体系内各部件均应抛光或镀银，以减少热辐射。用数字式贝克曼温度计测量体系的温度改变值。燃烧点火由控制器完成。图6-2是氧弹的构造。氧弹是一个不锈钢厚壁圆筒，它应具有很好的密封性能，耐高压且耐腐蚀。氧弹盖上有通氧气的进气孔、排气孔和电极。一电极直通氧弹体内部，同时作为燃烧皿的支架；另一电极（同时也是进气孔）上方装有火焰遮板。图6-3是氧弹式量热计的控制器。

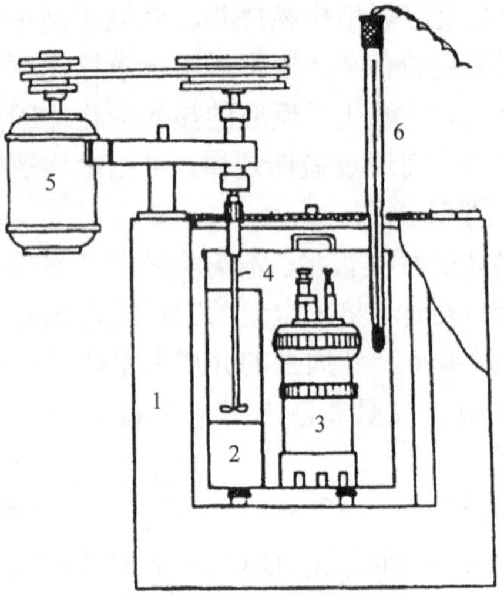

图6-1　氧弹量热计

1. 恒温外套；2. 内筒；3. 氧弹；4. 搅拌器；5. 马达；6. 贝克曼温度计

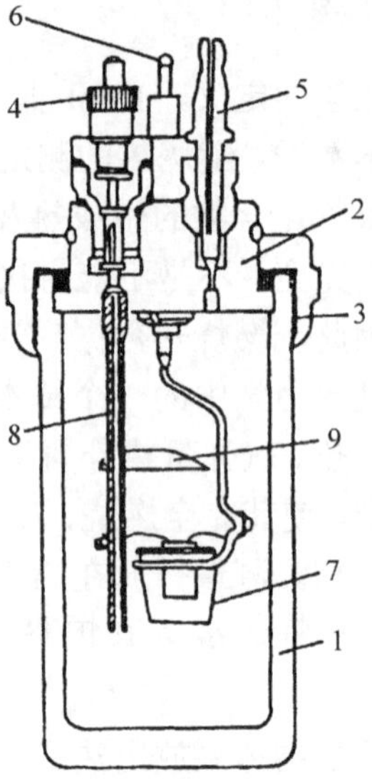

图6-2　氧弹的构造

1. 厚壁圆筒；2. 氧弹盖；3. 螺帽；4. 进气孔；5. 排气孔；6. 电极；7. 燃烧皿；8. 电极；9. 火焰遮板

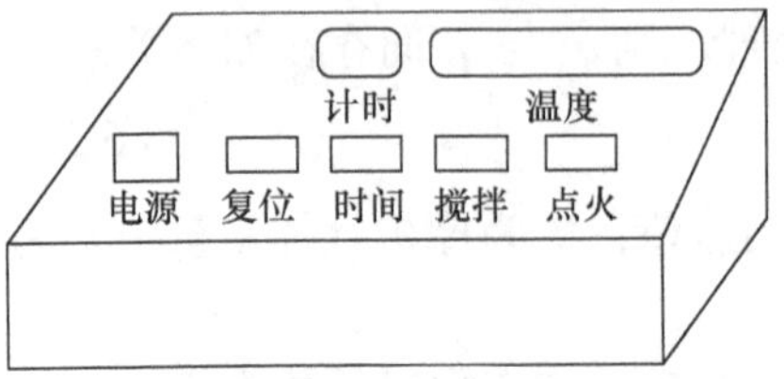

图6-3　SR-1数显量热计控制器

3. 雷诺温度校正图

在恒温夹套量热计中尽量考虑了仪器各部件的构造及安装上的绝缘要求。但量热计与周围环境的热交换无法完全避免，即仍存在热漏现象。在热漏不大的情况下，采用雷诺（Reynolds）作图法校正体系温度改变值。具体方法为：将燃烧前后所得数据作水温（T）和时间（t）关系图，如图 6-4 所示。图中 AB 线表示燃烧前体系温度与时间的关系，若略有升高，说明有热量传导到体系内。B 点（温度为 T_0）意味着燃烧开始，BE 线是燃烧过程温度与时间的关系。E 点（温度为 T_m）为观察到的最高温度。EF 线表示燃烧后体系温度与时间的关系，若略有下降，说明体系的热量传给环境。将 AB 线、EF 线分别延长与时间 t_e 处的垂线交于 C 和 G 点（选择 t_e 点的位置，使图中所示两块斜线部分的面积相等）。图中 CC' 为时间 Δt_1 内由环境辐射和搅拌引进的能量造成的升温，故应予扣除。GG' 为时间 Δt_2 内，量热计向环境的热漏造成的温度的降低，计算时必须考虑在内。故可认为 C、G 两点纵坐标之差为所求测量体系温度的改变值 ΔT。可作如下近似处理：先确定 T_e 点，由下式计算

$$T_e = (T_m - T_0) \times 0.6 + T_0 \tag{6-4}$$

过 T_e 点作平行于横坐标的直线，交温度-时间曲线于 D 点，过 D 点作垂线，与横坐标的交点为时间 t_e，与 AB 段切线延长线相交于 C 点，与 EF 段切线延长线相交于 G 点，$\Delta T = T_G - T_C$。

在某些情况下，量热计的绝热性能良好，热漏很小，而搅拌器功率较大，不断引入的能量使得曲线不出现极高温度点，如图 6-5 所示。校正方法相似。

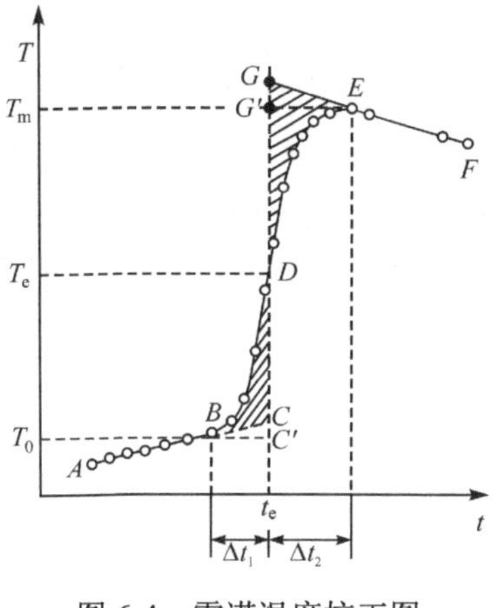

图 6-4　雷诺温度校正图

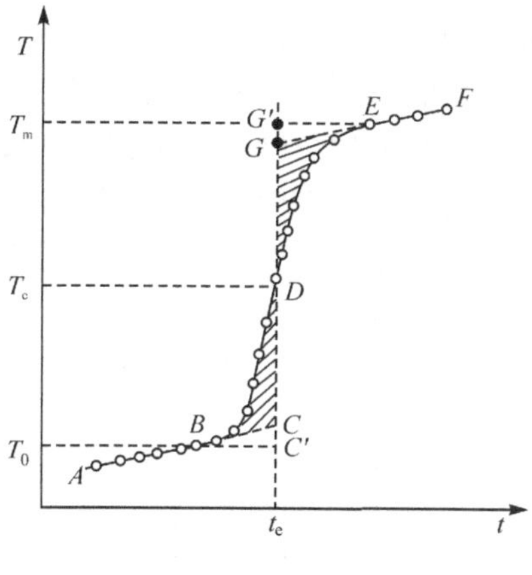

图 6-5　绝热良好情况下的雷诺温度校正图

三、仪器与试剂

仪器：氧弹量热计；分析天平（0.0001g）；氧气钢瓶；台秤（0.1g）；氧气减压阀；万用表；燃烧皿；铜镍合金燃烧丝。

试剂：苯甲酸；萘。

四、步骤

1. 水当量 W_N 的测定

1）样品制作

用天平称取 1g 左右的苯甲酸，在压片机上压成圆片，然后放到称量纸上，用分析天

平精确称量。再称量约 10cm 燃烧丝，将燃烧丝两端绑在氧弹内的电极上，燃烧丝的中间部位与样品紧密接触，但不要使燃烧丝触及燃烧皿。在氧弹中加入几滴蒸馏水，用万用表检查氧弹两电极间的电阻，一般应不大于 20Ω。

2）充氧气

旋紧氧弹盖和排气孔螺丝后即可充气。将充氧器的卡口与氧弹进气孔连接，打开氧气钢瓶上的阀门，向氧弹中充入约 1.6MPa 的氧气。卸下充氧器卡口，再次用万用表检查两电极间电阻值。若电阻值过大或电极与弹壁短路，则应放出氧气，开盖重新检查电极与燃烧丝的连接情况，直至氧弹充氧气后两极为通路为止。

3）测量

用电子台秤称取 2900g 的自来水倒入量热计内筒。用铁钩将氧弹小心地放于内筒中（氧弹不能与内筒接触）。插好点火电极引线，装好搅拌器，搅拌器不能与筒壁有摩擦。将精密温差测量仪的感温探头插于盛水筒中，不能与氧弹或筒壁接触，盖上胶木盖板。

插好控制器电源插头，在数显量热计控制器（图 6-3）上按下"时间"键，设为"1min"，再按下"搅拌"键。待体系温度较稳定后，每隔一分钟读取一次温度并记录；10min 后按下"点火"键，同时将"时间"设为"半分钟"，此时控制器上的点火指示灯亮后熄灭，且温度迅速上升，表示氧弹内样品已燃烧，观察温差测量仪的示数，每隔半分钟读取一次并记录；继续 10min 后，再把"时间"键设为"1min"，每分钟记一次温差测量仪示数，共记 10 次，停止实验。如果按"点火"键 0.5～1min 后温差测量仪示数没有迅速上升，可再次点火，若还不成功，则停止搅拌，关闭电源，取出氧弹放气后检查原因。

关闭控制器电源后，取出温差测量仪的探头，拔出电极点火引线，再用铁钩取出氧弹，然后用扳手打开氧弹排气孔放气，旋开氧弹盖，检查氧弹内是否有炭黑，若没有炭黑，则表示燃烧完全，否则实验失败，重新操作。取下未燃烧的燃烧丝，准确称量。倒出内筒的水，擦干内筒。水当量的测定进行两次。

2. 测定萘的燃烧热

称取约 0.6g 萘，按上述方法进行测定。

五、数据处理和实验结果

（1）将原始数据列表。

（2）用雷诺作图法求出燃烧苯甲酸及萘体系温度的改变值（ΔT）。

（3）用下面公式计算水当量 W_N。

$$-\left(q_V \frac{W}{M_r} + q_V' \Delta m\right) = C_p \left(\frac{W' + W_N}{M_{H_2O}}\right) \Delta T \tag{6-5}$$

式中，q_V 为样品的恒容燃烧热（kJ/mol），苯甲酸 $q_V = -3226.7$kJ/mol；W 为样品的质量（g）；M_r 为样品的摩尔质量；q_V' 为燃烧丝的燃烧值，铜镍合金丝的 $q_V' = -2.992$kJ/g；Δm 为被烧掉的燃烧丝质量；C_p 为水的恒压热容，为 7.538×10^{-2} kJ/(mol·K)；W'为水的质量（g）；ΔT 为体系温度改变值。

（4）由式（6-5）及 W_N 计算萘的 q_V，并计算萘的恒压燃烧热 q_p。

（5）根据直接测定量的精密度，使用误差传递公式求算 W_N 的间接测量标准误差。

六、思考题

（1）为什么实验时要在氧弹中加入几滴水？

（2）若氧气中含有少量氮气，是否会给实验结果引入误差？在燃烧过程中若引入误差，该如何校正？

（3）使用氧气钢瓶应注意什么？

（4）在直接测量中，哪一个量的测定误差对 W_N 和萘的 q_p 的数值影响最大？

七、扩展实验

（1）精密测定中氧气中所含氮气的燃烧值校正。

预先在氧弹中加入 5mL 蒸馏水。燃烧之后，将所生成的稀 HNO_3 溶液倒出，再用少量蒸馏水洗涤氧弹内壁，一并收集到 150mL 锥形瓶中，煮沸片刻，用酚酞作指示剂，以 0.100mol/L NaOH 溶液标定。每毫升碱液相当于 5.98J 的热值，这部分热能应从总的燃烧热中扣除。

（2）可燃液体样品的燃烧热测定。

以药用胶囊作为样品管，并将其用内径比胶囊外径大 0.5～1.0mm 的薄壁软玻璃套套住，装样示意图如图 6-6 所示。胶囊的平均燃烧热应预先标定以便扣除。

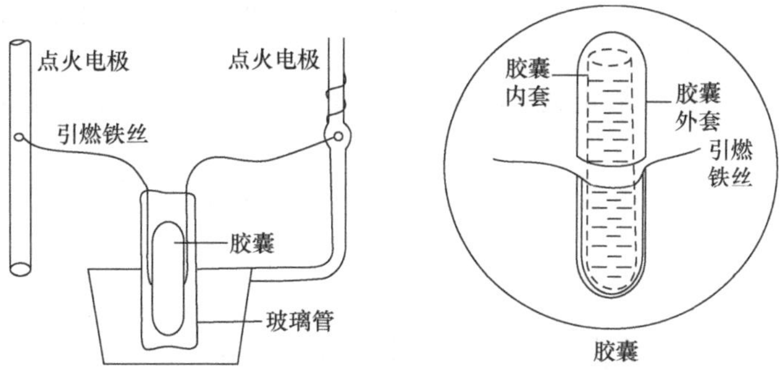

图 6-6　胶囊套玻璃管装样示意图

（3）邻苯二甲酸酐共轭稳定能的测定。

一切化学反应实际上都是分子的原子或原子团的重新排列组合。反应全过程就是旧键拆散和新键形成的过程。所以从本质上说，反应的热效应反映了拆散旧键和形成新键的能量变化。因此，通过测定物质的燃烧热可进一步研究物质的键能并为研究物质的结构提供信息。

本实验用氧弹量热计测定邻苯二甲酸酐、四氢邻苯二甲酸酐及六氢邻苯二甲酸酐的恒容燃烧热，求算邻苯二甲酸酐的共轭稳定能。若按 C—C 和 C═C 结构考虑，四氢邻苯二甲酸酐 $C_8H_8O_3$（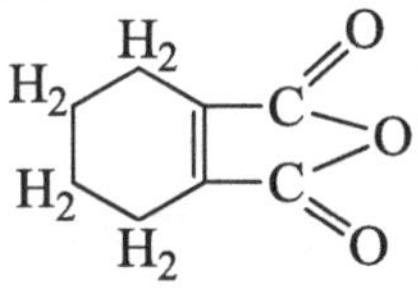）与六氢邻苯二甲酸酐 $C_8H_{10}O_3$（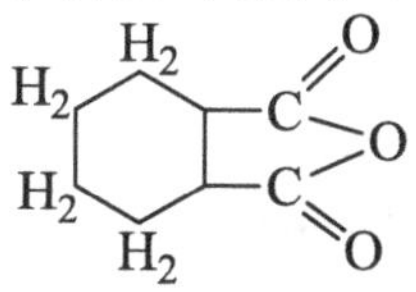）

生成热差值是一个 C═C 键生成热减去一个 C—C 键和两个 C—H 键的生成热。邻苯二甲酸酐 $C_8H_4O_3$（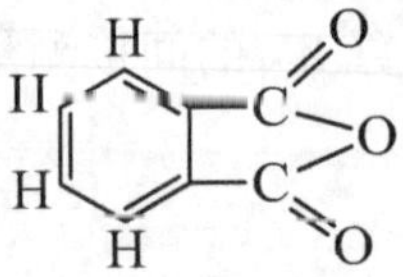）与六氢邻苯二甲酸酐生成热差值应是三个 C—C 键生成热减去三个 C—C 键和六个 C—H 键的生成热。因此邻苯二甲酸酐与六氢邻苯二甲酸酐生成热之差应为四氢邻苯二甲酸酐与六氢邻苯二甲酸酐生成热之差的三倍。实际上，邻苯二甲酸酐与六氢邻苯二甲酸酐生成热之差小于四氢邻苯二甲酸酐与六氢邻苯二甲酸酐生成热之差的三倍。这是由于邻苯二甲酸酐存在共轭稳定能。在一定温度下，邻苯二甲酸酐共轭稳定能 E 由如下公式求算：

$$\begin{aligned}E &= 3(\Delta_f H_{m,六} - \Delta_f H_{m,四}) - (\Delta_f H_{m,六} - \Delta_f H_{m,邻}) \\ &= 2\Delta_f H_{m,六} - 3\Delta_f H_{m,四} + \Delta_f H_{m,邻}\end{aligned}$$

式中，$\Delta_f H_{m,六}$、$\Delta_f H_{m,四}$、$\Delta_f H_{m,邻}$ 分别表示 $C_8H_{10}O_3$、$C_8H_8O_3$、$C_8H_4O_3$ 的生成热。物质的生成热 $\Delta_f H_m$ 可通过实验测定的恒压燃烧热 $\Delta_c H_m$ 求得。测定液体样品的燃烧热一般是将液体装入医用胶囊中进行测定，然后扣除胶囊的燃烧值求出液体样品的燃烧热。

（4）环丙烷羧酸正丁酯 $C_8H_{14}O_2$（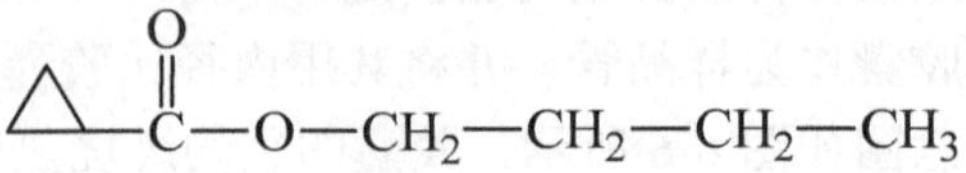）和环己烷羧酸甲酯（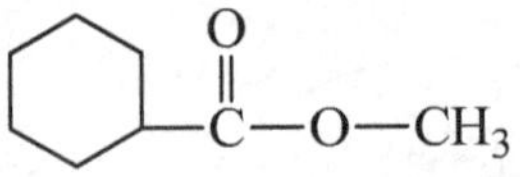）具有相同的组成，它们都具有七个 C—C 键、两个 C═O 键和十四个 C—H 键，通过测定两个物质的燃烧热可求算环丙烷的张力能。

实验 136　凝固点降低法测定物质的相对分子质量

一、实验目的

（1）通过测定萘的环己烷溶液较溶剂环己烷的凝固点降低，计算溶质萘的相对分子质量。

（2）掌握一种凝固点降低值的测定方法——贝克曼法。

（3）学会使用贝克曼温度计。

二、实验原理

不挥发溶质溶于溶剂形成稀溶液，该稀溶液的凝固点（只析出固相纯溶剂）比溶剂的凝固点要低。凝固点降低的数值大小取决于溶液中溶质粒子（分子或离子）的数目，与溶质本性无关。溶液冷却到它的凝固点时，固相中只有纯溶剂，相平衡条件是纯固态溶剂的化学势 $\mu_A^0(s)(T_f, p^\ominus)$ 等于溶液中溶剂的化学势 $\mu_A(l)(T_f, p^\ominus)$。

$$\mu_A^0(s)(T_f, p^\ominus) = \mu_A(l)(T_f, p^\ominus)$$

而

$$\mu_A(l)(T_f, p^\ominus) = \mu_A^0(l)(T_f, p^\ominus) + RT_f \ln(\gamma_A x_A) \tag{6-6}$$

式中，$p^\ominus = 1.01325\times10^5$Pa；$T_f$ 为溶液的凝固点；γ_A 为溶剂的活度系数；x_A 为溶剂的摩尔

分数；R 为摩尔气体常量。

$$\mu_A^0(\text{l})-\mu_A^0(\text{s})=\Delta G_{f,A}=-RT_f\ln(\gamma_A x_A) \tag{6-7}$$

式中，$\Delta G_{f,A}$ 是压力为 p 和温度为 T_f 时，纯溶剂的摩尔熔化吉布斯自由能。

因为

$$\Delta G_{f,A}(T_f)=\Delta H_{f,A}(T_f)-T_f\Delta S_{f,A}(T_f)$$

式中，$\Delta H_{f,A}(T_f)$和$\Delta S_{f,A}(T_f)$分别为固态溶剂 A 在 T_f 时恒温恒压转变成液态溶剂 A 的摩尔熔化焓变和熵变。

令 T_f^0 为纯溶剂 A 的正常沸点，由热力学推导可知

$$\Delta H_{f,A}(T_f)=\Delta H_{f,A}(T_f^0)+\int_{T_f^0}^{T_f}\Delta C_{p,A}\mathrm{d}T$$

$$\Delta S_{f,A}(T_f)=\frac{\Delta H_{f,A}(T_f^0)}{T_f^0}+\int_{T_f^0}^{T_f}\Delta C_{p,A}\frac{\mathrm{d}T}{T}$$

式中，$\Delta C_{p,A}$ 为压力为 $p^{\ominus}$，温度为 T 时，液态溶剂摩尔热容与相同条件下固态溶剂摩尔热容之差。整理得到

$$-RT_f\ln\gamma_A x_A=\Delta H_{f,A}(T_f^0)\left(1-\frac{T_f}{T_f^0}\right)+\int_{T_f^0}^{T_f}\Delta C_{p,A}\left(1-\frac{T_f}{T_f^0}\right)\mathrm{d}T \tag{6-8}$$

若凝固点降低不大，T_f^0 到 T_f 的温度变化很小，则将$\Delta C_{p,A}$ 视作与温度无关，则

$$-\ln\gamma_A x_A=\frac{\Delta H_{f,A}}{RT_f}\cdot\frac{(T_f^0-\mathrm{T_f})}{T_f^0}+\frac{\Delta C_p^A(T_f^0)}{R}\left(\ln\frac{T_f^0}{T_f}-\frac{T_f^0-T_f}{T_f}\right) \tag{6-9}$$

令 $\Delta T_f=T_f^0-T_f$，并且当 $\Delta T_f/T_f^0\ll 1$ 时，有

$$-\ln\gamma_A x_A\approx\frac{\Delta H_{f,A}}{RT_f}\cdot\frac{\Delta T_f}{T_f^0} \tag{6-10}$$

假设溶液是理想溶液，溶液中只有一种溶质 B，B 在溶剂中既不解离也不缔合

$$x_A=1-x_B,\gamma_A=1$$

$$\ln\gamma_A x_A=\ln\gamma_A+\ln x_A=\ln(1-x_B)\approx -x_B$$

$$\Delta T_f=\frac{R(T_f^0)^2}{\Delta H_{f,A}}x_B=\frac{R(T_f^0)^2}{\Delta H_{f,A}}\cdot\frac{n_B}{n_A+n_B} \tag{6-11}$$

式中，n_A、n_B 分别为溶剂与溶质的物质的量。因为 $n_B\ll n_A$，所以

$$\Delta T_f=\frac{R(T_f^0)^2}{\Delta H_{f,A}}\cdot\frac{n_B}{n_A}=\frac{R(T_f^0)^2}{\Delta H_{f,A}}\cdot\frac{M_A}{1000}m_B=K_f\cdot m_B \tag{6-12}$$

式中，m_B 为溶质的质量摩尔浓度；$K_f=\dfrac{R(T_f^0)^2}{\Delta H_{f,A}}\cdot\dfrac{M_A}{1000}$ 称作凝固点降低常数（一些溶剂的 K_f 值列于表 6-1 中）；M_A 是溶剂的相对分子质量。

表 6-1　一些溶剂的凝固点降低常数 K_f

溶剂	T/℃	K_f
水	0.00	1.80
苯	5.63	5.12
乙酸	16.63	3.90
环己烷	6.50	20.2
硝基苯	5.70	6.9
萘	80.25	6.9
三溴甲烷	7.8	14.4
樟脑	178.4	37.7

$$m_B = \frac{W_B}{M_B \cdot W_A} \cdot 1000 \tag{6-13}$$

整理后得到

$$M_B = \frac{K_f \cdot W_B}{\Delta T_f \cdot W_A} \cdot 1000 \tag{6-14}$$

式中，W_A、W_B 分别为溶剂和溶质的质量；M_B 为溶质的相对分子质量。若已知 W_A、W_B、ΔT_f、K_f，利用上式可求出溶质的相对分子质量。

测定溶剂和溶液的凝固点，一般有两种方法。一种方法称为平衡法。在溶剂或溶液与固体溶剂达到平衡时，记录平衡温度，同时测定平衡时的溶液浓度。溶液平衡温度为该测定浓度下的溶液凝固点。另一种方法称为贝克曼法。它是将纯溶剂或溶液慢慢匀速冷却，记录不同时间的液体温度，作温度-时间的冷却曲线，用外推法从曲线上求得溶剂或溶液的凝固点。对于纯溶剂，其温度-时间冷却曲线如图 6-7a 所示。图中凹陷部分是因液相过冷而引起的，*CD* 平行于横坐标，对应的温度为纯溶剂的凝固点。图 6-7b 是溶液的冷却曲线。随着溶剂的析出，溶液凝固点不断下降，因此 *CD* 线不平行于横坐标，*DC* 线的延长线与 *AB* 线的交点 *E* 为溶液的凝固点 T_f。实验过程中应注意，液体过冷程度应尽量小。为了避免深度过冷，可在接近凝固点时加入事先准备好的晶种。上述两种方法测量精度不同，根据实验者的方便加以选择，本实验选用贝克曼法。

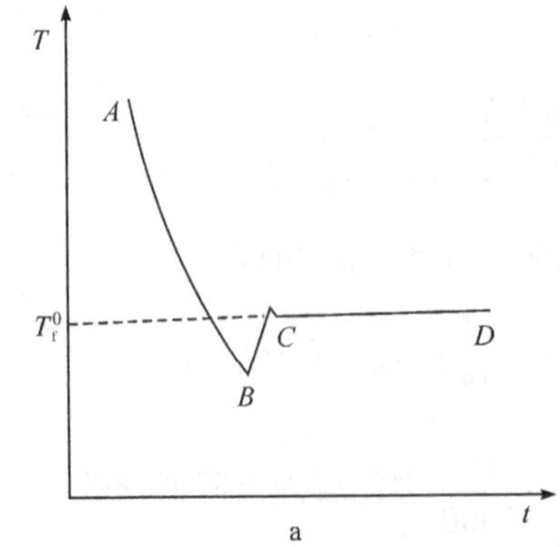

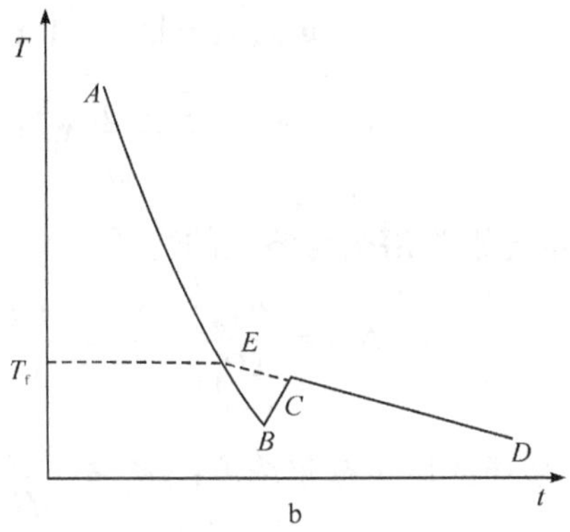

图 6-7　纯溶剂（a）与溶液（b）的冷却曲线

三、仪器与试剂

仪器：SWC-LG 凝固点测量实验装置；普通温度计（0～50℃）；压片机；25mL 移液管；分析天平。

试剂：环己烷（再脱水）；萘；冰。

四、步骤

1. 安装实验装置

在冰水浴槽中装入 2/3 体积的冰和水，控制浴槽温度在 2℃以下。测量管插在空气套管中，打开开关，待温度稳定后按下置零键。用移液管取 25mL 分析纯的环己烷至测量管中。注意冰水液面要高于测量管中的环己烷液面。

2. 晶种制备

将少量环己烷（1mL）放入小烧杯内，然后浸在冰浴中，使环己烷凝结，作为晶种备用。

3. 测定纯溶剂环己烷的凝固点

先测近似凝固点。将测量管直接浸入冰水浴中，快速搅拌。当液温下降几乎停顿时，记下最后稳定的温度值，即是近似凝固点。此操作不必重复。

取出测量管，用手温热，使结晶完全熔化。放入空气套管内，不断搅拌，此时环己烷的温度下降。当温度降至凝固点以上 1℃时，每隔 30s 记录一次温度，直至结晶析出后 5min。在接近凝固点时，加入事先准备好的晶种。重复测定，直到取得三个偏差不超过±0.003℃的数据为止。

4. 测定溶液的凝固点

用分析天平称量约 0.100g 的萘片，放入测量管并搅拌，使萘片全部溶解。同上法先测定溶液的近似凝固点，再精确测定。

五、数据处理和实验结果

（1）用下式计算室温下环己烷的密度 ρ_A：

$$\rho_A = 0.7971 - 0.8879 \times 10^{-3} t$$

式中，t 为室温（℃）。

由环己烷的密度和所用环己烷的体积计算环己烷的质量 W_A。

（2）将原始数据列成表格。

（3）作各次测量的温度-时间冷却曲线，从曲线上求得各次测量的凝固点（T_f^0 和 T_f）。对重复测量得到的凝固点数值取平均值。

（4）用凝固点平均值 $\overline{T_f^0}$ 和 $\overline{T_f}$ 计算萘的相对分子质量 M_B（两个浓度的溶液分别计算）。

（5）计算 M_B 的置信区间λ，写出实验结果。

六、思考题

（1）用凝固点降低法求物质的相对分子质量时，存在哪些系统误差？

（2）若环己烷和萘组成的溶液不作理想稀溶液考虑，如何用凝固点降低法测定环己烷的活度系数？环己烷的ΔH_f=2.63kJ/mol，环己烷的凝固点为6.50℃。

（3）实验中深度过冷对实验结果有什么影响？溶质的量太多或太少对实验结果有什么影响？

（4）搅拌速度不均匀，搅拌速度过快或过慢，对实验结果有什么影响？

（5）实验中如何控制冷却速度均匀？

七、扩展实验

1. 用凝固点降低法测定水的凝固点降低常数K_f

由测定甘糖醇($CH_2(OH)(CHOH)_4CH_2OH$)质量摩尔浓度分别为 4.000×10^{-3}mol/kg、8.000×10^{-3}mol/kg、1.400×10^{-2}mol/kg 时的水溶液的凝固点降低值，求水的K_f。假定甘糖醇水溶液为理想溶液，ΔH_f=6008J/mol。

测定质量摩尔浓度分别为0.3000mol/kg、0.6000mol/kg、0.9009mol/kg的尿素水溶液的凝固点降低值，求水的K_f。

2. 用凝固点降低法测定活度系数

取25mL水、4.2g蔗糖，测定蔗糖及水的活度系数。

实验137　偏摩尔体积的测定

一、实验目的

（1）掌握求二元溶液偏摩尔体积的方法。

（2）加深对偏摩尔体积概念的认识。

（3）学习定温下溶液密度的测定方法。

二、实验原理

恒温恒压下，由A、B各组分的微小变化引起的二组分溶液的某一广度性质，如体积V的变化可以表示为

$$dV=\left(\frac{\partial V}{\partial n_A}\right)_{T,p,n_B}dn_A+\left(\frac{\partial V}{\partial n_B}\right)_{T,p,n_A}dn_B \tag{6-15}$$

令

$$V_A=\left(\frac{\partial V}{\partial n_A}\right)_{T,p,n_B}\qquad V_B=\left(\frac{\partial V}{\partial n_B}\right)_{T,p,n_A} \tag{6-16}$$

则式（6-15）可表示为

$$dV=V_A dn_A+V_B dn_B \tag{6-17}$$

其中，V_A、V_B分别叫做组分A和B的偏摩尔体积。从上式可以看出总体积V与n_A、n_B、T、p有关。当T、p恒定时，式（6-17）两边积分可得

$$V = V_A n_A + V_B n_B \tag{6-18}$$

其中，V_A、V_B 彼此不是相互独立的，V_A 的变化将引起 V_B 的变化，反之亦然。因而难以用此式直接求得 V_A、V_B。本实验用 Q-$\sqrt{m}$ 作图法求二组分体系的偏摩尔体积 V_A、V_B。

式（6-18）可改写为

$$V = n_A V_{mA} + n_B Q \tag{6-19}$$

其中，V_{mA} 为纯 A 的摩尔体积，Q 定义为组分 B 的表观摩尔体积

$$Q = \frac{V - n_A V_{mA}}{n_B}$$

经推导可以得到如下四个关系式

$$Q = \frac{1000}{m\rho\rho_A}(\rho_A - \rho) + \frac{M_B}{\rho} \tag{6-20}$$

$$Q = Q_0 + \sqrt{m}\frac{\partial Q}{\partial\sqrt{m}} \tag{6-21}$$

$$V_A = V_{mA} - \frac{m^2}{55.51}\left(\frac{1}{2\sqrt{m}} \times \frac{\partial Q}{\partial\sqrt{m}}\right) \tag{6-22}$$

$$V_B = Q_0 + \frac{3}{2}\sqrt{m}\left(\frac{\partial Q}{\partial\sqrt{m}}\right) \tag{6-23}$$

式中，ρ 为溶液的密度；ρ_A 为纯组分 A 的密度；m 为溶液的质量摩尔浓度；M_B 为组分 B 的相对分子质量。

在恒定的温度和压力下，通过称量组分 A 和组分 B 的质量，就可以计算出相应溶液的质量摩尔浓度 m，通过称量溶液的质量，可以得到溶液的密度 ρ。纯组分 A 的密度 ρ_A 可以查表得到。通过式（6-20）计算出相应的 Q 值。根据式（6-21）可知，如果用 Q 对 $\sqrt{m}$ 作图则得一直线（图 6-8），从该图中可以得到 Q_0 和 $\frac{\partial Q}{\partial\sqrt{m}}$。知道 Q_0 和 $\frac{\partial Q}{\partial\sqrt{m}}$ 后，根据需要，取不同的 m，通过式（6-22）和式（6-23）可以得到组分 A 和组分 B 在该浓度下的偏摩尔体积 V_A 和 V_B。

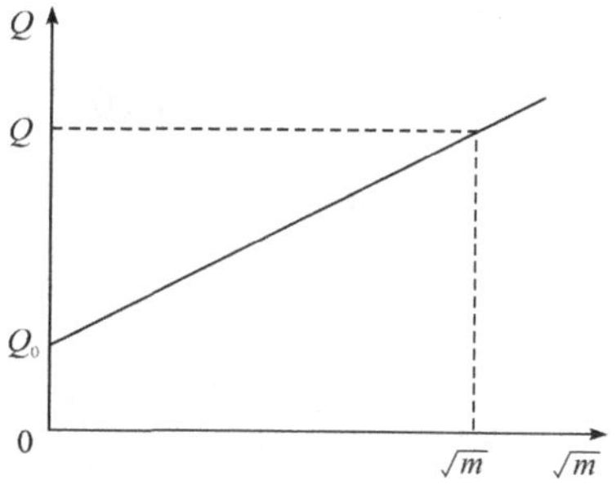

图 6-8 $Q-\sqrt{m}$

三、仪器与试剂

仪器：分析天平；比重瓶；恒温槽；磨口锥形瓶（25mL）；量筒（25mL）；烧杯（100mL）；滴管。

试剂：氯化钠；蒸馏水。

四、步骤

（1）用称量法精确配制质量摩尔浓度分别为约 3、2、1、0.7、0.5mol/L 的 NaCl 水溶液。

（2）用比重瓶法测定 25.0℃时每一种 NaCl 溶液的密度。

五、数据处理和实验结果

（1）列出原始数据。

（2）计算每一溶液的 m 、$\sqrt{m}$ 、ρ 和 Q 。

（3）作 Q-$\sqrt{m}$ 图，由图求 $\frac{\partial Q}{\partial \sqrt{m}}$ 及 Q_0。

（4）计算 25.0℃及实验大气压下，m =0.5000mol/L 和 m =1.000mol/L 时水和 NaCl 的偏摩尔体积。

六、思考题

（1）用比重瓶法测定液体密度，测得精确结果的关键是什么?

（2）用比重瓶法测定液体密度，称量的空比重瓶的质量实际是空瓶加空气的质量，应如何校正空比重瓶称量中包含有空气质量这一误差?

七、扩展实验

（1）求浓度分别为 1.000mo1/kg 和 0.5000mo1/kg 的 $MgSO_4$ 水溶液中 $MgSO_4$ 和水的偏摩尔体积（或碘化钾、乙酸钾、氯化钾水溶液体系）。

（2）求乙醇摩尔分数分别为 0.300 和 0.700 的水溶液中乙醇和水的偏摩尔体积（或水-正丙烷、水-异丙烷、氯仿-丙酮体系）。

实验 138　液体饱和蒸气压的测定

一、实验目的

（1）通过实验加深了解饱和蒸气压的定义及气液两相平衡的概念，掌握纯液体的饱和蒸气压随温度变化的函数关系——克劳修斯-克拉贝龙方程式。

（2）用静态法测定乙醇在不同温度下的饱和蒸气压，初步掌握真空实验技术。

（3）学会用图解法求被测液体在实验温度范围内的平均摩尔气化热与正常沸点。

（4）了解气压计的构造，并掌握其使用方法。

二、实验原理

在一定温度下，纯液体处于平衡状态时的蒸气压力，称为该温度下的饱和蒸气压。蒸发 1mol 液体所需吸收的热量，即为该温度下液体的摩尔气化热。

蒸气压随绝对温度的变化率服从克拉贝龙方程，即

$$\frac{\mathrm{d}p}{\mathrm{d}T}=\frac{\Delta H}{T\Delta V} \tag{6-24}$$

该公式对任何纯物质的两相平衡体系都可使用。式中，ΔH 为相变热；ΔV 为相变时体积的变化值。

对于有气相参加的两相平衡（如液-气、固-气两相平衡），固体和液体的体积与气体相比，前者可以忽略不计，克拉贝龙方程可进一步简化。对于气-液两相平衡而言，若视

气体为理想气体，则

$$\frac{\mathrm{d}p}{\mathrm{d}T}=\frac{\Delta_{\mathrm{vap}}H}{TV(\mathrm{g})}=\frac{\Delta_{\mathrm{vap}}H}{T\left(\dfrac{nRT}{p}\right)} \tag{6-25}$$

当 n=1mol 时，移项后得

$$\frac{\mathrm{d}\ln p}{\mathrm{d}T}=\frac{\Delta_{\mathrm{vap}}H_{\mathrm{m}}}{RT^2} \tag{6-26}$$

上式称为克劳修斯-克拉贝龙方程式，式中，$\Delta_{\mathrm{vap}}H_{\mathrm{m}}$ 为液体的摩尔蒸发热。假定 $\Delta_{\mathrm{vap}}H_{\mathrm{m}}$ 与温度无关，或因温度范围很小，$\Delta_{\mathrm{vap}}H_{\mathrm{m}}$ 可作为常数。积分上式得

$$\ln p=-\frac{\Delta_{\mathrm{vap}}H_{\mathrm{m}}}{RT}+C' \tag{6-27}$$

C'为积分常数。由式（6-27）可知，在一定温度范围内，测定不同温度下的饱和蒸气压，以 $\ln p$-$1/T$ 作图，可得一直线，由该直线的斜率可求得实验温度范围内液体的平均摩尔气化热 $\Delta_{\mathrm{vap}}H_{\mathrm{m}}$。当外压为 101.325kPa 时，液体的蒸气压与外压相等时的温度称为该液体的正常沸点，由图也可求得其正常沸点。

测定饱和蒸气压的方法通常有以下三种：

（1）饱和气流法：在一定温度、压力下，把干燥气体缓慢地通过被测液体，使气流被该液体的蒸气饱和；然后用某物质将气流中该液体的蒸气吸收，知道了一定体积的气流中蒸气的质量，便可计算蒸气分压，这个分压就是该温度下被测液体的饱和蒸气压。此法一般适用于蒸气压比较小的液体。

（2）静态法：把待测物质放在一个封闭体系中，在不同温度下，直接测量饱和蒸气压。此法一般适用于蒸气压比较大的（1×10^5～200×10^5Pa）液体。

（3）动态法：在不同外压下，测定液体的沸点。

本实验采用静态法测定乙醇的饱和蒸气压。该法应用图 6-9 所示平衡管。平衡管是由 3 个相连玻璃管 a、b、c 组成。a 管中储存液体，b 和 c 管中液体在底部连通。当 a、b 管的上部纯粹是待测液体的蒸气，b 管与 c 管的液面在同一水平时，则表示加在 b 管液面上的蒸气压与加在 c 管液面上的外压相等。读取真空系统的压力，即量出 b 管上方的液体蒸气压。在其他温度下重复以上测量，即可测得 $\ln p$-$1/T$ 关系图。

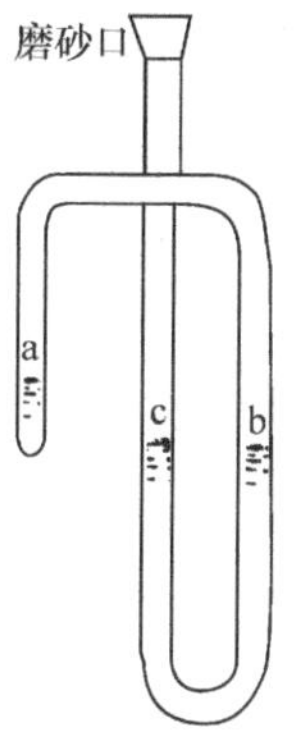

图 6-9　平衡管

三、仪器与试剂

仪器：饱和蒸气压测定装置；温度计（0～100℃，分度为 0.1℃）。

试剂：无水乙醇。

四、步骤

1. 把待测液装入平衡管

在洁净干燥的平衡管中装入适量的样品，并使之倾斜，让 a、b 之间进入一个小气泡，按图 6-10 将平衡管与抽气系统连好。

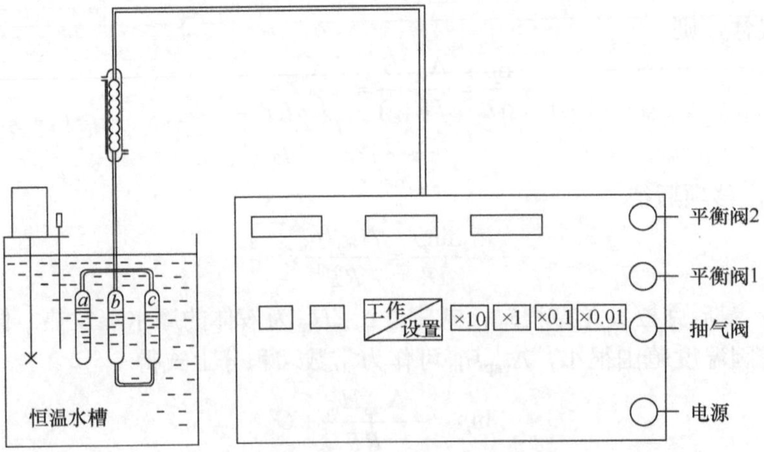

图 6-10　饱和蒸气压测定装置

2. 检漏

接通平衡管上方冷凝管的冷却水，调节恒温槽至所需温度。启动真空泵，关闭平衡阀2，打开平衡阀1及抽气阀，使真空泵与整个系统相通，与大气隔绝；当体系压力减至50kPa时，关闭平衡阀1，使系统与真空泵、大气皆不相通。5min之内，压力计示数无变化，说明不漏气；否则说明漏气，应仔细检查各接口，设法使系统不漏气后，才能进入下一步实验。

3. 不同温度下乙醇饱和蒸气压的测定

测定前须正确读取大气压数据及室温，调节恒温槽温度至所需温度。

当水浴温度达到所设温度时，关闭平衡阀2，打开平衡阀1。开启真空泵，打开抽气阀使体系中的空气被抽出，这时b管液面降低，c管液面升高，同时有气泡从c管逸出；调节平衡阀1，控制气泡逸出速度，逸出速度以使气泡一个一个地逸出为宜；当U形等位计内的乙醇沸腾时（压力计上显示−95kPa左右），关闭平衡阀1，在该温度下恒温2min。然后缓缓打开平衡阀2，放入空气，以调节b、c管中液面平齐（切勿使空气倒灌入b管）。当U形等位计中两臂的液面平齐时关闭平衡阀2，待液柱不再变化时，记下温度值和压力值。重复三次操作，若三次结果均在允许误差范围内，就可进行下一组实验。

由25℃开始，依次升高2℃，测量7～9个温度时的平衡蒸气压。记录大气压及室温。

五、数据处理和实验结果

（1）将所读得的大气压数值进行仪器、温度及重力校正。

（2）由校正后的大气压数值（kPa）和数字压力计读数 $p_{计}$（kPa），由下式计算不同温度下的饱和蒸气压 p：

$$p = p_{大气压}(校) + p_{计}$$

（3）将实验数据列表，并作 p-T 图。

（4）以 $\ln p$-$1/T$ 作图，求直线的斜率，并由斜率计算乙醇的摩尔气化热 $\Delta_{vap}H_m$ 及乙醇的正常沸点。

（5）试导出 $\Delta_{vap}H_m$ 的误差传递表达式，并由此计算 $\Delta_{vap}H_m$ 的标准误差。

六、思考题

（1）为什么测定前必须将平衡管 a、b 段的空气赶净？怎样判断空气已被赶净？

（2）在实验过程中，为什么要防止空气倒灌？为防止空气倒灌，在实验过程中，应注意哪些事项？

（3）为什么要校正气压计所示大气压值？

（4）所用每个测量仪器的精度是多少？估计所得到的 $\Delta_{vap}H_m$ 应该有几位有效数字？

（5）本实验所用的蒸气压测量装置中，各部件的作用是什么？

（6）为什么温度越高则所测得的蒸气压数值与理论值相比越偏低？

七、扩展实验

（1）测量其他纯液体如水、正庚烷、四氯化碳、正丙醇、异丙醇、甲苯、丙酮等的饱和蒸气压。

（2）测量溶质为不挥发或挥发性极小的溶液（如 NaOH、KOH、H_2SO_4 的水溶液）的饱和蒸气压，以及其他各种无机盐类的水溶液的饱和蒸气压。

实验 139　二组分体系的气-液平衡相图的测绘

一、实验目的

本实验是研究一个二组分气-液平衡系统。采用回流冷凝法测定不同浓度的环己烷-异丙醇体系的沸点和气、液两相平衡组成，绘制在 $p^{\ominus}$ 下环己烷-异丙醇双液系的沸点-组成图，并确定体系的最低恒沸点及相应组成。通过实验掌握沸点的测定及测定折射率以确定二组分溶液组成的方法。

二、实验原理

相图：相图就是表达多相体系的状态如何随着温度、压力、浓度等强度性质而变化的几何图形。确定平衡体系的状态所需要的独立的强度变量数称为体系的自由度，用 f 表示。根据相律有

$$自由度=组分数-相数$$

或

$$f = c - \Phi + 2$$

式中，c 表示组分数，Φ 表示相数，这里的 2 是指温度 T 和压力 p 这两个强度因素。

对于二组分体系，$c = 2$，$f=4-\Phi$ 。由于所讨论的体系至少有一个相，所以自由度数最多等于 3。即体系的状态可以由三个独立的变量决定，这三个变量通常采用温度、压力和组成。因此，若要完善地作出二组分体系的状态图，要用具有三个坐标的立体图表示。为了方便起见，往往指定某一变量固定不变，观察另外两个自由度的关系，这样只要用一个平面图就可以表示二组分体系的状态。例如，可指定压力 p 不变，看温度 T 和组成 x

的关系，即 T-x 图；或指定温度 T 不变，看压力 p 和组成 x 间的关系，即 p-x 图等。

二组分体系的相图可以分为很多类型。以物态区分，大致可分为气-液体系、固-液体系及气-固体系三类。

气-液平衡相图：两种液态物质混合而成的二组分体系称为双液系。两个组分若能按任意比例互相溶解，称为完全互溶双液系。液体的沸点是指液体的蒸气压与外界压力相等时的温度。在一定的外压下，纯液体的沸点有其确定值。但双液系的沸点不仅与外压有关，而且还与两种液体的相对含量有关。当体系的压力恒定时，一个完全互溶双液体系的沸点-组成图，表明在气-液两相平衡时，沸点和两相组成间的关系；它对了解这一体系的行为及分馏过程有很大的实用价值。

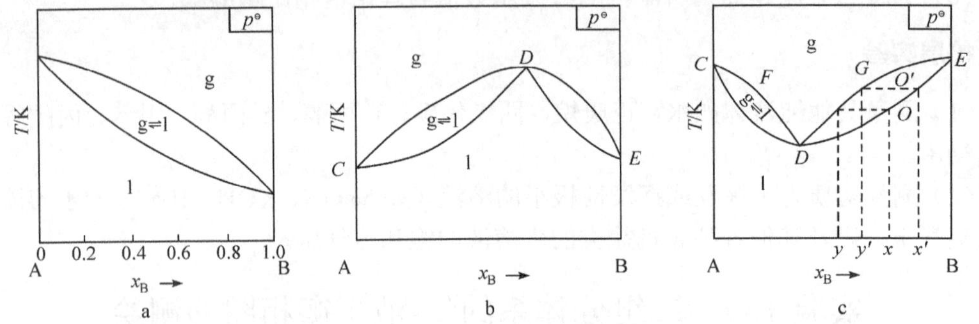

图 6-11　二组分体系气-液平衡相图

在恒压下完全互溶双液系的沸点与组成的关系有下列三种情况：

溶液沸点介于二纯组分沸点之间，如苯与甲苯（图 6-11a）；

溶液有最高恒沸点，如卤化氢和水，丙酮和氯仿，硝酸与水等（图 6-11b）；

溶液有最低恒沸点，如环己烷与乙醇，水与醇等（图 6-11c）。

图 6-11c 表示有最低恒沸点的 T-x 图。本实验中环己烷-异丙醇体系的 T-x 图就如 c 图所示。图中 CDE 代表液相线，$CFDGE$ 代表气相线。两个梭形区为气-液两相平衡区。图中 D 点为极小点，称为最低恒沸点，该点的溶液称为“最低恒沸混合物”。在该点，气、液两相的组成相同。等温的水平线段和气-液相线的交点表示在该温度时互成平衡的两相组成。

绘制 T-x 图的简单原理如下：当总组成为 x 的溶液开始蒸馏时，体系的温度沿虚线上升，当体系温度达到 O 点所对应的温度时，体系开始沸腾，组成为 y 的气相线开始生成。若气相的量极少，x、y 两点即分别代表互成平衡的液、气两相的组成。继续蒸馏，气相量逐渐增多，沸点沿虚线上升，气、液两相的组成分别在气相线和液相线上沿箭头指示方向变化。当温度达到 O'点所指示的温度时，则液相组成和气相组成分别为 x'和 y'，维持两相的量不变，则体系的气、液两相又在此组成达到平衡；此时两相的物质数量，按杠杆规则进行分配。

由相律可知，对二组分体系，当压力恒定时，在气-液两相平衡区域中，自由度等于 1（$f^*=c-\Phi+1=2-2+1=1$），这就说明，若温度恒定，则气、液两相的组成也就确定。当总组成一定时，由杠杆原理知，两相的相对量也一定。反之，在一定的实验装置中，利用回流的方法保持气、液两相的相对量一定，则体系的温度恒定。待两相平衡后，取出两相的样品，用物理方法或用化学方法分析两相的组成，给出在该温度下气、液两相平衡组成的坐标点；改变体系的总组成，再如上找出另一对坐标点。通常，测定一系列不同配比溶液的沸点及气、液两相的组成，得到若干对坐标点后，分别按气相点和液相点连成气相线和液相线，即可绘制气-液两相平衡体系的 T-x 图。压力不同时，双液系的相图略有差异。本实验要求将外压校正到标准压力。

本实验采用如图 6-12 所示的沸点仪。各种沸点仪的具体构造虽各有特点，但其设计思想都集中于如何正确测定沸点、便于取样分析、防止过热及避免分馏等方面。本实验所用沸点仪是一只带有回流冷凝管的长颈圆底烧瓶。冷凝管底部有一半球形小室 E，用以收集冷凝下来的气相样品。电流经变压器和粗导线通过浸于溶液中的电热丝。这样既可减少溶液沸腾时的过热现象，还能防止暴沸。

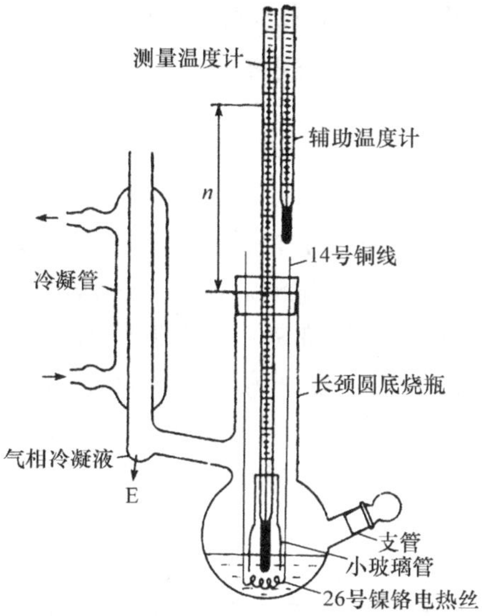

图 6-12　沸点仪

组成分析均采用折射率法。

三、仪器与试剂

仪器：阿贝折光仪；滴瓶；超级恒温槽；长、短滴管；沸点仪；擦镜纸；调压变压器（0.5kVA）；玻璃水银温度计（50～100℃，分度值 0.1℃）；玻璃水银温度计（0～100℃，分度值 1℃）；量筒（10mL, 50mL）。

试剂：环己烷；异丙醇；环己烷体积分数约为 10%、30%、45%、55%、65%、75%、85%、95%的环己烷-异丙醇溶液各 50mL。

四、步骤

1. 安装沸点仪

将干燥的沸点仪按图 6-12 安装好。检查装有温度计的软木塞是否塞紧，且使加热用的电热丝靠近容器底部的中心，测量温度计水银球的位置要高于电热丝 2cm 左右，并使水银球有一半浸在液体中。辅助温度计的水银球在测量温度计外露在空气中的部分的中部位置。

2. 工作曲线的绘制

用称量法分别配制含环己烷 20%、40%、60%、80%的标准环己烷-异丙醇溶液约 5mL。其步骤为：洗净并烘干六个带有磨口塞的小滴瓶，冷却后在分析天平上准确称其质量。先取四个小瓶，用小量筒分别加入 1mL、2mL、3mL、4mL 的环己烷，并称其质量，再依次分别加入 4mL、3mL、2mL、1mL 的异丙醇，盖紧塞子，摇匀，再称量。为避免样品挥发带来的误差，称量应尽可能迅速。各个样品的确切组成可按实际称样结果精确计算。另外两空瓶分别加入纯环己烷与纯异丙醇。

调节超级恒温水浴温度，使阿贝折光仪的温度计读数保持在某一定值，同时测量这些样品的折射率。将所得数据以组成为横坐标，以折射率（n_D^T）为纵坐标作图，即得 n_D^T-组成工作曲线。为适应季节的变化，可选择若干温度进行测定，通常可为 25℃、30℃、35℃等。

3. 测定异丙醇沸点

将约 30mL 的异丙醇自支管加入事先洗净、烘干的沸点仪中，使液面达到温度计水银球的中部。接通冷凝管的冷凝水，打开电源。调压变压器由零开始逐渐加大电压（一般调至 10V 左右），使溶液缓慢加热。溶液沸腾后，再调节电压和冷凝水的流量，使蒸气在冷凝管中回流的高度保持在 2cm 左右。在回流时，冷凝液不断淋洗小球 E 中的液体（也可用长滴管伸入冷凝管中，不断挤入气体，使小球 E 中的液体流入烧瓶），直到测量温度计的读数稳定后再持续 3～5min 以使体系达到平衡。记下测量温度计的读数和辅助温度计读数，并记录大气压力。

取样并测定　切断电源，停止加热。将盛有冷水的 250mL 烧杯套在沸点仪底部使体系冷却（注意：冷却后把烧瓶底部的水擦干净）。用干燥滴管由支管吸取圆底烧瓶内的溶液约 0.5mL，直接滴到折光仪的毛玻璃上进行液相折射率测定。然后用另一支干燥的长滴管自冷凝管口伸入小球 E，吸取全部的冷凝液，直接滴到折光仪的毛玻璃上测定气相折射率。重复三次。当沸点仪内液体冷却后，倒回异丙醇回收瓶内。

4. 测定待测溶液以及环己烷的沸点及折射率

按上述 3 所述步骤逐一测定各待测液的沸点及两相样品的折射率。每组样品测完后，再把样品倒回原样品瓶中，以供其他同学使用。

测定环己烷前，必须将沸点仪洗净并充分干燥。

五、数据处理和实验结果

（1）将测得的标准环己烷-异丙醇溶液的组成和折射率列表，并绘制出 n_D^T-组成工作曲线。

（2）将测得的待测溶液的沸点及气相、液相样品的折射率列表。

（3）沸点温度校正。

①温度露茎校正：在做精密的测量时，需对温度计读数作校正。除了温度计的零点和刻度误差等因素外，还应作露茎校正。这是由玻璃水银温度计未能完全置于被测体系而引起的。根据玻璃与水银膨胀系数的差异，校正值计算公式为

$$\Delta T_{露} = Kn(T_{测} - T_{辅}) \tag{6-28}$$

式中，K=0.00016，是水银对玻璃的相对膨胀系数；$T_{测}$为测量温度计的读数；$T_{辅}$为辅助温度计的读数。应将辅助温度计的水银球置于测量温度计露在空气中的水银柱的中部（图 6-12），才能较准确地反映测量温度计露茎的温度；n 为测量温度计露茎读数差，是以读数表示水银柱露在空气中的长度，即图 6-12 中温度计的观测值与沸点仪塞子处温度计读数之差。经露茎校正后的沸点$T_{露校}$为

$$T_{露校} = T_{测} + \Delta T_{露校} \tag{6-29}$$

$T_{露校}$、$T_{测}$、$T_{辅}$均为热力学温度。

②压力校正：在$p^{\ominus}$下测得的沸点称为正常沸点。通常外界压力并不恰好为 101.325kPa，因此，应对实验测得值作压力校正。校正式（6-30）是从特鲁顿（Trouton）规则及克劳修斯-克拉贝龙（Clausius-Clapeyron）方程推导而得

$$\Delta T_{压} = \frac{T_{露校}}{10} \cdot \frac{\Delta p}{p^{\ominus}} = \frac{(273.15 + t_{测} / ℃)}{10} \cdot \frac{(101325 - p/\text{Pa})}{101325} \tag{6-30}$$

式中，$\Delta T_{压}$为室内大气压对沸点的校正值；p 为实验前后室内大气压平均值（应先进行大气压校正）；$T_{露校}$为经露茎温度校正后的体系的沸点。

经过以上两项校正，得标准压力$p^{\ominus}$下溶液的正常沸点为

$$T_{正常} = T_{露校} + \Delta T_{压} \tag{6-31}$$

（4）根据异丙醇、环己烷的沸点（与文献值比较）判断是否需对温度计零点和刻度作校正。

（5）用内插法从工作曲线图上查出平衡时各待测溶液的气相、液相组成，并将组成及校正后的正常沸点列表。作环己烷-异丙醇的气-液平衡的温度-组成相图，并由图确定最低恒沸点及最低恒沸混合物组成。

六、思考题

（1）沸点仪中的小球 E 体积过大或过小对测量有何影响？

（2）平衡时，气液两相温度是否应该一样？实际是否一样？怎样防止有温度差异？

（3）请用克劳修斯-克拉贝龙方程估算大气压偏高 133Pa 所引起沸点的系统误差是多少？

（4）请用不同温度的折射率数据估算其温度系数。如不恒温，对折射率数据的影响如何？

七、扩展实验

（1）三氯甲烷-丙酮混合物气液平衡相图的测定。同样可以利用折射率法测定混合液

的组成，不同组成的丙酮-三氯甲烷混合物的折射率见表 6-2。

表 6-2 不同摩尔分数下的丙酮-三氯甲烷溶液的折射率

n_D^{25}	M/% $CHCl_3$	n_D^{25}	M/% $CHCl_3$	n_D^{25}	M/% $CHCl_3$	n_D^{25}	M/% $CHCl_3$
1.3562	0.00	1.3780	23.50	1.4000	47.55	1.4220	72.85
1.3570	0.75	1.3790	24.60	1.4010	48.70	1.4230	74.10
1.3580	1.75	1.3800	25.65	1.4020	49.80	1.4240	75.30
1.3590	2.75	1.3810	26.70	1.4030	50.90	1.4250	76.50
1.3600	3.80	1.3820	27.80	1.4040	52.00	1.4260	77.70
1.3610	4.85	1.3830	28.85	1.4050	53.10	1.4270	78.95
1.3620	5.90	1.3840	29.95	1.4060	54.20	1.4280	80.20
1.3630	7.00	1.3850	31.00	1.4070	55.30	1.4290	81.40
1.3640	8.10	1.3860	32.05	1.4080	56.45	1.4300	82.65
1.3650	9.20	1.3870	33.15	1.4090	57.60	1.4310	83.90
1.3660	10.30	1.3880	34.25	1.4100	58.75	1.4320	85.15
1.3670	11.40	1.3890	35.30	1.4110	59.90	1.4330	86.40
1.3680	12.50	1.3900	36.40	1.4120	61.05	1.4340	87.70
1.3690	13.60	1.3910	37.50	1.4130	62.25	1.4350	89.00
1.3700	14.70	1.3920	38.60	1.4140	63.40	1.4360	90.35
1.3710	15.80	1.3930	39.75	1.4150	64.55	1.4370	91.65
1.3720	16.90	1.3940	40.85	1.4160	65.75	1.4380	93.00
1.3730	18.00	1.3950	42.00	1.4170	66.90	1.4410	97.20
1.3740	19.10	1.3960	43.10	1.4180	68.10	1.4431	100.00
1.3750	20.20	1.3970	44.25	1.4190	69.30		
1.3760	21.30	1.3980	45.35	1.4200	70.50		
1.3770	22.40	1.3990	46.45	1.4210	71.70		

（2）测定乙醇-环己烷二元溶液气液平衡相图（对拉乌尔定律有较大的负偏差）。

实验 140 热 分 析

一、实验目的

（1）用热分析法测绘 Sn-Pb 二元金属相图，并掌握应用步冷曲线数据绘制二元体系相图的基本方法。

（2）了解步冷曲线及相图中各曲线所代表的物理意义。

（3）学习并掌握热电偶的使用和校正以及自动平衡记录仪的使用方法。

二、实验原理

相图表示体系在平衡状态下的组成、温度和压力之间的相互关系。根据研究对象和要求的不同，相图测定可采用不同方法。例如，水盐体系可通过测定其溶解度随温度的变化来测定；气-液平衡体系则可利用蒸馏法分别测定气相及液相的组成等。对于合金体系，通常采用热分析法。本实验即为采用热分析法绘制 Sn-Pb 二元金属相图。

二组分体系等压条件下的自由度与相数的关系可表示如下

$$f = c - p + 1$$

f 为体系的自由度；c 和 p 则分别为体系组分数和相数。因固、液两相的摩尔体积相差不大，故固-液相图受压力的影响通常较小。这是其与气-液平衡体系相图的最大差异。

图 6-13 为简单低共熔体系步冷曲线及固-液相图示意图。高温区为均匀的液相区，下面是三个两相共存区，而两个不互溶的固相 A、B 和液相 L 三相平衡共存，则是固-液相图的共同特征。由上式自由度与相数的关系可知，压力确定后，在三相共存的水平线上，体系的自由度为零。在此平衡状态下，体系的温度、物质 A、B 组成和 w_B% 都不可改变。

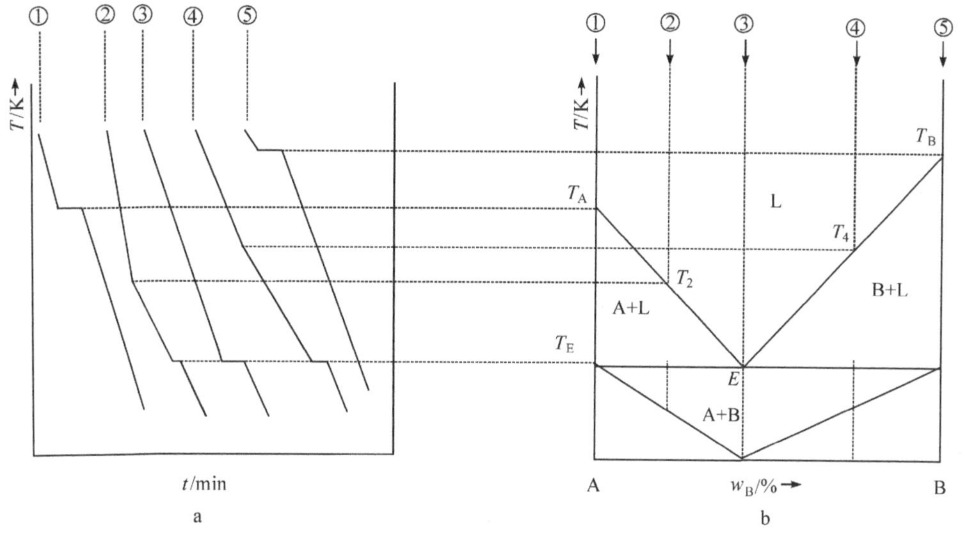

图 6-13　简单低共熔体系步冷曲线（a）及固-液相图（b）示意图

热分析是相图测定中的常见实验技术，即利用步冷曲线的形状确定相图的相界。其概要如下：将一定配比的二组分均匀混合物加热熔融，并使其缓慢冷却，测定其降温过程中体系温度与时间的关系，即为步冷曲线。曲线的转折点对应于某一温度下发生相变的信息。体系的组成和相变点温度作为 T-x 图中的一个点，若干实验点的合理连接则构成相图中的一条线，并构成若干相区。

由图 6-13 的步冷曲线可见，①、⑤分别为 A、B 纯组分的步冷曲线，当温度降至其熔点时，体系温度保持恒定，直至样品完全凝固。故步冷曲线在其熔点温度下出现一平台后，温度再随时间而下降。组成②的步冷曲线特征为：当温度下降至 T_2 时，开始析出 A 纯组分，且液相中 B 含量增加，使其组成向 E 点方向移动，但因 A 析出的热效应使该曲线的斜率明显变小，故在 T_2 处出现转折；当温度降至 T_E 时，液相开始凝固，其步冷曲线出现一平台后，温度再度下降。③组成为低共熔混合物组成，温度降至 T_E 时，开始析出固相，但因是三相共存，体系自由度为零，故步冷曲线与纯组分相同。

为准确确定低共熔混合物组成，常应用塔曼三角法。若不同配比样品 Sn 和 Pb 的总质量相同，且冷却条件相同，则其步冷曲线在 T_E 温度下出现的“平台”长度（即析出低共熔混合物的时间）与所析出的低共熔混合物的质量成正比。在 T_E 线下相应于组成为②、③、④各点作下垂线，使其长短等于相应的步冷曲线上“平台”的长度（或为平台长度的几倍），连接这些垂线的下端得两条直线，两条直线的交点位置即代表低共熔混合物的组成。

Pb-Sn 固液相图如图 6-14 所示。Pb-Sn 体系冷却过程中，析出的固相不是纯 Pb 或纯 Sn，而是固溶体α或β；或α和β在低共熔温度下同时析出。当 Pb 含量低于 e 时，冷却过程中仅析出α相，即使在低共熔点下也无β相析出，即全部 Sn 均熔在 Pb 中成为α相析出。同时，在 Pb 含量大于 e 时也只有β相析出。

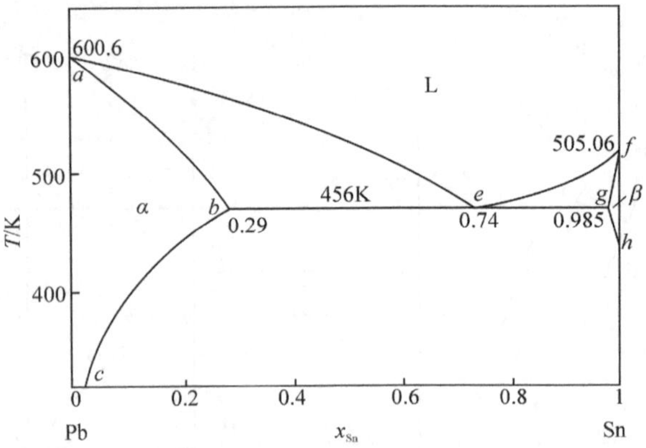

图 6-14 Pb-Sn 固液相图

三、仪器与试剂

仪器：自动平衡记录仪；0.5kVA 调压变压器；镍铬-镍铝热电偶；保温瓶；沸点仪。

试剂：分别装入纯 Pb、纯 Sn 及 Sn-Pb 混合物（Pb 含量分别为 10%、20%、30%、40%、60%和 80%）的样品管炉（样品为化学纯，Sn 与 Pb 总质量为 200g）。

四、步骤

1. 热电偶温度计校正

记录仪是根据输入的温差电动势大小指示热端温度，但常与真实温度存在一定偏差，因此需要进行温度校正。本实验采用大气压下纯水沸点、纯 Sn 和纯 Pb 熔点温度进行校正（以校正温度 100.0℃、231.9℃和 327.3℃为纵坐标，而以实际记录的水沸点、Sn 熔点和

Pb 熔点温度为横坐标所确定的三点连接成直线，即校正曲线）。实验装置如图 6-15 所示，热电偶冷端置于装有冰水混合物的保温瓶中（如记录仪已备有自动冷端补偿，则保持冷端温度较为恒定，且不超过 50℃即可）。

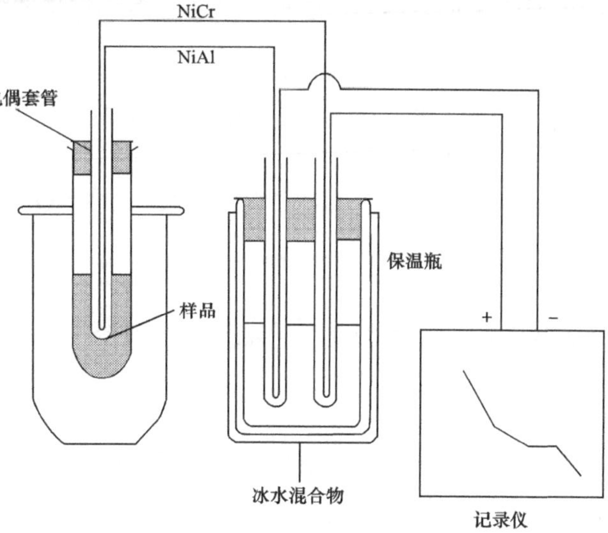

图 6-15　步冷曲线测定装置示意图

2. 测量 Sn-Pb 体系各样品的步冷曲线

因 Sn 在 Pb 中的固溶体（α）和 Pb 在 Sn 中的固溶体（β）的密度不同，熔化后需用热电偶套管将样品搅匀，使其成为均匀液相。然后，把热电偶套管底端置于样品中间（先将套管垂直插入样品管底部，再往上提起 1 cm 左右）。Pb 浓度为 10%～40%的样品，温度可升至 230～250℃，而 Pb 浓度为 60%～80%的样品，温度可升至约 320℃，温度不宜升得过高。测定中，需待低共熔混合物全部析出后，再测定 1～2min，方可停止记录。

五、数据处理和实验结果

（1）在记录纸上标明各步冷曲线的 Pb 的浓度，并剪下记录纸上所绘得的各步冷曲线。

（2）绘出热电偶温度记录仪的温度校正曲线。

（3）由各组成样品步冷曲线的转折点，确定其开始析出固相及α相和β相同时析出的温度，并将各温度校正后列表。

（4）求得各样品步冷曲线上低共熔混合物的析出时间，并按塔曼三角法确定低共熔混合物组成，同时绘出 Sn-Pb 二元体系相图。

六、思考题

（1）Sn-Pb 二元体系中，当 Pb 含量大于 e 小于 g 时（图 6-14），为什么冷却至低共熔温度时，体系温度不随时间变化？这时的液相 L、固相α和β的组成是什么？

（2）实验用各样品的总质量为什么要求相等？若总质量不相等有什么影响？

（3）相图中任何一点的位置由样品温度和组成确定。若该点在两相区内，如何找出该点温度下的液相 L 和α相（或β相）的组成?

（4）样品量和冷却速度对实验有何影响?

（5）热电偶或热电偶温度记录仪在使用前为什么需要作校正曲线?

七、扩展实验

（1）液相互溶，固相不溶二组分体系（如 Bi-Cd、萘-邻苯二甲酸酐、邻二甲苯-间二甲苯、H_2O-$AgNO_3$等）相图的测定。

（2）其他液相完全互溶，固相部分互溶二组分体系（如 KNO_3-$NaNO_3$、Bi-Pb、Cd-Zn 等）相图的测定。

实验 141　三组分体系等温相图的绘制

一、实验目的

（1）学习等温等压下具有一对共轭溶液的三元体系相图的作法。

（2）掌握三角形坐标法的应用。

（3）学习利用折射率法测定浓度的方法。

二、实验原理

三组分体系组分数 c=3，根据相律 $f=c-\Phi+2$，则 $f=5-\Phi$，其中 Φ 为相数，f 为自由度。由上式可看出，当 f=0 时，Φ=5，即在三组分体系中最多可以有五相平衡共存。当 Φ=1 时（最少有一相存在），f=4，在三组分体系中最多可以有四个独立变量（即温度、压力和两个浓度项）。因此，要完整地表示三组分体系的相图，需用四维坐标，这是不可能做到的。对凝聚体系来说，压力对平衡的影响不大，故通常在恒定压力下，f^*=3，就可用立体图形表示不同温度下平衡体系的状态。若温度、压力同时固定，则 f^{**}=2，只要用平面图就可以表示体系的状态。

通常在平面图上用等边三角形表示各组分的浓度，如图 6-16 所示。等边三角形三个顶点分别代表纯组分 A、B 和 C。三角形的三条边 AB、BC、CA 各代表 A 和 B、B 和 C、C 和 A 所组成的二组分体系。三角形中任一点表示三组分体系的组成。例如图 6-16 中的 P 点，其组成可表示如下：经 P 点作平行于三边的直线，并交三边于 a、b、c 三点。若将三边均分成 100 等份，通常是沿着反时针方向在三角形的三边上标出 A、B、C 三个组分的质量分数，则 P 点的 A、B、C 组成分别为

$$A\%=Cb \qquad B\%=Ac \qquad C\%=Ba$$

用等边三角形表示组成，有下列几个特点：

（1）通过任一顶点（图 6-17 中的 A），向其对边引直线 AD，则 AD 线上各点所代表的体系的组成其 B、C 两个组分的含量的比值保持不变。即若在组成为 D 的 B 和 C 的混合液中，逐渐加入 A，则随着 A 的增加，体系总组成点沿 DA 线移动。

（2）如果有一组体系，其组成位于平行于三角形某一边的直线上，则这一组体系所含

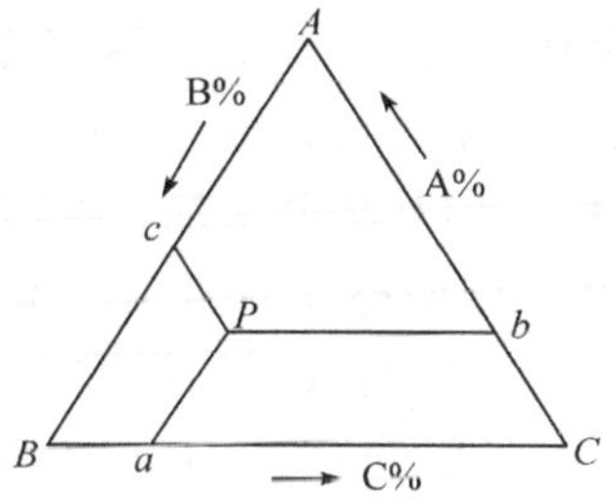

图 6-16　等边三角形法表示三元相图

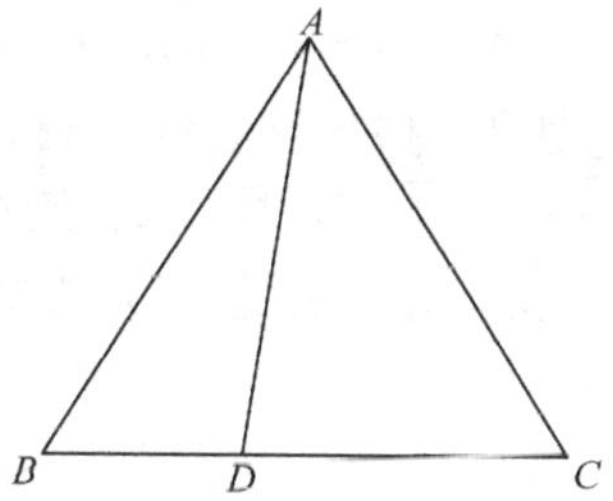

图 6-17　等边三角形坐标的特性图

由顶角所代表的组分的含量都相等。例如图 6-18 中，代表三个不同体系的 *d*、*e*、*f* 三点都位于平行于底边 *BC* 的线上，这些体系中所含 A 的质量分数都相同。

（3）如果有两个三组分体系，其组成点为 *E* 和 *F*（图 6-19），将该两体系混合后，其物系点（*M* 点）必位于 *E*、*F* 两点连线上。物系点（*M*）在线上的位置与 *E*、*F* 两体系的互比量有关，依杠杆规则有

$$\frac{E_{之质量}}{F_{之质量}}=\frac{\overline{FM}}{\overline{EM}}$$

（4）设 S 为三组分液相体系，如果从液相 S 中析出纯组分 A 的晶体（图 6-19），则剩余液相的组成将沿 *AS* 的延长线变化。假定在结晶过程中，液相的浓度变化到 *b* 点，则此时晶体 A 的量与剩余液体量之比等于 *bS* 线段与 *SA* 线段之比（杠杆规则）。反之，倘若在液相 *b* 中加入组分 A，则物系点将沿 *bA* 的连线向接近 *A* 的方向移动。

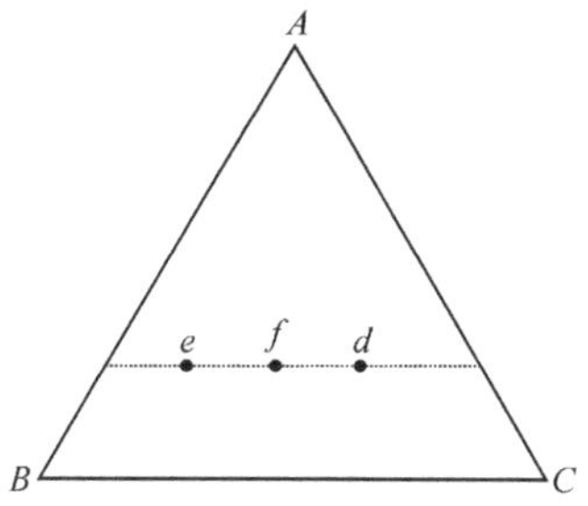

图 6-18　三组分体系组成表示法

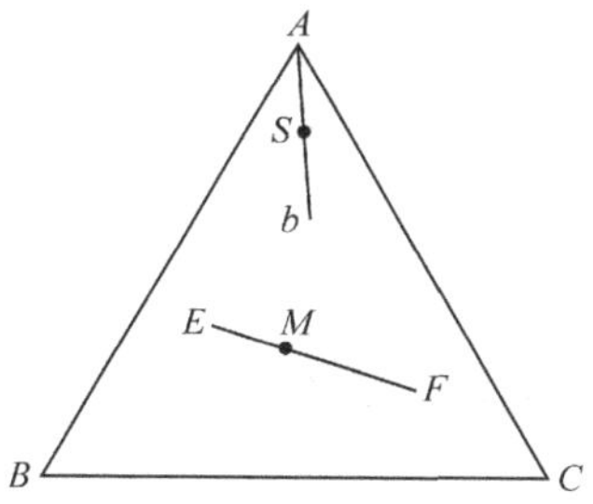

图 6-19　三组分体系的杠杆规则

本实验要绘制在等温、等压下具有一对共轭溶液的三组分体系相图，如乙醇（A）、甲苯（B）和水（C）所形成的体系。其中 A 和 B、A 和 C 均能以任意的比例互溶，但 B 和 C 只能有限度地互溶。如图 6-20 所示，B 和 C 的浓度在 *Ba* 或 *bC* 之间，两者可以完全互溶，组成介于 *a* 和 *b* 之间的体系分为两层，一层是水在甲苯中的饱和溶液（*a* 点），另一层是甲苯在水中的饱和溶液（*b* 点）。这对溶液称为共轭溶液。如果向组成为 *c* 的体系中逐渐加入少许乙醇（A），由于乙醇在两层中并非等量分配，因此代表两层浓

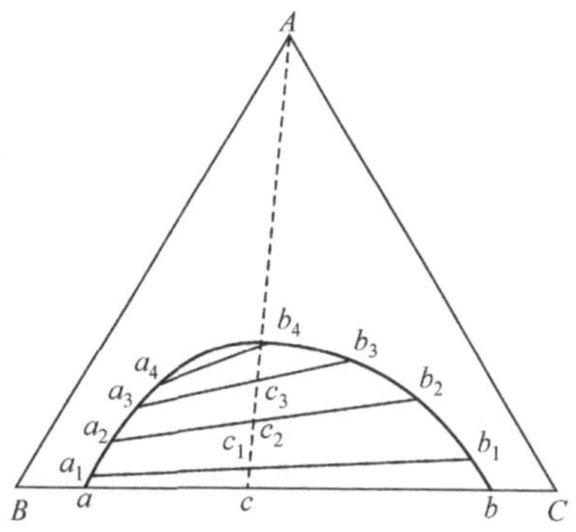

图 6-20　三液体有一对部分互溶的相图

度的各对应的点的连线 a_1b_1，a_2b_2，…等，不一定和底边 BC 平行。这些连线称为连接线。若已知物系点，则可以根据连接线用杠杆规则求得共轭溶液数量的比值，继续加入 A，物系点将沿 cA 线上升。由于乙醇（A）的加入，B 和 C 的互溶度增加。当物系点接近 b_4 时，含甲苯（B）较多的一层（接近 a_4）数量渐减，最后该层将逐渐消失，体系进入帽形区以外的单相区。每向体系加入一次乙醇（A），就测定一次两液层的组成，将所得数据标在图上，可得一条图 6-20 所示的帽形平滑曲线。其左半部分是水（C）在甲苯（B）中的溶解度曲线，右半部分是甲苯（B）在水（C）中的溶解度曲线。帽形线以内区域是两液相共存区，帽形线以外是单一液相区。

为了绘制相图就需通过实验获得平衡时各相的组成及两相的连接线。即先使体系达到平衡，然后把各相分离，再用化学分析法或物理方法测定达成平衡时各相的组成。

制作部分互溶双液系的相图包括描绘出溶解度曲线及连接线。在恒定温度下，当在 A 和 B 组成的双液系中逐滴加入 C（或在 A 和 C 中滴入 B）至体系由澄清（均相）变浑浊（开始形成两相时），由 A、B 和 C 的百分组成，即能得到溶解度曲线上的一点。A 和 B 的组成比例不同，由澄清变浑浊需加入的 C 的量也不同，由此可测得溶解度曲线上的不同点。连接这些点即得溶解度曲线。若在两相区组成范围内（由溶解度曲线可知）配制溶液，则体系出现一对共轭溶液，当体系达到平衡时，将两相分离，并测得一对共轭溶液的组成（根据体系的性质，可采用不同的方法，本实验采用测定折射率的方法），描出此两组成点，然后连接两点为一直线即得连接线。此外应该提醒的是，共轭溶液的组成点势必在溶解度曲线上，且体系总组成及一对共轭溶液的组成，此三组成点成一条直线。

三、仪器与试剂

仪器：阿贝折光仪；磨口锥形瓶（25mL）；移液管（5mL）；滴定管（10mL）；比重瓶；滴管。

试剂：甲苯；乙醇；蒸馏水。

四、步骤

本实验绘制甲苯、乙醇和水的部分互溶三液系相图。

1. 准备

洗净并干燥 18 个 25mL 磨口锥形瓶、3 支 5mL 移液管和 1 支 10mL 滴定管。

2. 连接线的测定

把 8 个磨口锥形瓶编号，依次如表 6-3 加入甲苯、乙醇和水。为防止样品挥发，要注意及时盖好锥形瓶磨口塞。不时摇动各锥形瓶，放置半小时以上，使体系达平衡状态。待体系平衡后，用清洁干燥的滴管分别吸取每个锥形瓶中的上层液（甲苯层）及下层液（水层），并用阿贝折光仪测定它们的折射率。

表 6-3　配制溶液的组成

瓶号	甲苯的体积/mL	水的体积/mL	乙醇的体积/mL
1	2.00	2.00	0.00
2	2.00	2.00	0.20
3	2.00	2.00	0.40
4	2.00	2.00	0.70
5	2.00	2.00	1.50
6	2.00	2.00	2.50
7	2.00	2.00	3.00
8	2.00	2.00	4.00

3. 测定溶解度曲线

把 10 个磨口锥形瓶编号，依次如表 6-4 加入甲苯和乙醇，每个锥形瓶中加入甲苯和乙醇后，摇匀。用滴定管逐滴边摇动边滴入水到甲苯-乙醇混合液中，直到溶液刚显浑浊为止。记下滴入水的体积（mL），用阿贝折光仪测定每一个上述甲苯-乙醇-水混合液的折射率。此操作可与上一项穿插进行。

表 6-4　配制甲苯-乙醇的组成

瓶号	甲苯的体积/mL	乙醇的体积/mL
11	3.00	0.50
12	2.80	0.65
13	2.40	1.00
14	2.00	1.40
15	1.50	1.80
16	1.20	2.00
17	1.00	1.80
18	0.80	2.00
19	0.50	4.00
20	0.30	5.00

4. 密度的测定

用比重瓶测定实验温度下甲苯和乙醇的密度（用蒸馏水作为标准物）。

5. 整理

把全部实验溶液倒入回收瓶中，洗净烘干所用锥形瓶及滴管，并整理好仪器和桌面。

五、数据处理和实验结果

（1）列出作溶解度曲线的实验原始数据及计算数据，包括甲苯、乙醇、水的体积，甲苯、乙醇、水在实验温度下的密度，并由这些数据计算得到甲苯、乙醇、水的质量分数。

按下表列出各组所得的数据：

甲苯			乙醇			水			总质量/g
体积/mL	质量/g	质量分数/%	体积/mL	质量/g	质量分数/%	体积/mL	质量/g	质量分数%	

根据上表列出的甲苯、乙醇、水的质量分数数据，用三角形坐标纸绘出溶解度曲线。

（2）连接线的绘制。

把绘制好溶解度曲线的三角形坐标纸贴在直角坐标纸上，并使三角形的底边与直角坐标纸的横轴重合。直角坐标纸的纵轴表示折射率。由测定溶解度曲线得到的各数据点的折射率数据作出折射率工作曲线。由工作曲线和各对共轭溶液的折射率数据求出各共轭溶液的组成，画出相图中的连接线。

六、思考题

（1）在 1000g 乙醇中应加入多少质量比为 58∶42 的水与甲苯的混合液，才能使物系开始达到浑浊，此时溶液的组成是什么？

（2）为了萃取乙醇，往 1000g 含乙醇 40%、甲苯 60%（质量分数）的溶液中加入 1000g 水，此时物系分为两层。上层的组成为：甲苯 95.7%；水 0.2%；乙醇 4.1%。问能萃取出多少克乙醇？萃取效率（已萃取出的乙醇占乙醇总量的百分数）多大？

七、扩展实验

作出具有一对共轭溶液的甲苯-乙酸-水的三元相图（溶解度曲线及连接线）。

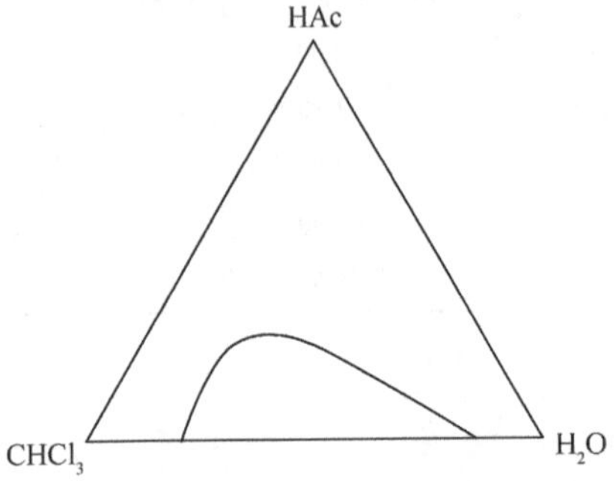

图 6-21　三液系中有一部分互溶时的相图

相变点的测定　可利用在含有不同比例的乙酸和甲苯的混合溶液中慢慢滴入水，滴至终点（由清变浑），记下水的体积。

连接线的测定　可利用已知总组成的两相共轭溶液，分别吸取上层液与下层液样品，并分别称其质量，然后以酚酞为指示剂，用 0.5mol/L 的氢氧化钠滴定乙酸的含量。

在实验室为了避免使用有毒的甲苯，也可采用氯仿-乙酸-水体系（相图如图 6-21 所示）。

实验 142　分解反应平衡常数的测定

一、实验目的

（1）用静态平衡压力的方法测定一定温度下氨基甲酸铵的分解压力，从而计算相应温度下氨基甲酸铵分解反应的平衡常数 $K_p^{\ominus}$。

（2）了解温度对反应平衡常数的影响；计算等压反应热效应$\Delta_r H_m^\ominus$、反应的标准摩尔吉布斯自由能变化$\Delta_r G_m^\ominus$及反应的标准摩尔熵变$\Delta_r S_m^\ominus$。

（3）学习低真空实验技术并熟练恒温槽的变温、控温操作。

二、实验原理

氨基甲酸铵是合成尿素的中间产物，为白色固体，很不稳定，加热易分解：

$$\underset{p_1}{NH_2COONH_4(s)} \rightleftharpoons \underset{p_2}{2NH_3(g)} + \underset{p_3}{CO_2(g)}$$

该反应是可逆的多相反应，若不将分解产物从体系中移走，则反应很容易达到平衡。在压力不大时，气体的逸度系数近似为 1，且纯态固体物质的活度为 1，所以该分解反应的经验平衡常数K'_p为

$$K'_p = \frac{p_2^2 p_3}{p_1}$$

式中，p_1、p_2、p_3分别为NH_2COONH_4、NH_3和CO_2的平衡分压。因一定温度下固体的蒸气压具有定值，即p_1是常数，于是经验平衡常数K_p可表示为

$$K_p = K'_p \cdot p_1 = p_2^2 \cdot p_3 \tag{6-32}$$

又因固体氨基甲酸铵的蒸气压p_1很小，体系的总压可近似等于p_2和p_3之和

$$p_{总} = p_2 + p_3 \tag{6-33}$$

由分解反应的计量方程可知

$$p_2 = 2p_3 \quad 即\ p_2 = \frac{2}{3}p_{总}, p_3 = \frac{1}{3}p_{总}$$

代入式（6-32）有

$$K_p = p_2^2 \cdot p_3 = \left(\frac{2}{3}p_{总}\right)^2 \cdot \left(\frac{1}{3}p_{总}\right) = \frac{4}{27}p_{总}^3 \tag{6-34}$$

以上推导中已假定 $NH_3(g)$和 $CO_2(g)$均符合理想气体行为，即假定气体逸度系数为 1，$f_2=p_2$，$f_3=p_3$。因此由式（6-34）可知，当气体达到平衡后，只要测得其平衡总压（$p_{总}$），即可计算出实验温度下的平衡常数。

对于本实验而言，其标准压力平衡常数$K_p^\ominus$为

$$K_p^\ominus = \left(\frac{p_2}{p^\ominus}\right)^2 \left(\frac{p_3}{p^\ominus}\right) = \left(\frac{\frac{2}{3}p_{总}}{p^\ominus}\right)^2 \left(\frac{\frac{1}{3}p_{总}}{p^\ominus}\right) = \frac{4}{27}\left(\frac{p_{总}}{p^\ominus}\right)^3 \tag{6-35}$$

温度对平衡常数的影响，如下式表示

$$\frac{\mathrm{d}\ln K_p^\ominus}{\mathrm{d}T} = \frac{\Delta_r H_m^\ominus}{RT^2} \tag{6-36}$$

式中，T为热力学温度；$\Delta_r H_m^\ominus$为等压反应热效应，或称作反应的标准摩尔焓变，若温度变化范围不大，$\Delta_r H_m^\ominus$可视为常数。将式（6-36）积分，得

$$\ln K_p^{\ominus} = -\frac{\Delta_r H_m^{\ominus}}{RT} + C \qquad (6\text{-}37)$$

C 为积分常数。若以 $\ln K_p^{\ominus}$ 对 $1/T$ 作图应为一直线（图 6-22），其斜率为 $-\frac{\Delta_r H_m^{\ominus}}{R}$，由此可求得 $\Delta_r H_m^{\ominus}$。

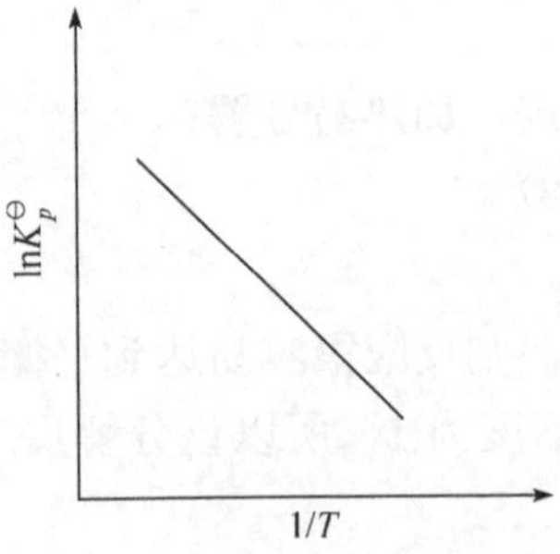

图 6-22　平衡常数与温度的关系

氨基甲酸铵的分解反应是吸热的，反应热效应很大，在 25℃时，该分解反应的等压反应热效应 $\Delta_r H_m^{\ominus}$ 约为 159.0kJ/mol。所以，温度对 $K_p^{\ominus}$ 的影响很大，实验时必须严格控制温度波动小于±0.1℃。数据表明，温度越高，温度波动对分解压测量的影响就越大。

由实验求得某温度下的 $K_p^{\ominus}$ 后，可按下式求得该温度下反应的标准摩尔吉布斯自由能变化 $\Delta_r G_m^{\ominus}(T)$：

$$\Delta_r G_m^{\ominus}(T) = -RT\ln K_p^{\ominus} \qquad (6\text{-}38)$$

在一定温度下，反应的 $\Delta_r G_m^{\ominus}$、$\Delta_r H_m^{\ominus}$ 及 $\Delta_r S_m^{\ominus}$ 间的关系为

$$\Delta_r G_m^{\ominus} = \Delta_r H_m^{\ominus} - T\Delta_r S_m^{\ominus} \text{ 或 } \Delta_r S_m^{\ominus} = \frac{\Delta_r H_m^{\ominus} - \Delta_r G_m^{\ominus}}{T} \qquad (6\text{-}39)$$

利用实验温度范围内反应的平均等压反应热效应 $\Delta_r H_m^{\ominus}(T)$ 和某温度下的标准摩尔吉布斯自由能变化 $\Delta_r G_m^{\ominus}(T)$，可近似求得该温度下的标准摩尔熵变 $\Delta_r S_m^{\ominus}(T)$。

由实验测出一定温度范围内某温度下氨基甲酸铵的分解压力（即平衡总压），可由式（6-35）、式（6-37）、式（6-38）、式（6.39）分别求出平衡常数 $K_p^{\ominus}$、热力学函数 $\Delta_r H_m^{\ominus}$、$\Delta_r G_m^{\ominus}$ 及 $\Delta_r S_m^{\ominus}$。

三、仪器与试剂

仪器：平衡常数测定装置。

试剂：氨基甲酸铵（自制）。

四、步骤

平衡常数测定装置如图 6-23 所示，全部装置分为恒温系统、减压系统和压力测量系统三部分。其中 1 为样品瓶，内装 $NH_2COONH_4(s)$；2 为等压管，内装有蒸气压极小的液体石蜡（或硅油），使样品封闭，以防止氨气扩散至压力计或减压系统。

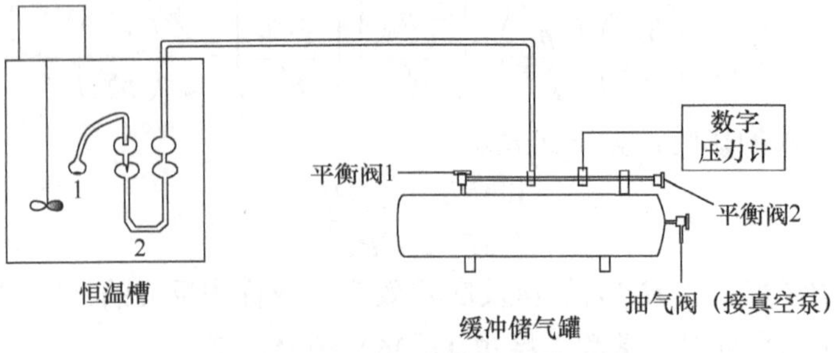

图 6-23　平衡常数测定装置

1. 准备

将恒温槽调节至 30.0℃；打开数字压力计，将单位调为 kPa，按采零键置零。记录室温与大气压数据。

2. 检漏

打开平衡阀 1，关闭平衡阀 2，打开抽气阀，开启真空泵，使数字压力计上显示压差约为 50kPa。关闭平衡阀 1 及抽气阀，观察数字压力计的读数。10min 后，若读数没有变化，说明系统不漏气；否则，说明系统漏气。如果系统漏气，应细致分段检查，寻找漏气部位，设法消除。

3. 测量

打开平衡阀 1，关闭平衡阀 2，打开抽气阀，将系统中的空气排出。约 10min 后（或数字压力计显示与外界大气压压差为−95.0kPa 时），关闭平衡阀 1 及抽气阀，停止抽气。缓慢开启平衡阀 2，小心地将空气逐渐放入系统，直至 U 形管两端液面相平，立即关闭平衡阀 2。观察 U 形管两端液面，反复多次地重复放气操作，直至 5min 内液面齐平不变，即可记录下数字压力计上的读数。

4. 升温

调节恒温槽的温度为 32℃，在升温过程中逐渐从平衡阀 2 缓慢放入空气，使分解的气体不至于通过 U 形管液面鼓泡。恒温 10min。最后至 U 形管两臂液面齐平且保持 5min 不变，即可记录压力计读数。同法测定 34.0℃、36.0℃、38.0℃、40.0℃、42.0℃时的分解压。

5. 复原

实验完毕后，将空气慢慢放入系统，使系统解除真空。关闭压力计及恒温槽电源，记录室温和大气压数值。

五、数据处理和实验结果

（1）将大气压数值（平均值）进行仪器、温度和重力校正。

（2）用实验所测压力计读数 $p_{计}$（kPa）及大气压校正值 $p_{校}$ 求出体系的平衡总压 $p_{总}$。

$$p_{总} = p_{校} + p_{计}$$

（3）以校正后压力 $p_{总}$ 代入式（6-35）计算 $K_p^\ominus$、$\ln K_p^\ominus$。

（4）将以上各数据列表。

（5）以 $\ln K_p^\ominus$ 对 $1/T$ 作图，由斜率求平均等压反应热效应 $\Delta_r H_m^\ominus$。

（6）按式（6-38）计算 35.0℃时的反应标准摩尔吉布斯自由能变化 $\Delta_r G_m^\ominus$ 及反应的标准摩尔熵变 $\Delta_r S_m^\ominus$（35.0℃时的 $\ln K_p^\ominus$ 可由图上获得）。

六、思考题

（1）真空泵在停止工作前为什么要先通大气？

(2)为什么一定要排净样品瓶小球中的空气？若体系中有少量空气对实验有何影响？

(3) $\Delta_r G_m^\ominus(T)$ 及 $\Delta_r S_m^\ominus(T)$ 所指标准状态是什么？求算 $\Delta_r G_m^\ominus$ 时依公式 $\Delta_r G_m^\ominus = -RT\ln K_p$ 对否？为什么？

七、扩展实验

对上述实验在低于室温的五个温度下进行测定。

实验 143　配合物组成和稳定常数的测定

一、实验目的

(1) 学习测定配合物组成和稳定常数的方法。

(2) 熟练掌握分光光度计和酸度计的操作使用。

二、实验原理

溶液重金属离子 M 和配体 L 形成配合物，其反应式为

$$M+nL \Longrightarrow ML_n$$

当达平衡时，其配合物稳定常数 K 和配位平衡时的离子浓度的关系为

$$K=[ML_n]/[M][L]^n \tag{6-40}$$

式中，n 为配位数。

形成配合物时，往往颜色有明显改变，如果金属离子和配体近于无色而配合物颜色显著，则使用分光光度法测定配合物组成和稳定常数是很方便的。根据朗伯-比耳定律

$$D=K'cL \tag{6-41}$$

式中，D 为吸光度；K'为吸收系数，当溶质、溶剂和入射光波长固定时，K'不变；L 为溶液厚度；c 为溶液浓度。使用固定的比色皿测定配合物溶液，则吸光度 D 只和配合物浓度 c 成正比。

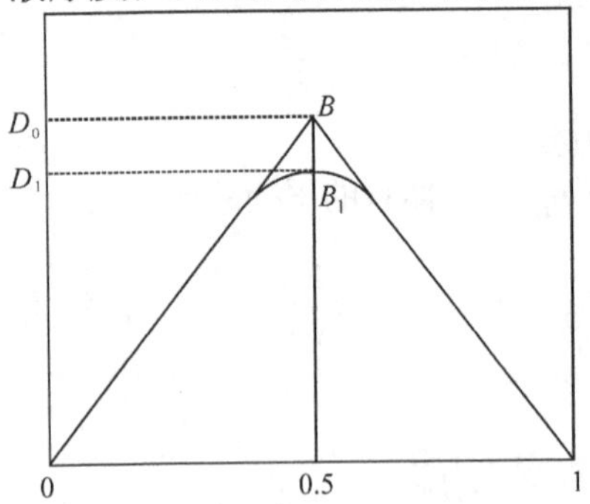

图 6-24　吸光度-溶液组成图

溶液配制可采用等摩尔连续递变法或固定金属离子浓度法，本实验采用前者，即在一系列溶液中金属离子浓度[M]和配体浓度[L]之和不变，但相对量[L]/[M]在连续变化，[L]/([L]+[M])由 0 到 1。选用最大吸收波长 λ_{max} 下的入射光测定一系列溶液，作 D-[L]/([L]+[M])曲线，由最高点对应的[L]和[M]的比例可确定配位数 n（图 6-24）。

若配合物很稳定，曲线有明显极大点 B（对应吸光度为 D_0）；若配合物比较不稳定，部分解离，其极值点可能降至 B_1（对应吸光度为 D_1），此时解离度 α 为

$$\alpha=(D_0-D_1)/D_0 \tag{6-42}$$

设初始金属离子浓度为 A，配位数 n=1，则可得

$$K=(1-\alpha)/A\alpha^2=D_0D_1/A(D_0-D_1)^2 \quad (6\text{-}43)$$

测得吸光度-组成曲线，沿曲线两侧作切线，其相交点即 B，则稳定常数可求。

三、仪器与试剂

仪器：分光光度计；酸度计；分析天平；容量瓶（250mL，50mL）；烧杯（100mL, 250mL, 800mL）；移液管（10mL, 5mL）。

试剂：磺基水杨酸；硫酸高铁铵；H_2SO_4 溶液（4mol/L）。

四、步骤

（1）配制 pH 为 2.1 的 H_2SO_4 溶液。

（2）以 pH 为 2.1 的 H_2SO_4 作为溶剂，分别配制 0.0050mol/L 的硫酸高铁铵溶液和磺基水杨酸溶液各 250mL。

（3）按下表配制溶液：

溶液编号	1	2	3	4	5	6	7	8	9	10	11
硫酸高铁铵的体积/mL	0	1.00	2.00	3.00	4.00	5.00	6.00	7.00	8.00	9.00	10.00
磺基水杨酸的体积/mL	10.00	9.00	8.00	7.00	6.00	5.00	4.00	3.00	2.00	1.00	0

然后加入 pH 为 2.1 的 H_2SO_4 溶液稀释至 50mL。

（4）选取 6 号溶液测定不同波长下的 D，作 D-λ 曲线，从曲线上找出最大吸收波长 λ_{max}。

（5）在 λ_{max} 下测各样品的吸光度。

五、数据处理和实验结果

（1）作 D-λ 曲线，确定 λ_{max}。

（2）作 D-[L]/[M]+[L]图，确定配合物组成 n，并计算稳定常数 K。

（3）利用 $\Delta G=-RT\ln K$ 计算该配合物反应的标准吉布斯自由能的变化。

六、思考题

（1）为什么要控制溶液的 pH？

（2）如果在 λ_{max} 下，金属离子和配位体系吸光度不为 0，如何作数据校正处理？

七、扩展实验

在 pH=2.1 的条件下，固定金属离子浓度，变化配体浓度，配制一系列溶液，测吸光度-组成曲线，求配位数 n 和稳定常数 K。

实验 144　电解质离子迁移数的测定

一、实验目的

用希托夫（Hittorf）法测定 $CuSO_4$ 溶液中 Cu^{2+}和 SO_4^{2-} 的迁移数。

二、实验原理

当电流通过电解质溶液时，阳离子和阴离子并非等量地参与溶液中电流的传导。这是各种离子与溶剂相互作用的不同，造成在外电场作用下离子运动速度不同的缘故。研究不同情况下离子的迁移数，对于研究溶液中是否有配合离子的形成、生物化学反应过程、自发电池的性质等方面具有重要的意义。

一种离子的迁移数 t_i 的定义为被该种离子所输送的电量占输送的总电量的百分数，即 $t_i=Q_i/Q$。Q_i 为被该种离子输送的电量；Q 为通过电解池的总电量。在指定的浓度下，强电解质具有确定的导电离子数，迁移数可以严格地测定。对于弱电解质或生成配合离子的溶液，必须考虑过程中离子总数的改变，而不能只考虑电极上发生的变化。例如，以弱电解质来说，一种离子在阴极上析出时，该离子浓度的局部减少将被弱电解质进一步解离所产生的离子所抵消，正是由于这些情况，弱电解质离子的迁移数不可能准确地测定。

本实验采用希托夫法测定强电解质离子的迁移数。如果把强电解质溶液装入迁移数测定仪，并使两极间溶液相连通，当外加电压大于两极间电压时即有电流通过。测定仪与电源“+”极相连的为阳极；与电源“−”极相连的为阴极。这时溶液中负离子向阳极迁移，正离子向阴极迁移。由于电极反应，在阳极区负离子的浓度要减少，而在阴极区正离子的浓度要减少。例如，若阴极和阳极都用铜制作，电解液为 $CuSO_4$ 溶液，当电流通过时，Cu^{2+}向阴极迁移而SO_4^{2-}则向阳极迁移。如图 6-25 所示，可以设想把电解液分成三个区域：①阳极区；②中间区；③阴极区。电解时阳极 Cu 溶解成 Cu^{2+}进入阳极区；同时又有 Cu^{2+}穿过界面离开阳极区。如果电量计测出有 nF 电量通过电解池，那么阳极上就有 $n/2$mol Cu 变成 Cu^{2+}进入阳极区。若以 t_+表示 Cu^{2+}的迁移数，则同时有 $1/2nt_+$mol 的 Cu^{2+}由阳极区穿过界面进入中间区。这两个过程使阳极区 Cu^{2+}的净增值为

$$\Delta n_{A,Cu^{2+}}=\frac{1}{2}n-\frac{1}{2}nt_+ \tag{6-44}$$

式中，$n_{A,Cu^{2+}}$ 为阳极区 Cu^{2+}的物质的量，下标 A 表示阳极区。因正、负离子迁移数之和为 1，即

$$t_++t_-=1 \tag{6-45}$$

这里 t_-为SO_4^{2-}的迁移数。将式（6-45）代入式（6-44）可得

$$\Delta n_{A,Cu^{2+}}=\frac{1}{2}nt_- \tag{6-46}$$

同时阳极区内有SO_4^{2-}的迁入，有

$$\frac{1}{2}nt_-=\Delta n_{A,SO_4^{2-}} \tag{6-47}$$

从而

$$\Delta n_{A,Cu^{2+}}=\Delta n_{A,SO_4^{2-}}$$

即在阳极区正离子物质的量的改变量恒等于负离子物质的量的改变量。

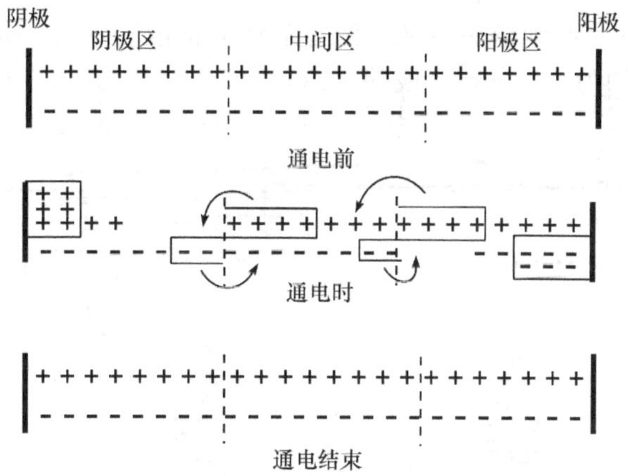

图 6-25　离子迁移过程示意图

中间区，正、负离子净的迁移结果，使在此区域内正、负离子的物质的量不发生改变。

在阴极区，Cu^{2+}在阴极区上电沉积，中间区的 Cu^{2+}穿过界面进入阳极区；SO_4^{2-} 则离开阴极区向阳极迁移（穿过界面向右方移动）。由以上相同的原理，可得到

$$\Delta n_{C,Cu^{2+}} = -\frac{1}{2}n + \frac{1}{2}nt_+ = \frac{1}{2}n(t_+ - 1) \qquad (6\text{-}48)$$

或　$$\Delta n_{C,Cu^{2+}} = -\frac{1}{2}nt_- \qquad (6\text{-}49)$$

而　$$\Delta n_{C,SO_4^{2-}} = -\frac{1}{2}nt_-$$

所以　$$\Delta n_{C,Cu^{2+}} = \Delta n_{C,SO_4^{2-}} \qquad (6\text{-}50)$$

若由实验测得 $\Delta n_{C,Cu^{2+}}$、$\Delta n_{A,Cu^{2+}}$，则 t_+、t_-可求得。式中下标“C”表示阴极区。上述 $CuSO_4$ 的例子，同样适用于其他任何强电解质溶液。

铜电量计如图 6-26 所示，它利用一个带孔玻璃磨砂活塞，把阴极室和阳极室隔开，目的是使阴极室和阳极室溶液不相混合。磨砂活塞内为阴极室；活塞外部为阳极室。当装入电解质（0.25mol/L Na_2SO_4+0.05mol/L H_2SO_4）后，两极间电阻大小可由调节两小孔间距离来改变；为了防止阳极室生成 Cu^{2+}扩散至阴极室，最好将活塞关闭（即利用转动活塞内管将两小孔错开）。通过电流时，电量计的阳极 Cu 即以 Cu^{2+}形式溶入阳极室。假如有 2mol 电子通过电量计，则阳极有 1mol Cu^{2+}转入溶液。实验时为了测定通过迁移数测定仪的总电量，就必须分析通电结束后阳极区 Cu^{2+}浓度。

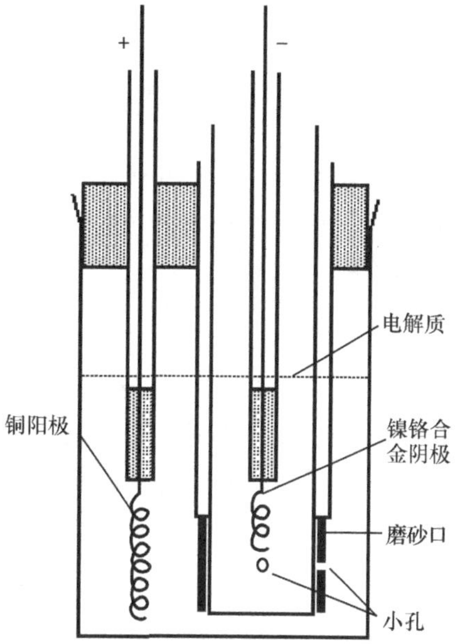

图 6-26　铜电量计

迁移数测定仪如图 6-27 所示。迁移数测定仪分阳极区、中间区和阴极区。电解过程

中和电解停止后，都应小心地避免各区之间电解液的扩散和混合。所用阳极和阴极由铜片制成。阴极与阳极面积为 1～2cm^2。玻璃管内封接铜线，以固定电极位置和连接导线。

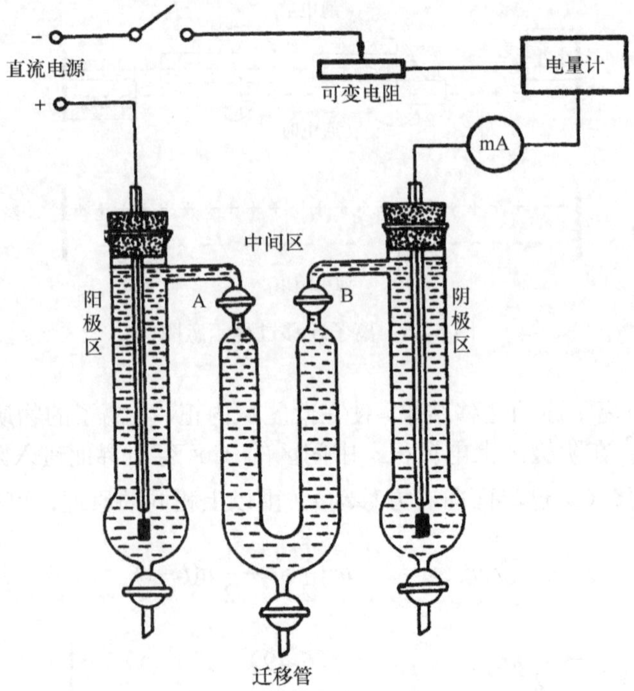

图 6-27　迁移数测定仪

本实验中，测定电量计中 Cu^{2+}，以及迁移数测定仪中三个区域的 Cu^{2+}的量采用化学分析法。分别把过量的 KI 加入实验终了的各溶液中。由于 I^-与 Cu^{2+}发生以下反应而游离出 I_2：

$$4I^- + 2Cu^{2+} \longrightarrow 2CuI + I_2$$

如果加入过量 KI，这一反应趋于完全。待 KI 溶解后，向溶液中加入乙酸稳定剂，然后用标准 $Na_2S_2O_3$ 溶液滴定 I_2，直到溶液呈浅黄色，加入淀粉溶液，继续滴定至蓝色消失为终点。由于很容易滴过终点，所以滴定时一定要慢，并需充分混合。由已知 $Na_2S_2O_3$ 浓度及其耗用的体积，结合计量方程

$$I_2 + 2S_2O_3^{2-} \longrightarrow S_4O_6^{2-} + 2I^-$$

进行计算，就能确定每个样品中 Cu^{2+}的物质的量。并对迁移数测定仪中使用的原样品溶液进行上述滴定，则由通电前后测定差值，即可测定 $\Delta n_{C,Cu^{2+}}$ 或 $\Delta n_{A,Cu^{2+}}$。由滴定电量计阳极区样品溶液，即可确定通过的总电量（法拉第数），从而求得 t_+和 t_-。

三、仪器与试剂

仪器：直流稳压电源（45V）；毫安表（0～50mA）；滑线电阻（500Ω）；迁移数测定

仪；铜电量计；锥形瓶（250mL）；量筒（10mL）；滴定管（50mL）。

试剂：HAc 溶液（0.01mol/L）；Na_2SO_4 溶液（0.25mol/L）；H_2SO_4 溶液（0.05mol/L）；$Na_2S_2O_3$ 溶液（0.02mol/L，标准溶液）；淀粉溶液；$CuSO_4$ 溶液（0.05mol/L）；分析 $Na_2S_2O_3$ 用的 KIO_4 或 $K_2Cr_2O_7$ 标准溶液；固体 KI。

四、步骤

配制溶液：①迁移数测定仪溶液，0.05mol/L $CuSO_4$ 溶液；②电量计溶液，0.25mol/L Na_2SO_4+ 0.05mol/L H_2SO_4 溶液；③稳定液，0.01mol/L HAc 溶液。

滴定每个样品约需稳定液 10mL、固体 KI 4g 和淀粉溶液 5mL。淀粉溶液的制备方法如下：先把 1g 可溶性淀粉加少许冷水调成糊状，然后缓缓地把它加到 100mL 沸腾蒸馏水中，把所得溶液煮沸 2min 后，冷却备用。所用 $Na_2S_2O_3$ 溶液约 0.02mol/L，需预先标定。标定基准物可用 KIO_4 或 $K_2Cr_2O_7$，按定量分析教科书中所述方法进行。

测定迁移数的操作步骤如下：

（1）按图 6-27 装好迁移数测定装置。检查线路无误后接通电源，以 2mA 电流通电 2h 以上，停止通电后取出样品，置于预先称量过的锥形瓶内。

（2）在上述实验进行的同时，准备好滴定仪器，并滴定两份已知质量（约 30g）的 $CuSO_4$ 溶液。步骤如下：①称出其中一份样品的质量；②加入 4g 固体 KI；③KI 溶解后，加入 10mL HAc 溶液；④用 $Na_2S_2O_3$ 滴定，直至溶液呈浅黄色；⑤加入 5mL 淀粉溶液；⑥在充分摇动下慢慢滴定，至蓝色消失，即终点；⑦记录所耗 $Na_2S_2O_3$ 溶液体积。

用第二个样品重复测定一次。两次测定结果不能相差 1%（如不合此要求，需找出原因重新滴定）。

（3）步骤（1）完毕后，把阳极区、阴极区和中间区的溶液取出，分别置于三个称量过的锥形瓶内，与溶液一起再称量。按步骤（2）滴定每个样品。

（4）取出电量计中阳极区溶液并置于锥形瓶中，滴定。

五、数据处理和实验结果

计算每一组实验数据中每克溶液所含 Cu^{2+}的物质的量，对储备液和对迁移数测定仪中间区的溶液来说，这一计算结果应相同。如果不相同，就需要对迁移数数据进行校核。

利用电量计的测定值、阳极和阴极溶液的已知质量以及上面分析所得数据，计算 $\Delta n_{C,Cu^{2+}}$ 和 $\Delta n_{A,Cu^{2+}}$ 。

利用式（6-45）和式（6-46）计算 t_-和 t_+。用阴极区数据重复计算一次。若有必要，对中间区变化作出校正。

六、思考题

（1）分析同一族金属阳离子迁移数不同的原因，除了 H^+、OH^-以外，为什么通常阳离子的迁移数比阴离子的迁移数小？

（2）如何测量 H^+和 OH^-的迁移数？

（3）在 $CuSO_4$ 溶液中加入 NH_3 后，离子的迁移数将会发生什么变化？

七、扩展实验

（1）采用两 Ag 电极电解 0.1mol/L $AgNO_3$ 溶液的方法来测定 Ag^+ 和 NO_3^- 的迁移数。

（2）采用两 Pt 电极电解 0.025mol/L H_2SO_4 溶液的方法来测定 H^+ 和 SO_4^{2-} 的迁移数。

用酸碱滴定的方法测定阳极区 H^+ 的变化。这时

$$\Delta n_{A,H^+}=n-nt_+$$

$$\Delta n_{A,H^+}=nt_-$$

当阳极室通过 nF 电量时，根据

$$2H_2O=\!=\!=O_2+4H^++4e$$

生成 $n$mol H^+。因此，由分析阳极区 H^+ 的净增值，即可求得 SO_4^{2-} 的迁移数 t_-。然后由 $t_++t_-=1$，可求得 H^+ 的迁移数 t_+。

同样根据阴极室

$$2H^++2e=\!=\!=H_2$$

$$\Delta n_{C,H^+}=nt_+-n=-nt_-$$

可求得 SO_4^{2-} 的迁移数 t_- 和 H^+ 的迁移数 t_+。

实验 145　电解质溶液电导的测定

一、实验目的

（1）掌握利用电桥测定电解质溶液电导的方法。

（2）通过几种不同浓度强电解质溶液的摩尔电导率测定，用外推法求每种强电解质在无限稀释时的摩尔电导率。

（3）了解溶液浓度、电解质离子性质等对溶液中离子导电行为的影响。

（4）掌握用电导法测定弱电解质解离常数和难溶盐溶解度的基本原理和方法。

二、实验原理

电解质溶液电导的测量是研究的重要手段之一，一般通过测量电解质溶液的电阻实现。在金属中电流是靠电子输送的，而在电解质溶液中电流是靠溶于溶剂中的正、负离子输送的。溶液的导电能力仍近似地可用欧姆定律来描述：

$$I=\frac{E}{R} \tag{6-51}$$

式中，I 为通过溶液的电流（A）；R 为溶液的电阻（Ω）；E 是两极间溶液两端的电位差（V）。由于测量溶液电阻时通常必须在溶液中插入两电极，两电极上必然产生电解与极化现象。在阳极上进行氧化反应，阴极上进行还原反应，这时两极间的电压类似于一个电解槽的电压，即

$$V=IR+\varphi_A-\varphi_C \tag{6-52}$$

式中，I 为通过的电流（A）；R 为两极间溶液电阻（Ω）；φ_A 为阳极的电极电位（V）；φ_C 为

阴极的电极电位（V）。当两电极上极化现象越严重或通过电流越大时，$\varphi_A-\varphi_C$的值越大。为了避免这一误差，通常是采用频率较高的（如 1000Hz）交流电源使正、负极快速交替变化，并在电极上镀铂黑以增加电极表面积，防止两极上产生极化现象。这时电极上没有净的电化学反应，使两极几乎都处于该溶液中氢电极的平衡电位或可逆性更好的某一反应的平衡电位。这时 $\varphi_A-\varphi_C=0$，因此两极间电压为

$$V=IR \tag{6-53}$$

因此在此情况下就与通常测量电子导体的电阻相类似，即

$$R=\rho\frac{L}{S}或\frac{L}{S}=\kappa R=K_{cell} \tag{6-54}$$

式中，κ 为电导率（S/m），即为电阻 ρ 的倒数；L 为电导池两极间平均距离（m）；S 为两极的平均面积（m^2）。由于同一电导池 L/A 的值是固定的，故称其为电导池常数 K_{cell}（m^{-1}）。

在测定前为了求得电导池常数 K_{cell}，通常用已知 κ 的电解质溶液（如 0.02mol/L 的 KCl 溶液），通过测定电阻值来求得。这样其他未知 κ 的溶液，可以通过测定电阻值，根据式（6-54）计算出溶液的电导率 κ。然后根据下式

$$\Lambda_m=\kappa/C \tag{6-55}$$

即可计算出所测溶液的摩尔电导率 Λ_m（$S\cdot m^2/mol$）。式中，C（mol/m^3）为每立方米溶液中含电解质的物质的量。强电解质的稀溶液遵从 Kohlrausch 平方根定律

$$\Lambda_m=\Lambda_0-A\sqrt{c} \tag{6-56}$$

式中，Λ_0 为无限稀释时的摩尔电导率，A 为经验常数。

对于弱电解质溶液无法用式（6-56）得到无限稀释时摩尔电导率 Λ_0，但可根据 Kohlrausch 离子独立移动定律的原理，根据相应的强电解质溶液无限稀释时的摩尔电导率算得。如乙酸（HAc）溶液

$$\Lambda_0(HAc)=\Lambda_0(HCl)+\Lambda_0(NaAc)-\Lambda_0(NaCl) \tag{6-57}$$

在弱电解质 HAc 的水溶液中，其电离平衡常数 K_c 与浓度 c 和电离度 α 有如下关系式

$$K_c=\frac{c\alpha^2}{1-\alpha} \tag{6-58}$$

而对弱电解质溶液又有 $\alpha\approx\Lambda_m/\Lambda_0$，代入式（6-58）得

$$K_c=\frac{c\Lambda_m^2}{\Lambda_0(\Lambda_0-\Lambda_m)} \tag{6-59}$$

有关研究溶液电导性质的实验，其基本的测量是在不同条件下溶液电阻的测量。本实验采用电桥法测定电解质溶液的电阻，线路如图 6-28 所示。当调节至电桥平衡时，电导池内溶液电阻为

$$R_x=\frac{R_2}{R_1}R_3 \tag{6-60}$$

操作中，R_2/R_1 可以 0.1、1.0、10.0、100.0 等 10 的幂改变，而 R_3 则可连续地改变。以示波器作为检查电桥是否平衡的检测器。测量时根据测量电阻的大小，选择合适的 R_2/R_1 比值，调节 R_3 使示波器所显示的信号的垂直振幅最小时，表示电桥已达到平衡。可变电阻 R_3 应经校准，可变范围为 0.1～100000Ω。

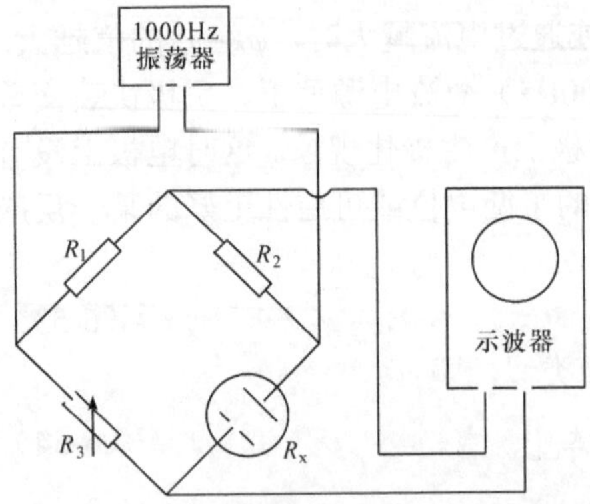

图 6-28　测定电解质溶液电导的装置示意图

三、仪器与试剂

仪器：音频信号发生器；示波器；精密电阻箱（0.01×10～1000×10Ω，0.1×10～10000×10Ω）；恒温槽；电导池（电导电极）；电导管（50mL）；电导瓶（150mL）；滴定管（50mL）；移液管（5mL）。

试剂：KCl 溶液（0.02000mol/L）；HCl 溶液（0.05000mol/L）；NaAc 溶液（0.05000mol/L）；NaCl 溶液（0.05000mol/L）；HAc 溶液（0.05000mol/L）；蒸馏水。

四、步骤

（1）按图 6-28 连接好测量线路，并控制恒温槽温度在 25.0℃。

（2）用 0.02000mol/L KCl 溶液在 50mL 电导管中测定所用电导池的电导池常数 K_{cell}。

（3）测定 25.0℃时，4 种电解质溶液（HCl、NaAc、NaCl 和 HAc）在 5 个浓度下（5.000×10^{-2}mol/L、2.000×10^{-2}mol/L、1.000×10^{-2}mol/L、5.000×10^{-3}mol/L、2.000×10^{-3}mol/L）的溶液电导。

测定方法如下：在已洗净并烘干的 150mL 电导瓶中加入 5.000×10^{-2} mol/L 的电解质溶液 5mL，放在恒温槽的架子上恒温，将电导电极用蒸馏水冲洗干净，用电吹风机吹干或用滤纸将外部的水珠吸干（不要擦电极铂片）后，放在电导管内，恒温 5min 后测量溶液电阻；不取出电导电极和电导瓶，用滴定管加入蒸馏水 7.50mL，使瓶内溶液稀释至 2.000×10^{-2}mol/L，摇匀并恒温 5min 后测量溶液电阻；然后依次加入蒸馏水 12.50mL、25.00mL、75.00mL，使瓶内溶液依次稀释至 1.000×10^{-2}mol/L、5.000×10^{-3}mol/L、2.000×10^{-3}mol/L，并按以上方法进行测量。

每测一种电解质溶液换一个电导瓶。测量完毕后，将电导电极用蒸馏水冲洗干净，浸在蒸馏水中保存；将用过的电导瓶用蒸馏水冲洗干净，放入烘箱烘干备用。

五、数据处理和实验结果

（1）由测得的 0.02000mol/L KCl 溶液电阻计算出所用电导池的电导池常数。

（2）由不同浓度的电解质溶液的电阻数据，计算相应的 κ、Λ_m 和 $\sqrt{c}$ 并列表（注意浓度 c 的单位用 mol/m^3）。

（3）作 HCl、NaAc 和 NaCl 溶液的 Λ_m-$\sqrt{c}$ 直线图，截距为 Λ_0，并计算出 HAc 的 Λ_0。

（4）由式（6-58）和式（6-59）计算出 HAc 在不同浓度下的电离度和电离平衡常数。

（5）由 HAc 溶液的数据作 $\Lambda_m c$-$1/\Lambda_m$ 图，应得一直线，并由式（6-59）知该直线的斜率为 $K_c\Lambda_0^2$，截距为$-K_c\Lambda_0$，将由此得到的 K_c 和 Λ_0 与以上的进行比较。

六、思考题

（1）测定电解质溶液的电阻为什么需选择 1000Hz 的频率，频率太高会怎么样？

（2）强电解质溶液是全部电离的，为什么所测得的 Λ_m 随浓度下降而上升？这说明什么？

实验 146　电动势的测定

一、实验目的

（1）了解可逆电池电动势的基本概念，并掌握计算方法。

（2）掌握用补偿法测定电动势的原理，以及盐桥与参比电极的使用方法。

（3）通过 Zn 电极与 Ag 电极组成的电池电动势测定，以及它们分别相对于饱和甘汞电极（SCE）的电极电位测定，了解电池电动势和两电极电位与平衡电极反应中各粒子活度之间的关系。

（4）了解电动势测定方法在可逆过程电化学中的某些应用。

二、实验原理

当电极（金属或其他导电体）插入电解质溶液时，在电极与电解质溶液界面即有电位差产生，这个电位差称作电极电位。由于不同电极性质的差异，所产生的电极电位也不同，这样就构成了化学电池。化学电池在放电时，正极发生还原反应，负极发生氧化反应。电池的电动势等于两个电极电位的差值。

$$E=\varphi_{+}-\varphi_{-} \tag{6-61}$$

式中，E 为电池的电动势；φ_{+}为正极的电极电位；φ_{-}为负极的电极电位。

当存在可逆的平衡电极反应时，电极电位的大小取决于该反应的吉布斯自由能变化。

$$\Delta G=-nF\varphi \tag{6-62}$$

式中，ΔG 为吉布斯自由能变化量；n 为反应中转移电量的法拉第数（即反应中得失电子数目）；F 为法拉第常量（其值为 9.648×10^4C/mol）；φ 为电极电位。本实验所涉及的电极均为可逆电极，即处于该电极反应的平衡状态，构成的电池称为可逆电池。因此，电极反应满足能斯特（Nernst）方程：

$$\varphi=\varphi^{\ominus}+(RT/nF)\ln(a_{\mathrm{p}}/a_{\mathrm{r}}) \tag{6-63}$$

式中，$\varphi^{\ominus}$ 为标准电极电位；a_{p} 为电极反应产物的活度；a_{r} 为电极反应反应物的活度。

为使电极电位有统一的标度，国际上规定在 25℃、1atm（$1\mathrm{atm}=1.01325\times10^5\mathrm{Pa}$）下，$a_{\mathrm{H^+}}=1$ 时为标准氢电极（简写为 SHE），它的电位为零。由于标准氢电极使用上的不方便，在实际测量中常采用其他已知电极电位的参比电极，如饱和甘汞电极（简写为 SCE）来测得待测电极的电极电位。

由于在测量电池电动势时，两极的溶液不同，其间存在一个界面，会产生液接界电位，影响测量的准确性。通常用盐桥使两种溶液不直接接界，减少液接界电位造成的测量误差。

电池电动势也不能在电池放电的状态下测量。因为放电时，有化学变化发生，电动势也在不断变化。一般采用电位差计，根据对消法原理（图 6-29）进行测量。首先根据标准电池电动势，进行电位差计标准化。此时将测量挡指向标准化，调节可变电阻 $r_1\rightarrow r_4$ 使检流计中无电流通过，既工作电池在标准电池两端产生的电压与标准电池电压大小相等方向相反。工作电流为：$I=E_N/R_N$。然后，将测量挡指向待测电池，调节可变电阻 R_X 使检流计中无电流通过，则待测电池电动势为：$E_X=IR_X=(E_N/R_N)R_X$。由于 E_N、R_N、R_X 均已得到，即可算出待测电池电动势。在有些电位差计上，更直接将调节的读数标为电压值。

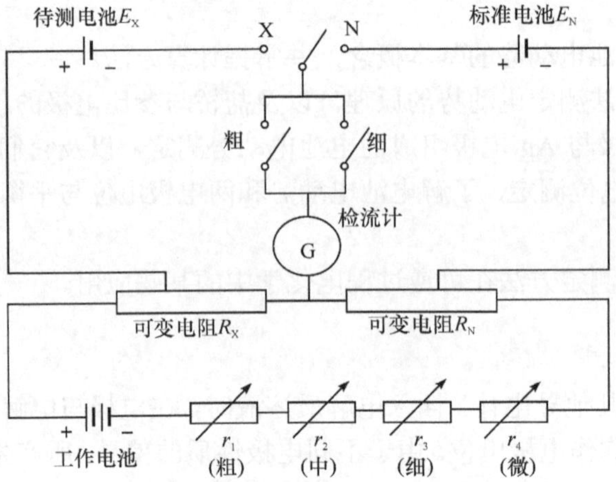

图 6-29　电位差计原理示意图

三、仪器与试剂

仪器：电位差计（UJ25 型）；检流计（AC15/2 型）；标准电池；甲电池；恒温槽；试管架；饱和 KNO_3 盐桥；饱和甘汞电极；Zn 电极；Cu 电极。

试剂：$ZnSO_4$ 溶液（0.01mol/kg, 0.1mol/kg）；$CuSO_4$ 溶液（0.1mol/kg, 0.01mol/kg）；饱和 KCl 溶液。

四、步骤

（1）控制恒温槽温度在（25.0±0.1）℃，按照图 6-29 连接线路。两节甲电池串联作为工作电池。

（2）读取标准电池温度计的温度 t（℃），然后按下式

$$E_t=1.018646-4.06\times10^{-5}(t-20)-0.95\times10^{-6}(t-20)^2$$

计算出该温度（t）下标准电池电动势，并调节电位差计上标准电池电动势相应的旋钮，然后进行电位差计标准化。

（3）待测电池组成如图 6-30 所示。Cu、Zn 电极用 2mol/L H_2SO_4 溶液浸洗，用蒸馏水冲净，如电极表面不光亮，可用砂纸打磨一下。待测电池放在恒温槽中恒温后进行测量。分别测量如下电池的电动势：

①Zn|$ZnSO_4$(0.1mol/kg)||KCl(饱和), Hg_2Cl_2|Hg

②Zn|$ZnSO_4$(0.01mol/kg)||KCl(饱和), Hg_2Cl_2|Hg

③Hg|Hg_2Cl_2, KCl(饱和)||$CuSO_4$(0.1mol/kg)|Cu

④Hg|Hg_2Cl_2, KCl(饱和)||$CuSO_4$(0.01mol/kg)|Cu

⑤Zn|$ZnSO_4$(0.1mol/kg)||$CuSO_4$(0.1mol/kg)|Cu

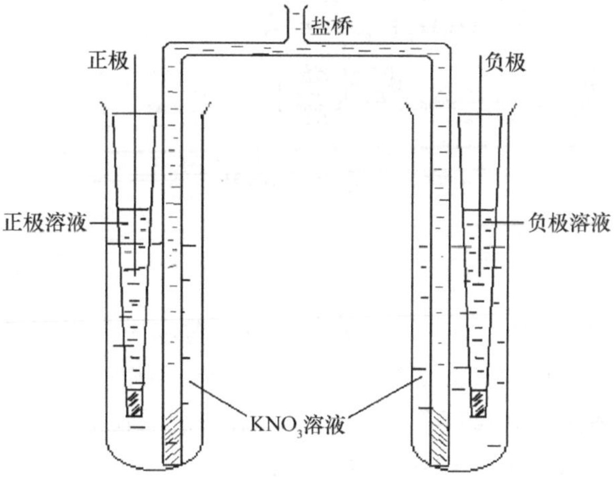

图 6-30 待测电池组成示意图

（4）选定一组电池，调节恒温槽温度为 30～50℃，每隔 5～10℃测定一次电动势。每改变一次温度，需待热平衡后才能测定。

五、数据处理和实验结果

（1）已知饱和甘汞电极（SCE）的电极电位（vs. SHE）为

$$\varphi=0.2415-7.6\times10^{-4}(t-25)$$

25.0℃下纯固体的活度为 1，$ZnSO_4$ 和 $CuSO_4$ 的平均离子活度系数（$\gamma_\pm$）如下：

	0.1mol/kg	0.01mol/kg
$ZnSO_4$	0.148	0.387
$CuSO_4$	0.16	0.41

计算电池①～⑤的电动势并列表与实验值进行对比。

（2）根据电池①～④测得的电动势，分别计算出 Zn|$ZnSO_4$（0.01mol/kg）和 Cu|$CuSO_4$（0.01mol/kg）的电极电位以及 Zn 和 Cu 的标准电极电位，并与手册中查到的标准电极电位列表对比。

（3）根据电池①～④测得的电动势，分别计算出 Zn|$ZnSO_4$(0.1mol/kg)电极、Zn|$ZnSO_4$(0.01mol/kg)电极、Cu|$CuSO_4$(0.1mol/kg)电极和 Cu|$CuSO_4$(0.01mol/kg)电极相对于饱和甘汞电极（vs. SCE）的电极电位和相对于标准氢电极（vs. SHE）的电极电位并列表对比。

（4）将步骤（4）中所得电动势 E 与热力学温度 T 作图，并由图中曲线分别求取 25℃、30℃、35℃温度下的 $\left(\frac{\partial E}{\partial T}\right)_p$。利用下列各式分别计算 25℃、30℃、35℃时的 $\Delta_r G_m$、$\Delta_r S_m$、$\Delta_r H_m$。

$$(\Delta_r G_m)_{T,p} = -nFE$$

$$\Delta_r S_m = nF\left(\frac{\partial E}{\partial T}\right)_p$$

$$\Delta_r H_m = -nFE + nFT\left(\frac{\partial E}{\partial T}\right)_p$$

六、思考题

（1）当 Zn 电极表面有 Fe、Ag、Cu 等杂质时，对电极电位有何影响？

（2）在测量时，如果检流计光点总往一个方向偏，可能是什么原因造成的？

（3）试计算下列各反应在 25.0℃下的吉布斯自由能变化 ΔG：

$H_2(1atm)+2Ag^+(a=1) = 2H^+(a=1)+2Ag$

$H_2(1atm)+Zn^{2+}(a=1) = 2H^+(a=1)+Zn$

$H_2(1atm)+Hg_2Cl_2(s) = 2H^+(a=1)+2Hg+2Cl^-$（饱和 KCl）

七、扩展实验

用测电动势法求 AgCl 的溶度积 K_{sp}。

提示：电池 Ag|KCl（0.01mol/kg，饱和 AgCl）||$AgNO_3$（0.01mol/kg）|Ag

已知 25.0℃时 0.01mol/kg KCl 的平均离子活度系数为 0.901，则 25.0℃下 AgCl 的溶度积可由以上电池的电动势 E 求得：$\lg K_{sp}=-4.0901-E/0.05915$。由溶度积可求得 AgCl 的溶解度。

实验 147　氢阴极析出极化曲线的测定

一、实验目的

（1）通过在 1mol/L 的 NaOH 溶液中氢在阴极析出极化曲线的测定，掌握测量极化曲线的基本方法。了解过电位、极化电极电位等概念和基本测量方法。

（2）了解影响氢过电位和氢阴极析出速度的主要因素。

二、实验原理

许多电化学过程都是不可逆电极过程，电解过程中的阴极和阳极反应即是如此。这些电解过程都是在远离平衡的条件下进行的，而电极反应离开了原来的平衡态即称为电极极化。电极极化是由电流（净电流）超过了该反应的交换电流引起的，它的主要特征是电极电位离开了原有的平衡值，电极电位偏离平衡值的大小作为电极极化的量度，并称为过电位 η，且定义阳极极化过电位 $\eta_A=\varphi-\varphi_P$，阴极极化过电位 $\eta_K=\varphi_P-\varphi$，以使 η_A 和 η_K 均为正值（式中，φ_P 为平衡电位，φ 为电位）。研究发现 η 或 φ 是电流密度 i 的函数，称为 Tafel 关系，大都满足下列两个 Tafel 方程：

$$\varphi=a_1+b_1\lg i \text{（低极化区）}$$

$$\varphi=a_2+b_2\lg i \text{（高极化区）}$$

φ-$\lg i$ 作图称为电极反应极化曲线（图 6-31）。极化曲线在电化学动力学和机理、化学电源、电镀、电抛光、金属腐蚀、电化学合成、电催化和光电催化等领域的研究中都有重要的意义。

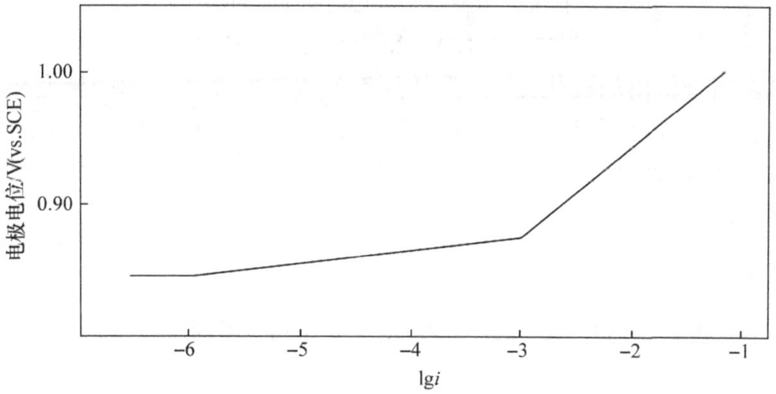

图 6-31 极化曲线示意图

由于电极反应是在金属/溶液界面进行的，当溶液中存在一些杂质时，由于它们在电极上吸附或电沉积，将会改变电极表面的性质，从而影响电极界面所进行的电解过程的速度，使极化曲线的测量产生误差。因此在测量时，必须注意溶液的纯度和电极表面的处理，使电极表面尽可能保持清洁，表面状态比较一致。测量极化曲线有两种方法——控制电流法和控制电位法。本实验采用控制电流法，就是逐步改变回路中的电流大小，测量电极电位的变化情况。

极化曲线的测量通常采用三电极的电解池，除阳极和阴极外，还有一个电极电位固定不变的参比电极，以测量待研究电极的电极电位。实验装置和测量电路示意图分别如图 6-32 和图 6-33 所示。

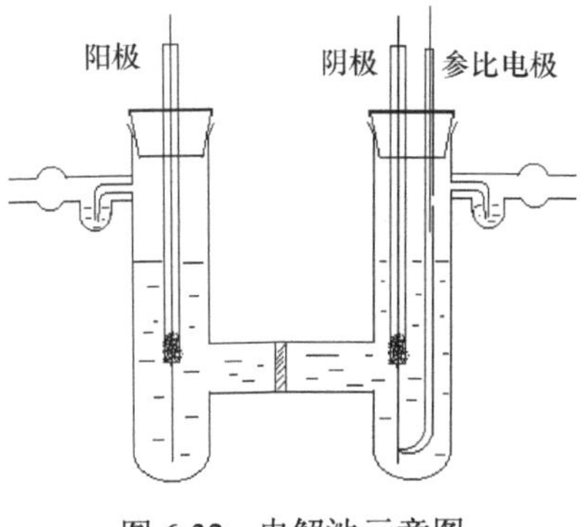

图 6-32 电解池示意图

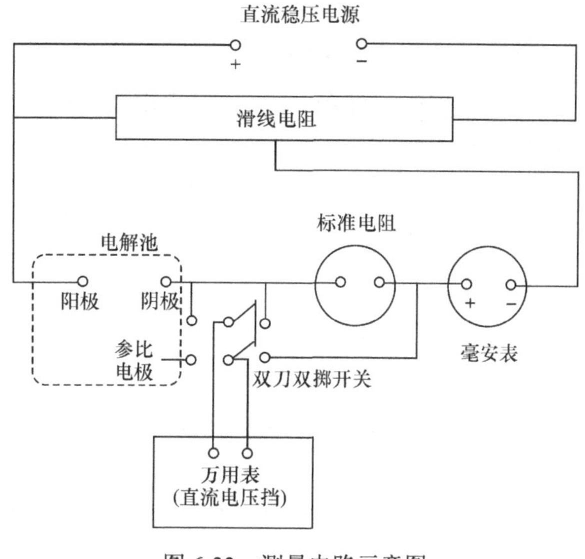

图 6-33 测量电路示意图

本实验阳极和阴极均采用铁电极，参比电极为饱和甘汞电极，电解质溶液为 1mol/L

的 NaOH 溶液。电极反应为

$$阳极：4OH^- = O_2\uparrow + 2H_2O + 4e$$

$$阴极：2H_3O^+ + 2e = H_2\uparrow + 2H_2O$$

为研究氢在阴极析出的极化曲线，应该用磨砂隔板将阳极室和阴极室隔开，以避免阳极析出的 O_2 随溶液扩散至阴极还原。为避免电极表面吸附的 O_2 和溶液中溶解的 O_2 干扰，应该在实验前进行较长时间的预极化，使电极获得稳定的表面状态。测量时，从大电流开始向小电流逐点测量。

三、仪器与试剂

仪器：稳压电源；滑线电阻（200～500Ω, 1A）；可变电阻箱（0.01～1.00×10^6Ω）；标准电阻（10kΩ）；毫安表；万用表；电解池。

试剂：NaOH 溶液（1mol/L）。

四、步骤

（1）检查电解池中电解质溶液及参比电极中饱和 KCl 溶液，如液面太低则补足。

（2）按测量电路示意图连接线路。检查无误后，以 100mA 电流进行预极化 1h。

（3）测量 φ-lg$i$ 曲线时，用万用表的直流电压测量挡，测量一定电流下阴极与参比电极的电位差 φ（单位：V，vs. SCE）。电流（I）由大到小，顺序如下（单位为 mA）：100、50、20、10、5、2、1、0.5、0.2、0.1、0.05、0.02、0.01、0.005、0.002。

（4）测至 2mA 及以下电流时，由于毫安表已不能准确量得电流大小，可通过用滑线电阻和可变电阻箱调节 10kΩ 标准电阻两端的电位差（V_{10K}）确定电流的大小。在测量过程中应注意电流不要中断和变为负值。

（5）测量完毕后记下所用阴极的电极面积（S）、室温和大气压，整理好实验仪器。

五、数据处理和实验结果

（1）根据阴极面积（S）计算出电流密度（$i=I/S$，单位：A/cm^2）和 lg$i$，与相应的阴极电位 φ 数据列表。

（2）作 φ-lg$i$ 图，从图上找出低极化区和高极化区两个 Tafel 线，并分别求出低极化区和高极化区两个 Tafel 方程的常数：a_1、b_1、a_2、b_2。

六、思考题

（1）如何将所测得的相对于饱和甘汞电极（SCE）的电极电位换算至相对于标准氢电极电位？

（2）测量氢阴极析出极化曲线为什么要进行较长时间的预极化？

实验 148 铁阳极钝化曲线的测定

一、实验目的

（1）掌握恒电位法测定极化曲线的原理和实验方法。

（2）了解铁在不同介质中的阳极极化特性及钝化现象在工业防腐中的应用。

二、实验原理

1. 金属钝化与恒电位阳极极化曲线

金属的阳极过程是指金属作为阳极发生电化学溶解的过程。在化学电源、电解、电镀、金属防腐及保护等方面的研究和实际应用过程中都涉及金属的阳极过程。因此，研究金属阳极行为具有重要的实际意义。

金属的阳极过程如下式所示：

$$M \longrightarrow M^{n+} + ne$$

金属在溶解过程中，其电极电位必须高于其热力学电位，电极过程才能发生。当阳极极化不大时，阳极溶解速率随电位变正而逐渐增大，这是金属的正常溶解。当阳极电位正到某一数值时，金属溶解速率达到最大。之后，阳极溶解速率随电位变正，反而大幅度下降，这种现象称为金属的钝化现象。处在钝化状态下的金属，其溶解速率只有极小的数值，在某些情况下，这正是所需要的，如金属防腐及电冶金中采用不溶性阳极等。而另一些情况下，如在化学电源及电镀中的阳极过程，金属钝化则是非常有害的。

研究金属阳极溶解及钝化通常采用恒电位法和恒电流法。在金属钝化现象的研究中，由于恒电位法能测得完整的阳极极化曲线，故比恒电流法更为有利。金属恒电位法测定的阳极极化曲线如图 6-34 所示。曲线具有一个“负坡度”区域，这是恒电流法无法测得的。由于一个电流值可能对应于几个不同的电极电位，因而在恒电流极化时，电极电位将处于一种不稳定状态，并可能发生电位的跳跃，甚至产生振荡。

恒电位法测定的阳极极化曲线可分为四个区域：①*ab* 为金属活性溶解区，是金属的正常阳极溶解，阳极电流随电位的正移而不断增大。*a* 点为阴极极化曲线 *ag* 与 *ab* 的交点，φ_c 为稳定电位，$\lg I_c$ 为腐蚀电流密度 I_c 的对数。②*bc* 为钝化过渡区（负坡度区）。电极电位达到 *b* 点时，金属开始发生钝化。随着电极电位的正移，金属溶解速率不断降低，并过渡到钝化状态。对应于 *b* 点的电极电位称为临界钝化电位 $\varphi_{钝化}$，对应的电流密度称作临界钝化电流密度 $I_{钝化}$。③*cd* 为稳定钝化区。金属溶解速率降低至最小值，且基本上不随电极电位而改变，此时的电流密度称为钝态金属的稳定溶解电流。④*de* 为过钝化区。阳极电流又重新随电极电位的正移而增大，电流密度增大的原因可能为高价金属离子的生成或 O_2 的析出等，也可能两者同时出现。

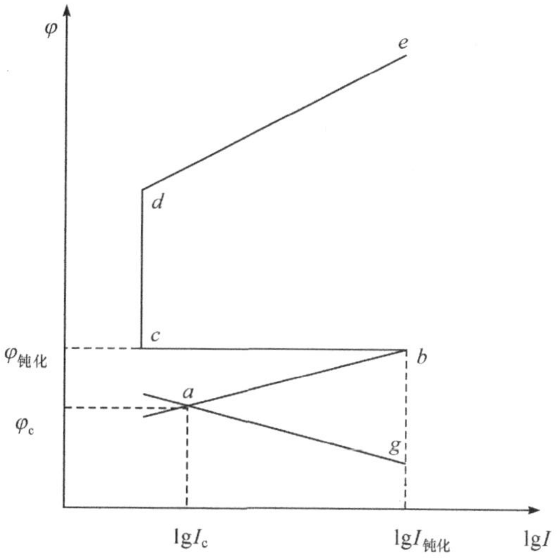

图 6-34　恒电位法阳极极化曲线示意图

2. 影响金属钝化过程的因素

金属钝化现象是非常常见的，影响金属钝化过程的因素可归纳为：①溶液组成。溶液中的氢离子、氯离子及具有氧化性的阴离子对金属的钝化过程有着显著的影响。金属在中性溶液中较易钝化，而在酸性或某些碱性溶液中则困难得多，这与金属的溶解度有关。②金属的化学组成和结构。各种金属的钝化能力差异很大，通常在合金中添加易钝化的金属，可显著提高合金的钝化能力及钝化态的稳定性。③外界因素。因离子的扩散，温度升高和搅拌将推迟钝化过程的发生。

3. 恒电位法阳极极化曲线的测定

目前，测定恒电位阳极极化曲线均采用恒电位法，借助恒电位仪将研究电极的电位保持在所需的电位值，然后测定对应电位下的电流。由于电极表面在未建立稳定态之前，电流会随时间而变化，故一般测出的曲线称为暂态极化曲线。在实际测定中，常采用静态法或动态法。由于静态法测定结果虽较接近稳态值，但测定时间较长，故实际应用中多采用动态法。动态法是指控制电极电位以较慢的速度连续改变（扫描），同时测量对应电位下的瞬间电流值，并作出电流-电位曲线，可得完整的极化曲线。采用的电位扫描速度根据被研究体系的性质决定。通常电极表面建立稳定状态的速度越慢，则扫描速度也应越慢。

三、仪器与试剂

仪器：恒电位仪；*X-Y* 函数记录仪；三电极电解池；Pt 丝辅助电极；Ag|AgCl, KCl（饱和）电极；圆柱形铁工作电极；饱和 KNO_3 盐桥。

试剂：Na_3PO_4 溶液（0.23mol/L）。

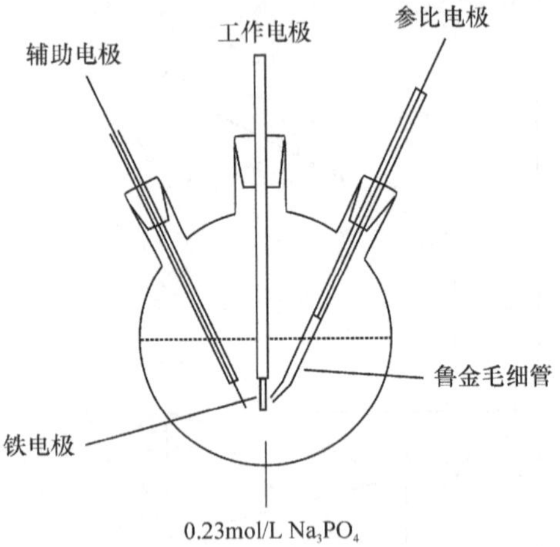

图 6-35　铁阳极钝化曲线测定装置示意图

四、步骤

1. 工作电极的预处理和准备电解池

将工作电极在 1∶1 HCl 溶液中浸泡 5～10min 进行表面活化，然后，用蒸馏水冲洗干净。将三电极体系按图 6-35 安装，并将鲁金毛细管靠近电极表面，连接好电路后，通电预热 30min。

2. 熟悉仪器的使用方法

分辨清楚恒电位仪及记录仪面板上的所有开关、旋钮和电表的用途和调节方法。*X-Y* 函数记录仪的 *X* 轴用于测量和记录工作电极的电位，*Y* 轴则用于测量和记录工作电极的极化电流，量程均可根据需要进行选择。

3. 恒电位法极化曲线的测量

打开恒电位仪开关，将工作方式调至“参比”，负载选择“电解池”，“通/断”置于“通”，测量自然电位（应大于 0.8V，如果不符，电极可用稀盐酸稍作处理）。

"通/断"置于"断"，工作方式选择"恒电位"，负载选择"模拟"，"通/断"置于"通"，调节内给定旋钮使电压至自然电位。

负载选择"电解池"，"通/断"置于"通"，从自然电位开始，电热每减少 20mV（0.020V），停留约 5s，记录一次相应的电流值，直到过钝化区为止。

实验完成，将工作方式调至"参比"，"通/断"置于"断"。

五、数据处理和实验结果

（1）用坐标纸绘出铁阳极钝化曲线和铁上氢阴极极化曲线，由图求出阴极析 H_2 极化曲线与阳极极化曲线的交点（$\lg I_c, \varphi_c$）。

（2）讨论最初测量的 φ_c 和由上图求得的 φ_c 的差别及其原因。

实验 149　方波脉冲电流镀锌

一、实验目的

（1）学习脉冲电镀法制备金属镀层的基本原理和实验方法。

（2）了解金属电镀的重要意义、直流电镀与脉冲电镀的区别。

（3）了解工业镀锌的一般方法和电化学在工业上的应用。

二、实验原理

电镀是最重要的金属表面处理技术之一，在工业及众多的高新技术领域中均有着重要应用。脉冲电镀研究和应用始于 18 世纪中叶，但直至 20 世纪 60 年代，随着电子工业的蓬勃发展，脉冲电镀技术的研究和应用才取得了长足进步。

脉冲电镀与直流电镀的区别在于利用时间功能作为槽外控制金属电镀的手段，其突出优点是可通过改变脉冲参数改善金属镀层的物理化学特性，从而实现节约贵金属和获得功能性镀层的目的。脉冲电镀的实质是一种通断直流电镀，具有三个可调变的独立参数（脉冲电流密度 J_p、导通时间 T_{on}（或 T_1）和关断时间 T_{off}（或 T_2））。直流电镀中，只有一个参数（电流密度或电位）可调。因此，脉冲电镀可为槽外控制镀层质量提供更有效的控制途径。

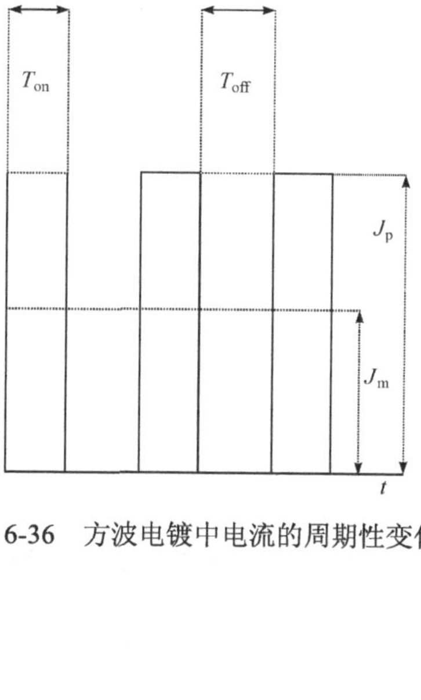

图 6-36　方波电镀中电流的周期性变化

平均脉冲电流密度 J_m 与 J_p 间的关系（图 6-36）为

$$J_m=J_p\times[T_{on}/(T_{on}+T_{off})] \qquad (6\text{-}64)$$

脉冲电镀时，如附加一直流分量 D（可正可负），则脉冲电流的幅度 M 为

$$M=[J_m(T_{on}+T_{off})-D(T_{on}+T_{off})]/T_{on} \qquad (6\text{-}65)$$

脉冲电镀主要依据的电化学原理为：利用电流（或电位）脉冲的弛豫作用增大阴极极化和降低阴极的浓差极化，从而改善金属镀层的物理化学特性。

脉冲电镀时，电流导通后，接近阴极的金属离子充分地被沉积，使阴极附近的电镀液浓度降低而形成浓度梯度；当电流关断时，阴极附近的放电离子浓度，因扩散而得以恢复。因此，使连续周期重复的脉冲电流主要用于金属离子的还原。此外，脉冲电镀也可使用短脉冲（导通时间选在微秒级），则可使用非常大的脉冲电流密度 J_p，从而使金属离子可在直流电镀中无法实现的极高过电位下电沉积。这不仅可改善金属镀层的物理化学特性，且可有效抑制析出电位较低的金属的电沉积和析氢等副反应的发生。脉冲电镀中，通、断时间的交替存在不仅有助于阴极附近浓度的恢复，也可促进某些对金属沉积层有利的重结晶和吸脱附过程等的进行。

综上所述，脉冲电镀的特点可概括如下：①可得到较致密的导电率高的金属沉积层；②可降低金属沉积区浓差极化，可能成为提高阴极电流密度和金属沉积速度的有效途径；③有利于消除氢脆和改善镀层的物理化学性质；④可减少添加剂的需要量；⑤可提高金属镀层的纯度；⑥脉冲电镀所制备的金属镀层通常具有较好的防护性能。

三、仪器与试剂

仪器：SMD-D 型数控脉冲电镀电源；电阻箱；毫安表；电镀槽；阳极：Zn 棒（分析纯）；阴极基体：ϕ0.16cm 铁丝（浸入镀液部分长为 5cm，其面积约为 2.5cm^2）。

试剂：电镀液：0.98mol/L $Zn(NH_2SO_3)_2$ 溶液+4g/L 三乙醇胺。

四、步骤

1. *M* 参数估算

阴极基体 Fe 丝面积为 2.5cm^2，脉冲镀锌时的阴极电流密度通常为 0.01～0.04A/cm^2。若采用 0.02A/cm^2，则平均电流 I_m 为

$$I_m=2.5\times0.02=0.050\text{A}$$

若采用 T_1=0.1ms，T_2=1.0ms，则由式（6-65）得

$$M=[I_m(T_1+T_2)-D(T_1+T_2)]/T_1$$

若 D=0，则

$$M=0.05\times(0.1+1.0)/0.1=0.55\text{A}$$

2. 阴极表面处理

阴极铁丝用砂纸打磨光滑后，用缓蚀剂（如六次甲基四胺、甘油、硫脲等）的 1∶1 HCl 溶液洗涤，再分别用自来水、蒸馏水冲洗干净，烘干、称量，装入电镀槽备用。

3. 电镀

（1）开机前确认“电流调节”旋钮逆时针方向回零。

（2）将“导通时间”设为 0.1ms，将“关断时间”设为 1.0ms，并按图 6-37 所示连接好装置线路。

（3）电镀：仔细检查上述参数和线路，确认准确无误后，将电源开关打开，并调节“电

流调节”旋钮和电阻箱以达到预定电流，开始电镀；2h 后，将“电流调节”旋钮逆时针方向回零，关闭电源开关，停止电镀。

（4）镀件处理：将镀件取出后，用蒸馏水冲洗干净，烘干、称量，以备后续实验用。

（5）记录数据：电镀开始后记录电流大小和开始电镀时间。

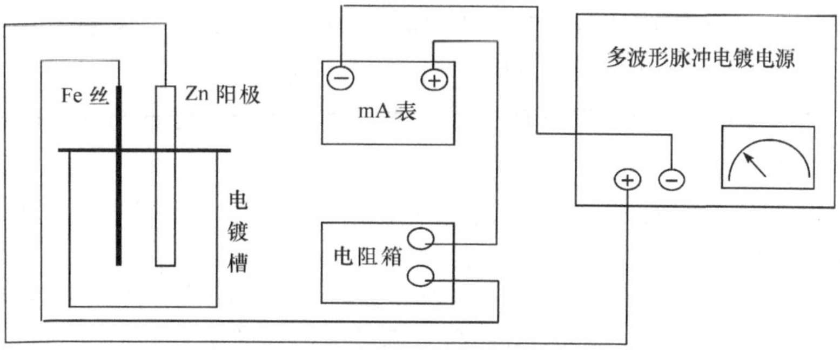

图 6-37　方波脉冲电流镀锌电路图

4. 测定电极电位

分别测定镀件在 0.1mol/L $ZnSO_4$ 和 0.01mol/L $ZnSO_4$ 溶液中，相对于饱和甘汞电极的电极电位，并与纯锌电极相比较。

五、数据处理和实验结果

（1）计算脉冲镀锌时的阴极电流效率 R［R=铁丝增重/(电镀安培小时数×1.2195)］。

（2）比较镀锌电极在 0.1mol/L $ZnSO_4$ 和 0.01mol/L $ZnSO_4$ 溶液中的电极电位与纯 Zn 电极的差别，并讨论其可能原因。

（3）描述所镀得的金属锌镀层外观状况（表面光洁度与色泽等）；计算在电镀时所采用的平均脉冲电流密度（J_m, A/cm^2）和脉冲电流密度（J_p, A/cm^2）。

实验 150　过氧化氢分解反应

一、实验目的

（1）学习使用量气法研究 H_2O_2 分解反应，测定该反应在一定反应条件下的速率常数。

（2）了解一级反应的特点，掌握用积分法测定一级反应速率常数和确定其速率方程。

二、实验原理

在测定反应体系的浓度与时间的变化规律中，测定物理量体积 V 是常用的方法之一。对于有气体产生的反应，测定气体体积随时间的变化则更简便易行。

过氧化氢分解反应的化学计量式为：$H_2O_2 \longrightarrow H_2O+O_2\uparrow$。常温下该反应进行缓慢（尤其是当 H_2O_2 浓度较小时），当反应体系中加入电解银、二氧化锰、碘化钾或三氯化铁等催化剂时，反应速率加快。

如果该反应为一级反应，其速率方程为

$$r=\frac{\mathrm{d}c(\mathrm{H_2O_2})}{\mathrm{d}t}=kc(\mathrm{H_2O_2}) \tag{6-66}$$

相应的动力学方程（即式（6-66）的积分形式）为

$$\ln c(\mathrm{H_2O_2})=-kt+Q \tag{6-67}$$

式（6-67）中，$c(\mathrm{H_2O_2})$为 H_2O_2 浓度；k 为速率常数；t 为反应时间；Q 为积分常数（$Q=\ln c^0(\mathrm{H_2O_2})$，其中 $c^0(\mathrm{H_2O_2})$为 H_2O_2 的初始浓度）。在定温下，速率常数 k 与反应是否加入催化剂及催化剂的本性和浓度有关。假若上述动力学方程正确地表示了 H_2O_2 分解反应的实际规律，则 $\ln c(\mathrm{H_2O_2})$-t 图应为一直线。直线斜率为反应条件下的$-k$。由此可通过实验来检验该反应是否是一级反应。

由于反应生成 O_2，定温定压下，氧气体积的增长速率反映 H_2O_2 的分解速率。氧气体积越大，表明分解掉的 H_2O_2 越多，而未分解的 H_2O_2 的浓度［即 $c(\mathrm{H_2O_2})$］越小。若全部 H_2O_2 分解（即反应终了）产生氧气的体积为 V_∞，分解反应进行到 t 时刻时氧气体积为 V_t，则 $V_\infty-V_t$ 为 t 时刻尚未分解的 H_2O_2 在分解后所产生的氧气体积。显然，它与尚未分解的 H_2O_2 浓度成正比，即

$$c(\mathrm{H_2O_2})=A(V_\infty-V_t) \tag{6-68}$$

A 为比例常数。将式（6-68）代入式（6-67）得

$$\ln A(V_\infty-V_t)=-kt+Q$$

$$\ln(V_\infty-V_t)=-kt+D$$

其中 $D=Q-\ln A$，D 仍为常数。测定不同反应时间 t 对应的 O_2 的体积 V_t 和反应终了后的 O_2 的体积 V_∞。由 $\lg(V_\infty-V_t)$-t 图是否呈一条直线，可判断 H_2O_2 分解反应是否是一级反应。

V_t 的测定可用量气装置（图 6-38）完成，而对于 V_∞ 可采用下面方法获得：

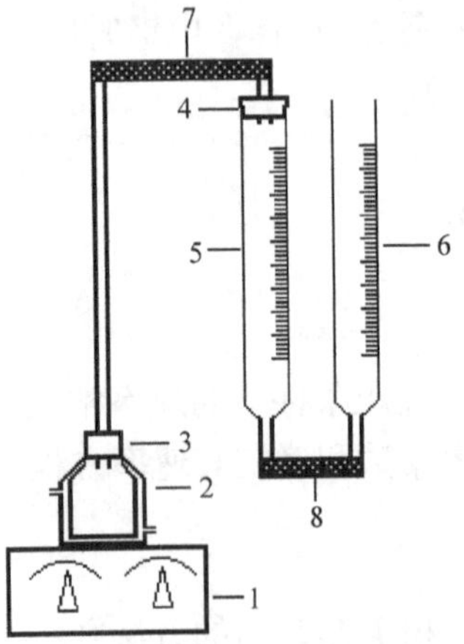

图 6-38　量气测定装置

1. 磁力搅拌器；2. 反应器；3, 4. 像胶塞；5. 量气管；6. 水准管；7, 8. 胶管

（1）测定了一系列 V_t-t 数据后，升高反应温度至 50～60℃使反应加速进行。一般在 15min 左右 H_2O_2 即分解完毕，用量气装置测定此时 O_2 的体积即为 V_∞。

（2）作 V_t-$\frac{1}{t}$ 图，由图外推到$\frac{1}{t}=0$ 的 V_t 即为 V_∞。

（3）通过数学处理，消去 V_∞。消去方法是先测出一套 V_t-t，如

$$\begin{matrix} t_1 & t_2 & t_3 \cdots t_t \\ V_1 & V_2 & V_3 \cdots V_t \end{matrix}$$

再以任意指定的 t^*时间为起点，测出第二套数据，如

$$\begin{matrix} t^*+t_1 & t^*+t_2 & t^*+t_3 \cdots t^*+t_t \\ V_1' & V_2' & V_3' \cdots V_t' \end{matrix}$$

为得到较准确的结果，要求 $t^*>t_t$，且 t^*为反应半衰期的 2～3 倍。

若第一套数据有　　$\ln(V_\infty-V_t)=-kt_t+D$

第二套数据有　　$\ln(V_\infty-V_t')=-k(t^*+t_t)+D$

化为指数形式，得

$$V_\infty - V_t = e^{-kt_t + D}$$

$$V_\infty - V_t' = e^{-k(t^* + t_t) + D}$$

两式相减，得

$$V_t' - V_t = e^{-kt_t} e^D (1 - e^{-kt^*})$$

令 $e^D(1 - e^{-kt^*}) = E$，一定条件下 E 为常数，取对数可得

$$\ln(V_t' - V_t) = -kt_t + \ln E$$

设 $B = \ln E$，得

$$\ln(V_t' - V_t) = -kt_t + B \tag{6-69}$$

作 $\ln(V_t' - V_t)$-t 图，若为直线，证明为一级反应。直线斜率为 $-k$，截距为 B，求得 k 和 B，则分解条件下 H_2O_2 分解反应的速率方程及动力学方程即可确定。数据处理中不需要 V_∞ 数据。

从以上讨论可知，实验工作的关键是要测定对应的 t_t 和 V_t、V_t' 数据。要注意测定 O_2 的体积时保持温度和压力的恒定。此外，速率常数 k 与反应温度、催化剂及其浓度有关。这些因素固定时，k 才是常数。

三、仪器与试剂

仪器：玻璃反应器；量气管；水准管；超级恒温槽；磁力搅拌器；移液管（25mL）；容量瓶（250mL）。

试剂：H_2O_2；KI。

四、步骤

（1）反应温度控制在（30.0±0.2）℃。将超级恒温槽的恒温水通入反应器夹套来维持恒定的反应温度。KI 和 H_2O_2 溶液初始浓度的选取应考虑产生 O_2 的速率、量气管及反应器的总体积、量气管的测量精度及实验完成所需总时间等因素。建议使用 KI 浓度为 0.1～0.2mol/L，H_2O_2 浓度为 0.3%～0.5%。每分钟记录一次反应时间及 O_2 体积数据。建议 t^* 取 10min。

（2）为控制好反应条件和准确测定数据，实验操作中应注意：

①控制好反应温度。恒温槽要调节好，恒温水要预先通入反应器夹套，并有足够的热平衡时间，使容器达到反应温度。超级恒温槽内的水的温度与反应器达到的温度之间有差异，反应温度应以反应器达到的温度为准。反应用的 H_2O_2 及 KI 溶液在混合之前，要分别预热到反应温度后再混合开始反应，要确保反应自始至终在同一反应温度下进行。实验过程中要经常注意超级恒温槽的控温情况。

②选择合适的搅拌速度。反应过程中要保持搅拌速度恒定不变。

③反应器中先放入 25mL H_2O_2，待 25mL KI 加入一半时开始计时。但不要急于连接反应器和量气管，可待反应进行 1～2min 后再连接，并及时读出 O_2 产生的体积。读数时必须使水准管水面与量气管水面处于同一水平位置。

④实验结束后，先关搅拌，再把恒温水切断后才能卸下反应器。倒弃反应液，注意不

要把搅拌磁子倒掉。

⑤同一条件下的实验做两遍。

⑥改变反应条件，如 H_2O_2 浓度、KI 浓度或搅拌速度再测定一次。

五、数据处理和实验结果

（1）写明反应条件（包括反应温度、反应物浓度、搅拌速度等）。

（2）用表格列出各测定及计算数据。

（3）分别用作图法［作 $\ln(V_t'-V_t)$-t 图］和计算法，判别 H_2O_2 分解反应是否为一级反应。

（4）写出实验条件下反应的速率常数、速率方程。

六、思考题

（1）为什么在反应一开始时不立即收集 O_2，而要待反应进行到 1～2min 后再收集 O_2 进行测定？

（2）读取 O_2 体积时，量气管与水准管处于同一水平位置上的作用是什么？

（3）实验过程中搅拌速度为什么要保持恒定？搅拌速度快慢对实验结果有无影响？

（4）从提高测量 O_2 体积的准确性考虑，量气管以何种形状为最好？

（5）H_2O_2 和 KI 溶液的初始浓度对实验结果是否有影响？应根据什么条件选择它们？

（6）实验中测定对应的 V-t 数据时，每隔多长时间测定一次体积应根据什么条件确定？测定时间间隔的长短对测定结果有无影响？

（7）请评价实验原理部分介绍的 V_∞ 的三种处理方法。

（8）试根据实验结果，设计出一种 KI 催化作用下，H_2O_2 分解反应的可能的反应历程。

七、扩展实验

（1）通过实验寻求 KI 浓度对 H_2O_2 分解反应速率常数的影响的规律。

（2）通过实验求出在没有任何催化剂条件下 H_2O_2 分解反应的速率常数（温度一定）。

（3）研究温度对 H_2O_2 分解反应速率常数的影响规律。

（4）不同的催化剂（如 $FeCl_3$）对 H_2O_2 分解反应的速率影响的规律的实验研究。

（5）改进实验测定装置。

实验 151　蔗糖酸催化转化反应

一、实验目的

（1）学习积分法测定反应级数、反应速率常数及半衰期。

（2）了解旋光仪的基本原理，掌握旋光仪的正确使用方法。

二、实验原理

一级反应的速率方程为

$$r = -\frac{dc}{dt} = kc$$

积分

$$\int -\frac{dc}{c} = \int k dt$$

$$-\ln c = kt + B$$

B 为积分常数。$-\ln c$-t 图为一直线，直线斜率为速率常数 k。若以 t=0、c=c_0 和 t=t、c=c 为边界条件对速率方程进行定积分，有

$$\int_{c_0}^{c} -\frac{dc}{c} = \int_0^t k dt$$

$$\ln\frac{c_0}{c} = kt$$

$$k = \frac{1}{t}\ln\frac{c_0}{c}$$

c_0 为反应物的初始浓度。反应的半衰期为反应物消耗掉一半时所需的时间，则

$$t_{1/2} = \ln\left(c_0 / \frac{c_0}{2}\right) / k = \frac{0.693}{k}$$

反应速率与某反应物浓度的平方成正比的反应为二级反应。例如

$$aA \longrightarrow \text{产物}$$

有

$$r = \frac{1}{a}\frac{dc}{dt} = kc^2$$

其中 c 为反应物 A 的瞬时浓度。作不定积分有

$$\frac{1}{c} = akt + B$$

$\frac{1}{c}$-t 图为直线，直线斜率为 ak。在 t=0、c=c_0，t=t、c=c 区间作定积分，有

$$\frac{1}{c} - \frac{1}{c_0} = akt$$

c_0 为 A 的起始浓度。

二级反应的半衰期为

$$\left(\frac{1}{c_0/2} - \frac{1}{c_0}\right) = akt_{1/2}$$

$$t_{1/2} = \frac{1}{akc_0}$$

蔗糖酸催化转化反应的反应式为

$$C_{12}H_{22}O_{11}(\text{蔗糖})+H_2O \xrightarrow{H^+} C_6H_{12}O_6(\text{葡萄糖})+C_6H_{12}O_6(\text{果糖})$$

反应速率与温度、蔗糖浓度、水的浓度和催化剂 H^+的浓度均有关。当蔗糖水溶液的浓度在 10%（质量分数）以下时，由于水的物质的量浓度比蔗糖的要大得多，反应自始至终可视水的浓度为一常数；H^+是催化剂，反应过程中浓度不变。这两个常数可与速率常数合并为一个新的常数 k'，即

$$r=k\,c^p(H_2O)c^q(H^+)c^m(\text{蔗})=k'\,c^m(\text{蔗})$$

其中 $k'=k\,c^p(H_2O)c^q(H^+)$。

本反应中反应物蔗糖、产物葡萄糖和果糖均为旋光性物质。物质的旋光性以比旋光度定量表示。表示式为

$$[\alpha]_D^{20}=\frac{\alpha}{M_r lc}$$

式中，$[\alpha]_D^{20}$为比旋光度，其中上标 20 是指测定温度为 20℃，下标 D 是指测定光源用钠光 D 线，其波长为 5.89×10^{-7}m；l 为测定样品管的长度，单位为 m；c 为物质的量浓度；M_r 为物质的相对分子质量；α 为旋光度，单位为度。蔗糖、葡萄糖和果糖的比旋光度数值如下：

$$[\alpha_{\text{蔗}}]_D^{20}=66.56°\quad [\alpha_{\text{葡}}]_D^{20}=52.5°\quad [\alpha_{\text{果}}]_D^{20}=-91.9°$$

在相同的条件下，某旋光物质的旋光度与该物质的浓度成正比，体系的总旋光度为组成体系的各物质的旋光度之和。蔗糖转化过程中反应时间、浓度、旋光度的关系如下：

反应	蔗糖 + 水 $\xrightarrow{[H^+]}$	葡萄糖 +	果糖
t=0	c_0	0	0
	$\alpha_0=A_1c_0$	0	0
t=t	c	c_0-c	c_0-c
	$\alpha_{\text{蔗}}=A_1c$	$\alpha_{\text{葡}}=A_2(c_0-c)$	$\alpha_{\text{果}}=A_3(c_0-c)$

$$\alpha_t=A_1c+A_2(c_0-c)+A_3(c_0-c)=A_1c+(A_2+A_3)(c_0-c)=A_1c+A(c_0-c)$$

$t=\infty$	0	c_0	c_0
	$\alpha_{\text{蔗}}=0$	$\alpha_{\text{葡}}=A_2c_0$	$\alpha_{\text{果}}=A_3c_0$

$$\alpha_\infty=A_2c_0+A_3c_0=(A_2+A_3)c_0=Ac_0$$

式中，A_1、A_2、A_3 为比例常数，$A=A_2+A_3$；c 为蔗糖的瞬时浓度。由于反应进行到底，且一分子蔗糖转化为一分子葡萄糖和一分子果糖，故反应终了时葡萄糖和果糖的浓度等于蔗糖的初始浓度。由 α_0、α_t、α_∞ 与体系浓度的三个关系式可得

$$\alpha_t-\alpha_\infty=A_1c-Ac=(A_1-A)c$$

$$c=(\alpha_t-\alpha_\infty)/(A_1-A) \tag{6-70}$$

$$\alpha_0-\alpha_\infty=A_1c_0-Ac_0=(A_1-A)c_0$$

$$c_0=(\alpha_0-\alpha_\infty)/(A_1-A) \tag{6-71}$$

若转化反应对蔗糖是一级，有

$$-\ln c=k't+B$$

将式（6-70）代入得

$$-\ln(\alpha_t-\alpha_\infty)=k't+B-\ln(A_1-A)$$

令 $B'=B-\ln(A_1-A)$，则

$$-\ln(\alpha_t-\alpha_\infty)=k't+B' \tag{6-72}$$

作 $-\ln(\alpha_t-\alpha_\infty)$-$t$ 图，若为一直线，证明反应为一级，并且由直线斜率可得速率常数 k'。若图形不是直线，则不是一级反应。

此外，应用定积分式 $\ln\dfrac{c_1}{c_2}=k't$，有

$$\ln\frac{\alpha_1-\alpha_\infty}{\alpha_2-\alpha_\infty}=k'(t_2-t_1) \tag{6-73}$$

由对应的每两对 α_t-t 数据，用上式可计算得 k'。若一系列测定的 α_t-t 数据计算所得多个 k' 基本相同，则也证明为一级反应，否则反应不是一级反应。

若蔗糖酸催化转化反应为二级反应，则有

$$\frac{A_1-A}{\alpha_t-\alpha_\infty}=\alpha k't+B$$

$$\frac{1}{\alpha_t-\alpha_\infty}=\frac{\alpha}{A_1-A}k't+\frac{B}{A_1-A} \tag{6-74}$$

以 $\dfrac{1}{\alpha_t-\alpha_\infty}$-$t$ 作图得直线为二级反应，否则不是二级反应。若图形为直线，则直线斜率为 $\dfrac{\alpha}{A_1-A}k'$。由 t=0 时，$\dfrac{1}{\alpha_0-\alpha_\infty}=\dfrac{B}{A_1-A}$ 和 $c_0=\dfrac{\alpha_0-\alpha_\infty}{A_1-A}$，已知 c_0、α_0、α_∞ 可求 A_1-A，进而求 k'和 B。也可由定积分公式，得

$$\left(\frac{A_1-A}{\alpha_{t_2}-\alpha_\infty}-\frac{A_1-A}{\alpha_{t_1}-\alpha_\infty}\right)=k'(t_2-t_1) \tag{6-75}$$

已知 t_1、t_2、α_{t_1}、α_{t_2}、α_∞ 及由 c_0 和 α_0 求得 A_1-A，可进一步求算 k'。若一系列数据算得的 k'近于相等，则二级反应成立。

三、仪器与试剂

仪器：超级恒温槽；普通恒温槽；旋光仪；旋光管；时钟；锥形瓶（100mL）；移液管（25mL, 50mL）；台秤；恒温水浴锅。

试剂：蔗糖；H_2SO_4 溶液（2.0mol/L）。

四、步骤

本实验用旋光法测定蔗糖酸催化转化反应的反应级数以及一定温度和 H^+浓度下的反应速率常数，为此要测定反应过程中对应的 α_t-t 数据以及 α_0 和 α_∞ 。

（1）熟悉旋光仪的使用方法及操作原理；调节超级恒温槽和普通恒温槽到指定的反应温度（30℃）。

（2）配制约 90mL 20%（质量分数）的蔗糖水溶液及 60mL 2.0mol/L 的 H_2SO_4 溶液（为控制在相同的 H^+ 浓度下进行反应，该 H_2SO_4 溶液由实验室统一配制）。

（3）混合 25.0mL 20%的蔗糖溶液及 25.0mL 蒸馏水。摇匀后在指定反应温度下测定它的旋光度（即 α_0）。

（4）把 50.0mL 蔗糖溶液及 50.0mL 浓度为 2mol/L 的 H_2SO_4 混合均匀，装满旋光管，揩去管外的溶液，将旋光管放入旋光仪的暗室中，开始测定反应温度下不同时间该溶液的旋光度（即 α_t-t 数据）。以开始时刻为 t_0，每隔 2min 读一次数，20min 后每隔 3min 读一次数，再读 7 个数据即可。

（5）盛满旋光管剩下的反应液，置于水浴锅上加热以加速反应完成，在 50～60℃加热 1h 后可进行到底。冷却后在反应温度下测定旋光度（即 α_∞）。也可把反应液放置 48h 以上（室温下），使反应完成，再在反应温度下测旋光度。

（6）调节恒温槽温度至 40℃，重复实验步骤(3)～(5)的操作，再测量一套数据。

（7）操作时应注意：①装上液体后的旋光管内不应有气泡。旋光管要密封好，不要发生漏液现象。为此旋光管两端的封盖玻璃片及橡皮垫圈要放正，管盖要拧紧。灌注液体时可用手指轻弹管壁，以驱赶附着在管壁上的小气泡。在液体盛满旋光管后要迅速压盖好玻璃片。装好液体后要用滤纸擦拭掉管外壁及玻璃片表面上的液体，测定完毕后要倒出液体，洗净旋光管，擦干旋光管外表面，以防止酸性溶液腐蚀仪器。②旋光管洗涤及装液时要保管好玻璃片和橡皮垫圈，防止摔碎或丢失。③配制蔗糖溶液时要注意使蔗糖固体全部溶解，并充分混匀溶液。④反应以前，应把反应液分别预热到反应温度后再混合。预热完成后迅速混合反应液并用混合液洗涤旋光管三次，再在旋光管中装入混合液，放入旋光仪中测其旋光度。此步操作要稳而迅速。动作忙乱，易出差错；动作太慢，体系温度与实验温度的偏离增大，影响实验精度。⑤用加热法加快反应测定 α_∞ 时，加热温度不宜超过 60℃，否则有副反应发生。加热过程中防止水的蒸发影响反应体系浓度。

五、数据处理和实验结果

（1）用表格列出不同温度下的 t、α_t、$\alpha_t-\alpha_\infty$、ln（$\alpha_t-\alpha_\infty$）及 $\dfrac{1}{\alpha_t-\alpha_\infty}$。

（2）作出不同温度下的 $\ln(\alpha_t-\alpha_\infty)$-$t$ 及 $\dfrac{1}{\alpha_t-\alpha_\infty}$-$t$ 图，由图形判断反应级数为一级还是二级。

（3）用作图法及计算法求不同温度下的速率常数 k'。

（4）计算不同温度下反应的半衰期 $t_{1/2}$。

（5）根据实验测得的 k_1 和 k_2，利用阿伦尼乌斯（Arrhenius）公式计算反应的平均活化能：

$$\ln\frac{k_2}{k_1}=\frac{E_a}{R}\left(\frac{T_2-T_1}{T_1T_2}\right)$$

式中，k_1、k_2 分别为温度 T_1、T_2 时测得的反应速率常数；R 为摩尔气体常量；E_a 为反应的活化能。

六、思考题

（1）蔗糖酸催化转化反应的速率与哪些因素有关？其反应速率常数又与哪些因素有关？

（2）$\alpha=AC$，比例常数 A 与哪些因素有关？α 与哪些因素有关？$[\alpha]_D^{20}$ 与哪些因素有关？

（3）实验测出蔗糖转化反应级数为一级，可求得速率常数 k'，k'的含义是什么？它与 k 有什么不同？已知 k'后，还需要知道哪些数据才能求 k？若反应级数为 2，由 $\frac{1}{\alpha_t-\alpha_\infty}$-$t$ 图能否求 k'？为什么？

（4）假若反应不能进行到底，由 α_t，α_∞ 和 t 的数据能否求反应级数和 k'？为什么？

七、扩展实验

（1）使反应进行到底后进行测定，可求出 α_∞，不用反应进行到底的方法，而用别的实验途径求算 α_∞。

（2）实验测定 k'随 H^+浓度的变化规律，并求不加酸情况下的蔗糖转化反应的 k'。

（3）实验测定蔗糖酸催化转化反应中，对反应物 H_2O 的反应级数。

（4）不用旋光法而用另一种实验方法测定蔗糖酸催化转化反应的动力学规律。

（5）通过实验测定蔗糖酸催化转化反应的活化能及动力学指前因子，并检测 H^+浓度对活化能有无影响。

实验 152 乙酸乙酯皂化反应

一、实验目的

（1）学习用电导法研究乙酸乙酯皂化反应的动力学规律。测定该反应在一定条件下的反应速率常数。

（2）了解二级反应的特点及确定其速率方程及动力学方程的方法。

（3）掌握测定反应活化能及指前因子的实验方法。

二、实验原理

初始浓度均为 c_0 的乙酸乙酯与氢氧化钠发生皂化反应，反应时间为 t 时两者均消耗了 $x$mol。反应过程中各反应物和产物的浓度关系为

	$CH_3COOC_2H_5$	$+NaOH \longrightarrow$	CH_3COONa	$+C_2H_5OH$
t=0	c_0	c_0	0	0
t=0	c_0-x	c_0-x	x	x

若反应为二级反应，则速率方程为

$$r=\frac{dx}{dt}=k(c_0-x)^2$$

定积分
$$\int_0^x \frac{\mathrm{d}x}{(c_0 - x)^2} = \int_0^t k\mathrm{d}t$$

得
$$\frac{x}{c_0(c_0 - x)} = kt \tag{6-76}$$

已知c_0，由实验测得不同反应时间t时的x，以$x/(c_0-x)$对t作图，若所得为一直线，证明是二级反应，并可以从直线的斜率求出速率常数k。

根据该反应体系的性质，用测定不同反应时间体系的电导“跟踪”反应，操作较简便。体系的电导与x的关系可由以下分析得出。

反应体系中起导电作用的是Na^+、OH^-和Ac^-。Na^+在反应前后浓度不变，OH^-浓度随反应进行不断减小，Ac^-浓度则不断增大。由于OH^-的电导率比Ac^-大得多，反应体系的电导率将随反应进行不断下降，在稀溶液中，离子的电导率与其浓度成正比，且溶液的总电导率为组成该溶液各离子电导率之和。当测定电导用的电导池固定后，乙酸乙酯皂化反应在稀浓度下进行，有

$$G(Na^+)=A_1c(Na^+)$$
$$G(OH^-)=A_2c(OH^-)$$
$$G(Ac^-)=A_3c(Ac^-)$$
$$G=G(Na^+)+G(OH^-)+G(Ac^-)$$

式中，G为测定体系总电导；$G(Na^+)$、$G(OH^-)$、$G(Ac^-)$分别为体系中Na^+、OH^-、Ac^-对总电导的贡献；A_1、A_2、A_3为比例常数；$C(Na^+)$、$C(OH^-)$、$C(Ac^-)$为体系中Na^+、OH^-、Ac^-的浓度。用同一电导池进行电导测定，体系电导的变化即反映电导率的变化。反应初始时，体系电导为G_0，则

$$G_0=A_1c_0+A_2c_0$$

反应进行到t时刻时，体系电导为G_t，有

$$G_t=A_1c_0+A_2(c_0-x)+A_3x=G_0+(A_3-A_2)x=G_0+Ax$$
$$x=(G_0-G_t)/A=A'(G_0-G_t) \tag{6-77}$$

此为体系电导与浓度的关系式。其中$A=A_3-A_2$，$A'=1/A$，将式（6-77）代入式（6-76），得

$$\frac{A'(G_0-G_t)}{c_0[c_0-A'(G_0-G_t)]}=kt$$
$$\frac{c_0^2}{A'(G_0-G_t)}-c_0=\frac{1}{kt}$$
$$\frac{1}{G_0-G_t}=\frac{A'}{c_0^2kt}+\frac{A'}{c_0}$$

令
$$B=\frac{A'}{c_0},\ m=\frac{A'}{c_0^2k}=\frac{B}{c_0k}$$

则
$$\frac{1}{G_0-G_t}=\frac{m}{t}+B$$

将电导与电导率κ的关系式$G=\kappa A/l$代入上式，得

$$\frac{1}{\kappa_0-\kappa_t}=\frac{m}{t}+B \tag{6-78}$$

通过实验测定不同时间溶液的电导率 κ_t 和起始溶液的电导率 κ_0，以 $\frac{1}{\kappa_0-\kappa_t}$-$\frac{1}{t}$ 作图若得一直线，证明假设乙酸乙酯皂化反应为二级反应是正确的。由直线的斜率和截距可求 m 和 B。已知 m、B 和 c_0，则速率常数 k 可求算。

用电导法测定不同温度下乙酸乙酯皂化反应的速率常数 k，由阿伦尼乌斯公式

$$\ln k=\frac{E_a}{R}\cdot\frac{1}{T}+A$$

作 $\ln k$-$\frac{1}{T}$ 图。由直线的斜率和截距可求活化能 E_a 和指前因子 A。简易的办法可测定两个反应温度的两个 k。把两 k 和 T 代入上式，由解联立方程求出 E_a 和 A。

三、仪器与试剂

仪器：普通恒温槽；DDS-11A 型电导率仪；电导池；微量注射器（0.1mL）；碱式滴定管（50mL）；锥形瓶（100mL）。

试剂：乙酸乙酯；氢氧化钠。

四、步骤

（1）将恒温槽温度调至 30.0℃。

（2）配制乙酸乙酯溶液：准确配制与 NaOH 浓度（约 0.02mol/L）相同的乙酸乙酯溶液。方法是：根据室温下乙酸乙酯的物理化学参数（相对分子质量 88.1，密度 0.9g/mL），计算出配制 50mL 0.02mol/L 的乙酸乙酯的水溶液所需的乙酸乙酯的体积 V（mL），然后用微量注射器吸取 VmL 乙酸乙酯注入容量瓶中，稀释到刻度即可。

（3）调节电导率仪至正常工作状态。

（4）溶液起始电导率 κ_0 的测定：在干燥的 100mL 锥形瓶中，用移液管加入 25mL 0.02mol/L 的 NaOH 溶液和等体积的蒸馏水，混合均匀后，倒出少许溶液洗涤电导池和电极，然后将剩余溶液倒入电导池，恒温 5～8min，测定溶液电导率，直至数值不变为止，此数值即为 κ_0。

（5）反应时电导率 κ_t 的测定：用移液管移取 10mL 0.02mol/L NaOH 溶液加入一电导池内，置于恒温槽中恒温 15min。用另一支移液管移取 10mL 0.02mol/L 的乙酸乙酯溶液加入另一电导池内，盖上塞子，置于恒温槽中恒温 15min，并摇动数次。将恒温好的两溶液混合并计时，作为反应开始的时间，迅速将溶液混合均匀，然后将清洗干净的电极插入溶液，测定溶液的电导率 κ_t，第一个点可在反应进行到 6min 时读取，以后每隔 2min 读取一次溶液电导率值，20min 后可间隔 4min 测一次，记录 13～15 组数据即可停止，记下 κ_t 和对应的时间 t。

（6）活化能的测定：调节恒温槽的温度为 35.0℃或 40.0℃，重复实验步骤(4)～(5)的操作，分别测定该温度下的 κ_0 和 κ_t。

（7）在操作中应注意：①反应使用的 NaOH 溶液浓度要低于 0.04mol/L，否则电导与浓度不再成正比。NaOH 溶液的初始浓度应精确标定。②严格控制反应的 NaOH 和 $CH_3COOC_2H_5$ 的初始浓度相等。③温度对反应速率影响较大。测定时必须精确调节好恒温槽温度。④实验过程中必须保持电导池常数不变。操作时不要触及电极的铂黑，以防止铂黑脱落而改变电导池常数。⑤实验结束后，清洗电极，并置于电导水中保存待用。

五、数据处理和实验结果

（1）列出 t、κ_t、$\dfrac{1}{\kappa_0-\kappa_t}$ 以及 $\dfrac{1}{t}$ 数据。作 $\dfrac{1}{\kappa_0-\kappa_t}$-$\dfrac{1}{t}$ 图，由该图是否为直线，判断该反应是否为二级反应。计算反应速率常数 k。

（2）由不同温度的 k，计算反应活化能及指前因子。

六、思考题

（1）NaOH 和 $CH_3COOC_2H_5$ 的初始浓度为什么要相等？若不等能否进行实验测定？

（2）在保持电导与离子浓度成正比关系的前提下，NaOH 和 $CH_3COOC_2H_5$ 的浓度高一些好还是低一些好？为什么？

（3）反应开始后不久，发现电导池的铂黑有脱落，此时应停止实验还是把实验继续进行下去？为什么？

七、扩展实验

（1）实验研究在所用测量仪器的条件下，选用什么浓度的 NaOH 溶液进行反应为最好？

（2）不用电导法，而用其他方法进行此反应的动力学研究。

实验 153　丙酮碘化反应

一、实验目的

（1）学习用分光光度法研究反应的动力学规律。

（2）学习用孤立法测定丙酮碘化反应的反应级数。

（3）加深对复杂反应特征的理解。

二、实验原理

大多数化学反应是由几个基元反应组成的复杂反应。多数复杂反应的速率方程不能直接由质量作用定律预示。由实验测得复杂反应的速率方程及动力学方程，是推测反应的可能机理的依据之一。

丙酮碘化反应的反应式为

$$CH_3COCH_3+I_2 \longrightarrow CH_3COCH_2I+I^-+H^+$$

由反应式，首先考虑反应的速率方程可能是

$$r=kc^p(CH_3COCH_3)c^q(I_2)$$

若反应级数即为化学反应式的计量系数，则 $p=q=1$。只要上述速率方程成立，且 p、q 为正值，定温下丙酮碘化反应的反应速率随反应时间的延长将逐渐减小。但实验表明，反应速率不是越来越小，这说明上述速率方程不符合反应的实际。在一段反应时间内随着反应的进行反应速率增加的实验现象，启示反应中可能存在自催化现象。用在反应体系中分别加入某种产物，观察是否增加反应速率的方法，可以确定起自催化作用的为何种产物。本反应是产物 H^+起自催化作用。由此，进而假设反应速率方程为

$$r=kc^p(CH_3COCH_3)c^q(I_2)c^m(H^+)$$

反应速率常数 k 及反应级数 p、q、m 均可由实验测定。

I_2 和 I^-在溶液中存在下列平衡：

$$I_2+I^- \rightleftharpoons I_3^-$$

为了加大 I_2 在水中的溶解度，常在水溶液中加入大量的 KI，使 I_2 成为 I_3^-。I_2 和 I_3^- 在可见区均有吸收。丙酮碘化反应的所有产物和反应物中，只有 I_2（或 I_3^-）在可见区有吸收，所以可用分光光度法直接测定反应体系的吸光度，观察碘浓度的变化以跟踪反应进程。

丙酮碘化反应不仅可以生成一碘化丙酮，还可发生多元碘化反应。为了控制反应在一元碘化阶段，可使丙酮和酸的浓度大大过量于碘的浓度，且用初始速率（即刚开始反应时的速率，此时副反应少，初始速率能真正反映反应的本质）来计算反应级数及速率常数。

为测定对丙酮的反应级数，至少在同温度下需做两次实验。两次实验 H^+和碘的初始浓度相同，而丙酮的初始浓度不同。若第一次实验所用初始浓度为 $c^0(CH_3COCH_3)$、$c^0(I_2)$ 和 $c^0(H^+)$，第二次实验取用 $\mu c^0(CH_3COCH_3)$、$c^0(I_2)$和 $c^0(H^+)$。两次实验的初始速率分别以 r_1^0 和 r_2^0 表示，则

$$r_1^0=k[c^0(CH_3COCH_3)]^p[c^0(I_2)]^q[c^0(H^+)]^m$$

$$r_2^0=k[\mu c^0(CH_3COCH_3)]^p[c^0(I_2)]^q[c^0(H^+)]^m$$

两式相比

$$\lg\frac{r_2^0}{r_1^0}=p\lg\mu \quad p=\lg\left(\frac{r_2^0}{r_1^0}\right)\Big/\lg\mu \tag{6-79}$$

已知 μ，测得 r_1^0 和 r_2^0，则 p 可求得。

根据朗伯-比尔定律，波长一定，有

$$D=K'Lc \tag{6-80}$$

把上式代入速率方程，有

$$r=-\frac{dc(I_2)}{dt}=-\frac{d(D/K'L)}{dt}=-\frac{1}{K'L}\frac{dD}{dt} \tag{6-81}$$

在定温、定波长下测定已知浓度碘溶液的吸光度，由式（6-80）计算 $K'L$。再在同温、同波长、同比色皿的条件下进行丙酮碘化反应，测定不同反应时间的吸光度，用 D-t 数据作 D-t 曲线，曲线在 t=0 点切线的斜率即为初始反应的 $\frac{dD}{dt}$，由它及 $K'L$ 计算反应初始速率 r_1^0（或 r_2^0）。

同理，采用丙酮和 H^+ 初始浓度相同，而碘初始浓度不同；丙酮和碘初始浓度相同，而 H^+ 初始浓度不同的各两组实验测定，可求得级数 q 和 m。

反应级数确定后，由反应的初始速率和各物质的初始浓度用速率方程可计算速率常数 k。测定至少两个温度的反应速率常数，由

$$\ln\frac{k_2}{k_1}=\frac{E_a}{R}\frac{(T_2-T_1)}{T_2T_1}$$

$$\ln k=-\frac{E_a}{RT}+\ln A$$

可求算 E_a 和 A。

三、仪器与试剂

仪器：分光光度计；比色皿；超级恒温槽；普通恒温槽；容量瓶（50mL）；反应管（25mL）；移液管（5mL, 10mL, 15mL）。

试剂：丙酮；碘；碘化钾；盐酸。

四、步骤

本实验用分光光度法测定丙酮碘化反应的反应级数、一定温度下的反应速率常数、反应活化能和指前因子。

（1）熟悉分光光度计的使用方法。

（2）配制 0.0200mol/L I_3^- 溶液，2.5000mol/L 丙酮溶液和 1mol/L 左右（需知浓度精确值）的 HCl 溶液备用（溶液已预先配好）。

（3）用 560nm 波长的光进行测定。建议用 0.0200mol/L I_3^- 溶液稀释 5 倍后的溶液测定吸光度，求 $K'L$。

（4）建议配制如下四组溶液在定温下进行 D-t 数据的测定（每隔 2min 读取一次数据），以求反应级数和反应速率常数。

组号	0.0200mol/L V（I_3^-）/mL	2.5000mol/L V（丙酮）/mL	1mol/L V（HCl）/mL	V（蒸馏水）/mL
1	4.00	4.00	4.00	13.00
2	4.00	2.00	4.00	15.00
3	4.00	4.00	2.00	15.00
4	6.00	4.00	4.00	11.00

（5）选择一组溶液，测定不同温度的反应速率常数，求 E_a 和 A。

（6）本实验注意要点：

①为尽量准确地确定反应起始时间，可先将丙酮、HCl、蒸馏水按所取量混合好，最后加入所需 I_3^- 溶液，并在 I_3^- 加入一半时开始计时。反应液混合后立即摇匀。

②为测得正确的 D 数据，一是要注意使光度计稳定后再开始测定；二是要洗净比色皿，防止比色皿污染。

③生成物碘化丙酮对眼睛有刺激作用，故测定完毕应将反应液倒入指定的回收瓶中，不要随便乱倒。

五、数据处理和实验结果

（1）设计表格，列出相应的测定及计算数值。

（2）计算 $K'L$。

（3）作每一组反应的 D-t 图，由图求初始速率及反应级数、反应速率常数。

（4）根据不同温度下的反应速率常数，利用阿伦尼乌斯公式计算反应的平均活化能。

六、思考题

（1）分析实验所得 D-t 线的形状并说明原因。

（2）丙酮碘化反应的速率方程为 $r=kc^p(CH_3COCH_3)c^q(I_2)c^m(H^+)$，解释速率常数 k 的物理意义。

（3）丙酮碘化反应中，H^+为催化剂。能否把 $r=kc^p(CH_3COCH_3)c^q(I_2)c^m(H^+)$中的 $c^m(H^+)$项并入速率常数项中，为什么？

（4）实验中若开始计时晚了，就本实验而言，对实验结果有无影响？为什么？对一般动力学实验而言，情况又该怎样？

（5）若盛蒸馏水的比色皿没有洗干净，对测定结果有什么影响？

（6）选取各反应物的初始浓度，应考虑哪些情况？

（7）根据速率方程，提出一种丙酮碘化反应的可能的反应机理。

七、扩展实验

（1）有资料提及：丙酮卤化反应速率常数不因卤素的不同而异。用实验检验此结论是否正确。

（2）实验研究 H^+浓度对反应速率常数的影响规律。（注意：H^+为催化剂，但又是产物，应如何保持反应过程 H^+浓度的恒定？）

（3）用化学方法对丙酮碘化反应进行动力学研究。

实验 154　溶液中的离子反应

一、实验目的

（1）通过对溶液中过硫酸根离子与碘离子反应的动力学研究，学习测定反应级数、反应速率常数、活化能及指前因子的实验方法。

（2）了解碘钟法及其特点。

（3）了解影响溶液中离子反应的反应速率的各种因素，从而掌握离子反应的特性。

二、实验原理

溶液中反应

$$S_2O_8^{2-} + 2I^- \longrightarrow I_2 + 2SO_4^{2-} \tag{6-82}$$

假设其速率方程具有如下形式

$$-\frac{dc(S_2O_8^{2-})}{dt} = k\,c^p(S_2O_8^{2-})c^q(I^-) \tag{6-83}$$

此反应可用碘钟法进行动力学研究。碘钟法的基本原理如下：

硫代硫酸根与碘分子有下列反应：

$$2S_2O_3^{2-} + I_2 \longrightarrow 2I^- + S_2O_6^{2-} \tag{6-84}$$

在相同条件下，此反应的反应速率比反应（6-82）要大得多。因而，当溶液中共存$S_2O_8^{2-}$、I^-、$S_2O_3^{2-}$和淀粉时，$S_2O_8^{2-}$与I^-生成的I_2，立即会与$S_2O_3^{2-}$反应恢复到I^-，直到体系中$S_2O_3^{2-}$消耗殆尽，生成的I_2才能使淀粉变蓝色。体系从反应开始到出现蓝色所经历的时间，指示出$S_2O_3^{2-}$消耗完毕的时间。由于反应（6-82）比反应（6-84）慢得多，所以这一时间由反应（6-82）的速率所控制，它与反应（6-82）的速率有关。蓝色的出现，犹如时钟给反应计时，“碘钟”的含义即在于此。

设$S_2O_8^{2-}$、I^-和$S_2O_3^{2-}$的初始浓度分别为a、b、c，反应进行到t时刻后，消耗掉$S_2O_8^{2-}$的浓度为x，t时刻各反应物的浓度为

$$c(S_2O_8^{2-}) = a - x$$

$$c(S_2O_3^{2-}) = c - 2x\text{（当}S_2O_3^{2-}\text{已消耗完时，}c-2x=0\text{）}$$

$$\text{（当}S_2O_3^{2-}\text{未消耗完时，}c-2x>0\text{）}$$

$$c(I^-) = b\ \text{［当}S_2O_3^{2-}\text{未消耗完，即}c(S_2O_3^{2-})>0\text{时］}$$

$$c(I^-) = b + (c-2x)\ \text{［当}S_2O_3^{2-}\text{已消耗完，即}c(S_2O_3^{2-})=0\text{时］}$$

把上述关系代入式（6-83）中，则

当$c(S_2O_3^{2-})>0$时，有

$$-\frac{dc(S_2O_8^{2-})}{dt} = -\frac{d(a-x)}{dt} = k(a-x)^p b^q$$

$$\frac{dx}{dt} = k(a-x)^p b^q$$

当$c(S_2O_3^{2-})=0$时，有

$$-\frac{dc(S_2O_8^{2-})}{dt} = -\frac{d(a-x)}{dt} = k(a-x)^p(b-2x+c)^q$$

设反应从开始到体系显蓝色所经历的时间为t^*。显然，t^*为$S_2O_3^{2-}$刚消耗完毕的反应时间，此时应有

$$c(S_2O_3^{2-}) = c - 2x = 0$$

$$x=c/2$$

若使反应在 $a \gg c$ 和 $b \gg c$ 的条件下进行，体系刚显蓝色时的 x 比 a 和 b 均小得多。反应速率方程可近似地表示为

$$\frac{dx}{dt} \approx ka^p b^q$$

且反应的瞬时速率可近似地以平均速率表示，即

$$\frac{dx}{dt}=\frac{x}{t^*}=\frac{c}{2t^*} \tag{6-85}$$

$$\frac{c}{2t^*}=ka^p b^q \tag{6-86}$$

在已知反应物初始浓度 a、b、c 的情况下，由实验测出 t^*，用式（6-85）可求 dx/dt。进行两组溶液的反应，第一组初始浓度为 a、b、c，第二组为 μa、b、c，在其他条件相同的条件下测定两组反应体系显蓝色的时间 t_1^* 和 t_2^*。应用式（6-86）得

$$\frac{c}{2t_1^*}=ka^p b^q$$

$$\frac{c}{2t_2^*}=k(\mu a)^p b^q$$

两式相除得

$$\mu^p=\frac{t_1^*}{t_2^*}$$

由此式可求对 $S_2O_8^{2-}$ 的反应级数 p。用类似的方法可求对 I^- 的反应级数 q。p、q 确定后，由式（6-86）可求 k。

溶液中离子反应的速率常数 k 与温度有关，当其他因素固定时，温度对速率常数的影响服从阿伦尼乌斯公式

$$\ln k=-\frac{E_a}{RT}+\ln A$$

$\ln k$-$\frac{1}{T}$ 图为一直线，由直线斜率和截距可求 E_a 和 A。

离子强度对反应速率常数的影响，可通过下式得到

$$\lg k'=\lg k^0+2z_A z_B A'\sqrt{I} \tag{6-87}$$

式中，I 为离子强度，$I=\frac{1}{2}\sum_i m_i Z_i^2$；$m_i$ 为 i 离子的质量摩尔浓度；Z_i 为 i 离子的电荷。$\lg k'$-$\sqrt{I}$ 图为一直线。由直线斜率可求 A'，由截距求 k^0。k^0 为 $\sqrt{I}=0$ 时的反应速率常数。

三、仪器与试剂

仪器：普通恒温槽；秒表；移液管（2mL, 5mL, 10mL）；反应瓶；烧杯（100mL）。

试剂：KI；$Na_2S_2O_3$；KNO_3；$K_2S_2O_8$；HCl；可溶性淀粉。

四、步骤

1. 配制溶液

用称量法配制0.0100mol/L 的 $K_2S_2O_8$ 溶液、0.1000mol/L 的 KI 溶液和 0.4000mol/L 的 KNO_3 溶液。按定量分析要求配制 0.0010mol/L 的 $Na_2S_2O_3$，精确标定其浓度（配制及标定方法参考有关分析化学书）。配制 0.2%淀粉溶液，方法为取 0.2g 可溶性淀粉，加入少许蒸馏水调成糊状，将此糊状物倾入 100mL 沸水中搅拌煮沸 2min，即得 0.2%淀粉溶液，冷却待用。淀粉易变质，需当天配制，当天使用。

2. 反应级数的测定

建议按下表所列的溶液量进行四组反应。

组号	KI/mL	$Na_2S_2O_3$/mL	KNO_3/mL	$K_2S_2O_8$/mL	淀粉/mL	蒸馏水/mL
1	2.00	2.00	4.00	2.00	2.00	6.00
2	2.00	2.00	4.00	6.00	2.00	2.00
3	4.00	2.00	4.00	2.00	2.00	4.00
4	4.00	2.00	4.00	4.00	2.00	2.00

进行反应时用恒温槽控制反应温度。加惰性电解质 KNO_3 的目的是控制反应体系的离子强度。在进行每一组反应时，先把 KI、$Na_2S_2O_3$、KNO_3、淀粉及蒸馏水按指定量混合均匀，在恒温槽中恒温至恒定温度，然后再加入恒温到反应温度的所需量的 $K_2S_2O_8$ 溶液，当 $K_2S_2O_8$ 溶液加到一半时开始计时。全部反应液要混合均匀。测出反应开始到反应体系刚呈蓝色所需的时间 t^*，由四组反应的 t^*及各反应物的初始浓度确定反应级数 p、q。

3. 速率常数 k 的测定

保持测定反应级数时的反应温度，参照测反应级数的四组溶液的配比，再配制另外两组反应溶液（保持体系总离子强度与前面四组反应基本相同。淀粉溶液仍加 2.00mL）。如前述同样操作步骤测出 t^*。用式（6-86）对六组反应计算 k，再由速率方程 $\frac{\mathrm{d}x}{\mathrm{d}t}\approx ka^p b^q$，从 $t=0$，$x=0$ 和 $t=t^*$，$x=\frac{c}{2}$ 作定积分，得出动力学方程（p、q 已知）。然后再由六组数据作图求 k。比较这两种方法所得的 k。

4. 活化能和指前因子的测定

根据前面的实验结果，从上面六组反应中选择一组，在 35℃、40℃、45℃下测定该反应的 t^*。计算不同温度下的 k，由 $\lg k$-$1/T$ 图求出 E_a 和 A。

五、数据处理和实验结果

（1）以表格形式列出实验及计算数据。

（2）按作图规则绘制图线，列出由图求得的结果。

（3）列出对该反应进行动力学研究的全部实验结论。

六、思考题

（1）碘钟法在什么条件下适用？

（2）实验测得的反应级数与反应方程式的计量系数是否相同？能否推断本反应是简单反应还是复杂反应？如果把本反应的反应历程设想为如下的双分子反应步骤：

$$S_2O_8^{2-}+I^- \longrightarrow (IS_2O_8)^{3-} \qquad k_1$$

$$(IS_2O_8)^{3-}+I^- \longrightarrow I_2+2SO_4^{2-} \qquad k_2$$

$$(IS_2O_8)^{3-} \longrightarrow I^-+S_2O_8^{2-} \qquad k_3$$

$k_2 \gg k_1$，$k_2 \gg k_3$，利用$(IS_2O_8)^{3-}$的稳态近似 $d[(IS_2O_8)^{3-}]/dt=0$，根据质量作用定律推导出总反应的速率方程，比较推导结果与实验结果是否一致。

七、扩展实验

（1）研究离子强度对速率常数的影响。

设计五组反应，五组反应的 KI、$Na_2S_2O_3$、$K_2S_2O_8$ 及淀粉浓度相同，而各组的离子强度不同（可由各组加入的 KNO_3 及蒸馏水的量控制）。恒温下，测出五组反应液的 t^*，计算每组反应液的 k' 及离子强度 I，作 $\lg k'-\sqrt{I}$ 图，由图求 k^0 和 A'。得出该反应的速率常数与离子强度之间的关系式。

（2）不用碘钟法，而用其他方法研究过硫酸根与碘离子反应的动力学规律。

（3）用碘钟法对其他反应进行动力学研究。

实验 155　蔗糖酶催化转化反应

一、实验目的

通过对蔗糖酶催化转化反应的研究，学习酶催化反应的动力学规律及该类反应速率常数的测定方法。

二、实验原理

蔗糖转化反应

$$C_{12}H_{22}O_{11}(\text{蔗糖})+H_2O \longrightarrow C_6H_{12}O_6(\text{葡萄糖})+C_6H_{12}O_6(\text{果糖})$$

H^+是该反应的催化剂。蔗糖转化酶（简称蔗糖酶）是蔗糖转化反应更有效的催化剂，它可由酵母经处理制得。

酶催化反应的机理最早由迈克里斯（Michaelis）和门坦（Menten）于 1914 年提出。该机理假设反应分两步进行：

第一步　　$E + S \underset{k_{-1}}{\overset{k_1}{\rightleftharpoons}} ES$

其中，S 为反应物（也称底物）；E 为酶；ES 为中间配合物。该步反应迅速达到平衡，平衡常数为 K。k_1、k_{-1} 分别为正、逆反应速率常数。

第二步　　$ES \xrightarrow{k_2} P+E$

P 为产物，k_2 为中间配合物 ES 分解为产物 P 和再生出酶 E 的分解反应速率常数。该反应是慢步骤。

第一步平衡反应，有

$$K=\frac{[ES]}{[E][S]}$$

因为[E]+[ES]=[E$_0$]，其中[E$_0$]为酶的初始浓度，则

$$\frac{[ES]}{[E_0]}=\frac{K[E][S]}{[E]+[ES]}=\frac{\dfrac{K[S][E]}{[E]}}{\dfrac{[E]+[ES]}{[E]}}=\frac{K[S]}{1+K[S]}$$

用产物的生成速率表示反应速率，有

$$r=\frac{d[P]}{dt}=k_2[ES]=k_2\cdot[E_0]\cdot\frac{K[S]}{1+K[S]}$$

令　　$$k'=k_2\cdot[E_0]\cdot K$$

则　　$$r=k'\frac{[S]}{1+K[S]}$$

作 r-[S]图，其形状如图 6-39 所示。

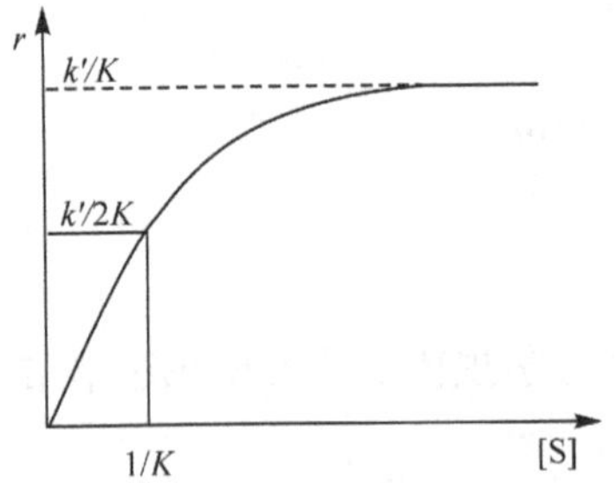

图 6-39　r-[S]图

当 $K[S]\ll 1$ 时，$r\approx k'[S]$，r-[S]为直线关系，直线斜率为 k'。[S]小的情况下是如此。

当 $K[S]\gg 1$ 时，$r\approx\dfrac{k'[S]}{K[S]}=\dfrac{k'}{K}$，即 r 不随[S]而变，为一恒定值。r-[S]图的渐近线为 k'/K。取 r 为渐近线值的一半，有

$$\frac{k'}{2K}=\frac{k'[S]}{1+K[S]}$$

$$\frac{1}{2K}=\frac{[S]}{1+K[S]}\quad [S]=\frac{1}{K}$$

即渐近线 r 的一半处所对应的[S]为 K 的倒数。

若由实验测得 r-[S]的对应关系，由 r-[S]图可求出 K 和 k'。再已知酶的初始浓度[E$_0$]，便可计算反应速率常数 k_2。

更简便的方法是作$\frac{1}{r}$-$\frac{1}{[S]}$图。

$$\frac{1}{r}=\frac{1+K[S]}{k'[S]}=\frac{1}{k'[S]}+\frac{K}{k'}$$

$\frac{1}{r}$-$\frac{1}{[S]}$图应为一直线，由直线的斜率和截距可求 K 和 k'。

为检验上述动力学规律，求得 K 和 k'，需要一定条件下反应过程的 r 和[S]数据。通过反应[S]-t 对应关系的测定可求算 r，而[S]的数据由反应过程中体系旋光度的变化推算。

	蔗糖	+ 水 ⟶	葡萄糖	+ 果糖	体系旋光度
t=0	$[S_0]$	大量	0	0	α_0
t=t	[S]	大量	$[S_0]-[S]$	$[S_0]-[S]$	α_t
t=∞	0	大量	$[S_0]$	$[S_0]$	α_∞

因为 $\alpha_{蔗}=A_1c_{蔗}$，$\alpha_{果}=A_2c_{果}$，$\alpha_{葡}=A_3c_{葡}$，A_1、A_2、A_3 为比例常数，有

$$\alpha_0=A_1[S_0]$$

$$\alpha_t=A_1[S]+A_2([S_0]-[S])+A_3([S_0]-[S])=A_1[S]+(A_2-A_3)([S_0]-[S])$$

$$\alpha_\infty=A_2[S_0]+A_3[S_0]=(A_2+A_3)[S_0]$$

$$\alpha_t-\alpha_\infty=A_1[S]-(A_2+A_3)[S]=(A_1-A_2-A_3)[S]$$

$$\alpha_0-\alpha_\infty=(A_1-A_2-A_3)[S_0]$$

$$\frac{\alpha_t-\alpha_\infty}{\alpha_0-\alpha_\infty}=\frac{[S]}{[S_0]}$$

$$[S]=[S_0]\frac{\alpha_t-\alpha_\infty}{\alpha_0-\alpha_\infty}$$

由实验测得 α_0、α_∞ 以及不同 t 时的 α_t，即能得到[S]-t 的对应关系，作[S]-t 图，图形曲线上的斜率为$\frac{d[S]}{dt}$，而 $r=-\frac{d[S]}{dt}$，作$\frac{1}{r}$-$\frac{1}{[S]}$图，由直线的斜率和截距求 k'和 K。

三、仪器与试剂

仪器：旋光仪；超级恒温槽；时钟；烧杯（50mL）；锥形瓶（250mL, 10mL）；微型注射器（1mL）；移液管（50mL, 1mL）；容量瓶（100mL）；分析天平。

试剂：蔗糖；鲜酵母；NaAc；HAc 溶液（4.0mol/L）。

四、步骤

（1）蔗糖酶的制备。

在 50mL 磨口锥形瓶中加入约 10g 鲜酵母。加少许无菌蒸馏水（把蒸馏水煮沸后冷却即成），把鲜酵母调成干糊状。再加 0.8g NaAc，搅拌 20min 后加入 1.5mL 甲苯。用磨口塞塞住瓶口摇动 10min，把此锥形瓶在 37℃放置 60h。此后，再加入 1.6mL 4.0mol/L 的

HAc 和无菌水，使混合物的 pH 约为 4.5。过滤此混合物，滤液存放在 25mL 磨口锥形瓶中，用 5mL 无菌水冲洗原锥形瓶和滤纸上的沉淀，冲洗后的滤液与原滤液合并存放。在滤液中加入 5mL 甲苯，甲苯层覆盖在酶液上面，防止细菌侵入。酶溶液放置在冰箱中保存。

酶易为细菌破坏而失去活性。故制备时所用一切器皿均需经蒸煮消毒后才能使用。因时间关系，酶溶液由实验室提供。

（2）熟悉旋光仪的使用方法。

（3）用 100mL 容量瓶精确配制 100mL 0.6000mol/L 的蔗糖水溶液。

（4）调节超级恒温槽温度，使通以循环恒温水旋光管夹套的温度保持在所需的反应温度。

（5）用蒸馏水装满旋光管，测定旋光仪的零点。

（6）用 25mL 移液管吸取 25mL 0.6000mol/L 蔗糖溶液及 25mL 蒸馏水。两者在清洁干燥的 100mL 锥形瓶中混合，再用 1mL 移液管加入 0.5mL 蒸馏水。混匀后，在反应温度下测定该溶液的旋光度（α_0）。（旋光管要用该溶液荡洗两三次）

（7）向一清洁干燥的 250mL 锥形瓶中，用移液管加入 50mL 0.6000mol/L 蔗糖溶液，再加入 50mL 蒸馏水，摇匀后，放在恒温槽中预热到反应温度。然后，用微型注射器迅速注入 1mL 酶溶液并同时开始计时。用旋光仪在反应温度下测定反应时间为 10min、15min、20min、25min、30min、35min、40min、45min、50min、55min、60min、65min、70min 时反应体系的旋光度。

（8）灌注旋光管剩下的反应液，置于 40～50℃的水浴中，加热 0.5h，以加速反应完成。冷却后，用旋光仪测定反应温度下该溶液的旋光度。取出旋光管浸在水浴中再加热 10min，冷却后，再在反应温度下测定旋光度（旋光管外壁要擦干）。若两次测定值相同，则为 α_∞，若不相同则需再加热反应，再测定，直至旋光度恒定。

（9）实验的操作关键是温度控制。操作注意事项与实验 155（蔗糖酸催化转化反应）相同。

（10）实验测定完成后，清洗、整理好使用的全部仪器。

五、数据处理和实验结果

（1）列表记录数据 t、α_t、[S]。

（2）作[S]-t 图，由[S]-t 图求取各反应时刻的瞬时速率（$r=\dfrac{\mathrm{d[S]}}{\mathrm{d}t}$）。

（3）列出对应的$\dfrac{1}{r}$-$\dfrac{1}{[\mathrm{S}]}$数据。由数据作$\dfrac{1}{r}$-$\dfrac{1}{[\mathrm{S}]}$图，并由此图求 k'和 K。

（4）报告蔗糖酶催化转化反应的速率方程。

六、思考题

（1）蔗糖溶液和酶溶液浓度过高或过低对实验测定有什么影响？

（2）K 和 k'与哪些因素有关？

（3）配制测 α_0 的溶液时，为什么还要加 0.5mL 蒸馏水？

七、扩展实验

（1）研究温度对该反应的 k' 和 K 的影响规律。
（2）用除旋光法以外的其他方法进行该反应的动力学研究。

实验 156　气体-溶液界面上的吸附

一、实验目的

（1）测定不同浓度丁醇水溶液的表面张力，计算其表面吸附量和丁醇分子的长度及分子横截面积。
（2）了解表面张力的性质，表面自由能的意义以及表面张力和吸附量的关系。
（3）掌握用最大气泡压力法测定表面张力的原理和技术。

二、实验原理

处于液相与气相界面上的分子，由于受两相中分子的吸引力不同而向液相内收，使液体具有尽量缩小表面的趋势。这种沿液面表面收缩的力称为表面张力，用 σ 表示，它表示液体表面自动缩小趋势的大小，其量值与液体的成分、溶质的浓度、温度及表面气氛等因素有关。从热力学观点看，液体表面缩小是一个自发过程，这是使体系总的自由能减小的过程。若欲使液体产生新的表面 ΔA，则需要对其做功。功的大小应与 ΔA 成正比：

$$-W=\sigma\Delta A$$

单组分液体表面层的组成与内部的组成相同，因此纯液体降低表面自由能的唯一途径是尽可能缩小其表面积。对于溶液，由于溶质能使溶剂表面张力发生变化，因此可以调节溶质在表面层的浓度来降低表面自由能。

根据能量最低原则，溶质能降低溶剂的表面张力时，表面层溶质的浓度比溶液内部大；反之，溶质使溶剂的表面张力升高时，表面层溶质的浓度比内部的浓度低。这种表面浓度与溶液内部浓度不同的现象称为溶液的表面吸附。显然，在指定的温度和压力下，溶质的吸附量与溶液的表面张力及溶液的浓度有关，从热力学方法可知它们之间的关系遵守吉布斯吸附方程：

$$\Gamma=-\frac{c}{RT}\left(\frac{d\sigma}{dc}\right)_r \tag{6-88}$$

式中，Γ 为表面吸附量（mol/m^2）；T 为热力学温度（K）；c 为稀溶液浓度（mol/L）；R 为摩尔气体常量。如果 $\left(\frac{d\sigma}{dc}\right)_r<0$，则 $\Gamma>0$，称为正吸附；如果 $\left(\frac{d\sigma}{dc}\right)_r>0$，则 $\Gamma<0$，称为负吸附。本实验研究正吸附的情况。

有一类物质，溶入溶剂后，能使溶剂的表面张力降低，这类物质被称为表面活性物质，表面活性物质具有显著的不对称结构，它们是由亲水的极性基因和憎水的非极性基团构成的。对于有机化合物来说，表面活性物质的极性部分一般为—NH_2、—OH、—SH、—COOH、—SO_2OH 等，丁醇就属这样的化合物。它们在水溶液表面排列的情况随其浓度不同而异。如图 6-40 所示，浓度很小时，分子可以平躺在表面上；浓度增大时，分子的极性基团取向溶液内部，而非极性基团基本上取向空间；当浓度增至一定程度时，溶质分子占据了所有液体表面，就形成饱和吸附层。以表面张力对浓度作图，可得到σ-c 曲线，如图 6-41 所示，从图中可以看出，在开始时，表面张力随浓度增加而迅速下降，以后的变化比较缓慢。

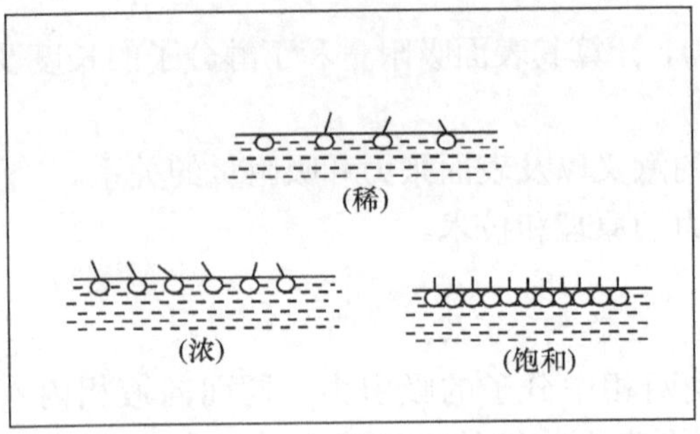

图 6-40　表面活性剂分子在水溶液表面上的排列示意图

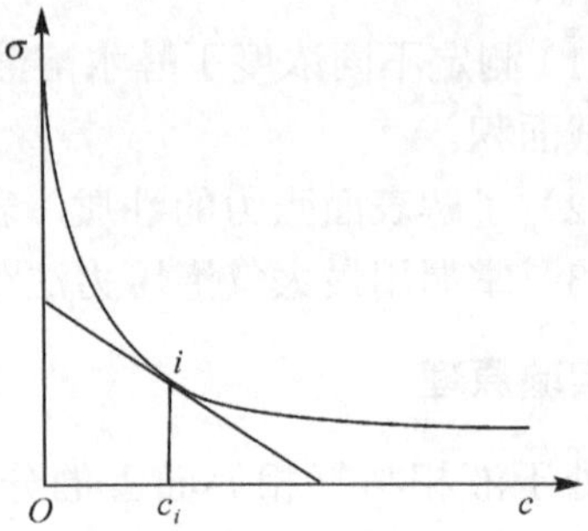

图 6-41　表面张力与浓度的关系

在σ-c 曲线上任选一点 i 作切线，即可得该点所对应浓度 c_i 的斜率$(\mathrm{d}\sigma/\mathrm{d}c)_T$，再由式（6-88），可求得不同浓度下的 Γ。

吸附量 Γ 与浓度 c 之间的关系，可用朗谬尔（Langmur）吸附等温式表示：

$$\Gamma = \Gamma_\infty \frac{Kc}{1+Kc} \tag{6-89}$$

式中，Γ_∞ 为饱和吸附量；K 为常数。将上式取倒数可得

$$\frac{c}{\Gamma} = \frac{c}{\Gamma_\infty} + \frac{1}{K\Gamma_\infty} \tag{6-90}$$

作 $\frac{c}{\Gamma}$-c 图，直线斜率的倒数就是 Γ_∞。

达到饱和吸附时，如果以 N 代表 $1\mathrm{m}^2$ 液体表面上溶质的分子数，则有

$$N = \Gamma_\infty N_\mathrm{A} \tag{6-91}$$

其中，N_A 是阿伏伽德罗常量。如果用 q 代表溶质分子的横截面，δ 为分子的长度，则

$$q = \frac{1}{N} = \frac{1}{\Gamma_\infty N_\mathrm{A}} \tag{6-92}$$

$$\delta = \frac{\Gamma_\infty \cdot M_\mathrm{r}}{\rho} \tag{6-93}$$

式中，M_r 为溶质的相对分子质量；ρ 为溶质在温度 T 时的密度。

测定液体表面张力常用的方法有拉脱法、毛细管升高法、液滴测重法和最大气泡压力法等。本实验用最大气泡压力法测定丁醇水溶液的表面张力，作表面张力 σ-c 图，从图中

求出不同浓度时的$\frac{d\sigma}{dc}$，通过式（6-88）和式（6-90）计算出相应的Γ和$\frac{c}{\Gamma}$，作$\frac{c}{\Gamma}$-c图，得一直线，直线斜率的倒数就是Γ_∞。由式（6-92）、式（6-93）得到丁醇分子的长度和截面积。因此，本实验的关键是测得各溶液的表面张力σ。

如图 6-42 所示，内径为r的毛细管的管端刚刚与待测液的液面相切时，由于表面张力的作用，毛细管内的液面将升至一定高度。此时毛细管、导管 6、吸滤瓶、导管 7 和压力计连成一封闭系统。毛细管内外液体均受大气压p_0的作用。打开滴液漏斗的活塞，使漏斗中的水逐滴滴进吸滤瓶中. 随着水进入封闭系统，系统内的压力逐渐增大，毛细管中的液面逐渐下压至管口，并在管口形成曲率半径等于毛细管半径r的半球形气泡，如图 6-43 所示。继续增大系统压力，当它超过气泡表面张力能承受的最大限度时，气泡破裂。系统内气体由毛细管端口溢出，系统压力下降。在水滴入吸滤瓶使系统压力增加的过程中，系统压力与大气压的差值可从压力计的两管液面高度差显示出来。系统压力最大时存在如下关系：

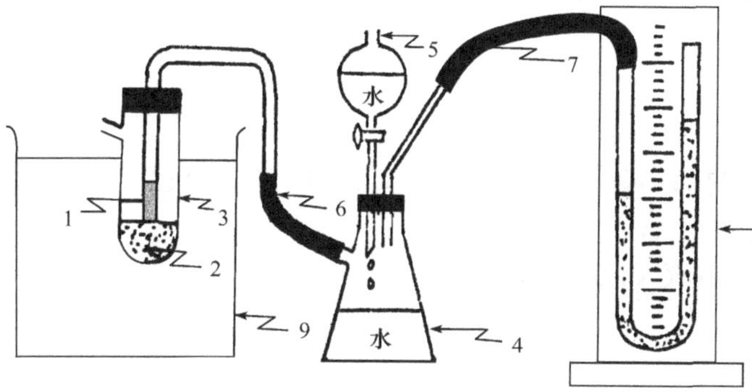

图 6-42　表面张力测定装置示意图

1. 毛细管；2. 待测液；3. 支管试管；4. 吸滤瓶；5. 滴液漏斗；6, 7. 导管；8. 压力计；9. 恒温水浴

$$p - p_0 = \Delta h \rho g \tag{6-94}$$

式中，p为系统压力；p_0为大气压；Δh为压力计两端液面高度差；ρ为压力计内液体的密度；g为重力加速度。最大压差$p - p_0$正是气泡得以溢出所需克服的表面作用力。表面张力σ与Δh的关系为

$$\sigma = \frac{r}{2}\Delta h \rho g \tag{6-95}$$

其中，r为毛细管口半径。用同一只毛细管和压力计，在相同条件下，对两种液体分别测定最大压差，有

$$\sigma_1 = \frac{r}{2}\Delta h_1 \rho g \tag{6-96}$$

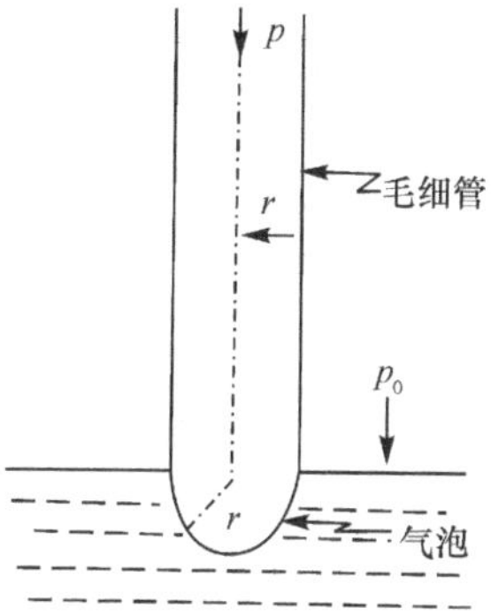

图 6-43　毛细管端口气泡的形成

$$\sigma_2 = \frac{r}{2}\Delta h_2 \rho g \tag{6-97}$$

当两种溶液的密度接近相同时，则

$$\frac{\sigma_1}{\sigma_2}=\frac{\Delta h_1}{\Delta h_2} \qquad (6\text{-}98)$$

若其中一种液体在该条件下的表面张力已知，由测得的Δh_1和Δh_2，用式（6-98）可求另一种液体的表面张力。

就纯液体而言，恒温恒压下，表面张力随液体的种类而异。若在某纯液体中加入溶质组成溶液，则其表面张力将发生变化，这种变化的大小不仅取决于溶质的本性，而且受浓度的影响。溶液的表面张力低于纯溶剂时，组成溶液的溶质称为表面活性物质，反之为表面非活性物质。为了尽可能地降低表面能，表面活性物质趋向于进入表面层，而表面非活性物质趋向于脱离表面层，这种趋向造成了溶液的表面浓度与内部浓度的差异。表面吸附量就是指这种浓度差，同一溶剂不同溶质，就可能有正吸附（表面浓度大）、负吸附（表面浓度小）之分。如果某表面活性物质溶解度较小，其表面浓度远大于本体浓度，溶液表面全部被溶质分子所覆盖，而且形成单分子吸附层，则可用朗谬尔公式求出饱和吸附量。

三、仪器与试剂

仪器：普通恒温槽；最大气泡压力法测定表面张力装置；容量瓶（25mL）；烧杯（400mL）；废液杯；移液管（5mL, 10mL）。

试剂：正丁醇水溶液（1.000mol/L）。

四、步骤

本实验测定 30℃时不同浓度的正丁醇水溶液的表面张力，求正丁醇的分子截面积及分子长度。

（1）用移液管和容量瓶以及 1.000mol/L 的正丁醇溶液精确配制浓度为 0.700mol/L、0.600mol/L、0.500mol/L、0.400mol/L、0.300mol/L、0.200mol/L、0.100mol/L、0.050mol/L 和 0.020mol/L 的溶液。

（2）按图 6-43 连接好测定装置。将支管试管及毛细管洗净，并用待测液荡洗干净。从支管试管的支管沿管壁加入待测液至液面刚刚与毛细管端口相切。自滴液漏斗把水滴入吸滤瓶中，当压力计两管液面高度差较大时，关闭滴液漏斗活塞，观察压力计液面位置是否变动，若不变，表示系统不漏，否则需检查装置，堵住漏气处。

（3）调节恒温槽温度至（30.0±0.1）℃。把支管试管置于恒温槽中，使待测液达到恒温温度。

（4）调节滴液漏斗活塞，使漏斗中的水慢慢滴入吸滤瓶中。滴水速度以毛细管端 5～6s 逸出一个气泡为宜。读取压力计两管液面高度差最大时的液面读数，可重复读取几次，求平均值。

（5）对纯水和九个不同浓度的正丁醇溶液用同一套仪器，在同一温度下从稀到浓测定其最大压差。

（6）记录同温度下正丁醇的密度。

（7）实验完毕，关闭恒温槽，洗净容量瓶、毛细管及支管试管。

五、数据处理和实验结果

（1）列出实验温度和大气压力。查出实验温度下纯水的表面张力。

（2）列表示出 c、Δh、σ 数据。

（3）作 σ-c 图。由该图用切线法求 $\frac{\mathrm{d}\sigma}{\mathrm{d}c}$，列出 c、$\frac{\mathrm{d}\sigma}{\mathrm{d}c}$、$\Gamma$ 数据。

（4）作 $\frac{c}{\Gamma}$-c 图，由图中直线的斜率计算出 Γ。

（5）计算出正丁醇分子的横截面积和分子长度。

六、思考题

（1）本实验选用的毛细管的半径大小对实验测定有何影响？若毛细管不清洁会不会影响测定结果？

（2）实验中有时发生毛细管端口几个气泡同时冒出的现象，这对结果有无影响？为什么会出现这种现象？

（3）实验中，假若毛细管端口与待测液面不是恰好接触，而是插入液面一段距离，这会给测定带来什么影响？

（4）本实验中，压力计中的介质是一定浓度的乙醇水溶液。是否可以改用水银作压力计介质？为什么？

七、扩展实验

（1）更换不同类型的醇和酸试剂进行测定，比较它们的界面吸附现象、分子截面积和长度。

（2）用毛细管升高法进行实验，比较它与最大气泡压力法的优劣。

（3）实验验证正丁醇水溶液中加入 NaCl，表面张力将如何变化。

实验 157　黏度法测定高聚物的相对分子质量

一、实验目的

（1）测定聚乙烯醇的平均相对分子质量。

（2）掌握用乌贝路德（乌氏）黏度计测定黏度的原理和方法。

二、实验原理

黏度是指液体对流动所表现的阻力，这种力反抗液体中相邻部分的相对移动，因此可看作是一种内摩擦。图 6-44 是液体流动的示意图。

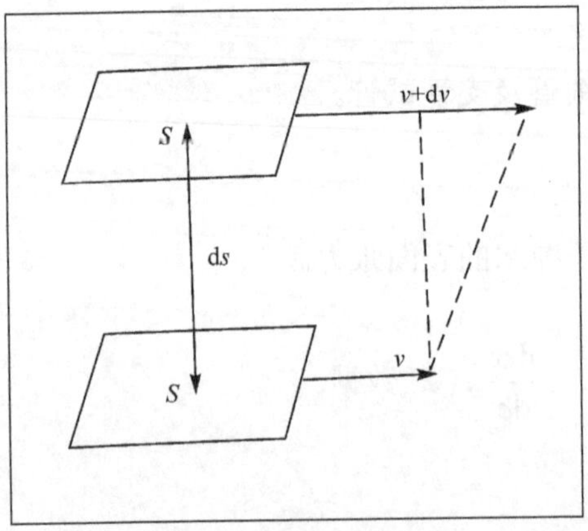

图 6-44　液体流动示意图

当相距为 ds 的两个液层以不同速度（v 和 v+dv）移动时，产生的流速梯度为 dv/ds。当建立平稳流动时，维持一定流速所需的力（即液体对流动的阻力）f'与液层的接触面积 S 以及流速梯度 dv/ds 成正比。即

$$f' = \eta \times S \times \frac{\mathrm{d}v}{\mathrm{d}s} \tag{6-99}$$

若以 f 表示单位面积液体的黏滞阻力，$f=f'/S$，则

$$f = \eta \times \frac{\mathrm{d}v}{\mathrm{d}s} \tag{6-100}$$

此式称为牛顿黏度定律表示式，其比例常数 η 称为黏度系数，简称黏度，单位为 Pa·s。

高聚物在稀溶液中的黏度，主要反映液体在流动时存在着内摩擦。其中因溶剂分子之间的内摩擦表现出来的黏度称为纯溶剂黏度，记作 η_0；此外还有高聚物分子相互之间的内摩擦，以及高分子与溶剂分子之间的内摩擦，三者的总和表现为溶液的黏度 η。在同一温度下，一般来说，$\eta > \eta_0$，相对于溶剂，其溶液黏度增加的分数，称为增比黏度，记作 η_{sp}，即

$$\eta_{sp} = \frac{\eta - \eta_0}{\eta_0} \tag{6-101}$$

而溶液黏度与纯溶剂黏度的比值称为相对黏度，记作 η_r，即

$$\eta_r = \frac{\eta}{\eta_0} \tag{6-102}$$

η_r 也是整个溶液的黏度行为，η_{sp} 则意味着已扣除了溶剂分子之间的内摩擦效应。两者的关系为

$$\eta_{sp} = \frac{\eta}{\eta_0} - 1 = \eta_r - 1 \tag{6-103}$$

对于高分子溶液，增比黏度 η_{sp} 往往随溶液的浓度 c 的增加而增加；为了便于比较，将单位浓度下所显示出的增比黏度，即 η_{sp}/c 称为比浓黏度；而 $\ln\eta_r/c$ 称为比浓对数黏度。η_r 和 η_{sp} 都是无因次的量。

为了进一步消除高聚物分子之间的内摩擦效应，必须将溶液浓度无限稀释，使得每个高聚物分子彼此相隔极远，其相互干扰可以忽略不计。这时溶液所呈现出的黏度行为基本上反映了高聚物分子与溶剂分子之间的内摩擦。这一黏度的极限值记为

$$\lim_{c \to 0} \frac{\eta_{sp}}{c} = [\eta] \tag{6-104}$$

[η]被称为特性黏度，其值与浓度无关。实验证明，当聚合物、溶剂和温度确定以后，[η]的数值只与高聚物平均相对分子质量 M 有关，它们之间的半经验关系可用 Mark Houwink 方程式表示：

$$\eta = k\bar{M}^{\alpha} \tag{6-105}$$

式中，K 为比例常数；α 为与分子形状有关的经验常数。它们都与温度、聚合物、溶剂性

质有关，在一定的相对分子质量范围内与相对分子质量无关。

K 和 α 的数值，只能通过其他绝对方法确定，如渗透压法、光散射法等。黏度法只能通过测定[η]求算出 M。

测定液体黏度的方法主要有三类：①用毛细管黏度计测定液体在毛细管中的流出时间；②用落球式黏度计测定圆球在液体中的下落速度；③用旋转式黏度计测定液体与同心轴圆柱体相对转动的情况。

测定高分子的[η]时，用毛细管黏度计最为方便。当液体在毛细管黏度计内因重力作用而流出时，遵守泊肃叶（Poiseuille）定律：

$$\frac{\eta}{\rho}=\frac{\pi hgr^4t}{8lv}-m\frac{v}{8\pi lt} \tag{6-106}$$

式中，ρ 为液体的密度；l 为毛细管长度；r 为毛细管半径；t 为流出时间；h 为流经毛细管液体的平均液柱高度；g 为重力加速度；V 为流经毛细管的液体体积；m 为与仪器的几何形状有关的常数，$r/l \ll 1$ 时，可取 m=1。

对某一支指定的黏度计而言，令 $\alpha=\frac{\pi hgr^4}{8lv}, \beta=\frac{mv}{8\pi l}$，则上式可改写为

$$\frac{\eta}{\rho}=\alpha t-\frac{\beta}{t} \tag{6-107}$$

式中，β<1，当 t>100s 时，等式右边第二项可以忽略。设溶液的密度 ρ 与溶剂密度 ρ_0 近似相等。这样，通过测定溶液和溶剂的流出时间 t 和 t_0，就可求算 η_r：

$$\eta_r=\frac{\eta}{\eta_0}=\frac{t}{t_0} \tag{6-108}$$

进而可计算得到 η_{sp}、η_{sp}/c 和 $\ln\eta_r/c$。配制一系列不同浓度的溶液分别进行测定，以 η_{sp}/c 和 $\ln\eta_r/c$ 为纵坐标，c 为横坐标作图，如图 6-45 所示，得两条直线，分别外推到 c=0 处，其交点在纵坐标上的截距即为[η]，代入式（6-105）（K、α 已知），即可得到 M。

三、仪器与试剂

仪器：乌氏黏度计；移液管（5mL, 10mL）；普通恒温槽；秒表；止水夹；洗耳球。

试剂：聚乙烯醇水溶液（6.0g/L）；正丁醇水溶液（2mL/L）。

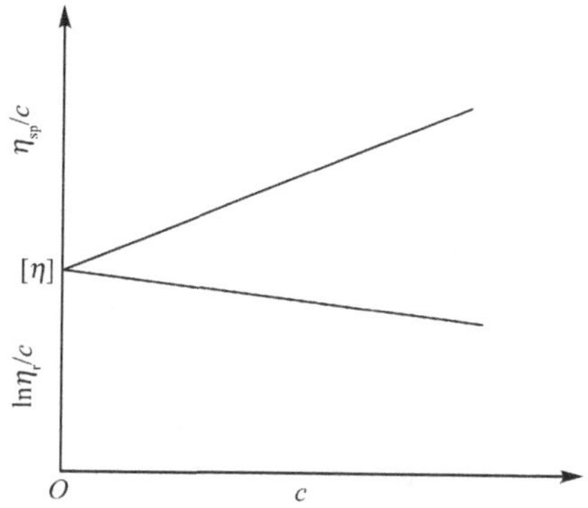

图 6-45　外推法求[η]示意图

四、步骤

本实验所用溶剂（水及少量正丁醇混合物）及聚乙烯醇水溶液由实验室准备。

1. 聚乙烯醇水溶液黏度的测定

开启并调节好恒温水浴，根据当时的室温调节恒温水浴。室温低于 20℃时恒温水浴

调节为 25℃，高于 20℃时调节为 30℃。

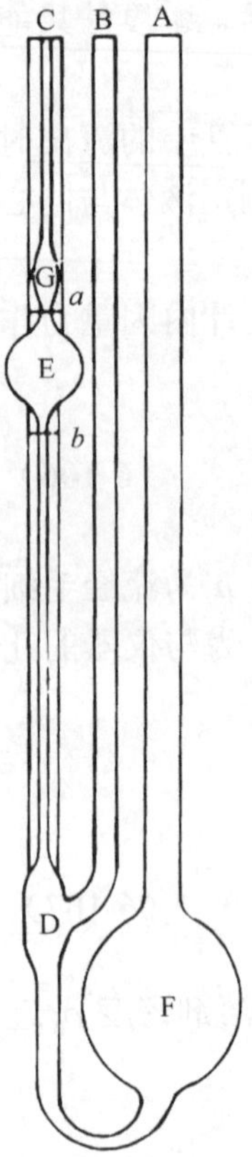

图 6-46　乌氏黏度计示意图

将已彻底干燥好的乌氏黏度计（图 6-46）从烘箱中取出，并垂直安装在恒温水浴中（G 球及以下部位均浸在水中），用移液管移取 12mL 聚乙烯醇溶液从管 A 放入黏度计中，等达到恒温后（10min 以上），用止水夹夹住管 B 上的乳胶管，用洗耳球从管 C 的管口将管 A 下部大球中的液体通过毛细管吸入毛细管上方的球体中，当液面到达 *a* 线上方 G 球中的一半时停止吸液。拿开洗耳球后迅速打开管 B 上的止水夹，让空气进入 D 球，同时水平地注视管 C 中的液面下降。用秒表准确记录液面流经 *a*、*b* 两条刻线之间的时间 *t*。

重复上述操作三次以上，使至少有三次的平行数据相差不超过 0.4s。再依次加入 3.0mL、5.0mL、5.0mL、5.0mL 正丁醇水溶液，并充分稀释均匀后，按上述要求分别测定各自的流经时间。

2. 黏度计的洗涤

测完后将正丁醇水溶液灌入黏度计内，并使其反复流过毛细管部分。反复洗涤三次，确保黏度计内的各个部位都已洗涤干净。

3. 溶剂流出时间的测定

用上述相同的方法在黏度计中加入 12mL 正丁醇溶液，按同样的要求测定溶剂流经毛细管的时间。

4. 注意事项

（1）温度要严格控制，误差不得大于 0.2℃。

（2）每次加入溶剂冲稀溶液时一定要摇匀，并用洗耳球抽吸的方法洗涤毛细管部分，确保黏度计中各部位的溶液均匀一致。

（3）测定时管 C 中不能有气泡或固体物质。

（4）黏度计要垂直放置。

（5）恒温时间要充分。

五、数据处理和实验结果

（1）用表格列出原始溶液的浓度、加入溶剂的体积、各溶液的浓度（g/100mL 溶液）、流经毛细管的时间和时间平均值，以及计算值 η_r、η_{sp}、η_{sp}/c、$\ln\eta_r/c$。

（2）作 η_{sp}/c-c、$\ln\eta_r/c$-c 图，并外推求[η]。

（3）聚乙烯醇水溶液在 25℃时的 $K=2.0\times10^{-2}$，$\alpha=0.76$；30℃时 $K=6.66\times10^{-2}$，$\alpha=0.64$。求出所用聚乙烯醇的 M。

六、思考题

（1）高聚物溶液的 η_r、η_{sp}、η_{sp}/c 和[η]有什么联系和区别？从溶液的内摩擦的角度考虑，上述四个量各反映了什么内摩擦作用？

（2）在乌氏黏度计中管 B 的作用是什么？能否将管 B 去掉，为什么？

（3）设计乌氏黏度计时，毛细管的粗细和长短，F 球和 E 球的大小应根据什么因素来考虑？

（4）本实验成功的关键性操作是什么？

实验 158　电　泳

一、实验目的

（1）了解溶胶的制备方法和胶粒的电性质。

（2）观察溶胶的电泳现象，掌握用宏观电泳方法测定胶粒移动速度及 ζ 电位。

二、实验原理

溶胶是分散相的颗粒大小为 1～100nm 的多相体系。由于胶粒的电离或者胶粒表面从分散介质中选择性地吸附离子，胶粒表面带有电荷，所带电荷的符号与胶粒的性质以及制备方法等因素有关。胶粒附近的介质中分布着与胶粒表面电荷符号相反、数量相等的电荷，以保持溶胶体系呈中性。带电的胶粒吸附一定量介质构成溶剂化层，溶剂化层与胶粒一起运动。由溶剂化层界面到均匀液相内部（此处电位为零）的电位差称为胶粒的电动电势或 ζ 电位。ζ 电位的大小与胶粒性质、介质成分和溶胶浓度有关，它是表征胶粒特征的一个重要物理量。由于胶粒带电，在外电场作用下，带电胶粒向一定方向移动，这种现象称为电泳。胶粒的电泳速度与它的 ζ 电位有关，所以可用电泳法测定胶粒的 ζ 电位。

用电泳法测定 ζ 电位有微观法及宏观法两种。前者是直接观察单个胶粒在电场中的运动速度，它适用于色淡及浓度低的溶胶，对高分散的或过浓的溶胶则因不易观察而不适用。后者是由观测胶体溶液与另一不含胶粒的无色导电溶液的界面在电场中的移动速度测定 ζ 电位，它适用于高分散或高浓的溶胶的观测。宏观法测定设备简单，操作方便，常用于 ζ 电位的测定。本实验采用宏观法观察溶胶的电泳并测定 ζ 电位。

在如图 6-47 所示的电泳管中，下部放溶胶，上部放电导率与溶胶相同的无色辅助液，溶胶及辅助液间有清晰的界面。将两铂电极分别插入电泳管两边的辅助液中，在两电极上加直流电压。在外电场作用下，由于带电胶粒的定向运行，界面发生移动，由界面移动的方向可确定胶粒带电的符号，由界面移动的速度，根据公式

$$\zeta = \frac{4\pi\eta sl}{DVt}300^2(\mathrm{V})$$

可算出 ζ 电位。式中，η 为介质的黏度（Pa·s）；D 为介质的介电常数；l 为两电极相距的距离（cm）；V 为两电极的电位差（V）；t 为界面移动一定距离的时间（s）；s 为在时间 t 内界面移动的距离（cm）。上式是在溶胶与辅助液电导率相同的情况下，根据扩散双电层的物理模型推导而得。在推导过程中假设扩散电层内外的液体性质相同，胶

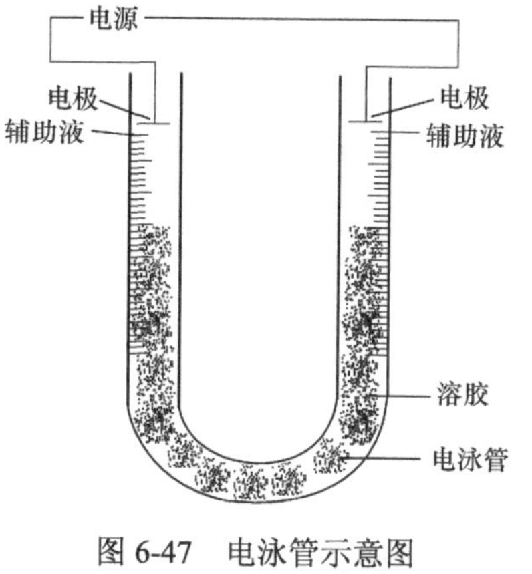

图 6-47　电泳管示意图

粒的移动是受外电场与双电层电场共同作用的结果，双电层的厚度比胶粒的曲率半径小得多，胶粒的运动是流线型的且速度很慢。

三、仪器与试剂

仪器：电泳管；直流稳压电源；秒表；量筒（10mL）；玻璃搅拌棒；滴管；直尺；铂电极；导线若干。

试剂：$AgNO_3$溶液（0.01mol/L）；KI 溶液（0.01mol/L）；$Fe(OH)_3$溶胶；辅助液。

四、步骤

本实验用宏观电泳法测定两种不同制备方法获得的 AgI 溶胶胶粒的带电符号及测定 $Fe(OH)_3$溶胶的 ζ 电位及其胶粒带电符号。

1. 制备两种 AgI 水溶胶

取 10.0mL 0.01mol/L $AgNO_3$溶液放入一小烧杯中，在搅动下向其中加入 8.0mL 0.01mol/L 的 KI 溶液制得溶胶 a。

取 10.0mL 0.01mol/L KI 溶液，在搅拌下向其中加入 8.0mL 0.01mol/L $AgNO_3$溶液制得溶胶 b。

2. 测定 AgI 溶胶带电符号

洗净电泳管同，用滴管把溶胶 a 注入电泳管中（注入时注意电泳管的上部管壁上不要有溶胶）至 2/3 高度。静置片刻后，把滤纸折成筒状套在电泳管管口的内壁上，用滴管把蒸馏水慢慢地沿着滤纸卷的外侧加到电泳管中溶胶的上方，电泳管的两侧分别加蒸馏水 1～2cm 高度。安装好两个电极，电极要置于蒸馏水中。按图连接好线路，加电压 40V。观察界面朝哪一电极方向移动，以确定胶粒是带正电还是负电。

重复如上操作，确定溶胶 b 的胶粒带电符号。

3. 测定 $Fe(OH)_3$溶胶带电符号及 ζ 电位

同步骤 2 的操作，观察 $Fe(OH)_3$溶胶的电泳现象。溶胶上部不用蒸馏水而改用辅助液。为测定 $Fe(OH)_3$溶胶胶粒的 ζ 电位，通电后，稍待片刻使界面清晰，开动秒表，确定记录界面在电泳管的同一侧下降 4 个 0.5cm 所需的时间。用线绳和直尺测出电泳管两电极间的导电距离，由公式计算 ζ 电位，由界面移动的方向确定 $Fe(OH)_3$胶粒的带电符号。

4. 整理

关闭电源，拆除装置，洗净并整理好仪器。

五、数据处理和实验结果

（1）判断 a、b 两种 AgI 溶胶及 $Fe(OH)_3$溶胶的胶粒带何种符号的电荷。

（2）计算 $Fe(OH)_3$溶胶胶粒 ζ 电位。

六、思考题

（1）a、b 两种 AgI 溶胶胶粒的电泳方向是否一致？为什么？

（2）$Fe(OH)_3$ 溶胶胶粒带何种符号的电荷？为什么？

（3）测 ζ 电位时，为什么要控制所用的辅助液的电导率与待测溶胶的电导率相等？根据什么条件选择作为辅助液的物质？

七、扩展实验

（1）通过实验，研究电泳管两极上所加电压不同，对 $Fe(OH)_3$ 溶胶胶粒 ζ 电位的测定有无影响。

（2）$Fe(OH)_3$ 溶胶纯化时不用渗析法，而改为使用强酸强碱离子交换树脂除去其他离子的方法提纯溶胶。摸索此提纯方法的操作条件。

实验 159 水溶性表面活性剂的临界胶束浓度测定

一、实验目的

（1）用电导法测定十二烷基硫酸钠的临界胶束浓度。

（2）了解表面活性剂的特性及胶束形成原理。

（3）掌握 DDS-307 型电导仪的使用方法。

二、实验原理

具有明显“两亲”性质的分子，既含有亲油的足够长的（大于 10～12 个碳原子）烃基，又含有亲水的极性基团（通常是离子化的）。由这一类分子组成的物质称为表面活性剂，如肥皂和各种合成洗涤剂等。表面活性剂分子都是由极性部分和非极性部分组成的，若按离子的类型分类，可分为三大类：①阴离子型表面活性剂，如羧酸盐（$C_{17}H_{35}COONa$）、烷基硫酸盐（十二烷基硫酸钠，$CH_3(CH_2)_{11}SO_4Na$）、烷基磺酸盐（十二烷基苯磺酸钠，$CH_3(CH_2)_{11}C_6H_5SO_3Na$）等；②阳离子型表面活性剂，主要是胺盐，如十二烷基二甲基叔胺（$RN(CH_3)_2HCl$）和十二烷基三甲基氯化胺（$RN(CH_3)_3Cl$）；③非离子型表面活性剂，如聚氧乙烯类（$R—O—(CH_2CH_2O)_nH$）。

表面活性剂进入水中，在低浓度时呈分子状态，并且三三两两地向亲油基团靠拢而分散在水中。当溶液浓度加大到一定程度时，许多表面活性物质的分子立刻结合成很大的基团，形成“胶束”。以胶束形式存在于水中的表面活性物质是比较稳定的。表面活性物质在水中形成胶束所需的最低浓度称为临界胶束浓度，以 CMC 表示。在 CMC 点上，由于溶液的结构改变，其物理及化学性质（如表面张力、电导、渗透压、浊度、光学性质等）同浓度的关系曲线出现明显的转折，如图 6-48 所示。这个现象是测定 CMC 的实验依据，也是表面活性剂的一个重要特征。这种特征行为可用生成分子聚集体或胶束来说明，如图 6-49 所示，当表面活性剂溶于水中时，不但定向地吸附在水溶液表面，而且达到一定浓度时还会在溶液中发生定向排列而形成胶束。表面活性剂为了使自身成为溶液中的稳定分子，有可能采取两种途径：一是把亲水基留在水中，亲油基伸向油相或空气；二是让表面活性剂的亲油基团相互靠在一起，以减小亲油基与水的接触面积。前者就是表面活性剂分子吸附在界面上，其结果是降低表面张力，形成定向排列的单分子膜，后者就形成了胶束。由于胶束的亲水基方向朝外，与水分子相互吸引，因此表面活性剂能稳定地溶于水中。

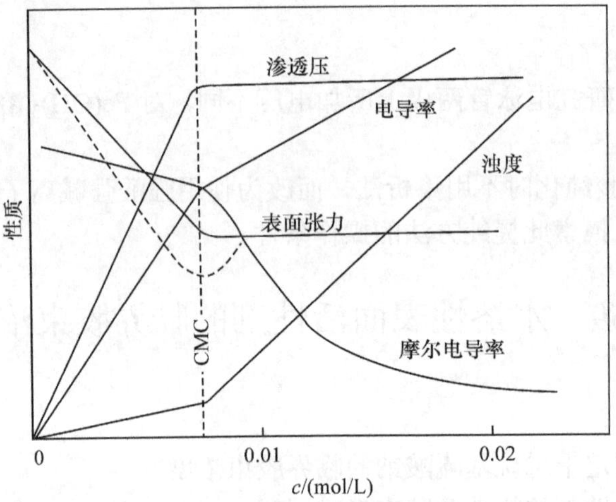

图 6-48　25℃时十二烷基硫酸钠水溶液的物理性质和浓度关系图

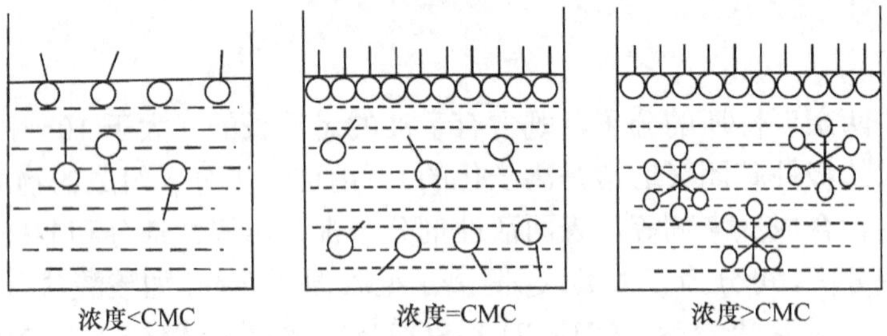

图 6-49　胶束形成过程示意图

随着表面活性剂在溶液中浓度的增长，球形胶束还可能转变成棒形胶束，以致层状胶束，如图 6-50 所示。后者可用来制作液晶，它具有各向异性的性质。

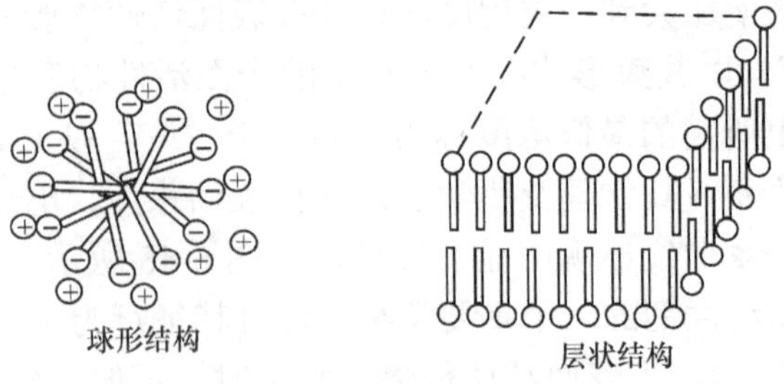

图 6-50　胶束球形结构和层状结构示意图

本实验利用 DDS-307 型电导仪测定不同浓度的十二烷基硫酸钠水溶液的电导（也可换算成摩尔电导率），并作电导（或摩尔电导率）与浓度的关系图，从图中的转折点即可求得临界胶束浓度。

三、仪器与试剂

仪器：DDS-307 型电导仪；锥形瓶（100mL）；电导电极。

试剂：十二烷基硫酸钠水溶液（0.0200mol/L）；电导水或蒸馏水。

四、步骤

（1）量取不同体积的 0.0200mol/L 浓度的十二烷基硫酸钠水溶液，用电导水或重蒸馏水准确配制 0.0010mol/L、0.0020mol/L、0.0030mol/L、0.0040mol/L、0.0050mol/L、0.0060mol/L、0.0070mol/L、0.0080mol/L、0.0100mol/L、0.0140mol/L、0.0180mol/L、0.0200mol/L 的十二烷基硫酸钠溶液各 20mL。

（2）按仪器说明和当时的室温，调节好 DDS-307 型电导仪。

（3）用 DDS-307 型电导仪从稀到浓分别测定上述各溶液的电导。用后一个溶液荡洗前一个溶液的电导池三次以上，每个溶液的电导读数三次，取平均值。

（4）列表记录各溶液对应的电导，并换算成电导率或摩尔电导率。

五、数据处理和实验结果

作出电导或摩尔电导率与浓度的关系图，从图中转折点处找出临界胶束浓度。

文献值：40℃，$C_{12}H_{25}SO_4Na$ 的 CMC 为 8.7×10^{-3}mol/L。

六、思考题

（1）若要知道所测得的临界胶束浓度是否准确，可用什么实验方法验证？

（2）非离子型表面活性剂能否用本实验的方法测定临界胶束浓度？为什么？若不能，则可用何种方法测定？

七、扩展实验

（1）利用恒温槽，改变测量温度，验证温度对临界胶束浓度的影响。

（2）加入不同的添加剂，如正丁醇、乙酸、尿素等，验证不同添加剂对临界胶束浓度的影响。

实验 160 偶极矩的测定

一、实验目的

了解分子偶极矩与电性质的关系。掌握由电桥法测定溶液介电常数，从而用溶液法测定偶极矩的原理及实验方法。

二、实验原理

分子偶极矩 μ 是分子正负电荷中心所得的电荷 q 和分子正负电荷中心之间的距离 l 的乘积，即

$$\mu = q \times l \tag{6-109}$$

偶极矩是一个矢量，其方向规定为从正到负。因为分子中电荷的数量级为 10^{-20}C，分子中原子间距离的数量级为 10^{-10}m，所以偶极矩的数量级为 10^{-30}C·m（以往习惯用德拜“Debye”作为偶极矩单位，德拜用符号 D 表示，$1D=3.334\times10^{-30}$C·m）。分子的偶极矩是其极性的度量。非极性分子的偶极矩为零，极性分子的极性大小可由偶极矩的大小反映出来。从分子的偶极矩数据可以了解分子的对称性、分子的空间构型等结构特性。

当不存在外电场时，非极性分子虽因振动运动，正负电荷中心可能发生相对位移而产生瞬时偶极矩，但宏观统计平均的结果，即实验测得的偶极矩为零。具有永久偶极矩的极性分子，由于分子热运动的影响，偶极矩在空间各个方向的取向概率相等，偶极矩的统计平均值仍为零，即宏观上也测不出其偶极矩。

当存在外电场时，极性分子在电场中发生取向而有规则地排列。这种现象称为分子的转向极化。由于转向极化而表现出的偶极矩称为转向偶极矩。转向偶极矩的平均值 μ' 与作用于分子的电场强度 E 成正比

$$\mu' = \alpha_\mu E \tag{6-110}$$

比例常数 α_μ 称为转向极化率。它与温度及分子的偶极矩有关，关系式为

$$\alpha_\mu = \frac{\mu^2}{3kT} \tag{6-111}$$

式中，k 为玻尔兹曼常量；T 为热力学温度。

在外电场作用下，不论极性或非极性分子，其分子中的电子与原子核、原子核与原子核之间都会发生相对位移。前一种位移称为电子极化，后一种位移称为原子极化，两者总称为诱导极化（或变形极化）。由诱导极化而表现出的偶极矩称为诱导偶极矩。诱导偶极矩的平均值 μ'' 也与 E 成正比，有

$$\mu'' = (\alpha_E + \alpha_A)E = \alpha_D E \tag{6-112}$$

式中，$\alpha_D = \alpha_E + \alpha_A$，$\alpha_E$ 为电子极化率，α_A 为原子极化率，α_D 为变形极化率。它们均与温度无关。

分子在外电场中表现出的总的平均偶极矩 μ 应是多种平均偶极矩的总和，即

$$\mu = \mu' + \mu'' = (\alpha_E + \alpha_A + \alpha_\mu)E = \alpha E \tag{6-113}$$

而

$$\alpha = \alpha_E + \alpha_A + \alpha_\mu \tag{6-114}$$

α 为分子的极化率。非极性分子的转向偶极矩为零，也即转向极化率为零。

如果在电容器中以电介质填充，电容器两极加以一定的电压，这犹如把物质（电介质）

置于外电场中，物质分子将产生极化现象。极化作用形成的反向电势将抵消一部分电容器的外加电压，如图 6-51 所示。极化作用的影响反映在电容上将造成电容器电容量增大。若设电容器的极板间真空状态下的电容为 C_0，极板间有某电介质时的电容为 C，则 C 与 C_0 之比称为该电介质的介电常数 ε，即

$$\varepsilon=\frac{C}{C_0}$$

由于真空时 $\varepsilon=1$，而空气的 $\varepsilon=1.00583$，所以可以把物质的介电常数近似地表示为

$$\varepsilon=\frac{C}{C_{空气}}$$

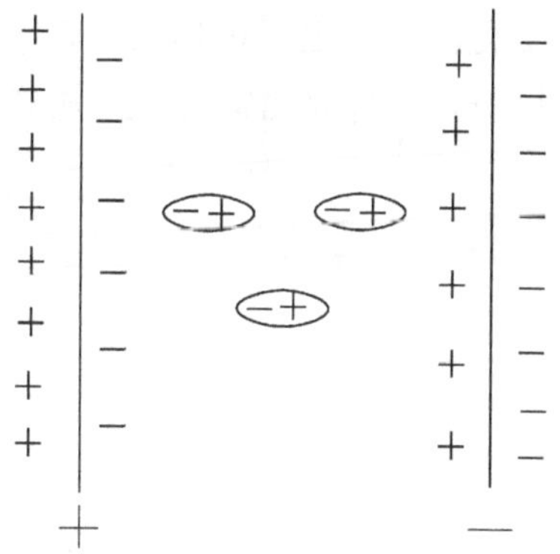

图 6-51　电解质在电容器中的极化作用

介电常数反映了物质在外电场作用下的极化情况，它必然与物质的极化率有内在联系。在不考虑物质分子之间相互作用的情况下，物质的介电常数与极化率服从如下的克劳修斯-莫索蒂-德拜（Clausius-Mosotti-Debye）方程：

$$\frac{\varepsilon-1}{\varepsilon+2}\times\frac{M_r}{\rho}=\frac{4}{3}\pi N_A\alpha \tag{6-115}$$

式中，M_r 为物质的相对分子质量；ρ 为物质密度；N_A 为阿伏伽德罗常量。若令

$$P=\frac{4}{3}\pi N_A\alpha=\frac{4}{3}\pi N_A\alpha_E+\frac{4}{3}\pi N_A\alpha_A+\frac{4}{3}\pi N_A\alpha_\mu=P_E+P_A+P_\mu$$

P 称为摩尔极化度，P_E、P_N、P_μ 依次称为电子极化度、原子极化度和转向极化度。而

$$P=P_E+P_A+P_\mu=\frac{\varepsilon-1}{\varepsilon-2}\times\frac{M_r}{\rho}=\frac{4}{3}\pi N_A\left(\alpha_D+\frac{\mu^2}{3kT}\right) \tag{6-116}$$

式（6-116）是偶极矩测定的基本公式。由该式可知，测出物质的 ε、ρ，已知 M_r，可求算 P。在不同温度下测得 P，作 P-$1/T$ 图应得一直线，由直线的斜率可求 μ。此法称为温度法，它适用于能在较大温度范围内测定 ε 和 ρ 的气体的 μ 的测定。

另一种测定偶极矩的方法称为折射法，其原理是在恒温条件下测定物质的总摩尔极化度 P 和变形极化度 P_A+P_E。两者之差为转向极化度 P_μ，即

$$P_\mu=P-(P_A+P_E)=\frac{4}{3}\pi N_A\frac{\mu^2}{3kT}=\frac{4}{9}\pi N_A\frac{\mu^2}{kT} \tag{6-117}$$

由 P_μ 可求 μ。而 P 和 P_A+P_E 的测定可通过用不同频率范围的交变电场作用于物质求出的 ε 来实现。因为当交变电场作用于物质分子时，分子的极化情况将随交变电扬的频率范围而发生变化。在低频（静电场和频率小于 $10^{10}s^{-1}$）交变电场中，摩尔极化度是转向极化度、电子极化度和原子极化度三者之和，即 $P_{低频}=P_E+P_A+P_\mu$。而在中频（频率为 $10^{11}\sim10^{14}s^{-1}$）交变电场中，极性分子的转向运动已跟不上电场的交变速度，转向极化消失，$P_\mu=0$，此时极性分子的摩尔极化度仅是原子极化度与电子极化度之和，即 $P_{中频}=P_E+P_A$。当交变电场频率升高到 $10^{15}s^{-1}$ 以上的高频区时，分子的转向极化和原子极化均来不及发生，摩尔

极化度仅是电子极化度，$P_{高频}=P_{E}$。严格说来，$P_{\mu}=P_{低频}-P_{中频}$，但由于$P_{中频}$的实验测定困难，在非精密测定中，用物质对钠光 D 线的摩尔折射度 R_D 代替 $P_{中频}$，有

$$P_{\mu}=P_{低频}-R_{D}$$

而

$$R_{D}=\frac{n_{D}^{2}-1}{n_{D}^{2}+2}\cdot\frac{M_{r}}{\rho} \tag{6-118}$$

有

$$\frac{4\pi N_{A}}{9kT}\mu^{2}=P_{低频}-R_{D}$$

$$\mu=\sqrt{\frac{9k}{4\pi N_{A}}(P_{低频}-R_{D})T}=0.0128\sqrt{(P_{低频}-R_{D})T} \tag{6-119}$$

在频率小于 $10^{9}s^{-1}$ 的交变电场中，测得物质的 ε，求出 $P_{低频}$，再测出物质的 n_D，求出 R_D，μ 即可计算而得。折射法适用于偶极矩大的物质的测定；对偶极矩小的物质，实验误差大。当 $\mu<0.4D$ 时，此法不适用。

无论是温度法还是折射法，严格说来都只适用于低温气体状态（此时分子间的相互作用可忽略不计）。但实际上，不仅气相体系的介电常数和密度等的测定在技术上较为困难，而且有不少物质在普通条件下不以气体状态存在。为了克服这些困难，通常把极性化合物溶于非极性溶剂中配成稀溶液。由于溶液很稀，溶质分子间的距离很大，相互作用力小。当外推到无限稀释时，溶质分子间相互作用力为零。故可用无限稀释溶液的状况近似代替理想气体状态，使上述的一些关系式适用。因为溶液中同时存在溶质和溶剂两种物质，溶液的 ε、ρ 和 n 既不同于纯溶质，也不同于纯溶剂。对稀溶液而言，若忽略溶质分子间的相互作用，在不存在溶剂化现象的情况下，稀溶液的摩尔极化度具有加和性。若以下标“1”代表溶剂、下标“2”代表溶质，下标“1, 2”代表溶液，则有

$$P_{1,2}=x_{1}P_{1}+x_{2}P_{2}=\frac{\varepsilon_{1,2}-1}{\varepsilon_{1,2}+2}\cdot\frac{M_{r1}x_{1}+M_{r2}x_{2}}{\rho_{1,2}}$$

x 为质量分数。

$$P_{2}=\frac{P_{1,2}-x_{1}P_{1}}{x_{2}}=\frac{P_{1,2}-(1-x_{2})P_{1}}{x_{2}}$$

由于溶液很稀，溶液中溶剂对总极化度的贡献 P_1 很接近于纯溶剂的摩尔极化度 P_1^0，所以

$$P_{2}=\frac{P_{1,2}-(1-x_{2})P_{1}^{0}}{x_{2}} \tag{6-120}$$

在无线电波电场中测定几个不同浓度的稀溶液的 $P_{1,2}$ 及纯溶剂的摩尔极化度 P_1^0（由测定各自的介电常数、密度和组成数据后计算得到），作 P_2-x_2 图外推到 $x_2=0$，$x_2=0$ 时的 P_2 即为溶质的摩尔极化度 P_2^0。再测得纯溶质的折射率 n_D 及密度 ρ，由式（6-118）求出 R_D，由式（6-119）计算溶质的偶极矩。上述通过对溶液的测定而测得偶极矩的方法称为溶液法。

三、仪器与试剂

仪器：CC-6 型小电容测量仪；阿贝折光仪；电容池；比重瓶；烧杯（100mL）；磨口锥形瓶（50mL）；干燥器；电吹风；滴管；分析天平（0.0001g）。

试剂：环己烷；三氯甲烷；苯。

四、步骤

本实验用溶液法测定三氯甲烷的偶极矩。

1. 溶液配制

用称量方法配制摩尔分数为 0.0100、0.0500、0.1000、0.1500、0.2000 的三氯甲烷的环己烷溶液各约 20mL。操作时要尽量防止溶质和溶剂的挥发和吸水。为此，溶液配在干燥清洁的磨口锥形瓶中，操作中尽可能盖上磨口塞，盛有溶液的磨口锥形瓶放置在干燥器中备用。

2. 测定折射率

参阅阿贝折光仪使用说明，熟悉阿贝折光仪的操作。测定在室温下纯三氯甲烷的折射率。

3. 密度的测定

用比重瓶测定在室温下纯环己烷、纯三氯甲烷及配好的五个三氯甲烷的环己烷溶液的密度。测定密度后的样品液倒入指定的回收瓶中。

4. 介电常数的测定

因为 $\varepsilon = \dfrac{C}{C_{空气}}$，所以介电常数的测定就是测定电容器在空气中及两极间充以测定物质时的电容。测定电容一般有电桥法、拍频法和谐振法，本实验选用 CC-6 型小电容测定仪测定电容。该仪器的构造是基于电桥法原理，如图 6-52 所示。图中 C 表示电容池的电容，

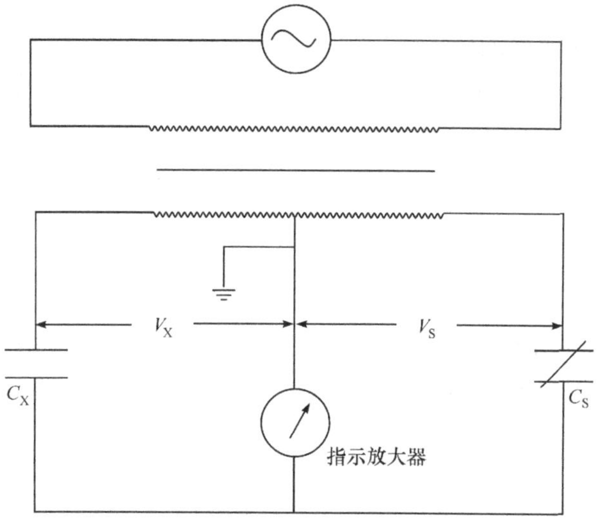

图 6-52　电桥示意图

C_s为标准差动电容器的电容，它可以调节。V_x、V_s分别为桥路两侧的电压。电桥平衡时

$$\frac{C_x}{C_s}=\frac{V_s}{V_x}$$

若 $V_x=V_s$，则当调节 $C_s=C_x$ 时，电桥达平衡，指示放大器的示数为零，C_s 的读数即 C_x。用该仪器测定空气、标准样品[选用苯作标准样，其介电常数与温度的关系式为 $\varepsilon_{苯}=2.283-0.019\ (t-20)$，$t$ 的单位为℃]、纯环己烷和五个溶液的电容。测定时电容池两极间要用电吹风吹干。对每一个样品至少要重复测定三次（每次测定数据之差应小于 0.05pF），取三次测定值的平均值。由电容数据计算纯溶剂及各溶液的介电常数。

测定用的各样品倒入回收瓶中，实验完毕，清理好仪器。

五、数据处理和实验结果

（1）列表报告溶液的摩尔分数 x_1、x_2，介电常数 ε，密度 ρ，摩尔极化度 $P_{1,2}$、P_1、P_2、P_1^0 等数据。

（2）作 P_2-x_2 图，外推求 P_2^0。

（3）由纯溶质的折射率 n_D 求其摩尔极化度 R_D。

（4）计算三氯甲烷的永久偶极矩 μ。

六、思考题

（1）同一种物质用溶液法和气相法测得的 μ 是否会完全一致？为什么？同一种物质用不同的溶剂以溶液法测定 μ，其结果是否会一致？为什么？

（2）用溶液法测定物质的 μ 时，配制溶液用的溶剂需具备什么基本条件？具备什么性质的溶剂为最佳的溶剂？

（3）溶液法测定的适用条件是什么？

七、扩展实验

（1）用溶液法测定氯苯的偶极矩。

（2）分别用苯和环己烷为溶剂测定氯苯的偶极矩，比较此两种溶剂的测定结果并进行分析。

实验 161　磁化率的测定

一、实验目的

掌握古依（Gouy）法测定物质磁化率的实验原理和操作。了解磁化率数据在推断物质分子中未成对电子数及配合物结构类型等方面的应用。

二、实验原理

组成物质的原子、分子或离子中都存在运动着的电子，电子的轨道运动和自旋运动都会产生磁效应。在没有外磁场作用时，若原子、分子或离子中不存在未成对电子，由于轨

道上成对电子自旋产生的磁矩相互抵消，轨道在各个方向的取向概率又相等，所以物质不存在永久磁矩。但当有外磁场存在时，物质内部原子、分子中的电子的轨道运动受外磁场作用，产生感应的“分子电流”，而产生与外磁场方向相反的诱导磁矩。由于诱导磁矩与外磁场是反向的，所以称这类物质为反磁性物质。若原子、分子、离子中存在未成对的电子，则物质存在永久磁矩，在外磁场中永久磁矩将顺着磁场方向定向排列，其方向与外磁场是一致的。因为原子、分子中的未成对电子的永久磁矩显示的磁性比其成对电子在外电场中产生的诱导磁矩显示的反磁性要大 1～3 个数量级，所以这类物质称为顺磁性物质。有少数物质随着外磁场强度的增加，其磁性急剧增加，外电场消失后其磁性仍不消失，此类物质称为铁磁性物质。

把物质置于磁场强度为 $\vec{H}$ 的外磁场中，若此时物质内部的磁场强度为 $\vec{B}$，则

$$\vec{B} = \vec{H} + \vec{H}'$$

$\vec{H}'$ 为在外磁场感应下，物质内部产生的附加磁场，它与外磁场强度 $\vec{H}$ 及物质本身的磁性质有关。关系式为

$$\vec{H}' = 4\pi\vec{I}$$

$\vec{I}$ 为物质的磁化强度，有

$$\vec{I} = \kappa\vec{H}$$

$$\vec{H}' = 4\pi\kappa\vec{H}$$

κ 为物质的体积磁化率，它是物质的一种宏观磁性质。

令
$$\kappa_{\mathrm{m}} = \frac{\kappa}{\rho}$$

式中，ρ 为物质的密度；κ_{m} 为单位质量的磁化率。又令

$$\kappa_{\mathrm{M}} = \kappa_{\mathrm{m}} \cdot M_{\mathrm{r}} = \frac{M_{\mathrm{r}} \cdot \kappa}{\rho}$$

M_{r} 为物质的相对分子质量；κ_{M} 为物质的摩尔磁化率。体积磁化率 κ 的量纲为一，单位质量的磁化率 κ_{m} 的单位是 $\mathrm{cm^3/g}$，摩尔磁化率 κ_{M} 的单位是 $\mathrm{cm^3/mol}$。

原子、分子中由于未成对电子的永久磁矩定向排列产生的顺磁化率以 $\kappa_{\mathrm{M顺}}$ 表示；由诱导磁矩产生的反磁化率以 $\kappa_{\mathrm{M反}}$ 表示，则

$$\kappa_{\mathrm{M}} = \kappa_{\mathrm{M反}} + \kappa_{\mathrm{M顺}}$$

对顺磁性物质，因为 $\kappa_{\mathrm{M顺}} \gg \kappa_{\mathrm{M反}}$，所以 $\kappa_{\mathrm{M}} = \kappa_{\mathrm{M顺}}$；对反磁性物质，因为 $\kappa_{\mathrm{M顺}}=0$，$\kappa_{\mathrm{M}} = \kappa_{\mathrm{M反}}$。顺磁化率是原子、分子的永久磁矩在外磁场中定向排列产生的，因此它的大小与分子磁矩 μ 有关。由于永久磁矩的定向排列受原子、分子热运动的干扰，所以 $\kappa_{\mathrm{M顺}}$ 还与温度有关。顺磁性物质的磁化率与分子磁矩和温度的关系服从居里定律，关系式为

$$\kappa_{\mathrm{M}} = \kappa_{\mathrm{M顺}} = \frac{N_{\mathrm{A}}\mu^2}{3kT}$$

$$\mu = \sqrt{\frac{3kT}{N_{\mathrm{A}}} \cdot \kappa_{\mathrm{M顺}}} = 2.84\sqrt{\kappa_{\mathrm{M顺}} \cdot T}\,\mu_{\mathrm{B}} \tag{6-121}$$

式中，μ 为分子磁矩；N_{A} 为阿伏伽德罗常量；k 为玻尔兹曼常量；μ_{B} 为玻尔磁子，有

$$\mu_{B}=\frac{eh}{4\pi m_{e}c}=9.273\times10^{-28}\ (焦/高斯)$$

居里定律把物质的宏观磁性质κ与物质分子的微观磁性质μ联系在一起。因而通过对物质宏观磁性的实验测定可求得分子的磁矩。具有未成对电子的分子、自由基和某些第一系列过渡元素离子的磁矩μ与未成对电子数n的关系为

$$\mu=\sqrt{n(n+2)}\cdot\mu_{B} \tag{6-122}$$

由μ，通过式（6-122）可求未成对电子数n。确定原子、分子、离子中未成对电子数对研究它们的电子结构、判断配合物分子的价键类型是十分有用的。

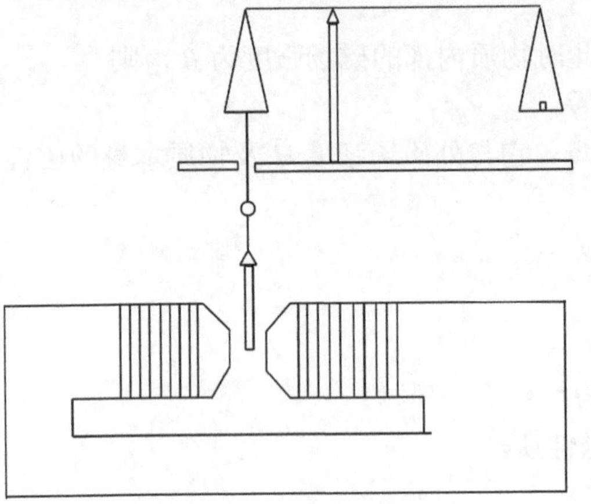

图 6-53　古依天平示意图

古依磁天平法是测定物质磁化率的实验方法之一，其实验装置如图 6-53 所示。在圆柱形的玻璃样品管中放入测定样品，把样品管悬挂在天平的臂上，样品管的底部处于外磁场强度最强处，即电磁铁两极的中心位置。样品管中的样品要紧密、均匀安放，且量要足够多，以使样品的上端处于外磁场强度小到可以忽略的位置。此时整个样品处于磁场强度梯度为$\frac{\partial H}{\partial s}$的不均匀磁场内，作用于样品的力为$f$，有

$$f=\int_{H}^{H^{0}=0}(\kappa-\kappa_{空})SH\frac{\partial H}{\partial s}\mathrm{d}s$$

式中，$\kappa_{空}$为空气的体积磁化率；S为样品横截面积；H为磁场中心位置的强度；s为从样品底部垂直向上的距离。取$\kappa_{空}\approx0$，积分上式得

$$f=-\frac{1}{2}\kappa H^{2}S \tag{6-123}$$

若空样品管在无外磁场作用和有外磁场作用两种情况下的质量差为ΔW_{0}，同一样品管装有样品后在无外磁场和有外磁场作用时的质量差为ΔW，则

$$f=(\Delta W-\Delta W_{0})g$$

式中，g为重力加速度。联系此式与式（6-123）有

$$-\frac{1}{2}\kappa H^{2}S=(\Delta W-\Delta W_{0})g \tag{6-124}$$

已知H、S，测得ΔW和ΔW_{0}，由式（6-124）可求算κ。而H和S的大小可直接测量，也可采用标准样品测定。后一种方法是在样品管中装入标准样品，做同样的实验测定，有

$$-\frac{1}{2}\kappa_{标}H^{2}S=(\Delta W_{标}-\Delta W_{0})g \tag{6-125}$$

式（6-124）和式（6-125）相除，得

$$\frac{\kappa}{\kappa_{标}}=\frac{\Delta W-\Delta W_{0}}{\Delta W_{标}-\Delta W_{0}} \tag{6-126}$$

已知$\kappa_{标}$，可求κ。

因为

$$\kappa_{M}=\frac{\kappa}{\rho}\cdot M_{r}=\frac{\kappa V}{W_{样}}\cdot M_{r}=\kappa_{标}\frac{\Delta W-\Delta W_{0}}{\Delta W_{标}-\Delta W_{0}}\cdot\frac{V\cdot M_{r}}{W_{样}}$$

而

$$\kappa_{M标}=\frac{\kappa_{标}}{\rho_{标}}\cdot M_{r标}=\frac{\kappa_{标}V}{W_{标}}\cdot M_{r标}$$

$$\kappa_{标}V=\kappa_{M标}\cdot W_{标}/M_{r标}$$

$$\kappa_{M}=\frac{\kappa_{M标}W_{标}}{M_{r标}}\cdot\frac{(\Delta W-\Delta W_{0})}{(\Delta W_{标}-\Delta W_{0})}\cdot\frac{M_{r}}{W_{标}} \tag{6-127}$$

一般以莫尔盐($(NH_4)_2SO_4\cdot FeSO_4\cdot 6H_2O$)为标准样，它的摩尔磁化率与温度的关系为

$$\kappa_{莫}=9500\times10^{6}/(T+1) \tag{6-128}$$

式中，T为热力学温度。

由实验测得样品的摩尔磁化率κ_{M}后，由式（6-121）求算分子磁矩μ，再由式（6-122）估算未成对电子数n。

三、仪器与试剂

仪器：磁天平；样品管；研钵；分析天平（0.0001g）。

试剂：$(NH_4)_2SO_4\cdot FeSO_4\cdot 6H_2O$；$FeSO_4\cdot 7H_2O$；$K_4Fe(CN)_6\cdot 3H_2O$。

四、步骤

本实验以莫尔盐为标准样用磁天平测定各样品在磁场中的受力情况，计算样品$FeSO_4\cdot 7H_2O$和$K_4Fe(CN)_6\cdot 3H_2O$的摩尔磁化率。

（1）样品管洗净烘干后，在无外磁场的情况下称量。然后在电磁铁的电流为 1.0A、1.5A、2.0A 和 3.0A 时的外磁场下分别再称量。称量时样品管的底端应放置在电磁铁的两磁极的中心位置。

（2）把莫尔盐及各种测定样品在研钵中研细后备用。

（3）样品管中装入莫尔盐。装样时边装边将样品管底在实验台上轻击，并用平头玻璃棒压紧管中的莫尔盐粉末，使装样均匀紧密。装样高度视磁极情况而定。测定无外磁场及通 1.0A、1.5A、2.0A 和 3.0A 电流时的外磁场上的样品管质量。

（4）同上操作测定$FeSO_4\cdot 7H_2O$、$K_4Fe(CN)_6\cdot 3H_2O$样品。

五、数据处理和实验结果

（1）列表报告测定数据。

（2）根据实验温度用式（6-128）计算$\kappa_{M标}$。

（3）由称量数据用式（6-127）求各样品的κ_{M}。在应用式（6-128）时，ΔW、ΔW_{0}、$\Delta W_{标}$的数据应为相同磁场强度（即电流相同）下得出的数据。几个不同的外磁场强度下的测定数据应分别计算。

（4）计算测定样品的分子磁矩 μ。
（5）估算样品的未成对电子数 n。
（6）讨论 $FeSO_4 \cdot 7H_2O$、$K_4Fe(CN)_6 \cdot 3H_2O$ 的结构。

六、思考题

（1）样品管中装样多少对实验结果有无影响？为什么样品要装得均匀紧密？
（2）电磁铁通的电流强度不同对测定样品的摩尔磁化率有无影响？为什么？
（3）本实验测定的 κ_M 的主要误差来源是什么？

七、扩展实验

由磁化率的测定，分析 $KCr(SO_4)_2 \cdot 12H_2O$ 和 $K_3Fe(CN)_6$ 的结构。

实验 162　BZ 振荡反应

一、实验目的

（1）了解 BZ（Belousov-Zhabotinski）振荡反应的基本原理。
（2）观察化学振荡现象。
（3）练习用微型计算机处理实验数据和作图。

二、实验原理

化学振荡就是指反应系统中某些物理量（如某组分的浓度）随时间作周期性的变化。BZ 体系是指由溴酸盐、有机化合物在酸性介质中，在有（或无）金属离子催化剂作用下构成的体系。它是由苏联科学家 Belousov 发现，后经 Zhabotinski 发现而得名。

Fiela、Koros、Noyes 等通过实验对 BZ 振荡反应作出了解释，称为 FKN 机理。下面以 BrO_3^--Ce^{4+}-$CH_2(COOH)_2$-H_2SO_4 体系为例加以说明。该体系的总反应为

$$2H^+ + 2BrO_3^- + 2CH_2(COOH)_2 \xrightarrow{k_1} 2BrCH(COOH)_2 + 3CO_2 + 4H_2O \qquad (6\text{-}129)$$

体系中存在下面的反应过程。

过程 A：

$$BrO_3^- + Br^- + 2H^+ \xrightarrow{k_2} HBrO_2 + HOBr \qquad (6\text{-}130)$$

$$HBrO_2 + Br^- + H^+ \xrightarrow{k_3} 2HOBr \qquad (6\text{-}131)$$

过程 B：

$$BrO_3^- + HBrO_2 + H^+ \xrightarrow{k_4} 2BrO_2 + H_2O \qquad (6\text{-}132)$$

$$BrO_2 + Ce^{3+} + H^+ \xrightarrow{k_5} HBrO_2 + Ce^{4+} \qquad (6\text{-}133)$$

$$2HBrO_2 \xrightarrow{k_6} BrO_3^- + HOBr + H^+ \qquad (6\text{-}134)$$

Br^-的再生过程：

$$4Ce^{4+} + BrCH(COOH)_2 + H_2O + HOBr \xrightarrow{k_7} 2Br^- + 4Ce^{3+} + 3CO_2 + 6H^+ \tag{6-135}$$

当$[Br^-]$足够高时，主要发生过程 A，其中反应（6-130）是速率控制步骤。研究表明，当达到准定态时，有$[HBrO_2]=\dfrac{k_2}{k_3}[BrO_3^-][H^+]$。

当$[Br^-]$较低时，发生过程 B，Ce^{3+}被氧化。反应（6-132）是速率控制步骤，反应经（6-132）、（6-133）将自催化产生 $HBrO_2$，达到准定态时，有$[HBrO_2]\approx\dfrac{k_4}{2k_6}[BrO_3^-][H^+]$。

由反应（6-131）和反应（6-132）可以看出，Br^-和BrO_3^-是竞争 $HBrO_2$ 的。当 $k_3[Br^-]>k_4[BrO_3^-]$时，自催化过程（6-132）不可能发生。自催化是 BZ 振荡反应中必不可少的步骤，否则该振荡不能发生。研究表明，Br^-的临界浓度为

$$[Br^-]_{crit}=\frac{k_4}{k_3}[BrO_3^-]=5\times10^{-6}[BrO_3^-] \tag{6-136}$$

若已知$[BrO_3^-]$的初始浓度，可由式（6-136）估算$[Br^-]_{crit}$。

通过反应（6-135）实现 Br^-的再生。

体系中存在着两个受 Br^-浓度控制的过程，过程 A 和过程 B，当$[Br^-]$高于临界浓度$[Br^-]_{crit}$时发生过程 A，当$[Br^-]$低于$[Br^-]_{crit}$时发生过程 B。也就是说$[Br^-]$起着开关作用，它控制着从过程 A 到过程 B，再由过程 B 到过程 A 的转变。在过程 A 中，由于发生化学反应，$[Br^-]$降低，当$[Br^-]$达到$[Br^-]_{crit}$时，过程 B 发生。在过程 B 中，Br^-再生，$[Br^-]$增加，当$[Br^-]$达到$[Br^-]_{crit}$时，过程 A 发生，这样体系就在过程 A、过程 B 间往复振荡。

在反应进行时，系统中$[Br^-]$、$[HBrO_2]$、$[Ce^{3+}]$、$[Ce^{4+}]$都随时间作周期性的变化，实验中，可以用溴离子选择电极测定$[Br^-]$，用铂丝电极测定$[Ce^{4+}]$、$[Ce^{3+}]$随时间变化的曲线。溶液的颜色在黄色和无色之间振荡，若再加入适量的 $FeSO_4$ 邻二氮菲溶液，溶液的颜色将在蓝色和红色之间振荡。

从加入硝酸铈铵到开始振荡的时间为 $t_{诱}$，诱导期与反应速率成反比，即

$$\frac{1}{t_{诱}}\propto k=A\exp\left(\frac{-E_{表}}{RT}\right)$$

并得到

$$\ln\left(\frac{1}{t_{诱}}\right)=\ln A-\frac{E_{表}}{RT} \tag{6-137}$$

以 $\ln\left(\dfrac{1}{t_{诱}}\right)$-$\dfrac{1}{T}$ 作图，根据斜率求出表观活化能 $E_{表}$。

本实验使用 BZOAS-IIS 型 BZ 反应数据采集接口系统（一体化，含磁力搅拌、反应器及专用电极），南京大学应用物理研究所 BZ 振荡反应专用软件及 HK-2A 型超级恒温水浴，并与微型计算机（PC）相连。通过接口系统测定电极（Pt 与甘汞电极）的电势信号，经通信口传送到 PC，自动采集处理数据。如图 6-54 所示。

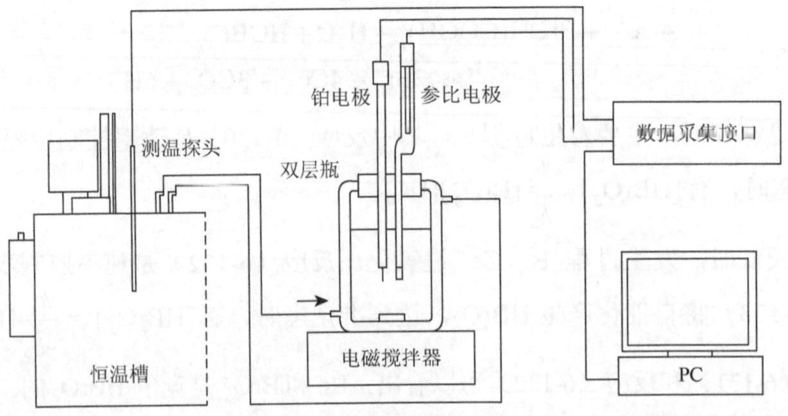

图 6-54　实验装置示意图

BZOAS-IIS 型 BZ 反应数据采集接口系统仪器的前面板上有两个输入通道，用于输入 BZ 振荡电压信号和温度传感器信号，有一个通断输出控制通道，可用于控制恒温槽。温度传感器用于测温。仪器的后面板上有电源开关、保险丝座和串行口接口插座。具体接线方法为：铂电极接电压输入正端（+），参比电极接电压输入负端（–）。将仪器后面板上的串行口接计算机的串行口一（必须为串行口一）。

南京大学应用物理研究所 BZ 振荡反应数据采集接口系统软件介绍：

双击 Windows 桌面上 BZ 振荡反应软件图标，打开软件。左侧为实验参数设置，右侧为实验绘图区。

实验参数设置如下：

横坐标极值：用于设置绘图区的横坐标最大值（测量时间），单位为 s。

纵坐标零点：用于设置实验绘图区的纵坐标零点，单位为 mV。

纵坐标极值：用于设置绘图区的纵坐标最大值，单位为 mV。

起波阈值：当发现起波时间识别不正确时，可以调节起波阈值。可在 1～20mV 范围内调节。

目标温度：设定实验的反应温度。

三、仪器与试剂

仪器：BZOAS-IIS 型 BZ 反应数据采集接口系统；微型计算机；HK-2A 型恒温槽；反应器；磁力搅拌器。

试剂：丙二酸（0.128mol/L）；溴酸钾（0.25mol/L）；硫酸（3.20mol/L）；硝酸铈铵（0.02mol/L）。

四、步骤

（1）按图示检查仪器连线。铂电极接接口装置电压输入正端（+），参比电极接接口装置电压输入负端（–）。将接口装置的温度传感器探头插入 HK-2A 型恒温槽的水浴中并固定好。

（2）接通恒温槽电源，将恒温水通入反应器，将恒温槽温度设定至 25.0℃。接通

BZOAS-IIS 型 BZ 振荡反应数据采集接口装置电源，启动微型计算机，运行 BZ 振荡反应实验软件，进入界面。

（3）进入参数设置菜单。设置横坐标极值 600s；纵坐标极值 1500mV；纵坐标零点 800mV；起波阈值 6mV（默认设置为 6mV，一般不需改变）；目标温度 25.0℃。然后，点击“确定”，退出。

（4）在反应器中加入已配好的丙二酸溶液、溴酸钾溶液、硫酸溶液各 15mL，打开磁力搅拌器，并调节好搅拌速度，实验过程中不得改变搅拌速度。取硝酸铈铵溶液 15mL 放入一锥形瓶中，置于恒温槽水浴中。

（5）恒温 5min 后，单击“实验操作”菜单中的“开始实验”。

（6）将恒温后的硝酸铈铵溶液 15mL 加入反应器中，系统开始采集记录并显示电位信号。

（7）观察反应器中溶液颜色变化和记录的电位曲线，待画完 10 个振荡周期或曲线运行到横坐标最右端后，单击“停止实验”键，停止信号采集。此时可以单击“实验操作”菜单中“查看峰谷值”，观察各波的峰值、谷值。

（8）单击“文件”菜单中的“保存”，输入 BZ 振荡反应即时数据存储文件名，使用默认的文件扩展名（.txt）。注意：全部实验要测定记录 5 个温度下的实验数据，每个温度下都需要输入相应的数据存储文件名，全部实验数据将存在 5 个数据文件（****.txt）中，实验操作结束后要对数据文件中存储的数据进行处理。因此所取文件名应采用编号加以区别，以免文件名重名，后面的数据文件将前面的数据文件覆盖。例如，刘姓同学将 4 个温度下的数据文件取名为 liu25.txt，liu30.txt，…，liu40.txt。

（9）用去离子水淋洗电极，倒掉反应器中的溶液（注意酸性溶液有腐蚀性！），用自来水清洗反应器，再用去离子水涮洗反应器。

（10）重复（3）～（9）步骤，改变温度为 30℃、35℃、40℃、45℃，重复实验。

（11）关闭仪器（接口装置、磁力搅拌器、恒温槽）电源。

五、数据处理和实验结果

（1）作电位-时间图：利用通用数据处理软件，如 Origin、Excel 等，根据各个温度下数据文件中记录的数据，作出各个温度下的电位-时间图。取用数据时注意各个数据文件的最后一行记录的是温度和 $t_{诱}$，测量软件系统判断的 $t_{诱}$ 可能不准确，可以自己重新判断并确定每个温度下的 $t_{诱}$。

（2）以 $\ln\left(\frac{1}{t_{诱}}\right)$-$\frac{1}{T}$ 作图，根据斜率求出表观活化能 $E_{表}$。

（3）对振荡曲线进行解释。

六、思考题

（1）什么是化学振荡现象？产生化学振荡需要什么条件？

（2）本实验中直接测定的是什么量？目的是什么？

第 7 章　附　录

7.1　常见有机化合物的波谱特征及鉴定

7.1.1　烷、烯、炔

1. 波谱特征

烷、烯、炔在红外光谱（IR）上有明显的特征吸收。例如，烷烃 C—H 伸缩振动吸收在 $3000cm^{-1}$ 以下，而烯和炔 C—H 伸缩振动吸收在 $3000cm^{-1}$ 以上。烯和炔的 C═C 和 C≡C 伸缩振动吸收分别为 $1650cm^{-1}$ 和 $2120cm^{-1}$，这也是它们的明显差别。在核磁共振氢谱（^{1}HNMR）中，烷、烯、炔的质子化学位移也具有较大差异。表 7-1 列出了烷、烯、炔的红外（IR）特征吸收数据和核磁共振氢谱（^{1}HNMR）中不同化学位移（δ）数据。对于紫外光谱（UV），只有共轭烯炔在 200nm 以上存在吸收。

表 7-1　烷、烯、炔的 IR、^{1}HNMR 特征吸收数据

	IR	^{1}HNMR
烷	~$2900cm^{-1}$（C—H 伸缩），$1370cm^{-1}$（C—H 弯曲）	δ 0.9～1.5
烯	$3050cm^{-1}$（C—H 伸缩），$1650cm^{-1}$（C═C 伸缩），1000～$700cm^{-1}$（C—H 面外弯曲）	δ 5～7（烯氢）
炔	$3300cm^{-1}$（C—H 伸缩），$2120cm^{-1}$（C≡C 伸缩）	δ 2.8（炔氢）

2. 性质试验

烷烃反应性较差，在特殊条件下可发生取代反应，但不宜作为鉴别反应。对烷烃常常采用波谱法鉴定。烯和炔含有不饱和键，极易与亲电试剂（如 X_2、HX 等）发生加成反应，也易被氧化剂进攻。利用它们与溴加成使其褪色的反应和被高锰酸钾氧化而使其褪色的反应来鉴定。端基炔（R—C≡C—H）的炔氢呈现一定酸性，可与金属钠作用放出氢气，与一价银、铜离子反应生成沉淀，这可作为端基炔的鉴别方法。

1）溴-四氯化碳溶液试验

在装有 2mL 四氯化碳溶液的试管中溶解 3～4 滴样品。逐滴加入 2%溴-四氯化碳溶液，振荡，观察溴的橙红色是否褪去。如果样品是气体，需把该气体通入溴-四氯化碳溶液中。

讨论：某些化合物的取代和氯化反应也能使溴褪色，如酚、烯醇、醛、酮和一些活泼亚甲基化合物。但上述反应产生溴化氢，由于四氯化碳对溴化氢不溶而被释出，用 pH 试纸在试管口测试就可以鉴别。环丙烷衍生物也使溴褪色，但它不与高锰酸钾反应，故可通过试验 2）加以区别。

样品：石油醚、环己烯、乙炔。

2）稀高锰酸钾溶液试验

在试管中加入 2mL 丙酮及 2～3 滴样品，然后逐滴加入 1%高锰酸钾溶液并振荡。观察高锰酸钾紫色消失和二氧化锰沉淀生成的现象。

讨论：该试验作为溴-四氯化碳溶液试验的补充，尤其对那些加溴反应速率慢的烯（如共轭烯），该试验更为适宜。环丙烷衍生物可使溴褪色但不能使高锰酸钾褪色，故该试验是一个很好的区别方法。但应注意的是，一些易被氧化的化合物，如酚、芳胺、醛、伯仲醇和有机含硫化合物也得到正性结果。

样品同试验 1）。

7.1.2　芳烃

1. 波谱特征

在红外光谱中芳烃的特征吸收主要是 C—H 伸缩、C—H 弯曲、C═C 骨架伸缩振动三个吸收区域。根据 1600～1450cm^{-1} C═C 骨架伸缩振动吸收的多重峰和 3100～3050cm^{-1} 的 C—H 伸缩振动吸收，可以确定苯环的存在。860～700cm^{-1} C—H 面外弯曲振动吸收往往可用来鉴别取代基的个数及相对位置，如邻二取代苯和对二取代苯在该频区有不同的吸收，分别为～750cm^{-1} 和～840cm^{-1}。在核磁共振氢谱中，由于芳环各向异性的影响，处在去屏区的氢核磁共振吸收出现在低场，δ 为 7～8。紫外光谱中Ⅱ和Ⅲ带吸收可作为芳环的特征。表 7-2 列出了芳烃的 IR、^{1}HNMR、UV 特征吸收数据。

表 7-2　芳烃的 IR、^{1}HNMR、UV 特征吸收数据

	IR	^{1}HNMR	UV
芳烃	3100～3050cm^{-1}（C—H 伸缩） 1600～1450cm^{-1}（C═C 骨架伸缩） 860～700cm^{-1}（C—H 向外弯曲）	δ7～8	Ⅱ带 λ_{max} 180～210nm Ⅲ带 λ_{max} 250～260nm

2. 性质试验

由于芳烃的稳定性，其不易发生加成而易发生亲电取代反应，最常采用的鉴别芳烃的化学方法也是取代反应。傅瑞德尔-克拉福茨（Friedel-Crafts）试验实际是傅-克烷基化反应。在三氯化铝存在下，芳烃与氯仿作用呈现各种颜色，如苯、烷基苯为橙红色，萘为蓝紫色，联苯为紫色，蒽为绿色，反应中的有色物质为三芳基甲烷正离子与四氯化铝负离子的盐类。

在干燥试管中加入 0.1g 无水三氯化铝，用强火焰加热使三氯化铝升华至管壁，冷却。把 20mg（或 2 滴）样品溶于 8 滴氯仿溶液中，将此溶液沿管壁倒入上述试管中。注意观察溶液与升华的三氯化铝接触时所出现的颜色。

样品：苯、萘、石油醚（精制）。

7.1.3 卤代烃

1. 波谱特征

卤素的存在可由钠熔法或贝尔斯坦试验测定。在红外光谱中 C—F 伸缩振动吸收在 1350～960cm^{-1}，在一般谱图中可以找到，其他 C—X 伸缩振动吸收在 850～500cm^{-1} 区域，正常谱图中较难辨认，因此，红外光谱很少用来鉴定卤代烃。质谱中卤素的同位素峰常作为卤素存在的特征。例如，一溴代物 M（分子离子峰）∶（M+2）=100∶93，这个比值是分子中含有溴的标志。

2. 性质试验

亲核取代反应是卤代烃的重要反应之一，利用这个反应可以鉴别卤代烃。例如，卤代烃与硝酸银醇溶液发生亲核取代反应（S_N1）生成卤化银沉淀，不同结构的卤代烃反应活性不同，据此可以判定卤代烃的结构。一般反应活性顺序是：①叔卤代烃≈苄基卤代烃和烯丙基卤代烃＞仲卤代烃＞伯卤代烃＞乙烯型卤代烃和芳卤代烃；②R—I＞R—Br＞R—Cl。在室温下，叔丁基、苄基和烯丙基氯代烃及脂肪碘代烃很快产生卤化银沉淀，伯仲氯代烃和胞二溴代烃及 2, 4-二硝基卤代苯反应较慢，但加热可产生沉淀。芳基和乙烯基卤代烃、桥环桥头卤代烃、氯仿、四氯化碳、α-卤代酮在加热情况下也不反应。

硝酸银醇溶液试验：

在试管中加入 2mL 2%硝酸银乙醇溶液，加 1～2 滴样品，振荡后静置 5min，观察有无沉淀生成（注意沉淀颜色）。若无沉淀，加热煮沸，再观察现象。加 2 滴 5%硝酸溶液，生成沉淀不溶解为正性结果（羧酸银沉淀溶于稀硝酸）。

讨论：除活泼卤代烃外，一些胺的氢卤酸盐、酰卤、磺酰卤、α-卤代醚也呈正性结果。

样品：正丁基氯、仲丁基氯、叔丁基氯、正溴丁烷、溴苯、苯甲酰氯。

7.1.4 醇、酚

1. 波谱特征

醇、酚均含有羟基官能团，在红外谱图中 3640～3200cm^{-1} 存在 O—H 伸缩振动吸收，而无 1665～1700cm^{-1} 的 C═O 伸缩振动吸收（羧酸除具有 O—H 伸缩振动吸收外，还存在 C═O 伸缩振动吸收峰），则说明是醇或酚。除 OH 的特征吸收外，若具有 1600～1450cm^{-1} 的芳环特征吸收，则证明是酚。当然，也可由酚的酸性区别醇。在 ^{1}HNMR 谱图中，醇、酚的羟基质子化学位移也有差异，醇羟基氢为 δ 0.5～5，酚羟基氢为 δ 4～8。醇羟基氢一般情况下不与相连碳上的氢偶合，但在非质子极性溶剂（如二甲基亚砜）中，可观察到偶合裂分峰。表 7-3 列出了醇、酚的 IR、^{1}HNMR 特征吸收数据。

表 7-3　醇、酚 IR、^{1}HNMR 特征吸收数据

	IR	^{1}HNMR
醇、酚	3640～3610cm^{-1}（O—H 伸缩） 3550～3200cm^{-1}（O—H 伸缩） 1200～1050cm^{-1}（C—H 伸缩）	δ 0.5～5（醇羟基氢） δ 4～8（酚羟基氢）

2. 醇的性质试验

醇的羟基氢较活泼，可与金属钠作用放出氢气，在一定范围内可作为醇的定性试验。但应该注意的是，很多活泼氢化合物均存在此反应。醇与硝酸铈铵溶液作用生成红色配合物，常用来鉴定醇。

醇易被氧化，可采用六价铬［琼斯（Jones）试剂］氧化伯、仲醇生成绿色或蓝色浑浊液鉴定伯、仲醇；用高碘酸氧化邻二醇的反应鉴别多元醇。醇的氯化反应因其结构不同而使反应活性有所不同，可采用卢卡斯（Lucas）试剂区别它们。叔醇与卢卡斯试剂作用立刻变浑浊（很快生成不溶的氯代烷），仲醇需要反应 5min，饱和脂肪伯醇一般在室温下不反应。醇与酰氯作用生成酯，常用 3, 5-二硝基苯甲酰氯与醇反应生成具有固定熔点的固体酯，这可作为醇的衍生物的鉴别法。

1）硝酸铈铵溶液试验

在 2mL 蒸馏水或二氧六环（对水不溶的样品）中溶解 2～3 滴（或 25～30mg）样品，加入 0.5mL 硝酸铈铵溶液。观察颜色变化，由黄变红为正性结果。

硝酸铈铵溶液配制：将 90g 硝酸铈铵溶于 255mL 2mol/L 的热硝酸中，冷却备用。

讨论：除单元醇和多元醇外，一些具有羟基的其他官能团化合物，如 α-羟基醛、酮、酸、酯等也为正性结果。芳胺等易被氧化的化合物与此试剂作用也产生红色干扰试验。多碳数的醇、酚颜色不明显。

样品：乙醇、甘油、环己醇、氯乙醇。

2）琼斯（Jones）氧化试验

将 3～4 滴样品溶于 2mL 丙酮溶液中，然后向此盛有样品丙酮溶液的试管中加 2 滴琼斯试剂。观察颜色变化，若加入的橙色试剂 2～3min 内变为绿色，则视为正性结果。

琼斯试剂配制：把 12.4g 三氧化铬溶于 6mL 浓硫酸中，小心用蒸馏水稀释到 100mL。

讨论：琼斯试剂用于鉴别伯、仲醇，但醛也呈正性结果，易被氧化的酚也与琼斯试剂反应，产生与醇不同的深色溶液。

样品；乙醇、2-丁醇、叔丁醇、乙醛。

3）高碘酸试验

在试管中加入 2mL 高碘酸溶液和 1 滴浓硝酸，混合均匀。加 1 滴样品，振荡，15s 后加 2 滴 5%硝酸银溶液。出现碘酸银沉淀的为正性结果。

高碘酸溶液配制：将 0.5g 高碘酸（H_5IO_6）溶于 100mL 蒸馏水中。

讨论：除邻二醇外，2-羟基醛酮、1, 2-二羟基化合物和一些含硫化合物也呈正性结果。

样品：甘醇、乙醇、甘油醛。

4）卢卡斯（Lucas）试验

把4～5滴样品分别放入3个试管中，分别加入2mL卢卡斯试剂，振荡，观察现象。放置5min再观察，若无浑浊出现，在水浴上加热，看是否变浑浊。

卢卡斯试剂配制：将无水氯化锌熔融，冷却后捣碎，取150g溶于100mL浓盐酸中。溶解时有大量氯化氢气体放出，需在通风橱内进行。

讨论：样品溶液中的浑浊现象是由生成不溶于酸性水溶液的氯代烃造成的，所以该试验只适于与酸生成清亮溶液的醇。

样品：正丁醇、仲丁醇、叔丁醇。

3. 酚的性质试验

酚可溶于5%氢氧化钠而不溶于5%碳酸氢钠溶液，羧酸却可溶于上述两种溶液中，这一酸性特征可作为鉴别的一种依据。但芳环上有强拉电子基团时，酚的酸性会增强。例如，2, 4-二硝基苯酚、2, 4, 6-三硝基苯酚均具有较强酸性，可溶于5%碳酸氢钠水溶液中。酚与三氯化铁作用生成红、蓝、绿、紫等颜色，这是酚的特征反应，最常用于酚的鉴定。但除酚外，烯醇化合物及一些其他类型的化合物（参阅“三氯化铁试验”）也能与三氯化铁显色，而某些酚，特别是硝基酚却没有颜色反应，因此需结合其他分析方法协同鉴别。酚与溴反应可生成沉淀或发生颜色变化。苯酚与溴水作用生成2, 4, 6-三溴苯酚沉淀，对苯二酚与溴反应时先变红后出现暗绿色沉淀，间苯二酚、1, 2, 3-苯三酚与溴作用只发生颜色变化。酚与溴作用具有明显可观察到的现象，故也可作为酚的鉴别方法之一。

1）三氯化铁试验

在1mL水或乙醇（对水溶解度小或不溶的样品）中加入1滴（或30mg）样品，使其溶解。然后滴加1～2滴1%三氯化铁水溶液，观察反应现象。

灵敏度更高的试验是在100mL氯仿中溶解1g三氯化铁。取2滴该溶液加到溶有1滴（或20mg）样品的1mL氯仿溶液中，再加1滴吡啶，振荡。如果有酚或烯醇化合物存在，就会发生颜色反应。

讨论：除酚外，烯醇化合物、肟、酰胺及喹啉、吡啶、吡咯的羟基化合物、氨基酸等也与三氯化铁发生颜色反应。而一些具有强拉电子基团的酚，如硝基酚却给出负性结果。

样品：苯酚、对苯二酚、水杨酸、对羟基苯甲酸、邻硝基苯酚、乙酰乙酸乙脂。

2）溴水试验

在试管中加入1mL 1%的样品水溶液，然后逐滴加入溴水溶液。观察溴水褪色情况和有无沉淀生成。

溴水配制：用100mL蒸馏水溶解15g溴化钾和10g溴，振荡使其溶解。

讨论：溴水既是溴化剂又是氧化剂，不同酚参与的反应不同，苯酚与溴水发生取代反应，而对苯二酚与溴的作用为氧化，生成醌和氢醌沉淀。除酚外，硫醇也与溴水发生氧化反应。苯胺与溴水也发生取代反应，生成2, 4, 6三溴苯胺沉淀。

样品：苯酚、间苯二酚、对苯二酚、水杨酸、邻硝基苯酚。

7.1.5 醛、酮

1. 波谱特征

在红外光谱中，780～1665cm^{-1}强的 C═O 伸缩振动吸收是醛、酮、羧酸及酯的特征，而羧酸及酯还存在 1250～1050cm^{-1} C—O 伸缩振动吸收，这可作为区别它们的一个依据。当然，也可采用 O—H 伸缩振动吸收和化学方法加以鉴别。醛和酮在红外光谱中的明显差别是醛在 2820cm^{-1}和 2700cm^{-1}存在醛基 C—H 伸缩振动吸收。^{1}HNMR 中醛基氢在低场（δ 9～10）的共振峰也是鉴定醛的可靠信息。紫外光谱在 200nm 以上有 π-π^*跃迁吸收的是共轭醛、酮。表 7-4 列出了醛、酮的波谱特征吸收数据。

表 7-4 醛、酮的 IR 和 ^{1}HNMR 特征吸收数据

	IR	^{1}HNMR
醛	1725～1685cm^{-1}（C═O 伸缩） 2820cm^{-1}和 2700cm^{-1}（醛基 C—H 伸缩）	δ 9～10（醛基氢） δ 2～3（α-H）
酮	1780～1665cm^{-1}（C═O 伸缩）	δ 2～3（α-H）

2. 性质试验

醛、酮容易与胺的衍生物（如羟胺、氨基脲、2, 4-二硝基苯肼等）发生缩合反应，特别是与 2, 4-二硝基苯肼作用生成黄色或橙红色 2, 4-二硝基苯腙沉淀，这是醛、酮区别于其他化合物最特征的反应。这也可作为醛、酮衍生物的制备方法，也可利用相应醛、酮的 2, 4-二硝基苯腙的性质鉴定醛、酮。

醛、脂肪甲基酮与饱和亚硫酸氢钠作用生成结晶形加成物，也常用来鉴定醛、酮。加成物在酸性条件下水解可还原到原来的醛、酮，因此，还可以作为分离提纯醛、酮的方法。

醛和酮的区别可通过席夫（Schiff）试验、土伦（Tollen）试验、费林（Fehling）试验和本尼迪（Benedict）试验完成。醛与席夫试剂作用生成紫红色的染料，而酮则无此反应。这是最重要的区别醛和酮的方法。

醛非常易被氧化，它与银氨配离子（土伦试剂）反应生成银镜，与酒石酸或柠檬酸二价铜离子（费林或本尼迪试剂）作用，析出红色氧化亚铜沉淀，这也是常用来区别醛和酮的方法。

鉴别甲基酮的特征反应是碘仿试验。甲基酮与碘和氢氧化钠作用产生碘仿沉淀，只有甲基酮及具有某些特征结构的化合物（见“碘仿试验”）才可进行这个反应。

1）2, 4-二硝基苯肼试验

将 2mL 2, 4-二硝基苯肼试剂加入试管中，滴加 2～3 滴样品（若为固体，可溶于乙醇中），振荡后放置几分钟，若无沉淀生成可温热。有黄色或橙红色沉淀生成则为正性结果。

2, 4-二硝基苯肼试剂配制：15mL 浓硫酸溶解 3g 2, 4-二硝基苯肼，搅拌下将该溶液加入 20mL 水和 70mL 乙醇的混合液中。

讨论：除羰基化合物外，易水解为羰基化合物的缩醛、缩酮、肟等也呈正性结果。

样品：乙醛水溶液、丙酮、苯乙酮。

2）席夫（Schiff）试验

在试管中加入 1mL 席夫试剂，滴加 2～3 滴样品。在 10min 内出现紫红色则为正性结果。

席夫试剂配制：A.把 0.1g 品红盐酸溶于 100mL 蒸馏水中，过滤。在制成的该溶液中加 4mL 饱和亚硫酸钠水溶液，1h 后加入 2mL 盐酸混匀即为席夫试剂。B. 按 A 法配制 0.1% 品红盐酸盐溶液，另取 100mL 水，并在水中通入二氧化硫使其饱和。将以上两个水溶液混合混匀，静置过夜。

样品：乙醛水溶液、正丁醛、丙酮、乙醇。

3）饱和亚硫酸氢钠溶液试验

在干燥试管中加入 1mL 饱和亚硫酸氢钠溶液，再滴加 4～5 滴样品，用力振荡并在冰水中冷却，若出现白色沉淀则为正性结果。

饱和亚硫酸氢钠溶液配制：在 100mL 40%亚硫酸氢钠水溶液中加入 25mL 无水乙醇，搅拌，若有结晶析出则需过滤。该溶液易被氧化，应尽快使用，不可长久保存。

讨论：醛、甲基脂肪酮和一些相对分子质量较小的环酮均给出正性结果，某些羰基活性较差的甲基酮、频那酮、异亚丙基丙酮等反应很慢或不反应。

4）土伦（Tollen）试验

在干净试管中加入 3mL 10%硝酸银溶液，再加入 2mL 10%氢氧化钠水溶液，振荡中滴加 2%的氨水溶液，直到生成的沉淀溶解（不得过量，否则会影响试验灵敏度）。将该溶液分装于四个干净试管中，分别加入 3～4 滴样品，振荡后静置，若无变化可温热 2min，有银镜生成则为正性结果。

讨论：银氨溶液配制后应立即使用。试验不可直接用火加热，否则会产生易爆炸的雷酸银[$Ag_2(ONC)_2$]而发生危险。试验完毕，用水稀释后再用硝酸洗涤试管。该试验醛为正性结果，一般酮为负性结果。但 γ-羟基酮、γ-氨基酮和一些易被氧化的芳香胺、酚等也产生正性结果。

样品：甲醛水溶液、乙醛水溶液、丙酮、苯甲醛。

5）碘仿试验

在试管中加入 3mL 水、0.5mL 碘溶液和 3～4 滴样品，混合均匀，振荡情况下逐滴加入 10%氢氧化钠水溶液，直到碘的棕色消失。若无沉淀出现，则可在 60℃水浴上加热数分钟，冷却后观察试验结果。

碘溶液配制：50g 碘化钾溶于 200mL 水中，再加入 25g 碘。

样品：乙醛水溶液、正丁醛、丙酮、2-丁醇。

7.1.6 羧酸及其衍生物

1. 波谱特征

羧酸、酯、酸酐、酰卤、酰胺在红外谱图中于 1840～1630cm^{-1} 有强 C══O 伸缩振动吸收，由于上述化合物羰基所连基团不同，吸收位置也有差异。一般酰卤 C═O 伸缩振动吸收为 1800cm^{-1}，而酰胺则为 1650cm^{-1}，酸酐在此范围内具有两个吸收峰。羧酸与它的衍生物的最大区别是 3400～2500cm^{-1} 的 O—H 伸缩振动吸收。腈在 2260～2210cm^{-1} 处的 C≡N 伸缩振动吸收是鉴定腈的重要依据。在核磁共振谱图中，作为鉴别特征的是羧酸质子在 δ10～12 和酰胺质子在 δ5～8 的共振吸收。表 7-5 列出了羧酸及衍生物的 IR 和 ^{1}HNMR 特征吸收数据。

表 7-5 羧酸及衍生物的 IR 和 ^{1}HNMR 特征吸收数据

	IR	^{1}HNMR
羧酸	3400～2500cm^{-1}（O—H 伸缩）（缔合） 1725～1700cm^{-1}（C═O 伸缩）	δ10～12（酸质子）
酯	1760～1735cm^{-1}（C═O 伸缩） 1300～1200cm^{-1}（C—O 伸缩）	δ2～3（α-H）
酸酐	1840～1800cm^{-1}（C═O 伸缩） 1780～1740cm^{-1}（C═O 伸缩） 1300～1200cm^{-1}（C—O 伸缩）	δ2～3（α-H）
酰卤	1815～1785cm^{-1}（C═O 伸缩）	δ2～3（α-H）
酰胺	1690～1630cm^{-1}（C═O 伸缩） 3500～3100cm^{-1}（N—H 伸缩）	δ5～8（氮上氢）
腈	2260～2210cm^{-1}（C≡N 伸缩）	δ2～3（α-H）

2. 性质试验

羧酸溶于 5%碳酸氢钠水溶液，是其区别于其他酸性化合物（如酚）的化学特性。酰卤和酸酐极易水解，在水中给出酸性溶液，可用石蕊试纸检出。酯为中性化合物，一般可由羟肟酸铁试验鉴定。酯与羟胺反应生成羟肟酸，该酸与三氯化铁作用生成紫红色至蓝色的羟肟酸铁。但应注意的是，其他羧酸衍生物在一定条件下也可给出正性结果（见该试验的讨论）。

羟肟酸铁试验：

在试管中加入 1mL 0.5mol/L 羟胺盐酸盐乙醇溶液，2～3 滴（或 30mg）样品，混匀并在混合液中加入 4 滴 20%氢氧化钠水溶液，振荡，沸水浴中加热数分钟，稍冷，加入 2mL 1mol/L 盐酸。如果出现浑浊，可加入 2mL 乙醇。旋动中加 1～2 滴 10% $FeCl_3$ 水溶液，观察颜色变化。

讨论：除酯外，酸酐、酰卤在上述条件下也呈正性结果。若用 2mL 1mol/L 羟胺盐酸盐的 1, 2-丙二醇溶液，滴 1～2 滴腈或酰胺的 1, 2-丙二醇浓溶液，然后加入 1mL 1mol/L 氢氧化钾的 1, 2-丙二醇溶液，混合物加热数分钟，冷却后加 1～2 滴 10%三氯化铁溶液，也得到紫红至蓝色的正性结果。进行上述试验一般滴加 1～2 滴三氯化铁溶液即可出现颜色变化，但要证明负性结果必须滴加 1mL 以上。

样品：乙酸正丁酯、苯甲酸乙酯。

7.1.7　胺

1. 波谱特征

胺的 N—H 伸缩和弯曲振动吸收、C—N 伸缩振动吸收是它的特征。核磁共振氢谱中氮上的氢和 α-氢的共振吸收也可作为胺的表征。表 7-6 列出了胺的 IR、^{1}HNMR 特征吸收数据。

表 7-6　胺的 IR、^{1}HNMR 特征吸收数据

IR	^{1}HNMR
3500～3300cm^{-1}（伯、仲胺 N—H 伸缩） 1640～1560cm^{-1}（伯胺 N—H 弯曲） ～1500cm^{-1}（仲胺 N—H 弯曲） 1150～1000cm^{-1}（C—N 伸缩）	δ0.5～5（氮上氢） δ2.5～3.5（α-H）

2. 性质试验

胺呈碱性，可溶于无机酸，这是胺的特征反应。伯、仲、叔胺可由兴斯堡（Hinsberg）试验区别。伯胺与苯磺酰氯作用生成的苯磺酰胺在碱中以盐的形式存在，可溶于碱液中，但加酸又可析出。仲胺与苯磺酰氯作用，生成不溶于碱的油状物或沉淀，加酸也不溶解。叔胺氮上无氢，与苯磺酰氯不发生反应，在碱中不溶，但加酸可溶解。可利用上述反应鉴别或分离三种胺。另一种胺的鉴定方法是它与亚硝酸的反应。脂肪伯胺与亚硝酸作用放出氮气，脂肪仲胺生成不溶于酸的黄色油状物或沉淀——亚硝胺，叔胺不反应。芳香伯胺与亚硝酸反应生成重氮盐，该盐可与 β-萘酚偶合生成红色偶氮化合物，芳香叔胺（如 *N*, *N*-二甲基苯胺）与亚硝酸反应可在芳环上导入亚硝基，该亚硝基化合物呈绿色。胺与酰氯作用生成酰胺，与苦味酸作用生成盐，这是胺衍生物的制备方法。通过对胺衍生物的分析，也可鉴定胺类。

1）兴斯堡（Hinsberg）试验

在试管中加入 2mL 水、2 滴样品和 1mL 10%氢氧化钠水溶液，再加 3 滴苯磺酰氯。塞住试管，振荡，在水浴中温热并继续振荡直到苯磺酰氯气味消失。冷却混合物并注意观察，若有油状物或沉淀出现可滴加盐酸，溶解者为仲胺。如果溶液中无油状物或沉淀出现，可滴加盐酸，出现沉淀者为伯胺。

讨论：若仲胺含有羧基或酚羟基，与苯磺酰氯反应的产物也会溶于氢氧化钠水溶液中。一些大分子伯胺与苯磺酰氯反应的产物不溶于碱。某些芳香叔胺与苯磺酰氯作用生成蓝色或紫色物质。

样品：苯胺、*N*-甲基苯胺、*N*, *N*-二甲基苯胺。

2）亚硝酸试验

在一支试管中加入 0.3mL 样品、1mL 浓盐酸和 2mL 水，另一支试管中用 2mL 水溶解

0.3g 亚硝酸钠。将两支试管放在冰盐浴中冷却至 0～5℃，振荡情况下把亚硝酸钠溶液慢慢加入样品酸性溶液中，直到混合液遇淀粉-碘化钾试纸变蓝为止。若反应中放出氮气，为脂肪伯胺。若反应混合物无气体也无固体出现，则在试管中滴加 *β*-萘酚溶液，出现红色沉淀为芳香伯胺。如果反应物中出现固体或油状物，加氢氧化钠水溶液不变色为仲胺，若变为绿色，则为芳香叔胺。

β-萘酚溶液配制：5g *β*-萘酚溶于 500mL 5%氢氧化钠水溶液中。

讨论：氮上无取代基的酰胺、氨基酸也在反应中放出氮气。某些带强拉电子基团的芳香伯胺（如 2, 4-二硝基苯胺）不可进行重氮化反应。邻苯二胺也呈负性结果。酚与亚硝酸反应呈现蓝色或绿色。

样品：正丁胺、苯胺、*N*-甲基苯胺、*N*, *N*-二甲基苯胺。

7.1.8　糖

1. 波谱特征

糖为多羟基醛酮，在红外谱图中，3000～2500cm^{-1} 有宽且强的 O—H 伸缩振动吸收峰，在 1200～1000cm^{-1} 有较强的 C—O 伸缩振动吸收峰。因糖往往以环状的半缩醛酮形式存在，一般红外谱图中没有 C═O 伸缩振动吸收峰。

2. 性质试验

单糖、双糖溶于水，不溶于有机溶剂，大分子的多糖微溶或不溶于水。可溶性糖最特征的反应是莫立许（Molisch）试验，该实验中糖和 *α*-萘酚的溶液与浓硫酸作用产生紫色环。可能的反应是浓硫酸使糖脱水生成糖醛类化合物，该化合物与 *α*-萘酚形成有色物质。糖的熔点较高，一般在 200℃以上，在该温度下易分解，因此，常常使糖与苯肼作用制成有敏锐熔点的糖脎，依成脎速度和脎的熔点来鉴定糖。还原性糖可分别与土伦试剂和本尼迪（Benedict）试剂作用生成银镜和铜镜，用此反应可区别还原性糖和非还原性糖。淀粉和纤维素为大分子多糖，属非还原性糖，淀粉与碘作用生成蓝色物质，可作为它的鉴定方法。

1）莫立许试验

将 10mL 样品溶于 0.5mL 水中，加 2 滴 10% *α*-萘酚乙醇溶液，混合均匀后使试管倾斜，用滴管沿试管壁加入 1mL 浓硫酸，不要摇动，硫酸沉入下层，样品溶液浮于上层，若两层交接处出现紫色环则视为糖类。振荡，使两层溶液混合，此时会发生颜色变化并放出热量，冷却后加水稀释会出现紫色沉淀。

讨论：本试验非常灵敏，即使滤纸毛混入非糖类样品中也可得到正性结果。

样品：葡萄糖、蔗糖、淀粉、滤纸浆。

2）糖脎试验

在四支试管中分别加入 0.1g 以上四种样品、0.2g 苯肼盐酸盐（苯肼有毒，操作时要小心）和 0.3g 乙酸钠，加入 2mL 蒸馏水，振荡使其溶解。将四支试管同时在沸水浴中加热并不断振荡，注意记录浸入水浴的时间和产生沉淀的时间。

讨论：除糖与苯肼成脎之外，α-羟基醛酮也给出正性结果。

样品：葡萄糖、麦芽糖、果糖、蔗糖。

3）本尼迪试验

在试管中加入 2～3mL 本尼迪试剂，加 4～5 滴 5%样品的水溶液，混合均匀后在水浴上加热并不时振荡。注意观察颜色变化和氧化亚铜沉淀的生成。

本尼迪试剂配制：将 86.5g 水合柠檬酸钠、50g 无水碳酸钠溶于约 350mL 水中。把 8.65g 硫酸铜溶于 50mL 水中。将硫酸铜溶液在搅拌下加入上述溶液中，并用水稀释至 500mL。如果不澄清则需过滤。

讨论：除还原性糖外，很多易被氧化的化合物（如醛、α-羟基醛酮、α-羰基酮、苯肼、苯胺、氨基酚、硫醇、硫酚等）都可还原本尼迪试剂。

样品：葡萄糖、麦芽糖、果糖、蔗糖。

4）土伦试验

在洗净的试管中加入 1mL 土伦试剂（配制方法见 7.1.5 节醛酮性质试验④），再加 2～3 滴 5%糖的水溶液，在室温下观察现象，然后在约 50℃的水浴中加热，出现银镜则为正性结果。

样品：葡萄糖、麦芽糖、果糖、蔗糖。

7.2 常用有机溶剂的纯化

7.2.1 无水乙醚

b.p. 34.51℃，n_D^{20} 1.3526，d_4^{20} 0.71378。

普通乙醚中除含有水和乙醇外，视储存时间的长短和包装方式的不同，尚含有或多或少的过氧化物。过氧化物存在与否可用下列方法定性检出：将数毫升乙醚和等量的用几滴盐酸酸化的 2%碘化钠溶剂一起振摇，如不久后出现棕色，则表示该样品中含有过氧化物。要除去过氧化物，可以将乙醚与任何一种亚铁盐溶液一起振荡。将得到的乙醚再与 0.5% $KMnO_4$ 溶液一起振摇，使生成的乙醛转变成乙酸，然后用 5%氢氧化钠及水洗涤，用 $CaCl_2$ 干燥。

若要制备绝对无水乙醚，可在试剂级无水乙醚中加入钠丝或钠片以及少量二苯甲酮，回流至溶液变为深蓝色，再蒸出即可。整个过程都要在氮气气氛中进行。

7.2.2 绝对乙醇

b.p. 78.5℃，n_D^{20} 1.3611，d_4^{20} 0.7893。

乙醇中含有水，绝对乙醇为含水极少（0.5%）的乙醇。

1. 用金属钠制纯

在 250mL 烧瓶中放置 2g 金属钠和 100mL 无水乙醇，加入几粒沸石。加热回流 30min 后，加入 4g 邻苯二甲酸二乙酯，再回流 10min。改成蒸馏装置，收集馏分并存放在带有橡胶塞的容器中。

2. 用金属镁制纯

在圆底烧瓶中放置0.6g镁屑和10mL无水乙醇，加入几粒碘，加热即开始放出氢气。当全部镁条反应完毕后，加入100mL无水乙醇和几粒沸石，回流1h，然后蒸馏，收集稳定馏分。接收器要装氯化钙干燥管或进行氮气保护。

7.2.3 无水甲醇

b.p. 64.96℃，n_D^{20} 1.3288，d_4^{20} 0.7914。

用镁除水（与制备绝对乙醇一样）。

7.2.4 无水苯

b.p. 80.1℃，n_D^{20} 1.5011，d_4^{20} 0.87865。

将分析纯的苯与金属钠和二苯甲酮一起回流至深蓝色，然后蒸馏。

类似方法还可用于处理甲苯、二甲苯。

7.2.5 四氢呋喃

b.p. 67.5℃，n_D^{20} 1.4050，d_4^{20} 0.8892。

分析纯的四氢呋喃（THF）可用分子筛、氢氧化钠以及金属钠预干燥。进一步可与金属钠和二苯甲酮回流至呈深蓝色，然后在氮气保护下蒸馏。

类似方法还可用于处理乙二醇二甲醚（DME）和二甘醇二甲醚（diglyme）。

7.2.6 氯仿

b.p. 61.7℃，n_D^{20} 1.4459，d_4^{20} 1.4832。

普通氯仿含有1%的乙醇作为稳定剂。为除去乙醇，可将氯仿用其一半体积的水振荡数次，然后分出下层氯仿，用无水氯化钙干燥数小时后蒸馏。

另一种精制方法是将氯仿与少量浓硫酸一起振荡两三次。每1000mL氯仿用浓硫酸50mL。分去酸层以后的氯仿用水洗涤，干燥，然后蒸馏。除去乙醇的无水氯仿应保存在棕色瓶中，并且不要见光，以免分解。

7.2.7 二氯甲烷

与五氧化二磷或氢化钙一起回流数小时后蒸馏。

7.2.8 丙酮

b.p. 56.2℃，n_D^{20} 1.3588，d_4^{20} 0.7899。

普通丙酮中含有少量水及甲醇、乙醛等还原性杂质，可用下列方法精制：

（1）向1000mL丙酮中加入5g高锰酸钾回流，以除去还原性杂质，若高锰酸钾紫色很快消失需要加入少量高锰酸钾继续回流，直至紫色不再消失为止。蒸出丙酮，用无水碳酸钾或无水硫酸钙干燥，过滤，蒸馏收集 55～56.5℃的馏分。

（2）向 1000mL 丙酮中加入 40mL 10%硝酸银溶液及 35mL 0.1mol/L 氢氧化钠溶液，振荡 10min 除去还原性杂质。过滤，滤液用无水硫酸钙干躁后，蒸馏收集 55～56.5℃的馏分。

7.2.9　乙酸乙酯

b.p. 77.06℃，n_D^{20} 1.3723，d_4^{20} 0.9033。

普通乙酸乙酯中含有少量水、乙醇和乙酸，可用下列方法精制：

向 1000mL 乙酸乙酯中加入 100mL 乙酸酐和 10 滴浓硫酸，加热回流 4h，然后分馏。馏液用 20～30g 无水碳酸钾振荡，再蒸馏。

7.2.10　二硫化碳

b.p. 46.25℃，n_D^{20} 1.6319，d_4^{20} 1.2632。

将试剂级的二硫化碳用 0.5%高锰酸钾溶液洗涤三次，除去硫化氢，再用汞不断振荡以除硫。最后用 2.5%硫酸汞溶液洗涤，除去恶臭（剩余的 H_2S），再经氯化钙干燥后蒸馏。

7.2.11　正己烷

与金属钠和二苯甲酮回流至呈蓝色，蒸馏。

类似方法还可以处理其他饱和烷烃（如正戊烷、正庚烷、正辛烷、环烷烃等）。

7.2.12　吡啶

b.p. 115.5℃，n_D^{20} 1.5095，d_4^{20} 0.9819。

与粒状氢氧化钠或氢氧化钾一同回流，然后隔绝潮气蒸出备用。干燥的吡啶吸水性很强，保存时应将容器口用石蜡封好或用惰气保护。

类似方法还可用于处理其他胺。

7.2.13　*N*, *N*-二甲基甲酰胺

b.p. 149～156℃，n_D^{20} 1.4305，d_4^{20} 0.94887。

N, *N*-二甲基甲酰胺含有少量水分。常压蒸馏时有些会分解，产生二甲胺和一氧化碳。若有酸或碱存在，分解加快，所以加入固体氢氧化钾或氢氧化钠在室温放置数小时后，即有部分分解。因此，最好用硫酸钙、硫酸镁、氧化钡、硅胶或分子筛干燥，然后减压蒸馏，收集 76℃/36mmHg 的馏分。

7.2.14　石油醚

石油醚（petroleum）为轻质石油产品，是相对分子质量较低的烃类（主要是戊烷和己烷）的混合物。其沸程为 30～150℃，收集的温度区间一般为 30℃左右，如 30～60℃、60～90℃等沸程规格的石油醚。石油醚中含有少量不饱和烃，沸点与烷烃接近，用蒸馏法

无法分离，需要用浓硫酸和高锰酸钾除去。通常用石油醚 1/10 体积的浓硫酸洗涤两三次，再用 10%硫酸的饱和高锰酸钾溶液洗涤，至水层中的紫色不再消失为止。然后再用水洗涤，经无水氯化钙干燥后蒸馏。若需绝对干燥的石油醚则需加入钠丝。

7.2.15　二氧六环

b.p. 101.523℃（m.p. 12℃），n_D^{20} 1.422 4，d_4^{20} 1.033 6。

二氧六环（dioxane）与醚相似，普通二氧六环中含有少量二乙醇缩醛与水，久储的二氧六环还可能含有过氧化物。二氧六环的纯化如下：加入质量分数为 10%的浓盐酸回流 3h，同时通入氮气，以除去生成的乙醛，冷至室温，加入粒状氢氧化钾至不再溶解。分去水层，用粒状氢氧化钾干燥过夜，过滤，再加金属钠回流数小时，蒸馏后加入钠丝保存。

7.2.16　1, 2-二氯乙烷

b.p. 83.4℃，n_D^{20} 1.444 8，d_4^{20} 1.253 1。

1, 2-二氯乙烷（1, 2-dichloroethane）为无色液体，有芳香味，可与水形成恒沸混合物，沸点为 72℃，其中含有 81.5%的 1, 2-二氯乙烷。可与乙醇、乙醚、氯仿等互溶。在结晶和提取时是常用的溶剂，比常用的含氯有机溶剂更活泼。一般纯化可依次用浓硫酸、水、稀碱溶液和水洗涤，用无水氯化钙干燥或加入五氧化二磷分馏。

7.3　附　　表

附表 1　常用酸碱的密度和浓度

试剂名称	密度	含量/%	浓度/(mol/L)
盐酸	1.18～1.19	36～38	11.6～12.4
硝酸	1.39～1.40	65.0～68.0	14.4～15.2
硫酸	1.83～1.84	95～98	17.8～18.4
磷酸	1.69	85	14.6
高氯酸	1.68	70.0～72.0	11.7～12.0
冰醋酸	1.05	99.8（优级纯） 99.0（分析纯、化学纯）	17.4
氢氟酸	1.13	40	22.5
氢溴酸	1.49	47.0	8.6
氨水	0.88～0.90	25.0～28.0	13.3～14.8

附表 2　常用缓冲溶液

缓冲溶液组成	pK_a	缓冲溶液 pH	配制方法
一氯乙酸-NaOH	2.86	2.8	200g 一氯乙酸溶于 200mL 水中，加 NaOH 40g，溶解后稀释至 1L
甲酸-NaOH	3.76	3.7	95g 甲酸和 40g NaOH 溶于 500mL 水中，稀释至 1L
NH_4Ac-HAc	4.74	4.5	77g NH_4Ac 溶于 200mL 水中，加冰醋酸 10mL，稀释至 1L

续表

缓冲溶液组成	pK_a	缓冲溶液 pH	配制方法
NaAc-HAc	4.74	5.0	120g 无水 NaAc 溶于水，加冰醋酸 20mL，稀释至 1L
$(CH_2)_6N_4$-HCl	5.15	5.4	40g 六次甲基四胺溶于 200mL 水中，加浓 HCl 10mL，稀释至 1L
NH_4Ac-HAc	4.74	6.0	600g NH_4Ac 溶于水，加冰醋酸 220mL，稀释至 1L
NH_4Cl-NH_3	9.26	9.2	54g NH_4Cl 溶于水，加浓氨水 63mL，稀释至 1L
NH_4Cl-NH_3	9.26	9.5	45g NH_4Cl 溶于水，加浓氨水 126mL，稀释至 1L
NH_4Cl-NH_3	9.26	10.0	54g NH_4Cl 溶于水，加浓氨水 350mL，稀释至 1L

附表 3　常用基准物的干燥条件和应用

基准物质		干燥后组成	干燥条件/℃	标定对象
名称	分子式			
碳酸氢钠	$NaHCO_3$	Na_2CO_3	270～300	酸
碳酸钠	$Na_2CO_3\cdot 10H_2O$	Na_2CO_3	270～300	酸
硼砂	$Na_2B_4O_7\cdot 10H_2O$	$Na_2B_4O_7\cdot 10H_2O$	放在含 NaCl 和蔗糖饱和液的干燥器中	酸
碳酸氢钾	$KHCO_3$	K_2CO_3	270～300	酸
草酸	$H_2C_2O_4\cdot 2H_2O$	$H_2C_2O_4\cdot 2H_2O$	室温空气干燥	碱或 $KMnO_4$
邻苯二甲酸氢钾	$KHC_8H_4O_4$	$KHC_8H_4O_4$	110～120	碱
重铬酸钾	$K_2Cr_2O_7$	$K_2Cr_2O_7$	140～150	还原剂
溴酸钾	$KBrO_3$	$KBrO_3$	130	还原剂
碘酸钾	KIO_3	KIO_3	130	还原剂
铜	Cu	Cu	室温干燥器中保存	还原剂
三氧化二砷	As_2O_3	As_2O_3	室温干燥器中保存	氧化剂
草酸钠	$Na_2C_2O_4$	$Na_2C_2O_4$	130	氧化剂
碳酸钙	$CaCO_3$	$CaCO_3$	110	EDTA
锌	Zn	Zn	室温干燥器中保存	EDTA
氧化锌	ZnO	ZnO	900～1000	EDTA
氯化钠	NaCl	NaCl	500～600	$AgNO_3$
氯化钾	KCl	KCl	500～600	$AgNO_3$
硝酸银	$AgNO_3$	$AgNO_3$	280～290	氯化物
氨基磺酸	$HOSO_2NH_2$	$HOSO_2NH_2$	在真空 H_2SO_4 干燥器中保存 48h	碱

附表 4 常用酸碱指示剂

指示剂	变色范围 pH	颜色变化	pK_{HIn}	浓度
百里酚蓝	1.2～2.8	红～黄	1.65	0.1%的 20%乙醇溶液
甲基黄	2.9～4.0	红～黄	3.25	0.1%的 90%乙醇溶液
甲基橙	3.1～4.4	红～黄	3.45	0.1%的水溶液
溴酚蓝	3.0～4.6	黄～紫	4.1	0.1%的 20%乙醇溶液或其钠盐水溶液
溴甲酚绿	4.0～5.6	黄～蓝	4.9	0.1%的 20%乙醇溶液或其钠盐水溶液
甲基红	4.4～6.2	红～黄	5.0	0.1%的 60%乙醇溶液或其钠盐水溶液
溴百里酚蓝	6.2～7.6	黄～蓝	7.3	0.1%的 20%乙醇溶液或其钠盐水溶液
中性红	6.8～8.0	红～黄橙	7.4	0.1%的 60%乙醇溶液
苯酚红	6.8～8.4	黄～红	8.0	0.1%的 60%乙醇溶液或其钠盐水溶液
酚酞	8.0～10.0	无～红	9.1	0.2%的 90%乙醇溶液
百里酚蓝	8.0～9.6	黄～蓝	8.9	0.1%的 20%乙醇溶液
百里酚酞	9.4～10.6	无～蓝	10.0	0.1%的 90%乙醇溶液

附表 5 常用络合滴定指示剂

名称	配制	用于测定		
		元素	颜色变化	测定条件
酸性铬蓝 K	0.1%乙醇溶液	Ca	红～蓝	pH=12
		Mg	红～蓝	pH=10（氨性缓冲溶液）
K-B 指示剂	0.2g 酸性铬蓝 K 和 0.4g 萘酚绿溶于水，稀释至 100mL	Ca	绿+红～绿+蓝	pH=12
		Mg	绿+红～绿+蓝	pH=10（氨性缓冲溶液）
钙指示剂	与 NaCl 配成 1∶100 的固体混合物	Ca	酒红～蓝	pH＞12（KOH 或 NaOH）
铬天青 S	0.4%水溶液	Al	紫～黄橙	pH=4（乙酸热缓冲溶液）
		Cu	蓝紫～黄	pH=6～6.5（乙酸缓冲溶液）
		Fe（Ⅲ）	蓝～橙	pH=2～3
		Mg	红～黄	pH=10～11（氨性缓冲溶液）
双硫腙	0.03%乙醇溶液	Zn	红～绿紫	pH=4.5（50%乙醇溶液）
紫脲酸铵	与 NaCl 配成 1∶100 的固体混合物	Ca	红～蓝	pH=12～13（NaOH）
		Co	黄～紫	pH=8～10（氨性缓冲溶液）
		Cu	黄～紫	pH=7～8（氨性缓冲溶液）
		Ni	黄～紫红	pH=8.5～11.5（氨性缓冲溶液）
PAN	0.1%乙醇（或甲醇）溶液	Cd	红～黄	pH=6（乙酸缓冲溶液）
		Co	黄～红	乙酸缓冲溶液，70～80℃，以 Cu^{2+}回滴
		Cu	紫～黄	pH=10（氨性缓冲溶液）
			红～黄	pH=6（乙酸缓冲溶液）
		Zn	粉红～黄	pH=5～7（乙酸缓冲溶液）

续表

名称	配制	用于测定		
		元素	颜色变化	测定条件
邻苯二酚紫	0.1%水溶液	Cd	蓝～红紫	pH=10（氨性缓冲溶液）
		Co	蓝～红紫	pH=8～9（氨性缓冲溶液）
		Cu	蓝～黄绿	pH=6～7（吡啶溶液）
		Fe（Ⅲ）	黄绿～蓝	pH=6～7，吡啶存在下，以 Cu^{2+} 回滴
		Mg	蓝～红紫	pH=10（氨性缓冲溶液）
		Mn	蓝～红紫	pH=9（氨性缓冲溶液，加羟胺）
		Pb	蓝～黄	pH=5.5（六次甲基四胺）
		Zn	蓝～红紫	pH=10（氨性缓冲溶液）
PAR	0.05%或 0.2%水溶液	Bi	红～黄	pH=1～2（HNO_3）
		Cu	红～黄（绿）	pH=5～11（六次甲基四胺或氨性缓冲溶液）
		Pb	红～黄	六次甲基四胺或氨性缓冲溶液
磺基水扬酸	1%～2%水溶液	Fe（Ⅲ）	红紫～黄	pH=1.5～2
试钛灵	2%水溶液	Fe（Ⅲ）	蓝～黄	pH=2～3（乙酸热溶液）
二甲酚橙（XO）	0.5%乙醇（或水）溶液	Bi	红～黄	pH=1～2（HNO_3）
		Cd	粉红～黄	pH=5～6（六次甲基四胺）
		Pb	红紫～黄	pH=5～6（乙酸缓冲溶液）
		Th（Ⅳ）	红～黄	pH=1.6～3.5（HNO_3）
		Zn	红～黄	pH=5～6（乙酸缓冲溶液）
铬黑 T（EBT）	与 NaCl 配成 1：100 的固体混合物	Al	蓝～红	pH=7～8，吡啶存在下以 Zn^{2+} 回滴
		Bi	蓝～红	pH=9～10，以 Zn^{2+} 回滴
		Ca	红～蓝	pH=10，加入 EDTA-Mg
		Cd	红～蓝	pH=10（氨性缓冲溶液）
		Mg	红～蓝	pH=10（氨性缓冲溶液）
		Mn	红～蓝	氨性缓冲溶液，加羟胺
		Ni	红～蓝	氨性缓冲溶液
		Pb	红～蓝	氨性缓冲溶液，加酒石酸氢钾
		Zn	红～蓝	pH=6.8～10（氨性缓冲溶液）

附表 6　常用吸附指示剂

名称	配制	用于测定		
		可测元素（括号内为滴定剂）	颜色变化	测定条件
荧光黄	1%钠盐水溶液	Cl^-，Br^-，I^-，SCN^-（Ag^+）	黄绿～粉红	中性或弱碱性
二氯荧光黄	1%钠盐水溶液	Cl^-，Br^-，I^-（Ag^+）	黄绿～粉红	pH=4.4～7
四溴荧光黄（曙红）	1%钠盐水溶液	Br^-，I^-（Ag^+）	橙红～红紫	pH=1～2

续表

名称	配制	用于测定		
		可测元素（括号内为滴定剂）	颜色变化	测定条件
溴酚蓝	0.1%的 20%乙醇溶液	Cl^-，I^-（Ag^+）	黄绿～蓝	微酸性
二氯四碘荧光黄		I^-（Ag^+）	红～紫红	加入$(NH_4)_2CO_3$，且有Cl^-存在
罗丹明 6G		Ag^+（Br^-）	橙红～红紫	0.3mol/L HNO_3
二苯胺		Cl^-, Br^-, I^-, SCN^-（Ag^+）	紫～绿	有 I_2 或 VO_3^- 存在
酚藏花红		Cl^-，Br^-（Ag^+）	红～蓝	

附表 7　常用氧化还原指示剂

名称	配制	$\varphi^{\ominus}$ /V（pH=0）	氧化型颜色	还原型颜色
中性红	0.01%的 60%乙醇溶液	+0.240	红	无色
次甲基蓝	0.05%水溶液	+0.532	天蓝	无色
二苯胺	1%浓硫酸溶液	+0.78	紫	无色
二苯胺磺酸钠	0.2%水溶液	+0.85	红紫	无色
邻苯胺基苯甲酸	0.2%水溶液	+0.89	红	无色
邻二氮菲亚铁络离子	1.624g 邻二氮菲和 0.695 g $FeSO_4·7H_2O$ 配成 100mL 水溶液	+1.06	浅蓝	红

附表 8　常用有机溶剂的物理常数

溶剂	沸点/℃（1.013×10^5Pa）	熔点/℃	相对分子质量	密度/(g/cm^3)（20℃）	介电常数	溶解度/（g/100g H_2O）	和水的共沸混合物		闪燃点/℃	阈限值/10^{-6}
							沸点/℃	含水量/%		
乙醚	35	116	74	0.71	4.3	6.0	34	1	−45	400
戊烷	36	−130	72	0.63	1.8	不溶	35	1	−40	500
二氯甲烷	40	−95	85	1.33	8.9	1.30	39	2	无	250
二硫化碳	46	−111	76	1.26	2.6	0.29	44	2	−30	20
丙酮	56	−95	58	0.79	20.7	∞		—	−18	1000
氯仿	61	−64	119	1.49	4.8	0.82（20℃）	56	3	无	25
甲醇	65	−98	32	0.79	32.7	∞		—	12	200
四氢呋喃	66	−109	72	0.89	7.6	∞	64	5	−14	200
己烷	69	−95	86	0.66	1.9	不溶	62	6	−26	500
三氟乙酸	72	−15	114	1.49	39.5	∞	105	21	无	—
四氯化碳	77	−23	154	1.59	2.2	0.08	66	4	无	10
乙酸乙酯	77	−84	88	0.90	6.0	8.1	71	8	−4	400
乙醇	78	−114	46	0.79	24.6	∞	78	4	13	1000
环己烷	81	6.5	84	0.78	2.0	0.01	70	8	−17	300

续表

溶剂	沸点/℃（1.013×10^5Pa）	熔点/℃	相对分子质量	密度/(g/cm^3)(20℃)	介电常数	溶解度/(g/100g H_2O)	和水的共沸混合物		闪燃点/℃	阈限值/10^{-6}
							沸点/℃	含水量/%		
苯	80	5.5	78	0.88	2.3	0，18	69	9	−11	25
甲基乙基酮	80	−87	72	0.80	18.5	24.0（20℃）	73	11	−1	200
乙腈	82	−44	41	0.78	37.5	∞	77	16	16	40
异丙醇	82	−88	60	0.79	19.9	∞	80	12	12	—
乙二醇二醚	83	−58	90	0.86	7.2	∞	77	10	1	—
三乙胺	90	−115	101	0.73	2.4	∞	75	10		25
丙醇	97	−126	60	0.80	20.3	∞	88	28	25	200
甲酸	101	8	46	1.22	58.5	∞	107	26	—	5
硝基甲烷	101	−29	61	1.14	35.9	11.1	84	24	−41	100
1, 4-二氧六环	101	12	88	1.03	2.2	∞	88	18	12	50
甲苯	111	−95	92	0.87	2.4	0.05	85	20	4	100
吡啶	115	−42	79	0.98	12.4	∞	94	42	23	5
正丁醇	118	−89	74	0.81	17.5	7.45	93	43	29	100
乙酸	118	17	60	1.05	6.2	∞	无	—	40	10
乙二醇单甲醚	125	−85	76	0.96	16.9	∞	100	85	42	25
氯苯	132	−46	113	1.11	5.6	0.05	90	28	29	75
乙酸酐	140	−73	102	1.08	20.7	反应	—	—	53	5
二丁醚	142	−95	130	0.77	3.1	0.03（20℃）	93	33	38	—
苯甲醚	154	−38	108	0.99	4.3	1.04	96	41	—	—
二甲基甲酰胺	153	−60	73	0.95	36.7	∞	无	—	67	10
二甘醇二甲醚	160	—	134	0.94	—	∞	100	78	63	—
1, 3, 5-三甲基苯	165	−45	120	0.87	2.3	0.03（20℃）	97	—	—	—
二甲亚砜	189	18	78	1.10	46.7	25.3	无	—	95	—
二甘醇单甲醚	194	−76	120	1.02	—	∞	无	—	93	—
乙二醇	197	−16 −13	62	1.11	37.7	∞	无	—	116	100
硝基苯	211	6	123	1.20	34.8	0.10（20℃）	99	88	88	1
甲酰胺	210	3	45	1.13	111	∞	—	—	154	20

续表

溶剂	沸点/℃（1.013×10^5Pa）	熔点/℃	相对分子质量	密度/（g/cm^3）（20℃）	介电常数	溶解度/（g/100g H_2O）	和水的共沸混合物		闪燃点/℃	阈限值/10^{-6}
							沸点/℃	含水量/%		
二甘醇	245	−7	106	1.11	31.7	∞	无	—	143	—
二苯醚	258	27	170	1.07	3.7（>27℃）	0.39	100	96	205	—
三甘醇	288	4	150	1.12	23.7	∞	无		166	—
甘油	290	18	92	126	42.5	∞	无	—	177	—
三乙醇胺	335	22	149	1.12（20℃）	29.4	∞	—	—	179	—

附表 9　有机化学文献中常见的英文缩写

英文缩写	英文全称	中文
aa	acetic acid	乙酸
abs	absolute	绝对的
ac	acid	酸
Ac	acetyl	乙酸基
ace	acetone	丙酮
al	alcohol	醇
alk	alkali	碱
amor	amorphous	无定形的
anh	anhydrous	无水的
aqu	aqueous	水的，含水的
as	asymmetrc	不对称的
atm	atmosphere	大气，大气压
b	boiling	沸腾
bk	black	黑色
bl	blue	蓝色
br	brown	棕色，褐色
bt	bright	浅色
Bu	butyl	丁基
bz	benzene	苯
c	cold	冷的
c	percentage concentration	百分比浓度
chl	chloroform	氯仿
co	columns	柱，塔，列
col	colorless	无色的

续表

英文缩写	英文全称	中文
com	compound	化合物
con	concentrated	浓的
cor	corrected	正确的，校正的
cr	crystals	结晶，晶体
cy	cyclohexane	环己烷
d	decompose	分解
dil	diluted	稀释，稀的
diox	dioxane	二噁烷
distb	distillable	可蒸馏的
dk	dark	暗的，黑色的
diq	deliquescent	潮解的
DMF	*N*, *N*-dimethylformamide	二甲基甲酰胺
Et	ethyl	乙基
eth	ether	醚，乙醚
exp	explode	爆炸
et. ac.	ethyl acetate	乙酸乙酯
fl	flake	片状
flr	fluorescent	荧光的
fr	freeze	凝固
fr. p.	freezing point	冰点，凝固点
fum	fuming	发烟的
GC	gas chromatography	气相色谱
gel	gelatinous	凝胶的
gl	glacial	冰的
gr	green	绿色的
gran	granular	粒状的
gy	gray	灰色的
glyc	glycerin	甘油
h	hot	热的
hex	hexagonal	六方形的
hp	heptane	庚烷
HPLC	high performance liquid chromatography	高效液相色谱
hx	hexane	正己烷
hyd	hydrate	水合物
hyg	hygroscopic	吸湿的

续表

英文缩写	英文全称	中文
i	insoluble	不溶的
IR	infrared spectroscopy	红外光谱
ign	ignite	点火
inflam	inflammable	易燃的
lf	leaf	薄片，页
lig	ligroin	轻石油
liq	liquid	液体
liq. cryst.	liquid crystals	液晶
m	melting	熔化
m	meta-	间位
mol	monoclinic	单斜的
Me	methyl	甲基
met	metallic	金属的
min	mineral	矿石
mod	modification	修改
mut	mutarotatory	变旋光的
n	normal refractive index	折射率
NMR	nuclear magnetic resonance spectroscopy	核磁共振谱
oct	octahedral	八面的
og	orange	橙色的
ord	ordinary	普通的
org	organic	有机的
orh	orthorhombic	斜方的
os	organic solvent	有机溶剂
p	para-	对位
par	partial	部分的
peth	petroleum ether	石油醚
pk	pink	粉红的
Ph	phenyl	苯基
pr	prisma	棱镜
Pr	propyl	丙基
purp	purple	紫色的
pw	powder	粉末
pym	pyramides	棱锥形
rac	racemic	外消旋的

续表

英文缩写	英文全称	中文
rect	rectangular	长方的
res	resinous	树脂的
rh	rhombic	正交的
rhd	rhombodral	菱形的
s	soluble	可溶解的
s	secondary	第二的
sh	shoulder	肩
silv	silvery	银色的
so	solid	固体
sol	solution	溶液
solv	solvent	溶剂
st	stable	稳定的
sub	sublime	升华
suc	supercooled	过冷的
sulf	sulfuric acid	硫酸
sym	symmetrical	对称的
t	tertiary	特-，第三的
tcl	triclinic	三斜的
tet	tetrahedron	四面体
tetr	tetragonal	四方的
THF	tetrahydrofuran	四氢呋喃
TLC	thin layer chromatography	薄层色谱
to	toluene	甲苯
tr	transparent	透明的
trg	trigonal	三角的
vac	vacuum	真空
visc	viscous	黏的
volat	volatile	挥发性的
vt	violet	紫色
w	water	水
wh	white	白色的
wr	warm	温暖的
wx	waxy	蜡状的
ye	yellow	黄色的
xyl	xylene	二甲苯

附表 10　部分物理化学常数及换算因子

1. 物理化学常数

常数名称	符号	数值	单位（SI）
真空光速	c	2.99792458×10^{8}	m/s
基本电荷	e	1.6021892×10^{-19}	C
阿伏伽德罗常量	N_A	6.022045×10^{23}	mol^{-1}
原子质量单位	u	1.6605655×10^{-27}	kg
电子静质量	m_e	9.109534×10^{-31}	kg
质子静质量	m_p	1.6726485×10^{-27}	kg
法拉第常量	F	9.648456×10^{4}	C/mol
普朗克常量	h	6.626176×10^{-34}	J·s
电子荷质比	e/m_e	1.7588047×10^{11}	C/kg
里德堡常量	R_H	1.097373177×10^{7}	m^{-1}
玻尔磁子	μ_B	9.274078×10^{-24}	J/T
摩尔气体常量	R	8.31441	J/(K·mol)
玻尔兹曼常量	k	1.380662×10^{-23}	J/K
万有引力常量	G	6.6720×10^{-11}	$m^3/(kg\cdot s)$
重力加速度	g	9.80665	m/s^2

2. 换算因子

1 标准大气压=101325 帕斯卡
=1.01325 巴
=760 毫米汞柱（0℃）
=1033.25 厘米水柱（4℃）
=1.01325×10^{6} 达因/厘米 ^{2}
=14.6960 磅/平方英寸

1 巴=10^5 帕

1 乇=1 毫米汞柱
=1.333×10^{2} 帕

1 卡=4.184×10^{7} 尔格
=4.184 焦耳
=0.041292 升 · 大气压
=42664.9 克 · 厘米
=0.426649 千克 · 米

1 焦耳=0.23901 卡
=9.8691 厘米 ^{3} · 大气压

=10^7 尔格

=10197.16 克 · 厘米

1 升 · 大气压=24.2176 卡

=101.325 焦耳

=10.3324 千克 · 米

1 电子伏特=1.6021917×10^{-19} 焦耳

=1.6021917×10^{-12} 尔格

=2.4179659×10^{14} 赫兹

=8.065465×10^{5} 米$^{-1}$

=8.065465×10^{3} 厘米$^{-1}$

=23.061 千卡/摩尔

1 厘米$^{-1}$=1.196×10^{-2} 千焦耳/摩尔

=2.859×10^{-3} 千卡/摩尔

=1.240×10^{-4} 电子伏特

附表 11　一些液体的蒸气压

1. 乙醇的蒸气压（括号内为以 mmHg 为单位的数值）

t/℃	p/Pa	t/℃	p/Pa	t/℃	p/Pa
0	1545.2 （11.590）	30	10418.9 （78.150）	60	47022.0 （352.700）
5	2199.8 （16.500）	35	13325.3 （103.700）	65	59834.0 （448.800）
10	3082.7 （23.130）	40	18038.2 （135.300）	70	72326.1 （542.500）
15	4260.9 （31.960）	45	23197.7 （174.000）	75	88804.4 （666.100）
20	5811.4 （43.590）	50	29597.0 （222.0）	80	108335.8 （812.600）
25	7507.2 （56.310）	55	37409.6 （280.060）	85	131493.5 （986.300）

2. 正庚烷的蒸气压（括号内为以 mmHg 为单位的数值）

t/℃	p/Pa	t/℃	p/Pa	t/℃	p/Pa
0	1530.5 （11.480）	5	2021.1 （15.160）	10	2643.7 （19.830）

续表

t/℃	p/Pa	t/℃	p/Pa	t/℃	p/Pa
15	3426.3 (25.700)	40	11062.9 (82.980)	65	30037.0 (225.300)
20	4400.9 (33.010)	45	13678.6 (102.600)	70	36049.7 (270.400)
25	5606.1 (42.050)	50	16811.6 (126.100)	75	43022.4 (322.700)
30	7084.6 (53.140)	55	20517.9 (153.900)	80	51101.6 (383.300)
35	8885.8 (66.650)	60	24890.8 (186.700)	85	60407.3 (453.100)

3. 汞的蒸气压（括号内为以mmHg为单位的数值）

t/℃	p/Pa	t/℃	p/Pa	t/℃	p/Pa
0	0.0247 (0.000185)	14	0.0941 (0.000706)	28	0.3145 (0.002359)
2	0.0304 (0.000228)	16	0.113 (0.000846)	30	0.3702 (0.002777)
4	0.0368 (0.000276)	18	0.1340 (0.001009)	32	0.4348 (0.003261)
6	0.0477 (0.000335)	20	0.1601 (0.001201)	34	0.5097 (0.003823)
8	0.0541 (0.000406)	22	0.1901 (0.001426)	36	0.5961 (0.004471)
10	0.0653 (0.000490)	24	0.2254 (0.001619)		
12	0.0784 (0.000588)	26	0.2666 (0.002000)		

4. 一些化合物的蒸气压（括号内为以mmHg为单位的数值）

下列化合物的蒸气压可用下列方程式求算：

$$\lg p=2.1249+A-[B/(C+t)]$$

式中，A、B、C为常数；p为化合物的蒸气压（Pa）；t为温度（℃）。

化合物	25℃的蒸气压/Pa	温度范围/℃	*A*	*B*	*C*
丙酮 C_3H_6O	30670.3 （230.05）		7.02447	1161.0	200.221
苯 C_6H_6	12689.4 （95.180）		690.565	1211.033	220.790
溴 Br_2	3017.30 （226.320）		6.83278	1133.0	228.0
甲醇 CH_4O	16851.6 （126.400）	−20～+140	7.87863	1473.11	230.0
甲苯 C_7H_8	3793.0 （28.450）		6.95464	1344.800	219.482
乙酸 $C_2H_6O_2$	2078.4 （15.590）	0～36 36～170	7.80307 7.18807	1651.2 1416.7	225 221
氯仿 $CHCl_3$	30359.6 （227.720）	−30～+150	6.90328	1163.03	227.4
四氯化碳 CCl_4	15365.1 （115.250）		6.93390	12432.43	230.0
乙酸乙酯 $C_4H_8O_2$	12570.7 （94.2900）	−20～+150	7.09808	1238.71	217.0
乙醇 C_2H_6O	7507.2 （56.310）		8.04494	1554.3	222.65
乙醚 C_2H_6O	71234.2 （534.310）		6.78574	994.195	220.0
乙酸甲酯 $C_3H_6O_2$	28454.5 （213.430）		7.20211	1232.83	228.0

附表 12　KCl 溶液的电导率（$10^2\Omega^{-1}\cdot m^{-1}$）

温度/℃	1mol/L	0.1mol/L	0.02mol/L	0.01mol/L
0	0.06541	0.00715	0.001521	0.000776
5	0.07414	0.00822	0.001752	0.000896
10	0.08319	0.00933	0.001994	0.001020
15	0.09252	0.01048	0.002243	0.001147
16	0.09441	0.01072	0.002294	0.001173
17	0.09631	0.0195	0.002345	0.001199
18	0.09822	0.01119	0.002397	0.001225
19	0.10014	0.01143	0.002449	0.001251
20	0.10207	0.01167	0.002501	0.001278
21	0.10400	0.01191	0.002553	0.001305
22	0.10594	0.01215	0.002606	0.001332

续表

温度/℃	1mol/L	0.1mol/L	0.02mol/L	0.01mol/L
23	0.10789	0.01239	0.002659	0.001359
24	0.10984	0.01264	0.002712	0.001386
25	0.11180	0.01288	0.002765	0.001413
26	0.11377	0.01313	0.002819	0.001441
27	0.11574	0.01337	0.002873	0.001468
28		0.01362	0.002927	0.001524
29		0.01387	0.002981	0.001552
30		0.01412	0.003036	
35		0.01539	0.003312	
36		0.01564	0.003368	

附表 13 电解质水溶液的摩尔电导率（25℃）

浓度/(mol/L)	Λ_m/(S·m²/mol)					
	1/2 $CuSO_4$	HCl	KCl	NaCl	NaOH	NaAc
0.1	0.005058	0.039132	0.012896	0.010674		0.00728
0.05	0.005905	0.039909	0.013337	0.011106		0.007692
0.02	0.007220	0.040724	0.013831	0.11551		0.008124
0.01	0.008312	0.0412000	0.014127	0.011851	0.02380	0.008376
0.005	0.009407	0.041580	0.014335	0.012065	0.02408	0.008572
0.001	0.011526	0.042136	0.014695	0.012374	0.02447	0.00885
0.0005	0.01216	0.042274	0.014781	0.012450	0.02456	0.00892
无限稀	0.01336	0.042616	0.014986	0.012645	0.02478	0.00910

附表 14 无限稀释离子的摩尔电导率（10^{-4}S·m²/mol）

离子	0℃	18℃	25℃	50℃
H^+	240	314	350	465
K^+	40.4	64.6	74.5	115
Na^+	26	43.5	50.9	82
NH_4^+	40.2	64.5	74.5	115
Ag^+	32.9	54.3	63.5	101
1/2 Ba^{2+}	33	55	65	104
1/2 Ca^{2+}	30	51	60	98
1/3 La^{3+}	35	61	72	119
OH^-	105	172	192	284
Cl^-	41.1	65.5	75.5	116
NO_3^-	40.4	61.7	70.6	104
$C_2H_3O_2^-$	20.3	34.6	40.8	67

续表

离子	0℃	18℃	25℃	50℃
1/2 SO_4^{2-}	41	68	79	125
1/2 $C_2O_4^{2-}$	39	63	73	115
1/3 $C_6H_8O_7^{3-}$	36	60	70	113
1/4 $Fe(CN)_6^{2-}$	58	95	111	173

附表 15　强电解质平均离子活度系数（25℃）

m/(mol/kg)	$HClO_4$	HCl	H_2SO_4	$NaClO_4$	NaCl	LiOH	NaOH	KOH	HNO_3
0.1	0.803	0.796	0.2655	0.775	0.778	0.760	0.766	0.798	0.791
0.2	0.778	0.767	0.2090	0.729	0.735	0.702	0.727	0.760	0.754
0.3	0.768	0.756	0.1826	0.701	0.710	0.665	0.708	0.742	0.735
0.4	0.766	0.755		0.683	0.693	0.638	0.697	0.734	
0.5	0.769	0.757	0.1557	0.668	0.681	0.617	0.690	0.732	0.720
0.6	0.776	0.763		0.656	0.673	0.599	0.685	0.733	
0.7	0.785	0.772	0.1417	0.648	0.667	0.585	0.681	0.736	0.717
0.8	0.795	0.783		0.641	0.662	0.573	0.679	0.742	
0.9	0.808	0.795		0.635	0.659	0.563	0.678	0.749	
1.0	0.823	0.809	0.1316	0.629	0.657	0.554	0.678	0.756	0.724

附表 16　不同温度下液体的密度（g/cm^3）

温度/℃	水[1]	苯	甲苯	乙醇	氯仿	汞	乙酸[2]
0	0.9998425	—	0.886	0.80625	1.526	13.5955	1.0718
5	0.9999668	—	—	0.80207	—	13.5832	1.0660
10	0.9997026	0.887	0.875	0.79788	1.496	13.5708	1.0603
11	0.9996081	—	—	0.79704	—	13.5684	1.0591
12	0.9995004	—	—	0.79620	—	13.5659	1.0580
13	0.9993801	—	—	0.79535	—	13.5634	1.0568
14	0.9992474	—	—	0.79451	—	16.5610	1.0557
15	0.9991026	0.883	0.870	0.79367	1.486	13.5585	1.0546
16	0.9989460	0.882	0.869	0.79283	1.484	13.5561	1.0534
17	0.9987779	0.882	0.867	0.79198	1.482	13.5530	1.0523
18	0.9985986	0.881	0.866	0.79114	1.480	13.5512	1.0512
19	0.9984082	0.880	0.865	0.79029	1.478	13.5487	1.0500
20	0.9982071	0.879	0.864	0.78945	1.476	13.5462	1.0489
21	0.9979955	0.879	0.863	0.78860	1.474	13.5438	1.0478
22	0.9977735	0.878	0.862	0.78775	1.472	13.5413	1.0467
23	0.9975415	0.877	0.861	0.78691	1.471	13.5389	1.0455
24	0.9972995	0.876	0.860	0.78606	1.469	13.5364	1.0444

续表

温度/℃	水[①]	苯	甲苯	乙醇	氯仿	汞	乙酸[②]
25	0.9970479	0.875	0.859	0.78522	1.467	13.5340	1.0433
26	0.9967867	—	—	0.78437	—	13.5315	1.0422
27	0.9965162	—	—	0.78352	—	13.5291	1.0410
28	0.9962365	—	—	0.78267	—	13.5266	1.0399
29	09959478	—	—	0.78182	—	13.5242	1.0388
30	0.9956502	0.869	—	0.78097	1.460	13.5217	1.0377
40	0.9922187	0.858	—	0.772	1.451	13.4973	—
50	0.9980393	0.847	—	0.763	1.433	13.4729	—
90	0.9653230	0.836	—	0.754	1.411	13.3762	—

注：①温度在 15～50℃时水的密度（校正到 0.01%～0.03%）可以用下列经验方程式计算：

$$\rho=1.01699-[14.290/(940-9t)]$$

式中，t 为 15～50℃的温度。

②乙酸的密度可用下列经验方程式计算：

$$\rho=1.0718-1.162\times10^{-3}\,t+0.985\times10^{-6}\,t^2-5.75\times10^{-9}\,t^3$$

式中，ρ 为乙酸的密度；t 为温度（℃）。

附表 17　水和空气界面上的表面张力（N/m）

温度/℃	表面张力	温度/℃	表面张力	温度/℃	表面张力
0	0.07564	19	0.07290	30	0.07118
5	0.07492	20	0.07275	35	0.07038
10	0.07422	21	0.07259	40	0.06956
11	0.07407	22	0.07244	45	0.06874
12	0.07393	23	0.07228	50	0.06791
13	0.07378	24	0.07213	55	0.06705
14	0.07364	25	0.07197	60	0.06618
15	0.07349	26	0.07182	70	0.06442
16	0.07334	27	0.07166	80	0.06261
17	0.07319	28	0.07150	90	0.06075
18	0.07305	29	0.07135	100	0.05885

注：（1）cgs 制表面张力的单位为尔格/厘米^{2}或达因/厘米。1 达因=10^{-5}牛顿，所以 1 达因/厘米=10^{-3}牛顿/米。

（2）苯的表面张力可按下列经验公式求算：$\sigma=(31.58-0.137\,t+0.0001\,t^2)\times10^{-3}\pm0.0002$(适用范围为从 0℃到沸点的温度)。

附表 18　几种液体的黏度（10^3Pa·s）

黏度的 SI 单位为帕·秒，因此为千克/（米·秒）。cgs 制黏度单位为泊，1 泊=1×10^{-1}帕·秒。

温度/℃	水	苯	乙醇	氯仿
0	1.787	0.912	1.785	0.699
10	1.307	0.758	1.451	0.625

续表

温度/℃	水	苯	乙醇	氯仿
15	1.139	0.698	1.345	0.597
16	1.109	0.685	1.320	0.591
17	1.081	0.677	1.290	0.586
18	1.053	0.666	1.265	0.580
19	1.027	0.656	1.238	0.574
20	1.002	0.647	1.216	0.568
21	0.9779	0.638	1.188	0.562
22	0.9548	0.629	1.186	0.556
23	0.9325	0.621	1.143	0.551
24	0.9111	0.611	1.123	0.545
25	0.8904	0.601	1.103	0.540
30	0.7975	0.566	0.991	0.514
40	0.6529	0.482	0.823	0.464
50	0.5468	0.436	0.701	0.424
60	0.4665	0.395	0.591	0.389

附表 19　不同温度下水的折射率

t/℃	n_D	t/℃	n_D	t/℃	n_D	t/℃	n_D
10	1.33370	16	1.33331	22	1.33281	28	1.33219
11	1.33365	17	1.33324	23	1.33272	29	1.33208
12	1.33359	18	1.33316	24	1.33263	30	1.33196
13	1.33352	19	1.33307	25	1.33252		
14	1.33346	20	1.33299	26	1.33242		
15	1.33339	21	1.33290	27	1.33231		

附表 20　折光仪校正用的常用标准液体的折射率及其温度系数

液体名称	t/℃	n_D^t	$-\frac{dn}{dt}\times 10^5$
丙酮	15	1.3616	
丙酮	20	1.3591	50
乙酸	15	1.3739	38
乙酸	25	1.3698	
2, 2, 4-三甲基戊烷	20	1.3915	
2, 2, 4-三甲基戊烷	25	1.3890	
甲基环己烷	15	1.4256	47
甲基环己烷	20	1.4230	
甲基环己烷	25	1.4206	
三氯甲烷	15	1.4486	59

续表

液体名称	t/℃	n_D^t	$-\frac{dn}{dt}\times10^5$
四氯化碳	15	1.4631	55
四氯化碳	20	1.4603	
四氯化碳	25	1.4576	
甲苯	15	1.4999	60
甲苯	25	1.4941	
苯	15	1.5044	63
苯	20	1.5012	
苯	25	1.4981	
氯苯	15	1.5275	
氯苯	20	1.5247	
二溴甲烷	15	1.5446	55
溴苯	15	1.5625	49
三溴甲烷	15	1.6005	57
碘苯	15	1.6230	55
二硫化碳	15	1.6315	78
二碘甲烷	15	1.7443	64

附表 21　国际相对原子质量表（A_r，1989 年）

元素		相对原子质量	元素		相对原子质量	元素		相对原子质量
符号	名称		符号	名称		符号	名称	
Ag	银	107.8682	Co	钴	58.93320	Hg	汞	200.59
Al	铝	26.981539	Cr	铬	51.9961	Ho	钬	164.93032
Ar	氩	39.948	Cs	铯	132.90543	I	碘	126.904447
As	砷	74.92159	Cu	铜	63.546	In	铟	114.82
Au	金	196.96654	Dy	镝	162.50	Ir	铱	192.22
B	硼	10.811	Er	铒	167.26	K	钾	39.0983
Ba	钡	137.327	Eu	铕	151.965	Kr	氪	83.80
Be	铍	9.012182	F	氟	18.9984032	La	镧	138.9055
Bi	铋	208.98037	Fe	铁	55.847	Li	锂	6.941
Br	溴	79.904	Ga	镓	69.723	Lu	镥	174.967
C	碳	12.011	Gd	钆	157.25	Mg	镁	24.3050
Ca	钙	40.078	Ge	锗	72.61	Mn	锰	54.93805
Cd	镉	112.411	H	氢	1.00794	Mo	钼	95.94
Ce	铈	140.115	He	氦	4.002602	N	氮	14.00674
Cl	氯	35.4527	Hf	铪	178.49	Na	钠	22.989768

续表

元素		相对原子质量	元素		相对原子质量	元素		相对原子质量
符号	名称		符号	名称		符号	名称	
Nb	铌	92.90638	Re	铼	186.207	Th	钍	232.0381
Nd	钕	144.24	Rh	铑	102.9055	Ti	钛	47.88
Ne	氖	20.1797	Ru	钌	101.07	Tl	铊	204.3833
Ni	镍	58.6934	S	硫	32.066	Tm	铥	168.93421
Np	镎	237.0482	Sb	锑	121.757	U	铀	238.0289
O	氧	15.9994	Sc	钪	44.955910	V	钒	50.9415
Os	锇	190.2	Se	硒	78.96	W	钨	183.85
P	磷	30.973762	Si	硅	28.0855	Xe	氙	131.29
Pb	铅	207.2	Sm	钐	150.36	Y	钇	88.90585
Pd	钯	106.42	Sn	锡	118.710	Yb	镱	173.04
Pr	镨	140.90765	Sr	锶	87.62	Zn	锌	65.39
Pt	铂	195.08	Ta	钽	180.9479	Zr	锆	91.224
Ra	镭	226.0254	Tb	铽	158.92534			
Rb	铷	85.4678	Te	碲	127.60			

参 考 文 献

北京大学化学与分子工程学院分析化学教学组. 2010. 基础分析化学实验. 3 版. 北京：北京大学出版社
复旦大学，等. 2004. 物理化学实验. 3 版. 北京：高等教育出版社
化学分析基本操作规范编写组. 1984. 化学分析基本操作规范. 北京：高等教育出版社
兰州大学. 2010. 有机化学实验. 3 版. 北京：高等教育出版社
凌善康，李湜然. 1998. 温度测量基础. 北京：中国标准出版社
马全红，邱凤仙. 2015. 分析化学实验. 2 版. 南京：南京大学出版社
南开大学化学系无机化学课程组. 1991. 基础无机化学实验. 天津：南开大学出版社
南开大学化学系物理化学教研室. 1991. 物理化学实验. 天津：南开大学出版社
吴美芳，李琳，等. 2013. 有机化学实验. 北京：科学出版社
吴世华，邱晓航，王庆伦. 2010. 无机化学实验. 北京：科学出版社
武汉大学. 2011. 分析化学实验. 5 版. 北京：高等教育出版社
武汉大学化学与分子科学学院实验中心. 2004. 有机化学实验. 武汉：武汉大学出版社
张毓凡，曹玉蓉，冯霄，等. 1999. 有机化学实验. 天津：南开大学出版社
朱志昂，阮文娟. 2014. 物理化学. 5 版. 北京：科学出版社
Skoog D A，West D M，Holler F J，et al. 2013. Fundamentals of Analytical Chemistry. 9th ed. New York：Brooks/Cole